Beltz Taschenbuch 5

Über dieses Buch:
Kinder zwischen sechs und zwölf – Schulkinder, Medienkinder, Kinder zu Hause und auf der Straße, spielend und lernend, kreativ, emotional, neugierig, manchmal schwierig. Was wissen wir über Kinder, über kindliche Lebenswelten? Die Forschung – Entwicklungspsychologie, Medizin, Psychoanalyse und Soziologie, aber auch „Lebenswelt-Analyse" und Sozialökologie – hat eine Vielzahl von Sichtweisen und Aussagen hervorgebracht, die Dieter Baacke in diesem Buch unter pädagogischen Gesichtspunkten zusammenfaßt und gleichzeitig mit dem Begriff der „Unverfügbarkeit" wieder relativiert: den individuellen „Prozeß der Lebens- und Weltaneignung, der zwar durch äußere Fixpunkte beschrieben werden kann, dessen interne Dynamik hingegen keiner Deutbarkeit oder Prognose unterliegt". Kinder entwickeln sich, aber Kinder leben auch in einer sich entwickelnden Welt. Dem trägt der Autor Rechnung, indem er die kindliche Entwicklung im Zusammenhang mit der sich tiefgreifend verändernden Umwelt darstellt. Dieses „lebensweltbezogene" Konzept wird ergänzt durch literarische Texte, Alltagsszenen und Autobiographien und gewinnt so einen starken und lebendigen Bezug zur Wirklichkeit.
Im Kapitel „Pädagogisches Nachdenken" schließlich fordert der Autor eine interaktionsorientierte und umweltbezogene Erziehung, die Kindern Ermutigung und Resonanz, Verständnis und Halt bietet: kinderfreundliche Grundhaltungen, die es ermöglichen einzuschätzen, welches Maß an Erziehung notwendig ist, um die „Unverfügbarkeit" der Kinder im Rahmen ihrer Kompetenzspielräume zu erhalten.
Für diese Ausgabe wurde das Buch von Dieter Baacke grundlegend überarbeitet und aktualisiert.

Der Autor:
Prof. Dr. Dieter Baacke (1934–1999) lehrte an der Universität Bielefeld. Seine Arbeitsschwerpunkte waren Medienpädagogik, Jugend- und Medienforschung und außerschulische Bildung. Im Beltz Verlag erschienen von ihm die Bücher *Die 0- bis 5jährigen – Einführung in die Probleme der frühen Kindheit und Die 13- bis 18jährigen – Einführung in die Probleme des Jugendalters.*

Dieter Baacke

Die 6- bis 12jährigen

Einführung in die Probleme
des Kindesalters

Besuchen Sie uns im Internet:
www.beltz.de

Alle Rechte, insbesondere die der Vervielfältigung und Verbreitung sowie der Übersetzung, vorbehalten. Kein Teil des Werkes darf in irgendeiner Form (durch Photokopie, Mikrofilm oder ein anderes Verfahren) ohne schriftliche Genehmigung des Verlages reproduziert oder unter Verwendung elektronischer Systeme verarbeitet, vervielfältigt oder verbreitet werden.

Beltz Taschenbuch 5
1999 Beltz Verlag, Weinheim und Basel
Vollständig überarbeitete Neuausgabe der 6. Auflage 1998

2 3 4 5   04 03 02 01

© 1984 Beltz Verlag, Weinheim und Basel
Umschlaggestaltung: Federico Luci, Köln
Umschlagphotographie: © Bavaria Bildagentur, München
Satz: Satz- und Reprotechnik GmbH, Hemsbach
Druck und Bindung: Druckhaus Beltz, Hemsbach
Printed in Germany

ISBN 3 407 22005 7

Inhaltsverzeichnis

Vorwort 9

1. Kinder, Kindheit, Lebenswelten 15
  Erinnerungen an die Kindheit 15
   Wohnen und Erleben – Spielen – Arbeiten –
   Schule – Grenzerfahrungen (Tod) – Fremde
   Kulturen – Ein Diskursuniversum der
   Kindheit – Struktur und Variation
  Die 6- bis 12jährigen: *eine* Altersgruppe? 56
   Das unbekannte Kind
  Entwicklung der Kindheit 64
   Entstehung der Kindheit nach Ariès –
   Gegendarstellung: de Mause, Psychohistorie –
   Erziehung als „Zivilisierung"? –
   Erziehung als Kompetenzzuschreibung –
   Kindheit als Figuration
  Vergesellschaftung der Kindheit 92
   Konsumkindheit – Medienkindheit – Medien-
   kindheit und Konsumkindheit – Aufhebung der
   Kindheit? – Verrechtlichung der Kindheit –
   Gegenwirkungen
  Die Welt wächst: Der sozialökologische Ansatz 106
   Vier sozialökologische Zonen –
   Zwei Welten – Faszination von Orten –
   Die Straße – Kinder, nicht ernstgenommen –
   Veränderte Tageszeiten
  Zwischen Selbstverfügung und Angewiesensein 143

2. Entwicklung: Theorien und Übersichten 149
Reifung, Entwicklung – Entwicklungstheorien

Piaget, Erikson 158
Entwicklung als Aufgabe – Kritik
der Entwicklungspsychologie

3. Dimensionen der Entwicklung 173

Wahrnehmung............................... 173
Motorik..................................... 177
Intelligenz, Denkfähigkeit..................... 179
Das Lernen des Lernens
Kreativität und Phantasie 189
Phantasie – Ästhetische Erfahrungen im
visuellen Bereich
Sprache..................................... 198
Interaction-Acquisition-Device – Enactive, Iconic,
Symbolic Representation
Emotionalität 207
Träume der Kinder
Sexualität................................... 217
Geschlechtsneugier und Erotik im Kindesalter
Moral....................................... 225
Prosoziales Verhalten 235
Geschlechtsunterschiede...................... 240

4. Kinderwelten................................ 247

Familienkinder 248
Zwei Szenen „en famille" – Erziehungslust,
Erziehungslast – Mutter, Vater, Eltern,
Geschwister – Öffnung, Ablösung
Schulkinder................................. 272
In die Schule kommen – Schule: ein Ausschnitt –
Die Schule überleben

Medienkindheit 287
Orte und Medien als Wirkungszusammenhang –
Sich ändernde Medienwelten –
Medienalltag heute: Fernsehen im Mittelpunkt –
Mediennutzung und Familie –
Lesen: Rückzug und Welterschließung –
Sozialisation durch Werbung, Sponsoring –
Die neuen Welten der Vernetzung
Unter Gleichaltrigen 330
Die Straße – Kinderfreundschaften –
Abgrenzungen, Außenseiter

5. Behinderungen und Störungen 355

Klassifikationen, Übersichten, Daten –
Verschärfungen – Problematische Reaktionen –
Behandlungsmodelle – Sozialökologisches
Konzept

6. Pädagogisches Nachdenken 385

Ambivalenzen des Erziehens –
Pädagogische Laien, pädagogische Fachleute –
Bedürfnisse, Entwicklungsaufgaben,
Ich des Kindes – Pädagogik, Erziehung:
Das kompetente Kind

Literatur 409

Sachregister 429

Vorwort zur ersten Auflage

Nach dem Band „Die 13- bis 18jährigen", der sich mit *Jugendlichen* beschäftigt, folgt nun der Band „Die 6- bis 12jährigen", der den *Kindern* gewidmet ist. Auch hier war es mein Bestreben, die unterschiedlichen Aussagen und Wissensbestände von Entwicklungspsychologie, Psychoanalyse, Medizin, Geschichte sowie neuer interdisziplinärer Ansätze („Lebenswelt"-Analyse, Sozialökologie, Sozialpolitik usf.) unter *pädagogischen* Gesichtspunkten zusammenzufügen. Es gibt inzwischen eine Fülle wissenschaftlichen Wissens über Kinder; das Wesentliche davon darzustellen habe ich mich bemüht. In der Überzeugung jedoch, daß Wissenschaft nicht das verstellen darf, womit sie sich beschäftigt, habe ich, gleichsam ergänzend, immer wieder *erzählende* Texte, Beschreibungen und Schilderungen eingefügt, um Daten lebendig werden zu lassen, notwendig abstrahierende Aussagen in ein Stück Kinderwirklichkeit einzukleiden. Unser Wissen wäre eher schädlich, würden wir nicht immer wieder bemüht sein, es an die *Ganzheit* kindlicher Existenz heranzuführen. Nicht nur die Wissenschaften trennen sich ja nach Aspekten und Verfahrensweisen, sondern, ihnen teilweise folgend, auch die pädagogischen Einsichten und Handlungen: Wir reden von „Problemkindern", „Schulkindern", „Kindern in der Familie", und wir sprechen von „Medien- oder Fernsehkindheit", um Beispiele zu nennen. Indem wir *etwas* herausheben, schotten wir vieles andere ab; was wir dann häufig sehen, sind nicht die Kinder, sondern ihre begrifflichen, für den pädagogischen Zugriff geordneten Schatten. Ein Buch kann selbstverständlich nicht den Umgang mit Kindern ersetzen; es kann aber, gebunden an die Diskursivität von Sprache, doch den Versuch machen, Kinder und Kindheit vor dem Raster unserer derzeitigen Kenntnisse soweit *verstehbar* zu machen, daß der Umgang mit Kindern angemessener, das meint: pädagogisch unbefangener wird. So möchte das Buch zwar einerseits ein Beitrag sein für eine wissenschaftlich zu diskutierende integrierte Sicht auf das „Thema" Kinder; es möchte andererseits und vor allem aber auch denen, die mit Kindern zu tun haben: Eltern, Lehrern, Erziehern etwa, eine Hilfe sein bei ihrer pädagogischen Arbeit mit Kindern. Daß auch diese ihre Grenze haben, ist eine der nicht unwichtigen Thesen dieses Buches.

Einige Hinweise: Inhaltsverzeichnis und Sachregister sollen helfen, den Text dem zu erschließen, der ihm nicht systematisch folgen möchte. Alle fremdsprachigen Zitate sind vom Autor stillschweigend übersetzt worden. Eckige Klammern enthalten meist Erläuterungen von Begriffen und stellen in jedem Fall Zusätze des Autors dar. Längere Zitate sind dann petit gesetzt und vom durchlaufenden Schriftbild abgehoben, wenn Text und Zitat zueinander im Verhältnis von Argument und Illustration, Erzählung und Interpretation o. ä. stehen; sind Zitate tragender Bestandteil der Argumentation des Textes selbst, sind sie in das durchlaufende Schriftbild eingefügt.

Vielen ist zu danken. Neben Kolleginnen und Kollegen, Autorinnen und Autoren, von denen ich lernen durfte, danke ich den Kindern Axel, Dennis, Insa, Marco und Rieke, die mich die These von der „Unverfügbarkeit der Kinder" haben finden lassen. Ein Manuskript hat viele Helfer. Christine Radde hat das umfängliche Manuskript geschrieben und in seiner Entstehung beaufsichtigt; Ingrid Volkmer und Dorothee Meister haben immer dann geholfen, wenn es etwas aufzufinden, durchzusehen oder zu überprüfen galt. Ihnen sei besonders herzlich gedankt. Dank auch an Olaf Schwencke und sein Studio in der rue du Temple, Paris, mitten im Marais – dort, wo Kinder und Katzen noch zugelassen sind. Ich habe das Konzept dieses Buches dort entworfen und im Frühjahr 1984, ein Jahr später, das abschließende Sachverzeichnis erstellt. Vergessen möchte ich schließlich auch nicht die Mitarbeiter des Beltz Verlags, die aus dem Manuskript ein Buch werden ließen. Ich hoffe, daß von diesem der von mir gewünschte Gebrauch gemacht wird.

Dieter Baacke

Vorwort zur 4. Auflage

Nicht nur die Aufmachung dieser neuen Auflage hat sich geändert; sie ist auch auf Druckfehler durchgesehen worden und enthält vor allem an mehreren Stellen wichtige Zusätze und Aktualisierungen. Auch das Literaturverzeichnis ist erheblich umfangreicher geworden, so daß es jetzt den Weg in die Fachdiskussion und zu Möglichkeiten der Vertiefung noch umfassender erschließt.

Insgesamt hat die Durchsicht ergeben, daß die Welt der 6- bis 12jährigen zwar stabiler ist als die der Jugendlichen, aber seit der ersten Auflage dieses Buches in einigen Bereichen (vor allem Medien, Kindheit) doch Veränderungen unterworfen ist, die registriert werden müssen.

Zu danken ist Gudrun Gornick und Claudia Wegener, die bei der Erstellung der neuen Manuskript-Vorlage zuverlässig mitgearbeitet haben. Ich hoffe, daß die Leser dem (leider) auch umfänglicher gewordenen Buch brauchbare Informationen und Überlegungen entnehmen können, die sie auch für den eigenen Umgang mit Kindern fruchtbar machen können.

Dieter Baacke

Vorwort zur Taschenbuchausgabe

Eine zwischenzeitlich immer wieder notwendige Durchsicht des Textes hat eine gründliche Überarbeitung und wiederum Erweiterung notwendig gemacht. Einerseits war für mich bemerkenswert, wie stabil manche Erkenntnisse und damit verbundene Interpretationen gerade für den hier behandelten Zeitraum der mittleren und späteren Kindheit (der 6- bis 12jährigen eben) sind; andererseits hat der soziale Wandel an etlichen Stellen Aktualisierungen, aber auch Neuaufnahmen notwendig werden lassen. So konnte relativ wenig Text als inzwischen überholt gestrichen werden. Hinzugekommen sind ausführlichere und neuere Darstellungen vor allem zur Medienkindheit; auch die Verweise auf Schule und Schulwelt wurden erweitert. Die neue Literatur wurde aufgenommen und auch im Literaturverzeichnis verarbeitet. Vor allem das Kompetenztheorem und das Bild des „kompetenten Kindes" mußte ausführlicher als bisher erörtert und dargestellt werden. Dieses Neufassen des Erziehungskonzeptes ist ohne Zweifel der veränderten Kindheit um die zweite Jahrtausendwende geschuldet, die auch Kinder anders werden läßt. Historische Rückblicke – und ergänzend jetzt auch kulturvergleichende Aspekte – sind bewährt und ergänzt, weil es den Lesern und Leserinnen auf diese Weise am ehesten gelingen mag, auch selbst die Veränderungen einzuschätzen, in denen Kinder heute leben. So ist trotz einiger Streichungen der Text wieder umfänglicher geworden, aber dadurch natürlich auch vieldimensionierter und reichhaltiger. So mag das Buch bei der Begegnung mit Kindern und ihrer Kindheit weiterhin nützlich und hilfreich sein sowohl für Reflexionen wie pädagogisches Handeln.

Zu danken ist diesmal insbesondere Renate Hillenkötter, die das Manuskript mustergültig betreute, und Katrin Leigers, die bei der Erstellung des Manuskriptes wieder wichtige

Hilfsdienste leistete. Besonders danken möchte ich auch meinen Schülerinnen Anke Hildebrandt und Kristina Schrottka, die sich mit mir auf das Abenteuer von Kindern, Medien und Internet eingelassen haben, mit fruchtbaren Anregungen für beide Seiten.

Das neue Layout des Buches zeigt deutlich, daß es weiter und wieder um Kinder geht, aber die Welt der Kinder sich ebenso wandelt, wie diese selbst es tun.

Dieter Baacke
Juli 1999

1. Kinder, Kindheit, Lebenswelten

Erinnerungen an die Kindheit

Wer Bücher über Kinder liest, ist selbst kein Kind mehr, hat aber (meist) mit ihnen zu tun: als Mutter oder Vater, als Erzieher, Sozialpädagoge oder Lehrer. Es gibt auch ein vermitteltes Interesse: das des Forschers, der Bücher *über* Kinder schreibt und darum die Bücher seiner Kollegen liest, um aus ihnen zu lernen, zu zitieren oder – häufiger – sich von ihnen zu unterscheiden und abzusetzen. Das Resultat solcher Bemühungen ist im glücklichen Falle eine Aussage von begrenzter Reichweite, im Rahmen einer Theorie gewonnen und primär auf diese hin überprüfbar. Solches Wissen ist notwendig; freilich stellt es nur selten eine Hilfe bei der Annäherung an den eigentlichen Gegenstand der Betrachtung dar, die Kinder.

Ein unvermittelteres Medium für eine solche Annäherung ist unser *Gedächtnis*. In ihm sind Erinnerungen, mehr oder weniger farbig und intensiv, an die eigene, zurückliegende Kindheit aufbewahrt. Daß die Tage der Kindheit „golden" und von relativer Sorglosigkeit bestimmt seien (in *Goethes Götz* heißt es: „Glückliches Kind! Das kein Übel kennt, als wenn die Suppe lang ausbleibt."), kann dabei nur der behaupten, dem Nuancierungen verlorengegangen sind und der andere Welten nach denen bemißt, die ihn *jetzt* in Anspruch nehmen mit ihren Gewichtigkeiten und Forderungen. Auch die Erinnerung faßt Kindheit nur im defizienten Modus ihrer gewesenen Gegenwart – wie könnten wir es uns sonst allzuoft erlauben, Kinderfragen als lästig, Kinderkummer als oberflächlich und eigentlich belanglos, Kindertätigkeiten als allenfalls belustigend oder Hoffnungen für die Zukunft machend aufzufassen? Am verständlichsten sind uns Kinder, wenn sie eine Freude, einen Schmerz mit uns teilen; und gerade dann sind wir am wenigsten geneigt, sie zu beobachten oder sogar pädagogisch zu beurteilen. Doch so unzuverlässig unsere Erinnerungen und Einschätzungen sind, so wichtig sind sie – neben der *Beobachtung* von Kindern und dem täglichen *Umgang* mit ihnen – für eine Erschließung kindlicher Lebenswelten, und das vor allem aus zwei Gründen, wie ich meine: Zum einen stellen sie uns ganzheitliche Situationen und Handlungen vor Augen, reduzieren die Wahrnehmung nicht durch die Verengung auf methodisch überprüfbare Fälle; zum andern wissen wir spätestens seit *Freud*, daß der Mensch, der wir nun sind, in sanften Metamorphosen aus dem Kind hervorgegangen ist, das wir waren: Wir sind sensibel geworden für die Bedeutung von Kindheit. Erinnerungen erschließen nicht nur den Werdegang eigener Subjektivität. Natürlich ist diese eingelagert in Zeiten, Tendenzen, Lebensklimata. Nicht zuletzt darum ist jede Erinnerung von jeder anderen verschieden (wie jeder Mensch auf seiner Einmaligkeit insistieren darf), abgesehen davon, daß es ein *thematisches Arsenal* gibt, in dem noch so unterschiedliche Kindheiten sich wiederfinden. Dazu gehören (auswahlweise): das Wohnen und Erleben; das Spielen; das Arbeiten; die Schule; das „Besondere". Vor allem anderen stehen natürlich die Menschen, zuerst die Eltern. Immer wieder bemühen wir uns, sie zu charakterisieren und zu beschreiben sowie ihren erzieherischen Einfluß auf uns abzuwägen. Im folgenden wähle ich einige Texte aus Autobiographien aus, die Kindheiten im Zeitraum zwischen 1700 und 1900 darstellen. Zu dem Abstand, den die Erzähler selbst von ihrer Kindheit haben, gesellt sich der zeitliche, den wir von den Erzählern als erwachsenen, sich erinnernden Personen haben. Diese leichte Überfremdung hat den Zweck, die relative Nähe eigener Erinnerungen an der relativen Ferne anderer zu messen unter der Frage: Was eigentlich schließt Kindheiten zusammen, was unterscheidet sie? Ich verzichte dabei auf die Schilderung der Eltern und anderer wichtiger Bezugspersonen, weil diese nicht in Beschreibungen und Situationen aufgeht, sondern allenthalben das erzählerische Gewebe durchzieht. Um *Beziehungen* und ihrer Bedeutung gerecht zu werden, müßte man die Texte ganz lesen. Ich beschränke mich auf *Situationen der Kindheit*, gerechtfertigt durch die Tatsache, daß diese häufig wie in einer Nuß die *Welt* von Kindheit evozieren helfen.[1]

Wohnen und Erleben

„Zum Verständnisse aber dessen, was ich hierüber [s.c. wichtige Bildungseinflüsse in der häuslichen Umgebung] mitzuteilen habe, muß ich die Leser auf etwas aufmerksam machen, was nicht jedem derselben bekannt sein möchte. Die Werkstatt eines Schmieds in einer Dorfgemeinde vertritt die Stelle eines Casino in den Städten. Der Bauer kommt nämlich nicht nur dann in die Schmiede, wenn er etwas zu bestellen oder das Bestellte abzuholen hat, sondern auch dann, wenn er, was in der Welt Neues vorgeht, hören möchte. Denn er weiß, daß der Schmied von den Fuhrleuten zuerst erfährt, was ihnen auf ihren größeren oder kleineren Geschäftsreisen vorgekommen ist. In unserer Gemeinde aber hatten viele Bauern dem Fuhrwerk sich zugewendet, seitdem die Josephinischen Verordnungen das Loos des Landmanns verbessert, und seitdem sich in der Gemeinde die Industrie bedeutend gehoben hatte. Dieselbe befaßt sich namentlich mit der Bleicherei der Garne und Linnen, wozu die Lage des Orts besonders geeignet war. Derselbe lag nämlich an einem bedeutenden Gebirgswasser, an dessen Ufern zu beiden Seiten sich die schönsten Wiesenplätze befanden. So ergab sich allmälig ein lebhafter Verkehr zwischen der Hauptstadt des Landes und unserer Gemeinde, der nicht ohne Einfluß auf die Gedankenwelt derselben blieb. Sowohl die Handels- als die Fuhrleute brachten allerlei Schriften, die sie für geringes Geld von den hausirenden Juden kauften, von Prag nach der Heimat. Und diese Schriften wanderten dann von Hand zu Hand, von Haus zu Haus. So erzählte mir später mein Vater, daß ein Fuhrmann zu ihm in die Werkstatt getreten sei mit der Anrede: „Schmied, wisset Ihr was Neues? Wir brauchen nicht mehr zur Beichte zu gehen." Und auf die Frage des Vaters, woher er diese Neuigkeit habe, gestand er ihm, daß er eine Bibel von Prag mitgebracht habe, in der das stehe. Mein Vater bewog ihn, diese Bibel ihm auf einige Zeit zu leihen. Und es befand sich, daß es eine Bibel mit einem Commentare unter dem Texte war, welcher Commentar aber von keinem Katholiken herrührte.

Bei diesem Vorfalle wie bei vielen andern Vorfällen kam es nun oft zu gewaltigen Debatten, und es war ein Glück für uns und die Andern, daß der

---

1 Aus praktischen Gründen zitiere ich die Texte nach: I. Hardach-Pinke/ G. Hardach (Hrsg.): Kinderalltag. Deutsche Kindheiten in Selbstzeugnissen 1700 bis 1900. Reinbek 1981. Das Buch endet mit einer Bibliographie der herangezogenen Autobiographien, die Aufzeichnungen über Kindheiten im 18. und 19. Jahrhundert enthalten. Es enthält (nach einer lesenswerten Einleitung) 36 Ausschnitte aus unterschiedlichen Kindheitserinnerungen, gegliedert in zwei Teile (18. und 19. Jahrhundert) und geordnet nach bäuerlichen, kleinbürgerlichen, bürgerlichen, adeligen und (im 19. Jahrhundert) proletarischen Kindheiten.

Hufschmied viel besser beschlagen war, als die unwissenden Fuhrleute, die allen Unflath auf der Landstraße aufklaubten, um ihn zu Hause an den Mann zu bringen. Und was der Schmied nicht wußte, das wußten manchmal seine Schulkameraden und Nachbarn, die gewöhnlich ihre Feierabendstunden in unserem Haus bis in die späte Nacht hinein verplauderten. – Mit welcher Aufmerksamkeit hörte ich den Gesprächen dieser Leute zu, und wie leid that es mir und meinen Brüdern, wenn die Mutter uns zu Bett in die Oberkammer transportirte, aus Furcht, es dürfe wohl nicht jedes Wort für die Ohren der Kinder sich eignen!"

(*Anton Günther*: Eine Biographie von *Peter Knoodt*, Wien 1881, S. 13f.; bei *Hardach-Pinke*, S. 133f.)

Die Darstellung dieses Textes liegt besonders weit zurück und enthält eine Welt, die heute ganz und gar verschwunden ist. Der alte Handwerksberuf des Schmieds wurde im Verlauf der Industrialisierung zu einem Beruf der Industrie mit vielen Differenzierungen (vom Messer- und Kesselschmied bis zum Schlosser); die dörfliche Schmiede gibt es nur noch selten, und ausgestorben sind die Fuhrleute in einer Zeit der Autos und Überlandtransporte.

Ebenso Vergangenheit geworden ist die kommunikative Funktion der Schmiede als Treffort, als Ort des Austauschs von Bestellungen, als Informationsbörse mit Nachrichten nicht nur aus der näheren Umgebung. Die Neuigkeiten waren auch für Kinder interessant; es gab noch keine „Funktionsdifferenzierungen" in Information, Unterhaltung, Bildung sowie Kinder-, Jugend- und Abendprogramme wie in unseren heutigen Massenmedien, und vor allem: Die Personen waren lebendig gegenwärtig, es war ein lebhafter Austausch von Meinungen, ein Kommen und Gehen, eine spontane nicht geplante „Programmverlängerung" „bis in die späte Nacht hinein". *Anton Günther*, 1783 in einem Dorf in der Nähe von Zwickau im nördlichen Böhmen geboren, war von frühauf eingeschlossen in den lebendigen sozialen Austausch, an dem teilzunehmen nicht zur Routine werden konnte. Wir müssen uns aber hüten, solche Ausschnitte zu idyllisieren. Von den zuhörenden Brüdern starben die meisten; von den drei letzten der sechs Kinder, die die Mutter geboren hatte, blieb keines über das vierte Jahr hinaus am Leben. Auch der kundige Schmied, der die Qualität von Neuigkeiten einschätzen und überprüfen konnte (sein Sohn wird ihn deshalb sehr bewundert haben!), war nicht nur der im Zentrum sozialen Austauschs stehende Handwerker: *Günther* erzählt, der Vater „hatte gegen seinen Willen das Schmiedehandwerk ergreifen müssen und wäre lieber Orgelbauer oder Uhrmacher geworden. Auch hatte er Schwierigkeiten mit den Bauern, seinen Kunden, die im Wohlstand lebten, ihn aber nicht bezahlen wollten." (*Günther*, S. 11) Die Situationen der Vergangenheit, die zu verklären wir (auch in unserem eigenen Leben) leicht geneigt sind, enthalten Personen mit Lebensläufen und darin eingeschlossenen Hoffnungen und Enttäuschungen; sie ruhen auf ökonomischen Gegebenheiten, und bis ans 20. Jahrhundert heran stand der Kindertod stets nahe bei der Tür. Aber das *damalige* Kind, *Anton*, wußte davon wenig oder vergaß es doch, wenn es in der zur Straße offenen Schmiede saß: *Dann* jedenfalls waren die Sinne unbeschwert, offen für Neuigkeiten, Histörchen, Abenteuergeschichten oder auch die Politik der Zeit. Es gab keine professionellen Rerchercheure und Berichterstatter; die *Glaubwürdigkeit* einer Nachricht lag in der Person, ihrem Verstand, ihrer Weltläufigkeit begründet. Geläufig als Stätten des Erzählens sind uns die Dorfbrunnen, die Wäschereien am Flusse, die Spinnstuben und andere Orte. Während es hier aber primär um Klatsch sowie Märchen und Phantasiegeschichten ging, war die Schmiede ein Ort, in den *Realien* einströmen konnten: Im Gewande der Erzählung erfuhr *Anton* ein Stück sozialer Wirklichkeit seiner Zeit. Welche aufwendigen pädagogischen Arrangements sind heute notwendig, um nur dies zu gewährleisten!

„Eine ordentliche Königsberger Familie legte sich also im Herbste ihre zehn, zwanzig Scheffel Kartoffeln in den Keller. Einige Scheffel Obst wurden im Sommer geschält und aufgereiht und bei dem Bäcker getrocknet, Pflaumen- und Kirschmus im Hause gekocht. Von allen Gemüsearten wurde der nöthige Vorrath im Herbste für das ganze Jahr angeschafft, und in Beeten von grobem Sand, je nach ihrer Art in den Kellern untergebracht, was man Einkellern nannte. In gleicher Weise wurden ganze Fässer voll Sauerkohl und Gurken, Töpfe voll rother Rüben und marinirter Häringe eingemacht, der feinern Früchte und der für Krankheitsfällen nöthigen Gelees und Fruchtsäfte nicht erst zu gedenken. Selbst Kamillen, Hollunder und Kalmus, wurden für vorkommende Fälle im Sommer von den Kräuterleserinnen gekauft, und als Vorrath für den Winter aufbewahrt.

Aber das genügte noch nicht. Allwöchentlich wurde das Roggenbrod zu

Hause angeteigt, mußte zu Hause säuern und besonders bei dem Bäcker gebacken werden. Gab es einen Geburtstag oder ein Fest, so wurde der Kuchen im Hause gebacken. Die Milch kaufte man, wie sie von der Kuh kam, um selbst die Sahne abzuschöpfen, das Bier ließ man in Fässern kommen und füllte es selbst auf Flaschen. Wurst wurde, wenn man es haben konnte, wenigstens einmal im Jahre im Hause gemacht. Schinken und alle Pöckel- und Rauchfleischwaren galten für besser, wenn sie nicht vom Schlächter besorgt waren. Um sich vorteilhafter einzurichten, kaufte man je nach der Jahreszeit halbe Hämmel, halbe Kälber und halbe Schweine. Daß bei solchen Ansichten alles Federvieh im Hause gemästet, im Hause gerupft wurde, daß man die Federn sammelte und sie schleißen ließ, und daß also natürlich auch Alles was irgend möglich war im Hause gestrickt, genäht und geschneidert wurde, braucht nicht erst erwähnt zu werden. Die Grille der Selbstfabrikation ging so weit, daß man die Töchter nicht nur im Schneidern und Putzmachen unterrichten ließ, was in so fern sehr vernünftig war, als es uns geschickt und unabhängig machte, sondern man ließ eine Zeit hindurch auch Schuhmacher in die Familien kommen, um das Schuhmachen zu lernen, um die Damen- und Kinderschuhe im Hause verfertigen zu können.

Wahr ist's, solch ein Haushalten im Großen und Ganzen hatte seine Reize. Es lag ein Vergnügen in dem weiten Voraussorgen, wenn man die Mittel hatte, ihm zu entsprechen.

Die gefüllten Speisekammern und Keller mit ihren Steintöpfen, Fässern, Kasten und Schiebladen, waren hübsch anzusehen. Das Backobst auf den Schnüren, der Majoran und die Zwiebeln verliehen, im Verein mit den Gewürzen, der Speisekammer einen prächtigen Duft, das aussprossende Gemüse in den Kellern roch vortrefflich. Man hatte ein Gefühl des Behagens, wenn nun alles beisammen war. Nun konnte der Winter in Gottes Name kommen! Der Besuch eines unerwarteten Gastes genirte auch nicht im Geringsten. Wie überall, wo man aus dem Vollen wirthschaftet, war man eher geneigt, einmal Etwas draufgehen zu lassen; und für die Kinder gab es bei all dem Backen und Obsttrocknen, Einkellern, Einkochen und Wurstmachen, vielerlei Vergnügen, auf das man sich im Voraus freute. Die Männer bezahlten in vielen Fällen diese Art der Wirthschaft nur mit mehr Geld als nöthig, die Frauen mit einem Aufwande von Kraft, der oft weit über ihr Vermögen ging, und zu irgend einem nicht auf den Haushalt und die Familie bezüglichen Gedanken, blieb Denjenigen, die wir bei Allem selbst Hand anlegen mußten, wenn ihr Sinn nicht entschieden auf Höheres gerichtet war, kaum noch Zeit übrig. –

Daß nach diesen Angaben eine Königsberger Familie viel Raum haben mußte, daß Keller, Boden, Kammern und ein Hof unerläßlich, daß mehr Dienstboten dafür nöthig waren, versteht sich von selbst. Rechnet man nun noch die fanatische Reinlichkeit meiner Landsmänninnen dazu, für die es damals ein Dogma war, alle Zimmer wöchentlich einmal scheuern zu lassen, eine Gunst, welche den Fluren und Treppen zweimal in der Woche wiederfuhr; rechnet man dazu, daß die Spiegel und sogar die Fenster, so lange die Kälte dies bei den Letztern nicht unmöglich machte, wöchentlich geputzt, die Stuben jeden Morgen feucht aufgewischt, und nach dem Mittagessen, wo es thunlich war, noch einmal gekehrt und abgestaubt wurde, so entstanden mit dem nothwendigen Reinhalten der Küche, der Kammern und des vielen für alle diese Vorräthe nöthigen Geschirres, eine nicht endende Arbeit und Unruhe, und eine Athmosphäre feuchter Reinlichkeit, in welcher Orchideen und Wasservögel, je nach der Jahreszeit, eigentlich besser an ihrem Platze gewesen wären, als wir Menschenkinder."

(*Fanny Lewald*: Im Vaterhause, Bd. 1, 1. Teil, Berlin 1861, S. 38 ff.; bei *Hardach-Pinke*: S. 304 f.)

Die Szene ist hier das „ganze Haus" einer „ordentlichen Königsberger Familie", und die Erzählerin *Fanny Lewald* (eine bekannte Schriftstellerin des 19. Jahrhunderts) stammt aus einer anderen Sphäre als *Anton Günther*: Sie ist bürgerlich, städtisch. Neben solchen „soziologischen Indikatoren" gibt es andere: Königsberg und Böhmen sind andere Regionen mit anderen Traditionen; die Schmiede ist primär eine Welt der Männer, die Vorratshaltung im Haus eine Aufgabe besonders der Frauen; der karge Alltag eines kleinbürgerlichen Schmieds steht gegen die Manie einer reichen und reichhaltigen Vorratswirtschaft. In einer Zeit plastikverpackter Nahrungsmittel fasziniert natürlich die Schilderung eines Haushalts, in dem fast alles „selbst gemacht" wurde, „natürliche Produkte" frisch verarbeitet sind. Weniger behaglich berührt schon die Reinigungswut, damals Zeichen bürgerlichen Wohlstands, heute eher zur Marotte kleinbürgerlicher Hausfrauen ohne außerhäuslichen Horizont degradiert. Einerseits: Welche Fülle von Reizen und Eindrücken konnte *Fanny* hier sammeln und verarbeiten – nicht nur im Zuschauen, sondern auch im Riechen, Schnuppern, im Probieren, im Planen und Sichfreuen auf „vielerlei Vergnügen". Andererseits: „Denjenigen, die wir bei allem selbst Hand anlegen mußten" blieb kaum „noch Zeit übrig" für andere, nichtalltägliche Dinge – „wenn ihr Sinn nicht entschieden auf Höheres gerichtet war". Hier spielt *Fanny* auf sich selbst an, die künftige Schriftstellerin: Bereits als Mädchen ging sie nicht auf in diesen hausfürsorgerischen Tätigkeiten; sie interessierte sich früh für schöne, aber unpraktische Dinge, für Genüsse geistiger Art. Auch dafür gab es Räume (vor allem den „Saal" im ersten Stock, der „nur an Gesellschaftstagen geöffnet" wurde. Hier war eine verwandelte Welt: „Am Plafont war eine Göttin, ich glaube eine Viktoria oder Fama in gelben Bronzefarben dargestellt (...) auf den Marmorplatten standen blaue Vasen mit Ansichten aus der sächsischen Schweiz, und in der Ecke eine Art runder Etagère, deren Bretter, sie hatte ihrer drei in abnehmender Größe, zu drehen waren. Man nannte dies Möbel damals eine Servante, besetzte es mit schön gemalten Tassen und kleinen anderen Geräten (...) vor dem Sopha lag ein sehr großer englischer Teppich mit breiter Blumeborte und dann umschloß dieser Saal noch zwei Prachtstücke: eine Tischdekke von grauem Kaschmier, auf der ein großes Hortensienbouquet mit schönen grünen Blättern in petit pont gestickt war, und ein kaum spannhohes rundes Tischchen von grauem Marmor, das auch auf der Servante stand und das, wenn man die geheime Feder drückte, sich aufthat und einen Nähapparat unter einem rosenduftigen, rosaseidenen Kissen enthielt. Hob man den Nähapparat heraus, so lag darunter auf dem Boden ein Blatt in Spiegelschrift geschrieben. Es standen darauf Verse aus dem Tasso ..." (*Lewald*, S. 60ff.) In bügerlichem Repräsentanzkitsch wehte für *Fanny* der Atem des Geistes: Noch ein Widerspruch! Natürlich kann man aus diesen Erfahrungen nicht *ableiten*, daß sie später einerseits eine Autorin vielgelesener Trivialromane wurde, sich andererseits gerade in diesen Romanen immer wieder für die Emanzipation der Frau einsetzte; dennoch mag diese gemischte Atmosphäre aus Hausputz, Hauswirtschaft, Salon und Verweisen auf Ästhetisches oder „Tieferes" für das damals 6- bis 8jährige Kind nicht ohne Bedeutung gewesen sein. Für eine Frau machte *Fanny Lewald* im 19. Jahrhundert eine außergewöhnliche Karriere, und es ist keinesfalls auszuschließen, daß einige der Chancen auch in ihrem Elternhause lagen. Anders bei *Anton Günther*: Auch sein Weg vom Handwerkersohn zum Priester und katholischen Philosophen war ungewöhnlich; aber er läßt sich aus der häuslichen Szenerie nicht fortsetzen. Es waren Gönner, die dem begabten *Anton*, als er 13 Jahre alt war, in der Klosterschule Frei-Tisch und Unterkunft bezahlten und ihn damit in eine neue Welt einwiesen. Heute soll das Schul*system* jeden, unabhängig von seiner Herkunft, gemäß seinen Anlagen und Strebungen fördern; damals mußte eine *personale* Aufmerksamkeit geweckt werden. So unterschiedlich Organisationsformen und Bedingungen sind – die Schwierigkeiten des sozial benachteiligten Kindes sind trotz der Zeitdifferenz erstaunlich gleich geblieben.

Spielen

„Alle Tag dacht' ich dreymal ans Essen, und damit aus. Wenn mich der Vater nur mit langanhaltender oder strenger Arbeit verschonte, oder ich eine Weile davonlaufen konnte, so war mir alles recht. Im Sommer sprang ich in der Wiese und an den Bächen herum, riß Kräuter und Blumen ab, und machte Sträusse wie Besen; dann durch alles Gebüsch, den Vögeln nach, kletterte auf die Bäume und suchte Nester. Oder ich las ganze Haufen Schneckenhäuslein oder hübsche Stein zusammen. War ich dann müd', so setzt' ich mich an die Sonne, und schnitzte zuerst Hagstecken, dann Vögel, und zuletzt gar Kühe; denen gab ich Namen, zäunt' ihnen eine Waid ein, baut' ihnen Ställe, und fütterte sie; verhandelte dann bald dies bald jenes Stück, und machte immer wieder schönere. Ein andermal richtete ich Oefen und Feuerherd auf, und kochte aus Sand und Lett einen saubern Brey. Im Winter wältzt' ich mich im Schnee herum, und rutschte bald in einer Scherbe von einem zerbrochenen Napf, bald auf dem blossen Hintern, die Gähen hinunter. Das trieb ich dann alles so, wie's die Jahreszeit mitbrachte, bis mir der Vater durch die Finger pfiff, oder ich sonst merkte, daß es Zeit war. Noch hatt' ich keine Cameraden; doch wurd' ich in der Schule mit einem Buben bekannt, der oft zu mir kam, und mir allerhand Lappereyen um Geld anbot, weil er wußte, daß ich von Zeit zu Zeit einen halben Batzen zu Trinkgeld erhielt. Einst gab er mir ein Vogelnest in einem Mausloch zu kaufen. Ich sah täglich darnach. Aber eines Tages waren die Jungen fort; das verdroß mich mehr als wenn man dem Vater alle Küh gestohlen hätte. Ein andermal, an einem Sonntag, bracht' er mir Pulver mit – bisher kannt' ich diesen Höllensamen nicht – und lehrte mich Feuerteufel machen. Eines Abends hatt' ich den Einfall: Wenn ich auch schiessen könnte! Zu dem End' nahm ich eine alte eiserne Brunnröhre, verkleibte sie hinten mit Leim, und machte eine Zündpfanne auch von Leim; in diese that ich dann das Pulver, und legte brennenden Zunder daran. Da's nicht losgehen wollte, blies ich ... Puh: Mir Feuer und Leim alles ins Gesicht. Dieß geschah hinterm Haus; ich merkte wohl, daß ich was unrechtes that. Inzwischen kam meine Mutter, die den Klapf gehört hatte, herunter. Ich war elend bleßirt. Sie jammerte, und half mir hinauf. Auch der Vater hatte oben in der Waide die Flamm gesehen, weils fast Nacht war. Als er heimkam, mich im Bett antraf, und die Ursache vernahm, ward er grimmig böse. Aber sein Zorn stillte sich bald, als er mein verbranntes Gesicht erblickte. Ich litt grosse Schmerzen. Aber ich verbiß sie, weil ich sonst fürchtete, noch Schläge oben drein zu bekommen, und wußte daß ich solche vedient hätte. Doch mein Vater empfand wohl, daß ich Schläge genug habe. Vierzehn Tage sah' ich keinen Stich; an den Augen hatt' ich kein Häärlein mehr. Man hatte grosse Sorgen wegen dem Gesicht. Endlich ward's doch allmälig und von Tag zu Tag besser. Jetzt, sobald ich vollkommen hergestellt war, machte der Vater es mit mir, wie Pharao mit den Isaraeliten, ließ mich tüchtig arbeiten, und dachte: So würden mir die Possen am beßten vergehen. Er hatte Recht. Aber damals konnt' ich's nicht einsehen, und hielt ihn für einen Tyrann, wenn er mich so des Morgens früh aus dem Schlaf nahm, und an das Werk musterte. Ich meinte, das wär' eben nicht nöthig; die Kühe gäben ja die Milch von sich selber."

(*Ulrich Bräker*: Der arme Mann in Tockenburg. München 1789, S. 24 ff.; bei *Hardach-Pinke*: S. 83 ff.)

Ulrich Bräker, 1735 in Tockenburg (Schweiz) als erstes Kind eines Kleinbauern und Salpetersieders geboren, stammte aus armen Verhältnissen. Seine Bildung erwarb er sich autodidaktisch; später war er Baumwollgarnhändler; seine Biographie gehört nicht zuletzt wegen der Frische und Anschaulichkeit der Erzählung zu den bekanntesten des 18. Jahrhunderts. Der 6- bis 8jährige Knabe denkt nur ans Spielen (und „dreimal ans Essen"!), aber welche reichhaltige Palette von Möglichkeiten bot ihm auch die ländliche Welt, in der er aufwuchs! In der Wiese und an den Bächen herumspringen, auf Bäume klettern und Nester suchen, Schnecken sammeln, schnitzen, basteln und bauen – und im Winter rutschte er „bald in einer Scherbe von einem zerbrochenen Napf, bald auf dem bloßen Hintern" bergab. Freundschaften bestehen im Tauschen und Dummestreichemachen. Die Überbehütung heutiger Kindheit gab es nicht, das Spiel mit dem selbstgemachten Pulver zeigt es. Spielen barg Risiken, und das war selbstverständlich. Die Eltern traten gleichsam nur als Rahmen in Erscheinung. „Bis mir der Vater durch die Finger pfiff" (auch heute werden Kinder von der Straße gerufen – wenn man sich nicht auf eine Uhrzeit einigt, die sie an der Armbanduhr ablesen können); und in Notfällen sind sie zur Stelle (wenn auch zunächst bedrohlich, jedenfalls der Vater – wie immer). Die pädagogischen Maßnahmen sind einfach: Gegen gefährliche „Possen" hilft am besten Arbeit; wie viele bäuerliche Kinder wurde auch *Ulrich Bräker* Geißbube (mit etwa 8 Jahren). – *Bräkers* Erzählung berührt (und das wird uns mit anderen Geschichten immer wieder ähnlich gehen) teils befremdlich und fern, teils bekannt und vertraut. Fremd ist die dingliche Anspruchslosigkeit der Spiele und ihre Wildheit; vertraut die Entdeckungslust des Jungen (Mädchen würden ähnliche Geschichten kaum erzählen!) und sein distanziert-hinnehmendes Verhältnis zu den Eltern. Kindheiten gehen mit den Zeiten; manchmal bleiben sie aber auch in alten Verhältnissen stehen.

„Unsere Haupttummelplätze waren die nächste Umgebung des Domes, das alte Reichskammergerichtsgebäude, dessen große Räume jahrelang als Lagerplätze einem Gastwirt dienten die große Burgruine Kalsmunt vor der Stadt, die Felsenpartien an der Garbenheimer Chaussee – der Ort Garbenheim besitzt ebenfalls Erinnerungen an Goethe –, auf deren Felsplatten wir unsre Festungen errichteten, die alte Stadtmauer und vor allem die auf einem Hochplateau gelegene Garbenheimer Warte, von der aus wir im Herbste unsere Raubzüge in die Kartoffelfelder unternahmen, um Kartoffeln zum Braten zu holen. Eines Tages mußten wir dafür eine mehrstündige Belagerung durch eine Bauernfamilie aushalten die wir aber siegreich abschlugen. Die Streifereien durch Wald und Flur, namentlich während der Ferien, waren zahllos.

Auch war das Obststrippen, wie wir es nannten, eine Lieblingsbeschäftigung im Sommer und Herbste, denn die Umgebung Wetzlars ist sehr obstreich. Die Lahn, ein ganz respektabler Fluß, gab im Sommer die gewünschte Badegelegenheit und im Winter die Möglichkeit zum Schlittschuhsport. Bei einer solchen Gelegenheit passierte es, daß mein Bruder hart neben mir in ein leicht zugefrorenes Loch einbrach und unzweifelhaft unter das Eis geraten und ertrunken wäre, breitete er nicht unwillkürlich die Arme aus, die ihn oben hielten. Ein Kamerad und ich zogen ihn aus dem Wasser und brachten ihn auf eine Felsplatte an der Garbenheimer Chaussee. Hier mußte er sich entkleiden wir borgten ihm einzelne Kleidungsstücke von uns und rangen dann seine Kleider aus, die wir in der ungewöhnlich warmen Februarsonne trockneten. Die Mutter erfuhr erst nach Monaten den Unfall ihres Zweiten, was dadurch ermöglicht wurde, daß wir unsere Kleider selbst reinigten, auch, so gut es ging, selbst flickten, um die Risse dem Auge der Mutter zu verbergen."

(*August Bebel*: Aus meinem Leben, Stuttgart 1910, Bd. 1, S. 2ff.; bei *Hardach-Pinke*: S. 277)

Der Sozialdemokrat *August Bebel*, geboren 1840, verlebte seine Kinderzeit in Wetzlar – ziemlich genau 100 Jahre trennen seine Kindheit von der *Bräkers*. Dennoch: Die Offenheit der kleinen Stadt zum Lande hin öffnet auch ihm den Raum weit für vielfältige Abenteuer, „Raubzüge"; für Baden, Schlittschuhlaufen und eine Vielfalt anderer Betätigungen. Auch die Risiken sind gleich geblieben, wie die Geschichte vom Bruder zeigt, der ins Eis einbrach und fast ertrunken wäre. Der elterliche Eingriff wird hier durch Geheimhaltungsmaßnahmen vermieden. Darauf hinzuweisen ist, daß die geschilderten Spiele nur ein Bruchstück der Kinderwelt *Bebels* sind: Die häusliche Not, die die Mutter zwang, kleine Parzellen ererbten Landes zu verkaufen und zu nähen, bis sie an Schwindsucht starb; die Verantwortung *Augusts* als Ältester für Geschwister und Alltag in der Familie – all dies kommt an dieser Stelle nicht zur Sprache. *Bebel* besuchte zunächst die Armenschule Wetzlars, bis er in „damals eine ganz vortreffliche" Volksschule überwiesen wurde. – Ich könnte mir denken, daß vor allem Jungen, die auf dem Lande aufwachsen, heute noch ähnliche Geschichten erzählen können – allerdings werden es weniger sein, und die Abenteuer werden *auch* zu tun haben mit Autobahnen und Straßenverkehr, mit Mitgenommenwerden (noch zur Zeit *Bebels* wurden Fuhrwerke vorwiegend zu praktischen Zwecken gebraucht, und es war wenig Platz für müßige Mitfahrer) und, vor allem im Winter, mit Fernsehen in der Stube.

„Balkone sind diese Beischläge nicht, eher möchte ich geräumige, ziemlich breite Terrassen sie nennen, die, mit großen Steinplatten belegt, längs der Fronte des Hauses sich hinziehen, zu denen einige breite bequeme Stufen hinaufführen und die straßenwärts mit steinernen Brustwehren versehen sind.

Zwischen den aneinander stoßenden Beischlägen der zunächst benachbarten Häuser bilden vier bis fünf Fuß hohe Mauern die Grenze; blecherne Röhren führen der auf derselben ruhenden steinernen Rinne das Regenwasser von den Dächern zu, die diese durch den Rachen kolossaler, zuweilen recht kunstreich in Stein gehauener Wallfische oder Delphinköpfe wieder ausströmen läßt ...

Und welch' einen Spielplatz bot in meiner Jugend der Beischlag den Kindern! so sicher so bequem! Dicht unter den Augen der oben am Fenster nähenden und strickenden Mutter, die zuweilen es nicht verschmähte, mitten unter uns den Genuß des milden Abends zu genießen. Bei leidlichem Wetter brachten wir mit unsern Gespielen alle unsere Freistunden in diesem Asyl zu, das noch den unschätzbaren Vorzug besaß, daß wir unsers lärmenden Treibens wegen weniger gescholten wurden, weil es hier bei weitem nicht so lästig wurde, als im Hause selbst."

(*Johanna Schopenhauer*: Jugendleben und Wanderbilder, in: Gedansia. Beiträge zur Geschichte Danzigs, Bd. III, Danzig 1884, S. 16; bei *Hardach-Pinke*: S. 170)

Von Wetzlar nach Danzig, aus dem 18. ins 19. Jahrhundert (*Johanna Schopenhauer*, die Mutter des Philosophen, wurde 1766 geboren, verlebte ihre Kinderzeit in Danzig und wurde eine zu ihrer Zeit anerkannte Schriftstellerin), vor allem: von der Jungen- in die Mädchenwelt. Beschrieben werden auch Leben und Treiben im Hafen und in der Stadt; aber als Spielplatz kamen diese Orte weniger in Frage. Mädchen blieben eben „beim Haus", dort, wo es „so sicher, so bequem" war, die Aufsicht „der oben am Fenster nähenden und strickenden Mutter" gewährleistet und ein Risiko für Leib und Leben fast ausgeschlossen. Die „Beischläge", typisch für die Architektur Danzigs, geben zwar eine begrenzte Freiheit des „Draußenseins" (die Kinder konnten hier auch lauter sein als im Hause selbst), aber die Straße und das freie Feld bleiben den Jungen vorbehalten; die sinnigeren Mädchenspiele passen nicht dorthin.

„Eines dieser großen Kinderzirkel erinnere ich mich mit besonderem Entzücken. Es mag wohl am 27. Januar 1797 gewesen sein. Meine Gouvernante, Fräulein Randahl, hatte ein vortreffliches Mahl in meiner Küche bereitet, die ich zu Weihnachten erhalten hatte und die so groß war, daß ich, die ich ein sehr großes Kind war, aufrecht darin stehen konnte. Zwei Tage hatte die gute sachkundige Randahl gekocht, gebraten und auch das Amt eines Konditors versehen wobei Charlotte und ich ihr helfen durften. Endlich als dieses herrliche Souper im unteren Saal auf einer, wie mir schien, unabsehbar langen, aber niedrigen gedeckten und servirten Tafel aufgetragen war, da fühlte ich mich überglücklich. An beiden Enden der Tafel machten Charlotte und ich die Honneurs und legten vor; den verdünnten und versüßten Wein kredenzte uns der herrliche Großvater Bernstorff. Ich sehe den großen, edlen, schönen Greis, wie er mit so freundlichem Vergnügen unsere Tafel umkreist, nach manchem der Gerichte fragt, Einiges kostet und unsere wirthschaftliche Geschicklichkeit rühmt; ich höre seine sonore Stimme, mit der er, eines unserer kleinen Gläser ergreifend, Gesundheiten ausbringt, die der ganzen Tischgesellschaft, die des Geburtstagskindes, die des väterlichen Hauses. Ach der letzte Wunsch ging nicht in Erfüllung, da dieses liebe Haus bald darauf aufgelöst ward."

(*Gräfin Elise von Bernstorff*: Ein Bild aus der Zeit von 1789 bis 1835. Aus ihren Aufzeichnungen. Berlin 1897, S. 6; bei *Hardach-Pinke*: S. 191)

Elise ist fast ein Vierteljahrhundert jünger als *Johanna* und wuchs als Kind auf in Kopenhagen. Auch sie lebt in einer Mädchenwelt, aber als Mitglied des Adels hat sie andere Spielmöglichkeiten (und -einschränkungen!) als ihre Geschlechtsgenossin. Die Kinder wurden von Bonnen, später Gouvernanten betreut und aufgezogen und nur selten aus der Aufsicht entlassen. Erwachsene waren meist zugegen, und in gewisser Weise entsprach dies dem Stand: Sollte das Kind doch von frühauf lernen, sich zu benehmen und die adlige Herkunft, Respekt und Renommé der Familie zu repräsentieren. Wesentlich ist entsprechend der *Gestus* (Kleidung, Sichdarstellen) und das Imitieren von Szenen, in denen die adligen Kinder später auch als Erwachsene agieren mußten: *Elise* bereitet ein „herrliches Souper" vor, macht mit ihrer Schwester „die Honneurs", freut sich am Mitspielen des Großvaters, der, ganz wie es sich gehört, „Gesundheiten ausbringt". So mischt sich früh das Zeremoniell in die Kinderspiele, die vorwiegend unter Aufsicht stattfinden und, wenn möglich, den adligen Familienstolz bekräftigen. Im Spiel klingt, wenn auch abgeschwächt, das Ritual des Höfischen nach: Nicht das Nachgeben auf spontane Impulse ist gefragt, sondern das spielerische Erwerben von Traditionen der Repräsentation (die freilich nicht mehr den Hintergrund von Macht und Landbesitz hatte). Diese Art Kinderwelt gibt es heute nicht mehr; Teile von ihr wurden transformiert wieder aufgenommen im reichen Bürgertum, das sich bemühte, ebenfalls Traditionen zu erwerben (vgl. *Thomas Manns Buddenbrooks*).

Arbeiten

„Man gewöhnte sich so zu der bestimmten Arbeit, daß von Seiten der Aeltern kein Zwang, keine Drohung, kein Schelten nöthig war. Es bedurfte oft nur eines Winkes, um jedes Kind unverdrossen bei seiner Arbeit zu sehen. Es hatte auch noch die gute Folge, daß man die höhere Classe von Arbeiten als ehrenvolle Auszeichnung ansah, und sich auf das folgende Jahr, da man höher stieg, freuete. Ich wenigstens erinnere mich noch genau, wie sehr mich diese Art von Ehrgeiz belebte. Ich konnte oft die bestimmte Zeit nicht erwarten, da gewisse Arbeiten an mich kamen. So bat ich einst meinen Vater dringend, mir, da ich damals kaum acht Jahre alt war, zu erlauben, daß ich bei der Ernte mit meinen ältern Geschwistern das Getreide abschneiden dürfte. Als es mir erlaubt wurde, ging ich mit Freuden auf einen Gerstenakker, um mit denselben die Arbeit des Schneidens vorzunehmen. Ich wollte dabei meiner Schwester, die drei Jahre älter war, als ich, übertreffen, und schnitt daher so eilfertig, daß mir die Sichel in die Spitze des kleinen Fingers der linken Hand fuhr und einen Theil davon abnahm. Nun wurde mir das Getreideschneiden verboten, bis nach der gemachten Eintheilung die Ordnung an mich kommen würde. Aber eine andere Art von Arbeit, zu der ich mich auch zu frühe gedrängt hatte, wurde mir nicht abgenommen: und das war das Dreschen. Da ich schon mit dem sechsten Jahre anfing, Musik zu lernen, so ergötzte mich vorzüglich der genaue Tact, der beim Dreschen beobachtet wird. Ich wollte daher versuchen, ob ich den Tact bei diesem Geschäfte auch treffen könnte. Ich bat daher meinen Vater um die Erlaubnis, mit dreschen zu dürfen. Als es mir erlaubt wurde, so fand ich mich gleich in den nöthigen Tact, der nach der Anzahl der Dreschenden verschieden ist. Das gefiel mir eine Zeitlang sehr; aber endlich wollte ich doch wieder austreten, was mir aber nicht gestattet wurde. Ich mußte sogar zu Nacht mit aufstehen und an dieser Arbeit Theil nehmen, ob ich gleich kaum acht Jahre alt war."

(*Johann Baptist Schads* Lebensgeschichte, von ihm selbst beschrieben. Altenburg 1828, S. 9f.; bei *Hardach-Pinke*: S. 90)

Johann Baptist Schad, später Professor der Philosophie, war 1758 in Münzbach, einem Dorf in der Nähe von Würzburg, geboren worden, seine „Aeltern trieben Ackerbau, Bäckerei und Schänkwirthschaft". In diesem und in beiden folgenden Texten kommt zur Sprache was für *alle* Kindheiten im 18. und 19. Jahrhundert galt: Mithilfe im Haushalt, aber auch bei der Erwerbsarbeit war früh selbstverständlich und wurde von allen Kindern erwartet. Diese Kinderarbeit durchweg „Ausbeutung" zu nennen ist deshalb problematisch, weil sie in vielerlei Formen erfolgte. *Schad* und seine Geschwister arbeiteten mit in der vom Vater erstellten „Ordnung des Hauswesens", und sie hatten sogar Freude daran, ja *Schad* setzt seinen Ehrgeiz darein, Tätigkeiten auszuführen (bei der Ernte mit der Sichel arbeiten; im Takt dreschen), die eigentlich noch nicht „an der Reihe" waren. Vor allem: Die Arbeit fand sozusagen für die Sicherung des *eigenen* Lebensunterhalts im *eigenen* Hause statt. Interessant ist, daß die Schwestern mitarbeiten mußten, auch auf dem Felde. Erklärlich ist dies leicht: Das gute Wetter im Sommer mußte für die Ernte ausgenutzt werden, und auch das schnelle Ausdreschen des Korns war wichtig, damit es nicht in der Feuchtigkeit stockte und so an Wert verlor. Daß dabei jeder mithalf, war damals selbstverständlich – und auch notwendig – zur Sicherung des Unterhalts und zur *Ab*sicherung vor Verlust von Grundstücken und Besitz.

„Ich wuchs auf, wie Handwerkskinder in kleinen Ackerstädtchen aufwachsen. So weit es der regelmäßige Schulbesuch erlaubte, auf den entschieden gehalten wurde, auch ehe es feststand, daß ich studieren sollte, nahm ich Theil an allen Garten- und Feldarbeiten; und mußte auch zu Zeiten beim Handwerk etwas helfen, indem ich alte Kleider, die gewandt werden sollten, auftrennte (die Nähte zerschnitt). Dabei gab es oft Schelte, wenn ich in das Zeug hineingeschnitten oder nicht sorgsam genug die Fäden ausgezogen hatte. Das Leben in Feld und Garten gefiel mir besser, als die Beschäftigung mit alten Kleidern. So ein Mahl im Freien zu Mittag Milchreis mit Schlackwurst, gehörte zu den Hauptgenüssen; auch ein gewöhnlicher Trunk im Freien, vor Allem aber, wenn es Meth war, schmeckte köstlich, zumal wenn wir dabei unter Kiefern oder Weiden neben den Aeckern lagerten. Auf dem leeren Erntewagen zwischen den Leitersprossen sitzend auf's Feld fahren oder oben auf dem Heuwagen kauernd vor den Stall fahren und vom Wagen aus gleich auf den Heuboden klettern, aus dem Garten Mohrrüben und Schoten mitholen und gelegentlich sich daran erquicken, das sind einfache liebe Jugenderinnerungen.

[...] Es gab aber auch einige leidige Arbeiten für mich. Im Herbste waren die Bohnenstangen von ihren Ranken zu befreien, wobei schon die Kälte, auch zu Zeiten etwas Schnee eintrat. Kohlstrünke waren in derselben Zeit zu hacken, womit das Rindvieh gefüttert ward. Diese aber waren gewöhnlich von einem kalten Schweiß umhüllt und diese feuchte Kälte erzeugte Starrheit in der linken womit ich die Strünke zusammenhalten mußte. Im Sommer war eine der langweiligsten Beschäftigungen das Hüten der Bienen im Garten, die da schwärmen wollten, und noch langweiliger das Hüten und Umklappern des Weizens und der Gerste, woran sich die Sperlinge machten. Wie schön ist es jedoch durch solche Geduldsproben gegangen zu sein. Die letztere habe ich oft schlecht bestanden. In der Langweiligkeit strich ich öfter nach allen Seiten umher und ging viel früher weg gegen Abend, als ich wollte, um nur aus der Langeweile herauszukommen. Ich verweilte dann auf dem Wege, um die Zeit zu tödten. Bei dem Hüten der Bienen gab es mehr Abwechslung. Zu Zeiten kam der Vater in den Garten; die beweglichen Bienen gaben doch einen vorfallenden Gegenstand der Aufmerksamkeit. Selbst die Bienenkörbe in ihren verschiedenen Formen regten meine Einbildungskraft an. Ich vermittelte eine Aehnlichkeit zwischen jedem Korbe und einer Person in der Stadt und hatte also eine kleine lebendige Heerschaar vor mir. Die verschiedenen Gartenpflanzen und die Hoffnungen an den Obstbäumen wurde dabei auch beachtet. Einige Lattichblätter bildeten meine Kühe, ich legte einen Stall für sie an und die Erdwühlereien, die ich dabei vornahm, dehnten sich immer weiter aus. Ich machte einen Garten, faßte ihn mit einem Erdwall ein und legte einen Backofen darin an. Solche Arbeiten setzte ich wol auf dem Hofe fort und formte Schüsseln und Teller aus Lehm.

Der größte Gewinn, den ich von den Hüterarbeiten hatte, bestand in der Geduld, die mir ein wenig eingeübt wurde. Die Uebung in dieser großen Kunst war mir um so nöthiger, als ich leider noch jetzt nicht gut warten kann und leicht ungeduldig werde, wenn eine Zeit ungenutzt vergeht."

(*Wilhelm Harnisch*: Mein Lebensmorgen. Zur Geschichte der Jahre 1787 bis 1822. Hrsg.: H.E. Schmieder, Berlin 1865, S. 23ff.; bei *Hardach-Pinke*: S. 146f.)

Wilhelm, dessen Vater Schneidermeister war, war das zweitjüngste Kind unter elf Geschwistern (Geschwisterreichtum war bis zum 20. Jahrhundert üblich) und ein „Handwerkskind". Er half nicht nur seiner Mutter im Haushalt und beim Kochen (was im Textauszug nicht zur Sprache kommt), sondern wurde auch in der doppelten Subsistenzwirtschaft eingesetzt: Einmal mußte er dem Vater helfen bei seiner Berufsarbeit („indem ich alte Kleider, die gewandt werden sollten, auftrennte"), zum andern arbeitete er im Garten und auf dem Felde. Eine solche zusätzliche Zuwirtschaft für den Familientisch war besonders im bäuerlichen und kleinbürgerlichen Bereich üblich und auch notwendig; auch in dem Haushalt, in dem *Fanny Lewald* aufwuchs (Text S. 19f.), wurde trotz bürgerlicher Wohlhabenheit so gehandelt – freilich weist *Lewald* darauf hin, daß dies viel Geld kostete. Das „Selbermachen" war also hier nicht mehr eigentlich notwendig, ganz im Gegenteil zur Welt, in der *Wilhelm Harnisch* aufwuchs. Sein Text zeigt sehr schön, wie gerade Kinder beim Arbeiten noch ihre Phantasie walten lassen: So werden Bienenkörbe mit Personen in der Stadt gleichgesetzt; oder eine ganze kleine Spielwirtschaft wird angelegt. Auch das Probieren und Essen wird dann zur genußvollen Unterbrechung und zur „einfachen lieben Jugenderinnerung". Hier wie auch sonst gibt es eine *Vielfalt* unterschiedlicher Tätigkeiten, deren Beliebtheitsgrad entsprechend variiert. Das „Umklappern des Weizens und der Gerste" etwa ist eher lästig, während die Folgen der Ernte (mit den aufregungsvollen Fahrten und dem Klettern auf den Heuboden) die Grenzen zwischen Spiel, Arbeit und Vergnügen durchlässig machen. Nicht nur *Harnisch*, auch die anderen Kindheitserinnerer der vergangenen Jahrhunderte akzeptieren übrigens selbst, daß sie von frühauf verantwortliche Aufgaben im Haushalt übernehmen mußten. Dies zeigt sich etwa daran, daß durchweg der Nutzen für das spätere Leben oder für die Charakterbildung betont wird, bei *Harnisch*: „Der größte Gewinn, den ich von den Hütearbeiten hatte, bestand in der Geduld, die mir ein wenig eingeübt wurde." Die Arbeit wird als erzieherischer Wert verstanden, selbst dann, wenn sie *auch* Plage und Anstrengung war.

„Mit zwölf Jahren machte ich bereits den wohlbestallten Laufburschen in dem Scheiblerschen Schuhgeschäft in der Bäckerstraße, reinigte morgens um 6 Uhr den Laden und den Bürgersteig, putzte die Schuhe, holte das Frühstück ein, um dann gegen 7 Uhr in die Schule zu traben. In den Mittagsstunden galt es, Schuhreparaturen zu den Kleinmeistern zu tragen und abzuholen, Gänge in die Stepperei zu machen, Sohlenleder zu schneiden und mächtige Langschäfter, halb so groß wie ich selbst, aus dem Braun der ursprünglichen Farbe des Leders bis zu glänzender Schwärze zu wienern. Diese Tätigkeit setzte sich nach der Schule bis zum Ladenschluß um 8 Uhr und auch am Sonntagvormittag fort. Dafür gab es pro Woche eine Mark Lohn, und diese Mark spielte eine recht ansehnliche Rolle im Gleichgewicht des Haushaltes. Jüngere Geschwister fuhren gelegentlich Kohlen mit mir aus. Bald vermochte ich einen Zentnerkorb auf dem Rücken in die Keller zu schleppen und so die Mutter auch bei dieser schweren Arbeit, die sie für das im Haus befindliche Kohlengeschäft übernommen hatte, zu entlasten. Schneeschippen und Eishacken gingen im Winter noch nebenher.
Wir verrichteten all diese Arbeiten nicht widerwillig, waren im Gegenteil stolz, wenn wir der Mutter, die doch für alles sorgen mußte, ein paar Groschen bringen konnten. Nur wenn wir in schönen Sommerabendstunden

gleichaltrige Kinder im Spiel frohlocken hörten, während wir unserer Berufsarbeit nachgingen, beschlich uns manchmal ein leises Weh."

(*Paul Löbe*: Der Weg war lang. Lebenserinnerungen, Berlin 1954, S. 7ff.; bei *Hardach-Pinke*: S. 206)

Paul Löbe (geboren 1875) war als sozialdemokratischer Politiker später Mitglied der Weimarer Nationalversammlung, Mitglied des Reichstags und Reichstagspräsident, im Faschismus bis 1944 in Haft. Nach dem 2. Weltkrieg war er wieder in der Sozialdemokratie tätig. Seine Biographie gibt ein Beispiel für *proletarische* Kindheit. Sein Vater war Tischler, zimmerte die Möbel mit Hilfe von Kollegen selbst, war aber nicht in der Lage, trotz sparsamer Lebensführung der Familie, allein für den Unterhalt zu sorgen. Insbesondere die Mutter mußte ständig mithelfen, aber auch die Kinder wurden nicht ausgelassen, wie unser Text erzählt. Im Unterschied zu den vorangehenden Beispielen handelt es sich hier um Kinderarbeit im negativen Sinn. Im Rahmen der merkantilistischen Arbeitspolitik des 17. und 18. Jahrhunderts eingeführt, wurde sie im 19. Jahrhundert fortgesetzt, zunächst in Arbeits- und „Zuchthäusern" (die die Einrichtung von Manufakturen häufig wesentlich unterstützten), später auch innerhalb von Manufaktur- und Industriebetrieben. Im Zuge der propagierten „Erziehung zur Arbeit" waren lange Arbeitszeiten und minimale Entlohnung der Männer durchgesetzt worden; die betroffene Bevölkerung war gezwungen, auch Frauen und Kinder zur Arbeit zu schicken, um ein Familieneinkommen zu erzielen, das wenigstens das Existenzminimum deckte. Not und Armut (Pauperismus) waren insofern staatlich verordnet, als die genannten Maßnahmen der „Faulheit" der unteren Bevölkerungsschichten begegnen helfen sollten. Erst 1891 wurden erste Maßnahmen des Arbeitsschutzes durch eine Novelle zur Gewerbeordnung getroffen (Sonntagsruhe in der Industrie; begrenzte Arbeitszeit, 10 Stunden für Jugendliche, 11 Stunden für Frauen; Heraufsetzung des Schutzalters für Kinder auf 14 Jahre etc. In der Bundesrepublik ist die Beschäftigung von Kindern, die noch nicht 14 Jahre alt oder zum Besuch einer Schule mit Vollunterricht verpflichtet sind, gemäß § 7 Jugendarbeitsschutzgesetz vom 9.8.1960 verboten – Ausnahmen bestehen für die Beschäftigung verwandter Kinder im Haushalt und in der Landwirtschaft, bei Theatervorführungen und Filmaufnahmen). Diese Zusammenhänge werden in *Löbes* Text nicht angesprochen, müssen aber ergänzt werden, um die Situation *Löbes* als 12jähriges Kind in ihren Hintergründen besser erfassen zu können. Dabei hatte er noch in gewisser Weise Glück, weil er mit der Arbeit seinen *Eltern* zur Hand gehen konnte, also sozusagen subsidiär arbeitete. Er war nicht zur Kinderarbeit im Industriebetrieb gezwungen, aber seine Erfahrungen genügten, um „die väterliche Anteilnahme an den politischen Anklagen, die sich bei den Debatten von *Bebel, Liebknecht, Auer, Grillenberger* zu lauten Zustimmungsäußerungen, ja zu freudiger Begeisterung steigerten", zu verstehen und zu teilen. Anders als die Kinder, die für den *eigenen* Haushalt arbeiteten, wurde für *Löbe* die Arbeit zu einem (pädagogisch nicht geplanten) Vehikel politischer Erziehung und Interessenweckung.

Schule

„Als ich 5 ¼ Jahr alt war, wurde ich in die dortige Elementarschule gebracht, worin ich lesen, schreiben, biblische Geschichte und den Katechismus lernte. Andere Gegenstände kamen nicht vor, weder Rechnen noch deutsche Sprache, noch weniger andere Realien. Der Lehrer, *Schelte* mit Namen, war dem Trunke ergeben. Am Nachmittage schlief er regelmäßig in seinem Lehnstuhle, während der ganzen Schulzeit. Da nun jeder Schüler einzeln an den Katheder treten und seine Lection aufsagen mußte, so beeilte sich Jeder, dieses während seines Schlafes zu tun; alle Schüler aber waren mausestill, um den Lehrer nicht zu wecken; denn wenn er aufwachte, war er mißgestimmt und es gab Ruthenhiebe, zu welchem Zwecke er mehrere Birkenreiser zusammengebunden hatte. Daß man in einer solchen Schule nicht viel lernte, liegt klar auf der Hand. Als ich 10 $^1/_4$ Jahre alt war, kam ich zur ersten heiligen Communion und wurde dadurch der Schule entlassen, weil der damalige Pfarrer Brunswicker sagte, ich könnte in der Schule nichts mehr lernen. Das mochte sein; aber meine damaligen Schulkenntnisse erreichten, im Vergleich zur jetzigen Schulbildung, nicht die eines 8- bis 9jährigen Schülers; ja im Rechnen sind diese viel weiter, weil bei uns kein Rechnen vorkam."
(*Peter Lübke*: Aus dem Leben eines Volksschullehrers, in: Wilhelm Lübke: Lebenserinnerungen, Berlin 1891, S. 1 ff.; bei *Hardach-Pinke*: S. 150)

Peter Lübke wurde zwei Jahre vor 1800 geboren (in Balve, „einem Städtchen des ehemaligen Herzogthums Westphalen"). Der Vater war Strumpfwirker („übrigens war er ohne Schulbildung. Etwas schreiben konnte er, aber vom Zifferrechnen verstand er nichts. Von Buchführung war daher keine Rede, obgleich er sehr viele Kunden bediente"). Die Mutter kümmerte sich um die Haushaltung und die Gärten „ohne Markt" und stopfte nachts die Kleidung der Kinder. Was Peter Lübke über seine Schulzeit berichtet, ist zeittypisch: Pädagogisch ausgebildete Lehrer gab es nicht; die meisten beherrschten selbst gerade die Elementaria des Schreibens, Lesens und Rechnens; die Mehrzahl war gewalttätig, tyrannisch – und schlecht bezahlt. Was wir heute als „heimlichen Lehrplan" wieder entdecken, war damals gang und gäbe: Einigermaßen aufgeweckte Kinder lernten in der Elementarschule so gut wie gar nichts, sie langweilten sich, wenn sie nicht durch das herrische Gebaren des Lehrers eingeschüchtert und dadurch lernunfähig wurden. So gaben die Kinder früh auf andere Dinge acht als darauf, sich „Lehrstoff" anzueignen: Hier ging es vor allem darum, „den Lehrer nicht zu wecken", damit man nicht seiner Mißstimmung ausgesetzt war. Denn die „Lehrhandlungen" waren meist nicht derart, daß sie Kindern nützlich waren – und so ging es um den Erwerb von Strategien, die Tätigkeiten (welcher Art auch immer) des Lehrers zu dezimieren oder auszuschalten, ihn abzulenken oder sonstwie das Schulehalten zu vermeiden. Wenn auch heute noch viele Kinder *daran* ein großes Interesse haben, könnte dies trotz entschieden liberalerer Zustände immer noch *einen* Grund haben in der Tatsache, daß Schulen „Angsterzeugungsanstalten" sind, die erziehlichen Handlungen von Lehrern Kindern unverständlich (oder bedrohlich). Dies wird um so schärfer empfunden, wenn Kinder – wie *Peter Lübke* – aus einem Haushalt kommen, in dem „die größte Liebe und Eintracht zwischen Vater, Mutter und Kindern" herrschte. – Wie häufig erfolgt die Begabtenförderung damals nicht über die Schule, sondern über die Entdeckung durch einen Mäzen. Dies war sehr häufig der *Pfarrer*; der Beitrag des Pfarrhauses zur Förderung von Begabungen ist für die damalige Zeit nicht hoch genug einzuschätzen; eine systematische Aufarbeitung und Darstellung würde sich lohnen.

„Für die Stiefelnonnen ist der Bube zu meisterlos, sagte mein Vater, ich will ihn zum Cantor schicken. Meine Mutter führte mich den andern Tag hin. O wehe, da war eine ganz andere Zucht! Ich sah schon in der ersten Stunde allerley gräuliche Executionen. Da bekam einer mit der Ochsensehne einen mörderlichen Spanniol auf die gespannten Beinkleider; dort wickelte der Lehrer einem andern einen Mantel um den Kopf, damit er nicht schreyen könnte, und führte ihn in das sogenannte Speckkämmerlein, wo ihm entweder mit der Ruthe oder gar mit der Ochsensehne das nackte Sitzfleisch fürchterlich durchgegärbt ward. Wenn so ein Bube wieder heraus kam, wälzte er sich gewöhnlich vor Schmerzen auf dem Boden, und der Cantor stieß ihn wild lachend mit Füßen. Die geringste Strafe war, wenn man mit der Lederfeile auf die zusammengespreßten fünf Fingerspitzen, oder mit einer kurzen Ochsensehne, in der vorne eine bleyerne Kugel angebracht war, auf die offene Hand sogenannte Tatzen (Hiebe) bekam. O wie machte mich da die Furcht so ruhig! Wie lernete ich mein Evangelium so fleißig lesen! Dennoch konnte es nicht fehlen, ich mußte manchmal eine der obigen Executionen an mir vollziehen lassen. Wenn die Schule zu Ende gieng, war ich wenigstens so froh, wie eine Meise, die dem Käfig entkommt."

(*Franz Xaver Bronner*: Leben von ihm selbst geschrieben, Bd. I, Zürich 1795, S. 15 ff.; bei *Hardach-Pinke*: S. 128)

Dieser Text aus noch älterer Zeit (*Bronner* wurde 1758 geboren) ist aus folkloristischem und veranschaulichendem Interesse ausgewählt: Er zeigt einige der Möglichkeiten pädagogischer Exekutionen, die normal waren. Der lebhafte Knabe beging in der Klosterschule viele Streiche, so daß der Vater ihn „zur Strafe" zum Kantor schickte. Die Straffolterungen haben ihn zum Fleiß erzogen – eine heute pädagogisch nicht einmal diskutierbare Methode. In den letzten 200 Jahren muß die *pädagogische Zivilisierung* doch erheblich vorangeschritten sein!

Dennoch, das Bild ist nicht ganz so eindeutig. *Bronner* war froh „wie eine Meise, die dem Käfig entkommt", wenn er die Schule verlassen konnte. Aber nicht nur, daß er genügend Ausgleich hatte (*Bronner* schildert das Toben durch die Gassen, das Baden in der Donau mit anderen Knaben, aber auch die Arbeitserfahrungen bei der Ernte, die nicht nur unerfreulich waren); die Kantorschule konnte damals auch noch nicht zum Bildungsschicksal werden, zum Selektions- und Allokationsinstrument (wie es heute heißt). Heute gehen wir „human" miteinander um; dies geschieht freilich in einem Schulsystem, aus dessen verzweigten Vergitterungen ein Entkommen gerade bei Mißerfolg, Ablenkung oder „Startschwierigkeiten" um so schwerer möglich ist.

Dies deutet sich schon recht deutlich an in den ersten Schulerfahrungen *Theodor Lessings*, der 1872 in Hannover geboren war und dort auch seine Kindheit verbrachte (er wurde später Privatdozent der Philosophie an der Technischen Hochschule Hannover; 1933 mußte er Deutschland verlassen und wurde von Agenten der Gestapo im Exil ermordet). *Lessings* Vater war ein in Hannover berühmter und anerkannter Arzt, der in seinem offenen und großzügigen Hause gegenüber dem späteren Café *Kröpcke* eine gutgehende Praxis hatte; *Lessings* Mutter spielte die „große Dame", war vergnügungssüchtig und kümmerte sich wenig um die Kinder:

„Als ich sechs Jahre alt geworden war, ein zarter Knabe mit bleichem Teint und blauschwarzen Locken, hieß es eines Tages: Nun kommst du in die Schule. Darauf soll ich gefragt haben, ob ich nun auch wie die Großen an den Sonntagen frei bekäme, und da man mir diese Freiheit verhieß, so hatte ich den innigen Wunsch, in die dritte Vorklasse aufgenommen zu werden. Der Ranzen mit Seehundsfell, die hellgraue Federbüchse und vor allem die Butterbrotdose, gelb lackiert, mit der Aufschrift Guten Appetit verlockten zu herrlichen Aussichten.

Ein eisgraues Männchen trat eines Morgens in das Spielzimmer, um mich für die neue Welt vorzubereiten. Er zog eine Handvoll vergoldeter Nüsse aus der Tasche, legte eine Nuß vereinzelt und dann eine zweite dazu und fragte, wie viele Nüsse das seien, und da ich antwortete zwei Nüsse, so lobte er mich und sagte: Jetzt kannst du rechnen. So dachte ich mir das Rechnen leicht und bestätigte auch willig, daß eine weitere Nuß zu den zweiten hinzugefügt, der Nüsse drei ergäbe. Aber als die Fragen vertrackter wurden, da begann ich zu ermüden und als er zu fragen nicht aufhörte, heulte ich und entschied: Rechnen will ich nicht.

Aber auch mit dem Lesen erging es nicht anders. Der bunte Apfel und das komische Eselein lockten zwar in die Fibel, aber als aus der Bilderschau wieder nur unangenehme Fragen heraussprangen, da merkte ich, daß die Großen den Kindern nur darum schöne Bilder zeigen, um sie in das Dickicht des Denkens zu verstoßen.

Es wird im Klassenunterricht besser gehn, meinte der Alte, aber als ich nun am Georgenwall in der Schulklasse unter dreißig andern Knaben saß, da begann erst das richtige Trauerspiel. So oft Herr Meier mich auch ermahnte: Paß auf, immer blickte ich gerade dorthin, wohin ich nicht blicken sollte. Nach dem Vogel vor dem Fenster, nach der Wolke, die sich im Fensterglas spiegelte, nach den Feuerfunken, den Wassertropfen, und die Verträumtheit erwies sich als unaustreibbar. Ich war der Klassenpluck und blieb es durch vierzehn Jahre, wunderlich unbelehrbar.
(...)
Schon auf der Vorschule begann jenes unheimliche Nachhilfe-System, das während der ganzen Schuljahre anhielt. Man konnte meinem Vater nicht

verdenken, daß er an der Tauglichkeit des Sohnes verzweifelte, denn es war nicht möglich, daß mehr für die Nachhilfe eines Schülers getan wurde als für mich geschah. Die Primaner, Lehramtskandidaten, Privatlehrer, Bonnen, denen meine Nachhilfe anvertraut wurde, dürften eine kleine Legion bilden. Bis zum dreizehnten Lebensjahr, Untertertia, wurde ich immer noch gerade eben mitgeschoben. Zwar blieb ich stets der schlechteste in der Klasse, wurde aber dann zu Ostern unter etwelchen Bedingungen der Nachhilfe doch noch eben mitversetzt. Denn entweder waren meine Lehrer Patienten des Vaters oder waren mit irgendwelchen Klienten verwandt oder sie wurden von meinem Vater aufgesucht – (er nannte das Kanossagänge machen) – und gebeten, mir Nachhilfestunden zu geben oder wenigstens einen Hilfslehrer zu empfehlen. Mit dem einen spielte er Billard, mit dem zweiten trank er Frühschoppen, der dritte dankte ihm eine Gefälligkeit. Unser Haus galt als angenehm und für den unbrauchbaren Jungen verwendete sich bald mal Oberbürgermeister Rasch und bald mal Senior Flügge und schließlich gar der Herr Regierungspräsident."

(*Theodor Lessing*: Einmal und nie wieder, Gütersloh 1969, S. 104ff.; bei *Hardach-Pinke*: S. 335f., 338)

Die Schilderungen der Familien- und Schulerfahrungen bestehen durchweg in den „Leiden eines Knaben". In gutbürgerlichen, ja reichen Verhältnissen lebend, wird *Theodor* von allen im Stich gelassen – trotz aufwendiger pädagogischer Maßnahmen. Der Übergang zur Schule wird durch ein „eisgraues Männchen" planvoll vorbereitet. Freilich durchschaut der Knabe schnell den pädagogischen Bluff: Die vergoldeten Nüsse und die bunte Bilderschau der Fibel werden als Lockmittel enttarnt; ihre *eigentliche* pädagogische Funktion ist, zu unangenehmen Fragen und Aufmerksamkeitssteuerungen zu führen.

Als Kind wohlhabender Eltern ist *Theodor* zwar gut ausgestattet: „Der Ranzen mit Seehundsfell, die hellgraue Federbüchse und vor allem die Butterbrotdose, gelb lackiert, mit der Aufschrift Guten Appetit verlockten zu herrlichen Aussichten." Diese trüben sich aber sofort ein, „als ich nun am Georgenwall in der Schulklasse unter dreißig andern Knaben saß". Die Kameraden werden als „johlendes Pöbel" empfunden; die Mitschüler „zerrten gern an den langen Locken und sagten Mädchen, die schlimmste Beleidigung, die man mir antun konnte", und vor allem: Der Lehrstoff verfängt nicht, stachelt nicht an. Und doch: *Theodor*, der Sohn eines Arztes, muß durch das Schulbildungssystem gezwängt werden, damit er studieren kann. Welch eindrucksvolle Besetzungsliste pädagogischen Personals: Primaner, Lehramtskandidaten, Privatlehrer, Bonnen! Welch Aufwand des einflußreichen Vaters, die Lehrer *Theodors* für Nachhilfestunden zu gewinnen oder ihnen wenigstens die Empfehlung für einen Hilfslehrer abzuringen; schließlich müssen sogar außerschulische Mandatsträger und Honoratioren der Stadt eingreifen, um die Schullaufbahn sichern zu helfen. Geprügelt wird nun nicht mehr; aber die psychischen Sensibilitäten sind eher größer geworden, die möglichen Verletzungen entsprechend.

Grenzerfahrungen (Tod)

„Etwa im sechsten Lebensjahr kurz vor Beginn der Schulzeit kamen Ereignisse, die mich wach machten. Zuerst die Geburt einer zweiten Schwester. Sic wurde am 13. Mai 1877 geboren, aber starb schon gegen Ende des Juni. Die Ereignisse bei ihrer Geburt und bei ihrem Tode wirkten noch lange in meinem Gemüt. Sophie, oder wie ich sie nannte Uwau und ich spielten seither immer ein Spiel, das wir nannten Gertrud begraben. Wenn wir in der Eilenriede, im Georgengarten, im Logengarten an der Herrenstraße spielen durften, dann nahmen wir ein Hölzchen, das nannten wir Gertrud. Wir schaufelten Löcher in den Sand, begruben das Hölzchen und pflanzten Blümchen oder legten Blätter aufs Grab. Viel sann ich über diesen Tod. Das Kind in der Wiege, welches eine Düte Zuckerplätzchen neben sich hatte, die sie es mir angeblich mitgebracht hatte aus dem Kinderteich, aus dem der Storch es holte, beschäftigte die Phantasie. Das Erscheinen des Kindes war so umgestaltend für mein Leben, daß ich nun nicht begriff, wie es auch ohne Gertrud weiterging. Meine Mutter trug Trauerkleider. Sie weinte viel. Aber es wurde weiter gegessen und gezankt. Es wurde viel Musik gemacht und immerfort wurde gesprochen, was ich ja doch nicht verstand. Aber seit dieser Zeit, glaub ich, war ich ein Grübler."

(*Lessing*, a.a.O., S. 88f.; bei *Hardach-Pinke*: S. 329)

Die Tendenz einer zunehmenden Sensibilisierung belegt ein Erlebnis, das ebenfalls *Theodor Lessing* berichtet – aus dem gleichen Jahre, über das wir gerade nachdachten. Während in den Jahrhunderten davor die (zahlreichen) Geschwister häufig starben, wird der Tod nun in der kleineren Familie zu einer anrührenden Sache mit langen Nachwirkungen. Schwermut, aber auch Sentimentalität liegen nah beieinander („meine Mutter trug Trauerkleider. Sie weinte viel. Aber es wurde weiter gegessen und gezankt. Es wurde viel Musik gemacht und immerfort wurde gesprochen ..."). In der Rekonstruktion des Erzählers hat die Begegnung mit dem Tod eines nahen Angehörigen Folgen: „Aber seit dieser Zeit, glaube ich, war ich ein Grübler." Schon 6jährige Kinder erleben den Tod nicht als Ereignis „von außen"; sie sind offenbar in der Lage, über Ursprung und Ende menschlichen Lebens nachzudenken – und dabei zu lernen, daß das Leben doch weitergeht, den fremden Tod wie die Zeit verstreichen läßt. Wieder ist eine Anmerkung notwendig: Der Tod muß für Kinder nicht in jedem Falle anrührend sein. *Paula Ludwig*, geboren 1900 (sie emigrierte im Jahre 1938 aus Deutschland), etwa berichtet folgende Geschichte aus einer Zeit, als sie im gleichen Alter wie *Theodor* war:

> „Da war die Frau des Schmiedes gestorben, da mußten wir Kinder zum Totenbeten gehen. In der guten Stube lag die Leiche schön aufgebahrt, zwischen Geranien, Fuchsien und Rosmarin. Die Fenster waren mit einem Tuch verhangen, dafür brannten viele Kerzen zu Häupten der Verstorbenen. Am Fußende stand die Schale mit dem Weihwasser und dem Buchsbaumzweig. Damit besprengte man nach dem Beten die Bahre. Aber ein zweites Schälchen war noch aufgestellt: gefüllt mit Kupfermünzen. Das war für uns! Jedes Kind, das ein Vaterunser betete, Weihwasser sprengte, durfte danach in das Schüsselchen langen und sich einen Kreuzer herausholen. Oft war auch ein Erwachsener da, der das Geld austeilte. Fleißig gingen wir zum Totenbeten – manchmal dreimal am Tag. An der Schwelle zeigten wir uns flüsternd die Gabe, denn es konnte geschehen, daß man für ein Beten gleich drei Kreuzer bekam. Von der Leiche weg eilten wir sofort zum Krämerladen und kauften uns für die Kreuzer Zuckerzeug oder eine Stange süßen Bärendreck oder das vielkernige Johannisbrot."

(*Paula Ludwig*: Buch des Lebens, Leipzig 1936, S. 34f.; bei *Hardach-Pinke*: S. 222)

Natürlich, hier geht es nicht um ein Geschwister. Vor allem handelt es sich hier um *dörfliche* Szenen, und auf dem katholischen Lande gab es – im Gegensatz zur Stadt, *Lessing* lebte in Hannover – viel Nachbarschaft und öffentliche Teilnahme an allem, was in den Häusern geschah. Insbesondere gab es ein ererbtes festgefügtes Brauchtum, das gleichsam half, mit dem Tode fertig zu werden: Das Beten wurde mit Münzen „belohnt", die Trauer wurde abgelenkt: „Von der Leiche weg eilten wir sofort zum Krämerladen und kauften uns für die Kreuzer Zuckerzeug ..." Abgesehen von Unterschieden in der psychischen Konsistenz ist *Paula Ludwig* nicht etwa „herzlos" im Vergleich zu *Lessing*; vielmehr konnte sie sich auf Brauchtum und Rituale verlassen, die den Tod als etwas Natürliches erscheinen ließen, nicht als isoliertes und schwermütig isolierendes Lebensereignis. Kurz: Wie man mit außerordentlichen Gelegenheiten umgeht (und der Tod stellt hier die wohl extremste Möglichkeit dar), das hängt auch ab von der sozialökologischen Einbettung (um einen Ausdruck vorwegzunehmen) der eigenen Kindheit.

Dies soll eine letzte Gegenüberstellung deutlich machen. *Caroline Muhr* berichtet in ihrem Buch „Depressionen. Tagebuch einer Krankheit" (Frankfurt/Main 1978, Taschenbuch, S. 57f.) über die Gründe eines Leidens, „dessen Ursprünge in einem viel tieferen und umfassenderen Bereich meines Lebens wurzelten":

„Zum Beispiel von dem Sommermorgen in Grömitz an der Ostsee. Ich muß sieben oder acht Jahre alt gewesen sein. Vater, Mutter, Richard und ich gingen zum Strand: sonnendurchleuchtete Bäume am Weg, Geruch von Meer und Niveaöl, ein Tag in Wasser und Sand vor uns, Eis am Stiel und Wasserball, Muscheln, Quallengespinste und weiße Dampfer – es gab keinen Rest in diesem Glück. Mitten hinein tönte der mörderische Schrei. Da wird ein Schwein geschlachtet, sagte Richard interessiert. Wie ein Spieß drang das in meine goldene Sonnenwelt, brach sie auseinander, zerfetzte sie, vergiftete sie, ließ eine Qual übrig, der ich wochenlang nicht gewachsen war, die ich auch niemandem mitteilen konnte. Der Todesschrei eines Schweines hatte meine Kindheit beendet."

Für einen kühlen Blick von außen erscheint das Ereignis dramatisch überhöht und damit eher belustigend – vor allem angesichts einer Vielzahl von „Todesschreien", unter denen der eines Schweines als Lächerlichkeit erscheint. Aber nicht nur, daß Kinder anders reagieren können: Wer das durchdringende Quäken zur Schlachtung geführter und festgehaltener Schweine jemals gehört hat, wird es sofort im Ohr haben; hinzu kommt, daß der Todesschrei eindrang in eine Stimmung von Glück, das in der „vergoldeten Sonnenwelt" am Strande restlos aufging. Ich vermute, daß die Gefährdung dieses Glücks gerade im Moment der größten und scheinbar unberührbaren Vollkommenheit es war, die *Caroline* mit einem Blitz der Erkenntnis durchdrang, wie bedroht jede Geborgenheit sein kann. Die Situation hat diese Erfahrung in sie hineingezwungen – und in sie *allein*. Der Bruder Richard beispielsweise ist nur „interessiert" und konstatiert „da wird ein

Schwein geschlachtet": Eine Feststellung, die in ihrer nüchternen Hinnahme des Grenzvorganges einen weiteren Kontrast bildet zur seelischen Bewegung, die bei der Schwester ausgelöst wird. *Muhr* erzählt nicht, ob sie geweint hat; aber auch wenn sie es getan hätte: Wären ihre Reaktionen verstanden worden? Welche Art Tröstung wäre in diesem Augenblick die richtige gewesen, und gab es überhaupt eine?

Ganz anders für Kinder auf dem Lande: Hier ist das „Schweinesterben" etwas ganz Normales, eingebettet in den Alltag und notwendige Maßnahme zur Sicherung physischer Subsistenz. Darum können Kinder hier nicht erschrocken sein, zumal sie beim Schlachten häufig dabei sind (ich erinnere mich, wie ich vom Bauern aufgefordert wurde, mich auf die zuckende Hinterbacke des Schweines zu setzen, damit das aus der aufgeschlitzten Kehle rinnende Blut besser aufgefangen würde – und in diesem zweckvollen Arbeitszusammenhang konnte ich nicht schockiert werden). Was mir als „außergewöhnlich", die Lebensordnung durchbrechend, widerfährt, wird also nicht nur durch meine psychische Konstitution so bestimmt, sondern durch die biographischen Entfaltungsmöglichkeiten des Umraums, dem auch meine psychische Konstitution sich verdankt.

Fremde Kulturen

Manche der im vorangehenden Abschnitt berichteten Erinnerungen an die Kindheit sind für Kinder von heute, aber auch deren Eltern schwer anschlußfähig: Der historische Abstand, der zwischen dem Berichteten und heute liegt, kann kein Bestandteil *persönlichen* Zurückdenkens sein. Begegnungen mit dem Tod etwa sind selten geworden; aber auch viele der erzählten Schulgeschichten (etwa Peter Lübkes Erfahrungen mit „Ruthenhieben" und einem Lehrer, der am „Nachmittage ... regelmäßig in seinem Lehnstuhle" schlief), sind für die heutige Zeit nicht rekonstruierbar.
Diese Distanzerfahrung wird sich vergrößern, wenn es um Kinder-Erinnerungen aus anderen Kulturen geht. Legen wir dann beide Abstände (Zeit und Kultur) zusammen, indem wir

einen Bericht aus der Schulzeit von Babikr Bedri, einem sudanesischen Araber (geboren 1861) hören, werden wir das Fremde und das Eigene besonders aufmerksam unterscheiden müssen:

„Zuerst wurde ich in eine Koran-Schule in der Nähe unseres Hauses geschickt, aber dort lernte ich wegen der Nachlässigkeit des Fakî (Koran-Lehrer) nichts, oder vielleicht wegen meines zarten Alters, denn ich war gerade sechs Jahre alt. (Die Sängerin bei meiner Beschneidung machte eine Bemerkung dazu in ihrer letzten Strophe, indem sie von dem Knaben sang, der seine Milchzähne in der Koran-Schule verloren hat). Doch dann wurde ich in die Koran-Schule jenes guten, wachsamen und anerkannten Mannes, des Fakî Ahmad Hamid, geschickt, der unter dem Namen al-Karras (der Ergebene) bekannt war. Das war 1288 (1871/72), und ich blieb bei ihm bis zu seinem Tode 1295 (1878). Er verlangte von mir, daß ich ihn während seiner letzten Krankheit betreute, bei der es sich wohl um Schwarzwasserfieber handelte, denn sein Urin war voller Blut, und er sagte mir immer, ich sollte weit entfernt von den Häusern ein tiefes Loch graben und den Urin hineinleeren.

Ich möchte von diesem Mann erzählen, aus Dankbarkeit für das, was er für mich getan hat, möge Gottes Gnade mit ihm sein. Er war mehr als siebzig Jahre alt, aber noch immer kräftig. Er pflegte bis abends um 11 Uhr in der Schule zu bleiben, um die Koran-Aufgaben für seine Schüler einzuteilen; dann begab er sich in das Haus einer seiner beiden Frauen und kehrte morgens um vier wieder zur Schule zurück, manchmal früher. Dann weckte er uns, und wir machten Feuer, wobei wir uns ablösten, und wir begannen die Strophen zu rezitieren, die er uns aufgetragen hatte. Dann pflegte er im Lagerraum der Schule sein tägliches Bad zu nehmen, während wir Schüler auswendig rezitierten, was wir auf unseren Tafeln am vorigen Tag aufgeschrieben hatten, so daß dieses, einmal richtig vorgetragen, weggewischt werden konnte, damit neue Strophen geschrieben werden konnten.

Dieses auswendige Rezitieren ging weiter, immer zwei Schüler zusammen, bis er sein Bad beendigt hatte. Wenn er herauskam, saß er auf seiner Bettstatt, während die Rezitationen weitergingen, bis die Morgendämmerung kam. Dann gab er uns den Auftrag, die rituellen Waschungen auszuführen, und wir beteten das Morgengebet. Dann gingen die Rezitationen zu zweit weiter, bis alles fertig war. Jene Schüler, die ihre Tafeln abgewischt hatten und aus dem Gedächtnis die neuen Strophen vortrugen, die am Nachmittag des Vortages gelernt worden waren, mußten sich immer zu zweit beim Lehrer melden, damit er prüfen konnte, was sie geschrieben hatten. Das war das Verfahren für die älteren Schüler, aber die im mittleren Alter saßen vor ihm, und er diktierte aus dem Gedächtnis, was sie schreiben sollten. Den kleinen schrieb er mit einem Stift auf die Tafel, so daß sie seine Buchstaben nachahmen und überschreiben konnten, um ihre Handschrift zu verbessern. So war der Ablauf jeden Tag, und nichts konnte den Fakî von seiner Arbeit ablenken, immerzu das gleiche Verfahren und der gleiche Eifer." (*Renner/Seidenfaden* 1997, S. 42f.)

Die Schüler-Lehrer-Beziehung ist hier eine ganz persönliche und wird oft erst durch den Tod des einen Partners abgeschlossen. Der *Koran* steht im Mittelpunkt allen Lernens, das durch rituelle Übungen begleitet wird. Mündliche Überlieferung und Auswendiglernen sind frühe archaische Formen einer traditionsorientierten Weitergabe von Wissen, die uns heute kaum noch zugänglich ist. An die Stelle von Schulorganisation und Bildungssystem treten hier persönliche Beziehungen und ein lebenslanger Erfahrungszusammenhang, der Tag und Nacht umschließt und historischen Wandel auf Distanz hält: „immerzu das gleiche Verfahren und der gleiche Eifer".[2]

Verringern wir den zeitlichen Abstand und lassen wir Attun, Inuit (geb. ca. 1930) über seine ersten Schulerfahrungen berichten; der Autor gehört zur Gruppe der Nord-Alaska-Küsten-Eskimos:

„Mit sechs Jahren kam ich in die Schule. Die Lehrer waren einigermaßen streng. Mein Vater sprach mit ihnen und ermunterte sie, mich hart zu bestrafen, wenn ich mich danebenbenahm. (...) Ich machte meine Sache so lange gut, bis einer der Jungen mit einer Mundharmonika in die Schule kam. Ich wollte natürlich auch so eine haben, aber mein Vater hatte nicht genug Geld, um mir eine zu kaufen. Ich wußte, daß der Junge sie in der Tasche seiner Jacke aufbewahrte, die im Sturmkeller hing. Während einer Unterrichtsstunde ging ich auf die Toilette und holte mir die Mundharmonika aus seiner Jakkentasche. Ich wollte sie ihm wegnehmen. Später kamen die Leute aber dahinter, und diesmal war ich wirklich in einer schlimmen Lage. Am selben Tag bekam ich gleich dreimal Prügel, einmal von meinem Lehrer, ein zweites Mal von meinem Vater und schließlich auch noch von meiner Schwester. Fast eine Woche lang konnte ich nicht auf meinem Hosenboden sitzen, und ich schwor zu Gott, daß ich so etwas ganz bestimmt nicht wieder tun wollte.

So vergingen die Tage, und ich versuchte, ein kleiner guter Junge zu werden. Wenn die Schule im Winter gegen drei Uhr nachmittags aus war, ließ mich meine Mutter draußen vor der Tür nach meinem Vater Ausschau halten, ob er von der Jagd zurückkam. Wenn er eine Robbe erlegt hatte, ging ich ihm auf halbem Weg entgegen und half ihm, seine Beute nach Hause zu schleppen. Ich glaube, alle Jungen taten das nach der Schule. Wenn mein Vater nichts erwischt hatte, mußte meine Mutter bei anderen Leuten Essen für uns borgen. Alle machten das. Ich meine, die Frau des Hauses geht zu ihren Nachbarn und bittet sie um Lebensmittel für ihre Familie, wenn ihr Mann keine Robbe erlegt hat." (*Renner/Seidenfaden*, Bd. 2, 1998, S. 37f.)

Sicherlich ist es vor allem der Missionierung zu verdanken, daß hier von einer richtigen Schule und einem Lehrerkollegi-

---

2 Auch hier zitiere ich aus praktischen Gründen aus einer guten Sammelquelle: Es handelt sich um *Renner/Seidenfaden* (Bd. 1, 1997, Bd. 2, 1998) und die Textsammlung „Kindsein in fremden Kulturen".

um berichtet wird und die Einschulung wie in unserem Kulturkreis mit 6 Jahren erfolgte. Auch das Vorhandensein einer Toilette und einer Mundharmonika macht uns den sonst eher fremden kulturellen Umraum vertrauter, eingeschränkter schon für heutige Schüler, Lehrer und Eltern, die dafür sorgten, daß der Erzähler „gleich dreimal Prügel" bekam, nämlich vom Lehrer, vom Vater und auch noch von der Schwester. Die Bedeutung der Nahrungsbeschaffung hingegen ist einer heutigen Familie so nicht zugänglich – man geht in den Supermarkt, um für die Sicherstellung der täglichen Nahrung zu sorgen. Die Rückkehr von der Jagd ist für den Erzähler immer wieder ein wichtiges Ereignis, denn wenn der Vater keine Robbe nach Hause brachte, mußte die Familie hungern oder die Mutter mußte „bei anderen Leuten Essen für uns borgen". Auf die Geschlossenheit des Kulturkreises verweist der Satz: „Alle machten das."

Schauen wir uns in fremden Kulturen die Welt der kindlichen Spiele und Freizeitaktivitäten an, können wir gleichfalls zwar den Erzählungen lauschen, aber es sind nicht unsere eigenen Erinnerungen, auf die wir uns verlassen können. So berichtet Amadou Hampâté Bâ aus Westafrika folgende kindlichen Aktivitäten:

„Schließlich blieben wir zehn Tage in Donngorna. Ich nutzte diese glückliche Zeit, um mich mit Bamoussa, dem Sohn des Dorfvorstehers, anzufreunden, einem Jungen, der vielleicht ein Jahr älter war als ich. Er lief ganz nackt herum und trug einen Sack aus Baumwollbändern, in dem er alles aufbewahrte, was ihm unter die Finger kam: Feldmäuse, die er in der Falle gefangen hatte, Heuschrecken, Eidechsen, wilde Früchte usw.

Das war eine Abwechslung in meinem Leben als kleiner Fulbe, der gewöhnlich zwischen Kälbern, Zicklein und Lämmchen spielte und Milch trank, indem er unmittelbar an Ziegen und Mutterschafen saugte.

Ich fand die Beschäftigungen meines Freundes Bamoussa sehr unterhaltsam, wenngleich ein wenig eklig. So gab ich mich damit zufrieden, die Früchte zu essen und ließ ihm seine Mäuse, Eidechsen und Heuschrecken. Er grillte sie auf einem Feuer aus winzigen Holz- und Strohstücken, die ich ihm einsammeln half. Er besaß eine winzige Hacke, die er zum Graben benutzte, ein kleines Messer, eine kleine Axt und, zum Feuermachen, ein afrikanisches Feuerzeug, das sich aus zwei Teilen zusammensetzte: einem Feuersteinchen und einem Stoßeisen.

Mit seinem aus dem Flaum des Kapokbaumes bestehenden Zundervorrat machte er nach Bedarf Feuer. Der Busch war sein liebstes Restaurant. Dort tafelte er oft. Einige mögen sich wundern, daß ein so kleines Kind – er mochte etwa sechs Jahre alt sein – zu so vielen Dingen fähig war.

Doch die meisten afrikanischen Kinder sind sehr früh reif, ihre Spiele bestehen meistens darin, die Arbeiten der Erwachsenen nachzuahmen, denen sie übrigens sehr früh bei ihren Aufgaben zur Hand gehen. Bamoussa war keineswegs eine Ausnahme." (*Renner/Seidenfaden*, Bd. 1, 1997, S. 59f.)

A.H. Bâ erinnert sich an eine „glückliche Zeit", vor allem wegen der kindlichen Freundschaft mit Bamoussa, „dem Sohn des Dorfvorstehers", mit dem er sich angefreundet hatte. Dieser Junge war ein Jahr älter als der Erzähler, und seine Lebenswelt (wie die des Erzählers) ist schon einigermaßen anders als die unsere: Bamoussa lief „ganz nackt herum"; auch er war schon ein kleiner Jäger, der „alles aufbewahrte, was ihm unter die Finger kam", und dies ist für heutige Kinder sicher nichts Appetitliches: Feldmäuse, Heuschrecken, Eidechsen. Auch der Spielort „zwischen Kälbern, Zicklein und Lämmchen" ist eher ungewöhnlich für unsere Kultur; der Durst wurde nicht mit der Cola-Büchse, sondern durch Milch gestillt, „indem er unmittelbar an Ziegen und Mutterschafen saugte". Mäuse, Eidechsen und Heuschrecken dienen nicht nur kontemplativem Sammeln, sondern auch dem Verzehr (für Bâ „ein wenig eklig").

Bamousa besaß lebenspraktische Fertigkeiten und Geräte (Hacke, Messer, kleine Axt, ein afrikanisches Feuerzeug, Feuersteinchen, Stoßeisen), und es ist nicht ohne Komik im Kontrast, wenn Bâ berichtet: „Der Busch war sein liebstes Restaurant. Dort tafelte er oft."

Bâ betont abschließend selbst, daß es sich hier um keinen *Spiel*ort handelte, sondern um einen *Lebens*ort, in dem sich Nahrungsbeschaffung und Nahrungsaufnahme, Mithilfe bei den Erwachsenen und zwischenzeitliches Organisieren von Eßbarem bis zum Feuermachen in einer Lebensform verbanden, die zwischen Spielen, Freizeit und Arbeit keine nennenswerten Unterschiede kannte. Ein solches Leben erscheint uns heute eher archaisch und auch recht anspruchslos, denn die Segnungen der zivilisierten Gesellschaft unserer Couleur sind den beiden kleinen Jungen noch unbekannt. Und doch war es eine „glückliche Zeit" – ein Hinweis darauf, daß die Maßstäbe für Wohlbefinden und Zufriedensein offenbar auch nicht ohne weiteres auf eigene heutige Kindheiten übertragbar sind.

Auf die Bedeutung der Rituale wurde schon hingewiesen. Die Geltung der *Tischsitten* findet bis heute Beachtung, aber heute sind es eher Regeln der Hygiene (die Hände waschen) oder des höflichen und unanstößigen Umgangs miteinander, die hier eine Rolle spielen. Hören wir noch einmal A.H. Bâ zu, wie er selbst die damals gültigen Essensregeln auffaßte und verstand (Bd. 1, S. 73f.).

„Während des Essens waren die Kinder einer strengen Disziplin unterworfen. Wer dagegen verstieß, wurde, je nach der Schwere seiner Verfehlung, mit einem strengen Blick, einem Schlag des Fächers auf den Kopf, einer Ohrfeige oder aber ganz einfach mit Wegschicken und Nahrungsentzug bis zur nächsten Mahlzeit bestraft. Wir hatten sieben strenge Vorschriften zu beachten:
- nicht sprechen;
- den Blick während des Essens senken;
- vor sich hin essen – und nicht nach rechts oder links in die große gemeinsame Schüssel greifen;
- nicht eine neue Handvoll Nahrung nehmen, solange die vorhergehende nicht aufgegessen war;
- den Rand der Schüssel mit der linken Hand halten;
- jede Hast vermeiden, die Nahrung mit der rechten Hand nehmen;
- und schließlich sich nicht selbst von den Fleischstücken nehmen, die in der Mitte der Schüssel lagen. Die Kinder mußten sich damit begnügen, eine Handvoll Getreide – Hirse, Reis oder etwas anderes – mit Soße zu nehmen; erst am Ende der Mahlzeit bekamen sie eine gute Handvoll mit Fleischstücken, was als Geschenk oder Belohnung angesehen wurde.

Diese Maßnahmen beabsichtigten keineswegs, das Kind sinnlos zu quälen, sondern es Lebenskunst zu lehren. Die Augen in Gegenwart von Erwachsenen, vor allem der Väter – das heißt auch der Onkel und der Freunde des Vaters –, gesenkt zu halten, das bedeutete zu lernen, sich zu beherrschen und der Neugier zu widerstehen. Vor sich hin zu essen, das bedeutete, sich mit dem zufriedenzugeben, was man hat. Nicht zu sprechen, das heißt die Zunge zu hüten und sich im Schweigen zu üben: Man muß wissen, wo und wann man spricht. Keine neuerliche Handvoll Essen zu nehmen, wenn die vorige nicht aufgegessen ist, das heißt Mäßigung zu beweisen. Den Schüsselrand mit der linken Hand zu halten war eine Höflichkeitsgeste und lehrte Demut. Sich nicht aufs Essen zu stürzen, das hieß Geduld lernen. Und endlich zu warten, bis man das

Fleisch am Ende der Mahlzeit erhielt und sich nicht selbst zu bedienen, das führte dazu, den Appetit und die Eßlust zu bezähmen.

Die Zahl der Regeln ist nicht beliebig; in diesem Kontext handelt es sich um „sieben strenge Vorschriften". Für heutige Leser sind einige der Regeln zumindest plausibel („nicht eine neue Handvoll Nahrung nehmen, solange die vorige nicht aufgegessen war"), aber andere erscheinen eher fremdartig oder gar unsinnig („den Rand der Schüssel mit der linken Hand halten"). Aber diese Tischsitten bedeuteten mehr als die Beachtung von Benimm-Regeln, es geht darum, „Lebenskunst" zu lernen. Jede der Regeln ist angefüllt mit symbolischer Bedeutung; den „Schüsselrand mit der linken Hand zu halten war eine Höflichkeitsgeste und lehrte Demut". Nicht unwichtig war auch die Bezähmung des Appetites und der Eßlust – in einer Zeit, in der es noch die Gefahr des Hungerns, ja Verhungerns gab.

Noch fremder sind die in vielen Kulturen beachteten Rituale der Initiation und der Beschneidung der Vorhaut. So berichtet Baldambe aus der Kultur der Hamar in Südäthiopien über die Beschneidung und die damit zusammenhängenden Rituale: (Bd. 1, S. 53)

„Jetzt sind seine Hoden gefallen. Die Hoden sind gefallen, wir wollen seine Vorhaut beschneiden. Der Junge macht Pfeil und Bogen und geht zu einem Mann, der Vorhäute beschneidet ... Wenn der Junge hinkommt, gibt er dem Mann Tabak oder Gummi als Bezahlung. Wenn du runterschaust: Schau nicht runter, schau nicht auf deinen Penis, schau zum Himmel hinauf!

Dann, wenn Du zum Himmel hinaufblickst: Chouk! ist die Haut abgeschnitten. Eine weiche Lederschnur wird um den Penis geschlungen und mit einer anderen Schnur um deine Hüften verknüpft. So wird der Penis angehoben. Du setzt dich für einige Zeit hin. Es blutet kaum, zwei, drei, vier, fünf Tropfen lediglich: dipdipdipdipdip. Es tut nicht weh. Einen Augenblick lang ist es, als hättest du dich gebrannt; tsatsatsatsatsatsa. Das ist alles. Jetzt geht es dir besser und du gehst im Busch auf Mäusejagd. Die Maus ist bedeckt, ihre Vorhaut ist nicht beschnitten. Alle Jungen, die zur gleichen Zeit beschnitten werden, gehen gemeinsam auf Jagd. Der Junge, der zuerst beschnitten wurde, heißt andira. Er ist ihr bitta (Anführer). Die anderen folgen ihm alle. Sie sind eine Gruppe wie die maz (Initiierten). Sie jagen im Busch Vögel und Mäuse. Wenn sie eine Maus aufstöbern, kreisen sie sie im Gebüsch ein und erlegen sie mit Pfeilen. Wenn die Maus gepeinigt quietscht: Tieptieptieptiep! geben sie zur Antwort: Sperma, das sitzt, Sperma, das sitzt, das heißt, der Stoff, der im Penis ist. Sperma, das sitzt, heile mich, heile mich, Sperma, das sitzt, Sperma, das sitzt. Dann packen sie die Maus und zerren sie ins Freie und beginnen zu singen ... So kommen sie, laufend und tötend, tötend, tötend zum Gehöft. Dort essen sie flüssigen Brei, sie essen nichts anderes ... Alte Frauen, die keine Kinder mehr bekommen, bereiten den Brei. Das heißt, Frauen, die Männer geworden sind, deren Blutung aufgehört hat. Sie bereiten den Brei für dich, sie geben dir Wasser. Stillende Mütter, schwangere Frauen, Mädchen und Bräute, keine kommt dem Jungen nahe, dessen Vorhaut beschnitten wurde. Sein Leben geht weiter, geht weiter, geht weiter, und sein Penis heilt. Dann begibt er sich zu den Herden und hütet die Ziegen."

Die Initiation in die Geschlechtlichkeit und in die Aufgaben eines „Mannes" ist schmerzhaft. Es handelt sich um eine Gruppenerfahrung, und auch diese unterliegt genauen Regeln. So ist der Junge, der zuerst beschnitten wurde, der Anführer der anderen (er heißt andira). Sie haben sich nun verwandelt in die Gruppe der „maz", und diese begibt sich auf eine seltsame Mausjagd mit Sprüchen voll geheimer Bedeutung, die aber heilende Kraft entfalten. Das „Leben geht weiter", aber es ist eine neue Grenze entstanden: Ob stillende Mütter, schwangere Frauen oder Mädchen und Bräute, „keine kommt dem Jungen nahe, dessen Vorhaut beschnitten wurde". Das Mannsein hat ihn in eine neue Lebensordnung gestellt. – Nicht nur die Jungen, auch die Mädchen unterliegen Pubertätsriten. Kofi Edusei (geboren 1945) aus Ghana berichtet über das Ereignis der Menstruation und die damit verbundenen kulturellen Bräuche folgendes (Bd. 1, S. 95):

„Am Tage, an dem ein Mädchen zum ersten Mal sein Blut sieht, berichtet es seiner Mutter davon, und diese geht schnell zum Haus der Königinmutter, um die glückliche Lage ihrer Tochter anzukündigen. Sie bittet die Königinmutter darum, die frohe Botschaft von Haus zu Haus tragen zu dürfen. Das Mädchen wird auf Veranlassung der Königinmutter zu deren Palast gebracht und von einer Kundigen betrachtet. Diese braucht das Mädchen nur anzusehen, um zu sagen, ob es rein ist oder nicht. Wenn der Königinmutter berichtet worden ist, daß das Mädchen rein und nicht schwanger ist, wird die Erlaubnis für die Bekanntgabe von Haus zu Haus erteilt. Die Mutter des Mädchens kündigt die Initiation ihrer Tochter dreimal im ganzen Dorf an, und zwar morgens, mittags und abends. Dies geschieht, um sicherzugehen, daß jedermann im Dorf die Neuigkeit erfährt. Von diesem Tag an bleibt das Mädchen im Palast bis zum Ende der gesamten Initiationsperiode, um in all den Dingen unterrichtet zu werden, die es als Frau wissen muß."

Die Menstruation ist in dieser Kultur ein öffentlicher Akt. Wenn ein Mädchen „rein und nicht schwanger ist", kann die

Tochter stolz sein, und die Mutter wird dem Brauch gern folgen, die Initiation ihrer Tochter dreimal im ganzen Dorf „anzukündigen, und zwar morgens, mittags und abends". Wichtig ist die Unschuld des Mädchens, die Tatsache, daß es unberührt ist. Wir kennen aus vielen Kulturen, wie grausam sich die kulturellen Sitten rächen können, wenn diese „Reinheit" nicht gegeben ist (bis zur Heirat). Die Menstruation ist hier eine Stunde der Freude, denn nun wird das Mädchen zur Frau. Sie lernt die neuen Dinge, „die es als Frau wissen muß" und transformiert sich mit einem Schlage vom Kind zum Erwachsenen. Solche physischen Wandlungen deutend zu ertragen und zu gestalten ist eine wichtige Leistung, die zu bestehen wiederum Traditionen und Rituale absichern.

Schließen wir unsere Betrachtungen ab mit einer Geschichte, die ebenfalls eine Kinder-Zeremonie enthält, aber in ihrer Dramatik auch eine Inszenierung darstellt, die nicht ohne latente Komik ist. Es geht um die „Schwitzhüttenzeremonie", über die die Autobiographie von John Fire Lame Deers Sohn Archie (geboren 1935) aus der Sioux-Kultur berichtet (Bd. 2, S. 104f.):

„Wir kamen alle aus traditionellen Familien, und wir blickten mit Hochachtung und Bewunderung zu unseren Ältesten auf. Für unsere Schwitzhüttenzeremonie stellte sich deshalb jeder von uns vor, einer der uns bekannten Medizinmänner zu sein.

Wir errichteten aus Weidenzweigen ein bienenkorbförmiges Gestell und legten Decken darüber. Die älteren Jungen brachten ein Feuer zum Brennen und erhitzten die Steine in den Flammen. Mich als den Jüngsten und Kleinsten schickten sie mit dem Eimer los, um Wasser aus dem Bach zu holen. Ich war nicht stark genug, um einen vollen Eimer zu tragen, deshalb war der Eimer nicht einmal halb voll, als ich ihn zurückbrachte. Da wir keine Pfeife hatten, mit der wir beten konnten, holten wir einen L-förmigen Stecken, der uns als Pfeife dienen sollte.

Als wir alles zusammen hatten, was wir brauchten, drängten wir uns nacheinander in die kleine Schwitzhütte, knieten uns im Kreis nieder, sangen Reinigungslieder und gossen das kalte Wasser auf die rotglühenden Steine. Weißer heißer Dampf hüllte uns ein, und wir hatten ein wirklich gutes Inipi – bis uns das Wasser ausging. Die anderen Jungen wurden wütend auf mich, weil ich nicht genug gebracht hatte.

Uns war klar, daß wir nicht mitten in der Zeremonie hinauskriechen und zum Bach gehen durften, um mehr Wasser zu holen, denn das würde die Geister kränken und Unglück bringen. Einer der Jungen beschloß deshalb, unser Wassermangelproblem dadurch zu lösen, daß er auf die heißen Steine urinierte. Das war keine gute Idee. Der Gestank war fürchterlich und ließ uns in dem winzigen abgeschlossenen Raum kaum noch Luft zum Atmen. Weggehen durfte ich nicht, das war mir klar, aber ich dachte mir, wenn ich lediglich die Abdeckung ein bißchen anhob und meinen Kopf hinausstreckte, um etwas frische Luft zu schnappen, würden mir das die Geister in Anbetracht unserer Zwangslage sicher verzeihen. Also legte ich mich auf den Boden, hob die Decke an und atmete ein paarmal tief durch. Gleich ging es mir sehr viel besser – bis ich, als ich unter der Decke hindurch kurz hinauspähte, einen Blick auf etwas Fürchterliches erhaschte, das meine Zähne zum Klappern brachte: ein Paar brauner, haariger, gespaltener Hufe und einen dünnen Schwanz mit einer Quaste an der Spitze. Ich ließ die Decke ziemlich schnell wieder hinunter. ‚Wakan Sitscha, der Teufel, über den die Missionare immer reden – wie sieht der aus?' fragte ich.

Ein Junge sagte, er habe gehört, daß der Teufel gespaltene Hufe habe. ‚Hat er einen Schwanz?' setzte ich nach. ‚Ja, der Teufel hat ganz sicher einen Schwanz.'

‚Dann ist das er, der direkt da draußen steht', sagte ich und bekam trotz der Hitze eine Gänsehaut.

Ein anderer meiner Freunde blickte kurz unter der Decke nach draußen, und auch er sah die Füße und den Schwanz des Teufels. Er sagte: ‚Das ist Wakan Sitscha, ganz richtig. Wer immer während der Zeremonie auf diese Steine gepinkelt hat, hat ein Unrecht begangen, und jetzt ist der Teufel des weißen Mannes gekommen, um uns zu holen, weil wir mit dem Inipi herumgespielt haben'.

Jetzt bekamen wir es wirklich mit der Angst zu tun. Ich schrie: ‚Ich will hier raus!', schob die Decke zur Seite und begann gerade hinauszukriechen, als meine Freunde mich in wilder Flucht überrannten. Ich sprang wieder auf und raste hinter ihnen her. Wir waren alle in Panik und wollten so schnell wie möglich zu Großvaters Blockhütte zurück.

‚Aufs Dach! Wir müssen aufs Dach, wo der Teufel nicht an uns rankann!' schrie einer. Also versuchten wir alle, aufs Dach zu klettern, hielten uns aneinander fest, um uns hochzuziehen – und mit diesem wilden Gerangel zogen wir uns statt dessen wieder hinunter. Doch schließlich gelang es uns, aufs Dach zu kommen, und als wir schlotternd dort oben saßen, faßten wir langsam Mut, zur Schwitzhütte zurückzusehen. Statt einer schreckerregenden Vision des Leibhaftigen sahen wir einen zotteligen Highland-Stier, der gemächlich davontrabte und dabei mit seinem Schwanz hin und her schlug. Da waren wir nun, auf dem Haus, splitternackt und voller Erde, die an unseren verschwitzten Leibern klebte. Wir müssen wohl sehr dumm ausgesehen haben. Jedem von uns war bewußt, daß wir Mist gebaut hatten."

Hier geschieht etwas Uneigentliches: Die Zeremonie ist ja nicht echt, sondern es handelt sich um eine Wunsch-Projektion von Jungen, zu einem der „uns bekannten Medizinmänner" zu gehören. Die Zeremonie ist eine kindliche Imitation, aber sie verwandelt sich in einen Ernstfall, weil die Angst vor Geistern und Teufeln in die kindlichen Gewissen eingeschrieben ist. Aber die Kinder sind auch noch nicht in der Lage, die Zeremonie wirklich zu bestehen. So haben sie zuwenig Wasser herbeigebracht, und einer kommt auf die Idee, statt dessen „auf die heißen Steine" zu urinieren. Diese Inkompetenz rächt sich sofort, denn „der Gestank war fürchterlich und ließ uns in dem winzigen abgeschlossenen Raum kaum noch Luft zum Atmen". Aber die Zeremonie zu durchbrechen wäre noch schlimmer gewesen, und so muß die schon aus dem Sinn geratene Verhaltensordnung durchgehalten werden. Aber der nächste Schreck folgt sofort: ein seltsames Wesen mit Schwanz bedroht die dann doch aus Angst flüchtenden Jungen, die erst bei der Rückkehr erkennen, daß es sich um einen „zotteligen Highland-Stier" handelt, „der gemächlich davontrabte und dabei mit seinem Schwanz hin und her schlug". Übrigens ist Archies Geschichte, die hier so komisch-unterhaltsam begann, später nicht mehr voller Jungen-Abenteuer: Er flüchtet aus der Schule, meldet sich zum Militärdienst und wird später Stuntman in Hollywood, gerät auch verschiedentlich ins Gefängnis. Aber es rettet ihn die Tatsache, wie sein Vater John die spirituellen Kräfte als Medizinmann zugesprochen zu bekommen, und so rettet er sich zu neuer Würde und Bedeutung. Sicherlich wird er sich an dieser Stelle auch an das Schwitzhütten-Ereignis zurückerinnern.

Ein Diskursuniversum der Kindheit

Zum einen sollte deutlich werden: Erinnerungen greifen wir nicht nur aus dem eigenen Lebenskreis heraus, sondern sie können auch aus Kontexten anderer Zeiten und Kulturen stammen. Dies müssen wir uns gerade heute vergegenwärtigen, in einer Zeit, da Stichworte wie Interkulturalität und Migration nicht nur Einzelschicksale, sondern neue Wanderungs- und Durchmischungsbewegungen umfassen. Die Muster der Kindheit sind weder historisch noch kulturell direkt und uneingeschränkt vermittelbar; wenn wir uns erinnern, müssen wir jeweils auch *Differenzerfahrungen* akzeptieren und wahrnehmen. Aber in den Unterschieden geht es häufig auch um Abgrenzungen und die ungleiche Verteilung von Macht und Einfluß. So sind afrikanische Lebenserzählungen durch die Konfrontation mit der Zivilisation der Weißen auch als Bedrohung und Zerstörung ursprünglicher Lebensform und ursprünglichen Glücks aufzufassen; der weiße Mensch erscheint als Kolonisator oder als Missionar, als Vergewaltiger also der eigenen kulturellen Traditionen. Gleichberechtigte Kooperation von Weißen und Schwarzen ist nur dann möglich (so aus einer Sicht vor 50 Jahren), wenn der Weiße den Schwarzen zunächst erzogen haben wird. Es ist erst eine ferne Möglichkeit, „daß Afrikaner aus ihrer eigenen reichen Kultur die Kraft gewinnen, in der Auseinandersetzung mit diesen Weißen eine eigene Identität zu gewinnen" (*Renner/Seidenfaden*, Bd. 1, 1997, S. 24). Biographische Erzählungen aus der Kindheit können die Kultur spiegeln, aus der sie kommen, sie können sie aber auch verzerren, korrigieren oder als unverständlich erscheinen lassen. Eine enge zentraleuropäische Abgrenzung ist heute nicht mehr möglich, die Fragen nach lebbaren und sinnvollen Lebensformen stellen sich heute schwieriger, zugleich aufregender: „Ein Lebenslauf ist eine Zeitgestalt. Auch wenn die Autobiographie nicht das gesamte Leben umfaßt, so zeigt sie doch auch immer, wie ein Individuum in Wertvorstellungen, Glaubensüberzeugungen, Daseinsdeutungen seiner Kultur hineinwächst oder hineinsozialisiert wird. Dieser Aspekt ist für pädagogisch interessierte Leser von besonderer Wichtigkeit. Wie wird man zu einem Mitglied einer ethnischen Gruppe in vollem Sinne, von deren Selbstverständnis? Wie erwirbt man Kultur?" (ebd., S. 27).

Betrachten wir die Geschichten aus anderen Kulturen, so finden wir universale Züge: Spielen, Lernen, Begegnung mit dem Tode, dies alles kommt in allen Kulturen vor und wird zumindest vergleichbar erlebt. Aber es gibt natürlich auch erhebliche Unterschiede, die dann verwischt werden, wenn wir beispielsweise nach den entwicklungspsychologischen Kategorien unserer Gesellschaft Kinder und Kindheiten betrachten. Bei uns treten an die Stelle von lebensweltlicher Geschlossenheit die globalisierenden Medien, die in den hier berichteten autobiographischen Fragmenten nicht mit einem Wort erwähnt sind. Dies ist nur *ein*, wenn auch nicht unbedeutender Unterschied zwischen unseren kulturellen Usancen und Möglichkeiten und denen anderer Völker und Kulturkreise. Betrachten wir uns nicht als Mittelpunkt der Welt, müssen wir uns immer wieder aufs Neue fragen lassen, welche Figuration von Kindheit wir eigentlich meinen, wenn wir über die 6- bis 12jährigen sprechen. Auf jeden Fall können wir uns heute nicht aus der Aufgabe entlassen, unsere Reichweite von Erinnerungen nicht narzißtisch getönt auf das eigene Erfahrungs-Ich zu begrenzen; wir können die Kinder von heute nur verstehen, wenn wir uns durch Fremdes überraschen lassen und es nicht feindselig abweisen. Wir begegnen heute nicht nur unseren, sondern auch anderen Kindern. Anzustreben wäre ein *Diskursuniversum* (ebd., S. 29). Heranwachsen und Lernen, intellektueller, sozialer und moralischer Fortschritt sind dann als kulturell verschieden zu ordnen, und dennoch können wir versuchen, im menschlichen Verhalten und bei den Kindern Grundzüge einer Ordnung zu entdecken, deren Leitvorstellung sein könnte, Kindern ein (in welchen Varianten auch immer) lebenswertes, lebenssicherndes und lebensförderndes Auf-der-Welt-Sein zu verschaffen.

Struktur und Variation

Was also schließt Kindheiten zusammen, was unterscheidet sie: Läßt sich diese Frage nun besser beantworten; hilft eine durch Erzählen und Veröffentlichung kollektiv gewordene historische Erinnerung dem Erinnern an die eigene Kindheit, diese besser zu verstehen und damit die jetzigen und zukünftigen Kinder? Eine letzthin befriedigende Antwort auf diese Frage kann es derzeit nicht geben, weil wir trotz allem neuerlichen Interesse an Geschichte und Geschichten der Kindheit, unter Berücksichtigung kultureller Differenzen und Unterschiede im Gefälle der Zeiten und der Machtverteilungen, wenig Methoden entwickelt haben, um das Material deutend zu bändigen. Dennoch läßt sich einiges festhalten; ich will es unter den Stichworten „Struktur" und „Variation" ordnen. Unter „Struktur" verstehe ich hier alle diejenigen Elemente in Erzählungen und Situationsschilderungen, die in anderen Erzählungen und Situationsschilderungen verdeckt oder offen *auch* vorkommen und uns damit helfen, eine Situation und Erzählung überhaupt zu erkennen und einzuordnen. Solche Strukturelemente sind (im Rahmen unserer Zitate und Interpretationen)

- die Bestimmtheit von Kindheit durch geographische Region, Landschaft, Tradition und Brauchtum;
- die Bestimmtheit von Kindheit durch Ausbildung und Erwerbstätigkeit der Eltern und die soziale Lage;
- die Bestimmtheit von Kindheit durch das Verhältnis von Spielen, Arbeiten und offenem wie organisiertem Lernen (in der Schule);
- die Bestimmtheit von Kindheit durch fehlende oder vorhandene Organisationen von Karrieren und Zukunftsmöglichkeiten;
- die Unterschiedlichkeit kindlicher Erfahrungs- und Spielräume bei Jungen und Mädchen in der überwiegenden Mehrzahl der Fälle und bis heute;
- die Spannung zwischen der Erfahrung von Angewiesenheit, Schutz- und Annahmebedürfnis einerseits, aber auch der Machtlosigkeit, des Ausgeliefertseins an Erziehungspersonen andererseits (ein großer Teil der Kindheit besteht aus Ohnmachtserfahrungen vor allem auch gegenüber dem Vater);
- entwicklungstypische Verhaltensweisen.

„Variation" hingegen meint, daß wir es nicht nur mit regional, sozial und zeithistorisch überformten *Kindheiten* zu tun haben, die vergleichbar sind in Hinsicht auf Gemeinsamkeiten und Unterschiede, sondern zugleich mit *Kindern*, die in konkreten Welten aufwachsen und insofern bestimmt oder abhängig von ihnen, die aber *gleichzeitig den je eigenen Prozeß der Lebens- und Weltaneignung* durchmachen, der zwar durch äußerliche Fixpunkte beschrieben werden kann, dessen interne Dynamik hingegen keiner vollständigen Deutbarkeit oder Prognose unterliegt. Zu solchen Variationen zählen

- die Unverfügbarkeit seelischer Ereignisse durch Umwelt, Umweltstrategien und alle Formen pädagogischer Maßnahmen;

- die Unverfügbarkeit kindlichen *Wollens*, das trotz vielfacher „determinierender Faktoren" widerständlich hervorbrechen kann;
- die Unverfügbarkeit kindlicher Temperamente, kindlicher Handlungsimpulse und kindlicher Weltaufbauten (zunächst in der Phantasie und im Spiel);
- die erstaunliche Widerständigkeit und der starke Lebenswille, solange die Überwältigung durch psychische und physische Leiden nicht unaushaltbar wird (in nicht geringerem Maße wie bei Erwachsenen);
- die Unverfügbarkeit kindlicher Liebe und kindlichen Mitleids, aber auch kindlichen Widerwillens oder sogar Hasses insbesondere für „pädagogisch gezielte" Maßnahmen;
- die Nichtplanbarkeit und Beeinflußbarkeit kindlicher Lebensauffassungen dann, wenn sie dem Kind nicht einsichtig sind oder erzwungen werden.

Kinder erfahren Kindheiten, aber sind nicht deren Maske; sie sind vielmehr bestrebt, sich die ihnen zugeordnete Kindheit mit ihren Möglichkeiten anzueignen, mit ihren Interessen und Handlungsimpulsen, ihren Leidenschaften und Vorlieben in Übereinstimmung zu bringen. *Wie* das geschieht und mit welchen Folgen, läßt sich durch keine Prognose errechnen und selten wahrscheinlich machen. Natürlich können Strukturen Variationen überdecken: Was nützt kindliches Wollen, wenn die Umstände es brechen; wie weit reichen Handlungsimpulse, wenn ihr Spielraum – beispielsweise durch Maßnahmen geschlechtsspezifischer Sozialisation – begrenzt ist? Dennoch: *Kindheiten* lassen sich beschreiben und interpretieren, *Kinder* nur in sehr begrenztem Maße. Bisher war dies jedenfalls so – ob neuerdings Skepsis geboten scheint, soll später erörtert werden. Allerdings, auch bei der Einschätzung von Kindheiten ist Behutsamkeit geboten. Auf die Frage, ob es die Kinder heute „besser" haben als früher: materiell, im Erziehungs- und Bildungsbereich usw., läßt sich nicht bejahend antworten. Aber auch das Gegenteil zu behaupten ist nicht einfach. Jedes einzelne Beispiel hat mehr Aspekte gezeigt, als zusammenziehende Deutungen offenlegen (vgl. dazu Abschnitt 3, *Entwicklung der Kindheit*).

Die 6- bis 12jährigen: *eine* Altersgruppe?

Bei der Auflistung einiger wesentlicher überdauernder Strukturelemente wurde eines ausgespart, damit es in diesem Abschnitt besonders behandelt werden kann: das der *Zugehörigkeit zu einer bestimmten Gruppe bestimmten Alters*, wonach sich gewisse gemeinsame Entwicklungsaufgaben und -probleme zusammenordnen ließen. Kinder, so unterschiedlich sie sind, schließt ihr Altersstatus in nicht unwesentlichen Hinsichten zusammen – das allein rechtfertigt ja die Zusammenfassung, wie sie auch der Titel dieses Buches gibt. Es ist nicht durchweg üblich, Lebensjahre für eine Altersgruppe anzugeben, und das aus guten Gründen. Zum einen könnten die Altersangaben leicht verdinglicht werden in dem Sinn, daß (in unserem Falle) mit 6 bzw. 12 Jahren ein bestimmter „Einschnitt" erreicht ist, der genau mit dem angegebenen Datum zusammenfällt. Dies ist natürlich nicht der Fall; es gibt 6jährige, die körperlich wie geistig eher 3jährigen gleichen, umgekehrt können 8jährige in bestimmten Fällen mit 12jährigen verwechselt werden. Jedes Kind kann den ihm gestellten Entwicklungsaufgaben und -möglichkeiten vorauseilen oder nachhinken und dies wiederum in bestimmter Hinsicht (Motorik, Intelligenz, Sprachvermögen, Emotionalität usf.) oder auch insgesamt. Festzuhalten ist also, daß die Angaben „6" oder „12" Jahre nur *ungefähre Markierungen* bedeuten. Die Altersangaben können freilich helfen – und haben dies abstrakteren, allgemeineren Bezeichnungen voraus –, daß sich jeder bestimmte Kinder vorstellt (meist die, mit denen er es zu tun hatte oder hat). Von den „6- bis 12jährigen" zu sprechen wird also weniger durch ein theoretisches Interesse, sondern ein pädagogisches geleitet: Schon die Altersangabe soll die Konkretheit einer sehr differenzierten Altersgruppe vor Augen halten:

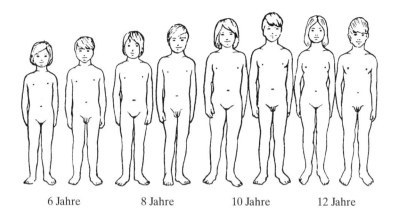

6 Jahre 8 Jahre 10 Jahre 12 Jahre

Abbildung 1: Die Veränderung der Körperproportionen von 6 bis 12 Jahren (Quelle: *Mussen u.a.* 1980, S. 233, 336)

Die Veränderungen im Längen- und Breitenwachstum sind sichtbar; sie sind allerdings nicht so auffällig wie in den Jahren davor und nicht so dramatisch wie in und nach der Pubertät. Wir können die 6- bis 12jährigen *intern* noch einmal gruppieren; dies schlagen beispielsweise *Stone/Church* vor (1978, S. 126):

„Wir wollen drei Abschnitte der mittleren Kindheit unterscheiden: die Gruppe der sechs- bis achtjährigen Kinder, die neun- bis elfjährigen und die über zwölfjährigen. Das sechsjährige Kind behält noch viele Babyeigenschaften bei, darunter eine Freude am Unsinn und die Duldung und sogar der Wunsch nach Gehätscheltwerden. Dieses Kind wird wahrscheinlich nur am Rande der Peer-Group leben, ihre Gepflogenheiten todernst den Buchstaben nach imitieren, die Befehle der älteren Kinder befolgen und immer noch geneigt sein, seine Geheimnisse und Tätigkeiten dem Erwachsenen zu verraten. In diesen frühen Schuljahren weint das Kind noch leicht. Im Alter von neun Jahren ist das Kind mit seiner Zuneigung sparsam (insbesondere, wenn es ein Junge ist und nicht ein Mädchen), es ist ein aktives Mitglied der Peer-Group und in ihren Gebräuchen geübt. Es hat gelernt, die alltäglichen Unglücksfälle und Enttäuschungen stoisch zu ertragen, und wenn es weinen muß, so tut es dies außerhalb der Gruppe. Im Alter von zwölf Jahren hat das Kind sich mit einigen Ausnahmen und Abwandlungen ein übertrieben sicheres Verhalten zugelegt, ist beherrscht und souverän (obwohl seine Tischmanieren während dieser ganzen Periode sich vielleicht laufend verschlimmert haben), verachtet alle Dinge, die es für kindlich hält und ist verbissen selbständig. Die Mädchen haben im Alter von zwölf Jahren die langbeinige Schlaksigkeit des frühen Schulalters abgelegt und verdienen oft die Bezeichnung fraulich, obwohl sie meist an der Schwelle eines weiteren ungraziösen Alters stehen."

Hier handelt es sich um eine – problematische – *Typisierung* von Altersabschnitten; für jede der geschilderten Verhaltenseigenschaften könnte man schnell abweichende Beispiele anführen. Dennoch liegt eine gewisse Evidenz vor, indem vermutlich die Mehrzahl der Leser sagen könnte: „So ungefähr ist es." *Stone/Church* rechnen die 12jährigen schon zur nächsten Alterskohorte, den Pubertierenden. Dies ist durchaus möglich, insbesondere dann, wenn man die Angaben zur physischen Reifung zu Rate zieht. Danach ist das Pubertätsalter mit jeder Generation gefallen, bei den Mädchen normalerweise noch ein Jahr vor das der Jungen. Eine neuere Studie in England beispielsweise zeigte, daß von den Mädchen, die 1958 geboren wurden, 2,2 % schon mit zehn Jahren, 15,2 % mit elf Jahren und 39,2 % mit zwölf Jahren menstruiert haben (und über 73 % mit ungefähr dreizehn Jahren). Jungen haben heute meist schon mit elf Jahren ihre erste Pollution (*Goldman* 1982, S. 25f.). Daraus jedoch die Schlußfolgerung zu ziehen, es läge eine körperliche *Verfrühung* vor, während die seelische und geistige Entwicklung noch nicht äquivalent sei (*Akzeleration*), ist in der Mehrzahl der Fälle nicht richtig, weil bei gesunden Kindern physische und psychische Entwicklung *synchron* verlaufen. Jede feste Alterszuordnung zu Entwicklungsstadien wird schnell problematisch. So wird man neuerdings die Pubertät auch schon bei 10jährigen annehmen können.

Müller-Wiedemann (1973, S. 15) kommt von einem etwas anderen Ansatz her zu einer anderen Gruppierung: Er faßt die 9- bis 12jährigen als „Mitte der Kindheit" zusammen mit dem Argument, im 9. Lebensjahr beginne ein „für die menschliche Biographie typischer Vorgang von Dissoziation oder Krise", die im 12jährigen Menschen ihren Abschluß finde, weil nunmehr „zum ersten Mal jene seelisch-leibliche Identität herangebildet" sei, „die die Welt als objektiv und außer sich zu erleben in der Lage ist (…). Das Kind wird reif, die Welt im Begriff zu verallgemeinern und sich selbst in ihr als einzigartig zu erleben. Dieser Schritt bedeutet das Ende der ersten Kindheit und seelische Voraussetzung für das Einsetzen der Reifezeit, woraus der innere Anspruch an den jungen Menschen resultiert, diese Welt auch zu gestalten, und weist damit dem Jugendlichen nach der Pubertät eine *geschichtliche* Rolle zu." (S. 15) Noch der 12jährige stände also, insgesamt gesehen, außerhalb *geschichtlicher* Verantwortung – er bleibt Kind, auf den Erziehungsvorgang und sich selbst beschränkt – *aber* er bringt zugleich die Voraussetzungen zu weiterer Entfaltung und zu aktivem Eingreifen ins Leben mit, das den Jugendlichen auszeichnet. Nach *Müller-Wiedemann* ist eine „Krise" abgeschlossen, die dann erst befähigt, die *Pubertäts*krise angemessen zu überstehen.

Für lange Zeit wirksam ist die Entwicklungspsychologie *Krohs* (1944) gewesen. Er unterscheidet die *Stufe der frühen Kindheit* (bis ins 3. Lebensjahr), die *Stufe der eigentlichen Kindheit* (bis ins 12. Lebensjahr) und die *Stufe der Reifezeit* (13 bis 18 Jahre). Altersnormen dieser Art versuchen nicht nur, Kinder zu beschreiben, sondern „haben auch über die Erwartungen der Umwelt (von Eltern, Erziehern, Sozialarbeitern, Jugendrichtern) konstitutive Auswirkungen auf das heranwachsende Kind. Entwicklungspsychologische Etikettierungen sind daher in einem gewissen Ausmaß *verhaltensbildende* Kriterien" (*Wieczerkowski/Oeveste* 1, 1982, S. 32). Die Diskussion von Entwicklungskonzepten wird im 2. Kapitel erfolgen. Auffällig ist, daß trotz aller Schwierigkeiten der Abgrenzung und internen Differenzierung doch eine bemerkenswerte Einigkeit darin besteht, eine „eigentliche" oder „mittlere" Kindheit zu unterscheiden einerseits vom Klein- oder Vorschulkind (auch: frühe Kindheit), andererseits vom Teenager, Jugendlichen oder Adoleszenten. Und dann kommen wir schnell auf eine Altersabgrenzung zwischen 4/5 und 12/13 Jahren.

Für eine solche Zusammenfassung sprechen folgende Argumente:

1. Kindheit „ist nicht allein universell durch bestimmte qualitative und quantitative psychische Veränderungen bestimmbar, sondern auch kulturell definiert" (*Oerter/Montada* 1982, S. 195): Dazu gehört nach *Oerter* eine erhebliche „Entfernung zur Erwachsenenwelt" (das Kind ist – im Gegensatz zum Jugendlichen – keine „Konkurrenz" für den Erwachsenen, etwa im erotischen Bereich); es herrscht ei-

ne vollständige, akzeptierte Abhängigkeit von den Erwachsenen vor.
2. Kindheit könnte man kennzeichnen durch eine „selbstverständliche Welthinnahme" (*Baacke* 1983, S. 14), während Kleinkinder nur Ausschnitte der Welt erfassen und mit Contenanceproblemen beschäftigt sind, hingegen Jugendliche beginnen, sich von bestimmten erlernten Verhaltensmustern, von anderen, ja auch von sich selbst zu distanzieren.
3. Jugendliche zeigen im Gegensatz zum Kind eine wachsende *field-independence-performance* (*Baacke* 1983, S. 73, 80). Umgekehrt sind Kinder noch stark kontextbezogen, erfahren ihre Umwelt als sinnlich-zusammenhängend.
4. Dem entspricht die Beschreibung dieser Altersgruppe (vom 1. Grundschuljahr bis zum 12. Lebensjahr) *nach Piaget*: Es ist die Periode der „konkreten Operationen". Damit ist gemeint, daß die gegenständliche Welt mit Hilfe internalisierter Handlungen (Operationen) in einer Gruppierungsmatrix geordnet wird, wobei die damit verbundenen intellektuellen Orientierungshandlungen sich eng am Gegenstand entwickeln, also auf Konkreta Bezug nehmen. Die internalisierten Handlungen selbst tauchen jetzt jedoch nicht mehr als sinnlich beobachtbare gedankliche Operationen auf; das Kind geht zwar vom Gegenständlichen aus, entwickelt seine Denkoperationen aber nicht mehr ausschließlich am äußeren Handeln.
5. Viele beschreiben die Altersgruppe der 6- bis 12jährigen auch als „Latenzperiode" (z.B. *Stone/Church* 1978, S. 120). Während in der frühen Kindheit entscheidende Dispositionen (Sprachvermögen) und Tiefenstrukturen (psychoanalytisch erörterte Strukturierung des Verhältnisses von Ich, Es und Über-Ich) erworben werden und die Jugend durch den komplizierteren komplexen Prozeß der *Identitätsbildung* gekennzeichnet ist (*Baacke* 1983, S. 140 ff.), scheint die Zeitspanne dazwischen eher bestimmt zu sein durch eine Phase der *Beruhigung* und *Vorbereitung*.

Im wissenschaftlichen Disput um Kinder, Kindheit und Entwicklung hat sich kein Fokus durchgesetzt, der in mono-perspektivisch überzeugender Weise die hier zu behandelnde Altersspanne betrachten hilft.

Das unbekannte Kind

Vielleicht liegt es am letztgenannten Punkt, daß die Altersgruppe der 6- bis 12jährigen so schwer zugänglich ist. Die frühe Kindheit ist durch Eltern und Erzieher, aber auch Wissenschaftler weithin *beobachtbar*; Jugendliche sind zunehmend zur differenzierten *Selbstäußerung* fähig. Kinder liegen irgendwie dazwischen: einerseits abhängig, andererseits nach Selbständigkeit strebend, lassen ihre Handlungen nicht unmittelbar auf Vorstellungen und/oder Gesinnung (mehr) schließen; gleichzeitig reflektieren Kinder (noch nicht) über ihren Status, sondern nehmen sich (zunächst) so hin, wie sie sind (wenn auch mit zunehmenden Zweifeln). Die eben benutzten Klammern zeigen wiederum an, daß jede Aussage gerade in Hinsicht auf Kinder „in gewisser Weise gilt" und „dann doch wieder nicht ganz". Dennoch: Es sind die Kinderjahre, an die wir uns häufig (gern) erinnern und die in der rückschauenden Betrachtung am problemlosesten zu sein scheinen. Noch einmal wagen *Stone/Church* (S. 121f.) einen Vorstoß zur Charakterisierung dieses Alters, indem sie behaupten, Kinder erkennten die besonderen Eigenschaften ihrer Lebensperiode selbst am besten. Und:

„Fragt man sie, was das beste Alter ist, denken Vorschulkinder und Jugendliche entweder an die Zukunft oder an die Vergangenheit. Das Kind im Schulalter hingegen hat seine eigene Altersperiode am liebsten. In keiner Altersstufe hat das Kind so viel Freiheit und so wenig Verantwortung. Kinder in den mittleren Kindheitsjahren mögen danach streben, Teenager zu sein, und in vieler Hinsicht sind sie tatsächlich die Teenager der vorausgegangenen Jahre: Sie hören Rock-Musik und Folklore, sie tragen ihr Haar nach der Art der Teenager, sie ahmen ihre Kleidung und ihre Sprache nach, sie können tanzen, sie sehen die Teenagerprogramme im Fernsehen und gehen ins Kino, um Teenagerfilme zu sehen (und manche verfallen, wie wir wissen, dem Drogenmißbrauch), aber sie lehnen die heterosexuellen Verstrickungen des jugendlichen Alters und die Besorgnisse und Lasten des erwachsenen Alters ab. Das Erwachsenenleben erscheint dem Kind in der mittleren Kindheit sogar unverständlich. Es kann nicht verstehen, warum Erwachsene im Besitze all ihrer Macht und ihrer Freiheit sich nicht mit Speiseeis und Süßigkeiten vollstopfen, ununterbrochen fernsehen oder die anderen guten Dinge des

Lebens ausnutzen, statt die nervösen, von Besorgnissen heimgesuchten Geschöpfe zu sein, die sie in Wirklichkeit sind."

Church/Stone heben hervor, daß damit wohl am ehesten die Kinder der amerikanischen und westeuropäischen Mittelschicht beschrieben seien. Diese Einschränkung versöhnt wieder mit dem Versuch einer typisierenden Beschreibung – die doch „in gewisser Weise" ins Schwarze trifft (jedenfalls in vielen Fällen).

Aber wie weit ist es wirklich her mit dieser gegenwartsbezogenen, temperamentvollen Sorglosigkeit? *Church/Stone* schreiben an anderer Stelle, das Kind beginne darüber nachzudenken, „was es heißt, zehn, zwölf oder zwanzig Jahre alt zu sein. Es grübelt über die Geheimnisse des Lebens nach, über Geburt und Tod. Es wird sich seiner körperlichen Vorgänge bewußt – Atmung, Kreislauf, Verdauung, Sinneswahrnehmung, die Kluft des Schlafs. Es lernt vieles über Keime, Viren, Krankheit und bekommt gelegentlich Anfälle von Hypochondrie. Wenn das Stadtkind das erste Mal erfährt, woher das Fleisch kommt, wird es sich dadurch beunruhigt fühlen, und manche Kinder werden eine Zeitlang zu totalen oder teilweise Vegetariern (das Vegetariertum wird heute für viele Teenager zu einer Glaubensfrage) ..." (S. 183f.) Wir hatten an unseren Beispielen gesehen, daß schon 6jährige mit dem Problem des Todes ernsthaft-nachdenklich konfrontiert werden können. Während 4jährige Kinder noch recht vage Vorstellungen vom Tod haben und mit ihm noch keine besonderen Affekte verbinden, können sich 6jährige Kinder bereits mit Totem identifizieren: „Sterben heißt umfallen, vergraben werden. Tot ist ein steigerungsfähiger Begriff: Tot, töter, am tötesten. Töten wird als Straf- und Rachemittel eingesetzt, das heißt, das Kind gebraucht das verbale Material Erwachsener bezüglich des Todes, um seine aggressiven Regungen auszudrücken. Todeswünsche sind ein Ausdruck aggressiver Phantasien, also Produkte des affektiven Lebens und der damit implizierten konflikthaften Erfahrungen"; 10jährige Kinder haben sich dann schon alle mit dem Tod beschäftigt, auch dem eigenen (Battegay/Rauchfleisch 1991, S. 90f.). Kinder erleben also inwendig schon recht komplexe, manchmal auch widersprüchliche Gefühle, mit denen in einem positiven und konstruktiven Sinne umzugehen nicht immer leichtfällt. So weit ist es also wieder nicht her mit der „Sorglosigkeit" dieser Altersperiode. Und ob es sich tatsächlich um eine sexuelle „Latenzzeit" handelt, wie die psychoanalytische Theorie nahelegt, ist erheblich umstritten (vgl. den Abschnitt Sexualität im 3. Kapitel).

Wir haben es in dieser Altersphase also mit *mannigfachen Widersprüchlichkeiten* zu tun, und ich vermute, daß in diesen *Spannungen* die produktive, aber immer angemessenen pädagogischen Schutz brauchende *Krise* dieser Altersgruppe besteht. Es handelt sich noch nicht um die dauernde Umschlägigkeit von Stimmungen wie in der Pubertät; aber auch das vertrauensvolle Aufblicken des Kleinkindes zum Älteren, Erwachsenen bleibt nicht mehr ohne weiteres erhalten. Kinder dieser Altersgruppe sind von gewinnender Offenheit und Loyalität, aber sie können ganz plötzlich auch „schwierig" sein. Dies ist nicht zu interpretieren als Vorstufe der Pubertät, als erstes Anzeichen jugendlicher Dilemmata, die bis zur Identitätsbildung zu bewältigen sind. Das haben *Stone/Church* m. E. richtig hervorgehoben: Kinder leben stark in der Gegenwart (wie es der spätere Mensch nie mehr derart intensiv zu tun vermag). *Ihr Leben hat seinen eigenen Wert*, der freilich nicht mit Formeln einfach zu fassen ist.

Es mag sein, daß gerade dies alles irritiert. 10jährige gelten als „unproblematisch", man braucht sich nicht besonders um sie zu sorgen (im Normalfall!). Ganz sicher sind wir uns nie. Darum verlassen wir uns gerade jetzt stark auf die pädagogischen Einrichtungen, die für Kinder bereitstehen: die Schule, die kirchliche Jugendgruppe, auch den Kinderarzt oder den Berater. Über diesen *Umweg* bekommen wir viele Daten über unsere Kinder: Wir untersuchen und kennen die Auswirkungen von Erziehungsstilen, von schichtspezifischen Milieus; wir beschäftigen uns mit emotionalen „Störungen", mit kognitiver und emotionaler und prosozialer Entwicklung und beachten neuerdings sogar die Architektur unserer Schulen, die Einrichtung unserer Klassen in Hinsicht auf kindliches Wohlbefinden. Wir entwickeln und überprüfen ständig eine Fülle von Maßnahmen: von Schulreifetests über Leistungsbewertung und Zeugnisse bis zur zahnärztlichen Untersuchung und psychologischen Überwachung. Während das Kleinkind noch direkt bei uns ist, droht das Kind häufig in pädagogischen und anderen Institutionen und Maßnahmen zu verschwinden – bis es als „Jugendlicher" wieder auftaucht, der relativ selbständig geworden ist und zunehmend abgeneigt, sich unseren Erziehungsmaßnahmen zu unterwerfen.

Vielleicht ist es an der Zeit, den Weg zum Kind zurück zu versuchen – es ist uns ja nahe. Für diesen Abschnitt soll als Resultat festgehalten werden: „Die 6- bis 12jährigen", das ist: eine in den Altersabgrenzungen offene, in sich dynamische, wandlungs- und perspektivenreiche Altersphase, deren Bestimmungsmomente in der wissenschaftlichen Debatte unklar bzw. strittig sind, die aber durch eine Tendenz nach Gegenwärtigkeit und Intensität gekennzeichnet ist, die unverletzt zu halten Aufgabe pädagogischer Bemühung sein sollte. *Terminologisch* entscheide ich mich dafür, die „*frühe Kindheit*" (von der Geburt bis etwa zu den 5jährigen), die *Kindheit* (die 6- bis 12jährigen) und das Jugendalter (ab 13 Jahre) zu unterscheiden. Solche Abgrenzungen sind einfach genug und doch ausreichend, wenn wir den Vorstellungsfehler vermeiden, aus der Bezeichnung geschlossener Blöcke festgefügte Altersstufen zu mauern. Kinder sind sehr unterschiedlich; in nicht so starkem, aber doch erheblichem Maße sind es auch ihre Kindheiten.

Entwicklung der Kindheit

Es wird bereits deutlich geworden sein, daß mir die Unterscheidung von „Kind" und „Kindheit" wesentlich ist. Die *Entwicklung von Kindern* ist (vornehmlich) ein Thema der Entwicklungspsychologie (vgl. die beiden folgenden Kapitel); die *Entwicklung der Kindheit* hingegen beschäftigt sich mit den historischen Prozessen, die Gesellschaften entstehen lassen, in denen ein bestimmter Abschnitt des menschlichen Lebens nach besonderen Vorsorgen, Absichten; Institutionalisierungen und Organisationsformen von anderen Abschnitten in seiner Selbstdarstellung wie Zweckbestimmung geschieden wird. „Kindheit" wird gesellschaftlich produziert; da Gesellschaften historischen Wandlungen unterliegen, ist auch „Kindheit" sowohl historisch *geworden* wie *unterschieden*. Dies wird bei einer eher systematischen (dann normativ wirkenden) Betrachtung von Kindheit nicht hinreichend berücksichtigt, wie die Definition aus *Meyers Enzyklopädischem Lexikon* (25 Bände, Bd. 13, Mannheim 1975, S. 686) deutlich macht. Dort heißt es: „*Kindheit*, die sich der Embryonalzeit anschließende Lebensphase zwischen Geburt und Eintritt der Geschlechtsreife. Nach der K. beginnt die Phase der Jugend. Im rechtl. Sinn endet die K. des Menschen mit Erreichen des 14. Lebensjahres (Jugendliche). Für den einzelnen Menschen (auch Anthropologie) ist die K. – hpts. durch das Zusammentreffen biolog. Reifungs- und soziolog. Prägungsprozesse – der entscheidendste Abschnitt seiner körperl., seel. und geistigen Entwicklung."

Eine solche Definition läßt die *historische Formbestimmtheit* von Kindheit gerade aus und setzt – in einer allerdings sehr allgemeinen – Formulierung „Kindheit" als gegeben. Inhaltliche Momente bleiben ausgespart.

In den letzten Jahren ist ein vehementes Interesse für die Geschichte der Kindheit, der Jugend und der Familie zu beobachten – ein Interesse, das eher noch im Wachsen ist (vgl. *Hermann/Renftle/Roth* 1980). Dies hat, so vermute ich, mehrere Gründe: Zum einen lenkt ein Interesse am Alltag und den „durchschnittlichen Lebensvollzügen" von Menschen seit längerem den Blick auf sozialhistorische Zusammenhänge, nachdem die Geschichtsschreibung „großer Männer" und „großer Ereignisse" gerade hierzulande obsolet geworden ist. Sodann hat eine Verunsicherung in der Sinnbestimmung von Erziehung, also ihren Zielen und Zwecken, den Blick auf die Vergangenheit gelenkt – vermutlich in der Erwartung, möglicherweise an unterbrochene Traditionen anknüpfen zu können, zumindest aber den eigenen Standort besser zu verstehen. Schließlich führt der schnelle Wandel sozialer Gegebenheiten und Zustände (in letzter Zeit besonders anschaulich werdend in der erwartbaren Einführung neuer Informations- und Kommunikationstechnologien) auf die Frage, welches Tempo und welche Eigenarten sozialer Wandel in früheren Zeiten besaß und ob noch Verwurzelungen bestehen oder das jetzige Leben von Kindern und Familien in der Modernität losgelöst und aufgehoben ist.

Entstehung der Kindheit nach *Ariès*

Philippe Ariès' Darstellung der „Geschichte der Kindheit" (der Titel der Originalausgabe ist genauer: „L' enfant et la vie familiale sous l' ancien régime") hat inzwischen eine gewisse Popularität erlangt.

Ariès geht von der These aus, daß das Mittelalter noch gar keine Vorstellung von Kindheit als einem besonderen Lebensabschnitt besessen habe, Kinder vielmehr wie Erwachsene lebten. Die Familie sei in erster Linie eine Produktionsgemeinschaft gewesen, die auf emotionale Qualitäten des Familienlebens verzichten konnte. Erst die allmähliche Entdeckung der Kindheit erkannte den Kindern mit der Zeit einen bestimmten Status zu, den wir heute als ihrem Alter zukommend betrachten. Kindheit ist damit nicht nur ein von der biologischen Entwicklung bestimmtes, sondern sozial anerkanntes Stadium des Lebens.

Zu dieser These, die *Ariès* deskriptiv zu belegen sucht (schriftliche, aber auch ikonographische Dokumente wie Grabinschriften, Kupferstiche, Malerei usf.) tritt eine zweite These, die wertenden Charakter hat: Während bis ins 18. Jahrhundert hinein Familie und Öffentlichkeit ungeschieden, die Zugänglichkeit aller Lebensbereiche für Erwachsene wie Kinder in gleicher Weise selbstverständlich war, führt die soziale Erfindung von Schule und einem Familienleben, in dem die emotionale Bindung aller Angehörigen zunehmend eine Rolle spielt, zu der heutigen Lebensweise, bei der Kinder in pädagogische Ghettos eingezwängt werden und der kommunikative Zusammenhang öffentlichen und privaten Lebens (Kategorien, die vor 1800 kaum galten) zerbrochen ist. Die ganze Darstellung ist darauf angelegt, die neueren Zustände einer funktionalen Systemdifferenzierung eher in trübem Licht erscheinen zu lassen, während die alte Offenheit des Umgangs in eher hellem Lichte aufleuchtet. „Den Rückzug der Familie von der Straße, dem Platz und aus dem Gemeinschaftsleben und ihrer Einkapselung im Inneren eines Hauses, das gegen Eindringlinge besser gewappnet, für die Intimität besser gerüstet war" (*Ariès* 1975, S. 61) setzt der Autor für das Ende des 17. und 18. Jahrhunderts an. Zu dieser Zeit entdeckt er eine „neue Organisation des privaten Raumes (...) durch die Unabhängigkeit der Zimmer, die (statt alle ineinander überzugehen) durch einen Flur verbunden waren, und ihre funktionale Spezialisierung (Salon, Eßzimmer, Schlafzimmer ...)" (ebd.). Vorher waren Empfangs-, Schlaf- und Wohnraum kaum getrennt, nahmen die Kinder am beruflichen Wirken des Vaters ebenso teil wie an den Gesprächen der Erwachsenen, die aus- und eingingen – wenn man sich nicht vor der Tür oder auf der Straße traf, um dort Neuigkeiten auszutauschen (Restaurants, Cafés oder ähnliche Einrichtungen gab es ja noch nicht). Die Kinder lebten in einer Umgebung, die eine reichhaltige Mischung von Reizen für sie bereithielt und sie nur selten von etwas ausschloß (vgl. den Text a im 1. Kapitel). Bilder zeigen Kinder stets als kleine Erwachsene, in Gestalt und Habitus wie diese (nur kleiner) und wie diese angezogen. Eine Sonderstellung der Kindheit gab es nicht. Kindliche Sexualität war etwas Selbstverständliches. *Ariès* berichtet, im 16. und noch zu Beginn des 17. Jahrhunderts habe die Öffentlichkeit Schüler als von Vätern und Ehemännern gleichermaßen gefürchtete Schürzenjäger betrachtet, und er verweist auf einen Ausspruch von *Montaigne*, wonach hundert Schüler die Syphilis haben „ehe sie bei *Aristoteles* angekommen sind". – Auch die *Spiele* der Kinder und die der Erwachsenen unterschieden sich nicht voneinander; ein ausführlicheres Zitat soll dies und zugleich die Art und Weise, in der *Ariès* seine Thesen vertritt und entwickelt, deutlich machen.

Spätestens vom 3. oder 4. Lebensjahr an „spielt das Kind, sei es mit andern Kindern, sei es im Kreise der Erwachsenen, dieselben Spiele wie die Großen. Das können wir vor allem der Ikonographie entnehmen, die vom Mittelalter bis zum 18. Jahrhundert überaus reichhaltig ist, da man in dieser Zeit gerne Spielszenen darstellte – ein Anzeichen dafür, daß die Zerstreuung im sozialen Leben des Ancien régime eine bedeutende Rolle spielte. Wir haben bereits gesehen, daß *Lud-*

wig XIII. [1601–1643] von frühester Kindheit an einerseits mit Puppen, gleichzeitig aber auch schon mit Federball, Schlagball und Hockey spielte, alles Spiele, die uns heute eher Spiele Jugendlicher oder Erwachsener zu sein scheinen. Auf einem Stich von *Arnoult* vom Ende des 17. Jahrhunderts spielen die Kinder ein Glücksspiel (*tirer la boule*); wenn wir uns auf die falschen Ärmel des kleinen Mädchens verlassen wollen, handelt es sich dabei um Kinder von Stande. Man findet es nicht im geringsten anstößig, Kinder Karten- und Glücksspiele und um Geld spielen zu lassen, sobald sie dazu imstande sind (...). Die umherwandernden Maler des 17. Jahrhunderts haben oft eine Rotte von Soldaten gemalt, die in übel beleumdeten Schänken mit Leidenschaft dem Spiel frönten; neben alten Säufern sieht man ganz junge Burschen von etwa 12 Jahren, die vom Spiel nicht weniger hingerissen zu sein scheinen. Ein Bild von *Bourdon* stellt eine Gruppe von Bettlern dar, die sich um zwei Kinder scharen und ihnen beim Würfelspiel zuschauen. Dieses Motiv – Kinder, die um Geld Glücksspiele spielen – hatte für die Öffentlichkeit noch nichts Schockierendes, wie daraus hervorgeht, daß es auch in Szenen vorkommt, die keine Säufer oder Bettler mehr zeigen, sondern seriöse Figuren wie die le Nains.

Umgekehrt spielten die Erwachsenen Spiele, die aus heutiger Sicht nur für Kinder geeignet sind. Eine Elfenbeinarbeit des 14. Jahrhunderts stellt das Froschspiel dar: Ein junger Mann sitzt auf der Erde und versucht, die Männer und Frauen zu fangen, die ihn anrempeln. Das Stundenbuch *Adelheids von Savoyen* vom Ende des 15. Jahrhunderts enthält einen Kalender, der hauptsächlich mit Spielszenen, und zwar nicht höfischen Spielszenen, illustriert ist (die Kalender enthielten zunächst Szenen aus dem Berufsleben, und nur der Monat Mai war für das Liebeswerben reserviert. Dann kamen auch Spiele vor und griffen allmählich immer mehr Raum, Ritterspiele wie die Hetzjagd, aber auch volkstümliche Spiele). Eines von ihnen ist das Reisigbündelspiel: Ein Spieler stellt in einem Kreis von Paaren, bei denen jeweils die Dame hinter ihrem Kavalier steht und ihn um die Hüfte faßt, die Kerze dar. An anderer Stelle ist in diesem Kalender eine Schneeballschlacht der Dorfbevölkerung dargestellt; Männer und

Frauen, Kleine und Große sind daran beteiligt. Auf einem Teppich vom Anfang des 16. Jahrhunderts spielen Bauern und Edelleute, letztere mehr oder minder als Schäfer verkleidet, ein Versteckspiel. Kein Kind ist dabei. Holländische Gemälde des 17. Jahrhunderts (vor allem der zweiten Hälfte) zeigen dasselbe Spiel (...). Bei der Grande Mademoiselle im Hôtel de Rambouillet spielte man *Colin-Maillard*, eine Art Blindekuh. Ein Stich von *Lepeautre* zeigt, daß es auch von den Bauern immer als Erwachsenenspiel betrieben wurde.

Von daher versteht man auch den Kommentar, zu dem den modernen Historiker *van Marle* seine Studie über die Ikonographie der Spiele inspirierte: Was die Zerstreuung der Erwachsenen angeht, so kann man wahrhaftig nicht sagen, daß sie weniger kindlich gewesen seien als die Vergnügungen der Kleinen. In der Tat nicht, denn es waren dieselben!" (*Ariès* 1975, S. 137 ff.).

Im 18. Jahrhundert veränderte sich die Szene. Es wurden Collèges eingerichtet, Internate, später die Petits Ecoles (vom Magistrat unterhalten für Kinder mittelloser Bürger, zunehmend dann auch von anderen besucht, weil die Schulgeldfreiheit attraktiv war), holten die Kinder von der Straße und unterwarfen sie strengem pädagogischem Reglement. Vor allem Männer der Kirche (Jesuiten), aber auch der Magistrat und die städtische Verwaltung sorgten jetzt für strenge Regeln der Beaufsichtigung.

Auch die Juristen der Zeit waren nun auf Disziplin und Autorität bedacht und unterstützten „die Bemühungen der Erzieher an den Schulen und der Männer der Kirche. Jahrhundertelang folgte Erlaß auf Erlaß, die den Schülern den Zugang zu den Spielsälen verwehren sollten". *Ariès* zitiert eine Verordnung vom 27. März 1752, die als Plakat ausgehängt wurde und so lautet: „Es wird den Lehrern des Federballspiels wie des Billardspiels hiermit verboten, während der Unterrichtsstunden das Spielen zu gestatten, wie auch allen denjenigen, die sich im Besitz von Boulespielen, Kegelspielen und anderen Spielen befinden, hiermit verboten wird, zu irgendeiner Zeit Schüler und Diener damit spielen zu lassen." (Ebd., S. 159). Die Erwachsenen der oberen Klassen der Gesellschaft verzichteten als erste auf eine Vermischung erwachsener und kindlicher Spielsphären, während im Volk und bei den *Kindern* der oberen Klassen die alten Spiele weitergalten. Erst allmählich wurden sie modifiziert, bis sie dann in die Bourgeoisie Eingang fanden und (z.B. in England) als „Sport" in verwandelter Gestalt auftauchten.

Während die Kinderzeit bisher früh beendet war – sobald Kinder arbeiten konnten (wie wir gesehen haben), führten sie weitgehend das Leben von Erwachsenen –, verlängert sich nun die Kindheit durch zunehmend organisierten Schulbesuch. Freilich kam man bis zum Ende des 18. Jahrhunderts noch nicht auf den Gedanken, die Schüler nach Altersgruppen zu trennen, so daß „Kinder von zehn und vierzehn Jahren, Jünglinge von fünfzehn bis achtzehn Jahren und junge Männer von neunzehn bis fünfundzwanzig Jahren dieselbe Klasse" besuchten (ebd., S. 346). Die *Sitten* der Kinder standen nun unter strenger Kontrolle. *Ariès* weist insbesondere auf die Bücher von Jesuitenpatres über die *civilité* hin; er zitiert aus einem „für Kinder bestimmten und anständigen" Buch aus dem Jahre 1761; der Tonfall sei neu – „man richtet sich namentlich an die Kinder, und dies auf gefühlsbetonte Weise: Die Lektüre dieses Buches wird Euch belehren ... Habt dennoch Acht, meine lieben Kinder, daß ... Liebes Kind, das ich als ein Kind Gottes und als Bruder Christi ansehe, beginnet früh, Euch dem Guten zu verschreiben ... Ich habe mir vorgesetzt, Euch die Lebensregeln eines anständigen Christen beizubringen ..." (ebd. S. 199f.). Die folgenden Regeln beziehen sich dann sowohl auf das Verhalten in der *Familie* („Wenn Ihr im Zimmer Eures Vaters und Eurer Mutter seid, so wünscht ihnen einen guten Tag.") und in der *Schule* („Achtet darauf, daß Ihr Eure Kameraden nicht plagt ... Plaudert nicht in der Schule ... Macht keinen allzu leichten Gebrauch von der Anrede Du."). Das quasi naturwüchsige Aufwachsen der Kinder im offenen Haus wird nun abgelöst durch eine Überdachung vielfältiger erzieherischer Ratschläge und Empfehlungen, die allmählich das Kind als besonders *schutzbedürftig* erscheinen lassen, aber auch von wilden Trieben des Tobens und der Neugier geschüttelt, die es zu *bändigen* galt. Es entstehen Erziehungsleitbilder (in England des *Gentleman*, in Frankreich des *gentil homme* usf.); die *Zivilisierung der Kindheit* macht Fortschritte.

Ariès zitiert aus einer Anstandsfibel für Kinder (1761): Danach hat das Kind beim Eintreten das Haupt zu entblößen, um dem Lehrer seine Ehrerbietung zu bezeugen und seine Schulkameraden zu grüßen; die Kinder sollen nicht die Plätze tauschen, sondern dort sitzen bleiben, wohin der Lehrer sie gesetzt hat; die Mitschüler sollen nicht durch Stoßen und Knuffen belästigt werden; es soll nicht geschwätzt werden; die Kinder sollen nicht Freude darüber bezeugen, daß ein anderes getadelt oder gezüchtigt wird, usf. (ebd., S. 535). Gleichzeitig erscheint eine wachsende Anzahl von Elternfibeln und -ratgebern, die die häusliche Erziehung entsprechend qualifizieren sollen. Eltern sollen den Kindern vor allem „eine Beschäftigung (…) geben, die den Absichten entspricht, die sie mit ihnen haben, damit sie nicht in schädlicher Nichtstuerei den Tag vertun"; sie sollen jedoch zugleich sich den „Schwächen" und „kleinen Spielen" ihrer Kinder anpassen, „indem Sie sozusagen mit ihnen stammeln, um sie ihre kleinen Lektionen zu lehren" (ebd., S. 536 f.). Die *Kindlichkeit* wird im Verein mit relativ strengen Erziehungsmaßregeln betont. Das ist kein Widerspruch: Man entdeckt zwar zunehmend die eigene Welt der Kinder und versucht, darauf Rücksicht zu nehmen; zugleich ergibt sich das *Ziel der Erziehung* nicht mehr aus dem natürlichen Umgang, es muß vielmehr durch genau plazierte und berechnete Arrangements gesichert werden. Die Prügelstrafe ist ebenso ein erkanntes Erziehungsmittel wie (insbesondere in den Jesuitenschulen) die Denunziation der Schüler untereinander: Sie sollen gemeinsam auf die guten Sitten achtgeben und den melden, der gegen sie verstößt.

Mit der Delegation der Erziehungs- und Bildungsaufgaben an die *Schulen*, aber auch an die *Familie*, wird das *pädagogische Verhältnis* (um ein Wort von *Hermann Nohl* zu gebrauchen) eingeführt. Die verstärkte gesonderte Bemühung um die Kinder macht sie zunehmend auch zu emotional betrachteten Hausgenossen. Dies verdankt sie wohl auch der Tatsache, daß die Kindersterblichkeit rapide abnahm. *Ariès* meint, daß Trauer um Kinder nicht sein konnte zu einer Zeit, als die meisten starben (zumal dies oft eine ökonomische Erleichterung für die Eltern war); bei Reduzierung der Anfälligkeit und größeren erzieherischen Emotionen wachsen damit gleichzeitig auch die emotionalen Bindungen zwischen Kindern und Eltern, und es entsteht das, was wir heute „Familiensinn" nennen. Die bewertende Einfärbung des Fazits, das *Ariès* aus seinen Darstellungen zieht, ist nicht zu verkennen:

„Die Familie und die Schule haben das Kind mit vereinten Kräften aus der Gesellschaft der Erwachsenen herausgerissen. Die Schule hat das einstmals freie Kind in den Rahmen einer zunehmend strengeren Disziplin gepreßt, die im 18. und 19. Jahrhundert in die totale Abgeschlossenheit des Internats münden wird. Die Besorgnis der Familie, der Kirche, der Moralisten und der Verwaltungsbeamten hat dem Kind die Freiheit genommen, deren es sich unter den Erwachsenen erfreute. Sie hat ihm die Zuchtrute, das Gefängnis, all die Strafen beschert, die den Verurteilten der niedrigsten Stände vorbehalten waren. Doch verrät diese Härte, daß wir es nicht mehr mit der ehemaligen Gleichgültigkeit zu tun haben: wir können vielmehr auf eine besitzergreifende Liebe schließen, die die Gesellschaft seit dem 18. Jahrhundert beherrschen sollte. Es liegt auf der Hand, daß dieser Einbruch der Kindheit in die Gefühlswelt die heute besser bekannten Phänomene des Malthusianismus [Theorie des *Th. R. Malthus*, 1718, wonach das Wachstum einer Bevölkerung durch den Spielraum begrenzt wird, der für das Wachstum der materiellen Subsistenzmittel zur Verfügung steht], der Geburtenkontrolle hervorgerufen hat. Der Malthusianismus kam im 18. Jahrhundert zu dem Zeitpunkt auf, als es der Familie gelungen war, sich um das Kind herum zu reorganisieren und als sie die Mauer des Privatlebens zwischen sich und die Gesellschaft schob." (S. 562)

Ariès' Buch hat wohl deshalb so breite Resonanz gefunden, weil es anekdoten- und materialreich ist; vor allem aber auch, weil es die heutigen Zustände einer pädagogisierten, von unterschiedlichen Institutionen bewachten und geregelten Kindheit sehr skeptisch beurteilt und die Vision einer „guten alten Zeit" heraufbeschwört, als „die Straße" noch kein gefährlicher Ort war, sondern, verbunden mit Haus, Hof und Garten, eine „Sozialisationsinstanz, die Erwachsene wie Kinder in gleicher Weise umfaßte und durch die Erfahrungen des gemeinsam geteilten, alltäglichen Lebens „erzog".

Dennoch, Kritik ist notwendig. (1) *Ariès* beschreibt, aber erklärt nicht. Wieso es zu einer Wandlung des Erziehungsverständnisses kam und zur Genese der modernen Kindheit, bleibt unbehandelt. Nach *Ariès* sind es vor allem „Männer der Kirche oder des Rechts", Moralisten und andere bedeutsame Einzelne, die die neue Entwicklung einleiteten. Kann diese aber durch Schriften und Taten weniger (wenn auch einflußreicher) Männer allein erreicht werden? Und sind deren Werke nicht eher (wie die ikonographischen Materialien) *deskriptive* Belege? (2) Die Darstellung der „neuen Kindheit" bei *Ariès* beschränkt sich auf die wohlhabenderen Kreise: Adel und reicheres Bürgertum. Andere Gruppen werden nur en passant gestreift. Bei diesen scheint das Miteinander von Erwachsenen und Kindern länger gewährt zu haben, vor allem über die Kategorie gemeinsamer Arbeit (vgl. unsere Beispiele). Wie es „zur Tendenz der Abriegelung" (so *Ariès*) kam, einer Trennung nicht nur der Sphären von Kindern und Erwachsenen, sondern auch zwischen Armen und Reichen, wird nicht behandelt. (3) *Ariès* beschreibt zwar die Veränderung von Einstellungen gegenüber Kindheit und Familie – die mit einer zunehmenden Trennung sozialer Klassen einherzugehen scheint –, aber er ordnet diese Prozesse nicht in gesamtgesellschaftliche Entwicklungen ein (Industrialisierung, Wanderungsbewegungen aufgrund von Pauperisierung weiter Kreise, Umschichtung von Besitzverhältnissen usf.). Die Veränderung privater und erziehlicher Beziehungen ist ohne ihre Einlagerung in größere Entwicklungszusammenhänge kaum zu verstehen (vgl. *Niessen/Seiler* 1980, S. 79ff.). (4) *Ariès* übersieht nicht nur die Zweckmäßigkeit, ja Notwendigkeit moderner „Abriegelungen" der Kinder gegenüber der Erwachsenenwelt (die ja zunehmend eine Arbeitswelt wird, in der nur eine Minderheit noch über sich und ihre Arbeitskraft verfügen kann); er idealisiert auch die alten Zustände. So problematisch eine Überpsychologisierung des Verhältnisses zwischen Eltern und Kindern heute sein mag, so heilsam war doch die Entdeckung kindspezifischer Entwicklungsmuster für die Kinder selbst. Das Entgleisen der Maßnahmen in eine „schwarze Pädagogik" (*Rutschky* 1977) ist kein Beweis *gegen* die These, daß Kinder pädagogische Zuwendung (auch in der Familie) brauchen. (5) Schließlich ist darauf hinzuweisen, daß die von *Ariès* herangezogenen Dokumente oft eine sehr schmale Basis darstellen und ständig Überinterpretationen drohen. Wieweit spiegelt etwa die Malerei der Zeit die tatsächlichen sozialen Verhältnisse, wieweit gibt sie nicht auch Topoi der Darstellung wieder?

Gegendarstellung: *de Mause*, Psychohistorie

Eine ganz andere Darstellung und Einschätzung der Entwicklung von Kindheit gibt *Lloyd de Mause*, der seinen Ansatz der Psychohistorie in dem Band „Hört Ihr die Kinder weinen. Eine psychogenetische Geschichte der Kindheit" (1977) in der Bundesrepublik hat wirksam werden lassen. In zehn Beiträgen unternehmen Psychoanalytiker, die Veränderung von Eltern-Kind-Beziehungen für einen großen Zeitraum (von der spätrömischen Zeit bis an die Grenze dieses Jahrhunderts) darzustellen. *De Mause* bezieht einleitend *Ariès* „zentrale These" ein (in der traditionalen Gesellschaft war das Kind glücklich, heute dominiert eine „tyrannische Vorstellung von der Familie, die die Zerstörung von Freundschaft und Geselligkeit zur Folge hatten") und stellt seine dagegen: „Die Geschichte der Kindheit ist ein Alptraum, aus dem wir gerade erst erwachen. Je weiter wir in der Geschichte zurückgehen, desto unzureichender wird die Pflege der Kinder, die Fürsorge für sie und desto größer die Wahrscheinlichkeit, daß Kinder getötet, ausgesetzt, geschlagen, gequält und sexuell mißbraucht werden." (S. 12)

Auch *de Mause* bemüht eine Fülle von Material, um eine „Periodisierung der Formen der Eltern-Kind-Beziehungen" plausibel zu machen, die in einer Reihe von sechs Formen „eine kontinuierliche Abfolge zunehmend engerer Beziehungen zwischen Eltern und Kindern" darstellen, „die dadurch zustandekommt, daß jede neue Elterngeneration ihre Ängste allmählich überwindet und die Fähigkeit entwickelt, die Bedürfnisse ihrer Kinder zu erkennen und zu befriedigen". Darüber hinaus meint *de Mause* eine „interessante Klassifikation zeitgenössischer Formen der Kindererziehung" anbieten zu können:

1. Form: Kindesmord (Antike bis 4. Jahrhundert n. Chr.): Eltern entledigen sich ihrer Kinder durch Tötung, sexueller Mißbrauch von Kindern ist weit verbreitet.

2. Form: Weggabe (4. bis 13. Jahrhundert n.Chr.): Während das Kind bisher als Vehikel für die Projektion von Inhalten des eigenen Unbewußten benutzt wurde (*projektive Reaktion*: Kindheitsbedrohung) oder Eltern es als Substitut für jemanden benutzten, der in der eigenen Kindheit wichtig war (*Umkehrreaktion*), versucht man nun, solchen psychischen Mechanismen zu entrinnen, indem man die Kinder weggibt („zu einer Säugamme, ins Kloster, zu Pflegeeltern, als Diener oder Geisel zu anderen hochgestellten Familien ..."). Immer noch ist die *Projektion* stark, denn Kinder gelten noch als Inkarnation des Bösen und werden deshalb geschlagen und gestraft.

3. Form: Ambivalenz (14. bis 17. Jahrhundert n.Chr.): Das Kind tritt nun ein „in das emotionale Leben der Eltern" (nach *de Mause* etwas eher als nach *Ariès*!), und dies hat ein ambivalentes Verhalten zur Folge: einerseits ist das Kind schutzbedürftig (Anleitungen für Kindererziehung, Bild der „innigen Mutter" nach dem Marien- und Jesuskindkult usf.), andererseits belädt man es mit Verantwortung zur Erziehung (von der körperlichen Formung durch Wickeln bis zu Strafe und Züchtigung).

4. Form: Intrusion (18. Jahrhundert): Die *Projektion* geht zurück, die *Umkehrreaktion* (Kind als Partnerersatz) hört auf. Immer mehr versucht man, das Kind zu verstehen, seine Vorstellungen aufzunehmen – freilich auch, „seinen Willen unter Kontrolle zu bekommen". Man dringt auf diese Weise in das Kind ein, freilich immer noch in der Absicht, dann die eigenen Erziehungsvorstellungen um so wirksamer durchsetzen zu können. Diese sind, weil nun echte Empathie möglich ist, weniger rigoros; Kinderheilkunde und allgemeine Verbesserung elterlicher Fürsorge führen zu einem Rückgang von Kindersterblichkeit; daneben gibt es eine strikte Reinlichkeitserziehung, strenge Bestrafung der Masturbation (und sexueller Interessen von Kindern überhaupt) und Erziehung „zu promptem Gehorsam".

5. Form: Sozialisation (19. Jahrhundert bis Mitte des 20. Jahrhunderts): Von *Freuds* „Triebeinschränkung" bis zu *Skinners* Behaviorismus ist das Modell der Sozialisation leitend: Es geht nicht mehr um die Unterwerfung des Kindeswillens, sondern darum, es im jeweiligen gesellschaftlichen Rahmen lebensfähig zu machen, ihm Lebensglück und -erfolg zu sichern. Das persönliche Verhältnis wird dadurch entlastet, daß andere Erziehungsinstitutionen bei dieser Aufgabe helfen. An die Stelle projektiver Reaktion und der Umkehrreaktion tritt jetzt überwiegend die *empathische Reaktion*. Auch der Vater kümmert sich – im Gegensatz zu früher – jetzt um das Kind, indem er auch bereit ist, „es zu erziehen und manchmal sogar der Mutter bei der das Kind betreffenden Hausarbeit zu helfen".

6. Form: Unterstützung (ab Mitte des 20. Jahrhunderts): Diese letzte Form weist auf die zukünftige Entwicklung und geht aus von der Auffassung, „daß das Kind besser als seine Eltern weiß, was es in jedem Stadium seines Lebens braucht: Die Kinder werden weder geschlagen noch gescholten, und man entschuldigt sich bei ihnen, wenn sie einmal unter großem Streß angeschrien werden. Diese Form verlangt von beiden Eltern außerordentlich viel Zeit, Energie und Diskussionsbereitschaft, insbesondere während der ersten sechs Jahre, denn einem kleinen Kind dabei zu helfen, seine täglichen Ziele zu erreichen, bedeutet, ständig auf es einzugehen, mit ihm zu spielen, seine

Regressionen zu tolerieren, ihm zu dienen, statt sich von ihm bedienen zu lassen, seine emotionalen Konflikte zu interpretieren und ihm die für seine sich entwickelnden Interessen erforderlichen Gegenstände zur Verfügung zu stellen. Bisher haben nur wenige Eltern konsequent versucht, in dieser Form für ihre Kinder zu sorgen." (*De Mause* 1977, S. 82ff.)

De Mause macht in einer Tabelle „Die Evolution der Formen der Eltern-Kind-Beziehungen" noch einmal übersichtlich:

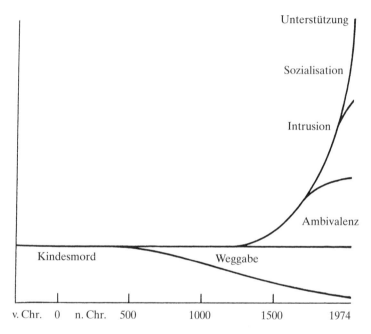

Abbildung 2: Periodisierung der Eltern-Kind-Beziehungen nach *de Mause* (Quelle: *de Mause* 1977, S. 85)

Auch die Darstellung der Kindheit nach *de Mause* hat zu lebhaften Diskussionen herausgefordert und tut es noch heute. Er hat – im Gegensatz zu *Ariès* – einige *theoretische Prämissen*, die seiner Darstellung zugrundeliegen. Für ihn bildet „die Evolution der Eltern-Kind-Beziehungen eine unabhängige Quelle historischen Wandels": Dieser Wandel ist psychischer Natur und eng bezogen auf die Generationsfolge, unabhängig von sozialen und technologischen Gegebenheiten; damit sind „die Praktiken der Kindererziehung in einer Gesellschaft mehr als ein beliebiges kulturelles Merkmal neben anderen. Sie stellen vielmehr die entscheidende Bedingung für die Überlieferung und Entwicklung aller anderen Merkmale der Kultur dar (...) Es bedarf spezifischer Kindheitserfahrungen, um spezifische Merkmale einer Kultur aufrechtzuerhalten; sobald die betreffenden Erfahrungen fehlen, verschwindet auch das entsprechende kulturelle Merkmal." (S. 14f.) Im Rahmen dieser „Psychohistorie" kommt *de Mause* dann zu dem Schluß, daß sich die Beziehungen zwischen Eltern und Kindern immer enger, zugleich immer empathischer und liberaler gestalten – zum Nutzen des Kindes. *De Mause* würde auf die Frage, warum es dann heute noch so viele Kindesmißhandlungen gebe, antworten: In früheren Zeiten wurden eben *alle* Kinder mißhandelt, und allein die Tatsache, daß wir „Kindesmißhandlungen" heute als Problem sehen und sogar unter Strafe stellen, ist ein Zeichen dafür, daß sie nicht mehr der Normalfall sind.

Eines hat *de Mause* deutlich gemacht (und damit ein wichtiges Prinzip Freudscher Psychoanalyse wieder heraufgeholt): Die psychodynamischen Beziehungen zwischen Eltern und Kindern bestimmen in einem starken Maße die Entwicklung der letzteren; der sozialisierende Einfluß des Elternhauses, die dort ausgeübten Erziehungspraktiken und -techniken sowie die ihnen zugrundeliegenden Vorstellungen haben einen erheblichen Einfluß auf das heranwachsende Kind. Indirekt übt *de Mause* damit Kritik an einem übertriebenen Ökonomismus, der kindliches Gedeihen aus allgemeinen „gesellschaftlichen Verhältnissen" abzuleiten sich bemüht und damit die Unmittelbarkeit der Familiendynamik aus dem Blick verliert. Aber *de Mause* schüttet nun seinerseits das Kind mit dem Bade aus: Indem er die Dynamik der Eltern-Kind-Beziehungen absolut setzt, übersieht er deren Beeinflußbarkeit durch sozialen ökonomischen Wandel *außerhalb* der Familie seinerseits völlig (1). Sodann (2) führt seine Theorie von der allmählichen, historisch in immer kürzeren Zeitabständen sich „verbessernden" Eltern-Kind-Beziehung zu manchen Übertreibungen oder Fehlinterpretationen. So kommt Kinderarbeit bei *de Mause* (gemäß seiner These von der Vorrangigkeit interner Familiendynamik) kaum zur Sprache; wenn es geschieht (im Zusammenhang mit der Umkehrreaktion,

S. 39), so wird den Eltern unterstellt, sie ließen ihre Kinder für sich sorgen, statt selbst für sich zu sorgen. Es ist eben noch das Zeitalter der „Ambivalenz", in dem physische Mißhandlung und sexueller Mißbrauch von Kindern (nach *de Mause*) große Bedeutung haben. Aber, wie die Ausschnitte zur Kinderarbeit in diesem Buch belegen: Die Mitarbeit der Kinder in Haushalt und Beruf war notwendig zur *gemeinsamen* Lebenserhaltung; Äußerungen elterlicher Gewalt dienten diesem Zweck: die Kinder zur Arbeit anzuhalten, um die durch sie verursachten Kosten möglichst gering zu halten (*Schlumbohm* 1979, S. 704). Außerdem kann man nicht sagen, daß Armut in jedem Fall zur Vernachlässigung von Kindern führte, „in mancher Hinsicht ist auch das Gegenteil der Fall. So wird von sehr langen Stillzeiten berichtet; sie scheinen in der Regel etwa ein Jahr, nicht selten auch zwei Jahre betragen zu haben. Eine Ursache dieser Übung war sicher, daß dies als der billigste und am wenigsten zeit- und arbeitsaufwendige Weg der Ernährung erschien; trotzdem kann kaum bestritten werden, daß so gleichzeitig eine andauernde Beziehung zwischen Mutter und Kind gegeben war. Die verbreitete Praxis, daß Kinder, zumal unter beengten Wohnverhältnissen und bei geringem Besitz an Mobiliar, mit Erwachsenen in einem Bett schliefen, ist eine andere, bedeutsam erscheinende Einzelheit, die nicht ausschließlich aus der überlegenen Sicht zeitgenössischer Sittenreformer beurteilt werden sollte. Aufgeklärte Ärzte, Pädagogen und Regierungen bekämpften diese Gewohnheit heftig, sowohl wegen des damit verbundenen Risikos der fahrlässigen oder vorsätzlichen Kindestötung als auch wegen der Gefahr der Erweckung unzeitiger Triebe. In solchen Begründungen zeigt sich die Ambivalenz ihrer Ratschläge, bei denen die Fürsorge für Gesundheit und Leben des Kindes, deren objektive Berechtigung schwerlich in Abrede gestellt werden kann, untrennbar verbunden war mit dem Bemühen um eine zivilisierende Disziplinierung der Sitten. Die Kehrseite der Verhaltensdisziplin, die Erwachsenen und Kindern mit der – auch körperlichen – Trennung der Sphären der Erwachsenen einerseits, der Kinder andererseits auferlegt wurde, läßt sich in einem Beispiel aus dem besitzenden Bürgertum erkennen an den massiven Angstgefühlen von Kindern, denen das allein

Schlafen konsequent zur Pflicht gemacht wurde. Dem gegenüber konnte das Schlafen von Erwachsenen und Kindern in einem Bett das Leben von Säuglingen gefährden, aber Kindern auch Wärme und Körperkontakt bieten." (Ebd., S. 702f.) – Ein anderes Beispiel: Das Wickeln der Säuglinge geschieht nach *de Mause*, weil das Kind mit gefährlichen, bösen Projektionen der Eltern angefüllt ist, die es auf diese Weise „geradezwingen" wollen. *Rutschky* (1983, S. XXXIV): „Keine Rede davon, daß etwa Indianer und Eskimos ihre Kleinkinder wickeln, um sie warmzuhalten und leicht überall hin transportieren zu können, daß nachweislich Wickelkinder weder in ihrer psychischen noch motorischen Entwicklung Schaden leiden, keine Vorstellung hat *de Mause* auch von der Angst, die Eltern erfüllte: Sie hatten wirklich keinen Grund, an die natürliche Entwicklung zu glauben, für die sich hinsichtlich des Wickelns auch *Rousseau* dann einsetzte, denn die Natur hatte überall noch die Neigung, katastrophal zu werden." Auf weitere „Unterstellungen, Verkürzungen und problematische Annahmen der psychogenetischen Theorie" weisen *Reyer* (1980, S. 62ff.) und *Führ* (ebd., S. 147ff.) hin.

Erziehung als „Zivilisierung"?

Insbesondere auf *Ariès'* Generalthese von der Verschlechterung der Bedingungen des Aufwachsens seit der Entdeckung der Kindheit wird in anderen Schriften häufig Bezug genommen, vor allem in der Absicht, *Erklärungen* für soziale Veränderungen und ihren Zusammenhang mit der Familiendynamik und der Auffassung von Erziehung anzubieten oder aber das Material anders zu sichten und zu gewichten. Letzteres versucht weitgehend *Hunter* (1970), der sich zwar an *Ariès* anschließt, aber die psychologische Dimension vermißt. Um diese zu ergänzen, zieht er *Erikson* (1966) hinzu, dessen Stufentheorie psychodynamischer Prozesse (vgl. S. 121ff.) zur Interpretation der Äußerungen des Arztes *Ludwig XIII., Héroard* (dessen Tagebuch wird auch von *Ariès* ausführlich benutzt!), herangezogen wird mit dem Ergebnis, daß in der damals streng hierarchisch aufgebauten Gesellschaft, die nur autoritäre Machtausübung zuließ, sowohl das Leben der Erwachsenen, aber auch der Kinder härter und grausamer gewesen sei als heute. *Shorter* (1977) hingegen versucht, wie er einleitend erklärt, „das Leben der einfachen Menschen der Vergangenheit" in seine Darstellung einzubeziehen (in Ergänzung zu *Ariès*) und vor allem eine Erklärung für den Einstellungswandel gegenüber dem Kind anzubieten. Nach ihm ist vor allem der „marktwirtschaftliche Kapitalismus" für den Wandel der Gefühle verantwortlich, der zu neuen Lebensformen führt, vor allem zu einer Trennung von Privatheit und Familie. Auch *Shorter* argumentiert recht global, schränkt selbst seine Behauptungen immer wieder ein, kurz: Die historischen Materialien sind bisher nicht eindeutig und vollständig genug, um klassen- und schichtenübergreifende Einschätzungen der „Qualität" von Kindheiten früher und heute zu ermöglichen.

Eine gewisse Chance für eine Zusammenschau bietet die zwar auch materialreiche, aber zugleich spekulativ-theoretisch angelegte Arbeit von *Norbert Elias* zum „Prozeß der Zivilisation" (1976). Er interpretiert den historischen Prozeß von Veränderung als einen „Wandel der Affekt- und Kontrollstrukturen von Menschen, der während einer ganzen Reihe von Generationen in ein und dieselbe Richtung ging, nämlich (um es kurz zu sagen) in die Richtung einer zunehmenden Straffung und Differenzierung der Kontrollen" (Bd. 1, S. IX). *Elias* als Soziologe bringt diese Beobachtung in Zusammenhang mit dem höheren Standard „der gesellschaftlichen Differenzierung und Integrierung" (ebd.). Die „Festigung und Differenzierung der Affektkontrollen" führt langfristig zu einem Wandel von *Figurationen* (damit meint *Elias* die personale und positionale Organisation menschlicher Beziehungen in Familie, Schule und anderswo). Während die erste Frage eher eine psychogenetische ist, ist die zweite eher eine soziogenetische. Tatsächlich gelingt es *Elias*, den Zusammenhang beider zumindest plausibel zu machen.

Je größer die Bevölkerung wird und je näher die Menschen zusammenrücken (z.B. in den Städten), desto notwendiger ist es, seine Affekte zu regulieren, um ein effektives Zusammenleben zu ermöglichen. (Die Entstehung von Städten wiederum, zunächst um die Burgen und Schlösser von Vasallen der

Reichsfürsten, ist eine Bedingung für die neuen Lebensformen.) Die Zivilisierung ist zugleich eine Domestizierung, die der Mensch an sich selbst vollzieht: Aus „Fremdzwang" (wer nicht gehorcht, wird mit Gewalt gezwungen) wird „Selbstzwang" (der Mensch kontrolliert seine Affekte, um gesellschaftlich erfolgreich zu sein und gleichzeitig der Gesellschaft ihr Funktionieren zu erleichtern). An die Stelle der höfischen Ideale von Ritterspielen, Jagden und exzessiven Festen treten die zivilisierter Höflichkeit und Geschwindigkeit, verbunden mit Intelligenz und Wissen. Die Entdeckung der „Vernunft" im 18. Jahrhundert als Vehikel von kritischer Analyse und Erkenntnis führt zu neuen Formen gesellschaftlichen Verkehrs *zivilisierter Natur*. Auch *Elias* zieht u. a. Bücher über die *civilité* heran, um das Eindringen dieser Prozesse auch in die Erziehung zu verdeutlichen. Dies beginnt bei den Tischsitten (man soll nicht die ganze Schüssel mit der Hand durchsuchen, Löffel – später auch die Gabel – benutzen, sich nicht offen schneuzen, die Zähne nicht mit dem Messer reinigen, nicht auf oder über die Tafel spucken usf.), sondern einen Sinn für Peinlichkeit, Sitte und Anstand entwickeln sowie „Schamgefühl" (dazu gehört, eigene körperliche Verrichtungen nicht wie bisher anderen sichtbar sein zu lassen) bis zum Verbergen der Sexualität vor den Kindern. Schließlich sind es nicht nur die Benimmregeln, sondern das Über-Ich, das dafür sorgt, daß bestimmte Regeln der Sublimation, Verdeckung und Verdrängung eingehalten werden. Nun wird die Darstellung von Nacktheit peinlich (außer bei Kindern), die öffentliche Darstellung des Sexualakts wird Pornographie. Aggressive Kinder werden zum Problem; schlechtes Benehmen ist heute für Entwicklung und Fortkommen ebenso hinderlich wie ein unzureichender Wissensbestand. – Auch wenn heute eine Lockerung und Liberalisierung zu beobachten ist, sind diese für *Elias* nur möglich auf dem Boden des inzwischen abgeschlossenen Prozesses einer Zivilisation, die alle notwendigen Kontrollen verinnerlicht hat:

„Da sind, um ein Beispiel herauszugreifen, die Badesitten. Undenkbar in der Tat, daß im 19. Jahrhundert eine Frau in der Öffentlichkeit eines jener Badekostüme hätte tragen können, die heute gang und gäbe sind, ohne der gesellschaftlichen

Feme zu verfallen. Aber diese Wandlung und mit ihr die gesamte Ausbreitung des Sports für Männer wie für Frauen, alles das hat einen sehr hohen Standard der Triebgebundenheit zur Voraussetzung. Nur in einer Gesellschaft, in der ein hohes Maß von Zurückhaltung zur Selbstverständlichkeit geworden ist, und in der Frauen wie Männer absolut sicher sind, daß starke Selbstzwänge und eine strikte Umgangsetikette jeden Einzelnen im Zaume halten, können sich Bade- und Sportgebräuche von solcher Art und – gemessen an vorangehenden Phasen – solcher Freiheit entfalten. Es ist eine Lockerung, die sich vollkommen im Rahmen eines bestimmten zivilisierten Standard-Verhaltens hält, d.h. im Rahmen einer automatischen, als Gewohnheit angezüchteten Bindung und Umformung der Affekte sehr hohen Grades." (Elias, Bd. 1, 1976, S. 257)

Die *Figuration der Erziehung* ist ein Resultat dieses Prozesses. In Familie und Schule gibt es nun ein hinreichendes Arsenal von Maßnahmen, die Kinder von Anfang an in eine Welt zu sozialisieren, in der rüde Aggressivität und Zerstörungssucht, Unbeherrschtheit und schrankenlose Offenheit, öffentliche Darstellung der Sexualität usf. zurückzutreten haben gegenüber anderen Leistungen wie: Empathie und Freundlichkeit zeigen, den anderen verstehen können, mit Argumenten „fechten" können, über Wissensbestände verfügen, die kulturell, sozial wie beruflich zum eigenen und gemeinsamen Nutzen einsetzbar sind. *Elias'* Entwurf erlaubt, die Widersprüche zwischen den Darstellungen von *Ariès* und *de Mause* aufzuheben insofern, als der Zivilisationsprozeß, gedeutet als Erziehungsprozeß (und umgekehrt), natürlich Ambivalenzen offenhält, „gute" wie „schlechte" Auswirkungen hat. Und viele Ergebnisse der Zivilisation sind durch Verzicht und Opfer errungen – nicht nur in Hinsicht auf soziale Klassifizierungen, sondern auch in Hinsicht auf die rücksichtslos-rabiate Durchsetzung persönlicher Interessen gegenüber Kindern. Kinder verwahrlosen zu lassen, kindliche Bedürfnisse zu verfehlen ist ein erzieherisches Tabu in unserer Zivilisation.

Erziehung als Kompetenzzuschreibung

Aber natürlich muß die Zivilisierung nicht über Dressurakte erfolgen, und vor allem: Es gibt, gerade neuerdings, noch andere Sichtweisen auf die Situation von Kindern heute. Zunehmend werden Kinder gesehen als kompetente Kinder, und damit ist die Auffassung von Erziehung als Dressur nicht mehr möglich. Bisher hatten wir vorwiegend die *entwicklungspsychologische Perspektive* hervorgehoben, sahen also Kinder als Menschen in Entwicklung. Unser Jahrhundert, zu Beginn von Ellen Key ausgerufen zum „Jahrhundert des Kindes", hat nun einen Anspruch formuliert, der inzwischen auch weithin durchgesetzt wurde, so daß nun ein Weiterdenken notwendig wird. Der Anspruch besteht darin, die Kindheit als geschützten Raum zu verstehen, abgetrennt von den Pflichten und Ernsthaftigkeiten der Erwachsenen einerseits, aber auch von der Jugendphase andererseits als einem Raum der Unsicherheit, Neuorientierung und schwindender Unschuld. Zu Beginn unseres Jahrhunderts wurde Kindheit aufgefaßt als Lebensphase von Erwerbsfreiheit, als Raum des Lernens, der als ein eigener Erziehungsstatus in Kindergärten, Vorschulen und Grundschulen institutionalisiert wurde. Die Kinderschutzbewegungen kämpften gegen die physische, aber auch sittliche Gefährdung von Kindern und Jugendlichen durch Lohnarbeit und städtische Lebensbedingungen und sind somit eine wichtige Wurzel der Sozialarbeit unseres Jahrhunderts. „Anwalt des Kindes" ist ein Begriff des Zivilrechtlichen Kinderschutzes, eine sozial-administrative Maxime, hinter der der reformpädagogische „Mythos des leidenden Kindes" steht (*Oelkers* 1992, S. 72).

Vor diese Kindheitsszenerie hat sich inzwischen eine andere geschoben. Das hierarchische Gefälle zwischen Eltern und Kindern ist in einer im letzten Jahrhundert, ja noch vor 50 Jahren kaum vorstellbaren Weise abgebaut. Inzwischen ist es eine kulturelle Selbstverständlichkeit, daß Kinder in ihrer Persönlichkeitsentfaltung Unterstützung erfahren (*Honig/Leu/Nissen* 1996, S. 9ff.). Damit sehen wir Kindheit und Kinder zunehmend mit anderen Augen. Beigetragen dazu haben zum einen sicherlich Erkenntnisse der Entwicklungspsychologie. Der Begriff „Kompetenz" stammt aus der Entwicklungstheorie des Neu-Freudianers R.W. White (1959). Kompetenz meint hier, daß ein Kind von der Geburt an „in jeder Phase neue Fähigkeiten meistern muß. Darin liegt die Motivation, andere schöne Dinge leichter aufzugeben. In der oralen Phase ist es beispielsweise die Fähigkeit, selbständig zu essen, die das Kind mit dem Verlust der Mutterbrust oder der Flasche versöhnt. Diese Erfahrung motiviert zur weiteren Entwicklung. Es entstehen immer neue Kompetenzen, die genug Befriedigung bieten, um der früheren (Lust-)Befriedigung zu entsagen. – Im Schulalter werden die potentiellen Fähigkeiten besonders stark in Anspruch genommen. Das Kind muß diese Fähigkeiten auch tatsächlich anwenden lernen, wenn es das großartige Erlebnis des Selber-Könnens erfahren soll. Ein Kind, das gefüttert wird, bleibt an der Saugflasche hängen, ebenso wie ein Schulkind, das nicht beweisen darf, was es leisten kann, sich daher abhängiger als nötig verhält." (*Kohnstamm* 1994, S. 187)

Inzwischen haben sich zwei Denkströmungen miteinander verbunden. Die eine geht von einer inneren Gesetzmäßigkeit der Entwicklung aus, und das Kind selbst drängt zum nächsten Entwicklungsschritt. Die Theorien von Freud oder Piaget sind Beispiele für eine solche Auffassung. Eine andere Strömung – hierzu gehört vor allem der russische Psychologe Wygotski (1978) – betrachtet die Welt als eine Kultur, die das heranwachsende Kind umgibt und immer wieder vor neue Aufgaben stellt. Das Kind entwickelt sich nicht aus einem quasi inneren Drang, sondern es handelt mit anderen, wird von ihnen herausgefordert und entwickelt sich auf diese Weise weiter. Auch der Amerikaner *Havighurst* (1972) vertritt diese Auffassung. Er sieht die Umwelt an als eine Folge von „Entwicklungsaufgaben", die Kinder lösen müssen. Während in der frühen Kindheit beispielsweise *social attachment*, Objektpermanenz, motorische Funktionen und die sensomotorische Intelligenz herausgefordert werden, die zwei- bis vierjährigen Kinder vor allem mit Sprachentwicklung, Phantasie und Spiel, aber auch motorischer Selbstkontrolle beschäftigt sind, besteht der Schulübergang und das frühe Schulalter (fünf bis sieben Jahre) in der Aufgabe, zum ersten Mal eine Geschlechtsrollenidentifikation ernsthaft vorzunehmen, einfache moralische Unterscheidungen zu treffen, konkrete Operationen durchzuführen und in *Gruppen* zu spielen. Im mittleren Schulalter (sechs bis zwölf Jahre) erweitert sich dann der Aufgabenkreis um die Faktoren soziale Kooperation, Selbstbewußtsein, Erwerb der Kulturtechniken, Spielen und Arbeiten im Team (*Newman, B.M./Newman, P.R.* 1975, S. 112). Diesen klassischen Katalog können wir inzwischen erweitern. Kinder im Grundschulalter müssen sich heute auch in der Konsumwelt zurechtfinden, das vielfältige Medienwelten-Angebot produktiv nutzen, erste Momente einer ökologischen Sensibilität erwerben, zwischen Spontaneität und institutioneller Gebundenheit (Schule gegen Freizeit) einen Ausgleich finden; sie müssen aber auch über so praktische Dinge verfügen wie die Fähigkeit, öffentliche und private Verkehrsmittel angemessen zu benutzen, mit Fremdem und Unvertrautem angstfrei umgehen zu können, Möglichkeiten der Selbstverwirklichung (Spaß, Glück, Zufriedenheit) sozialverträglich zu nutzen. Schon diese sicher nicht vollständige Liste zeigt, daß Kinder heute tatsächlich einer Vielzahl von Aufgaben gegenüberstehen, die aus der Modernität der gegenwärtigen Gesellschaft erwachsen und an Kinder mannigfache Anforderungen stellen.

Während *White* noch davon ausging, daß ein innerer Plan dauernd eingreift, die eigene Leistung also in jeder Phase durchbricht, so daß „die Erfolgserlebnisse (...) dem Kind das Gefühl der Kompetenz" vermitteln und es zum Weitermachen motivieren, hat *Susan Harter* (1980) diese Theorie erweitert und aktualisiert. Zum einen ist Kompetenz, die ein Kind erwirbt, nicht gleichmäßig über verschiedene Entwicklungsbereiche verteilt. So kann ein Kind Schwierigkeiten haben, sich selbständig im Straßenverkehr zu bewegen, aber sozial sehr geschickt sein im Beilegen von Streitereien. Die kognitive, soziale und körperliche Entwicklung erreicht also nicht quasi automatisch jeweils die gleichen Kompetenzniveaus. Zum andern weist Harter darauf hin, daß Erfolgserlebnisse zwar das Gefühl des Selber-Könnens stärken, aber auch Mißerfolge können dies tun, wenngleich zu viele Mißerfolge das Gefühl von Kompetenz wieder dämpfen können. Wichtig ist drittens die Tatsache, daß Kinder nicht allein bewirken, was sie tun, sondern die Reaktion der Erwachsenen hier eine große Rolle spielt. Neben den Effekt der Handlung durch die Kinder selbst treten also die Beobachtungen und Reaktionen auf die Dinge, die ein Kind ausprobiert, und sicherlich wird die Kompetenzerfahrung hierdurch beeinflußt. Damit hängt zusammen, daß die Dosierung von Erfolgserlebnissen eine Rolle spielt. Eine zu leichte Aufgabe fördert Kinder nicht, denn ein Kind „muß bis zu einem gewissen Grad eine Herausforderung spüren. Wenn es darum geht, einem Kind ein Gefühl des Selber-Könnens zu vermitteln, sind weder Über- noch Unterbelastung günstig." (Ebd., S. 188) *Harter* geht schließlich davon aus, daß auf diese Weise eine „persönliche Struktur der Kompetenzerfahrungen des Kindes (entsteht)". Es „entsteht ein Kompetenz- bzw. Inkompetenzmuster, das für ein Kind kennzeichnend werden kann, ebenso wie für die Art, wie es sich selbst einschätzt. Es bestimmt weiterhin, inwieweit ein Kind fühlt, daß es verschiedene Handlungen, Ereignisse und Situationen beherrscht. Dies läßt sich auch wie folgt umschreiben: Wo liegt im Erleben des Kindes der *locus of control* (der Ort bzw. die Quelle der Steuerung)? Glaubt das Kind, daß es sich selbst steuert oder fühlt es sich mehr von äußeren Einflüssen abhängig, auf die es selbst nicht einwirken kann?" (Ebd.)

Auf diese Weise entsteht ein Selbstbild oder Selbstkonzept, das aber nicht nur auf den persönlichen Entwicklungseigenschaften beruht, sondern auch bestimmt wird durch soziale Erfahrungen und Reaktionen (z.B. durch Eltern und Lehrer), schließlich auch durch andere Attribute wie materielle Ausstattung und Besitz. Auch solche alltäglichen materiellen Dinge können ein „Selbstbild verstärken (ich habe genau die richtigen Nikes) oder aber beeinträchtigen (mit meinen Haaren kann ich niemals Stewardeß werden). Das Selbstkonzept ist die Bedeutung, die das Kind seinen eigenen Attributen und Eigenschaften zumißt. Deren Bedeutung entsteht durch den täglichen Umgang damit innerhalb einer bestimmten Kultur. Ein Kind übernimmt, was wichtig gefunden wird, und mißt sich selbst daran." (*Kohnstamm* 1994, S. 197) Es besteht kein Zweifel, daß wir heute eine Persönlichkeitsentwicklung fördern, die den Kindern mehr Spielräume gibt und sie früher als zu anderen Zeiten aus dem Kindchen-Schema entläßt. Wir legen heute Wert darauf, daß Kinder kindliches Selbstvertrauen zeigen und statt gelernter Hilflosigkeit eher das Selber-Können und die Selbständigkeit akzentuieren. Diese Fähigkeit, Situationen erfolgreich meistern zu können („*Mastery*") führt bei angemessener Unterstützung und Förderung zu Ergebnissen, die *Kohnstamm* (1994, S. 196f.) als Summe unterschiedlicher Untersuchungen so zusammenfaßt: „Sie verlassen sich auf ihre eigene Wahrnehmung, ihr Urteil und glauben, daß sie durch ihre eigene Anstrengung bestimmte Dinge zu einem guten Ende bringen können. Diese günstige Einstellung hinsichtlich der eigenen Person hat zur Folge, daß sie eine eigene Meinung haben und ihren eigenen Reaktionen und Schlußfolgerungen vertrauen. Dies ermöglicht ihnen, bei Meinungsverschiedenheiten ihrem eigenen Urteil zu folgen und nicht vor neuen Ideen zurückzuschrecken. Sie nehmen öfter an Diskussionen teil, sie haben weniger Mühe, Freundschaften zu schließen und treten auch dann für ihre Meinung ein, wenn sie wissen, daß diese Meinung eine negative Reaktion hervorruft."

Die Stärkung des Ich im ersten Schulalter hat inzwischen zu Kompetenzzuschreibungen geführt, die wir derzeit unter dem Begriff *Selbstsozialisation* diskutieren (*Fromme/Kommer/Mansel/Treumann* 1999). Nach diesem Konzept (das auf empirischen Beobachtungen beruht) sind Kinder zunehmend beim Lernen und Wahrnehmen gar nicht mehr auf Eltern oder andere Erziehungspersonen angewiesen, sondern Kinder hantieren gleichsam eigenständig mit ihrer Kompetenz und erweitern sie durch Übung, Umgang mit Freunden, stimuliert durch persönliche Neugier bis an den Rand von Risikoverhalten. Plausibel wird die Sichtweise, wenn wir etwa an den Medienumgang von Kindern denken. Kinder hantieren mit den neuen Medien-Geräten unbefangen und lernen oft schneller als die Eltern den Umgang mit Programmen, Telespielen aller Art etc. Ausgegangen wird von der Behauptung, „daß die Individuen als Informationen verarbeitende und handelnde Subjekte maßgeblich an diesem Prozeß und damit aktiv an ihrer Entwicklung beteiligt sind" (ebd., S. 10). Auch Kinder nehmen also Einfluß auf ihren eigenen Werdegang, d.h., sie „selektieren, sondieren und suchen auch gezielt Informationen und Reize, nehmen subjektive Deutungen vor bzw. versehen Deutungsangebote mit individuellen Bedeutungen. Die Interpretation, Bewertung und Verarbeitung erfolgt auf der Grundlage der bis zu dem jeweiligen Zeitpunkt gesammelten Erfahrungen und Erkenntnisse mit dem Bemühen, das Neue mit den bereits vorliegenden Informationen in Einklang zu bringen. Ist das nicht möglich, muß gegebenenfalls das subjektiv von der Welt konstruierte Bild modelliert, umgebaut bzw. verändert werden." (Ebd., S. 10f.) Auf diese Weise eignen sich Kinder immer neue und weitere Kompetenzen an, die sie zu immer komplexer werdenden Handlungsstrategien kombinieren.

Die neuen Bilder von Kompetenzerweiterung, der Selbststeuerung durch Selbstsozialisation haben zu neuen Blickweisen auf Kinder insgesamt geführt. Wir sehen Kindheit und Kinder heute als zu respektierende und früh eigenständige Persönlichkeiten, die keineswegs in die Logik festliegender Entwicklungsphasen eingegliedert sind, sondern sich in den Herausforderungen der modernen Welt weitgehend auch selbst behaupten: „Kinder ziehen nun nicht mehr nur als Menschen in Entwicklung die Aufmerksamkeit auf sich, sondern werden auch gesehen als Personen aus eigenem Recht. In der Soziologie und der Erziehungswissenschaft rücken die alltägliche Lebensführung, die sozialen Beziehungen und die Auseinandersetzung von Kindern mit ihren Lebensbedingungen in den Vordergrund, und dies möglichst aus der Perspektive der Kinder selbst. Zugleich verändert sich in der Soziologie das Verständnis der Kindheit. Die vertraute Vorstellung von Kindheit als Vorbereitungsphase auf das Leben als Erwachsener, als Sozialisationsphase also, wird erweitert und überlagert von einem Verständnis der Kindheit als kulturellem Muster und als einer gesellschaftlichen Lebensform im historischen Wandel; neuerdings rückt die Eigenständigkeit der

Kindheit im Verhältnis der Generation in den Blick." (*Honig/ Leu/Nissen* 1996, S. 10). Dieser Perspektivenwechsel in der Kindheitsforschung nicht nur der Bundesrepublik Deutschland, sondern auch Skandinaviens, der USA und Großbritanniens, hat zu einer Kritik am „Entwicklungsparadigma" geführt. Nicht unwesentlich beigetragen dazu hat Ariés mit seiner „Geschichte der Kindheit". Ariés hatte ja deutlich gemacht, daß Kindheit ein historisch-kulturelles Produkt sich wandelnder Verhältnisse ist und keineswegs eine supra-kulturell, quasi anthropologisch festgelegte Wachstumsphase. Wir versuchen, uns und vor allem die Kinder selbst vom „Mythos Kindheit" zu befreien, untersuchen den Kinderalltag und fassen Kinder verstärkt als Produzenten ihres Lebenszusammenhangs auf, nicht aber als bloße Rezipienten einer Erwachsenenkultur, in die sie allmählich hineinzuwachsen haben. Neben Ariés wurde die Kritik am „Adultismus" (der Orientierung an den Vorstellungen Erwachsener) bestärkt im Zusammenhang der Auseinandersetzung feministischer Wissenschaftlerinnen mit den traditionellen Wissenschaften. Auch Frauen waren in wissenschaftlichen Konzepten jahrhundertelang allenfalls mitgedacht, wurden aber in ihrer Eigenständigkeit und Männern gleichwertigen Leistungsfähigkeiten nicht wahrgenommen.

Dennoch, wie in der Auseinandersetzung mit den Schriften von Ariés, de Mause und der Interpretation des Zivilisierungsprozesses durch Elias dürfen wir die Grenzen des Vorstellungsbildes vom kompetenten Kind nicht überschreiten. Trotz größeren Selbstbewußtseins von Kindern gelingt es ihnen ja keineswegs immer, ihre Umwelt derart zu gestalten, daß sie sich in der Welt bestätigt und wohl fühlen können. Hingewiesen war bereits auf den *locus of control*, also die Idee von der Kontrollierbarkeit der eigenen Situation. Schon in ihrem unmittelbaren Handlungsumfeld müssen Kinder immer wieder erleben, daß sie in ihren Handlungsfreiheiten und Handlungsmöglichkeiten eingeschränkt werden. Nach einer repräsentativen Schweizer Befragung nahmen zwar über 95% an, sie könnten bestimmen, wen sie zum Freund oder zur Freundin haben wollten, aber nur weniger als die Hälfte (42,5%) glaubte, beeinflussen zu können, welcher Lernstoff in der Schule behandelt wird: „Angesichts des Umstandes, daß Schule ein zentraler Lebensraum ist, in dem Kinder und Jugendliche einen großen Teil ihrer Wachzeit verbringen, wird in diesem Ergebnis eine weitere Grenze von Selbstbestimmungsmöglichkeiten bzw. sogar eine Ohnmachtserfahrung sichtbar: Nur etwa zwei Fünftel glauben, auf schulische Lerninhalte Einfluß nehmen zu können." (*Fromme/Kommer u.a.* 1999, S. 12ff.) Dies ist nur ein neues Beispiel für die schnell plausibilisierbare Tatsache, daß Kinder auch heute nicht alle Spielräume zur Verfügung haben, von denen wir pädagogisch meinen, sie ständen ihnen zu.

Wieder kann es zu Überkompensation einer Meinung kommen, zu einem anderen Mythos des Kindes. An die Stelle des „leidenden Kindes" tritt in diesem Jahrhundert des Kindes die Vorstellung des „göttlichen" Kindes. Es gibt eine „sakrale Pädagogik vom Kinde aus" (*Oelkers* 1997, S. 55), angeregt durch eine „Rhetorik vom Wachsenlassen, vom heiligen Kind, durch Maria Montessori noch theologisch-metaphorisch im Begriff des Kindes als Messias überhöht" (*Cloer* 1999, S. 19). Ellen Key hatte bereits die Vorstellung einer Unantastbarkeit des Kindes durch den Erwachsenen entwickelt, so sagt sie etwa: „Das Kind nicht in Frieden zu lassen, das ist das größte Verbrechen der gegenwärtigen Erziehung gegen das Kind. (...) Ruhig und langsam die Natur sich selbst helfen lassen (...), das ist Erziehung." (*Key* 1999, S. 78) *Oelkers* (ebd.) hat gezeigt, wie das Deutungsmuster früherer Jahrhunderte, nämlich die Vorstellung vom gefährdeten und „verderbten" Kind (etwa bei August Hermann Francke, 1663–1727) längst ins Gegenteil verkehrt wurde: Heute erwartet man „vom Kinde aus" die Rettung der Gesellschaft und der Welt. Damit aber sind Kinder überfordert, und die Erwachsenen, verführt durch den Mythos des „göttlichen Kindes", könnten dazu verleitet werden, Armut und Not, Angst und Verlassenheit als Kindern zugeordnete Versagensprozesse zu erleben, nicht aber als eine unvollkommene Verfaßtheit von Welt, in der Kinder auch heute (trotz aller Reformbestrebungen) leiden.

Fazit: Die neue Sichtweise des „kompetenten Kindes" darf nicht zu überhöhten Mythos-Produktionen Erwachsener werden. Dann freilich ist das Menschenbild einer grundsätzlichen Kompetenzzuschreibung nicht nur empirisch durchaus gedeckt, sondern auch ethisch angemessen. Die Forderung, Kindern statt restriktiver Erziehungsmaßnahmen Spielräume eigener Entfaltung zuzubilligen in dem Vertrauen, daß Kinder auf diese Weise am ehesten sich entfalten können, bleibt dann eine grundlegende Einsicht, hinter die wir nicht mehr zurückgehen können. Eine angemessene Erziehung heute ist also eine solche, die Erziehung primär als Kompetenzzuschreibung versteht.

Kindheit als Figuration

Abschließend möchte ich auf zwei Dinge hinweisen, um einige wichtige Punkte des Durchgangs durch die Diskussion um die „Bilder der Kindheit" festzuhalten:

1. Die Beurteilung, ob es Kinder früher oder heute „besser" oder „schlechter" hatten, ist nicht einfach. Die Schwierigkeit verdankt sich nicht nur der Tatsache, daß wir nicht genügend eindeutige Quellen besitzen (vor allem über das Leben der unteren Volksschichten, der Bauern, Tagelöhner und Arbeiter); hinzu kommt, daß wir nicht nur die *Wertmaßstäbe* früherer Generationen rekonstruieren müssen, sondern auch das *Lebensgefühl*. So ist es für uns heute schwer, beispielsweise die Äußerungen von *Schad* und *Harnisch* (vgl. S. 25ff.) angemessen und historisch gerecht zu deuten. Nicht nur, daß für sie Kinderarbeit selbstverständlich war; sie haben den Arbeitssituationen, jedenfalls teilweise, sogar kindliches Vergnügen abgewonnen, kindlichen Ehrgeiz in sie gesteckt; die Härte einer Jugend (durch Arbeit oder Strenge der Eltern) wird von allen Autoren durchweg als „sinnvoll" und nützlich für das spätere Leben interpretiert. Ist dies nun „vorgeschoben", eine unbewußte Unterwerfung unter den Aggressor der Kindheit (den gewalttätigen Vater), oder drückt sich hier nicht auch ein anderes „Lebensgefühl" aus, das wir nur ahnen können, weil wir eben in einer anderen Zeit leben – und deshalb dazu neigen, unsere Maßstäbe auf andere Zeiten zu übertragen?

Genau dies aber ist schwierig. So ähnlich sich viele Kindheitserfahrungen noch heute sein müssen – die Muster der psychischen Verarbeitung haben sich ohne Zweifel geändert. Damit sind auch *Kinder* in gewisser Weise heute anders als früher – weil sie in einer anderen *Kindheit* leben können und damit Kompetenzerfahrungen machen können, die auch Kinder in anderen Jahrhunderten sicherlich hatten, ohne daß wir diese freilich pädagogisch auf den Begriff und damit in eine reflektierte Realität bringen können.

2. *Elias* versucht den Terminus „Figuration" mit dem Hinweis auf Tanzfiguren zu verdeutlichen (es handelt sich eher um ein Bild als um eine Definition!): Wie dort bestimmte Schrittfolgen sich zu ganzheitlichen Mustern zusammenfügen, stellen auch Figurationen im *sozialen* Leben die Anordnungen dar, in denen Menschen einander begegnen. Diese Anordnungen sind vielfältig und reichen von internalisierten Verhaltensweisen über deren Ausagieren gegenüber sich und anderen bis zu institutionellen Stützen, Regelungen und Zuständigkeiten. Figurationen sind (wie Tanzschritte) besser oder schlechter zu beherrschen; sie können mit Leben und Dynamik erfüllt werden oder blaß und formal bleiben. Sie bieten also Spielräume für menschliches Handeln, aber eben nicht beliebige – ebenso, wie Kinder heute nicht beliebig aufwachsen, sondern nach Maßgabe der Regulierungen, die wir heute für sie als „Kindheit" bereithalten.

Vergesellschaftung der Kindheit

Gesellschaften halten von jeher für ihre Kinder eine je spezifische Form von Kindheit bereit. Wir hatten gesehen, daß Kindheit wie Familie und Schule sozial zugeschriebene Zustände oder Institutionen sind, deren Sinn*zuschreibung* zwar zum Teil geschichtlich ererbt, aber keineswegs naturhaft vorgegeben ist. *Ariès* (1975) hat deutlich zu machen versucht, daß die Familie für Kinder als Ort der Aufzucht und Lebenssicherung aller ihrer Mitglieder immer einen wichtigen Part gespielt hat, ihr „Erziehungsauftrag" hingegen erst mit dem

17. Jahrhundert artikuliert wurde. Erst seit Beginn der Neuzeit legte man Wert auf „Familiensinn", entsteht ein Klima von Intimität und inniger Bindung zwischen Eltern und Kindern. Da aber die Familie nicht mehr auf die komplizierten gesamtgesellschaftlichen Vorgänge in Ausbildung, Beruf und Öffentlichkeit vorbereiten kann, entstehen zunächst zu ihrer Unterstützung, zunehmend dann eigenständig, die modernen Schulen, die die Kinder auf das Erwachsensein vorbereiten sollen. Die Geschichte der Kindheit ist in diesem Sinn, wie im vorangehenden Abschnitt deutlich werden sollte, die einer *Entdeckung der Kindheit im modernen Sinn:* Als Vorbereitungszeit „auf das Leben". Ihre Inhalte und Verlaufsformen sind demnach Resultate historischer Entwicklung. Jede Gesellschaft entwickelt bestimmte Normalvorstellungen von einer Altersgruppe, auf deren Einhaltung durch Erziehung und Bildung sie dann dringt. „Kindheit" wird z.B. heute zugeschrieben: Niedlichkeit, Anhänglichkeit, Abhängigkeit, Unselbständigkeit, Schutzbedürftigkeit, Spontaneität, Unschuld usf. Unabhängig davon, ob diese Vorstellungen die Dynamik kindlicher Lebenswelten angemessen erfassen, ist heute festzustellen, daß Kindheit längst nicht mehr der durch Familie und Schule pädagogisch überwölbte Schutzraum ist, in dem kindliches Wachstum sich angemessen entfalten kann. „Vergesellschaftung der Kindheit" meint, daß weder die Privatheit der Familie noch der erzieherisch-bildende Auftrag der Schule die Kindheit der Kinder abzusichern vermag; daß Kindheit vielmehr in wesentlichen Teilen ausgeliefert ist an eine Vielzahl von gemeingesellschaftlich vorhandenen Institutionen und Einrichtungen mit ihren je spezifischen Absichten. Kindheit ist bei uns heute gleichsam ins Eigentum gesellschaftlicher Mächte übergegangen und wird von ihnen wesentlich bestimmt. Während Kinder also einerseits aus der Lebenswelt der Erwachsenen ausgegrenzt wurden, wird ihre Kindheit durch gesamtgesellschaftliche Tendenzen andererseits oft wirksam strukturiert und beeinflußt (vgl. *Hengst* 1981, S. 11 ff.).

Diese Beeinflussung kann in zweierlei Weisen geschehen: indirekt und direkt. Die indirekte Beeinflussung ist überall dort gegeben, wo Entscheidungen der Regierung und/oder gesetzliche Regelungen in den alltäglichen Umgang von Menschen „durchschlagen". Dies ist natürlich ständig der Fall. Wegfall oder Kürzung des Familiengeldes hat Auswirkungen auf die familiale Interaktion (von der Stimmungslage der Eltern über Anschaffungen bis zu den Möglichkeiten, einen Urlaub gemeinsam zu gestalten); in vielen Bestimmungen des Gesetzes zum Schutz der Jugend in der Öffentlichkeit schlagen sich Vorstellungen nieder, die auf die Spielräume von Kindern und Jugendlichen Einfluß haben, usf. Es gibt noch allgemeinere Wirkungen gesellschaftlicher Gesamtlagen. Die Verhältnisse des Arbeitsmarktes, die einen Vater arbeitslos machen, werden nicht ohne Rückwirkung auf ihn selbst, aber auch seine Kinder bleiben. Sie lernen an ihm nicht nur Risiken des Erwachsenenlebens, sondern erfahren ihn in seinem neuen Status nun auch neu: als deprimiert, depressiv oder als jemand, der sich endlich Zeit für sie nimmt. – Ähnliches gilt für die Schule. Ihre Lehrpläne und Curricula, ihre Ansprüche und Leistungskriterien; ihre Selektions- und Plazierungsaufgaben bestimmen jeweils – je nachdem, wie all dies „umgesetzt" wird – die Interaktionen zwischen Lehrern und Schülern mit.

All diese Wirkungen sind (beispielhaft) vergegenwärtigt, um ins Gedächtnis zu rufen: Die Formen unseres Lebens sind inzwischen weitgehend vergesellschaftet, also nicht mehr als Partialstruktur abspaltbar vom Ganzen, das uns trägt („soziales Netz") oder durchfallen läßt.

Aber es gibt auch *direkte* Formen von Vergesellschaftung, also solche, die unvermittelt zum Bestandteil moderner Kindheit geworden sind. An zwei Stellen wird dies besonders deutlich: *Kindheit ist heute immer auch (1) Konsumkindheit und (2) Medienkindheit.*

Konsumkindheit

Minderjährige verfügen über erhebliche Geldmengen, die sie zum Konsum nutzen und deren Produkte in ihre Lebenswelten Eingang gefunden haben (*Charlton/Neumann-Braun u.a.* 1995, Bd. 2). Eine Kids-Verbraucheranalyse errechnete beispielsweise 1996 für die Gruppe der 6- bis 17jährigen eine Summe von insgesamt 17,25 Milliarden DM. Schon Kinder setzen bestimmte Marken gegenüber ihren Eltern durch; bei Süßwaren (Bonbons, Schokolade), aber auch Limonade und Joghurt, und bei Turnschuhen und Jeans bestimmen über 50% der Kinder (Daten aus den USA), welche Marken gewählt werden. Kinder treten entweder selbst als Käufer in Erscheinung, oder sie nötigen ihre Eltern zum Kauf der Dinge, die sie interessieren. Dabei haben Kinder eigene Auswahlkriterien entwickelt, die eine Beratung durch Erwachsene oft ausschließen: „Wer in Begleitung von Kindern z.B. die Spielwarenabteilung eines Kaufhauses besucht, bekommt nicht nur einen Eindruck von der unüberschaubaren Produktfülle. Über die Preise, die Spielanleitungen und die Variationen dieses Angebots sind nur noch die Kinder genau unterrichtet. In diesem Durcheinander von Krümelmonster-Plüschtieren, fernlenkbaren Flugzeugen, Barbie-Puppen, Elektro-Go-Karts, Matchboxautos, Ernie-und-Bert-Bodenpuzzles, Playmobil- und Big-Jim-Figuren, Schlachtschiffmodellen aus dem 2. Weltkrieg nebst der dazugehörigen Besatzung, Wandteppichen mit bedruckten Mickey-Mouse-Motiven zum Selberknüpfen, lerndidaktisch angepriesenen Tischspielen, die Verkehrserziehung oder Konzentrationsförderung intendieren, Chemiebaukästen, Legosteinen, batteriebetriebenen Nähmaschinen, Telespielen, Laubsägegarnituren, Registrierkassen mit elektronischer Digitalanzeige, Plastikcolts mit Zündstreifenmechanik, Schach- und Übersetzungscomputern und einigem mehr kennen die Kinder sich aus. Sie unterscheiden nicht nur die jeweiligen Modetrends, in denen die Spielbranche sich bewegt oder die sie kreiert hat. Sie stellen Preisvergleiche an, und oft verdeutlichen die Prinzipien der Profitökonomie sich ihnen dadurch. Vor allem die Großstadtkinder nutzen die Möglichkeit, die für sie billigsten Umschlagplätze aufzusuchen. Die Anhaltspunkte für einen Stadtplan geben für sie die Kaufhäuser, Supermärkte, Tankstellen, Eckbuden oder Zeitschriftenläden ab. Auf diese Weise setzt sich ihr Orientierungsvermögen aus der Kenntnis der Schauplätze der Konsumsphäre zusammen. Es entspricht ihren Erfahrungen, daß sie in dieser Welt der Waren, wenn auch nur als Kunden, ernstgenommen werden." (*Köhler* 1981, S. 101f.) Die Zahl der Taschengeld-Empfänger steigt, ebenso wie die Höhe des Taschengeldes. Bemerkenswert ist, daß bereits ein hoher Prozentsatz (77,0% bzw. 85,5%) der Grundschüler (auch schon Sechsjährige) über eigenes Geld verfügt. Längst werden Kinder entsprechend auch bei der Werbung als eigene *Zielgruppe* angesprochen, denn sie sind von Kindheit an Teilnehmer des Kaufmarktes (Baacke/Sander u.a. 1999, S. 117).

Kinder kennen sich nicht nur aus, sie sind den Erwachsenen auch überlegen. Schon 8jährige bevölkern Kaufhäuser und Plattenläden, Jeans-Shops und McDonalds-Restaurants. Zwei Drittel der 5- bis 10jährigen Kinder geben an, manchmal oder wenigstens gelegentlich mit ihren Eltern einkaufen zu gehen. Mädchen begleiten ihre Eltern häufiger beim Einkaufen (hier verbirgt sich noch eine traditionelle Mädchenrolle). Daß Kinder in Halle (neue Bundesländer) „ihre Eltern häufiger beim Einkaufsbummel begleiten als beispielsweise in Bielefeld, ist sicher auch darauf zurückzuführen, daß praktisch in allen neuen Bundesländern in den letzten Jahren zahlreiche große Einkaufszentren auf grünen Wiese entstanden, die Zusammenhänge zwischen Einkaufen und Erlebnis in einem im Osten bisher nicht gekannten Maß preisen und so den Familien die Gestaltung eines ganzen Tages durch Besuch von Supermärkten, Restaurants und Kinos ermöglichen." (*Baacke/Sander u.a.* 1999, S. 81) Vom zehnten Lebensjahr ab gehen Kinder übrigens ebenso gern, bald lieber, mit Gleichaltrigen einkaufen, weil die neue Tätigkeit des Shoppings neben dem Kaufakt auch andere Freizeitmöglichkeiten einschließt (Eisessen, ins Kino gehen, bei Älteren: sich in einem Bistro treffen etc.). Gerade Großstadtkinder atmen Konsumluft sozusagen in einer so verdichteten atmosphärischen Parfümierung ein, daß die Spanne zwischen Angebot und Nachfrage, Begehren und Kaufen können zu einer ständigen psychodynamischen Besetzung wird, die andere Themen schnell verdrängen kann.

Medienkindheit

Medien als technisch-elektronische Übermittlung von Symbolsystemen aller Art spielen in der Geschichte der Menschheit seit jeher eine wichtige Rolle. Von frühen Höhlenmalereien über Rauchsignale bis zur Erfindung des Buchdrucks und schließlich den neuen Massenmedien hat sich in den letzten hundert Jahren ein sozialer Wandel vollzogen, der darin besteht, daß die Übertragung und Vernetzung von Symbolsystemen eine immer größere Rolle spielt. So sprechen wir heute statt von einer Industriegesellschaft von einer Informationsgesellschaft. Schon Vorschulkinder, zunehmend Grundschulkinder, nehmen an der Massenkommunikation teil. Dabei bezeichnet der Begriff Massenmedien die Weitergabe von Botschaften aller Art und Genres mit unterschiedlichen Programmen und Programmformen an ein anonymes, miteinander nicht verbundenes, darum disperses (zerstreutes) Publikum. Auch die Kinder gehören dazu: Sie verfügen über Printmedien (von Bilderbüchern, Büchern bis zu Zeitschriften und Zeitungen), sie nutzen die Angebote der Rundfunkveranstalter (zunächst Radio, später Fernsehen), verfügen über Videorekorder, CD-Player und Walkman, gehen ins Kino, benutzen das Telefon mit Ausgiebigkeit und Ausdauer. Die neuen Informations- und Kommunikationstechniken und die Einführung des Personalcomputers (Mitte der 70er Jahre) führten dann zu einer weiteren kommunikativen Evolution hohen Ausmaßes: An die Stelle der Massenmedien sind die sogenannten Neuen Medien getreten (Computer, CD-ROM, Internet, WWW, Multimedia). Neu sind drei Eigenschaften der Medienwelt von heute: Ein online-geschalteter Computer erlaubt zum einen *Interaktivität*, den Austausch also von Zeichen und Symbolsystemen zwischen Sendern und Empfängern. Die neuen Geräte folgen zum anderen dem Prinzip einer weitreichenden *Vernetzung* (Internet mit unterschiedlichen Diensten und Verteilsystemen), und sie führen auch zu einer weltweiten *Globalisierung*, indem nun ein Datentransfer und -austausch ohne Grenzen möglich ist. Diese Entwicklung ist in vollem Gange und ermöglicht zum ersten Mal in der Geschichte des Lernens, Daten und Lernmaterialien prinzipiell allen Menschen zugänglich zu machen, wenn die geeigneten Geräte zur Verfügung stehen und der Umgang mit diesen Geräten gelernt werden kann.

Betrachten wir die *Funktionen* der neuen Verbundsysteme, so lassen sich drei Bereiche unterscheiden:

- Weitergabe wichtiger Informationen für Handel und Verkehr, Wirtschaft und Politik. Die Welt der Arbeit, der Berufe ist hier ebenso betroffen wie die Welt medizinischer und sozialer Hilfe, kultureller Ausdrucksmittel und anderer Systeme, die über die Erwirtschaftung des Bruttosozialprodukts ökonomische Prozesse lenken. Hier handelt es sich vor allem um *beruflich orientierte Qualifikationen*.
- Daneben tritt eine eher an Unterhaltung orientierte *Telekultur*, die dem Freizeitbereich zugehört und mit ihren Beiträgen (Kino, Fernseh- und Radioprogramme, Videokassetten, CDs, Telespiele etc.) vor allem darin besteht, emotionale Beziehungsstrukturen zu entwickeln und zu stärken. Hier geht es um *affektive* Dimensionen des Welterlebens.
- Hinzuweisen ist auch auf die *edukative* Dimension, nämlich die *Reflexion* der kommunikativen Praktiken auf dem Informations- und Unterhaltungssektor. Hier geht es darum, die entwickelten Praktiken und Erfahrungen reflexiv in die eigene und gesellschaftliche Verantwortung einzuholen.

Kinder orientieren sich vor allem am Sektor der *Telekultur*, sind also primär interessiert an sozialen Beziehungen (chatten), an affektiven Überwältigungen (Spielfilme, heute auch Soap Operas etc.), an Spielen (Computer- und Telespiele aller Art), kurz: Soziales und ästhetisches Lernen steht bei Grundschulkindern im Mittelpunkt. Erst später, im Jugendalter, erleben Jugendliche die Medien dann auch als Ort der Leistung (Qualifizierung durch berufsbezogenes Lernen und zukunftsorientiertes Handeln).

Die Freizeit der Kinder ist durch Medienkonsum dominiert und umfaßt weitaus mehr als die Hälfte der mit Medien verbrachten freien Zeit. Dabei begnügen sie sich keinesfalls mit den Programmen, die speziell für sie produziert werden; bereits 8jährige (vor allem in verkabelten Gebieten) wenden sich häufig vom Kinder- und Jugendprogramm ab und interessieren sich für Kriminal- und Unterhaltungsfilme (vor allem: Tierfilme) und die Unterhaltungsshows der Erwachsenen. Was im Fernsehen passiert, ist ein Stück sozialer Wirklichkeit, zumindest durchs Gespräch, und Kinder wollen nicht ausgeschlossen sein. Auch hier ist es nicht so, daß Kinder passiv und wehrlos dem Medienrausch verfallen. In der Regel sind sie – wie im Konsumbereich – in der Lage, ihre Interessen abzuwägen und auch einzubringen. Die Vielzahl der dramatischen Handlungen, die sie in optischer Präsenz erleben, zwingt Kinder dazu, nach Distanzierungshilfen Ausschau zu halten. Gerade 10jährige haben sich manchmal darauf „spezialisiert", die „Tricks" der Macher zu durchschauen, triefendes Blut als Tomatenketchup zu „entlarven" und die Technik als ein Vehikel der Spannungserzeugung zu betrachten. Häufig sind Kinder eher als Erwachsene in der Lage, die Kompositionsprinzipien von bestimmten Serien oder Genres zu durchschauen. Was *Hengst* als Feststellung formuliert, ist zumindest zu vermuten: „Identifikatorische Rezeption nimmt generell mit zunehmender Routinisierung der Medienkommunikation ab." (1981, S. 51) Aber Vorsicht, häufig ist die „Abgebrühtheit" auch wieder nur vorgetäuscht (um einen von den Eltern als bedenklich erachteten Film doch sehen zu können, um das Gesicht nicht zu verlieren, obwohl man sich psychisch „übernommen" hat, wie sich zu spät herausstellt).

Medienkindheit und Konsumkindheit

Seit längerem kann man beobachten, wie Medien- und Kaufkonsum vom Markt her zusammenwachsen. Die Lebenswelt der Kinder verwirklicht sich in einer Kinderkultur, in der es nicht nur gute Literatur, Kinder- und Jugendmusik, Kinderspiel (s.u.), Kinderfilm und Kinderkreativität gibt, nicht nur Kinderverse und Abzählreime. In ihre Lebenswelt gehört zunehmend das massenhaft verbreitete Spielzeug und die in ihm verborgenen oder ihm zugegebenen Kinderkulturidole. Ein schon klassisches Beispiel ist die „Biene Maja", die perfekt vermarktet wird. Die Biene Maja flog nicht nur über den Bildschirm, sie ist nun auch zu finden „auf Kalendern, in Büchern und Heftchen. Biene Maja gibt es als Aufkleber, sie summt auf Schallplatten und Kassetten; es gibt sie als Puppe, als kleines Gummitier, in Puzzles zerteilt und – Höhepunkt des Einfallsreichtums: – auf kleinen Spielzeugfernsehern kann man einige ihrer Szenen durch Knopfdruck erscheinen lassen." (*Lenzen* 1978, S. 87)

Die Produkthersteller von Spielzeug beziehen sich auf das, was Kinder erleben, vor allem auch als Medienkinder. So stellt das weit verbreitete Legoprogramm immer mehr auf Science-fiction-Inhalte ab, die den Kindern in Filmen begegnen. Man kann jetzt basteln: Raketenabschußbasen mit Rampen und Radarkontrolltürmen, Raumtransporter, Kommandozentralen, Raumkreuzer, Funkzentralen, Mondfähren, Einsatzwagen, Gabelstapler usw. Die fiktiven Szenarien der Medien dringen so in die Spielwelt der Kinder ein. Und umgekehrt: Kinder haben gelernt, die Struktur der Werbung für ihre Zwecke zu verwenden: „So begründen beispielsweise Kinder ihren Wunsch nach einem bestimmten Markenfüller, indem sie sich auf die Verbesserung ihrer Schreibfertigkeiten berufen, Gesundheitsgründe werden für ein bestimmtes Schuhfabrikat ins Feld geführt, oder die Kinder verlangen nach einer Süßigkeit, weil diese vor dem Essen nichts ausmacht." (*Köhler* 1981, S. 118) Medien und Konsum sind ein *Verbundsystem* eingegangen, in dem sich die Kinder durchaus souverän bewegen, wenngleich sie in ihm gefangen sind.

Bisher meinte man, diese Entwicklung betreffe vor allem Stadtkinder (also die Mehrzahl). Landkinder gelten gegenüber Stadtkindern immer noch als stärker kontextgebunden, verfügend über tradierte und traditionelle Handlungsmuster – mit der Möglichkeit, nicht nur symbolische Botschaften zu rezipieren, sondern die größere Weite der Landschaft, in der sie leben, auch für eigene Aktionen zu nutzen. Fernsehapparate stehen indes längst auf dem Land, und die dauernd präsente Medienwelt verändert ohne Zweifel Wahrnehmung und Umwelterlebnis, jedenfalls auf die Dauer. Wenn Stadt- und Landkinder zusammentreffen, können sie sich sehr schnell verständigen. Stadtkinder übernehmen die Aufgabe, ihre Freunde in die Konsumsphäre einzuführen, die für sie Alltag ist – wie sie umgekehrt durchaus offen sind für „Reize des Landlebens", zumal dann, wenn die sonstigen Lebensgewohnheiten nicht kategorial tangiert werden.

Aufhebung der Kindheit?

Inzwischen wird die These vertreten, die moderne Vergesellschaftung der Kindheit führe insofern zugleich zu ihrer Aufhebung, als wichtige Prinzipien, die Kinder- und Erwachsenenwelt bisher trennten, nicht mehr gelten. Für diese These werden folgende Argumente vorgetragen (z.B. *Postman* 1983): Kinder haben „im Prinzip zur gesamten Erwachsenenwelt Zugang". Die multimediale Zubereitung aller Themen macht zugleich alles unmittelbar gegenwärtig, langfristige Lernprozesse werden nicht mehr vorausgesetzt. Die Dinge der äußeren Welt sind allen gleich nah, Kindern wie ihren Eltern und Lehrern. Ebenso löst sich die Erwachsenenwelt zur Kindheit hin auf. Nicht nur, daß Konsum und Medien *formal* beide bestimmen, sie tun es auch *inhaltlich*. Dies haben die internationalen Produzenten eingesehen, die bisher meist aggressive Videospiele für Kinder und Jugendliche produziert haben. Nicht nur die Kritik an solchen Spielen führte dazu, daß inzwischen mehr Findigkeit und Phantasie erfordernde Spiele entwickelt werden; ein wichtiger Grund ist, daß Erwachsene zunehmend Gefallen an diesen Spielen finden. So werden aus Videofilmen für bestimmte Alters- und Bezugsgruppen *gemeinsame Angebote*. Diese Entwicklung könnte man begrüßen, weil sie (in unserem Beispiel) Kinder und Erwachsene wieder zum Spielen zusammenführt. Das Problem für die Kinder besteht jedoch darin, daß die Wartefristen, um ein Ziel zu erreichen, verkürzt werden (Konsumsphäre) und die Allgegenwärtigkeit von Themen und Botschaften nicht mehr nach Gesichtspunkten günstiger Lerngelegenheiten kanalisiert werden kann (Mediensphäre).

Verrechtlichung der Kindheit

Während die Überformung der Kindheit durch die Medien- und Konsumsphäre staatlich zwar ermöglicht und legitim, aber doch nicht in allen Punkten erwünscht und jedenfalls nicht zentral gesteuert ist, sieht dies anders aus bei dem, was wir heute „Sozialpolitik für das Kind" (*Lüscher* 1979) nennen. Zu solcher Sozialpolitik zählt der *rechtliche Schutz* von Kindern. Kinder zu schlagen ist (z.B. in der Schule) verboten; Kindesmißhandlungen werden strafrechtlich geahndet usf. Das Jugendarbeitsschutzgesetz oder das Jugendwohlfahrtsgesetz sind wichtige Errungenschaften eines Sozialstaates.

Dennoch, die Tatsache, daß der Staat zunehmend durch rechtliche Regelungen auch den Bildungs- und Erziehungssektor abzusichern sucht, ist nicht durchweg unproblematisch. Es gibt eine Kehrseite der Medaille. Zunächst dienen die Gesetze zwar dazu, den Handlungsspielraum auch des Kindes nach Möglichkeit zu sichern. So dient der Erziehungsauftrag, der der Familie gegeben wurde, dazu, fürsorgerische Interventionen *in* der Familie nicht ohne weiteres, sondern nur unter bestimmten Bedingungen möglich zu machen. Elternverbände haben im 19. Jahrhundert (zusammen mit Ärzten) gegen Mängel der öffentlichen Erziehung, der Waisenhäuser, der Klöster, der Internate protestiert und ihren Anspruch an Leistungen öffentlicher Erziehung angemeldet. Sie haben also ihrerseits teil an der Verbesserung öffentlicher Erziehungsverhältnisse. Andererseits melden sie ihren Anspruch gegenüber der Schule an, etwa im Bereich der Sexualerziehung. Es ist demnach keinesfalls so, als könne der Staat über die Maßgabe rechtlicher Verordnungen beliebig seine Erziehungsideale durchsetzen. In einer *vergesellschafteten Gesellschaft* kann keine Gruppe völlig unabhängig von der anderen handeln – die Rede von „Gemeinwohl" oder „Partnerschaft" will dies, wenn zwar mißverständlich, deutlich machen. Es wird sozusagen ein Nenner postuliert, auf den sich als kleinsten gemeinsamen alle einigen können bzw. müssen.

Auf jeden Fall gibt es auch keinen erziehlich geschützten Familienbinnenraum mehr. Es zeigt sich eine deutliche Tendenz, immer mehr Bereiche auch des privaten Lebens und der erzieherischen Verhältnisse durch rechtliche Normierungen zu regeln (Verrechtlichung), natürlich zum Wohl des Kindes, aber doch manchmal mit zweideutigen Folgen (*Riedmüller* 1981, S. 132ff.). „Intervention" und „Beratung" sind inzwischen viel benutzte Begriffe einer Sozialstrategie, die durch „Prävention" und sozialplanerisch organisierte und gesicherte „Maßnahmen" verschiedener Art das „Wohl des Kindes" sicherstellen will. Damit füllt sich der kindliche Lebensraum mit einer Vielzahl erzieherischer Maßnahmen, die möglicherweise fast alle Lebensäußerungen von Kindern als „gestört", „therapiebedürftig" o. ä. klassifizieren lassen können (vgl. Kapitel 5).

Gegenwirkungen

Auch die These von der Vergesellschaftlichung der Kindheit darf nicht undiskutiert bleiben. Es gibt „Gegenwirkungen", die insbesondere dafür sorgen, daß wir von einer Konsum- und Medienkindheit nicht defätistisch oder nur anklagend sprechen müssen.
1. Zum einen leben die alten Traditionen einer eigenständigen Kinderkultur fort. Dazu gehören
– Rituale, Reime und Spiele, Geheimsprachen und Geheimschriften mannigfacher Art. „Die Erwachsenen mögen die Kinder ihre Gebete lehren, aber es sind die Kinder, die einander die Abzählreime beibringen. Von den Erwachsenen können Kinder vielleicht Handball lernen, aber Stockschlagen und Himmel und Hölle lernen sie von anderen Kindern" (*Stone/Church* 1978, S. 136). Das Versteckspiel, das Murmelspiel, das Himmel-und-Hölle-Spiel, Blinde Kuh und Völkerball, „Wer fürchtet sich vorm schwarzen Mann?" oder das Ringel-Ringel-Reihen der Kindergartenkinder: All dies wird nicht nur in den unterschiedlichsten Kulturen gespielt, in Indien ebenso wie in den USA oder Europa; diese Spiele verdanken sich zum Teil jahrhundertealten Traditionen, wie wir sie in *Breughels* „Kinderspiele" aus dem 16. Jahrhundert bereits vorfinden.
– Zu den Kinderspielen mit ihren Aufbauten und Regeln ge-

hören die *Kinderlieder*. „Ziehet durch, ziehet durch, durch die goldene Brücke!", „Es geht ein Bi-Ba-Butzemann in unserem Kreis herum" und die Vielzahl von im Singsang vorgetragenen, rhythmischen *Abzählversen* sowie jahreszeitlich gebundene Lieder – „Maikäfer flieg" zum Beispiel – gehören in das alt ererbte Arsenal der Kinderwelt.

– Kunststücke (auf Zäunen balancieren, durch enge Röhren schlüpfen; Purzelbaum und Radschlagen) sind weitere elementare Bestandteile der Kinderwelt. Dazu gehören auch Zaubertricks mit den Händen, mit Karten und Bindfäden.

– Eine besondere Form von Kindheitsritualen sind die *Tics*: „Hierunter fallen die abergläubischen Regeln: Nie unter einer Leiter hindurch gehen!, Umdrehen, wenn eine schwarze Katze über den Weg läuft!; Summen und Zählen als Zwangshandlungen (auch das Zählen sich wiederholender Dinge, z.B. der Wagen eines Güterzuges, zählen in Fünfer- oder Zehnereinheiten oder Zählen nach rückwärts); Überspringen der Plattenfugen auf dem Bürgersteig oder Drauftreten; Berührung jedes Laternenpfahls. Viele Kinder erfinden auch ihre eigenen Rituale. Ein Erwachsener erinnert sich an die Zwangsvorstellung, seine Füße unter der Bettdecke haben zu müssen, bevor die Tür zufiel, damit seine Zehen nicht von den unter dem Bett befindlichen (eingebildeten) Mäusen angeknabbert würden." (*Stone/Church* 1978, S. 140)

– Hinzu kommen jede Art sonstiger *Fertigkeiten*, etwa im Sprechen von *Zungenbrechern*. Auch die Lust an körperlicher Bewegung gehört dazu, undomestiziert durch Sportplätze und Leistungsanforderungen auch hier. Eis- und Rollschuhlaufen; mit dem Rad freihändig fahren; Purzelbaum, Handstand und Handstandüberschlag; Klettern, Springen und Schwimmen – all das sind Fertigkeiten, die auch ohne pädagogische Arrangements überliefert werden.

– Auch die *Sammelleidenschaft* gehört besonders der Kindheit. Die kleineren Kinder fangen Regenwürmer und Schnecken, die größeren können sich für alles begeistern, wenn nur jemand ihre Begeisterung teilt: vom Bierdeckelsammeln über das Errichten einer Wand aus Cola-Büchsen bis zu Münzen und Briefmarken.

– Kinder sprechen in der Regel nur *eine* Sprache, und oft beherrschen sie nicht einmal diese sehr perfekt. Deswegen vielleicht bauen sie sich ihre eigene Sprachwelt auf. Das beginnt bei der Bevorzugung bestimmter Wörter, die Erwachsene eher meiden („klasse", „spitze", „super", „das ist ein Hammer", aber auch: „Kacke", „Scheiße" oder „brutalekkig"), wobei die Analsphäre eine gewisse Bevorzugung erfährt. Gegenüber den schockierten Erwachsenen wird auf diese Weise Unabhängigkeit und Souveränität demonstriert (*Stone/Church* 1978, S. 145), oder es wird auf symbolischer Ebene angedeutet, daß bestimmte Sphären Kindern keineswegs verschlossen sind, obgleich das Erwachsene gern glauben möchten. Auch *Geheim*sprachen werden entwickelt, die nur das Mitglied der Gruppe versteht: Von der Verdoppelung bestimmter Silben bis zur Umkehrung aller Wörter, die von hinten nach vorne gesprochen werden. So entwickeln Kinder ihre eigenen, gruppentypischen Soziolekte und deuten damit ein Stück Eigenständigkeit an.

I. und *P. Opie* (1960) haben in den 50er Jahren mehrere tausend Schulkinder auf Schulhöfen, Straßen und Hinterhöfen von England, Schottland und Wales beobachtet und versucht, möglichst viele der gehörten Reime, Sprachspiele, Parodien usf. zu erfassen. Auch sie bestätigen, daß viele Kinderreime von Kindern einer Altersgruppe über Jahrhunderte hinweg immer wieder rezitiert werden – obgleich die Eltern sie vergessen haben. Die grundlegenden rhythmischen Schemata und Einfälle werden nicht verändert, wohl aber werden Themen der modernen Zeit „einmontiert". Ihre Fortpflanzung geschieht offenbar von Mund zu Mund, und dies über die ganze Welt, Sie beziehen sich zum einen auf lokale Traditionen, besitzen aber andererseits einen solchen Grad von Allgemeinheit, daß sie con variatione in vielen Ländern der Welt vorfindbar sind. Reime sind ein wichtiges Bindemittel der Sozialisierung innerhalb der eigenen Gruppe; es wäre lohnend, einmal systematisch zu erforschen, wie sie aufkommen und tradiert werden; jedenfalls geschieht dies nur eingeschränkt oder gar nicht durchs Fernsehen oder andere Medien. – So verkürzt es ist, Kindheit nur unter dem Gesichtspunkt einer eigenständigen Kinderkultur zu betrachten (wie beispielsweise *Stone/Church* zu tun geneigt sind), so kurzsichtig ist es auch, solche starken Traditionen zu übersehen. Sie bedürfen offenbar keiner besonderen „Pflege" und auch keines „Schutzes" von Erwachsenen, jedenfalls nicht direkt. Freilich müssen Kinder Gelegenheit haben, ihre Kinderwelt aufzubauen und weiterzugeben: auf Plätzen und Märkten, auf der Straße oder im Feld, auf dem Heuboden oder im „Spielzimmer". *Räume* also braucht die Kinderkultur, um sich zu entfalten und ihre solidarisierenden und Vergnügen schaffenden Funktionen wahrnehmen zu können.

2. In den (zunehmend zurückgehenden?) Spielformen einer von Kindern für Kinder tradierten Kinderkultur, deren *spielerischer Charakter* alle Äußerungen umfaßt, finden die Kinder dann auch manchmal Schutz vor der perfekten, *nicht von ihnen* aufgebauten Konsum- und Medienwelt. Kinder können noch deren Elemente umfunktionieren; sie sind stark genug, ihre Welt zu behaupten. Da wird die Gebrauchslogik modernen Spielzeugs aus der Konsumsphäre immer wieder durchbrochen: Ein Rennauto wird zu einem Piratenschiff, eine Spielautobahn wird zu einer Raketenabschußrampe oder zu einem unterirdischen Fluß; plötzlich werden abgelutschte Holzstile für Eis mitten in einer Wegwerfgesellschaft zu einem mit Leidenschaft verfolgten Sammelobjekt, zumal sie benötigt werden für den Bau eines Schneckenheims, usf. So erweisen Kinder immer wieder ihre Souveränität, indem sie Gegenstände ihren *eigenen* Handlungslogiken unterwerfen, wie das Spiel sie erfordert.

Die Welt wächst: Der sozialökologische Ansatz

Die Auffassung, Kinder seien nicht ausschließlich, aber doch wesentlich im Rahmen ihrer Kindheiten zu betrachten und zu verstehen, wie sie in den vorangehenden Abschnitten entwickelt wurde, hat die Entfaltung des „sozialökologischen Ansatzes" hinreichend vorbereitet. Dieser geht, generell betrachtet, von folgenden Prämissen aus:

1. Das Insgesamt von Erfahrungen und aktiven Handlungen, das Kindern vermittelt oder unvermittelt zur Verfügung steht, fordert dazu auf, nicht einzelne (Problem-)Bereiche abzusondern, sondern Kinder einer *ganzheitlichen Betrachtung* zu unterziehen. Auf diese führt in besonderer Weise das Konzept „Lebenswelt".

Durch die Einführung dieses Begriffes werden wir auf eine zweite Implikation (außer: „Ganzheitlichkeit") aufmerksam gemacht, nämlich die vortheoretische Gegebenheit der Welt: Der Lebensweltbegriff in der Philosophie meint seit *R. Avenarius* und *E. Mach* einen Rückgang auf die vorwissenschaftliche, unmittelbare und reine Erfahrung. Das philosophische Interesse, das vor allem im Spätwerk *Husserls* deutlich wurde, bestand darin, die Methode einer vorurteilslosen Beschreibung gegebener Zustände zu versuchen, also nicht auf schon vorformulierte Deutungen und Theorien zu rekurrieren. Diese, so war die Annahme, verdanken sich vielmehr ihrerseits der strukturellen Ursprünglichkeit von Phänomenen, die die Deutung in sich selbst enthalten und nicht zwingen, auf etwas zu verweisen, das außer ihnen liegt (daher: „Phänomenologie", die Lehre von der Annäherung an Phänomene, ihrer Gruppierung, Schichtung und Deutung). Damit konnten Phänomene erschlossen werden wie die Geschichtlichkeit des Daseins, seine Endlichkeit und Historizität, die Leiblichkeit des Menschen, seine Konstitution durch Arbeit und Sozialität. Dies impliziert eine Kritik an der Herrschaft der positivistischen Wissenschaftsauffassung, die „objektivistisch" die Erfahrung und die Konstitution des Seins im Subjekt übersieht. *Husserl* meint noch, daß die lebensweltlich gebundene Erfahrung an invariante, grundlegende Strukturen gebunden sei, die durch die Methode der „Wesensschau" entdeckt werden könnten; die Konstruktion eines transzendentalen Subjekts (das nicht empirisch vorfindbar ist, sondern die optimierte Möglichkeit des Erfahrungswissens im Philosophieren selbst) sollte die unzerbrechliche „Weltform", auf der alles Sein beruht, entdecken helfen.

Diese spekulativen Wege ist die Sozialwissenschaft nicht mitgegangen, die ihren Lebensweltbegriff *Alfred Schütz* verdankt (besonders: 1974). Die philosophische Spekulation wurde ersetzt durch ein gesellschaftsanalytisches Verfahren, das in der verstehenden Aufarbeitung menschlicher Erfahrung die Konkretheit gesellschaftlicher Konstitution erfassen sollte. Schon *Max Weber* (auf dessen Begriff des „sinnhaften Handelns" sich *Alfred Schütz* in „Der sinnhafte Aufbau der sozialen Welt" [1974] bezieht) hatte mit dem Begriff des „nomologischen Wissens" eine bestimmte Form unserer Weltvergewisserung im Alltag zu skizzieren versucht. Es handelt sich um ein jedem zugängliches „Wissen von bestimmten bekannten Erfahrungsregeln, insbesondere über die Art, wie Menschen auf gegebene Situationen zu reagieren pflegen" (1951, S. 276f.). Widerstand, Streit, Bewegung, Berührung, Kontakt, Konflikt – dies alles sind Begriffe, die sich nicht der Theoriekonstruktion verdanken, sondern aus dem vorwissenschaftlichen Bereich hervorgehen. Die Wissenschaft muß gleichsam ihre Stuben verlassen und dorthin wandern, wo sie die Alltagsphänomene durch Nähe und Anschauung erlebnismäßig nachvollziehen kann. *Alfred Schütz* betont, daß die Formen des Wissens, das seine Plausibilität dem alltäglichen Leben verdankt („The common-sense knowledge of every day life") der eigentliche Gegenstand wissenschaftlicher Betrachtung zu sein haben. Dabei ist die Alltagswelt eine der „fraglosen Gegebenheiten". Man erfaßt sie am besten durch *Feldforschung:* Die Wirklichkeit wird nicht in Labors konstruiert und durch theoretisch gebundene Methoden (Test, Experiment) erfaßt, sondern durch teilnehmende Beobachtung, durch Zuhören beim Erzählen, durch Aufarbeitung von lebensweltlichen Dokumenten (wozu auch Biographien gehören).

Ein solches Lebensweltkonzept wird auch in diesem Buch vertreten insofern, als Beschreibungen und Dokumente (Autobiographien, Protokolle, Beobachtungen und deren Interpretationen) eine – wenn auch nicht ausschließliche – Rolle spielen. Auf diese Weise soll es gelingen, neben den Formen engeren wissenschaftlichen Wissens (vgl. die beiden folgenden Kapitel!) den eigentlichen Gegenstand unserer Betrachtung, Kinder und Kindheit, nicht aus dem Auge zu verlieren. „Lebenswelt" als der Bereich, in dem Vorerfahrungen von Eltern und Großeltern, eigene biographische Widerfahrnisse und Verarbeitungen, momentane Dispositionen und Zukunftsentwürfe einzelner und ihrer sozialen Gruppen (beim Kind: Familie, Schule, Peers) zusammenkommen, öffnet den Horizont täglicher Erfahrung und alltäglichen Umgangs für den betrachtenden Blick.

2. Das Konzept bleibt jedoch noch „leer", weil es darum geht, Lebenswelt in ihrer jeweiligen thematischen Struktur und inhaltlichen Angefülltheit zu erfassen. Dies ist am ehesten möglich, wenn man zum einen die *zeitliche* Struktur der Lebenswelt beachtet (so hatten wir Kindheiten unterschiedlicher Historizität unterschieden), zum andern die *räumliche* Struktur, wie sie als „Umwelt" in Erscheinung tritt. Sie ist nicht nur gut beobachtbar und damit beschreibbar, sondern auch der konkrete Raum kindlichen Erlebens. Die Umwelt hält die Gegenstände, Ereignisse, Prozesse und Personen bereit, die das Kind wahrnimmt und mit denen es im Aufwachsen seine eigene Welt aufbaut und konstituiert – durch übernehmendes Lernen von etwas und widerständiges Ansichzwingen. Durch *wahrnehmenden* und *handelnden* Umgang mit der sozialen Umwelt erfährt die *Entwicklung* des Kindes entscheidende Formen der Beeinflussung: durch Behinderung oder Förderung (zum Zusammenhang von Umwelt- und Handlungstheorie: *Baacke* 1983, S. 54ff.). Dies ist das Programm des „sozialökologischen Ansatzes": Während die Sozialpsychologie bis heute vorwiegend interpersonal orientiert war, versucht die Sozialökologie, die *dingliche Strukturierung der Umwelt hinzunehmen* – Gebrauchsgegenstände, Straßen, Verkehrsmittel usf. (*Kaminski* 1976, S. 80ff.). Umwelt definiert Verhalten und beeinflußt Handeln; Verhalten und Handeln definieren die Umwelt: Besonders einleuchtend wird diese Behauptung bei einer Durchsicht von Untersuchungen zu *behavioral settings* (verhaltensbestimmende, organisierte Umwelten): Kindergärten, Läden, Parks, Banken, Kneipen usf. (*Barker* 1968). Vor allem öffentliche Orte (etwa die Schule) sind historisch gewachsene, in ihren Zwecken funktional gemachte Einrichtungen, die jedoch nicht notwendig den Bedürfnissen der aktuell Handelnden jeweils entsprechen. Sie beeinflussen, ja strukturieren jedoch die Handlungen der in ihnen weilenden Personen. Diese haben freilich auch die Möglichkeit, bestimmte

Verhaltensstile abzuändern, sich also anders zu verhalten, als das jeweilige *behavioral setting* vorschreibt. (Besonders Kinder tun dies, unprogrammatisch, oft: Sie laufen während eines Vortrags durch die Bankreihen und unterhalten sich mit den Eltern; sie klettern auf eine Auslage im Einkaufsladen; sie setzen sich in der Schule auf die Tische statt auf die Stühle oder wälzen sich miteinander am Boden – alles Verhaltensweisen, die für die jeweiligen Orte nicht eigentlich „ziemlich" sind, die man den Kindern aber zubilligt – in der Hoffnung, daß sie ohnehin bald lernen werden und müssen, sich „angemessen" zu verhalten.)

Kommunikation und Handeln und räumliche Strukturen sind also derart miteinander verbunden, daß die immobile Umwelt sowie in ihr institutionalisierte Regeln den Nutzer lenken, wobei dieser aber mehr oder weniger auch Einwirkungsmöglichkeiten hat. Denn neben dem faktischen Milieu gibt es ein „Psycho-Milieu". Es besteht „nicht aus den Dingen, die außerhalb einer Person liegen. Es besteht vielmehr aus *Bildern* und *Ideen*, die aus einer bestimmten Wechselbeziehung zwischen selektiv aus dem Milieu Wahrgenommenem (über den Sinnesapparat) und den Werten, bewußten Erinnerungen und im Unterbewußten gespeicherten Erfahrungen entstehen." (*Sprout/Sprout* 1971, S. 32) Dieser Hinweis ist wichtig: Er hilft erklären, warum Kinder in „schönen hellen Räumen" doch Angst haben können (vielleicht verbinden sie damit Erinnerungen unerfreulicher Art, die wieder hochsteigen), denn das Psycho-Milieu ist nicht das Produkt nur aktualgenetischer Wahrnehmung, sondern es nimmt Erinnerungen, Unterbewußtes, also Vergangenheit mit auf. Natur, geschaffene Umwelt und Geschichte des Menschen verbinden sich in seinen Wahrnehmungen und Handlungen immer aufs neue, schichten sich um, wachsen oder verändern sich.

3. Eine sozialökologische Theorie des Kindseins griffe zu kurz, beschränkte sie sich auf die in mehr oder weniger organisierten *behavioral settings* Handelnden mit ihrer Biographie, ihren Erwartungen und damit verbundenen psychischen Verarbeitungsformen. Zu bedenken ist auch, daß die soziale Umwelt *mehrfach geschichtet* ist. *Bronfenbrenner* (1981) sieht den

Zusammenhang von Umgebung und menschlichem Handeln über mehrere Schritte vermittelt:

1. Schritt: Die Umgebung beeinflußt die Eltern von Kindern (z.B. in Slumgegenden, in engen Wohnungen usf.).
2. Schritt: Die Erfahrungen von Eltern setzen sich um in deren Meinungen, Überzeugungen, Handlungsmöglichkeiten.
3. Schritt: Dieses Selbstverständnis der Eltern wirkt sich aus auf Kinder (z.B. darauf, ob sie von den Eltern unterstützt werden, ob Eltern sich Zeit für ihre Kinder nehmen oder nicht).

Bronfenbrenner betont damit, daß unmittelbare Umwelterfahrungen sich ihrerseits anderen Umweltbedingungen verdanken, die nicht immer unmittelbar oder gar sichtbar gegenwärtig sind. Wenn Väter ihren Kindern gegenüber autoritär und rücksichtslos sind, so kann sich dies beispielsweise ihrer Umwelt im Beruf verdanken, der sie zu untergeordneten Tätigkeiten zwingt, deren Ersetzung durch Computer zudem deutlich macht, daß diese Tätigkeiten eigentlich nichts wert sind. Darum versucht *Bronfenbrenner*, Umwelten als abgrenzbare Systeme zu fassen; er unterscheidet deren vier (ebd., S. 38ff.; vgl. *Baacke* 1983, S. 57ff.):

1. Das Mikrosystem
Es stellt dar „ein Muster von Tätigkeiten und Aktivitäten, Rollen und zwischenmenschlichen Beziehungen, die die in Entwicklung begriffene Person in einem gegebenen Lebensbereich mit den ihm eigentümlichen physischen und materiellen Merkmalen erlebt".

2. Das Mesosystem
Es „umfaßt die Wechselbeziehungen zwischen den Lebensbereichen, an denen die sich entwickelnde Person aktiv beteiligt ist (für ein Kind etwa die Beziehung zwischen Elternhaus, Schule und Kameradengruppen in der Nachbarschaft; für einen Erwachsenen die zwischen Familie, Arbeit und Bekanntenkreis)".

3. Das Exosystem
Darunter ist zu verstehen ein „Lebensbereich oder mehrere Lebensbereiche, an denen die sich entwickelnde Person nicht

selbst beteiligt ist, in denen aber Ereignisse stattfinden, die beeinflussen, was in ihrem Lebensbereich geschieht, oder die davon beeinflußt werden".

4. Das Makrosystem
Damit ist gemeint „die grundsätzliche formale und inhaltliche Ähnlichkeit der Systeme niedriger Ordnung (Mikro-, Meso- und Exosystem), die in der Subkultur oder der ganzen Kultur bestehen oder bestehen könnten, einschließlich der ihnen zugrundeliegenden Weltanschauungen und Ideologien".

Vier sozialökologische Zonen

Wenn wir künftig von „Lebenswelt" der Kinder sprechen, ist diese immer vorzustellen in der historisch wechselnden (wir werden uns nunmehr mit der Gegenwart beschäftigen) Konkretheit psychischer, sozialer und gesellschaftlicher Verfaßtheit, wie sie der sozialökologische Zugang zu erfassen verspricht, unter Einbezug aller nicht unmittelbar gegebener Umwelten, die auf eine jeweils gegebene Umwelt Einfluß nehmen – ebenso wie jede gegebene Umwelt das Handeln von Menschen in anderen Umwelten beeinflussen kann und damit diese Umwelten selbst. Dieser Tatsache eingedenk, schlage ich – aus pädagogischem Interesse, das primär auf überschaubare, vorhandene Erfahrungsräume von Kindern gerichtet ist – eine *Gliederung der kindlichen Umwelt in vier sozialökologische Zonen* vor, die im Modell sich darstellen als vier sich erweiternde konzentrische Ringe (*Bronfenbrenners* Systemdifferenzierung verbinde ich mit je einem der Kreise, um anzudeuten, daß sich seine systemtypologische Ordnung mit der handlungskreistypologischen Ordnung, wie ich sie vorschlage, verbinden läßt; vgl. Schaubild auf S. 115).

Die vier sozialökologischen Zonen sind folgendermaßen zu verstehen:

1. Das *ökologische Zentrum* ist die Familie, das „Zuhause": der Ort, an dem sich das Kind/die Kinder und die wichtig-

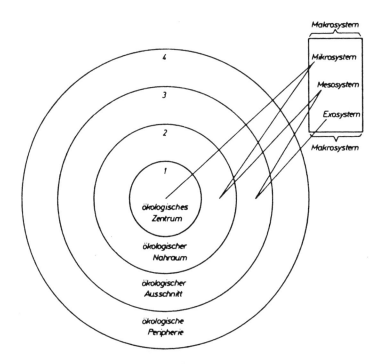

Abbildung 3: Schematische Zuordnung der vier ökologischen Zonen (unter Einbeziehung von *Bronfenbrenners* Systemkategorien). (Quelle: *Baacke* 1983, S. 59)

sten und unmittelbarsten Bezugspersonen vorwiegend tagsüber und nachts aufhalten.

2. Der *ökologische Nahraum* ist die „Nachbarschaft", der Stadtteil, das Viertel, die „Wohngegend", das „Dorf": der Ort, in dem das Kind die ersten Außenbeziehungen aufnimmt, Kontakte zu funktionsspezifischen behavioral settings gestaltet (in Läden einkaufen geht, in die Kirche zum Gottesdienst geht usf.).

3. Die *ökologischen Ausschnitte* sind die Orte, in denen der Umgang durch funktionsspezifische Aufgaben geregelt wird; das Kind muß hier lernen, bestimmten Rollenansprüchen gerecht zu werden und bestimmte Umgebungen nach ihren definierten Zwecken zu benutzen. Der wichtigste

Ort dieser Art ist die Schule; dazu gehören aber auch der nahegelegene Betrieb, die Schwimmhalle, die Bank, die Läden (in die das Kind einkaufen gehen muß und die es als „Schulkind" nun nicht mehr „zweckentfremdet" benutzen sollte). Aus der *Diffusität* des ökologischen Nahraums tritt das Kind in Räume *funktionaler Differenzierung*, vor allem: Sie repräsentieren nicht mehr einen ganzheitlichen Erfahrungsraum, sondern einen je zweckbestimmten: daher „Ausschnitt".

4. *Die Zone der ökologischen Peripherie* ist die gelegentlicher Kontakte, zusätzlicher, ungeplanter Begegnungen, *jenseits der Routinisierung*, die die anderen drei Zonen ermöglichen, ja sogar fordern. Zu solchen nichtalltäglichen Sphären kann der Urlaub gehören, der an der See, in den Bergen, kurz: an einem sonst unvertrauten Ort mit anderen Regulierungen verbracht wird. Hier hinzuzurechnen sind jedoch auch ferner gelegene Freizeitangebote (z.B. ein Kino im Stadtzentrum) oder ein alter Fabrikschuppen, den zu betreten eigentlich verboten ist – und gerade darum suchen ihn die Kinder auf, weil sie sich hier *Abenteuer* versprechen, sich das Risiko des Unerlaubten „thrill" bietet.
Das *Schützsche* Lebensweltkonzept hat hier einen Mangel, indem es ausschließlich auf Alltag abhebt und die Konstituierung des Alltags. Damit sind außergewöhnliche Begegnungen, ungewöhnliche Menschen ausgeschlossen. All dies ist hier als „ökologische Peripherie" zusammengefaßt – „Peripherie", weil es sich um Ausnahmen handelt, die gerade möglicherweise besonders eindrücklich sind.

Diese *handlungskreistypologische Ordnung* geht von folgenden Annahmen aus:

1. Die ersten drei Zonen stehen in regelmäßigen und geordneten Verbindungen, während die vierte nicht entsprechend planbar ist. Die Ordnung der drei ersten Zonen entspricht der Ordnung des räumlichen Aufwachsens von Kindern.
2. Dieses Aufwachsen erfolgt dadurch, daß die *Welt wächst*.

Zunächst halten sich Kinder ausschließlich oder vorwiegend in der Familie auf (in der Wohnung, in einem bestimmten Zimmer, bei der Mutter); sodann erobern sie sich „die Straße", den Spielplatz, die Räume um das Haus (die „Nachbarschaft"), den Ort ihrer Spiele und Tobereien; dabei ist eine Rückkehr ins Zentrum jederzeit möglich. Spätestens mit dem Besuch der Schule werden Kinder dann systematisch in ökologische Ausschnitte eingeführt: Die Ganzheit der Welt, in der sie bisher lebten, zerfällt nun in funktionsspezifische Räume. Aber immer noch ist die Möglichkeit gegeben, in die Ganzheit zurückzukehren – freilich nicht mehr in der Unschuld des ersten Anfangs.

3. Es gilt nicht nur: *Die Welt wächst*, sondern auch: *Kinder wachsen in der Welt*. Dies hat zur Folge, daß sich die Relevanzen verschieben können. Für das kleine Kind ist das ökologische Zentrum, sind die dort versammelten Personen einziger Bezugspunkt. Gefühle (Hoffnungen, Ängste, Liebe und Enttäuschung), Lernprozesse (vom Laufenlernen bis zum Spracherwerb), alle ersten Akte der Sozialisierung finden hier statt. *Die Welt ist geschlossen.* Doch schon der ökologische Nahraum bringt Erweiterungen, schafft Beziehungen zu neuen Personen (vor allem zu Altersgleichen), stellt neue Erfahrungen bereit. Dies geschieht erst recht mit der Schule. Nun können sich die Orientierungen verändern: Die gleichaltrigen Freundinnen und Freunde bekommen neben den Eltern wachsendes Gewicht; Meinungen des Lehrers werden gegen die der Eltern gehalten – bis sich der Jugendliche aus dem Zentrum löst und sich auf der Suche nach seinem Eigenen neue ökologische Nahräume schafft. Die Psychodynamik der Zonen konterkariert das kausalgenetisch-lineare Ausgangsverhältnis.

4. Die Zonen sind aufeinander von großer Durchlässigkeit (können aber auch, beispielsweise in Krisenzeiten der Familie, sich scharf voneinander „abriegeln"). Bestimmte Aktivitäten von Kindern können in *allen* Zonen erfolgen (z.B. Spielen – obgleich die Enge der Wohnungen und die Funktionsbestimmung der Schule Spielen oft einschränken, so daß der ökologische Nahraum hier ein besonderes

Gewicht erhält), andere Tätigkeiten werden auf bestimmte Zonen delegiert (z.B. das organisierte Lernen: dieses erfolgt in der Schule, findet als Appendix aber auch – in Form von Schularbeiten – in der Wohnung statt, also im Zentrum).

5. Je mehr Bewegungsfreiheit, Kommunikations- und Handlungschancen die einzelnen Zonen für Kinder bereithalten, desto stärker wird deren Entwicklung in jeder Hinsicht gefördert. Kinderunfreundliche, reizarme Umwelten behindern Kinder, ebenso wie großzügige Räume, variantenreiche Mannigfaltigkeit und nichtrestriktives Erwachsenenverhalten Kindern günstige Entwicklungsspielräume gewähren.

6. Ebenso wie das Kind aus einer Welt/einem Weltausschnitt „herauswachsen" kann, kann die soziale Welt schneller wachsen, als es für das Kind günstig ist. Individuelles Wachstum und Wachstum von Erlebnis- und Handlungswelt sollten sich entsprechen; dabei gilt: „Die Einführung in außerfamiliäre Erziehungsinstitutionen muß in ihrem zeitlichen Umfang den mit dem Alter des Kindes erst allmählich wachsenden Fähigkeiten des Lebens in einer Fremdgruppe entsprechen." (*Pechstein* 1978, S. 90)

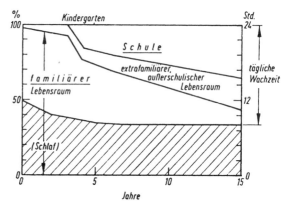

Abbildung 4: Die zeitliche Partialbedeutung der extrafamiliären Erziehungsinstitutionen gegenüber dem Zeitfonds des familiären Lebensraums während der Kindheit. (Quelle: *Pechstein* 1978, S. 90)

Im folgenden werden bestimmte Probleme der sozialen Zonen, aber auch Nutzungsformen der Kinder, unter einigen ergänzenden Gesichtspunkten zusammengefaßt – mit dem Ziel, nicht nur weitere Informationen zu geben, sondern auch Hilfen zur Veranschaulichung.

Zwei Welten

Dies ist die Überschrift des Ersten Kapitels in Hermann Hesses Roman „Demian. Die Geschichte von Emil Sinclairs Jugend" (Erstausgabe 1919). Es folgt ein (für unsere Zwecke leicht gekürzter) Textauszug:

Ich beginne meine Geschichte mit einem Erlebnisse der Zeit, wo ich zehn Jahre alt war und in die Lateinschule unseres Städtchens ging.

Viel duftet mir da entgegen und rührt mich von innen mit Weh und mit wohligen Schauern an, dunkle Gassen und helle Häuser und Türme, Uhrschläge und Menschengesichter, Stuben voll Wohnlichkeit und warmem Behagen, Stuben voll Geheimnis und tiefer Gespensterfurcht. Es riecht nach warmer Enge, nach Kaninchen und Dienstmägden, nach Hausmitteln und getrocknetem Obst. Zwei Welten liefen dort durcheinander, von zwei Polen her kamen Tag und Nacht.

Die eine Welt war das Vaterhaus, aber sie war sogar noch enger, sie umfaßte eigentlich nur meine Eltern. Diese Welt war mir großenteils wohlbekannt, sie hieß Mutter und Vater, sie hieß Liebe und Strenge, Vorbild und Schule. Zu dieser Welt gehörte milder Glanz, Klarheit und Sauberkeit, hier waren sanfte freundliche Reden, gewaschene Hände, reine Kleider, gute Sitten daheim. Hier wurde der Morgenchoral gesungen, hier wurde Weihnacht gefeiert. In dieser Welt gab es gerade Linien und Wege, die in die Zukunft führten, es gab Pflicht und Schuld, schlechtes Gewissen und Beichte, Verzeihung und gute Vorsätze, Liebe und Verehrung, Bibelwort und Weisheit. Zu dieser Welt mußte man sich halten, damit das Leben klar und reinlich, schön und geordnet sei.

Die andere Welt indessen begann schon mitten in unserem eigenen Hause und war völlig anders, roch anders, sprach anders, versprach und forderte anderes. In dieser zweiten Welt gab es Dienstmägde und Handwerksburschen, Geistergeschichten und Skandalgerüchte, es gab da eine bunte Flut von ungeheuren, lockenden, furchtbaren, rätselhaften Dingen, Sachen wie Schlachthaus und Gefängnis, Betrunkene und keifende Weiber, gebärende Kühe, gestürzte Pferde, Erzählungen von Einbrüchen, Totschlägen, Selbstmorden. Alle diese schönen und grauenhaften, wilden und grausamen Sachen gab es ringsum, in der nächsten Gasse, im nächsten Haus, Polizeidiener und Landstreicher liefen herum, Betrunkene schlugen ihre Weiber, Knäuel von jungen Mädchen quollen abends aus den Fabriken, alte Frauen konnten einen bezaubern und krank machen, Räuber wohnten im Wald, Brandstifter wurden von Landjägern gefangen – überall quoll und duftete diese zweite, heftige Welt, überall, nur nicht in unsern Zimmern, wo Mutter und Vater waren. Und das war sehr gut. Es war wunderbar, daß es hier bei uns Frieden, Ordnung und Ruhe gab, Pflicht und gutes Gewissen, Verzeihung und Liebe – und wunderbar, daß es auch alles das andere gab, alles das Laute und Grelle, Düstere und Gewaltsame, dem man doch mit einem Sprung zur Mutter entfliehen konnte.

Und das Seltsamste war, wie die beiden Welten aneinander grenzten, wie nah sie beisammen waren! Zum Beispiel unsere Dienstmagd Lina, wenn sie am Abend bei der Andacht in der Wohnstube bei der Türe saß und mit ihrer hellen Stimme das Lied mitsang, die gewaschenen Hände auf die glattgestrichene Schürze gelegt, dann gehörte sie ganz zu Vater und Mutter, zu uns, ins Helle und Richtige. Gleich darauf in der Küche oder im Holzstall, wenn sie mir die Geschichte vom Männlein ohne Kopf erzählte oder wenn sie beim Metzger im kleinen Laden mit den Nachbarweibern Streit hatte, dann war sie eine andere, gehörte zur andern Welt, war von Geheimnis umgeben. Und so war es mit allem, am meisten mit mir selber. Gewiß, ich gehörte zur hellen und richtigen Welt, ich war meiner Eltern Kind, aber wohin ich Auge und Ohr richtete, überall war das andere da, und ich lebte auch im andern, obwohl es mir oft fremd und unheimlich war, obwohl man dort regelmäßig ein schlechtes Gewissen und Angst bekam. Ich lebte sogar zuzeiten am allerliebsten in der verbotenen Welt, und oft war die Heimkehr ins Helle – so notwendig und so gut sie sein mochte – fast wie eine Rückkehr ins weniger Schöne, ins Langweiligere und Ödere. Manchmal wußte ich: mein Ziel im Leben war, so wie mein Vater und meine Mutter zu werden, so hell und rein, so überlegen und geordnet; aber bis dahin war der Weg weit, bis dahin mußte man Schulen absitzen und studieren und Proben und Prüfungen ablegen, und der Weg führte immerzu an der anderen, dunkleren Welt vorbei, durch sie hindurch, und es war gar nicht unmöglich, daß man bei ihr blieb und in ihr versank. Es gab Geschichten von verlorenen Söhnen, denen es so gegangen war, ich hatte sie mit Leidenschaft gelesen. Da war stets die Heimkehr zum Vater und zum Guten so erlösend und großartig, ich empfand durchaus, daß dies allein das Richtige, Gute und Wünschenswerte sei, und dennoch war der Teil der Geschichte, der unter den Bösen und Verlorenen spielte, weitaus der lockendere, und wenn man es hätte sagen und gestehen dürfen, war es eigentlich manchmal geradezu schade, daß der Verlorene Buße tat und wieder gefunden wurde. Aber das sagte man nicht und dachte es auch nicht. Es war nur irgendwie vorhanden, als eine Ahnung und Möglichkeit, ganz unten im Gefühl. Wenn ich mir den Teufel vorstelle, so konnte ich ihn mir ganz gut auf der Straße unten denken, verkleidet oder offen, oder auf dem Jahrmarkt, oder in einem Wirtshaus, aber niemals bei uns daheim.

Meine Schwestern gehörten ebenfalls zur hellen Welt. Sie waren, wie mir oft schien, im Wesen näher bei Vater und Mutter, sie waren besser, gesitteter, fehlerloser als ich. Sie hatten Mängel, sie hatten Unarten, aber mir schien, das ging nicht sehr tief, das war nicht wie bei mir, wo die Berührung mit dem Bösen oft so schwer und peinigend wurde, wo die dunkle Welt viel näher stand. Die Schwestern waren, gleich den Eltern, zu schonen und zu achten, und wenn man mit ihnen Streit gehabt hatte, war man nachher vor dem eigenen Gewissen immer der Schlechte, der Anstifter, der, der um Verzeihung bitten mußte. Denn in den Schwestern beleidigte man die Eltern, das Gute und Gebietende. Es gab Geheimnisse, die ich mit den verworfensten Gassenbuben weit eher teilen konnte als mit meinen Schwestern. An guten Tagen, wenn es licht war und das Gewissen in Ordnung, da war es oft köstlich, mit den Schwestern zu spielen, gut und artig mit ihnen zu sein und sich selbst in einem braven, edlen Schein zu sehen. So mußte es sein, wenn man ein Engel war! Das war das Höchste, was wir wußten, und wir dachten es uns süß und wunderbar, Engel zu sein, umgeben von einem lichten Klang und Duft wie Weihnacht und Glück. O wie selten gelangen solche Stunden und Tage! Oft war ich beim Spiel, bei guten, harmlosen, erlaubten Spielen, von einer Leidenschaft und Heftigkeit, die den Schwestern zu viel wurde, die zu Streit und Unglück führte, und wenn dann der Zorn über mich kam, war ich schrecklich und tat und sagte Dinge, deren Verworfenheit ich, noch während ich sie tat und sagte, tief und brennend empfand. Dann kamen arge, finstere Stunden der Reue und Zerknirschung, und dann der wehe Augenblick, wo ich um Verzeihung bat, und dann wieder ein Strahl der Helle, ein stilles, dankbares Glück ohne Zwiespalt, für Stunden oder Augenblicke.

(...)

An einem freien Nachmittag – ich war wenig mehr als zehn Jahre alt – trieb ich mich mit zwei Knaben aus der Nachbarschaft herum. Da kam ein größerer dazu, ein kräftiger und roher Junge von etwa dreizehn Jahren, ein Volksschüler, der Sohn eines Schneiders. Sein Vater war ein Trinker, und die ganze Familie stand in schlechtem Ruf. Franz Kromer war mir wohlbekannt, ich hatte Furcht vor ihm, und es gefiel mir nicht, als er jetzt zu uns stieß. Er hatte schon männliche Manieren und ahmte den Gang und die Redensarten der jungen Farbikburschen nach. Unter seiner Anführung stiegen wir neben der Brücke ans Ufer hinab und verbargen uns vor der Welt unterm ersten Brückenbogen. Das schmale Ufer zwischen der gewölbten Brückenwand und dem träg fließenden Wasser bestand aus lauter Abfällen, aus Scherben und Gerümpel, wirren Bündeln von verrostetem Eisendraht und anderem Kehricht. Man fand dort zuweilen brauchbare Sachen; wir mußten unter Franz Kromers Führung die Strecke absuchen und ihm zeigen, was wir fanden. Dann steckte er es entweder zu sich oder warf es ins Wasser hinaus. Er hieß uns darauf achten, ob Sachen aus Blei, Messing oder Zinn darunter wären, die steckte er alle zu sich, auch einen alten Kamm aus Horn. Ich fühlte mich in seiner Gesellschaft sehr beklommen, nicht weil ich wußte, daß mein Vater mir diesen Umgang verbieten würde, wenn er davon wüßte, sondern aus Angst vor Franz selber. Ich war froh, daß er mich nahm und behandelte wie die anderen. Er befahl, und wir gehorchten, es war, als sei das ein alter Brauch, obwohl ich das erstemal mit ihm zusammen war.

Schließlich setzten wir uns an den Boden, Franz spuckte ins Wasser und sah aus wie ein Mann; er spuckte durch eine Zahnlücke und traf, wohin er wollte. Es begann ein Gespräch, und die Knaben kamen ins Rühmen und Großtun mit allerlei Schülerheldentaten und bösen Streichen. Ich schwieg und fürchtete doch, gerade durch mein Schweigen aufzufallen und den Zorn des Kromer auf mich zu lenken. Meine beiden Kameraden waren von Anfang an von mir abgerückt und hatten sich zu ihm bekannt, ich war ein Fremdling unter ihnen und fühlte, daß meine Kleidung und Art für sie herausfordernd sei. Als Lateinschüler und Herrensöhnchen konnte Franz mich unmöglich lieben, und die beiden anderen, das fühlte ich wohl, würden mich, sobald es darauf ankäme, verleugnen und im Stich lassen.

Endlich begann ich aus lauter Angst auch zu erzählen. Ich erfand eine große Räubergeschichte, zu deren Helden ich mich machte. In einem Garten bei der Eckmühle, erzählte ich, hätte ich mit einem Kameraden bei Nacht einen ganzen Sack voll Äpfel gestohlen, und nicht etwa gewöhnliche, sondern lauter Reinetten und Goldparmänen, die besten Sorten.

(…)

Als ich fertig war, hoffte ich auf einigen Beifall, ich war zuletzt warm geworden und hatte mich am Fabulieren berauscht. Die beiden Kleineren schwiegen abwartend, Franz Kromer aber sah mich aus halb zugekniffenen Augen durchdringend an und fragte mit drohender Stimme: „Ist das wahr?"
„Jawohl", sagte ich.
„Also wirklich und wahrhaftig?"
„Ja, wirklich und wahrhaftig", beteuerte ich trotzig, während ich innerlich vor Angst erstickte.
„Kannst du schwören?"
Ich erschrak sehr, aber ich sagte sofort ja.
„Also sag: Bei Gott und Seligkeit!"
Ich sagte: „Bei Gott und Seligkeit."
„Na ja", meinte er dann und wandte sich ab.
Ich dachte, damit sei es gut, und war froh, als er sich bald erhob und den Rückweg einschlug. Als wir auf der Brücke waren, sagte ich schüchtern, ich müsse jetzt nach Hause.
„Das wird nicht so pressieren", lachte Franz, „wir haben ja den gleichen Weg."
Langsam schlenderte er weiter, und ich wagte nicht auszureißen, aber er ging wirklich den Weg gegen unser Haus. Als wir dort waren, als ich unsere Haustür sah und den dicken messingenen Drücker, die Sonne in den Fenstern und die Vorhänge im Zimmer meiner Mutter, da atmete ich tief auf. O Heimkehr! O gute, gesegnete Rückkunft nach Hause, ins Helle, in den Frieden!
Als ich schnell die Tür geöffnet hatte und hineinschlüpfte, bereit, sie hinter mir zuzuschlagen, da drängte Franz Kromer sich mit hinein. Im kühlen, düsteren Fliesengang, der nur vom Hof her Licht bekam, stand er bei mir, hielt mich am Arm und sagte leise: „Nicht so pressieren, du!"
Erschrocken sah ich ihn an. Sein Griff um meinen Arm war fest wie Eisen. Ich überlegte, was er im Sinn haben könnte und ob er mich etwa mißhandeln wolle. Wenn ich jetzt schreien würde, dachte ich, laut und heftig schreien, ob dann wohl schnell genug jemand von droben dasein würde, um mich zu retten? Aber ich gab es auf.
„Was ist?" fragte ich, „was willst du?"
„Nicht viel. Ich muß dich bloß noch etwas fragen. Die andern brauchen das nicht zu hören."
„So? Ja, was soll ich dir noch sagen? Ich muß hinauf, weißt du."
„Du weißt doch", sagte Franz leise, „wem der Obstgarten bei der Eckmühle gehört?"
„Nein, ich weiß nicht. Ich glaube, dem Müller."
Franz hatte den Arm um mich geschlungen und zog mich nun ganz dicht zu sich heran, daß ich ihm aus nächster Nähe ins Gesicht sehen mußte. Seine Augen waren böse, er lächelte schlimm, und sein Gesicht war voll Grausamkeit und Macht.
„Ja, mein Junge, ich kann dir schon sagen, wem der Garten gehört. Ich weiß schon lang, daß die Äpfel gestohlen sind, und ich weiß auch, daß der

Mann gesagt hat, er gebe jedem zwei Mark, der ihm sagen kann, wer das Obst gestohlen hat."

„Lieber Gott!" rief ich. „Aber du wirst ihm doch nichts sagen?"

Ich fühlte, daß es unnütz sein würde, mich an sein Ehrgefühl zu wenden. Er war aus der anderen Welt, für ihn war Verrat kein Verbrechen. Ich fühlte das genau. In diesen Sachen waren die Leute aus der „anderen" Welt nicht wie wir.

„Nichts sagen?" lachte Kromer. „Lieber Freund, meinst du denn, ich sei ein Falschmünzer, daß ich mir selber Zweimarkstücke machen kann? Ich bin ein armer Kerl, ich habe keinen reichen Vater wie du, und wenn ich zwei Mark verdienen kann, muß ich sie verdienen. Vielleicht gibt er sogar mehr."

Er ließ mich plötzlich wieder los. Unser Hausflur roch nicht mehr nach Frieden und Sicherheit, die Welt brach um mich zusammen. Er würde mich anzeigen, ich war ein Verbrecher, man würde es dem Vater sagen, vielleicht würde sogar die Polizei kommen. Alle Schrecken des Chaos drohten mir, alles Häßliche und Gefährliche war gegen mich aufgeboten. Daß ich gar nicht gestohlen hatte, war ganz ohne Belang. Ich hatte außerdem geschworen. Mein Gott, mein Gott!

Tränen stiegen mir auf. Ich fühlte, daß ich mich loskaufen müsse, und griff verzweifelt in alle meine Taschen. Kein Apfel, kein Taschenmesser, gar nichts war da. Da fiel meine Uhr mir ein. Es war eine alte Silberuhr, und sie ging nicht, ich trug sie „nur so". Sie stammte von unsrer Großmutter. Schnell zog ich sie heraus.

„Kromer", sagte ich, „hör, du mußt mich nicht angeben, das wäre nicht schön von dir. Ich will dir meine Uhr schenken, sieh da; ich habe leider sonst gar nichts. Du kannst sie haben, sie ist aus Silber, und das Werk ist gut, sie hat nur einen kleinen Fehler, man muß sie reparieren."

(...)

„Sei doch nicht dumm!" sagte er mit falscher Gutmütigkeit. „Du weißt ja so gut Bescheid wie ich. Ich kann zwei Mark verdienen, und ich bin kein reicher Mann, daß ich die wegwerfen kann, das weißt du. Du bist aber reich, du hast sogar eine Uhr. Du brauchst mir bloß die zwei Mark zu geben, dann ist alles gut."

Ich begriff die Logik. Aber zwei Mark! Das war für mich so viel und unerreichbar wie zehn, wie hundert, wie tausend Mark. Ich hatte kein Geld. Es gab ein Sparkästlein, das bei meiner Mutter stand, da waren von Onkelbesuchen und solchen Anlässen her ein paar Zehn- und Fünfpfennigstücke drin. Sonst hatte ich nichts. Taschengeld bekam ich in jenem Alter noch keines.

(...)

„Es ist Geld genug bei euch im Haus. Das ist deine Sache. Also morgen nach der Schule. Und ich sage dir: wenn du es nicht bringst –" Er schoß mir einen furchtbaren Blick ins Auge, spuckte nochmals aus und war wie ein Schatten verschwunden.

Ich konnte nicht hinaufgehen. Mein Leben war zerstört. Ich dachte daran, fortzulaufen und nie mehr wiederzukommen oder mich zu ertränken. Doch waren das keine deutlichen Bilder. Ich setzte mich im Dunkel auf die unterste Stufe unserer Haustreppe, kroch eng in mich zusammen und gab mich dem Unglück hin. Dort fand Lina mich weinend, als sie mit einem Korb herunterkam, um Holz zu holen.

Ich bat sie, droben nichts zu sagen, und ging hinauf. Am Rechen neben der Glastüre hing der Hut meines Vaters und der Sonnenschirm meiner Mutter, Heimat und Zärtlichkeit strömte mir von allen diesen Dingen entgegen, mein Herz begrüßte sie flehend und dankbar, wie der verlorene Sohn den Anblick und Geruch der alten heimatlichen Stuben. Aber das alles gehörte mir jetzt nicht mehr, das alles war lichte Vater- und Mutterwelt, und ich war tief und schuldvoll in die fremde Flut versunken, in Abenteuer und Sünde verstrickt, vom Feind bedroht und von Gefahren, Angst und Schande erwartet. Der Hut und Sonnenschirm, der gute alte Sandsteinboden, das große Bild überm Flurschrank, und drinnen aus dem Wohnzimmer her die Stimme meiner älteren Schwester, das alles war lieber, zarter und köstlicher als je, aber es war nicht Trost mehr und sicheres Gut, es war lauter Vorwurf. Dies alles war nicht mehr mein, ich konnte an seiner Heiterkeit und Stille nicht teilhaben. Ich trug Schmutz an meinen Füßen, den ich nicht an der Matte abstreifen konnte, ich brachte Schatten mit mir, von denen die Heimatwelt nichts wußte. Wieviel Geheimnisse hatte ich schon gehabt, wieviel Bangigkeit, aber es war alles Spiel und Spaß gewesen gegen das, was ich heut mit mir in diese Räume brachte. Schicksal lief mir nach, Hände waren nach mir ausgestreckt, vor denen auch die Mutter mich nicht schützen konnte, von denen sie nicht wissen durfte. Ob nun mein Verbrechen ein Diebstahl war oder eine Lüge (hatte ich nicht einen falschen Eid bei Gott und Seligkeit geschworen?) – das war einerlei. Meine Sünde war nicht dies oder das, meine Sünde war, daß ich dem Teufel die Hand gegeben hatte.

(*Hesse*, Demian, Frankfurt/Main 1966, S. 9ff.)

Dieser Text setzt die wissenschaftliche Abstraktion „sozialökologische Zonen" in lebensweltliche Anschaulichkeit um. Die Geschichte enthält eine ganze Situation, und sie ist nicht nach wissenschaftlichen, sondern nach erzählerischen Gesichtspunkten arrangiert – aber doch so, daß viele Leser sagen werden: „Viele dieser Erfahrungen kenne ich, und das, was sich dort abspielt, kann ich sehr gut verstehen – die existentielle Angst des kleinen Sinclair, die psychische Last, die er nun zu tragen hat."

Zwei Welten: Familie und Nachbarschaft (Zentrum und Nahraum). Beide werden mit sinnlicher Intensität erlebt. Es geht nicht nur um Räume und die Verteilung von Dingen in ihnen; es geht darum, wie etwas *riecht*, wie sich Licht und Schatten verteilen. Mit der sinnlichen Besetzung verbunden ist die psychische: Eltern und Schwestern, das ist die „wohlbekannte", weil primär erfahrene Welt – „sie hieß Liebe und Strenge, Vorbild und Schule. Zu dieser Welt gehörte milder Glanz, Klarheit und Sauberkeit, hier waren sanfte freundliche Reden, gewaschene Hände, reine Kleider, gute Sitten daheim

...“ Sie repräsentiert eine Ordnung des Lebens, in der das Kind sich zurechtfinden kann. Die andere Welt „begann schon mitten in unserem eigenen Hause"; sie ist neu für *Emil*, hier beginnt das Geheimnis – manchmal ist sie weniger Nahraum als Peripherie, Ort des heimlichen Abenteuers mehr als des vertrauten Umgangs (denn der Schüler einer Lateinschule, der Sohn des Bürgermeisters, gehörte nicht auf die Straße). Betrunkene, Polizeidiener und Landstreicher, „Knäuel von jungen Mädchen", die „abends aus den Fabriken" quollen: Diese Welt ist voller Verwirrung und Unordnung, und hier gelten nicht die häuslichen Statuten. Nicht nur, daß sie zur Verwunderung des kleinen *Emil* nicht deutlich getrennt von der anderen, „guten" Welt ist (die Welten durchdringen sich, und die Dienstmagd Lina selbst verkörpert die Fähigkeit, in beiden Welten zu Hause zu sein); noch beirrender ist die Erfahrung für den Knaben, daß das Richtige und Schöne, „die Heimkehr ins Helle" zwar einerseits „notwendig" und „gut" ist, aber doch auch ein Weg „ins Langweiligere und Ödere". Verlockung und Leidenschaft, Unordnung, dumpfe Ahnungen und verwirrte Gefühle: Alles dieses findet *Emil* bei anderen, in anderen Inszenierungen.

Die Verlockung ist groß genug, daß sich *Emil* einer Gruppe von Jungen anschließt, die für ihn eher aus der anderen, der gefährlichen Welt kommen. *Franz Kromer*, mit seinen dreizehn Jahren drei Jahre älter als *Emil*, kommt tatsächlich aus einer anderen häuslichen Sphäre: Sohn eines Schneiders, Volksschüler, der Vater ist Trinker, „die ganze Familie stand in schlechtem Ruf". Und doch fasziniert der Ältere: Er „ahmte den Gang und die Redensarten der jungen Fabrikburschen nach", er ist der Anführer einer Gruppe, der Verfüger über „Schülerheldentaten und böse Streiche". Die Fremdheit dieser Welt steckt wiederum nicht nur in den Dingen, sondern auch in den Interaktionen der Personen: Die beiden anderen Kameraden rücken von *Emil* ab, denn eigentlich gehört er nicht hierher, an den Fluß, wo die finsteren Heldentaten erzählt werden. So erwirbt er sich die Zugehörigkeit dadurch, daß er eine erfundene Diebstahlgeschichte erzählt. Damit aber ist er im Netz seiner Verstrickung, die ihm arg zu schaffen machen wird: Er wird durch *Kromer* erpreßbar.

Was bisher iterativ war, die atmosphärische Mischung unterschiedlicher Welten, das gerät nun in Bewegung, wird zu einer Dramatik, die immer darauf hinausläuft, daß man sich für *eine* Welt entscheiden muß – wenn das noch möglich ist. Zwar versucht *Emil* zu entwischen in die heile Welt des Hauses. Alltägliche Dinge sind plötzlich Symbolwerte für die Seele, die nach Befreiung lechzt: Die Haustür, der „dicke messingene Drücker, die Sonne in den Fenstern und die Vorhänge im Zimmer meiner Mutter" – sie senden die Botschaft von Geborgenheit und Hilfe aus: „da atmete ich tief auf. O Heimkehr! O gute, gesegnete Rückkunft nach Hause, ins Helle, in den Frieden!" Aber die Flucht gelingt nicht mehr. Die Verzweiflung wächst, Angst und Reue durchdringen sich, Rettung ist nicht mehr möglich – „also morgen nach der Schule", so lautet der Urteilsspruch.

Jetzt ist keine Rettung mehr: „Mein Leben war zerstört." Fortlaufen, sich ertränken? Jedenfalls: Hingabe an das Unglück. Und die nun gelingende Heimkehr, die liebe, vertraute häusliche Ordnung: *Jetzt* vermag sie *nicht* mehr zu trösten, im Gegenteil. An ihr wird der Gegensatz um so deutlicher, die Tatsache, daß *Emil* verloren ist, nicht mehr dazugehört. Die andere Welt ist mitten in der wohlgeordneten (sichtbar allerdings zunächst nur für *Emil*: Spiel und Spaß haben ein Ende, der Ernst des Lebens beginnt. *Emil* weiß, daß die Eltern ihn jetzt nicht mehr schützen können. Sie sind ja die Bannerhalter des Guten und Moralischen, haben sich auf diese Seite gestellt und erwarten von ihm, daß er dort stehe. (Tatsächlich ist es im Verlauf des Romans dann ein älterer Mitschüler, *Demian*, der große, faszinierende Außenseiter, der *Emil* hilft. Aber dies wollen wir hier nicht mehr verfolgen.)

Wir können diese Geschichte in die analytische Sprache der Wissenschaft übersetzen (nachdem wir sie zunächst „ursprünglich" verstanden haben). Dann ließe sich das erzählerische Material so ordnen:

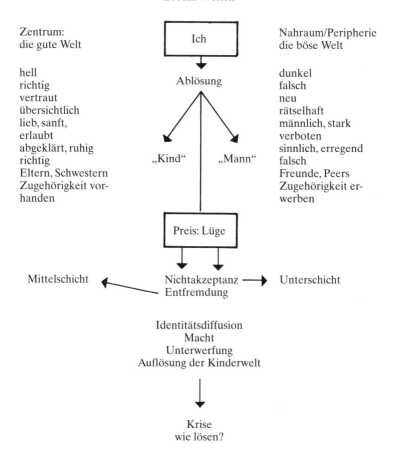

Eine Versprachlichung dieser Systematisierung sähe so aus: Der zehnjährige *Emil* beginnt mit der Ablösung vom Elternhaus. Diese beginnt mit wachsender Neugier für die „andere Welt" und kulminiert (vorläufig) mit einer Verstrickung in diese Welt. Die Orientierung, „Kind" zu sein, bleibt zwar vorhanden, aber sie wird wachsend durch eine Orientierung am „Mann" (der sich erwachsen gebende *Franz Kromer*) ersetzt. Er bildet einen identifikatorischen Anreiz: In diese Welt der Männlich-Starken möchte *Sinclair* gehören. Sein Problem, wachsende Weltausschnitte zu erobern, besteht darin, daß die Unterschiedlichkeit der *sozialen Milieus* den Übergang verkompliziert. *Emil* ist ein Kind der gehobenen „Mittelschicht", seine neuen Freunde gehören eher der „Unterschicht" an, orientieren sich an anderen Werten. Nicht die guten, vertrauten und sanften Schwestern, sondern die Abenteuer bestehenden, zu riskanten Taten aufgelegten Jungen sind es, die zur „Unterschicht" gehören. *Emils* Problem ist, daß sie die Sphäre repräsentieren, die er sucht. Der Versuch, „dazuzugehören", mißlingt: Auch die Lügengeschichte erwirbt ihm nicht die Akzeptanz. Die Verstrickung in die Erpressungsaffäre führt zu einer Entfremdung von der bisherigen „ordentlichen Welt". Damit hat *Emil*, jedenfalls vorübergehend, die Mitte seiner sich aufbauenden Identität verloren. Er erfährt, daß das Gute und Böse nicht strikt zu trennen sind, Verstrickungen unvermeidlich. Diese wichtige neue Erfahrung führt zu großer Angst und Hilflosigkeit: Er spürt die physische und psychische Macht des „Bösen", die erwartet, daß er sich unterwirft. Hinzu kommt also eine *Ohnmachtserfahrung*. Die Maßstäbe des eigenen Gewissens vergrößern sie, anstatt einen Handlungsausweg zu bieten. Man könnte von einer frühen „Identitätsdiffusion" (nach *Erikson*) sprechen. *Emil* ist damit in einer *Krise*, von deren Lösung für sein künftiges Leben viel abhängt. „Die Welt wächst", weil Kinder wachsen. Aber dies ist kein natürlicher, ungestörter Vorgang; die Psychodynamik der Veränderung intensiviert sich in neuen Interaktionen und Sphärenmischungen, die die schematischen Trennungen überrennen: sowohl *im* Menschen wie draußen. Die scheinbare Statik räumlicher Beziehungen ist für Kinder ein Raum dramatischer Szenen, in denen sie gern der siegreiche Held sein wollen. Nicht immer gelingt es ihnen – sie brauchen Hilfe. Oft sind sie nicht in der Lage, diese Hilfe noch von denen zu beanspruchen, die sie anbieten würden – das gehört als sich schürzender Knoten genau in diese Dramatik. Nicht zufällig ist es ein älterer „Peer", *Demian*, der *Emil* aus der „Klemme" hilft und ihm auch moralisch neue Maßstäbe gibt. Hätte *Emil Demian* nicht getroffen, was wäre dann aus dieser Affäre geworden? Die Verstrickungen und Nöte der Kindheit sind eben mehr als eine Anekdote, die der Ältere pädagogisch deutet oder – wegen der Unangemessenheit der deutenden Kategorien – belächelt. Oft geht es um Leben und Tod.

Faszination von Orten

H. Rumpf (1981) zitiert einen Abschnitt aus dem Buch von *Michel Leiris* „Die eigene und die fremde Kultur". *Leiris* versucht, „das Heilige", also das, was von der alltäglich-profanen Welt unterschieden ist, jenseits seines ethnologischen Wissens über Gefühl und Erinnerungen eigener Erfahrung zu evozieren: „Wenn ich mich im Geiste in meine Kindheit zurückversetze, finde ich zunächst einige Idole, verschiedene Tempel und, allgemeiner gesehen, ein paar heilige Orte (...)

Ein weiterer geheiligter Pol des Hauses war für uns das WC: Der linke, zum Verbotenen neigende Pol, im Vergleich zum elterlichen Zimmer, das selbst den rechten Pol darstellte, den der gegründeten Autorität und des Allerheiligsten der Pendeluhr und der Bildnisse der Großeltern; das WC, in dem einer meiner beiden Brüder und ich jeden Abend wegen eines natürlichen Bedürfnisses sich einschlossen, zugleich aber auch, um uns von einem Tag auf den anderen eine Art von Fortsetzungsgeschichten mit Tierfiguren zu erzählen, die wir abwechselnd erfanden. Es ist dies der Ort, an dem wir uns am meisten als Komplizen fühlten, wo wir Komplotte schmiedeten und eine ganz geheime Mythologie (die Nahrung der im eigentlichsten Sinne erfindungsreichsten Zeit unseres Lebens) entwarfen (...)

Im Vergleich zum Salon, dem Olymp, der uns an Empfangstagen verschlossen blieb – war dieser Abort wie eine Höhle, eine Unterwelt, von der man seine Inspirationen bezieht, in der man mit den trübsten und unterirdischen Mächten in Verbindung tritt." (*Leiris* 1978, S. 228ff.)

Einige Motive kennen wir schon: Der „rechte" und der „linke" Pol, das Erlaubte und das Verbotene, die „gegründete Autorität" und der Ort der Faszination, in dem sich Ekel und lustvolle Schauer mischen, fremde Unterwelt der Tiefe, mitten in der heimischen Wohnung. Kinder, darauf weist *Michel Leiris* hin, sind Mythologen, Spinner und Erfinder von Geschichten und Vorstellungen, die sich verbinden mit den Strömungen kollektiven Kinderwahnsinns und eigenen, ganz persönlichen Entdeckungen und Szenerien.

Das Klo mit seinen dunkel spülenden Wassern als Treffpunkt – Erwachsene, die das entdecken würden, hätten dafür kaum Verständnis. Ist nicht wahrscheinlich, daß sie die Treffen an diesem Ort verbieten werden (vielleicht ahnend, daß sich hier Phantasien auftun, die *sie* nicht mehr beherrschen können)? Auf jeden Fall: Kinder haben ihre eigenen Relevanzsysteme und Ortsbevorzugungen. Die Nutzung der Räume geht nicht auf in den Funktionen, die Architekten und Planer ihnen zugewiesen haben. Boden und Keller, normalerweise nur Abstellräume, werden nicht nur zu beliebten Orten beim Versteckspiel, sondern auch zu Stätten geheimer Versammlung, zu Tempeln, an denen Heiligtümer aufbewahrt werden. Das sauber-aufgeräumte Zimmer der Eltern hingegen bleibt fade und leer, zumal die Wohlanständigkeit in ihm verbietet, das zu tun, wozu Phantasie und Imagination Kinder (manchmal) treiben.

Die Straße

Man spricht seit einigen Jahren von „Straßensozialisation" (*Zinnecker* 1979). Die Straße war von jeher ein von Kindern bevorzugter Ort, geradezu die Inkarnation des sozialökologischen Nahraums. Die Wohnungen der meisten Städter sind eng, so daß die Kinder aus ihnen fliehen müssen, wenn sie spielen wollen. *Ariès* hat darauf aufmerksam gemacht, daß die Straße früher ein Ort war, auf dem Erwachsene und Kinder sich in gleicher Weise trafen. Vor der Haustür wurde gearbeitet (in *Wagners* „Meistersingern" werkelt *Hans Sachs* vor seinem Hause), man traf sich beim Besorgungenmachen. Heute haben sich die Erwachsenen in ihre Wohnungen und/ oder Arbeitsplätze zurückgezogen, die Straße gehört dem Verkehr – und den Kindern derer, die sonst keinen Platz haben. Straßen sind für Kinder Verkehrsadern besonderer Art: Sie erweitern sich zu Plätzen, führen auf Friedhöfe, auf Wälle oder Gräben, wo man sich versammelt und den Kontrollen der Erwachsenen entweichen kann. Aber mehr: Sie sind die Stätte für neue Bekanntschaften, vor allem mit Gleichaltrigen; wer zu oft auf der Straße ist, wird zum „Straßenjungen": Damit wird die Straße zur (meist diskriminierenden) Eigenschaft der eigenen Person, zum Stigma; die Straße ist der Ort für das Austragen von *Konflikten* (Kinder halten keineswegs nur Freundschaft!); unsichtbar über dem Straßennetz verteilen sich die Grenzen von Gruppen gehaltener Territorien, die zu betreten von jemandem, der nicht dazugehört, äußersten Mut verlangt (vgl. *Schlumbohm* 1979, S. 708ff.).

Tendenziell trennen sich in der unterschiedlichen Intensität der Straßennutzung soziale Schichten, die früher (wie *Ariès* schildert) zusammen lebten. *Adolf Damaschke* (geboren 1865, Lehrer und Führer der Bodenreformbewegung) schreibt in seinen Erinnerungen:

„Wo sollte man sein?

Eigentlich hatte ich – wie wohl jedes Kind der Mietkaserne – keine Stätte, wo ich von rechtswegen sein durfte. In der engen Wohnung war für ein gesundes Kind mit seinem Bewegungs- und Betätigungstrieb natürlich kein Raum. Auf dem Hofe fand sich der übliche Anschlag: Der Aufenthalt auf dem Hofe und das Spielen sind verboten!

Auf die Straße zu gehen, hatte Mutter untersagt wegen der Gefahren in dieser lebhaften Verkehrsgegend [Zentrum von Berlin]. Ja wo sollte man denn sein? Überall, wo man war, verstieß man gegen Vorschriften, und es unterliegt keinem Zweifel, daß die Autoritätslosigkeit unserer Großstadtjugend zum großen Teile auf diese Verhältnisse zurückzuführen ist, die sie geradezu nötigt, sich jede Lebensmöglichkeit im Kampfe gegen irgendeine Autorität zu erzwingen. (...)

Eins unserer liebsten Spiele war das Reifenspiel, und es war Ziel löblichen Ehrgeizes, einmal seinen Reifen vor unserem Hause bis zur nächsten Querstraße, der Sophienstraße, hin und zurück zu treiben, ohne daß er von einem der vielen Fußgänger umgestoßen wurde. Am schönsten konnte man diesen Sport in den Hallen der Nationalgalerie treiben." (*A. Damaschke:* Aus meinem Leben. Leipzig/Zürich 1924, S. 15ff.; nach *Hardach-Pinke* 1978, S. 288)

Die Kinder der „Bildungsbürger" werden nicht so gerne auf der Straße gesehen. Sie werden von Wärterinnen oder Erziehern beaufsichtigt und sollen (noch heute) lieber im eigenen Garten spielen oder in der (großen) Wohnung oder im geräumigen Haus. Geeignete Spielkameraden können sie von dort „mitbringen" – eine günstige Gelegenheit für Eltern, ihre Kinder zu kontrollieren. *Schlumbohm* bemerkt dazu (1979, S. 713): „Im Unterschied zum Kleinbürgertum gab es eine entschiedene Tendenz, die Kontakte zu anderen Kindern zu begrenzen oder gar zu sperren (…) Im extremen Fall war das Elternhaus eine verriegelte Burg: nur im Haus, im Hof und im Garten – der Bezirk der Häuslichkeit war in diesen Kreisen meist merklich geräumiger, aber auch physisch schärfer abgegrenzt als bei den kleinen Leuten in der Stadt – durften die Kinder sich bewegen. Auf die Straße, in die Stadt oder in das Umland gelangten sie nur auf Spaziergängen in Begleitung Erwachsener. War die Abschließung weniger strikt, so wählten doch die Eltern ihren Kindern die Spielgefährten aus. Gleichsam als Ersatz für den Kontakt zu Gleichaltrigen hatten diese Kinder in der Regel spezielles Kinderspielzeug: es gewann für sie in der Isolierung eine besondere emotionale Bedeutung. Anders als beim Kleinbürgertum stellten sich im Sozialisationsprozeß des gehobenen und gebildeten Bürgertums Familie und Straße als entschiedene Gegensätze dar." Eine Illustration für diese Feststellung ist auch die Geschichte *Emil Sinclairs*.

Schlumbohm vermutet – und ich stimme ihm zu –, daß die soziale Trennung heute keine derartige Rolle mehr spielt. Der Grund könnte einmal darin liegen, daß die Familie als emotionaler Rückhalt inzwischen eine solche Bedeutung für die Kinder gewonnen hat, daß die Straße weniger über sie vermag. Hinzu kommt, daß Dienstleistungen teuer sind, auch pädagogische. Einen privaten Hauslehrer, einen Erzieher oder Aufseher gibt es in unserer Gesellschaft wohl in keiner Familie mehr (die Kindheit ist ja weitgehend vergesellschaftet!). Vor allem sind die Wohnverhältnisse durchmischter, die sozialen Klassenschranken weniger sichtbar und wirksam. Schließlich: Ist Erziehung nach *Elias* Bestandteil der abendländischen Zivilisierung, so war die Straße einst durchaus eine

Bedrohung dieses Prozesses. Jetzt sind die grundlegenden Regeln der Zivilisierung soweit über alle Gruppen verteilt, daß die Straße nicht mehr außerordentlich gefährlich ist. Andererseits ist sie der Ort, an dem immer wieder Roheit und Aggression sich besonders austoben dürfen. Nicht nur die Brutalität des Straßenverkehrs zeigt, wie dünn oft die zivilisatorisch-moralische Haut ist, die wir manchen Kindern mitzugeben vermögen.

Kinder, nicht ernstgenommen

Die Entdeckung der Kindheit hat dazu geführt, daß wir Kinder schützen wollen: vor dem „Schmutz der Straße", vor Gefährdungen ihrer Moral, auch vor Überforderung, Irritation, vor Angst und Verwirrung. „Die Welt wächst": Ja, aber nicht schneller, als das (von uns eingeschätzte) kindliche Vermögen zu folgen vermag. Die Ambivalenz unserer sozialen Umwelt tut ein übriges, die Kinder möglichst lange „herauszuhalten": Schmutz und Kot haben wir von den Straßen verbannt, es gibt Verkehrsregelungen, Regeln für Hygiene und Polizisten, die auf Einhaltung zivilisatorischer Gebote dringen; andererseits nehmen die Gewalttätigkeit des Verkehrs, direkte Gewalt auf der Straße wieder zu. Dies ist Kennzeichen der hohen „kulturellen Komplexität", in der wir heute leben. Zu dieser Komplexität gehört nicht nur das Auseinanderfallen von Privatheit und Öffentlichkeit, Familie und Beruf; kennzeichnend sind auch die Zentralisierung des politischen und rechtlichen Systems, unterschiedliche Siedlungsarten und die Abhängigkeit des alltäglichen Lebens von einer hochentwickelten technologisch-materialen Infrastruktur (Stromausfall für längere Zeit führt nicht nur in Kühltruhen zu Katastrophen!). Das Funktionieren dieses komplizierten Systems zu lernen ist schwierig – auch *darum* bewahren wir die Kinder, so vermute ich, möglichst lange davor, eine ernsthafte Verantwortung zu übernehmen. *Whiting & Whiting* (1975) haben in einer interessanten Untersuchung das Verhalten von Kindern in komplexen Kulturen mit dem Verhalten von Kindern in weniger komplexen Kulturen (rückständige Technologie, mehr Nachbarschaft, keine radikale Trennung von Familie und Beruf etc.) verglichen. Danach zeigen Kinder in komplexen Kulturen eher einen Interaktionsstil, der als „unselbständig/eigennützig" zu bezeichnen ist, während in wenig komplexen Kulturen Kinder eher ein Sozialverhalten zeigen, das als „hilfsbereit/ verantwortungsvoll" anzusehen ist. So übernehmen Kinder in weniger komplexen Kulturen in früherem Alter mehr Hausarbeit als die Kinder in komplexen Kulturen. Wichtig ist, daß die Hausarbeiten auch qualitativ anders sind. Die Kinder in wenig komplexen Kulturen übernehmen Aufgaben, die für den Haushalt eine unmittelbar einsichtige und große Bedeutung haben: Holz und Wasser holen, das Essen kochen, bei der Ernte helfen, Vieh hüten, jüngere Geschwister beaufsichtigen (vgl. die biographischen Texte aus einer Zeit, als *unsere* Kultur ebenfalls noch wenig komplex war!). Dies sind Aufgaben, die zu vernachlässigen nicht nur für die Vernachlässigten, sondern auch für die Vernachlässigenden folgenreich ist: Letztere müssen sich als Versager vorkommen. Umgekehrt bedeutet dies, daß die Erfüllung solcher ernstzunehmenden Aufgaben zu einer Ich-Stärkung und zur Entwicklung von Selbstverantwortlichkeit führen kann. In unserer Kultur helfen die Kinder eher bei Hausarbeiten, deren Bedeutung für den Haushalt (und für die Kinder selbst) weniger einsichtig ist. Saubermachen, Aufräumen, beim Einkaufen helfen, dem Vater beim Autowaschen zur Hand gehen: Solche Tätigkeit inspiriert nicht zur Verantwortungsübernahme. In den Schulen ist es häufig dasselbe Problem: Kinder müssen sich damit begnügen, Papier auf dem Schulhof aufzulesen oder die Verteilung der Milch zu organisieren. Die Verantwortung bleibt in jedem Fall beschränkt – weil wir der Überzeugung sind, daß die Kompliziertheit der unterschiedlichen behavioral settings mit ihren unterschiedlichen Funktionen und Arbeitsformen eine Beteiligung von Kindern gar nicht oder nur eingeschränkt ermöglicht. Die Elemente einer Konsum- und Medienkindheit tun ein übriges, von der Übernahme aktiver Verantwortung eher abzuhalten, die soziale Welt als konsumierbares Angebot zu betrachten. Kindern mehr Verantwortung zuzumuten ist sicher möglich – wie Beispiele aus der eigenen historischen Vergangenheit zeigen –, und es ist sogar wünschenswert. Freilich ist die Verkindlichung des Kindes *nicht nur* ein Erziehungsfehler der heutigen älteren Generation: Es ist auch der Reflex auf eine sozialökologische Umwelt, die zu bewältigen kompliziert geworden ist.

Diese neuen Schwierigkeiten des Aufwachsens haben ihren Grund auch darin, daß heute die Übergänge vom ökologischen Zentrum zum Nahraum (der Nachbarschaft) wie sie von *Hermann Hesse* noch spannungsvoll beschrieben wurde, oder die Formen der Strafsozialisation, schließlich Anzahl und Funktion der ökologischen Ausschnitte nicht nur komplexer und zahlreicher geworden sind, sondern in ihrer Durchlässigkeit aufeinander auch problematisch. Kinder wachsen gerade heute in einer Welt auf, in der zwar pädagogische Intervention und Aufsicht zugenommen haben und subtiler geworden sind, gleichzeitig aber haben sich neue Lebensbereiche herausgebildet, die mit der pädagogischen Welt in keiner Weise abgestimmt sind. Dazu gehören neben der privaten Sphäre vor allem auch die *kommerziellen* Einrichtungen, die schon für Kinder eine große Rolle spielen. Nicht nur Telespiele, Kassettenrecorder, Heim-Computer, Schallplatten, CDs, Videos etc. sind Produkte des Kommerzbereichs, sondern auch die schon für Kinder interessante Mode, wie sie etwa Benetton für sie bereithält, oder viele Aufenthaltsorte (von der Eisbude an der Ecke über das Kino bis zur Konditorei etc.) bieten eine Vielzahl von Reizen und Anregungen. Damit leben Kinder heute in einem sozialökologischen Netzwerk unterschiedlicher Sozialisationsinstanzen, das weder pädagogischer Analyse noch den Kindern selbst durchdringbar und ohne weiteres verständlich ist. Nur selten noch werden geschlossene Lebenswelten für Kinder bereitgehalten; oft sind sie zerbrochen, sozusagen in unterschiedliche Kontexte zerstückelt. Besonders anschaulich wird dies in der Verstädterung und der erheblichen Verdichtung des Straßenverkehrs, durch den der öffentliche Raum für Kinder in großen Teilen unbetretbar wird. Sie müssen heute von früh auf mobil sein, bewegen sich sozusagen von Erlebnisinsel zu Erlebnisinsel (von der Familie zur Schule, zurück, dann zur Freundin, abends ins Kino), zwischen denen die Wüste unbetretbaren Landes liegt. „Kinder spielen in künstlichen durchgestalteten

Reservaten" (*Tippelt* 1988, S. 621), die sich in die private, die öffentliche und die kommerzielle Sphäre aufteilen. Dabei sind die Wertorientierungen und damit verbundenen Sinn-Angebote recht unterschiedlich. Die Familie ist ein Raum emotionaler Dichte zwischen Kindern, Eltern und Geschwistern, ebenso wie die Gruppe der Gleichaltrigen. Die Schule wiederum betont eher emotional neutrale Umgangsformen, akzentuiert die Leistungsbewertung und reduziert das Kind auf eine Schülerrolle. Anders wiederum der kommerzielle Bereich, der den Kindern eher das Ausagieren einer Konsumentenrolle nahelegt. Während die Schule eher selbst durch Disziplin, Konzentration und Planungsdenken fördert, hält der kommerzielle Bereich für Heranwachsende eher Zielbereiche bereit wie Heiterkeit, Fröhlichkeit, Spaß, Genuß der Gegenwart und (bei genügend Taschengeld) ein Stück freier Selbstverfügung. Somit ist es schwer, die einzelnen Bereiche gegeneinander wertend abzugrenzen und ihre Bedeutung für das Heranwachsen positiv oder negativ zu gewichten. Wir wissen dies alle aus dem Alltag: Die Familie ist ein emotionales Sammelzentrum, kann freilich auch im Schutz der Privatheit Kindesmißbrauch, Erzeugung von Ängsten, Gefühle von Einsamkeit und Verlassenheit produzieren. Die Schule bietet vielfältigen Lernstoff und eine Fülle sozialer Situationen, zugleich jedoch ist sie bekanntlich, jenseits ihres pädagogischen Auftrags, eine Chancenzuteilungsapparatur (so *H. Schelsky*), d.h., in ihr entscheidet sich über die Leistungen des Kindes auch ein Stück weit seine Zukunft. Der kommerzielle Bereich – meist wird das Fernsehprogramm als fragwürdiger Repräsentant in den Mittelpunkt pädagogischer Reflexion gestellt – gilt als massenkulturell simpel, befürchtet wird eine kindliche Desensibilisierung und eine Verhinderung kreativer Eigenaktivität. Auch frühe Verrohung (Gewaltdarstellungen) und Realitätsflucht (Ausweichen in die imaginären Räume der gezeigten Symbolwelten) werden befürchtet. Im übrigen bietet gerade das Fernsehen wieder einen anderen Stil: „Das kognitive Lernen von Begriffen und Zusammenhängen, der Umgang mit Argumenten, Hypothesen und Widerlegungen bilden sicherlich nicht den besonderen Reiz des Fernsehens (*Bonfadelli u.a.* 1986, S. 149). Doch wissen wir inzwischen, daß das Fernsehen dennoch Wortschatz und Lesehäufigkeit manchmal sogar positiv fördert und eine Fülle thematischer Anregungen bietet, die Kinder produktiv in ihr eigenes Handlungsrepertoire übernehmen können. Und: Angesichts einer strengen pädagogischen Welt bietet der Kommerzbereich am ehesten noch Lebensfreude, Entspannung und Genuß, Dimensionen des Lebens, die Kindern heute zugänglich sind und von ihnen auch eingefordert werden. Damit ist es auch der Kommerzbereich, der ihnen am ehesten die Möglichkeit gibt, eigene Kompetenzen zu entwickeln und unabhängig von pädagogischen Instanzen Entscheidungen zu treffen. Freilich, schnell können sie hier überfordert werden, etwa, wenn der Anspruch von Wünschen und die Einlösungsmöglichkeiten nicht die gleiche Stärke haben. Dann brauchen Kinder wieder Eltern, gleichaltrige Freunde, Lehrer und andere Bezugspersonen, die ihnen bei ihren Entscheidungen helfen und deutlich machen, daß sie das Risiko ihrer Individualität nicht schon jetzt allein zu tragen haben.

Veränderte Tageszeiten

Das eben angesprochene „Risiko ihrer Individualität" erleben Kinder auch deshalb, weil die beschriebenen sozialökologischen Zonen inzwischen ein Stück weit in Unordnung geraten sind. Das Stichwort veränderte Tageszeiten soll dies bezeichnen. Kinder leben heute zunehmend in Sozialräumen, die unzugänglicher, abstrakter und trotz ihrer funktionalen Logiken auch manchmal undurchschaubarer wirken. Die Wiederaufbauphase der westeuropäischen Nachkriegsgesellschaft in den 50er und 60er Jahren und die damit nachgeholte Modernisierung der Alltagsräume „vertreibt Kinder im Zuge von Stadtsanierung, Wohnungserneuerung und Massenmotorisierung von den Quartierstraßen. Hand in Hand mit diesen Entwicklungen entsteht ein erweiterter Bedarf an verhäuslichten Handlungsräumen, die die verschiedenen Funktionen, die der Straßenstrich und Quartiersraum für Leben und Sozialisation von Kindern hatte, in spezialisierter und separierter Form übernehmen. Dies betrifft sowohl eine Erweiterung und

Funktionsdifferenzierung im privaten Wohnbereich (mehr Schlaf- und Spielplatz sowie eigenes Kinderzimmer) wie in öffentlichen Räumen (Kleinkindererziehung; kommerzialisiertes Freizeitangebot u.a.)." (*Zinnecker* 1990, S. 155) Vor allem die Städte werden urbanisiert. Für Kinder bedeutet dies freilich auch, daß der Straßenraum für sie eingeschränkt wird. An die Stelle der Straßenkinder (s. dort) tritt das „Modell eines pädagogisch betreuten und individualisierten Familienkindes" (ebd.). Die territoriale Bindung an Nahräume verliert ihre vielleicht noch auf dem Land vorhandene Bindungskraft, und an die Stelle treten kommerzielle und pädagogische Einrichtungen sowie eine verhäuslichte Kindheit. Wir sprechen darum von „verinselter Kindheit" und meinen damit, daß Kinder ihre Erlebnisräume nicht mehr als zusammenhängend und übergänglich erleben, sondern als „Erfahrungsinseln", die nicht mehr geschlossene lebensweltliche Areale zur Verfügung halten. Dies zeigt schon der Stundenplan eines Kindes und die Bedeutung, die heute das Auto auch für den kindlichen Transport hat: Es wird zur Schule gebracht und von dort abgeholt; die Mutter fährt es dann am Nachmittag zur Klavierstunde oder zum Sportverein, und so gliedert ein Terminkalender die früher als zusammenhängend erlebten sozialökologischen Zonen. An die Stelle einer Straßenkindheit mit einem sozialökologischen Nahraum tritt nun eine verhäuslichte Kindheit mit Stadtinseln, wie aus folgender Gegenüberstellung deutlich wird (aus: *Zinnecker* 1990, S. 155 ff.).

Straßenkindheit	Verhäuslichte Kindheit
Sozial-ökologische Dimension	
Nahraum mit vermischten Tätigkeits- und Lebensbereichen	Stadtinseln mit weitgehend entmischten Bereichen
Kurze, auch für Kinder übersichtliche Handlungsketten sowohl in Außen- wie in Innenräumen	Verlängerte, abstrakte Handlungsketten draußen (ausgelagerte Arbeit, Durchgangs- und Fernverkehr, stadtverinseltes Warenangebot) wie auch drinnen (Technisierung und Mediatisierung des Haushalts)
Hoher Erfahrungsgehalt des Nahraums draußen	Ausgedünnter Erfahrungsgehalt in Außenräumen (Monofunktionen der Straße) und angereicherter Erfahrungsgehalt drinnen (pädagogisierte und mediatisierte Kindheit)
Laufend Nahziele ansteuern: Arbeits-, Spiel- und Lernstätten, die dicht nebeneinanderliegen oder ineinander übergehen. Viel wache Lebenszeit in Außenräumen	Mechanisierte (Fahrrad) und motorisierte Fortbewegung zu vielfältigen Fernzielen auf Stadt- und Länderinseln (Tourismus, Reisen) Viel wache Lebenszeit in geschlossenen Räumen (Wohnung, Schule); auch in mobilen (Bus, Auto)
Stark von Wetter und Jahreszeit abhängig in Spiel, Arbeit und allgemeinem Lebens- wie Körpergefühl	Relative Autonomie gegenüber diesen Einflüssen (Innenräume, Kleiderhüllen, geographische Mobilität)
Durchgängig und auf den Nahraum bezogen in mehr grob- als feinmotorische Bewegungsabläufe eingebunden sein (geschlechtsbezogene Ausnahmen wie Hand- und Heimarbeiten)	Raum-zeitlich auseinandergelegte grob- und feinmotorische Bewegungsabläufe und Beschäftigungen (Sport vs. Umgang mit Medien und Medienspielzeug)
Sozial-interaktive Dimension	
Auf Quartiersebene altersunspezifisch mit verschiedenen Bewohnergruppen verflochten sein	Homogenisierte Altersgruppen sowohl in privaten wie öffentlichen Räumen
Unter sozialem Fremdzwang der Nahwelt stehen	Mehr Selbstbestimmung und Selbstzwang
Mit vielen Kindern aus dem Nahraum passager verflochten sein	Intensivierung von Einzelspiel und Zweierfreundschaften

Soziale Gruppierung nach zugeschriebenen Statusmerkmalen (z.B. Geschlecht)	Soziale Gruppierung nach erworbenen Statuskriterien (Leistung und Interesse)
Ökonomische Dimension	
An die materielle Produktion (Lohnarbeit) und Reproduktion (Hausarbeit) angebundene Kindheit	Abkoppelung der Kindheit von Produktion und Reproduktion
Zeitliche Verkürzung des Schon- und Bewahrungsraums Kindheit und geringere Qualifizierung in nicht-pädagogischen Räumen	Zeitlich expandierende Betreuung und höhere Qualifizierung in materiell und pädagogisch erweiterten Räumen (pädagogisierte Freizeit; Ganztagsbetreuung; professionalisierte Zentralschulen)
Wenig Raum und Gegenstände im Hausinneren zur Verfügung haben und sein eigen nennen können (Kleidung, Essen, Möbel, Spielzeug, Quadratmeter Wohnraum)	Reich equipierte Kindheit im Hausinneren und individueller Besitz
Sinnliche Nähe zur „Vorverhäuslichten" Warenwelt im Quartier (taktiler Umgang = Nahsinne)	Entrückte und „verhäuslichte" Warenwelten (optischer Umgang = Fernsinne)

Die historischen Veränderungen kindlicher Lebensbedingungen werden heute beschrieben als „zunehmende Verhäuslichung, Verinselung und Verplantheit des Lebensalltags von Kindern" (*Zeiher/Zeiher* 1994). Dennoch, auch heute spielen Kinder immer noch gern und oft draußen, in Umräumen der direkten Nachbarschaft oder ihrem Wohnviertel. Es besteht ein hoher Bedarf an öffentlichen, frei zugänglichen Spiel- und Freizeitorten sowie Spielplätzen; auch der Schulweg und der Freundeskreis binden immer noch an das Wohnviertel (besonders in der Alltags-Lebenssituation der neuen Bundesländer) (*Quaiser-Pohl* 1999, S. 89ff.).

Die Veränderung durch neue Medienszenerien scheint auch den Tagesablauf und die Zeitorganisation insgesamt neu zu bestimmen. Normalerweise ist davon auszugehen, daß Kinder relativ übersichtliche Tagesabläufe haben und auch das gemeinsame Fernsehen in den Tagesablauf derart eingegliedert ist, daß die Fernsehzeiten am Nachmittag und Abend, zum Teil ohne Eltern, später nach der Rückkehr von Arbeit und Beruf, aber auch in Abstimmung und Gemeinsamkeit mit den Eltern ein Alltagsmuster entstehen lassen, in dem Kinder ihre Alltagsordnung finden. Zu beobachten ist jedoch, daß die kindlichen Tagesabläufe und ihre funktionalen Durchmischungen sich durch die Vermehrung der Programmangebote und der Medien insgesamt *entstrukturieren*. Diese nicht plakativ, sondern eher in ihren Feinstrukturen ermittelbaren Beobachtungen sollen am Beispiel von Toralf (1990) und Stephan (1996) vergleichend gegenübergestellt werden.

Betrachten wir zunächst zwei Tagesabläufe des zehnjährigen Jungen Toralf (Oktober 1990). Die Bedingungen räumlicher und sozialer Art, die Toralf vorfindet, sind: TV im Wohnzimmer und Kinderzimmer, jüngerer Bruder, gemeinsames Kinderzimmer (*Kirchhöfer* 1999, S. 104ff.).

	Oktober, freitags		
12.35	Unterrichtsende und Heimweg		allein
12.50	Zubereitung eines Mittagessens		allein
13.10	Besorgung für die Mutter mit dem Fahrrad		allein
14.05	Spielen mit einem neu geschenkten Spielzeug		allein/Kinderzimmer
14.30	*Diamantenbillard (B)*	*ZDF*	*allein/Wohnzimmer*
15.50	Rückkehr der Mutter		
16.00	*Diamantenbillard (S)* – gemeinsamer Einkauf mit Fahrrädern		
16.55	Spielen mit dem Bruder		Bruder/Kinderzimmer
17.45	*Enterprise (1) (B)*	*ZDF*	*Bruder/Kinderzimmer*
18.25	*Enterprise (2) (F)*	*ZDF*	*allein/Wohnzimmer*
19.00	*Enterprise (S)* – Abendbrot		
19.20	Lesen in einem Automobilkatalog		Vater/Wohnzimmer
20.00	*Fackeln im Sturm (B)*	*DFF*	*Eltern/Wohnzimmer*
21.35	*Fackeln im Sturm (S)* – Bettgehen		
	Oktober, dienstags		
13.40	Unterrichtsschluß und Heimweg		allein
14.00	Rückkehr aus der Schule		allein
14.05	*Casimir & Co. (B)*	*SAT 1*	*allein/Wohnzimmer*
14.30	*Casimir (S)* – Verlassen der Wohnung mit dem Fahrrad zum Hof des Freundes		allein

	Abholen des Freundes/Basteln am Fahrrad		Freund
15.00	Treffen mit weiteren Freunden auf dem Hof		Freunde
16.00	Rückkehr in die Wohnung		
16.10	Abholen des Bruders aus dem Kindergarten		allein
16.35	*Trickfilmschau (E)*	ARD	Bruder/Kinderzimmer
16.45	*Trickfilm (S)* – Spielen		Bruder/Kinderzimmer
17.35	*Privatdektiv Mc Grow (B)*	ARD	Familie/Wohnzimmer
18.30	*Privatdektiv (S)* – Abendbrot (bei laufendem TV)		Familie/Wohnzimmer
18.50	*Sandmännchen*	DFF	Bruder/Wohnzimmer
19.10	*Glücksrad (E)*	SAT 1	Vater/Wohnzimmer
	Glücksrad (A) – Bettgehen		

Legende: E = Einstieg während der Sendung, A = Ausstieg während der Sendung, B = Beginn der Sendung, S = Schluß der Sendung, F = Fortsetzung im selben Programm. Die Medientätigkeiten sind kursiv gedruckt.

Nach der Schulzeit besteht für die Kinder eine „mittägliche Zwischenzeit", in der sie allein in der Wohnung waren, bis die Rückkehr der Mutter (meist um 15.00 Uhr) erfolgt. Bis zu dieser Mutterrückkehr gibt es ca. 2 Stunden einer selbstbestimmten Zeit mit diffusen Übergängen von Handlungen, Schulaufgaben, erstem Fernsehen (meist durch Serien der Kinderprogramme). Die Nachmittagszeit war meist eine gruppenorientierte Freizeit, begrenzt durch das Abendbrot. Der Abbruch solcher Tätigkeiten erfolgt meist fremdbestimmt durch die Eltern, die Kinder oft auch aus ihrer Tätigkeit herausreißen. Das gemeinsame Abendbrot wird von einer zweiten Fernsehzeit gefolgt, die die Familie meist noch einmal zusammenführt. Die Abendphase wird durch ein kurzes Fernsehen abgeschlossen.

Sechs Jahre später hat die Mediatisierung der Kindheit erheblich zugenommen. Dies wird deutlich am Tagesablauf des zehnjährigen Jungen Stephan (Oktober 1996). Hier kommt zu den Bedingungen, die auch Toralf vorfand (TV in Wohn- und Kinderzimmer, ein diesmal älterer Bruder und ein gemeinsames Kinderzimmer), vor allem ein zusätzlicher Computer im

Wohn- und Kinderzimmer. Nicht nur die Mediengerätschaften haben sich vermehrt, auch die Medienprogramme stiften neue Handlungszusammenhänge. Vorwiegend sind jetzt Serienprogramme und Fortsetzungen, die tagesübergreifende Handlungszusammenhänge konstituieren. Hinzu kommen (neue) *Fan*-Rollen, die bei Toralf noch keine Rolle spielten. Diese sind wieder Folge von sogenannten Kultserien (z.B. Startrek, Vorabendserien, Sitcoms, beliebte Serienhelden in ihrer Verbindung von Schauspiel und Gesang wie „Unter uns", „Gute Zeiten, schlechte Zeiten" oder „Verbotene Liebe"). Der soziale und Zeit-Kontext des Medienverhaltens verändert sich, wie folgende Liste zeigt:

	Oktober, dienstags		
7.15	Aufwachen, Aufstehen		allein/Kinderzimmer
7.16	Hygienische Verrichtungen, Anziehen		allein/Kinderzimmer
7.30	*Familie Feuerstein (B)*	Pro 7	allein/Kinderzimmer
8.00	*Familie Feuerstein (S) – Computerspiel*		allein/Kinderzimmer
8.20	Verlassen der Wohnung		
8.40	Schulbeginn		
13.40	Unterrichtsende und Verabredung		
13.55	Rückkehr in die Wohnung		
14.00	Mittagessen und *Cagney & Lacey (E) SAT 1*		allein/Wohnzimmer
14.20	*Cagney & Lacey (A) – Computerspiel*		allein/Wohnzimmer
15.00	*Enterprise (B)*	SAT 1	allein/Wohnzimmer
	– Rückkehr der Mutter		
15.20	Freund H. kommt verabredungsgemäß		
16.00	*Enterprise (S) – Computerspiel*		Freund/Wohnzimmer
17.05	*Pumuckl (E)*	WDR	
	– Rückkehr des Vaters		
17.30	*Pumuckl (A) – Computerspiel*		Freund/Wohnzimmer
17.50	H. verläßt die Wohnung *– Computerspiel*		allein/Wohnzimmer
18.00	*Eine schrecklich nette Familie (B)*	RTL	allein/Kinderzimmer
18.30	*Eine schrecklich nette Familie (S)* Aufräumen		Mutter/Wohnung
19.00	Abendbrot und *Die Kommissarin*	ARD	Familie/Wohnzimmer
19.50	*Die Kommissarin (S)* – Bettgehen		Bruder/Kinderzimmer
	Oktober, freitags		
7.15	Wachwerden, Aufstehen, Waschen		Mutter
7.20	Frühstück mit *Trickserie (E, A) SuperRTL*		allein/Kinderzimmer
7.30	Verlassen der Wohnung		
7.40	Unterrichtsbeginn		
12.35	Unterrichtsende und Heimweg		allein

13.05	Mittagessen und *Trapper John (E)* SAT 1		allein/Wohnzimmer
13.20	*Trapper John (A)*		
	Pichels Horrorshow (E)	*Kabel 1*	allein/Wohnzimmer
13.40	*Pichels Horrorshow (A)*		
	Video: Die nackte Kanone (zum 3. Mal)		allein/Wohnzimmer
15.00	*Enterprise (B)* SAT 1		allein/Wohnzimmer
	Rückkehr der Mutter		
16.05	Enterprise (S) – Computerspiel (Autorennen)		allein/Wohnzimmer
17.00	Spielen mit Matchboxautos		allein/Kinderzimmer
17.40	Beschäftigung mit Autobildern		allein/Kinderzimmer
18.00	*Computerspiel (Auto)*, Rückkehr des Bruders		Bruder/Kinderzimmer
18.20	Baden		
18.40	Abendbrot/*NON Stop Nonsens (E) ARD*		Familie/Wohnzimmer
19.25	*Nonstop Nonsens (S)* – Abräumen, Unterhaltung		Familie/Wohnzimmer
20.15	*Asterix und Cleopatra (B)* SAT 1		allein/Kinderzimmer
21.55	*Asterix (S) – Oberaffengeil (B)* SAT 1		allein/Kinderzimmer
22.05	*Oberaffengeil (S) – Computerspiel*		Bruder
22.40	Schlafen		

Legende: E = Einstieg während der Sendung, A = Ausstieg während der Sendung, B = Beginn der Sendung, S = Schluß der Sendung, F = Fortsetzung im selben Programm. Die Medientätigkeiten sind kursiv gedruckt.

Es entsteht für Stephan eine veränderte Zeitökonomie. Besonders typisch ist das „Pendeln". So sieht Stephan im Wohnzimmer 15 Minuten „Pichels Horrorshow", bricht dann aber ab (Begründung: „war öde") und legt das Video „Die nackte Kanone" ein. Handlungsalternative (Spielen, PC-Spielen, Programm bzw. Kanal wechseln, Video einlegen) und komplexe Entscheidungsbedingungen (Stephan kann das Haus erst verlassen, wenn die Mutter gekommen ist; im Wohnzimmer ist der Fernseher auch mit einem Videogerät gekoppelt; das Bedürfnis nach Entspannung ist noch nicht befriedigt; PC-Spielen erfordert größeren geistigen Aufwand) führen zu Abbrüchen und neuen Zuwendungen mit immer vermehrten Handlungsalternativen (etwa: weiter fernsehen *oder* Unterhaltung mit der Mutter *oder* spielen [mit Spielmaterial aus dem Kinderzimmer] *oder* lesen *oder* alleiniges Außenspiel *oder* PC-Spiel). Die Kinder entscheiden sich spontan für diesen oder jenen Tätigkeitsbereich, der sich aus der Umwelt und dem Medienangebot nahelegt und dessen Aneignung vor allem geringe Mühen erfordert. „Die spontane Zuwendung verstärkte wiederum die Abhängigkeit von den zur Verfügung stehenden Gegenständen und Ressourcen und erzeugte einen ständigen sozialen Druck, neue Ausstattungen anzustreben. Das Spielen selbst folgte danach weniger einer tragenden Spielidee, sondern einem Trial and Error. Zwischen den verschiedenen Tätigkeiten entwickelte sich eine Lebensführung, die zwischen An- und Entspannen, passivem Erholen und aktivem Tätigsein pendelte, bis oft nicht mehr zwischen beiden zu unterscheiden war und eine funktionale Durchmischung eintrat." (Ebd., S. 112) Es deuten sich neue Muster der Tageslaufgestaltung an, die nicht mehr bewußten selbst- oder fremdgesteuerten Intentionen folgt, sondern eher sprunghaft wirkt und eine Fülle von ständigen *Optionswechseln* nahelegt, ja durch die Angebotsstruktur geradezu erzwingt. Die Handlungsmuster sind vielfältig und verschlungen, die Motivationen wechseln kurzfristig und zielen, soweit es geht, auf Anstrengungslosigkeit.

Diese subtilen Beobachtungen lassen uns aufmerksam werden für veränderte Tagesverläufe, die Kindern Erlebnisformen nahelegen, deren Verarbeitung wir noch nicht einschätzen können. Denn natürlich thematisieren weder Toralf noch Stephan ihre Tagesabläufe oder machen sie sich zum Problem; sie leben vielmehr in der Selbstverständlichkeit eines für sie naheliegenden, kultürlich-natürlich erscheinenden Lebens. Dabei durchmischen sich selbstbestimmte (selbstsozialisatorische) Momente stark mit Rückgriffen auf soziale Nähe (Freunde, Eltern), zwischen Isolation und Gesellung und lassen so ein Kinderleben alltäglich werden, das in seinen verborgenen Mustern nur schwer durchschaut und geordnet werden kann.

Zwischen Selbstverfügung und Angewiesensein

In der Entfaltung des Zusammenhangs „Kinder, Kindheit, Lebenswelten" bestand die Aufgabe dieses Kapitels. Nachdem in den vorangehenden Abschnitten vorwiegend etwas gesagt wurde zu Kindheit und Lebenswelten, wollen wir noch einmal zu den *Kindern* zurückkehren. Es ist sicher falsch, die Kinder als Problemgruppe zu sehen, sozusagen in einem (noch) verkürzten Zustand wahren Menschseins. Sicherlich spielen die anthropologischen Darstellungen darüber, welches wichtige Bestimmungsmomente für Kinder sind, eine wichtige Rolle für die Pädagogik, die aus der jeweiligen Annahme folgt. Es ist also wichtig, sich über wesentliche Eigenschaften von Kindern grundsätzlich klar zu werden. In diesem Sinne verstehe ich den Ausdruck „kindgemäß". Dies bedeutet: Indem ich die Entwicklungsaufgaben des Kindes zu verstehen suche, kann ich am besten Strategien der Unterstützung entwickeln, die „gemäß" sind. Es war schon betont worden, daß es nicht ausreicht, Kinder als unmündige Wesen zu betrachten – ebenso wie es verkürzt ist, in ihnen nur kleine Erwachsene zu sehen. *Kinder besitzen einen eigenen Status.* Er wäre so zu charakterisieren (im Anschluß an *Lichtenstein-Rother*, Manuskript): Wesentlich sind

„– die Dynamik des kindlichen Lebensvollzugs
– die Ursprünglichkeit kindlichen Denkens und kindlicher Phantasie
– die Konkretheit kindlichen Weltumgangs
– die Spontaneität des Gestaltens und Improvisierens
– die große Erlebnisfähigkeit
– die Unmittelbarkeit des Fragens
– die Bedeutung der Bewegungs- und Tätigkeitsfreude, des Spiels und der Motorik für die körperliche, seelische und geistige Entwicklung
– das bedingungslose Vertrauen, das das Kind dem Erwachsenen entgegenbringt und das so leicht mißbraucht werden kann."

Dieser Katalog zeigt, was Kinder den Erwachsenen *voraushaben*, was also irgendwann verlorengehen muß: Ursprünglichkeit, Konkretheit, Spontaneität, Dynamik, Unmittelbarkeit, Vertrauen. Das sind gute Eigenschaften, Grundhaltungen, weil mit ihnen versucht wird, sich das Leben positiv zu erschließen. Pädagogische Maßnahmen – etwa der Schule – sind schlecht beraten, wenn sie all dieses einschränken, ja abtrainieren wollen – in einem grundfalschen Verständnis eines Gegensatzes von Selbstverwirklichung und Sachanforderung, der sich die Kinder nunmehr zu beugen hätten. Die Stärken der Kinder gilt es vielmehr zu schützen und zu bewahren, nicht zuletzt, weil sie auch die einzig verläßliche Basis für gelungene Lernprozesse darstellen. Der psychoanalytisch orientierte Erziehungswissenschaftler *G. Bittner* hat sich in einem Aufsatz „Was bedeutet kindgemäß?" (1981, S. 827ff.) dafür eingesetzt, die Pädagogik für Kinder nicht einseitig am Sozialisationsmodell zu orientieren. Dieses setzt ja voraus, daß die „gesellschaftlichen Einflüsse" Erleben und Verhalten von Kindern entscheidend prägen. Auch erzieherische Einwirkungen sind dann nur eingeschränkter Bestandteil viel umfassenderer Wirkungen. Ohne daß dies zu bestreiten ist, ist doch auch festzuhalten, daß Kinder selbst eine physische und geistige Vitalstruktur besitzen und damit eine Widerständigkeit gegen Einflüsse, die ihre menschliche Würde bedrohen und die auch pädagogisches Bemühen zu beachten hat. Ich möchte diese Einsichten um einige Überlegungen ergänzen, die in der Formel „Selbstverfügung und Angewiesensein" zusammengefaßt sind. Die Selbstverfügung auch des kindlichen Subjekts über seine nur ihm zugehörigen Kindheitserfahrungen ist das eine (Renner 1995). Aber wir wissen auch, daß Kinder physisch schwach sind, der Erfahrungen entbehren, der sozialen Durchsetzungsfähigkeit und Macht ermangeln, kurz: daß sie in ihrer kindlichen Würde und Selbständigkeit gleichzeitig angewiesen sind auf Schutz und Orientierung durch den erwachsenen Erzieher. Im Anschluß an *Mia Kellmer-Pringels* Untersuchung „The needs of children" (1979) unterscheide ich fünf – wohl in der wissenschaftlichen Diskussion inzwischen übereinstimmend bestätigte – Grundbedürfnisse des Kindes: Nämlich

1. *nach Liebe und Geborgenheit* (Bedeutung einer stabilen, dauerhaften, zuverlässigen und liebevollen Beziehung zu den Eltern, später zu einem weiteren Kreis von Erziehern; auch zu den Lehrern; Verläßlichkeit und Rituale im Tagesablauf, übersichtliche Anordnung von Gegenständen etc.; *Kellmer-Pringel*, S. 44ff.);
2. *nach neuen Erfahrungen* (das Kind ist bestrebt, seinen persönlichen Vorrat an Ideen, Bildern, Gefühlen, Wünschen, Einsichten und Konflikten ständig zu erweitern; es ist neugierig und raumgreifend; *Kellmer-Pringel*, S. 59ff.);

3. *nach Lob und Anerkennung* (Kinder brauchen besonders nach Schuleintritt eine positive Einstellung zum Lernen im allgemeinen und zum schulischen Vorankommen im besonderen dadurch, daß ihr Selbstvertrauen gestärkt wird; jeder Schüler verfügt über noch nicht ausgeschöpfte Entwicklungsmöglichkeiten, *Kellmer-Pringel* schreibt auf S. 69 dazu: „Der Lehrer sollte weder Testresultate noch frühere Beurteilungen seiner Schüler einfach übernehmen, ja, nicht einmal auf das Urteil der Eltern über die Fähigkeiten ihres Kindes abstellen, sondern versuchen, alle düsteren Voraussagen Lügen zu strafen, obwohl er vielleicht nicht immer Erfolg damit haben wird. Eine derartig positive und optimistische Einstellung überträgt sich sehr leicht auf den anderen. Schon die kleinsten Signale, wie hochgezogene Augenbrauen, ein Lächeln, ein aufmunterndes Kopfnicken und ein freundliches Jawohl vermögen Einstellung und Leistung zu beeinflussen. Schließlich hat sich das Bild des Kindes von sich selbst dadurch entwickelt, wie andere es gesehen und behandelt haben.");
4. *nach Verantwortung und Selbständigkeit* (*Kellmer-Pringel* weist auf den wichtigen Beitrag der Schulen zur Stärkung der Selbstverantwortung von Kindern durch schülerzentrierten Unterricht; sie verweist auf Untersuchungen, wonach in Schulen, „die mehr Gewicht auf Zusammenarbeit als auf Wettbewerb legen und in denen die Kinder weder nach Leistung eingeteilt werden noch körperlichen Strafen ausgesetzt sind, viel weniger Renommiersucht, Gewalttätigkeit und Delinquenz" vorzufinden sind, „ohne daß der Wissensstand der Schüler etwa niedriger wäre" [S. 73f.]);
5. *nach Übersicht und Zusammenhang* (auch Kinder sind schon bestrebt, Widersprüche und Disparitäten zwischen häuslichen und schulischen Erfahrungen, zwischen verschiedenen Anforderungen auszugleichen, denn ihr Auftrag – der im Jugendalter nach der Pubertät dann im Mittelpunkt steht – ist es ja auch, eine Identität von sich zu entwickeln, also ein Gefühl der eigenen Kontinuität und Stimmigkeit, zugleich in bezug auf andere, wie *Erikson* dies darzustellen versucht).

Liebe und Geborgenheit und Lob und Anerkennung auf der einen, Suche nach neuen Erfahrungen und nach Verantwortung und Selbständigkeit auf der anderen Seite: In diesen Paaren drückt sich Notwendigkeit beschützender Hilfe einerseits, freigebender Hilfe andererseits deutlich aus.

Ordnen wir diese Bedürfnisse den kindlichen Entwicklungsdimensionen zu, könnte man formulieren: Zu fördern sind
1. *kognitive Konzentration* (Sammlung, Stille, Ruhe),
2. *motorisches Ausgreifen* (Eroberung, Körperbewußtsein),
3. *emotionale Stabilität* (Geborgenheit, Gewißheit, Anerkennung, Liebe),
4. *soziale Offenheit* (Freundlichkeit, Wandel, Verantwortung, Selbständigkeit),
5. *ästhetische Sensibilität* (Freude an Farben und Formen, Genußfähigkeit, Kreativität).

Nur indem pädagogisches Bemühen dieses Insgesamt kindlicher Konstitution berücksichtigt, lassen sich Verkürzungen, ja Beschädigungen des kindlichen Wachstums vermeiden.

2. Entwicklung: Theorien und Übersichten

Die Entwicklung eines Menschen ist bei der Geburt schon in vollem Gange, und sie ist im Jugendalter längst nicht abgeschlossen. Freilich sah eine landläufige Meinung dies so: Die frühe Kindheit gilt als Phase entscheidender Prägung insofern, als hier (nach *Sigmund Freuds* Psychoanalyse) die psychodynamische Entwicklung über die orale, anale zur genitalen Phase abläuft, verbunden mit der Auseinandersetzung mit dem Vater bzw. der Mutter zur Findung der eigenen geschlechtlichen Identität (Ödipus- bzw. Elektrakomplex); Entwicklung der Motorik, Spracherwerb, die Ausarbeitung sozialer Beziehungen – all dies erfolgt in den ersten Lebensjahren (*Baacke* 1999b). Kein Wunder, daß sich dieser Phase der Entwicklung die besondere Aufmerksamkeit der Wissenschaft, aber auch der pädagogischen Praxis zugewandt hat. Ähnliches gilt für die Jugendzeit, deren Beginn etwa mit der Pubertät anzusetzen ist (ca. 13 Jahre): Hier beginnt die Umstrukturierung der eigenen Körperlichkeit bis zur Geschlechtsreife; die Ablösung vom Elternhaus forciert sich; der Jugendliche ist allmählich fähig zu abstrahierenden kognitiven Operationen, damit zur Selbst- und Fremdreflexion (die „Selbstverständlichkeit der Welt" zerbricht), und diese Fähigkeit des Sichselbst-im-Lichte-der-anderen-sehen-Könnens führt dann zur allmählichen Ausbildung der sogenannten *Identität* als vorläufiger Integration durchlaufener Phasen. Die Jugend ist „Sturm- und Drangzeit", und sogenannte Jugendunruhen, Jugendkrawalle, die neuen Jugendbewegungen in den Städten bestätigen dieses Bild. Die Jugend gilt als gefährdete Entwicklungsphase, als Aufbruch, als Bedrohung sowohl erwachsener Gleichförmigkeit wie als schützenswertes Gut. Entsprechend groß ist die Zahl der Bücher, die sich mit Jugend und ihren Problemen beschäftigen. Die 6- bis 12jährigen liegen dazwischen, gleichsam im Schatten der beiden vielbeachteten

Entwicklungsphasen. Man spricht von einer „Latenzperiode" (Probleme der sexuellen Entwicklung sind nach psychoanalytischer Auffassung soweit abgearbeitet, daß sie erst mit der Pubertät wieder aufbrechen); die Tatsache, daß Kinder dieser Altersstufe schon einen gewissen Fundus an entwickeltem Vermögen besitzen, andererseits noch nicht den Turbulenzen der Jugendzeit ausgesetzt sind, führt zu einer relativ geringen Beachtung dieser Altersgruppe. Hinzu kommt, daß Kinder den Erwachsenen (ihren Eltern, den Lehrern) scheinbar relativ nahe sind. Im Gegensatz zum Kleinkind verfügen sie über genügend Fähigkeiten, um sich gegenüber Erwachsenen auszudrücken, ihre persönlichen Wünsche und Vorstellungen zu formulieren. Die starke Bindung jedenfalls der jüngeren Jahrgänge an Haus und Familie und die prinzipielle Bereitschaft, auf die Erwachsenen zu hören, führt zu einem relativ konfliktfreien Umgang miteinander. Auf der anderen Seite ist der Distanzierungsprozeß der Jugend noch nicht eingeleitet; die Gefahr einer „Umwertung aller Werte" steht noch nicht am Horizont, die familiäre Vertrautheit ist relativ unbedroht. Kinder dieser Altersgruppe gelten als umgänglich, spontan, liebenswürdig. Sie haben die allzu schutzbedürftige Tolpatschigkeit des Kleinkindes überwunden, müssen sich mit Veränderungen an ihrem Körper noch nicht beschäftigen – ebenso wie sie noch keine Frucht vom Baum der Erkenntnis gebrochen haben, sprich: Sie sind noch eins mit sich und der Welt, nicht versunken in kritische Selbstreflexion, die unmittelbare Spontaneität vor anderen zunehmend schwer macht. Andererseits sind es die Kinder, aus denen dann Jugendliche werden, die viele Erwachsene so sehr irritieren. Wenn wir nicht annehmen, daß ein grundsätzlicher und radikaler Bruch in der Entwicklung auftritt in dem Augenblick, da – mit der Pubertät als kennzeichnendem Einschnitt – aus Kindern Jugendliche werden, sondern davon ausgehen, daß die Genese der Persönlichkeit ein kontinuierlicher Prozeß ist, so ist die Annahme einer „Latenz" vieler Probleme fragwürdig. Im vorangehenden Kapitel war mehrfach darauf hingewiesen, daß auch die Kindheit voller Dramen ist; nur ist ihre Expressivität anders als die von Jugendlichen, die als vergleichsweise autonome Altersgruppe sehr viel mehr Spielraum haben, sie auszuleben. Kindheit ist eingebunden in einen durchlaufenden Prozeß, der vor der Geburt begonnen hat und nach dem Jugendalter nicht enden wird. Denn die andere landläufige Vorstellung: daß der dann erreichte Erwachsenenstatus einen gewissen Abschluß bildet, der sich entwickelt habende Mensch sich nunmehr auf einer Art Hochplateau befindet, das von den vorher erworbenen Gütern persönlicher Entwicklung zehrt und erst im Alter allmählich verlassen wird, ist ebenso fragwürdig. Schwäche (des Kleinkindes) und soziale Auffälligkeit (des Jugendlichen) können nicht die einzigen Kriterien sein, nach dem wir die Relevanz beurteilen, die wir den einzelnen Wachstumsphasen des Menschen zumessen. Anzumerken ist schließlich, daß das Wachstum des Kindes nicht als endogener Reifungsprozeß allein verstanden werden kann, vielmehr die sozialen Milieus und die gegenständliche Umwelt (Sozialökologie) das ihre hinzutun, kindliche Welten in den sozialen Wandel einzubinden. In ihm liegt auch beschlossen, daß Kindern heute Kompetenz zugeschrieben werden kann, die nicht entwicklungspsychologisch interpretierbaren Gesetzen unterliegt, sondern in einem Miteinander von psychischen und sozialen Prozessen sowie eigenen Selbststeuerungen besteht.

Reifung, Entwicklung

Die *Prädeterminationstheorie* der klassischen Entwicklungspsychologie, wonach die menschliche Entwicklung in allen ihren Dimensionen (Eigenschaften, Dispositionen, Fähigkeiten) in ihrer Ausprägung und optimalen Reichweite generell, aber auch individuell vorherbestimmt ist, findet heute kaum noch Anhänger. Die *Umweltstimulation* (einschließlich sozialer Faktoren) gilt als wesentliche, variantenschaffende Kraft. Dennoch gibt es Vorgänge, die aufgrund innerer Wachstumsimpulse vor sich gehen und deren Verlauf entsprechend vorwiegend von innen gesteuert wird (*Nickel* 1972). Während sich *Wachstum* primär auf Größen- und Massenzunahme des Körpers sowie einzelner Organsysteme bezieht, umfaßt *Reifung* die Wachstumsprozesse, meint aber zugleich auch *quali-*

tative Veränderungen, die mit dem endogen gesteuerten Wachstum verbunden sein können (*Undeutsch* 1959; vgl. dazu *Wieczerkowski/Oeveste* 1982, S. 56ff.). Auch die Entwicklung des zentralen Nervensystems, besonders des Gehirns, steuert wichtige Reifungsprozesse. Auch wenn unser Kenntnisstand derzeit nicht ausreicht, den Zusammenhang zwischen neurologischen und psychologischen Veränderungen hinreichend zu begründen, ist wohl doch davon auszugehen, daß ein solcher Zusammenhang besteht. Für unsere Altersgruppe ist interessant, „daß sich das System der Verbindungen der Nervenzellen untereinander bis etwa zum 8. Lebensjahr ändert. Noch um das 6. Lebensjahr setzt ein erneuter Reorganisationsprozeß mit Veränderungen der Zellgröße und Umstrukturierung der Dendritenverzweigungen [kurze, stark verzweigte Teile des Nervengewebes, die Erregungen leiten] ein. Diese Altersstufe markiert interessanterweise auch in der kognitiven Entwicklung einen Wendepunkt. In den zentralen Bereichen des Denkens (Klassifikation, Reihenbildung, Zahl-, Zeit- und Raumkonzept) wandelt sich die Organisation der Intelligenz von der anschaulichen zur konkret-operationalen Form." (*Wieczerkowski/Oeveste* 1982, S. 61) Reifungsprozesse dieser Art scheinen ganz oder doch weitgehend unabhängig zu sein von Umwelteinflüssen. Damit ist Reifung „sozusagen negativ definiert: nämlich als jener Prozeß, der anzunehmen ist, wenn Erfahrungseinflüsse ausgeschlossen werden können (…) Wenn Erfahrungs-, Übungs-, Lernmöglichkeiten ausgeschaltet oder deutlich vermindert sind oder werden und trotzdem keine Verzögerung im Erwerb eines Merkmals eintritt, greifen wir mangels Alternative auf das Erklärungskonstrukt Reifung zurück, ohne daß wir im einzelnen wüßten, wie diese Reifungsprozesse gesteuert sind." (*Oerter/Montada* 1982, S. 46)

Schramel (1972) unterscheidet vier Reifungsbereiche:

– Es gibt Merkmale, die schon ein Kind von einem anderen unterscheidbar machen und wahrscheinlich vererbt werden. Dazu gehören Augen- und Haarfarbe oder die (erreichbare) Körpergröße, aber auch Temperament, Vitalität oder mehr aktiv oder mehr passiv orientierte Verhaltensdispositionen. Solche Merkmale sind kaum beeinflußbar, *Schramel* spricht darum von *absolut-individueller Reifung*.

- Motivationen und Interessenrichtungen des Menschen und kognitive Fähigkeiten (Intelligenz, Begabungen für besondere Bereiche) sind in ihrer individuellen Ausprägung von Umwelteinflüssen abhängig, bedürfen also einer Umweltstimulation, obgleich sie zugleich Prozesse interner Reifung darstellen. *Schramel* spricht daher von *relativ-individueller Reifung*.
- Die Entwicklung psychomotorischer Leistungen ist weitgehend unabhängig von einem Training. Kinder, die lange Zeit gewickelt waren oder sonst am Laufen gehindert wurden, holen den Entwicklungsrückstand in kurzer Zeit auf. Auch bei starker Einschränkung von Bewegungsmöglichkeiten im ersten Lebensjahr holen Kinder diese Retardation in der motorischen Funktionsentwicklung gegenüber nichtbehinderten Kindern schnell auf. Hier handelt es sich um *absolut-strukturelle Reifung*.
- Spracherwerb und Wahrnehmungsfähigkeit sind stark auf Übung und Lernen angewiesen. Zwar sind auch hier interne Reifungsprozesse im Spiel (der Spracherwerb erfolgt stufenweise, bestimmte Phasen können nicht übersprungen werden), aber wenn hier eine frühzeitige Förderung aussetzt, kann es zu Störungen in der Entwicklung dieser Dimensionen kommen; *Schramel* spricht hier von *relativ-struktureller Reifung*.

Auch Reifungsprozesse können beeinflußt werden. Dies läßt sich am Beispiel der sogenannten *Akzeleration* zeigen. In Gesellschaften wie der unseren, in denen materielle und ärztliche Versorgung vergleichsweise gut sind, nimmt die endgültige Körperhöhe von Frauen wie Männern langfristig zu, und gleichzeitig verlagern sich die Zeitpunkte für bestimmte Faktoren der körperlichen Entwicklung nach vorne. So erfolgt der Längenwachstumsschub früher, Mädchen erreichen eher die Menarche, Jungen (weniger nachgewiesen) den Zeitpunkt der ersten Pollution und damit ihrer Geschlechtsreife. Während das mittlere Menarchealter bei Mädchen beispielsweise 1869 noch bei 15,6 Jahren lag, hat es sich bis 1967 auf 13,3 Jahre vorverschoben; 10- bis 11jährige Jungen waren nach einer Messung 1913 131,5 cm im Durchschnitt groß, 1974 aber sind sie 142 cm groß; eine andere Studie vergleicht das Körpergewicht Neugeborener, danach betrug es im Durchschnitt 3150 g im Jahre 1901, 3285 g im Jahre 1948 (*Berndt* 1982, S. 180). Diese schnellere Reife bringt auch Probleme mit sich, vor allem in zweierlei Hinsicht: Zum einen sind die körperlichen Reifungszonen nicht immer im Einklang. Das höhere Körpergewicht belastet Knochen und Gelenke, längere Arme und Beine beanspruchen Muskeln und Sehnen stärker, das Herz-Kreislauf-System wie Atmung und Stoffwechsel werden durch einen insgesamt vergrößerten Organismus mehr beansprucht. Zum anderen bedeutet das frühe Erreichen der Geschlechtsreife (oft noch in dem von uns behandelten Altersabschnitt) ein Eingehen auf offenbar veränderte Kindheitserfahrungen. Das tradierte Bild des Kindes scheint dieses Eingehen eher zu erschweren.

Im Gegensatz zu *Reifung* meint man mit *Entwicklung* umfassendere Prozesse. Für die menschliche Entwicklung sind Wachstum und Reifung nur *ein* Faktor. Die Entwicklung übergreift kurzfristige Veränderungen und Reifungsprozesse, indem sie alle Lebensalter umfaßt; das Entwicklungskonzept bezieht vor allem *erfahrungsabhängige* Veränderungen ein, die einerseits bei allen Menschen kultur- und zeitunabhängig in einer gewissen Reihenfolge verarbeitet werden, andererseits aber in ihren konkreten Ergebnissen inhaltlichen Veränderungen und kulturellen Überformungen unterliegen. Man kann damit *Entwicklung als Sozialisation* verstehen (*Oerter/ Montada* 1982, S. 48ff.): insofern, als die Vermittlung von Rollenerwartungen, Kommunikations- und Handlungskompetenz durch soziale Beziehungen und gesellschaftliche Institutionen als Bestandteile menschlicher Entwicklung angesehen werden können. Entwicklung ist damit mehr als biologische Reifung oder selbstentdeckendes Lernen, das ohne Sozialpartner denkbar ist. In ihr kommen Reifung (in den von *Schramel* explizierten Dimensionen), durch umweltstimuliertes psychisches Wachstum und durch umweltdefinierte und geforderte Verhaltensweisen und Handlungsmöglichkeiten (inklusive aller Störungen und Abweichungen) zusammen. „Entwicklung" und „Sozialisation" sind damit nicht identisch. Denn „Sozialisation" betont eher die gesellschaftliche Organisation menschlichen Lebens mit ihren historischen, kulturellen, ökonomischen und institutionellen Varianten, während das Konzept der „Entwicklung" eher abhebt auf bestimmte kulturübergreifende Universalien menschlichen In-der-Welt-Seins (Motorik, Sprache, logische Operationen usf., dies alles sind fundamentale Eigenschaften von Menschen, in welcher Kultur sie auch leben mögen und wie unterschiedlich diese Eigenschaften im einzelnen ausgebildet und genutzt werden). Eine *praktische*, nicht in der theoretischen Auffassung konstituierte Differenz liegt wohl darin, daß Fragen der Entwicklung (z.B.

in der Entwicklungspsychologie) jeweils *in Hinsicht auf bestimmte Altersstufen* bearbeitet werden, während sozialisationstheoretische Fragestellungen eher ausgehen von Fragen nach der Schichtproblematik, nach institutionellen Auswirkungen von Erziehungs- und Bildungsverläufen usf. Die Frage nach „Kindheit" ist in diesem Sinn auch eine sozialisationstheoretische Fragestellung, während die Betrachtung psychischer und physischer Dimensionen der Entwicklung eher einen Schwerpunkt bei den Kindern sieht. Beides schließt sich nicht aus, sondern durchdringt sich; es handelt sich ehestens um Akzentuierung. Jedenfalls ist es nach diesen Überlegungen durchaus notwendig, auch die Frage nach der Entwicklung von 6- bis 12jährigen zu stellen und dabei den Umwelteinfluß nicht außer acht zu lassen.

Entwicklungstheorien

Entwicklungstheorien sind die Domäne der Entwicklungspsychologie. Auch wenn diese sich jeweils mit einzelnen Altersstufen (Phasen) befaßt, geht sie doch heute durchweg von der nicht mehr bestrittenen Annahme aus, daß *Entwicklung ein lebenslanger Prozeß* ist. Während man früher die Entwicklungsfortschritte an endogen bedingte „Schübe" gebunden sah (starke Beachtung des Reifungskonzepts) und einzelne Entwicklungsphasen qualitativ voneinander unterschied, neigt man in ersterer Hinsicht heute dazu, Entwicklung nicht nur endogenetisch als Entfaltung determinierter Anlagen aufzufassen, sondern die exogene Stimulation vieler Faktoren als entscheidend für die Reichweite und Qualität von Entwicklungsprozessen anzusehen, während man in letzterer Hinsicht zwar weiterhin Entwicklungsphasen voneinander abhebt, diese aber nicht mehr (wie geschehen) an ein bestimmtes chronologisches oder „biologisches" Alter bindet. Unabhängig vom jeweils vertretenen theoretischen Standort gelten als übergreifend konsensfähig wohl folgende weitere Annahmen:

1. Entwicklung ist zu verstehen als eine Reihe von Veränderungen (*Thomae* 1959), die Reifung und Lernen in gleicher Weise umfassen.

2. Menschliche Entwicklung kann man in „Phasen" oder „Stufen" gliedern, wenn man in diesen Bezeichnungen offenhält, daß die Übergänge „fließend", nicht abgrenzbar und auch nicht genau anzugeben sind (das „Stufen"-Bild widerspricht einem solchen „Fluß"-Bild!).
3. Andererseits ist daran festzuhalten, daß es eine Angemessenheit der Entwicklung gibt, wonach eine jeweilige Stufe erreicht worden sein muß (mit allen Reifungsvorgängen und Lernprozessen), ehe die nächste betreten werden kann. Stufen können in der Regel nicht „übersprungen" werden.
4. Die zeitliche Zuordnung bestimmter Entwicklungsmomente ist nicht kulturübergreifend starr, sondern gesellschaftlich beeinflußt: So wirken sich die Verhaltensweisen, die einem Lebensalter zugeschrieben werden, auf die Darstellung dieses Lebensalters aus. (Kinder, von denen „Kindlichkeit" und „Unschuld" erwartet wird, versuchen, diesem Bild zu entsprechen, wobei dieser Versuch nicht nur als äußerliche Anpassung aufgefaßt werden muß: Das Bild des eigenen Kindseins wird ja auch internalisiert und damit geglaubt als das, was es sein soll und nun ist.)
5. Abgesehen von einer gewissen Stufensequenzierung ist das Alter keine Bedingung, aus der man bestimmte Entwicklungsmomente ableiten kann. Wohl aber kann man jedem Alter bestimmte Entwicklungs*funktionen* und *-aufgaben* zuordnen (wobei im einzelnen nicht immer abgeklärt werden kann, inwieweit hier endogene Baupläne verwirklicht werden, inwieweit soziales Lernen und Umweltstimulation entscheidend zu Merkmalsausprägungen beitragen).
6. Menschliche Entwicklung im Rahmen der dargestellten Vorstellungen ist universal und kulturübergreifend, sofern man den strukturell-funktionalen Aspekt betont; sie ist speziell und kulturabhängig, sofern man den inhaltlich-qualitativen Aspekt betrachtet.
7. Menschliche Entwicklung ist nicht nur (obgleich der Begriff dies nahezulegen scheint) ein Vorgang in der Zeit, sondern zugleich einer im Raum: Die inneren Zustände und die Reihenfolge ihres Ablaufs und ihrer Veränderungen kommen in bestimmten Umgebungen, behavioral settings und Stimulierungen „zu sich selbst"; Entwicklung ohne Raum ist nicht vorstellbar. Da Raum nicht als Abstraktum zu denken ist, sondern kulturell und sozial gefüllt, betont die Raumbezogenheit der Entwicklung in besonderer Weise deren *Konkretisierung* in soziokulturellen, ökonomisch unterschiedlich ermöglichten Formationen (vgl. „sozialökologischer Ansatz").

Solche generalisierten „traits" unterliegen natürlich spezifischen Ausdeutungen der unterschiedlichen Entwicklungstheorien. Diese akzentuieren jeweils unterschiedliche Dimensionen menschlicher Entwicklung:

1. Die *Kognitive Theorie* (vor allem: *Piaget*) betont den Vorrang von Wahrnehmung, Spracherwerb und intelligent-verstehenden Operationen;
2. die *Psychoanalytische Theorie* (*S. Freud;* heute im Bereich der Kinder- und Jugendentwicklung: *E. H. Erikson*) betont die Wichtigkeit psychodynamischer und sexualgenetischer Faktoren und deren Ursprung in der frühen Kindheit;

3. die *Interaktions- und/oder Handlungstheorie* hebt die konstitutive Eigenschaft des Menschen, zu sinnhaftem Handeln fähig zu sein, als wesentlich hervor und bindet dieses Handeln an die Konstitution sozialer Interaktion in allen ihren Formen und Erweiterungen;
4. eine *Umwelttheorie* betont die räumliche Einlagerung und Organisation von Interaktionen und sieht das Wachstum des Kindes als Wachstum räumlicher Welten;
5. die *Neurophysiologische Theorie* hat im Fokus eher die Reifungsprozesse und deren endogene Steuerung (unter Einschluß der Frage nach Verbindung dieser Prozesse mit äußeren Stimulantien);
6. die Theorie des *life-span-development* hebt die lebenslange Durchgängigkeit von Entwicklungsprozessen hervor und differenziert diese nach sozial zugewiesenen Aufgaben, die jeweils zur Lösung anstehen;
7. die *Lerntheorie* klassischer Form (Begründer: *Watson*, populärer Vertreter: *Skinner*) sieht den Menschen primär als Empfänger von Umwelteinflüssen und beschäftigt sich mit der Herausarbeitung verhaltensformender Lernmechanismen, wobei das verknüpfende Lernen grundsätzlich beliebig und umkehrbar, Verhaltensweisen wieder verlernt und gelöscht werden können; die äußeren Stimuli und deren Präsentation sind entscheidende entwicklungsformierende Größen.

Während die letztgenannte Theorie durchaus auch ein Konzept von Entwicklung hat, gilt sie doch nicht als eigentliche Entwicklungstheorie. Einige Theorien haben einen stärker biologisch-medizinischen Einschlag (Neurophysiologische Theorie), andere sind stärker an die Disziplin Psychologie gebunden (Kognitive Theorie); die Lerntheorie gilt nicht als Grundlagentheorie der *Entwicklungs*psychologie, ist aber eine zentrale Theorie der *Psychologie*; die Psychoanalyse gehört auch zu den psychologischen Theorien (wird aber wegen anderer Wissenschaftsauffassungen nicht anerkannt); schließlich gibt es (meist neuere) Theorieaspekte, die eher von den Sozialwissenschaften eingebracht worden sind (Handlungstheorie, life-span-development, Umwelttheorie).

In neuerer Zeit ist eine Diskussion in Gang gekommen, deren Tendenz zunehmend dahin geht, die von den einzelnen Theoretikern entwickelten Aspekte stärker aufeinander zu beziehen. Denn pointiert könnte man sagen: Alle hier aufgezählten Aspekte, unter denen man Entwicklung untersuchen und deuten kann, ergeben erst *zusammengenommen* ein einigermaßen differenziertes Bild menschlicher Entwicklung. Ein „Bild" ist es auch in der Wissenschaft: Denn „Entwicklung" bleibt ein (notwendiges) Konstrukt geordneten Verstehens, das der komplizierten Tatsächlichkeit menschlicher Entfaltung jeweils nur einige (im glücklichen Fall: wesentliche) Züge abgewinnen kann. Dennoch ist ein Theorienvergleich, ist eine Theorien-*Integration* erst recht schwierig, sofern man die unterschiedlichen Begründungs- und Entwicklungszusammenhänge (bis zu den methodischen Umsetzungen und Überprüfbarkeiten) beachtet. Hebt man allerdings, eher pragmatisch-pädagogisch, auf widerspruchsfreie, einander ergänzende, empirisch, vielleicht sogar alltäglich plausible Einsichten ab, kann man Theorien durchaus aufeinander „abbilden". Gerade Pädagogen neigen darum am wenigsten dazu, leidenschaftliche „Piagetianer" oder unzugängliche Vertreter einer Lerntheorie zu sein.

Piaget, Erikson

Auf den ersten Blick stehen sich die Theorien der beiden Autoren (und ihrer Mitarbeiter und wissenschaftlichen Gefolgsleute) besonders fern. *Piaget* hat eine Entwicklungstheorie entwickelt, die sich explizit gegen lerntheoretische Konzepte wendet und davon ausgeht, daß die Ausbildung denkpsychologischer Strukturen (insofern ist *Piaget* „Strukturalist") entscheidend sind für die menschliche Entwicklung. Seine (bekannten, immer wieder dargestellten) Grundannahmen sind folgende:

1. Menschliche Entwicklung ist ein Zusammenspiel von „Akkommodation" und „Assimilation". Ersteres meint die Anpassung an die Situation oder den Gegenstand, zu denen das Kind genötigt ist (so wird die Form des Greifens je nach der Situation und den zu greifenden Gegenstand anders realisiert); letzteres meint die beim Kleinkind vorherrschende Tätigkeit, die Umwelt dem *eigenen* Handlungs- und Vorstellungsrepertoire anzupassen. Die Akkommodation gelingt nicht auf Anhieb; sie ist aber immer dann notwendig, wenn Assimilation nicht mehr ausreicht zur Orientierung. Mit diesen Begriffen hat *Piaget* Elemente einer Umwelttheorie in sein Konzept eingebracht.
2. Das Ineinander von Akkommodation und Assimilation führt zur Ausbildung von bestimmten *Schemata* (kategorisierende Abstraktion und Ordnung von Eindrücken und Fähigkeiten; jeder Mensch entwickelt eine Fülle von Schemata, z.B. Farbwahrnehmungs-, Sprach-, Orientierungs-, aber auch Verstehens- und Deutungsschemata). In den Schemata strukturiert sich das sich entwickelnde kognitive Potential des heranwachsenden Menschen zu möglichster Souveränität.

3. Akkommodation, Assimilation und die Ausbildung von strukturierenden Schemata sind nur möglich durch die *Verbindung von Handlungen und Denkleistungen.* Dies ist wichtig: Durch Erfahrung mit der Welt, durch Umgang mit ihren Gegenständen und Personen entwickelt sich das Denkvermögen des Menschen. Dieses „reift" also nicht von sich aus; soziale Stimulation, die Organisation von Lernprozessen ist notwendig.
4. Die Entwicklung der Handlungs- und Denkmöglichkeiten (die allmähliche Erschließung der Welt) geschieht in irreversiblen *Stufen,* von denen die je frühere Voraussetzung für die dann spätere ist. Je nach den auf diese Weise aufgebauten Erkenntnisinstrumenten wird Unterschiedliches erfahren.
5. Der Motor der Entwicklung ist das Streben nach *Äquilibration* (Gleichgewicht). Daß das Kind ständig innere Koordinierungsleistungen vollbringt und immer komplexere Strukturen aufbaut, begründet sich aus der Erfahrung eines Ungleichgewichts (Widersprüche, Konflikte, irritierende Inkonsistenzen). Auch wenn ein endgültiges Gleichgewicht nicht erreichbar ist, gibt es doch eine höchstmögliche Stufe (auf der Ebene der formalen Operationen, im Jugendalter), die ein zufriedenstellendes Maß an kognitivem Gleichgewicht gewährt. Pointiert: Entwicklung strebt nach höchstmöglicher Aufklärung über die Welt (kritische, voraussetzungsreiche Darstellung von *Piagets* Konzept bei *Oerter/Montada* 1982, S. 375ff.).

Die Stadien der *kognitiven Entwicklung* lassen sich in folgender Tabelle übersichtlich machen:

1. Reflexe als ererbte Reaktionen (Saug-, Greif-, Schluck-)	1.	Monat
2. erste motorische Gewohnheiten	2.–4.	Monat
3. sensomotorische (praktische) Intelligenz	5.–24.	Monat
4. intuitive (präoperationale) Intelligenz	2–7	Jahre
a) symbolisches und vorbegriffliches Denken	2–4	Jahre
b) anschauliches Denken	4–7	Jahre
5. konkrete intellektuelle Operationen	7–12	Jahre
6. formale (abstrakte) intellektuelle Operationen	ab 12	Jahre

Abbildung 5: Stadien der kognitiven Entwicklung (Quelle: *Wieczerkowski/Oeveste* 1982, S. 326)

Auf die Erläuterung der Stadien möchte ich hier verzichten (vgl. gut verständlich: *Wieczerkowski/Oeveste* 1, 1982, S. 326ff.). Während das Kleinkind bis zur sensomotorischen Intelligenz voranschreitet (fast ausschließlich Kontextgebundenheit, Ausprobieren), führt die Phase der intuitiven Intelligenz zur Fähigkeit symbolischen Denkens, d.h. zur Fähigkeit, Handlungen oder Gegenstände, die nicht unmittelbar gegenwärtig sind, durch Zeichen zu ersetzen und zu repräsentieren; später, in der Phase des anschaulichen Denkens – die bis in unsere Altersgruppe hineinreicht – ist es auch in der Lage, aufgrund konkreter Anschauung bestimmte Schlüsse zu ziehen.

Entscheidendes Kriterium für die 6- bis 12jährigen sind die *konkreten intellektuellen Operationen.* Dies meint: Das Kind ist nun in der Lage, einzelne Handlungen zu verinnerlichen und zu Schemata zusammenzufassen. Bestimmte Handlungen sind jetzt ebenso gut im Denken wie in der äußeren Wirklichkeit ausführbar (*darum* ist das Kind jetzt „schulfähig"). Dies kann beispielhaft an der Entwicklung des Invarianzbegriffs gezeigt werden. Für unsere Phase vorauszusetzen ist die *Objektpermanenz*, bereits in der Phase der sensomotorischen Intelligenz (gegen Ende des 1. Lebensjahres) erkannt. Ein Gegenstand wird als solcher wiedererkannt. Schwieriger ist das Erkennen der Invarianz physikalischer Konstanten der Objekte: Substanz, Gewicht und Volumen. Alle drei verändern sich ja nicht, wenn ein Objekt im Wahrnehmungsfeld bestimmten Veränderungen unterworfen ist (Zerlegung, Änderung der Anordnung von Teilen). Bis zum Schulalter kann die Invarianz der physikalischen Konstanten nicht erkannt werden. Die *Invarianz* der *Substanz* wird (durchschnittlich) ab 7,6 Jahren durchschaut. Zur Veranschaulichung die bekannte Versuchsanordnung:

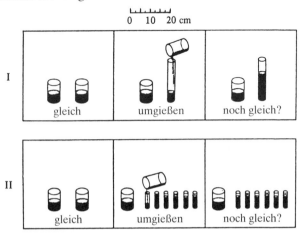

Abbildung 6: Das berühmte Invarianzexperiment (Quelle: *Bruner et al.* 1971, S. 224)

Kleinkinder meinen, daß sich die Menge der Flüssigkeit verändert (wird mehr/weniger), je nachdem, in welchen Formen sie erscheint. Diese Annahme wird auch dann aufrechterhalten, wenn die Flüssigkeit vor den Augen des Kindes umgegossen wird, es also sieht, daß kein Tropfen hinzukommt oder verlorengeht. Die Beobachtungen können noch nicht koordiniert werden. Erst ab 7,6 Jahren verstehen Kinder, daß die Hebung des Niveaus ausgeglichen wird durch Verringerung der Breite oder daß die auf verschiedene Gläser verteilte Flüssigkeit, im geleerten Glas zusammengegossen, wieder die Ausgangsmenge ergibt. Die Invarianz des Gewichts (ab 10,0 Jahren) und des Volumens (ab 11,6 Jahren) wird noch später verstanden. *Piagets* und seiner Mitarbeiter Untersuchungen haben nicht nur klargemacht, welch unerhörte Leistung es ist, Wahrnehmungen zu kombinieren und physikalisch richtig zu deuten; sie haben auf vielen Gebieten auch gezeigt, daß gerade das 6- bis 12jährige Kind sich in einer entscheidenden Lernphase befindet. Der *Jugendliche* ist dann zu formalen Operationen fähig, also dazu, unabhängig von der Wahrnehmung unterschiedliche Einsichten zu koordinieren und in ihrer Widersprüchlichkeit oder Widerspruchsfreiheit begründet einzuschätzen. Neben *immanenter* Kritik an *Piagets* Theorie (zu schmale empirische Basis der Beobachtungen und Versuche; theoretische Unklarheiten) gibt es eine Kritik eher „von außen", die auf den *Kognitivismus Piagets* abhebt und die unzureichende Beachtung emotionaler und ähnlicher Entwicklungsfaktoren beklagt. In Hinsicht auf diesen Mangel kann man sich Rat bei *Erikson* holen. Die allgemeinen Grundannahmen seiner Theorie zum Zusammenhang von „Identität und Lebenszyklus" (1966) ähneln denen *Piagets. Erikson* hat allerdings in seinem Versuch, einen achtstufigen Lebenszyklus darzustellen, einen Beitrag zur Theorie des life-span-development geleistet; neben (dominierenden) psychoanalytischen Annahmen spielen die Umwelt und die Interaktion mit wichtigen Bezugspersonen eine ebenso wichtige Rolle. Den Stufenzusammenhang psychosozialer Krisen, wichtiger Bezugspersonen der Kulturrollenordnung, der psychosozialen und psychosexuellen Dimension hat er selbst in einer Tabelle zusammengestellt (siehe S. 128/129).

	A Psychosoziale Krisen	B Umkreis der Beziehungspersonen	C Elemente der Sozialordnung	D Psychosoziale Modalitäten	E Psychosexuelle Phasen
I	Vertrauen gg. Mißtrauen	Mutter	Kosmische Ordnung	Gegeben bekommen	Oral-respiratorisch, sensorisch kinästhetisch (Einverleibungsmodi)
II	Autonomie gg. Scham, Zweifel	Eltern	„Gesetz und Ordnung"	Halten (Festhalten) Lassen (Loslassen)	Anal-urethral Muskulär (Retentiv-eliminierend)
III	Initiative gg. Schuldgefühl	Familienzelle	Ideale Leitbilder	Tun (Drauflosgehen) „Tun als ob" (= Spielen)	Infantil-genital Lokomotorisch (Eindringend; schließend)
IV	Werksinn gg. Minderwertigkeitsgefühl	Wohngegend Schule	Technologische Elemente	Etwas „Richtiges" machen, etwas mit anderen zusammen machen	Latenzzeit
V	Identität und Ablehnung gg. Identitätsdiffusion	„Eigene" Gruppen, „die Anderen", Führer-Vorbilder	Ideologische Perspektiven	Wer bin ich (wer bin ich nicht) Das Ich in der Gemeinschaft	Pubertät
VI	Intimität und Solidarität gg. Isolierung	Freunde, sexuelle Partner, Rivalen Mitarbeiter	Arbeits- und Rivalitätsordnungen	Sich im anderen verlieren und finden	Genitalität

	A Psychosoziale Krisen	B Umkreis der Beziehungspersonen	C Elemente der Sozialordnung	D Psychosoziale Modalitäten	E Psychosexuelle Phasen
VII	Gnerativität gg. Selbstabsorption	Gemeinsame Arbeit, Zusammenleben in der Ehe	Zeitströmungen in Erziehung und Tradition	Schaffen Versorgen	
VIII	Integrität gg. Verzweiflung	„Die Menschheit" „Menschen meiner Art"	Weisheit	Sein, was man geworden ist; wissen daß man einmal nicht mehr sein wird	

Abbildung 7: Erikson: Identität und Lebenszyklus (Quelle: im gleichnamigen Buch, 1973, S. 214/215)

Die meist beachtete Stufe ist V: Nach der Pubertät hat der Jugendliche die Entwicklungsaufgabe, seine Identität zu bilden. Dies kann er, weil er nun selbst zur Gruppenbildung fähig ist, die selbstreflektive Frage nach sich selbst stellen kann (unter Einbeziehung dessen, was andere meinen und was andere *über ihn* meinen können). Die unserer Altersgruppe zugeordnete Stufe ist Nr. IV, gekennzeichnet durch die Spannung zwischen „Werksinn" und „Minderwertigkeitsgefühl". Dieser vierte Wechsel der Perspektiven ist eine vierte Krise des Menschen („Krise" ist nicht identisch mit „Gefährdung" oder „Störung"; nach *Erikson* sind Krisen konstitutive Bestandteile menschlichen Wachstums und wichtige Schaltstellen für die Entfaltung neuer psychodynamischer Energien). Die Entgegensetzung (hier: „Werksinn"/„Minderwertigkeitsgefühl") zeigt, daß es *ge*-, aber auch *miß*lingende Formen der Krisenbewältigung geben kann. Die ersten drei Stufen (ihnen ist die orale, anale und genitale Phase zugeordnet) vollziehen sich im sozialökologischen Nahraum (Familie); das Kind muß hier gelernt haben, anderen vertrauen zu können, über sich und andere begrenzt verfügen zu können (das Kind darf nicht mehr mit der Mutter symbiotisch verfließen wollen) und durch „Eindringen" in das Unbekannte den Handlungsraum zu erweitern und zugleich eine erste geschlechtliche Neigung (bei Jungen Eifersucht auf den Vater, bei Mädchen auf die Mutter) so abzuarbeiten, daß die Gefühle von Eifersucht und Rivalität produktiv bewältigt werden. Das vierte Stadium kennzeichnet *Erikson* mit der Formel: „Ich bin, was ich lerne", und er fügt hinzu: „Jetzt will das Kind, daß man ihm zeigt, wie es sich mit etwas beschäftigen und wie es mit anderen zusammen tätig sein kann." (1966, S. 98) Damit ist das Kind psychodynamisch bereit für systematische Unterweisung – also, zur Schule zu gehen. Dabei ist es gerade jetzt wichtig, das kindliche Spielen nicht zu vernachlässigen, etwa in der falschen Meinung, mit dem Eintritt in die Schule müsse das Kind allmählich den „Ernst des Lebens" lernen. Das Kind hat Lust zu arbeiten und mit anderen etwas zu schaffen, aber gerade spielerische Tätigkeiten sind dafür ein wichtiges Vehikel:

Ungefähres Alter	Piaget	Erikson	Zone	Bezugsperson
0–2 Jahre	sensomotorische Intelligenz	Vertrauen gegen Mißtrauen	Zentrum	Eltern
2–4 Jahre	symbolisches und vorbegriffliches Denken	Autonomie gegen Schamgefühl	Zentrum (Nahraum)	Eltern, Geschwister, andere Kinder (Kindergarten)
ab 4 Jahre	anschauliches Denken	dito	Zentrum Nahraum	dito
5 (6)–12 Jahre	konkrete intellektuelle Operationen	Werksinn gegen Minderwertigkeitsgefühl	Zentrum Nahraum Ausschnitt (Schule) Peripherie	Eltern, Geschwister, Peers, Lehrer, weitere Personen und Medien
ab 12 Jahre	formale (abstrakte) intellektuelle Operationen	Identität gegen Identitätsdiffusion	(Zentrum) Nahraum Ausschnitte Peripherie	Eltern, Geschwister, Peers, Lehrer, Ausbilder, weiter Personen (erste Paarbildung), Medien

Abbildung 8: Wichtige Komponenten der Stufenlehre *Piagets* bzw. *Eriksons*

„Was also ist das kindliche Spiel? Wir sahen, daß es nicht das Äquivalent des Spielens der Erwachsenen ist, daß es nicht Erholung ist. Der spielende Erwachsene tritt aus seiner Welt heraus und versetzt sich in eine künstliche Realität; das spielende Kind schreitet vorwärts zu neuen Stufen von Realitätsmeisterung. Diese beschränkt sich nicht auf die technische Bemeisterung von Spielsachen und Dingen; sie umfaßt auch einen kindlichen Weg der Bewältigung von Erlebnissen durch Meditieren, Experimentieren und Planen, allein und mit Spielgefährten." (Ebd., S. 102)

Es ist durchaus möglich, *Piagets* und *Eriksons* Stufentheorie in einigen wesentlichen Punkten zusammenzustellen, wie ich es mit der Übersicht auf S. 165 versucht habe.

Das Stichwort „Werksinn" kennzeichnet sehr gut das, was *Piaget* mit „konkreten intellektuellen Operationen" meint. Daß neue Beziehungen aufgenommen werden, ist dabei sowohl aus Gründen der *kognitiven* wie *emotionalen* Entwicklung notwendig. Etwas zu schaffen: Das muß nun ausprobiert werden in neuen Situationen und mit neuen Personen; die Erfahrungen mit den Eltern haben – nach *Erikson:* vor allem auch nach Abschluß der psychosexuellen Auseinandersetzung – einen vorläufigen Sättigungsgrad erreicht. Insofern markiert der Schuleintritt, der am Beginn dieser Altersgruppe steht, nicht nur die Erweiterung *und* Neustrukturierung der Lebenswelt, sondern auch eine einschneidende Veränderung im Spektrum der Bezugspersonen. In keiner anderen Altersphase kommen auf den heranwachsenden Menschen so viele neue Kontaktmöglichkeiten zu. Damit ist gleichzeitig die bevorzugte Orientierung an den Eltern zu einem bestimmten Ende gekommen. Andererseits dürfen wir nicht vergessen, daß zwischen den Phasen ein Fließgleichgewicht herrscht und die vorangehenden Phasen in den folgenden aufgehoben sind. Ist es den Eltern gelungen, in der Phase der sensomotorischen Intelligenz durch Körperkontakt, Freundlichkeit, Schutz und Nähe ein Vertrauen in Mitmenschen und die Welt zu erzeugen; haben sie das Kind bei seinem Streben nach Autonomie unterstützt (und ihm nicht, beispielsweise durch übertriebene Reinlichkeitserziehung, ein überstarkes Schamgefühl aufgezwungen), so haben sie dem Kind eine prosoziale Grundeinstellung gegeben, die sich auch in der Treue des Kindes zu seinen Eltern zeigen wird. Die Beschäftigung mit sich selbst ist zu einem gewissen Abschluß gekommen; die Lust, dadurch, daß man etwas schafft, sein (noch verletzliches und entwicklungsfähiges) Ich zu stützen, verbindet sich jetzt angemessen mit der Fähigkeit, das Denken zunehmend von dem eigenen Standpunkt und der eigenen Perspektive zu lösen (ein Wahrnehmungsfeld auch aus der Perspektive anderer Beobachter zu rekonstruieren) und Handlungen auf mittelbare Objekte durch interne Repräsentation zu richten, wobei die Koordinierungsleistungen ansteigen. Damit ist der Egozentrismus des Kleinkindes überwunden (prosoziales Verhalten wird zunehmend möglich) – aber nicht in dem Sinne eines Verschwindens, sondern einer Umwandlung gleichsam in einen neuen Aggregatzustand. War der Egozentrismus bisher notwendig, die Orientierung des Kindes gegenüber der Außenwelt stabil zu machen, so ist er jetzt das sichernde Fundament eines Ich, das sich um so unbefangener auf Sachen und Menschen einlassen kann.

Entwicklung als Aufgabe

Die vorangehende „integrierende" Betrachtung kindlicher Entwicklung stellte nicht nur eine Beschreibung dar; sie enthielt jeweils auch einen Soll-Wert. Wenn behauptet wurde, daß das Schulkind zunehmend fähig sei zu konkreten intellektuellen Operationen und dies seinem Werksinn entspreche, so war damit nicht nur ausgesagt, daß das Kind „von sich aus" nun danach strebe, beispielsweise in der Schule mit anderen im Spiel und Experiment (z.B. mit der Konzentrationsfähigkeit) sich etwas zu erarbeiten, sondern auch, daß unsere Gesellschaft eben Einrichtungen geschaffen hat, die gerade zu diesem Zeitpunkt ermöglichen, diesem Interesse des Kindes entgegenzukommen. Jede Einrichtung/Institution vertritt jedoch nicht nur die Interessen des einzelnen, der in sie eingeht, sondern auch der Gesamtheit derer, die diese Institution geschaffen haben. So dient die Schule nicht nur der Selbstverwirklichung des Kindes, sondern *zugleich* auch seiner Einführung in Kulturtechniken und gesellschaftliche Erwartungen, damit es später Vergleichbares leistet wie die Eltern und an deren Stelle treten kann. Bildungsinstitutionen sind eine Einrichtung *sozialer* Vererbung, und das meint: Die jeweiligen Kulturen definieren von sich aus, was sie für notwendig und angemessen erachten.

Erwartungshaltungen sind also sowohl subjektiv wie objektiv „konstruiert". Im glücklichen Falle ergibt dies ein Ergänzungs- und Durchdringungsverhältnis, im ungünstigen einen Widerspruch (das Kind möchte zu seiner Selbstverwirklichung spielen, die Schule zwingt es zum Arbeiten), der zunächst persönliche Krisen auslöst, auf Dauer aber auch solche der Institution. *Havighurst* hat den Zusammenhang zwischen „developmental tasks" und Erziehung thematisiert, indem er betont, daß jede Lebensphase dem Menschen bestimmte Aufgaben oder Anforderungen zuweist. Die Definition dieser *Entwicklungsaufgaben* kann „vom Kind" aus, entwicklungspsychologisch begründet, erfolgen, aber auch aus der Sicht gesamtgesellschaftlicher Interessen. So haben Kinder die Sexualreife verhältnismäßig früh erworben; eine durch Ehe legalisierte Ausübung der Sexualität wird aber in der Regel erst nach Abschluß einer Ausbildung und dem Ergreifen eines Berufes ermöglicht. Im Fall solcher Diskrepanzen sind es zunächst die „Betroffenen", die nach einem Ausweg suchen. Der sogenannte voreheliche Geschlechtsverkehr, das Erproben der eigenen Liebes- und Kontaktfähigkeit mit wechselnden Sexualpartnern ist dann ein Versuch, eigene Bedürfnisse und Entwicklungszustände auch dann angemessen zu verwirklichen, wenn die gesellschaftlichen Vorkehrungen für die „Lösung" dieser Entwicklungsaufgabe dies zu einem anderen, späteren Zeitpunkt vorsehen. In der Regel werden dann die gesellschaftlichen Einrichtungen gezwungen, Entwicklung und Entwicklungsaufgabe wieder zu koordinieren: durch Einführung von Sexualaufklärung, die medizinische Entwicklung von Kontrazeptiva, die moralische Legalisierung nichtehelicher Beziehungen usf.

Die Unzufriedenheit vieler Jugendlicher mit ihrem Status, die zu Jugendunruhen führt, hat ihren Grund häufig darin, daß *Einschätzung* des eigenen Entwicklungsstandes und damit verbundene Forderungen, die *gesellschaftliche Formulierung* entsprechender Entwicklungsaufgaben und (neuerdings immer häufiger) die *Möglichkeiten*, diese Vorkehrungen auch zu realisieren, nicht in Übereinstimmung zu bringen sind. Für die Kindheit hingegen kann mit aller Vorsicht behauptet werden, daß es weitgehend gelungen ist, Entwicklungsstand und Entwicklungsaufgaben aufeinander abzubilden. Die Entwicklung ist dabei schneller und flexibler als das, was gesellschaftlich als Bearbeitungschance angeboten wird. Ich hatte beispielsweise darauf hingewiesen, daß die Vorverlegung der sexuellen Reife möglicherweise Elemente eines anderen Umgangs mit 10- bis 12jährigen erfordert als bisher. Wenn wir beobachten, daß Discobesuche und die Durchführung von Parties und Feten, früher den 16jährigen und älteren vorbehalten, heute schon für 12jährige eine Selbstverständlichkeit sind, so müssen, welchen Gründen sich diese „soziale Akzeleration" auch immer verdankt – zweifellos zu einem großen Teil der Popkultur in den Medien! – der soziale Spielraum und die mit ihm verbundene Entwicklungsaufgabe auch auf diese „Verfrühung" neu eingestellt werden. Wird dies versäumt, führen die Diskrepanzen zwischen Entwicklung und Entwicklungsaufgabe zu Entfremdungserscheinungen auf beiden Seiten: bei den Kindern *und* den Institutionen, die vorgeben, für sie da zu sein und ihr Bestes zu wollen.

Kritik der Entwicklungspsychologie

Systematisch Interessierte mag die vorangehende Darstellung ermuntert haben, sich intensiver mit Stufenkonzepten zu beschäftigen. Ich selbst bin der Meinung, daß wir Theorien zur Entwicklung brauchen und die vorliegenden Forschungsergebnisse nicht ignorieren dürfen. Dies bedeutet jedoch nicht, daß wir mit der derzeitigen Situation zufrieden sein könnten. Dies nicht nur aus Gründen, wie sie von Vertretern der Entwicklungspsychologie häufig selbst genannt werden:

– Die theoretischen Ansätze sind unvollständig, ihre Reichweite ist begrenzt.

- Die empirische Überprüfung wird um so schwieriger, je umgreifender theoretische Ansätze sind.
- Die Methoden von Test und Experiment und die Bevorzugung von Laborsituationen (aus Gründen besserer Überprüfbarkeit der jeweils erhobenen abhängigen und unabhängigen Variablen) vernachlässigen die reale Lebenssituation, so daß die Ergebnisse nur begrenzt auf diese übertragbar sind; hier wird zunehmend Feldforschung empfohlen und Beachtung von Gesichtspunkten der Ökopsychologie.
- Ähnliche Kritikpunkte betreffen die Psychoanalyse: Ihre Theorien entwickelt sie auf der Basis oft sehr begrenzten, klinischen Fallmaterials. Der Vorwurf, die Überprüfbarkeit von Behauptungen werde durch Intuition ersetzt, genügt freilich nicht, die Psychoanalyse zu disqualifizieren: Diese hat eine andere theoretische Begründung und versteht sich (im weiten Sinne) als hermeneutisch-analytische Verstehenslehre; die Orientierung an Fallgeschichten ermöglicht jedenfalls größere Anschaulichkeit, ist in gewisser Weise auch näher beim „Subjekt". Dagegen steht ein häufig spekulativer Charakter.

Generell ist kritisch anzumerken, daß es vielen Entwicklungspsychologen – pointiert ausgedrückt – eher um die Meß- und Überprüfbarkeit ihrer Theorien geht als um den „Gegenstand" der Betrachtung, dem das ganze Bemühen eigentlich gilt. Eine hypertrophe Methodisierung inspiriert die wissenschaftsinterne Diskussion, während vom Leben und Alltag der Kinder kaum noch die Rede ist: „Man erfährt nichts mehr über das Zusammenleben und seine typischen Schwierigkeiten, kaum etwas von den Eigentümlichkeiten und Inhalten der Sprache des Kindes, von seinem Eingehen auf die verschiedenen Erwartungswelten und die dadurch bedingte Mehrsprachigkeit; kaum noch etwas von den Ausdrucksweisen im Spiel, in den Kinderzeichnungen und sonstigen Produktionen – es sei denn, sie lassen sich in eine Theorie der kognitiven Spannungen und Diskrepanzen einfügen. Noch weniger erfahren wir von der Gefühlswelt, den Phantasieleistungen, den Träumen und Ängsten des Kindes. Ein wissenschaftliches Vexierbild ist entstanden mit der Suchaufgabe Wo bleibt das Kind? (*Langeveld*), nämlich das Kind mit seinen alltäglichen, wahrnehmbaren Äußerungen, das Kind als Gegenüber des Erziehers." (*Flitner* 1978, S. 185f.) Die Entwicklung lebensweltbezogener Konzepte (vgl. auch in diesem Buch) versucht, dieser Entfernung vom Kind Einhalt zu gebieten und den Blick dorthin zurückzulenken, wo Aufwachsen tatsächlich stattfindet. So unverzichtbar es ist (vgl. noch das nächste Kapitel!), wichtige Ergebnisse der Entwicklungspsychologie auch für eine pädagogische Orientierung zu verarbeiten, so sehr muß man sich doch ständig vor Augen halten, daß die (inzwischen erheblichen) Datenberge und Informationen nicht primär für die Praxis erzeugt wurden; man muß ihnen die Umsetzung ins Konkrete gleichsam abpressen. Noch schwieriger ist es, die derzeitige Entwicklungspsychologie mit weitergehenden Ansätzen zu verbinden (obgleich dies zunehmend versucht wird, auch in diesem Buch): Eine bruchlose Theorie des Kindes, der kindlichen Entwicklung und der Kindheit ist nicht in Sicht. Dieser Zustand ist bedauerlich; aber man kann ihm auch eine gute Seite abgewinnen: indem man sich durch die Unterschiedlichkeit von Zugängen, Zusammenhängen und Erklärungen die Relativität aller auf den Menschen bezogenen Erkenntnis vergegenwärtigt. Neuerdings versuchen wir eine *Situationstheorie* (Jahoda 1980) zu entwickeln. Die Leitkategorien sozialer Kontext, Lebenswelt und Wachstumsprozesse, Entwicklung können nämlich in Hinsicht auf *Funktionen* decodiert werden, die freilich nicht, wie zunächst naheliegend, nur nach der Funktionalität eines Verhaltens im Rahmen von Anpassung oder Adaption an Umweltgegebenheiten interpretiert werden darf (*Chasiotis/Keller* 1995, S. 21ff.). Heute beachten wir stärker als in anderen Zeiten – weil der soziale Wandel so nachdrücklich ist –, daß vor allem *Kultur* und Entwicklung enger zusammengehören, als bisher bedacht. Damit beachten wir einen *übergreifenden Funktionszusammenhang*, den wir auch durch Begriffe wie Lebenswelt oder Alltag zu beschreiben pflegen. Wir hatten bereits gesehen, daß beispielsweise die Verinselung der Kindheit oder die Veränderung von Tagesabläufen durch vermehrte Medien und Medieninhalte zu neuen *Figurationen* führen können, die sich weniger auf Entwicklung als auf Quartierskultur (Wohn- und Lebenslage) zurückführen lassen. Dem entspricht, daß zwar die festen Fügungen in der Eltern-Kind-Beziehung zunächst weiterhin bedeutend bleiben. Aber 6jährige und ältere Kinder werden immer früher aus dem Profil *natürlicher* Sozialisation entlassen. Kulturvergleichende Befunde zur frühkindlichen Sozialisation zeigen beispielsweise, daß in allen Jäger- und Sammlergesellschaften

(etwa 30.000 Jahre alt) bestimmte Grundregeln übergreifend nach Ort und Zeit (Generationen) gültig sind, wie
- die primäre Bezugsperson ist die Mutter,
- das Kind wird nach Bedarf gestillt,
- es besteht praktisch ständiger Körperkontakt zur Pflegeperson (meist die Mutter),
- Säuglingsschreien ist (im Vergleich zu westlichen Maßstäben) sehr selten,
- das Kind wird im Alter von zwei bis drei Jahren völlig abgestillt,
- immer sind andere (weibliche) Erwachsene in der Nähe, um die Mutter zu unterstützen,
- nicht nur die Mutter, sondern alle Erwachsenen sind gegenüber Kindern sehr nachsichtig (ebd., S. 24).

Diese universellen Interaktionsstrukturen frühester Kindheit umfaßt gleichsam ein „intuitives Elternprogramm als interkulturelle Verhaltensuniversalie" (ebd., S. 25). Offenbar ist dies u.a. daraus erklärbar, daß es in den ersten Lebensjahren zunächst um Kinderpflege und Behütung geht, Tätigkeiten also, die einen begrenzten Schutzraum umfassen und in den Patterns der Grundhaltungen sehr begrenzt sind. Die von uns beschriebene Kindheit vom Einschulungsalter ab führt jedoch stärker als in den ersten Entwicklungsjahren in kulturell wandelbare Zonen und unterstützt durch sozialen Wandel zunehmend Bereiche, in denen Erziehungspotentiale im Kreis der Familie zur Entfaltung kommen. Aber schon Erziehung ist eine sehr komplexe Tätigkeit, die zudem durch Vorstellungen, Erwartungen und „Mythen" aller Art gestaltet ist. Das heutige Aufwachsen in differenzierten Gesellschaften mit einer Vielzahl von Anforderungen und sozialen Settings führt sehr früh zu einer Fülle von Milieuvariablen und zu einer hohen *Gestaltungsoffenheit*. Die schon formulierte Vorstellung des kompetenten Kindes ist, so betrachtet, eine Folge der Tatsache, daß moderne Gesellschaften schnelleren Veränderungen unterliegen und die Stabilität von Wiederholungszyklen sinkt. Alle herangezogenen entwicklungspsychologischen Daten sind also immer in den so beschriebenen Situationskontext hoher Variabilität einzulesen.

3. Dimensionen der Entwicklung

Im folgenden werden, jeweils stark verdichtet, für die kindliche Entwicklung wesentliche Beiträge vor allem der Entwicklungspsychologie knapp dargestellt und diskutiert; Grenzüberschreitungen geschehen dabei absichtlich. Die aufgeführten Dimensionen sind nicht trennscharf, sondern sie durchmischen, durchlagern sich. Der letzte Abschnitt über geschlechtsspezifische Entwicklung bietet eher einen zusätzlichen Aspekt, der bei der Betrachtung der „Dimensionen" jeweils (mit je unterschiedlichem Gewicht) zu beachten wäre.

Wahrnehmung

In der Regel versteht man unter Wahrnehmung einen physiologisch und psychologisch beschreibbaren Prozeß, der zur Gewinnung und Verarbeitung von Informationen führt, die aus inneren und äußeren Reizen gewonnen werden; diese Reize führen zu einem (meist bewußt, aber auch unbewußt gelenkten) Auffassen und Erkennen von Gegenständen und Vorgängen. Der Wahrnehmungsprozeß wird dabei außer durch Empfindungen durch Gestalttendenzen, Gedächtnisinhalte, Interessen, Gefühle, Stimmungen und Erwartungen mitbestimmt. Mit Hilfe der Wahrnehmung schaffen wir uns ein Vorstellungsbild von der Umwelt, strukturieren sie nach Relevanzen und Reichweiten, um uns in ihr zu orientieren und erfolgreich zu bestehen.

Damit ist Wahrnehmung grundlegend für alle anderen Operationen: Erfolgreich-motorisches Verhalten ist ohne Wahrnehmungskompetenz ebenso unmöglich wie die Entwicklung der Intelligenz. „Wahrnehmung" und „Kognition" („kognitive Entwicklungspsychologie" *Piagets*, die sich vor allem mit der Entwicklung intelligenter Leistungen beschäftigt) sind dann insofern nicht trennbar, als die Organisation von Wahrnehmung Grundlage der kognitiven Entwicklung ist. Wir hatten bei der Diskussion von *Piagets* Theorie bereits gesehen, daß die sukzessive Einsicht in die Invarianz physikalischer Konstanten (Invarianz der Substanz, des Gewichts und des Volumens) erst allmählich erlernt wird. Während Wahrnehmungen zunächst eher *feldabhängig* sind, werden sie bereits im Abschnitt der konkreten Operationen *relativ feldunabhängig*. Während feldabhängige Kinder ein Wahrnehmungsobjekt nicht aus dem Kontext herauslesen oder aus einer Perspektive sehen können, die nicht die ihre ist, verfährt die feld*un*abhängige Wahrnehmung analytisch und zusammensetzend. Kinder, die ihre Umgebung in einer derart analytischen Weise erfahren, „neigen zu einem artikulierten Leib-Konzept (...) Die Fähigkeit, einen Gegenstand getrennt und nicht eingebettet vom Kontext zu erfahren, ist eine charakteristische Wahrnehmungsform von Menschen, die ihren Leib als artikuliert, d.h. nicht als eine vage Masse, sondern klar getrennt von der Umgebung erfahren (...) Wenn die Außenwelt als artikuliert erfahren wird, so gilt dies für das Innen ebenso. Die mit der Körper-Schema-Artikulation verbundene Erfahrung separater Identität geht nun auch, wie zu erwarten ist, mit einer Ich- bzw. Selbsterfahrung einher, die sich in zwischenmenschlichen Begegnungen behaupten kann, die, vor kognitive Probleme gestellt, die Gegenstände klar in Fokus bringt und damit eine Grundlage intellektueller Bewältigung schafft und die schließlich gegenüber Haltungen, Gefühlen und Notwendigkeiten anderer Menschen eine eigene Haltung bewahrt." (*Witkin u.a.* 1962)

Egozentrismus und eine feldabhängige Wahrnehmung entsprechen sich. Kleinere Kinder (4jährige) können, wenn sie Fotografien ihnen vertrauter Gegenstände – etwa Mülltonnen auf einem Gehweg – in 12 bis 14 zunehmend schärfer werdenden Einstellungen vorgeführt erhalten, noch nicht zunächst entwickelte Deutungshypothesen verwerfen, neue aufstellen und so ihre Wahrnehmungsdeutungen solange modifizieren, bis sie diese mit dem gezeigten Gegenstand in Übereinstimmung gebracht haben. Sie produzieren vielmehr Gesamtdeutungen, die sie auch bei steigender Bildschärfe nicht korrigieren können. 5jährige verändern ihre Wahrnehmungshypothesen, sind aber noch nicht in der Lage, sie miteinander kongruent zu machen. Erst 9jährige können aufgrund einer realistischen Grundhaltung Widersprüchlichkeiten entdecken und ausmerzen und damit adäquate von nichtadäquaten Hypothesen unterscheiden. Wenn auch eine einmal aufgebaute Deutungsstruktur generell hemmend auf Umdeutungen sich auswirkt, können 17jährige und Studenten dann virtuoser ein Netzwerk von Haupt- und Nebenhypothesen entwickeln; dies kann wiederum zu einer Übersteuerung führen, so daß sie den Wahrnehmungsgegenstand wegen zu komplizierter Annahmen verfehlen (*Potter* 1971). Insofern haben 9jährige ein gewisses Optimum erreicht: Sie denken nicht zu kompliziert, verlieren sich nicht in weitergehenden Abstraktionen, sondern bleiben sachbezogen konzentriert, ohne doch die notwendige Flexibilität vermissen zu lassen, wenn sie ihr Wahrnehmungsurteil ändern müssen. Tatsächlich sind Kinder in diesem Alter, wie jede Altersbeobachtung bestätigen kann, äußerst scharfblickende, aufmerksame und treffend erkennende Beobachter. Sie sind längst in der Lage, Dinge auch aus der Perspektive anderer zu betrachten; sie können aus einer Gesamtgestalt Wesentliches selegieren. Auch die Differenzierungsfähigkeit (unterscheiden, identifizieren, benennen) von Farb- wie Formmerkmalen steigt in diesem Alter an. Da in unserer Gesellschaft Formen für die Orientierung häufig wichtiger sind als Farben, kann man eine gewisse Bevorzugung der Formwahrnehmung beobachten, insbesondere bei den Kindern, die sich inzwischen – im Gegensatz zum Kleinkind – soweit distanzieren können, daß sie durch Farbwahrnehmung nicht unmittelbar überwältigt werden können. Die Wahrnehmung wird eben zunehmend von Denkprozessen begleitet.

Dennoch sind gerade bei Kindern Wahrnehmungen häufig mit starken Emotionen verbunden. Sie dienen also keineswegs nur der kognitiven Vergewisserung (wie die in diesem Zusammenhang meist zitierten Arbeiten von *Piaget* verengend nahelegen). So spielen Träume für Kinder eine wichtige Rolle. Nach *Novalis'* Heimat der Seele, stellen sie nicht nur Verdrängungen dar, sondern zeigen auch die „künstlerische

Gestaltungsfähigkeit der Seele" (*Müller-Wiedemann* 1973, S. 159). Bilder, Bewegungen und eigene Handlungen gehen beim jüngeren Kind noch weitgehend rhythmisch ineinander über, Wachbewußtsein und Schlaf werden nicht kategorial getrennt. Wahrnehmung ist leibgebunden, und das heißt, sie wird über alle Sinne ganzheitlich erfahren und gewinnt dadurch ihre Intensität. Die älteren Kinder (etwa die 9- bis 12jährigen) leben auch noch in einer magisch-durchschränkten Welt (vgl. die „Tics"), aber gleichzeitig lernen sie, deutliche Grenzen zu ziehen zwischen Vorstellung und Realität; Traum, Hoffnung und Tatsächlichkeit. Dies befähigt sie zur bewußten *ästhetischen Wahrnehmung*. Kleinere Kinder leben unreflektiert in der Welt, während ältere dann in der Lage sind, die Schönheit einer Landschaft, die Sanftheit einer sommerlichen Abendstimmung zu empfinden und zu genießen. Dies bedeutet jedoch nicht, daß sie in ein sentimentales Verhältnis zur Welt treten – im Gegenteil. Kinder dieses Alters behalten ein ursprünglich-vitales Verhältnis zu ihrer Umgebung und zu den Menschen, sie „agieren situationsgebunden, unverzüglich, ohne Weitsicht bezüglich der sozialen Folgen sich zum Teil auch körperlich präsentierend" (*Rumpf* 1981, S. 20). Auch die Wahrnehmung bleibt sinnlich bestimmt (vgl. *Emil Sinclairs* Wahrnehmung der „Zwei Welten"!), und so distanzieren sie sich noch nicht entschieden von der Umwelt durch betrachtende Reflexion; vielmehr gehen sie in ihr auf, ohne die Folgen ihres Verhaltens zu kalkulieren.

Kinder brauchen also Umwelten, in denen sie sich zurechtfinden können (Übersichtlichkeit, Gegliedertheit), aber ihre Vitalität bedarf auch der Verlockung des Unüberschaubaren, und ihr Streben nach Welterkenntnis sucht starke Eindrücke (darum ist es bedauerlich, daß vor allem in unseren Städten Farben eine so geringe Rolle spielen!). Fernsehen und Video faszinieren auch *deshalb* Kinder so sehr, weil hier außergewöhnliche Eindrücke zur Verarbeitung angeboten werden. Eine Überlastung freilich ist gefährlich, weil Kinder nicht zur Distanzierung und kognitiven Bewältigung des Geschehens fähig sind. So wenig, wie wir ihre sinnlich-vitale Lust am Riechen, Fühlen, Schmecken, Zeigen beschneiden und überwachen sollten, so sehr müssen wir andererseits eine Reizüberflutung dann abwehren, wenn sie von außen kommt und nicht im Lebensraum des Kindes durch aktive Verarbeitung Authentizität gewinnen kann.

Motorik

Auch im Bereich der motorischen Entwicklung kann von einer fortschreitenden *Differenzierung* und gleichzeitiger *Zentralisierung* (der Koordinierung von Teilfunktionen, um ein Ziel zu erreichen) gesprochen werden. Man unterscheidet zwischen

- Neuromotorik,
- Sensomotorik,
- Psychomotorik/Soziomotorik,

die insgesamt als „Bedienungsfelder der motorischen Entwicklung anzusehen sind, die in den einzelnen Altersstufen in unterschiedlichem Maße zum Tragen kommen. Sie können als Teilaspekte eines umfassenden, dynamischen Adaptionsprozesses des Organismus an die Umwelt bezeichnet werden." (*Schilling* 1981, S. 97) Während Mädchen in der Vorschulzeit gegenüber den Jungen Formen des Springens und der Fortbewegung eher differenziert haben, sind die Jungen in grobmotorischen Bewegungen überlegen, die vorwiegend Körperkraft erfordern. Im Grundschulalter können dann die Jungen den Entwicklungsvorsprung der Mädchen ausgleichen, indem sie schnell differenzierte motorische Koordinationsleistungen zeigen. Insgesamt scheint es so zu sein, daß die Jungen im motorischen Bereich nun ein reicheres Spektrum an Bewegungsformen gewinnen und damit den Mädchen überlegen sind; deren motorische Entwicklung stagniert spätestens mit der Pubertät (ebd., S. 99).

Wieder genügt es nicht, Motorik nur als eine körperliche Koordinationsleistung zu interpretieren, die *funktional* notwendig ist (für die Gesundheit des Körpers, die Fähigkeit zu schreiben, Entfernungen angemessen einzuschätzen, um sich sicher zu bewegen usf.). Motorik schließt vor allem Bewegungs*lust* ein. Dies gilt insbesondere für unsere Altersphase:

„Die mittleren Kindheitsjahre sind der Zeitraum, in dem je nach Klima und Art der Kultur viel mehr oder weniger wichtige motorische Fertigkeiten erlernt werden. Obgleich der Zeitpunkt des Erwerbs verschieden ist, lernt das typische amerikanische oder westeuropäische Kind in der mittleren Kindheit Radfahren, Schwimmen und Tauchen, Rollschuhlaufen, Schlittschuhlaufen, in den Kniekehlen an der Teppichstange hängen, Schlagball und Fußball spielen, oder was immer seine Kultur für Sportarten bevorzugt, zu schielen, kreiseln, Seil springen (dies ist hauptsächlich ein Zeitvertreib für Mädchen, aber auch die Jungen tun es, wenn keine Mädchen dabei sind), mit den Fingern schnalzen, mit einem Auge zwinkern und pfeifen. Die Jungen spielen Messerwerfen und die Mädchen mit Puppen." (*Stone/Church* 1978, S. 128)

Wie wichtig die Möglichkeit zur körperlichen Bewegung ist, zeigt die Situation Körperbehinderter. Bewegungsbehinderte Kinder sind von Bewegungsspielen weitgehend ausgeschlossen, die einen wichtigen Beitrag leisten für das Vorstellungs-, Gefühls-, Phantasie- und Willensleben des Kindes – neben Realitätserwerb (Ausmessen der eigenen Kraft, Spannkraft und des Raumes) und der Aggressionsabfuhr im Sinn psychoanalytischer Theorie (*Wölfert* 1980, S. 907).

In der Schule wird mit diesem wilden, durch Toben und extreme Körperbewegungen ausgedrückten In-der-Welt-Sein Schluß gemacht. Jetzt wird ein sozialökologischer Ausschnitt betreten, in dem zivilisiertes Betragen vorgeschrieben ist. Motorik wird jetzt ausschließlich funktionalisiert auf im Klassenraum erwünschte Verhaltensweisen (stillsitzen können, gerade auf dem Stuhl sitzen können, den Füller richtig halten können), und auch der Turn- und Sportunterricht domestiziert durch Geräte und abgemessene Aschenbahnen wildes Tobeverlangen wie hingebungsvolles Sich-in-den-Raum-Strecken. Einander berühren, sich miteinander am Boden wälzen, wild hintereinander herlaufen: Noch auf dem Schulhof, einem eingeklemmten Freiraum zwischen den Unterrichtsstunden, wird dieses Verhalten jetzt geahndet. Die Beschneidung motorischer Möglichkeiten führt so zu einer Domestizierung der Seele, die, wenn sie erreicht ist, manchmal von denen beklagt wird, die alles getan haben, sie zu gewährleisten.

Intelligenz, Denkfähigkeit

„Intelligenz" ist ein Konstrukt, umfassend „jeweils eine Anzahl von Faktoren im Bereich geistiger Tätigkeit, die bei der Bewältigung kulturspezifischer Aufgaben einer bestimmten Gesellschaft besonders wichtig sind. Die individuelle Intelligenz wird heute überwiegend durch Intelligenztests diagnostiziert, wobei Entwicklung, Umwelt und psychophysiologische Konstitution wichtige bedingende Faktoren für die Intelligenzentwicklung sind. Wichtig ist, daß die Tests nur das messen, wonach sie fragen. Dies wird in der Regel durch bestimmte gesellschaftliche Standards festgelegt, die ihrerseits nicht willkürlich gewählt sind, sondern durch die Probleme entwickelt, die eine Gesellschaft sich definiert." (*Baacke* 1983, S. 86) Intelligente Leistungen werden als *Denk*leistungen klassifiziert. Sie stehen im Mittelpunkt schulischer Unterweisung, spielen aber auch sonst in unserer differenzierten, komplizierten Gesellschaft eine zentrale Rolle für Orientierung, Selbstfindung, soziale Anerkennung und gesellschaftlichen Positionserwerb.

„Intelligenz" ist ein Substrat, das durch Lernen entwickelt, trainiert und mit Denkinhalten versehen wird. Die Position des klassischen Behaviorismus sah Lernvorgänge als die angemessene Verarbeitung von Stimuli, die selbst in Form von Umwelteinflüssen oder arrangierten didaktischen Materialien passiv hingenommen werden. Das Kind verknüpft die einzelnen Stimuli, wobei erworbenes Wissen wieder verlernt und gelöscht werden kann. Dieses klassische Lernkonzept ist inzwischen überwunden. Lernen ist *strukturierendes Lernen*, das bedeutet: Die lernende Person ist selbst aktiv in einem „Prozeß fortschreitender Interaktion zwischen Individuum und Umwelt (…) Verhalten und Erleben bestehen nicht aus einzelnen, voneinander isolierten Elementen, sondern sind strukturiert, d.h. zu Systemen zusammengeschlossen, in denen für das Ganze geltende Gesetzmäßigkeiten die Beziehungen zwischen den Einzelelementen regulieren. Strukturen sind nicht statisch und unveränderlich, sondern unterliegen der dynamischen Tendenz zur Anpassung an die Umwelt (Akkommodation). Indem das Individuum mit seiner Umgebung in einem ständigen Austauschprozeß lebt, wird es dazu veranlaßt, die zur Verfügung stehenden Strukturen seines Denkens, Fühlens, Wollens und Handelns den Anforderungen der Umwelt gemäß zu modifizieren. Dem entsprechend erweitern sich die Strukturen im Laufe der Entwicklung und bauen in einer hierarchischen Frequenz aufeinander auf, die einer sachimmanenten Entfaltungslogik folgt." (*Wieczerkowski/Oeveste* 1982, S. 70; *Heckhausen* 1974, S. 123).

Damit sind wir wieder bei *Piagets* Entwicklungstheorie, die in ihren Grundzügen bereits dargestellt wurde. Danach sind zwar Strukturierungsprozesse eine aktive Leistung des Individuums, aber dieses verfügt nicht von Anfang an und ohne Unterweisung sowie Training über alle Möglichkeiten intellektueller Operationen. Die etwa 6- bis 12jährigen leben in der Phase *konkreter Operationen* (Operationen sind verinnerlichte Handlungen). *Piaget* hat die Entwicklung operationalen Denkens in verschiedenen Bereichen untersucht (*Wieczerkowski/Oeveste* 1982, S. 337ff.):

1. *Koordinieren:* Die Entwicklung des Invarianzbegriffs war als Beispiel für das piagetsche Vorgehen im Rahmen seiner entwicklungstheoretischen Annahmen schon skizziert. Erst von einem Durchschnittsalter von 7,6 Jahren ab wird unabhängig von Zahl und Art durchgeführter Umfüllungen einer Flüssigkeit in verschieden hohe und breite Gläser die Invarianz der Flüssigkeitsmengen auf Anhieb behauptet, weil die Kinder nunmehr in der Lage sind, verschiedene Relationen miteinander zu koordinieren. Schwieriger sind die Versuche, die *Piaget* durchgeführt hat, um den Erwerb des Konzepts „Invarianz des Gewichts" (ab 10,0 Jahre) und „Invarianz des Volumens" (ab 11,6 Jahre) festzustellen. Zu letzterem: Wenn man Kindern einen Modellklotz gibt und sie bittet, diesen mittels eines quadratzentimetergroßen Holzwürfels auf veränderten Grundflächen nachzubauen, ohne das Volumen zu verändern, so beachten Kinder bis zum Schulalter (6 Jahre) nur eine der drei Raumdimensionen (meist die größte). Sie bauen also ein Haus, das genauso hoch ist wie der Modellklotz, berücksichtigen aber nicht die Länge und Breite. Nach mehreren Entwicklungsschritten sind erst Kinder ab (durchschnittlich) 6,11 Jahren fähig, mittels einer mathematischen Multiplikation die Anzahl der vorhandenen Kubikeinheiten zu erschließen und die Länge der drei Raumdimensionen richtig zu messen.
2. *Klassifizieren:* Es geht darum, Gegenstände nach ihren qualitativen Eigenschaften zusammenzufassen. Wenn man eine Klasse von gelben Gegenständen bilden will, muß man in der Lage sein, eine Komplementärklasse (alle nichtgelben Gegenstände) zu bilden sowie die umfassende Klasse (alle gelben und nichtgelben Gegenstände). Noch schwieriger ist es, Figuren nach geometrischer Form *und* Farbe zu klassifizieren. Wäh-

rend jüngere Kinder eher dazu neigen, Gegenstände (Vier-, Recht- und Dreiecke) nach kontextbekannten Figuren (z.b. Haus mit Dach) zu bauen, lernen die älteren Kinder allmählich, daß beispielsweise Teilklassen einen geringeren Umfang haben als die aus ihnen zusammengesetzten übergeordneten Klassen.
3. *Seriation:* Hier werden Gegenstände nach quantitativen Merkmalen oder Intensität unterschieden. So werden beispielsweise Kindern Holzstäbchen mit in regelmäßigen Proportionen sich ändernder Länge vorgelegt mit der Bitte, die Stäbchen vom kürzesten bis zum längsten zu ordnen, eine Treppe daraus zu bilden, usf. Erst zwischen 5,6 und 7,6 Jahren sind Kinder in der Lage, aus den Stäbchen eine geordnete Reihe zu bilden, erst ab 7,6 Jahren vermögen sie dies auf Anhieb, ohne herumzuprobieren.
4. *Zahlkonzept:* Für die Entwicklung des Konzepts der Kardinalzahl ist beispielsweise eine wechselseitige Zuordnung zwischen den Elementen zweier Klassen als grundlegende Operation wichtig. Kleinere Kinder können, wenn ihnen eine Anzahl Vasen und Blumen vorgelegt worden ist, mit der Aufgabe, die Blumen den Vasen zuzuordnen und, nachdem dieses geschehen ist und Vasen und Blumen in anderer Konfiguration zueinander gestellt werden, noch nicht auf eine Äquivalenz der Mengen unabhängig von der räumlichen Verteilung der Einzelstücke schließen (erst ab 7,6 Jahren nach *Piagets* Untersuchungen möglich). Die Untersuchungen sind im einzelnen sehr kompliziert und erfordern auch vom erwachsenen Leser eine erhebliche kognitive Anstrengung.
5. *Raum- und Zeitkonzept:* Hier wurden Kinder aufgefordert, die zeichnerische Rekonstruktion räumlicher Beziehungen zu versuchen:

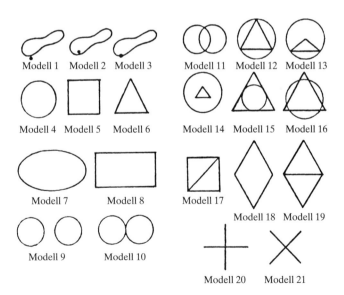

Abbildung 9: Zu kopierende Modellzeichnungen (Quelle: *Wieczerkowski/ Oeveste* 1982, S. 352)

Es handelt sich um topologische Relationen (Modell 1–3, Modell 11–13, Modell 14–16) und euklidische Formen (Modell 4–6, Modell 7–10 beispielsweise). Die Ergebnisse (Stufe 1: Kinder bis zu einem Alter von 2,6 Jahren; Stufe 2: Kinder ab 4 Jahre):

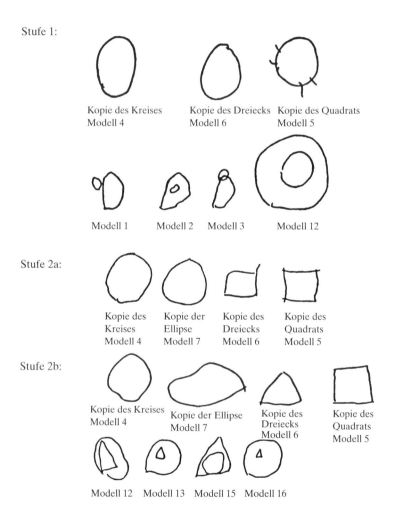

Abbildung 10: Beispiele für Zeichnungen auf verschiedenen Entwicklungsstufen (Quelle: *Wieczerkowski/Oeveste* 1982, S. 353)

Erst ab 7 Jahren (Stufe 3, hier nicht dargestellt) können Kinder alle Modelle (auch die komplexen) richtig kopieren, wobei die Kinder systematisch vorgehen, etwa die Elemente einer Figur nach einem Gesamtplan um einen oder mehrere Anhaltspunkte kopieren.

Vielleicht noch interessanter ist das Entdecken des *projektiven Raums*, weil es besonders deutlich die *Ablösung vom frühkindlichen Egozentrismus* zeigt. *Piaget/Inhelder* zeigten Kindern ein Pappmachémodell mit drei verschiedenartigen Bergen und verschiedenen Markierungszeichen. Eine Puppe wurde nacheinander an verschiedene Stellen des Modells gesetzt; die Kinder hatten nun die Aufgabe herauszufinden, welche Perspektive der drei Berge dem Standort der Puppe entspreche. Den Kindern wurden zehn verschiedene Bilder gezeigt, die die drei Berge von verschiedenen Blickwinkeln aus darstellten:

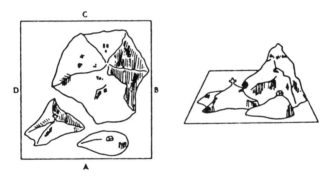

Abbildung 11: Modell der drei Berge, Aufsicht und Ansicht (Quelle: *Wieczerkowski/Oeveste* 1982, S. 357)

Kleinkinder (bis 4,0 Jahre) verstehen diese Aufgabe gar nicht. Kinder bis zu 7 Jahren haben noch nicht die Fähigkeit, die eigene Perspektive von der Perspektive der Puppe zu unterscheiden. Beispielsweise wählen sie nur das Bild, das ihrem eigenen Blickwinkel entspricht. Erst nach dem 7. Lebensjahr erkennt das Kind, daß sich Orientierungskategorien wie „vorn", „hinten", „rechts", „links" je nach dem Standort des Betrachters ändern. Allerdings bestimmt das Kind in der Regel nur eine Relation genau, während erst Kinder nach dem

9. Lebensjahr alle projektiven Beziehungen vollständig koordinieren können.

Auch die Entwicklung des *Zeitkonzepts* wurde durch einfallsreiche Untersuchungen verfolgt. Während kleinere Kinder, vom 4. bis zum 7. Lebensjahr etwa, die Dauer einer Bewegung und zeitliche Folge fest an eine räumliche Ordnung binden (und von daher zu Fehleinschätzungen kommen), können Kinder ab 7,6 Jahren die Zurücklegung räumlicher Entfernungen und verbrauchte Zeit beweglich aufeinander beziehen. Hier zeigt sich wie in allen anderen Fällen, daß erst allmählich eine *differenzierende Koordinationsleistung* erreicht wird.

Die Untersuchungen sind angezweifelt worden in Hinsicht auf die Behauptung, sie hätten eine zwingende Stufenfolge ergeben, die mit (zwar nur ungefährer) Altersangabe zu koppeln sei. Das methodische Vorgehen bei den Versuchen wurde kritisiert. So wies man darauf hin, daß die Art des Materials, das bei Klassifikationen zu ordnen war (Puppen, abstrakte Figuren etc.) sowie die Verständlichkeit der Instruktion die Klassifizierungsleistungen der Kinder erheblich beeinflusse (z.B. *Carson/Abrahamson* 1976). *Siegel* (1972) zeigte bei einer Nachuntersuchung der Seriation, daß schon Kinder *unter* 3 Jahren das Konzept beherrschen, wenn die verbale Schwierigkeit der Instruktion geringer ist sowie die Anzahl der Objekte einer Serie und die Position zuzuordnender Elemente.

Erheblicher ist der Einwand, daß kognitive Entwicklungen *doch* zeit- und kulturgebunden sind. *Dulit* (1972) fand, daß nur 75% von ihm untersuchter *begabter* 11jähriger Schüler formale Operationen ausführen konnten, während eine Untersuchung von *Inhelder* und *Piaget* (1958), durchgeführt mit einer Gruppe privilegierter Schweizer Jugendlicher, zu entschieden höheren Werten kam. Damit muß die Beherrschung formaler Operationen nicht ein entscheidendes Merkmal kognitiver Entwicklung sein. Diese Annahme wird gestützt durch Untersuchungsbefunde von *Greenfield/Bruner* (1969). Danach treten formale Operationen und abstraktes Denken in bestimmten Kulturen erst dann auf, wenn es für die *Lösung bestimmter Aufgaben gefordert* wird. Dieser Hinweis ist wichtig, weil er die Bedeutung gesellschaftlicher Anforderungen für die Entwicklung und damit die Verantwortung für das angemessene Lernarrangement besonders deutlich macht.

Eine wichtige Bedingung für das Funktionieren kognitiver Operationen ist das *Gedächtnis*. Wiedererkennen als einfachste Reproduktionsmethode wird von Vorschulkindern und Erwachsenen in etwa gleich beherrscht. Kompliziertere Gedächtnisleistungen (freies Reproduzieren, Serienlernen) erfordern die Fähigkeit zu Vorstellungen als Abbild früherer Erfahrungen, die sich mit neuen Vorstellungen zu Vorstellungsinhalten (*Piaget*: „Schemata") zusammenfügen können. Wesentliches Hilfsmittel ist die Sprache, die Eindrücke einordnen und kategorisieren hilft. Je weiter das Sprachvermögen entwickelt ist, desto besser ist entsprechend die Gedächtnisleistung. Vermutlich entwickelt sich also nicht so sehr die *Speicherkapazität*, sondern die Verfügung über *Reproduktionstechniken* und *Memorisierungsstrategien* (*Esser/Focken* 1981, S. 126ff.). Dies bedeutet, daß auch Kinder lernen müssen, *wie* man etwas behält, und daß sie Behaltensleistungen *trainieren* müssen. Auch wenn die neuen Informationstechnologien das Gedächtnis entlasten helfen, sollte sein Funktionieren doch geübt werden, nicht zuletzt, weil es ein wichtiger Faktor kognitiver Entwicklung ist.

Freilich ist darauf hinzuweisen, daß diese Betrachtungen wieder sehr eingeengt sind. *Gedächtnis* beispielsweise beschäftigt sich nicht nur mit der Speicherung von Wissensbeständen für kognitive Operationen; es sammelt auch Bilder, Träume, Szenerien, darüber hinaus die damit verbundenen Gefühle (Freuden, Ängste, Hoffnungen usf.). Die Geschichte *Muhrs* vom Schrecken des Kindes über die Schweinschlachtung (S. 40) zeigt, daß das Gedächtnis auch Transporteur ist für Materialien im Bereich der Psychodynamik. Erst wenn wir diese Einsicht einbeziehen, kommen wir zu einem angemessenen Verständnis nicht nur der Gedächtnisleistung, sondern auch der damit verbundenen intelligenten Operationen. Differenzierte Wahrnehmungsfähigkeit, Vigilanz (Daueraufmerksamkeit auf einen Gegenstand), Motivation (Interesse, ein Ziel zu erreichen) und Konzentration unterstützen nicht nur kognitive Leistungen im engeren Sinne, sondern beziehen jeweils Gefühle, Erinnerungen, Zukunftsentwürfe mit ein. Gerade Kindern ist es kaum möglich, etwas nur „um seiner selbst Willen" zu lernen, wenn sie nicht den Bezug auf sich selbst erfahren. Wenn sie später zunehmend darauf verzichten, könnte dies sein, weil sie sich daran gewöhnen mußten, Wissensbestände zu speichern, die sie nichts angehen. Sie sind trotzdem zu intelligenten Leistungen fähig (vielleicht sogar eher, weil psychisches Engagement auch ablenkend oder zusätzlich belastend sein kann), aber sie opfern bei diesem Prozeß auch ein Stück ihres intelligenten Ich. (Im „Streber" als Zerrbild eines guten, lernfreudigen Schülers scheint sich diese Dissoziierung von Persönlichkeit und Funktionsunterwerfung anzudeuten.)

Das Lernen des Lernens

Etwas zu lernen, ohne aus dem unmittelbaren Lernzusammenhang die Lerninhalte abzuleiten: Das können wir Schule nennen. Natürlich hat ein Kind auch schon vor seiner Schulzeit viele Lernerfahrungen gemacht, aber es gibt drei grundlegende Unterschiede zwischen dem vorschulischen und dem schulischen Wissen: (1) Das „nichtschulische Lernen vollzieht sich – ohne systematisches Training – ziemlich von selbst." (2) Außerhalb der Schule lernen Kinder vor allem soziale und kulturelle Aktivitäten (dazu gehört das Fernsehen), wohingegen es in der Schule vor allem um kognitive Fertigkeiten geht. (3) Beim Schulwissen handelt es sich um „Kognition, d.h., das Kind soll soviel objektives Wissen wie möglich erwerben, ohne daß dieses Wissen durch Emotionen gefärbt wird. (Wasser kocht bei 100 Grad, ob man das nun interessant findet oder nicht.)" (*Kohnstamm* 1994, S. 58) In Hinsicht auf schulisches Wissen ist also systematische Anstrengung erforderlich, und insofern muß sich in diesem Lern-Sektor die individuelle Kompetenz zunehmend auch an objektivem Wissen und seinen Anforderungen orientieren.

Insofern ist es außerordentlich wichtig, um die eben genannte Dissoziierung von Persönlichkeit und Funktionsunterwerfung zu vermeiden, die möglichst besten *Unterrichtsme-*

thoden herauszufinden. In den Zusammenhang dieser Überlegungen gehören zum einen Studien zu Schulangst, Leistungsdruck oder, positiv gewendet, die Frage, wie kann Lernen Freude bereiten? Neben psychischen Faktoren spielt die *Qualität des Lernprozesses* eine zentrale Rolle. So müssen Kinder ein Interesse an *Lernstrategien* entwickeln, also ein Metagedächtnis und eine Metakognition einüben, ein Wissen also über das eigene Wissen. Ein Beispiel sind die Gedächtnisstrategien. Hier gibt es inzwischen viele interessante Untersuchungen, die für die Schulpraxis selbst sehr anregend sind. Kleine Kinder haben noch keine speziellen Strategien, Dinge besser oder schneller zu behalten. Während kleine Kinder allenfalls Assoziationen im Kopf haben und beispielsweise die Wichtigkeit des Gewußten nicht abschätzen können, entwikkeln Schulkinder nach und nach komplexere *Behaltensstrategien*. Um wesentliche Punkte eines Textes zu behalten, empfiehlt es sich beispielsweise, diese Stellen zu unterstreichen, mit kurzen Worten zusammenzufassen und den Text mit eigenen Worten wiederzugeben (als Kontrolle, ob man den Inhalt auch verstanden hat). Damit dies gelingt, müssen die Kinder jedoch während des Lesens auffassen, welche Punkte des Themas wesentlich sind. 8jährige sind dazu noch nicht in der Lage. Im allgemeinen fanden erst 10jährige den Kernpunkt heraus, und die meisten 12jährigen konnten dann den wichtigsten *und* den unwichtigsten Punkt unterscheiden. Diese Prozesse scheinen relativ spontan abzulaufen, und die Behaltensfähigkeiten scheinen sich gleichsam aus sich selbst zu entwickeln (Brown 1996). Dennoch können solche Gedächtnisstrategien auch *trainiert* werden. Man muß Kinder freilich auf diese Strategien aufmerksam machen, sie also *thematisieren* – sonst setzen die Schüler solche Strategien zunächst mehr zufällig ein, als handele es sich um einen erlernten Trick, der einfach angewendet wird. Üben und wiederholen, ermuntern und erklären sind wichtige Lehrerhandlungen gerade für Grundschüler. Wichtig ist dabei, daß diese nicht nur Begriffe lernen, sondern neu erworbene Operationen in wechselnden Situationen und Aufgaben *anwenden*. Die Intelligenz entfaltet sich also in einem *Handlungsdreieck*, in dem der lernende Schüler, der vermittelnde Lehrer und der zu lernende Gegenstand in gleicher Weise dynamisch aufeinander bezogen werden. *Verstehen* setzt immer *verwenden* voraus, und hier ist die Fähigkeit des Lehrers gefordert, die Aufgaben so in den Wissenshorizont zu bringen, daß Kinder damit operieren können. Je vollständiger das Begriffsnetzwerk durch Anwendung, Übung, durch Beobachtung und Wiederholung ausgebaut wird, desto stärker ist das Kind dann bereit, in der Form *entdeckenden Lernens* selbst auf Erkundungsfahrt zu gehen: „Nuancierte und aufeinander abgestimmte Begriffe ermöglichen es, daß man schon während der Argumentation weiß, welche Schlußfolgerung man logischerweise ziehen kann und welche nicht. Dreieck ist ein Begriff. Zusammen mit Begriffen wie Viereck, Kreis usw. ist er ein Teil des höheren Begriffes geometrische Figur. Man kann ihn aber auch in niedrigere Begriffe wie rechtwinkliges Dreieck, gleichseitiges Dreieck usw. einteilen. Ein Schüler, der die Struktur der Begriffspyramide – wovon dieses Beispiel ein kleiner Teil ist – verstanden hat, findet auch heraus, warum ein Viereck zwei rechteckige Dreiecke umfaßt, jedoch nicht zwei gleichseitige. Ebenso wie eine neue Operation muß auch ein neuer Begriff in verschiedenen Situationen angewendet werden. Wenn der Begriff rechtwinkliges Dreieck gelernt wird, muß dieses Dreieck in verschiedenen geometrischen Figuren wiedergefunden werden können. Nur so erkennt das Kind den Kern der Bedeutung." (*Kohnstamm* 1994, S. 87)

Nach Aebli (1978) ist es übrigens nicht so, daß konkrete Operationen vorausgehen müssen, damit inneres Handeln möglich ist, also die wirkliche Handlung als Denkschema verinnerlicht wird. Er geht davon aus, daß innerliches Handeln auch mit Hilfe eines Verhaltensvorbilds möglich ist, das dem konkreten Handeln vorausgehen kann. Ein Beispiel sind Projekte, etwa die Aufgabe, eine Schülerzeitung herauszubringen. Hier liegt die *Projektausarbeitung* stärker bei den Schülern. Die Kinder müssen sich vorstellen können, welche Teilhandlungen notwendig sind und in welcher Reihenfolge sie erfolgen sollten. Erst dann sollte die Ausführung sich anschließen. Gerade in diesem „Aufschub" liegt die Lern-Bedeutung eines Projektes. Das Kind lernt, die Handlungen gedanklich zu planen, bevor es zur Ausführung übergeht. Die Arbeitsschritte zur Erstellung einer Schülerzeitung werden beispielsweise erarbeitet und dann schrittweise *umgesetzt.* (*Aebli*, ebd.: „Der Motor läuft schon, aber das Auto steht noch still.")

Offenbar gibt es eine Vielzahl von Möglichkeiten, die Intelligenzentwicklung zu beeinflussen. In welcher Reihenfolge auch immer: Der Zusammenhang zwischen konkreten Operationen und generalisierendem Schlußfolgern bleibt grundlegend; erst im Jugendalter finden dann Generalisierungsprozesse statt, die sich aus reinen Begriffskombinationen erschließen und damit abstrakten Denkwegen folgen. Gerade Grundschüler lernen am besten über *Projekte*, also in einer Verbindung von geplanten Handlungen und durchgeplantem Handeln. Auf diese Weise lernt das Kind wesentliche Elemente des *lernenden Lernens*, das Kinder dann auch außerhalb der Schule anwenden. Sie gehen dann effizienter und konstruktiver vor, wenn es darum geht, eine Lehmhütte zu bauen, ein Boot zu basteln, aber auch ein Computerprogramm anzuwenden oder eine fremde Sprache einzuüben und einzusetzen.

Kreativität und Phantasie

„Kreativität" ist wie „Intelligenz" ein wissenschaftliches Konstrukt: Sie entspringt weder beobachtbarem Verhalten, noch ist sie meßanalytisch ermittelbar. Eine endgültige Definition für diese wichtige Dimension menschlichen Handelns ist bis heute nicht gefunden. Man kann auf kreative *Prozesse* abheben, sich mehr für kreative *Produkte* mit ihren besonderen Eigenschaften interessieren; Hinweise geben auch Autobiographien berühmter Wissenschaftler oder Künstler, Lebensläufe nonkonformistischer Personen usf. *Guilford* (1970) unterscheidet fünf Arten intelligenter Leistungen: (a) divergentes Denken (*divergent thinking*); (b) konvergentes Denken (*convergent thinking*, Problemlösen); (c) Gedächtnis (*memory*); (d) intellektuelle Erkenntnisfähigkeit (*intelligence*) und (e) die Fähigkeit, etwas zu bewerten (*evaluation*). *Divergente Operationen* sind für ihn testtheoretisch überprüfbare Züge kreativer Intelligenz; sie sind zu kennzeichnen durch die Eigenschaften

- Flüssigkeit (zum Beispiel sprachliche Äußerung),
- Flexibilität (etwa bei Widerständen),
- Originalität (Suche nach neuen Lösungen),
- Elaboration (Fähigkeit, Dinge weiter zu verfolgen und überzeugend darzustellen),
- Bewertungsfähigkeit (Fähigkeit, zu etwas Stellung zu nehmen, sich zu engagieren).

So verstandene Kreativität ist in der Lage, nicht vorbereitete, „abweichende" Lösungen zu erschließen oder assoziative Brücken zwischen nicht zusammengehörigen Elementen zu bauen. Als Voraussetzung kreativer Betätigung gelten Mut zum intellektuellen wie sozialen Risiko: Man muß bereit sein, auch scheinbar absurden Ideen nachzugehen und ungewohnte Ansichten zu verfolgen auch dann, wenn die Mehrheit nicht zustimmt.

Folgt man dieser Auffassung, wird „Kreativität" losgekoppelt von dem Kontext, in dem sie häufig steht: „Genie und Wahnsinn" galten lange Zeit als besondere Eigenschaften künstlerisch produktiver Personen. Nach *Guilford* ist Kreativität, verstanden als divergentes Denken, eine Eigenschaft, die jeder Mensch, wenn zwar in unterschiedlichem Maße, besitzt. In „unterschiedlichem Maße": Schon alltägliche Beobachtungen zeigen, daß Kinder zunächst durchaus in der Lage sind, „divergent" zu denken. Sie werden durch Rollenzwänge und festlegende Erfahrungen ja noch kaum gehindert, sind andererseits – im Gegensatz zum Kleinkind – in der Lage, neue Räume zu erobern, Entdeckungen zu machen, sich symbolisierender Mittel (malen, schreiben usf.) zu bedienen. Kindheit, so könnte man sagen, ist das Zeitalter der Kreativität. Freilich tun die Familien, vor allem aber unsere Schulen, wenig dazu, divergentes Denken zu fördern – im Gegenteil. Anpassung an festliegende Rituale, Einordnung in soziale Gruppen (den Klassenverband, bei großen Klassen unumgänglich) und wachsende Orientierung am „Lernpensum" lassen kreatives Verhalten als umwegig, wenig zweckmäßig, nicht auf dem Wege zu den vorgeschriebenen Lernzielen liegend erscheinen.

Dabei ist inzwischen unbestritten, daß gerade hochbegabte Kinder neben einer fördernden Umwelt und einer hohen Lernmotivation auch Kreativität besitzen:

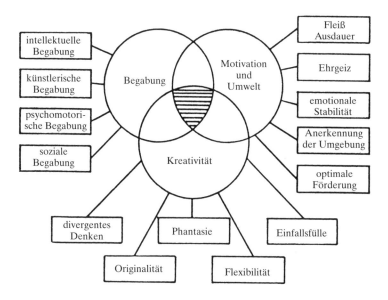

Abbildung 12: Begabung/Kreativität/Motivation und Umwelt als ineinandergreifende Faktoren (Quelle: *Wieczerkowski/Oeveste* 3, 1982, S. 16)

Kreativität ist also (a) nicht losgelöst von anderen Eigenschaften und (b) unterliegt bestimmten Bedingungen der Entwicklung, die förderlich oder hinderlich sind. *Ulmann* (1968, S. 42ff.) versucht, die Persönlichkeitsmerkmale kreativer Menschen zusammenzustellen. Sie bestehen in

- einer großen Neugier, vor allem auf Neues jeder Art;
- Offenheit gegenüber der Umwelt (Flexibilität);
- starker Feldunabhängigkeit (ein kreativer Mensch achtet nicht so stark auf soziale und andere Vorgegebenheiten, die ihn einschränken könnten);
- Toleranz gegenüber abweichenden Meinungen anderer;
- einer Vorliebe für mehrdeutige und komplexe Stimuli und Situationen (Ambiguitätstoleranz);
- in der Regel großer Energie und Lebhaftigkeit;
- einer nonkonformistischen Tendenz in den Meinungen und im Verhalten;
- einer überdurchschnittlichen emotionalen Stabilität und geringerer Anfälligkeit bei Mißlingen von Beziehungen;

– sozialer Introversion (geringere Abhängigkeit von anderen Menschen);
– einem Streben nach Dominanz, verbunden mit einem starken Verantwortungsgefühl;
– starkem Interesse für ästhetische und theoretische Bereiche.

Danach ist ein kreativer Mensch nicht „wahnsinnig", „einsam" oder ein „psychischer Außenseiter", sondern im Gegenteil besonders durchsetzungsfähig und stabil. Auch dies trifft für gesund entwickelte Kinder zu: Sie sind in der Regel wenig ängstlich, erheblich neugierig, tatendurstig, nicht festgelegt auf bestimmte Meinungen und immer bereit, die eigene Durchsetzungsfähigkeit zu erproben.

Gerade für kreative Kinder spielt das Verhalten der Eltern eine wichtige Rolle. Die Väter kreativer Kinder unterstützen deren Neugier, und auch die Mütter zeigen ein akzeptierendes Verhalten; bei den anderen Kindern sind die Väter vor allem am Erfolg ihrer Kinder interessiert, und die Mütter haben eher eine Neigung zu autoritärem Verhalten. Starke Erfolgsorientierung; Konformitätsdruck; Abneigung gegen Fremdes, „Andersartiges" und Neigung, dieses als „abnorm" zu klassifizieren; starke Abhängigkeit von der Akzeptanz anderer; Festhalten an den Geschlechtsrollensstereotypen in besonders rigider Weise sind Faktoren, die Kreativität eher hemmen (*Cropley* 1982, S. 271). Die Schule muß sich immer wieder kritisch fragen, ob sie solche Tendenzen nicht verstärkt – spätestens beim Übergang von der Grundschule zu einer weiterführenden Schulform scheint ein kreativitätshemmender Bruch in der schulischen Förderung vorzuliegen.

Ein besonders wichtiger Faktor, der Kreativität eher behindert, ist die *Trennung von Arbeit und Spiel*, also gerade das, von dem wir meinen, das Kind solle es lernen. So sind wir spätestens beim Schulkind irritiert, wenn es versucht, seine Entdeckungen in *spielerischer Weise* zu machen. Wir fürchten dann, daß es dem „Ernst des Lebens" nicht angemessen begegnen wird. Aber gerade die *Spielsituation* hat die Eigenschaften, die Kreativität gleichsam zu sich selbst kommen lassen:

1. *Imagination*: Der Spielraum, obgleich in den sozial definierten Räumen funktionaler Zwecke, verwandelt sich in

einen Bereich, in dem nur noch gilt, was die Spieler miteinander treiben – schon dies ist eine erhebliche Vorstellungsleistung. Der Keller wird zum Lager, die Garageneinfahrt zum Theatersaal, die graue Hauswand zum Schutzwall gegen imaginäre Feinde aus dem All – im Spiel der Kinder.

2. Es verwandelt sich die Welt. *Verwandlung* gilt für Raum, Zeit, das Ich, den/die Partner: Der Raum wird zum Spielraum (seine sonstigen Zwecke sind vergessen); die Zeit steht gleichsam still bzw. geht ein in die Zeitdynamik der Spieldramaturgie, die nach anderen Verläufen mißt als die chronologische Zeit (spielende Kinder sind schnell zeitvergessen); das spielende Ich wird zur Prinzessin, zum Supermann, zum Helden, zur Kröte, es ist allmächtig oder gedemütigt, jedenfalls verliert es sich aus dem Normal-Ich des Alltags; die Spielpartner verwandeln sich in entsprechende komplementäre Figuren.

3. *Emotionale Beteiligung, Erleben:* Im Spiel konzentriert sich seelische Energie des Kindes, sie wird gleichsam in verdichteter Weise vergeben (aus einem unerschöpflichen Vorrat!), Spiele erregen Leidenschaften, Gefühle, fordern Beteiligung.

4. *Störanfälligkeit:* Darum ist der „Spielverderber" so schlimm: Weil er durch sein Aus-der-Rolle-Fallen, sein „Ich spiele nicht mehr mit" die so empfindlichen Grenzen zwischen Spiel und Wirklichkeit wieder ins Bewußtsein ruft und so den Ablauf freier Assoziationen und Bewegungen stört.

Phantasie

„Phantasie" unterscheidet sich von Kreativität darin, daß sie *nicht* meßbar ist. Sie kann verstanden werden als eine Produktivkraft des Bewußtseins, die gegen Entfremdung und Vereinzelung, den spiellosen Alltag steht. Phantasie hat jeder Mensch, und sie wird von mir – stärker noch als Kreativität –

vor allem als *widerständige Kraft* verstanden. Diese Widerständigkeit zeigt sich im Bezug auf *konkrete Situationen*. Spiele, in denen die Phantasie waltet, sind besondere Verarbeitungsformen der Wirklichkeit. „Kreativität" und „Phantasie" sind also nicht in eins zu denken, hängen aber dennoch zusammen: „Da hier noch auf keine entwickelte Diskussion verwiesen werden kann, definiere ich folgendermaßen: *Phantasie* bezeichnet eher die anthropologisch angenommene *Tiefenstruktur* menschlicher Konstitution (als bestimmt zum Lernen, zur Veränderung festgefahrener Reiz-Reaktions-Schemata: befreite und befreiende Handlungen), *Kreativität* meint eher die *operationale* Ebene der Phantasie, die zwischen Realität und Absolutheitsanspruch vermittelt, als Überlebenstechnik sogar in vorhandenen Kulturen funktional werden kann. Phantasie, bezogen auf konkrete Situationen, ist darüber hinaus jeweils bezogen auf *inhaltliche* Bestimmungsmomente, während Kreativität in eher formaler Weise einen besonderen *kognitiven Stil* darstellt, der durch relativ große kognitive Komplexität (Differenziertheit der Schemata), Impulsivität (Fähigkeit, strukturoffen zu reagieren) und Feldunabhängigkeit (Orientierung nicht nur an vorhandenen Daten und Regeln) gekennzeichnet ist." (*Baacke* 1982, S. 148)

Kinder haben Phantasie, denn die alten Mythen und Märchen, die alten und neuen Lieder und die neuen Filmabenteuer (beispielsweise) sind hier noch nicht abtrennbar in einen Bereich der „Entspannung", der zur Arbeit komplementären „Freizeit", sondern sie durchdringen das wachsende Ich und schaffen in ihm Figurationen, die dann im kreativen Spiel, im Wortspiel, in der Lust an verdrehten Äußerungen, manchmal auch einfach in körpergebundenem Toben sich ausdrücken. Kinder brauchen Kreativität in besonderem Maße, um ihr Ich zu entfalten, sie ist vielleicht *die* zentrale Dimension dieses Altersstatus'.

Ästhetische Erfahrungen im visuellen Bereich

Ehe wir uns der Sprache zuwenden, soll der für heutige Medienkinder wichtige Bereich ästhetischer Erfahrungen am

Beispiel visueller Wahrnehmung ein Stück weit vertieft und verdeutlicht werden. Während über Intelligenzfaktoren erworbenes theoretisches und praktisches Wissen *funktionalisierbar* ist, gilt dies – und das ist ein wichtiger Ausgangspunkt – keineswegs für ästhetische Erfahrungen. Denn das ästhetische Urteil, das sich ästhetischer Erfahrung verdankt, ist primär und vor allem *reflexiv* und insofern „keinem evaluierbaren Lernzielbegriff subsumierbar" (*Mollenhauer* 1996, S. 15). Wenn ich etwas als „schön" oder „grau", „erhebend" oder „depressiv stimmend" ansehe, so kann ich dieses Ereignis in mir im Grunde immer nur mit *Metaphern* beschreiben, denn die „Wirkung" des ästhetischen Objekts auf mich bleibt zwar in Worten abbildbar (sonst wäre es nicht mitteilungsfähig), ist aber nicht in sie als gleichberechtigtes Medium übertragbar. Was ästhetische Symbole „ausdrücken", in stilistischen Arrangements und mit unterschiedlichen Wirkweisen, ist nicht erzieherisch planbar oder als Bildungsprozeß vollständig vorhersehbar, sondern nur *metaphorisch* auszudrücken. Ästhetische Symbole sind methaphorisch in dem Sinn, daß es sich um *Zwischenereignisse* zwischen dem Begrifflichen und dem Vorbegrifflichen handelt, und sie sind insofern ganzheitlich, weil sie beides zusammenschließen. *Wittgenstein* (1980, S. 257) formuliert: „Was geschah, als das Verstehen kam, war, daß ich das Wort fand, das den Ausdruck (des Gesichts oder einer musikalischen Figur) zusammenfaßte." Wir sind also durchaus in der Lage, ästhetische Erfahrungen zu artikulieren und auszudrücken, auch mit Worten (wenn ein Kind „Mama" sagt, artikuliert es eine Wahrnehmungserfahrung), aber der ästhetische Gegenstand selbst in seiner Eigenart wird nie ausgedrückt. Er drückt sich nur selber aus.

Wir hatten eben, im Zusammenhang der Intelligenzentwicklung und -förderung auf den wichtigen Zusammenhang von Handeln und Wissen sowie Generalisieren aufmerksam gemacht. Nun zeigt es sich, daß es Bereiche gibt, in denen zwar auch Lernen stattfindet, aber auf ganz und gar andere Weise. So spielt bei ästhetischen Erfahrungen das *kontemplative Moment* eine große Rolle: Wenn ein Kind ein Bild wirklich betrachtet, muß es sich konzentrierend in den Bildgegenstand versenken und es gleichsam nachempfindend mitgestalten. Dies ist eine Tätigkeit, die Gruppenaktivitäten oder ostentative Handlungen oft eher ausschließt. Dennoch ist es falsch, hier von Passivität zu sprechen, etwa beim Fernsehen. Vielmehr handelt es sich um äußerst aktive und intensive, freilich zunächst eher innere und nicht in soziales oder anwendbares Handeln umsetzbare Erfahrungen.

Mollenhauer (1996, S. 16f.) beschreibt den ästhetischen Bildungs- und Erfahrungsprozeß in sieben Punkten:

1. Ästhetische Bildbewegungen vollziehen sich in der Auseinandersetzung des Subjekts mit sinnlich zugänglichen Figurationen.
2. Die Wirkung ästhetischer Erfahrungen ist der direkten Beobachtung entzogen. Wir können sie nur erschließen, und dies geschieht über Deutungen, die als Ausgangspunkt beobachtbare Reaktionen auf Figurationen haben.
3. Als solche „Reaktionen" müssen nicht nur sprachliche oder nichtsprachliche Antworten auf Figurationen betrachtet werden, also nicht nur das, was wir häufig „Rezeption" nennen; zu „Reaktionen" gehören vielmehr auch die Lebensäußerungen, deren aktive Auseinandersetzung mit ästhetischen Figurationen sich in eigener Produktion zur Darstellung bringt.
4. Es gibt also zwei Tätigkeiten: eine eher betrachtende und eine eher hervorbringende. Beide haben eine besondere, eben „ästhetische" Bedeutsamkeit, die darin besteht, daß Innenwelt und Außenwelt in einer besonderen Weise sich vermitteln.
5. Ästhetische Erfahrungen haben sowohl die Welt als auch mein Selbst zum Thema (bestehen also in der ständigen Hin- und Herbewegung von Assimilation und Akkommodation).
6. Ästhetische Erfahrungen können durch die genaue Beschreibung von ästhetischen Produkten, auch von Kindern, zugänglich werden – ebenso wie über die Reaktionen auf ästhetische Produkte anderer.
7. In der Sphäre ästhetischer Aktivitäten gibt es auch solche, die routinisiert-konventionell sind oder nur zufällige Spontaneität anzeigen und ästhetische Bildungsprozesse in der Auseinandersetzung von Ich und Welt nicht erreichen.

Mollenhauer hat im gleichen Buch interessante Beobachtungen zur kindlichen Wahrnehmung in ästhetischen Prozessen von Bildern und Musik zusammengetragen. So gilt, daß Kinder jeweils *rezeptive Gefühlslagen* formulieren, bezogen auf ihr Ich, etwa „bei Schwarz, da muß man richtig Angst bekommen" oder (bezogen auf das Bild von Munch, Vier Mädchen auf der Brücke): „Ich würd mehr Fröhlichkeit" in das Bild hineinbringen, „das sieht so traurig aus, die Ecke so dunkel". Die *soziale Situation* spielt kaum eine Rolle. Wenn Kinder beispielsweise malen, ist das Alleinsein mit sich wichtig, eine relative Abgeschiedenheit, Unabgelenktheit, sogar Gleichgültigkeit gegen andere. Die Gründe liegen in der Sache: „Wenn Phantasie, Vorstellung, eigenes Fühlen, eigene Gedanken zur Sache gehören, dann darf diese Selbstaufmerksamkeit nicht gefährdet werden." (Ebd., S. 49) Dies bedeutet nicht, daß das ästhetische Produkt sich nicht anderen mitteilen sollte. Die Kinder wollen schon wissen, ob es ihnen gelungen sei, das dargestellt zu haben, was sie „ausdrücken" wollten, was sie „fühlen", und auch, wenn sie etwas rezipieren, möchten sie gerne wissen, ob der andere ähnlich oder anders fühlt. Aber das ästhetische Ereignis selbst ist doch weitgehend aus sozialen Bindungen herausgenommen, obwohl doch gerade in der späten Kindheit die Orientierung an einer Gruppe Gleichaltriger zum ersten Mal stärker hervortritt. Bilder hingegen fungieren eher „als Medium der Individuierung; den Objekten und Tätigkeiten wird dadurch etwas Auratisches zugesprochen, das seine Bedeutsamkeit aus dem individuellen Spiel zwischen Einbildungskraft, Sinnentätigkeit und Verstand gewinnt und keiner Rechtfertigung durch erfüllte Sozialerwartungen bedarf" (ebd., S. 50).

Hervorzuheben ist schließlich eine weitere bedeutsame Einsicht: Ganz offenbar akzeptieren Kinder ein Bild oder ein Musikstück als die Sache, die es zu verstehen gilt, und nicht die Referenten, die, je nach historischer Situierung, geltend gemacht werden können. Sie haben keine *Gelungenheits-Standards*, geben also kaum an, ob und wann etwas qualitativ besser ist als ein anderes. Sie beschränken sich zunächst auf den jeweiligen Sachverhalt formaler und inhaltlicher Art, den ein Bild oder ein Musikstück ihnen bietet. Zwar gibt es für Kinder Gefallen und Nichtgefallen, aber die Zuwendung zu den ästhetischen Gegenständen wird doch nicht von ständiger Bewertung bestimmt. Dies läßt sich zum einen aus unzureichender Kulturkenntnis von Kindern erklären; sie haben noch keine Maßstäbe für ästhetisch „Gutes" oder „Schlechtes". So drücken Kinder auch Filmen gegenüber, die sie gesehen haben, eher *Gefallensurteile* aus, ohne diese zu begründen. Sicherlich liegt dies darin, daß *ästhetisches Wissen* (vom Kunstunterricht bis zu den symbolischen Texten neuer Medien) nicht hinreichend gelernt und geübt wird. Hinzu kommt jedoch, daß es eben schwierig ist, eine ästhetische Erfahrung in Worte zu übersetzen, also Metaphern zu finden, die das gefühlte Ereignis in mitteilbare Sprache umsetzen. Ein drittes kommt neben dem zu wenig geübten Bildverstehen und der anspruchsvollen Leistung metaphorischen Umsetzens hinzu: Ästhetische Erfahrung ist – im Gegensatz zu Leistungen in Mathematik, Physik, aber auch Sport oder Sprachen – wie religiöse Erfahrung nicht meßbar, weil letztlich unverfügbar. Die innere Aufnahme und Deutung von Symboliken ist eine Leistung, die sich als schwer planbarer *Bildungsprozeß* vollzieht. Am besten kann er durch ästhetisches Tun gefördert werden: musizieren, malen, Filme machen, zeichnen (heute möglicherweise auch mit Scanner und Computer).

Sprache

Die Verfügung über das Medium der Sprache ist in unserer Kultur ein entscheidendes Element der Weltorientierung und der Anerkennung (was Grundschüler vor allem in der „sprachorientierten" Schule sehr schnell erkennen). Spracherwerb und Sprachentwicklung hängen natürlich eng mit der Entwicklung der Wahrnehmung und des Denkvermögens zusammen.

Lange Zeit konkurrierten sehr unterschiedliche *Theorien des Spracherwerbs* um Anerkennung. Die behavioristische Theorie des Stimulus-Response-Modells (Spracherwerb erfolgt durch Bekräftigung verbalen Verhaltens durch die Eltern) wird heute selten vertreten, weil es zahlreiche Einwände gibt: So ist weder zu erklären, wieso ein Kind dazu kommt, sein erstes Wort (meist „Mama") zu sprechen (es muß ja vorher etwas *latent* gelernt haben), noch wächst es in einer Lernumwelt auf, die das Sprachverhalten des Kindes systematisch entwickeln hilft. Auch die Imitationstheorie (Kinder lernen dadurch, daß sie das Sprachverhalten der Eltern nachahmen) ist problematisch, weil sie beispielsweise nicht erklärt, wieso Kinder bald eine Vielzahl von Satzbaumustern verwenden können, die sie keineswegs alle vorher gehört haben. Sie drücken viele Dinge aus, die sie nicht zunächst nachahmend „nachplappern". Das Argument, dies geschähe doch – Kinder wiederholen gern die Sätze, die sie von Erwachsenen gehört hätten –, übersieht, daß Kinder sich bemühen, hier einen Beitrag zur Konversation zu leisten; es muß sich keineswegs immer um einen Lernakt handeln. (Sonst könnten Kinder, streng genommen, jeweils nur die Sprachmittel verwenden, die sie einmal nachgeahmt haben, dadurch, daß sie etwas wiederholen. Dies ist sicherlich nicht der Fall.)

Solchen Theorien, die Spracherwerb durch Reizstimulation und Imitation erklären, stehen sogenannte *nativistische* Theorien gegenüber. Deren Eigenschaft ist, daß sie latente Strukturen, ein kognitives Potential des Kindes annehmen, die das Sprachenlernen entscheidend steuern. *Lenneberg* (1972) betont die Bedeutung *biologischer* Strukturen. Der primäre Spracherwerb wird durch Prozesse der *Hirnreifung* bedingt, die in der frühen Kindheit sehr schnell erfolgen, sich dann erheblich verlangsamen (sie sind abgeschlossen *nach* der Pubertät, bei etwa 14jährigen).

Die folgende Abbildung zeigt nicht nur, daß motorische Fähigkeiten (sitzen/gehen) *vor* symbolisierenden (verbinden von Wörtern, Sprechbereich) erworben werden; sie zeigt auch, daß der Abstand zwischen normalen und retardierten Kindern, der in den ersten Lebensmonaten unerheblich ist, sich stark vergrößert. Ein normales Kind braucht von der Entwicklungsstufe „verbinden von Wörtern" etwa zwei Jahre, um ein allgemein entwickeltes Sprachvermögen zu haben, während bei einem retardierten Kind der Abstand fünf und mehr Jahre beträgt. Dieser Vergleich soll nach *Lenneberg* auch deutlich machen, daß *Gehirnfunktionen* entscheidend zur Fähigkeit des Spracherwerbs beitragen.

Wesentlich ist die Ausbildung einer Dominanz der linken Großhirnhälfte, die sich nach *Lenneberg* aber erst im Verlauf der Hirnreifung ergibt. In der frühen Kindheit sind beide Hirnhemisphären in gleicher Weise funktionsfähig. Mit der Reifung setzt ein Prozeß der *Lateralisation* ein, der mit der Pubertät (also etwa bei den 12jährigen) zum Abschluß

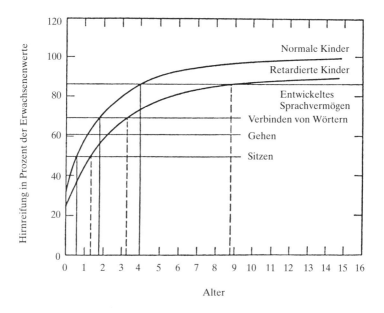

Abbildung 13: Hirnreifung und Sprachfähigkeit (Quelle: *Lenneberg* 1972, S. 209)

kommt. Jetzt ist es die *linke Hemisphäre* des Gehirns, die als Sprachzentrum fungiert. Man kann also sagen: Auch im Gehirn findet eine zunehmende Spezialisierung und Differenzierung statt. *Niebergall/Remschmidt* (1981, S. 153f.) geben, im Anschluß an *Lenneberg*, einen Überblick über den Zusammenhang von Alter/normaler Sprachentwicklung/Folgen *erworbener* lateralisierter Verletzungen (Behinderung, Retardierung)/der Reifung des zentralen Nervensystems/der Funktionslateralisation im Gehirn/des Abbaus der Gleichwertigkeit der Hemisphäre, ergänzt in der letzten (rechten) Spalte um kurze Erläuterungen (s. S. 152/153).

Neben dem Biologen *Lenneberg* ist der Linguist *Chomsky* ein Vertreter der nativistischen Spracherwerbstheorie. Nach *Chomsky* (1965) ist der Spracherwerb nur dann möglich, wenn bestimmte Prädispositionen in der mentalen Struktur des Menschen vorhanden sind. Es gibt gleichsam eine Anzahl allen Menschen gemeinsamer *Universalien*, die als eine Art angeborener Ideen den Spracherwerb strukturieren. Denn wie kann man es sonst erklären, daß Kinder, verfügen sie einmal über die Grundmuster der Sprache, immer kompliziertere Satzbaumuster verwenden, die sie doch keineswegs alle aus der Umwelt „vorformuliert" erhielten? So besitzt jede Sprache in der Syntax bestimmte Basiskategorien (Sätze, Nominalphrasen, Verbalphrasen), die dann auf die jeweilige Sprache („Muttersprache") angewandt und damit zur Erscheinung (Performanz) gebracht werden. Die *linguistische Kompetenz* ist das Sprachvermögen des Menschen, das in der jeweiligen *Sprechperformanz* zur situationsspezifischen und individuellen Ausprägung gelangt.

Solche Überlegungen berühren sich mit denen *Piagets*, der ebenfalls die kognitiven Operationen des Menschen für wesentlich hält, sich in der Umwelt zurechtzufinden. Während das Kind zunächst nicht in der Lage ist, Wahrnehmung, Handlung und Sprechen zu trennen, gelingt es ihm später, das Denken in den von ihm entwickelten Schemata von der unmittelbaren Situation zu separieren.

Sowohl an *Chomskys* und *Piagets* Annahmen, obgleich sie über behavioristische Konzepte weit hinausgehen, ist in letzter Zeit wachsende Kritik geübt worden. Bei *Chomsky* bleiben viele Fragen offen:

- Die Annahme eines angeborenen Spracherwerbsmechanismus („language acquisition device", LAD) erklärt nicht, wie ein Kind in der konkreten Sprechsituation, in der es sich befindet, die angeborenen Anlagen gleichsam „wiedererkennt", um sie dann in situationsbezogenes Sprechen umzusetzen.
- *Chomsky* übersieht damit *kontextuelle Faktoren*: „Ganz allgemein kann man davon ausgehen, daß das Kind sich einen Komplex von weitgehend übertragbaren oder generativen Fähigkeiten aneignen muß, um Sprache zu beherrschen: Wahrnehmungsmäßige, motorische, vorstellungsmäßige, soziale und sprachliche, die, wenn sie angemessen koordiniert werden, die sprachlichen Äußerungen hervorbringen, die mit den grammatischen Regeln des Linguisten beschrieben werden können (wenn auch nur in eingeschränktem Maße)." (*Bruner* 1979, S. 11)

Ähnliche Einwände gelten gegen *Piaget* und Methoden, die sich an seiner kognitiven Theorie orientieren. Auch werden die formalen Aspekte von Sprache auf Kosten funktionaler Gesichtspunkte übergewichtet, denn das Interesse „richtet sich auf die sich entfaltende Struktur der kindlichen Sprache, ohne die Anwendungsweisen von Sprache in unterschiedlichen Kontexten zu berücksichtigen" (ebd., S. 15). Wenn ein Kind auf der Satzebene ein Wort äußert, etwa einen Hinweis auf einen Gegenstand macht, so ist „darin notwendigerweise ein vorgängiges Wissen um die Verwendung des einzelnen Hinweises eingeschlossen" (ebd., S. 16). Man könnte auch sagen, die *pragmatische Dimension* des Zeichengebrauchs wird nicht hinreichend beachtet. Will jemand die Sprache richtig benutzen, benötigt er dazu die Beherrschung kultureller *Konventionen*. Der bedeutungsvolle Gebrauch eines Zeichens in der Interaktion ergibt sich aus einer solchen Verbindung von Sprachzeichen und kulturell wie sozial vordefinierter Verwendungssituation.

Interaction-Acquisition-Device

Unabhängig davon, daß es gewisse Grundausstattungen des Menschen gibt, die ihn (auch in den neurophysiologischen Funktionen des Gehirns, siehe *Lenneberg*) von Tieren unterscheiden, ist doch wesentlicher die Beachtung eines dem Menschen ebenfalls angeborenen Mechanismus, *Interaktionen zu generieren* (IAD). Der von der Umwelt erstellte Kontext und die Interaktionsbeziehungen, die in ihm ablaufen, sind also die *wesentlichen* Faktoren, die den Sprachgebrauch eines Kindes fördern – oder behindern. Wenn der Hunger des Kindes nach sensorischer und/oder kognitiver Stimulation vor allem durch die Interaktion mit der Mutter unbefriedigt bleibt, kann das Kind seine Interaktionskapazität nicht nutzen; im umgekehrten Fall (Überstimulierung) reagiert es mit Rückzug, der im Extremfall zu Autismus führen kann (*Schütze* 1982, S. 212f.).

Man hat in Untersuchungen zum Begrüßungsverhalten bei Neugeborenen beobachtet, daß schon jetzt Mütter den Schreien und Gesten, Ausdrucksweisen und Haltungen des gerade geborenen Kindes *Absichten unterstellen*. Interaktionsmuster bereits vorsprachlicher Äußerungen von Kindern werden interpretiert als Ausdruck von Vergnügen, Protest, Fragen usf. Aktivitäten des Kindes (zeigen, suchen, spielen, etwas verweigern), die seine Äußerungen begleiten, helfen diese interpretieren – und sie zeigen, daß das Kind von früh an sich in einem kulturellen Aneignungs- und Interpretationsprozeß befindet. Auch der Kontext gibt Hinweise, was Kinder meinen mögen. Kurz: Erwachsene unterstellen Kindern von Anfang an, daß sie bestimmte Absichten haben. Damit nehmen sie Kinder (ungewollt) als Interaktionspartner ernst, und die Kinder lernen durch solches Aufnehmen ihrer ersten Ausdrucksformen, welche kulturellen Deutungsmuster von den Erwachsenen angewandt werden. Mit dem Älterwerden werden dann kulturelle Deutungshorizonte im *gemeinsamen Handeln* der Kinder mit Erwachsenen aufgebaut. Losgelöst vom unmittelbaren Augenblick können Kinder nun (z.B. dadurch, daß sie Klassifikationen bilden und Spezielles unter Allgemeines subsumieren) kulturell vorfindliche Muster in ihrem generellen Anspruch verstehen, interpretieren und in ihr aktives Sprachverhalten aufnehmen. Sprachentwicklung kann damit als ein *Prozeß der Dekontextualisierung* verstanden werden (*Bruner* 1979).

Enactive, Iconic, Symbolic Representation

Bruner u.a. (1966) haben versucht, im Rahmen des letzt Dargelegten zu klären, was sich konkret bei der kognitiven Aneignung der Welt beim heranwachsenden Kind ereignet. *Bruner* nennt seinen Ansatz „Instrumental Conceptualism": Das Kind konstruiert Modelle der Wirklichkeit (Schemata oder Konzepte), die es in bestimmten kulturellen Kontexten erworben hat, um auf diese Weise seine Erfahrungen mit der Umwelt in sich zu repräsentieren (es entwickelt „Konzepte" über den Umgang mit der Wirklichkeit in sich).

Bruner unterscheidet drei *Medien der Repräsentation*, die sich in der Entwicklung des Kindes nach und nach herausbilden:

1. *Enactive representation:* Das Kleinkind kann zunächst Bewegung, Wahrnehmung und Körperempfindungen nicht trennen. Alles ist in Zusammenhang, wobei anfängliche starre

Alter	Normale Sprachentwicklung	Folgen erworbener lateralisierter Verletzungen	Phys. Reifung des ZNS	Lateralisation der Funktion	Gleichwertigkeit der Hemisphären	Erläuterung
Monate 0–3	Auftreten der Gurrlaute	In der Hälfte aller Fälle keine Folgen für den Beginn der Sprache; bei der anderen Hälfte ist der Beginn verzögert, aber die Entwicklung normal	Etwa 60–70 % der Entwicklung vollendet	Keine: Identische Prognosen für jede Hemisphäre	Weitgehende Gleichwertigkeit	Neuroanatomische und physiologische Vorbedingungen bilden sich aus
4–20	Vom Lallen zu Wörtern					
21–36	Erwerb der Sprache	Alle Sprachfertigkeiten verschwinden; Sprache wird wiedererworben – bei Wiederholung aller Stufen	Verlangsamung der Reifung	Bevorzugung einer Hand entwickelt sich	Die rechte Hemisphäre kann leicht die alleinige Verantwortung für die Sprache übernehmen	Das gesamte Hirn scheint an der Sprache beteiligt zu sein; geringe kortikale Spezialisation hinsichtlich der Sprache, obwohl die linke Hemisphäre gegen Ende dieser Periode zu dominieren beginnt
Jahre 3–10	Gewisse grammatikalische Vervollkommnung; Erweiterung des Wortschatzes	Auftreten aphasischer Symptome: Störungen pflegen zu verschwinden, ohne Sprachfehler zurückzulassen (außer im Lesen oder Schreiben). Während der Genesungsperiode sind zwei Prozesse wirksam: Verringerung der aphasischen Störung und weiterer Erwerb der Sprache	Sehr langsame Vollendung der Reifungsprozesse	Die zerebrale Dominanz bildet sich zwischen 3 und 5 Jahren aus, aber Anzeichen dafür, daß die rechte Hemisphäre noch oft an Sprech- und Sprachfunktionen beteiligt sein kann. Etwa ein Viertel der Aphasien in der frühen Kindheit beruht auf Verletzungen der rechten Hemisphäre	In Fällen, in denen die Sprache schon überwiegend in der linken Hemisphäre lokalisiert ist und Aphasie Folge von Verletzungen dieser Hemisphäre ist, kann vermutlich durch Reaktivierung der Sprachfunktionen in der rechten Hemisphäre die Sprache wiederhergestellt werden	Es findet ein Prozeß physiologischer Organisation statt, insbesondere die funktionelle Lateralisation der Sprache auf die linke Hemisphäre. Die „physiologische Redundanz" wird allmählich reduziert, und die Polarisation der Tätigkeiten zwischen rechter und linker Hemisphäre prägt sich aus. Solange die Reifungsprozesse nicht abgeschlossen sind, ist Reorganisation noch möglich

Alter	Normale Sprachentwicklung	Folgen erworbener lateralisierter Verletzungen	Phys. Reifung des ZNS	Lateralisation der Funktion	Gleichwertigkeit der Hemisphären	Erläuterung
Jahre 11–14	Fremde Akzente treten auf	Bestimmte aphasische Symptome werden irreversibel (insbesondere nach traumatischen Verletzungen)	Fast alle Parameter erreichen eine Asymptote. Ausnahmen sind Myelinbildung und EEG-Spektrum	Anscheinend fest ausgeprägt, doch liegen keine eindeutigen Statistiken vor	Deutliche Anzeichen von Reduktion der Gleichwertigkeit	Die Sprache ist deutlich lateralisiert und die innere Organisation irreversibel ausgeprägt. Sprachfreie Teile des Gehirns können keine Sprachfunktionen übernehmen, außer wenn die Lateralisation unvollständig oder in der Kindheit durch Krankheit blockiert gewesen ist
Nach der Pubertät bis zum Greisenalter	Erwerb einer Fremdsprache wird zunehmend schwieriger	3–5 Monate nach der Verletzung noch nicht verschwundene Symptome sind irreversibel	Keine	Bei etwa 97% aller Menschen ist die Sprache eindeutig auf die linke Hemisphäre lateralisiert	In bezug auf die Sprache: keine	

Abbildung 14: Biologische Grundlagen der Sprache (Zusammenhang von Alter und Gehirnreifung) (Quelle: *Lenneberg* 1971)

motorische Abläufe (Reflexe nach einem festen Schema: greifen, halten, saugen) allmählich erste Spuren im Gedächtnis hinterlassen. So baut sich ein noch rudimentäres erstes inneres Bezugssystem auf, bestimmt durch sensomotorische Tätigkeiten, weil Vorstellungen von Gegenständen und Personen ausschließlich über unmittelbar an oder mit ihnen vorgenommenen Handlungen definiert werden. Für das Kleinkind ist ein Ball etwas, das es rollen, werfen und fangen kann, es kümmert sich nicht um die Eigenschaften: rund, aus Gummi, elastisch, vom Boden springend usf.

2. *Iconic representation:* Spätestens im Lauf des 2. Lebensjahres wird das Kind in der Lage sein, die Umwelt in inneren Vorstellungsbildern und räumlichen Schemata zu repräsentieren. Figurative Merkmale (gebunden an Form, Farbe, Substanz oder Lage) stehen dabei im Vordergrund. Träume sind neben Gefühlen vor allem Kennzeichen bildhafter Repräsentation und für Kinder oft so intensiv, daß sie sie nicht von der Realität unterscheiden können. Die ikonische Repräsentation ist noch nicht geeignet, durch Verallgemeinerung und Abstraktion unterschiedliche Elemente zu einem widerspruchsfreien Gesamtbild zusammenzufügen (vgl. die Untersuchung *Potters* 1966), die Oberflächenmerkmale des Wahrgenommenen sind entscheidend.

3. *Symbolic representation:* Jetzt werden nicht mehr Wahrnehmungsinhalte, sondern *stellvertretend* für sie Symbole repräsentiert. Das Kind ist allmählich in der Lage, vom konkreten Umraum und den sinnlichen Eindrücken zu abstrahieren. Dieser Prozeß ist ein langwieriger und überlagert erst allmählich die anderen Phasen (diese werden also nicht verdrängt oder vollständig aufgehoben). Die Sprache ist nun das Instrument begrifflichen Denkens und hilft, die Welt zu organisieren, zu strukturieren und zu konzeptualisieren (eine Vorstellung, die Einzelerfahrungen zusammenfaßt, zu entwickeln). Insgesamt scheint es so, daß die symbolische Repräsentation allmählich die anderen Formen verdrängt, da sie in unserer auf Rationalität und Diskursivität angelegten Kultur nur marginale Bedeutung haben (in der ästhetischen Wahrnehmung,

im Bereich von Kunst und Kultur, die aber nicht als tragende Säulen einer Industriegesellschaft gelten). Daran mag es liegen, daß beispielsweise Erwachsene sich so schlecht an Ereignisse in der frühen Kindheit erinnern können: Da sie das Medium Sprache auch im Gedächtnis repräsentieren, können sie auf den enactiven und vor allem ikonischen Ebenen nicht mehr adäquat mit ihrer kindlichen Vergangenheit „korrespondieren"!

Noch beim *Schulanfänger* spielt der Kontext eine wesentliche Rolle. Dies läßt sich am Wortschatz zeigen. Dieser wird von jüngeren Kindern durch Erfahrungen in der familiären und schulischen Umwelt erweitert, aber nicht durch Lernen aus einem Lexikon. Auch die Verfügung über die Syntax (Kinder verfügen bei Schuleintritt beispielsweise noch nicht über konkrete Strategien zur Bildung von Relativsätzen und bedienen sich zunächst primär parataktischer Satzreihungen) ist noch recht unvollkommen. Schulanfänger lernen eher visuell (ikonisch) und orientieren sich später an der Sprache (*Dumke* 1982, S. 225f.). Jeweilige situationelle Intention, Erwartung und Definition der Beziehung zwischen sich und anderen Personen sind noch entscheidend. Der Einsatz von Sprache ist stark kontextabhängig. Unvertraute Situationen (wie der Unterricht für den Schulanfänger) kann Kindern „die Sprache verschlagen", obgleich sie sich in anderen lebensweltlichen Bezügen, die sie „beherrschen", durchaus lebhaft und kommunikationsoffen verhalten. Dies bestätigt die in diesem Buch vertretene generelle Annahme, *daß der sozialökologische Umraum und die Qualität der in ihm ablaufenden Interaktionen entscheidende Bedingung und Medium zugleich für kindliche (Sprach-)Entwicklung sind.*

Emotionalität

Wie zu Kreativität/Phantasie liegen – im Gegensatz zu den Dimensionen Wahrnehmung, Motorik, Intelligenz, Sprachentwicklung – zum Bereich der Emotionalität wenige Untersuchungen vor. So ist bis heute unklar, was Emotionen (deutsch: Gefühle) überhaupt sind. Nicht nur ist derjenige, der selbst Gefühle hat, kaum in der Lage, sie hinreichend zu beschreiben und zu definieren; es ist bis heute auch umstritten, ob Gefühle als „zuständliches Bewußtsein" von Wahrnehmung als „gegenständlichem Bewußtsein" abgegrenzt werden können; ob es sich um „Grundphänomene des Erlebens, die einen Ausdruck der Anlagebestimmtheiten der Persönlichkeit bilden", handelt; ob das Gefühl ein seelisches Grundvermögen neben Wollen und Denken ist und ob es „den ursprünglichen und tragenden Grund des seelischen Lebens bildet, dem Denken, Vorstellen und Wollen erst entspringen" (*Baumgärtel* 1982, S. 149).

Osgood (1953) hat mit dem Verfahren des semantischen Differentials versucht, durch Gegenüberstellung von kontrollierten Assoziationen Einschätzungsprofile herzustellen, auch in Hinsicht auf Gefühle. Semantische Analysen führten immer wieder „zu einem dreidimensionalen Gefühlsraum", „der interindividuell wie auch interkulturell eine sehr hohe Konstanz aufweist" (ebd., S. 151). Die Dimensionen sind

– angenehm – unangenehm (hier sind *Liebe* und *Angst* maximal unterschieden);
– Unterwerfung – Dominanz (hier unterscheiden sich die Gefühle *Stolz* und *Sehnsucht* stark);
– Aktivität – Passivität (*Begehren* und *Gleichgültigkeit*) (*Baumgärtel* 1980).

Dieser Gefühlsraum wird freilich nicht von allen Kindern von Anfang an mit allen möglichen Dimensionen ausgemessen. Auch hier gibt es ein kulturell überformtes Wachstum im Bereich der Emotionalität. Unter dem Stichwort mixed feelings (*Harris* 1989, S. 106ff.) finden wir interessante Hinweise dazu, wie sich die kindliche Entwicklung allmählich ausdifferenziert. Kinder im Vorschulalter können beispielsweise Situationen einschätzen, die so grundlegende Gefühle produzieren wie Glücklichsein oder Traurigkeit, aber erst allmählich sind sie sich dieser Gefühle bewußt und vor allem: Erst im Grundschulalter können sie diese auch bewußt wahrnehmen. Harris erzählte Kindern in einer seiner Versuchsgeschichten über den beliebten Serienhund Lassie etwa folgendes: „Eines Abends spät hört man ein Bellen draußen vor der Tür. Das ist Lassie, euer Hund. Sie war den Tag verschwunden, und nun ist sie nach Haus gekommen, aber sie hat in einem Kampf ein Ohr verletzt." Diese Geschichte über Lassies Heimkehr hat zwei konfligierende Komponenten. Die Heimkehr Lassies war ein glückliches Ereignis (sie war verlorengegangen und ist zurückgekommen), aber sie hat auch ihr Ohr verletzt, so daß die Heimkehr auch mit einem traurigen Ereignis verbunden ist. Erzählte man diese Geschichte in der Form, daß nur eins der beiden Ereignisse erwähnt wurde (die glückliche Version: Lassie war verschwunden und ist heimgekehrt; die traurige Version: Lassie bellte vor der Tür, und als sie hereinkam, war sie am Ohr verletzt), so war es für die Kinder nicht schwer, diesen Gefühlsversionen zu folgen. Wurden die beiden Versionen jedoch in einer *einzigen* Geschichte (wie zu Beginn erzählt) integriert, nahmen die 6jährigen Kinder nur eine der beiden Versionen auf, während erst ältere Kinder in der Lage waren, die Mischung positiver und negativer Emotionen in gleicher Weise aufzunehmen und zu verarbeiten. Kleine Kinder sind also in gewisser Weise Behavioristen: Eine Erfahrung ruft diese oder jene äußerlich sichtbare Emotion hervor. Wenn jemandem der Ball gestohlen wurde, wird er böse. Wer ein Lutscheis geschenkt bekommt, freut sich. Erst ältere Kinder sind eher „Mentalisten": „Sie begreifen, daß sich zwischen einem Ereignis und einer Emotion noch etwas anderes im menschlichen Geist abspielt und daß es sich nicht um einen direkten Zusammenhang zwischen Ursache und Wirkung handelt. Dieses *etwas* ist die Bedeutung, die man einem Ereignis zumißt und die von Mensch zu Mensch und von Moment zu Moment verschieden sein kann. Ältere Kinder können also besser relativieren und ihre Einschätzung, wie jemand sich fühlen muß, besser abwägen. Sie begreifen beispielsweise, daß ein Mensch widersprüchliche Gefühle haben kann: Man kann sich über eine gute Note freuen und gleichzeitig todunglücklich sein, da die beste Freundin eine sehr schlechte Note bekommen hat. Sie verstehen weiterhin, daß Gefühle über ein Ereignis auch von anderen Ereignissen abhängig sind: Wenn einem das Fahrrad an dem Tag gestohlen wird, an dem man hört, daß die Eltern sich scheiden lassen wollen, wird das erste Ereignis ziemlich unwichtig. Und was für den einen eine Katastrophe ist, sieht ein anderer vielleicht nur als Bagatelle an." (*Kohstamm* 1994, S. 161). Wir können diese Einsicht auch unter dem Gesichtspunkt der *Erzählweisen* zusammenfassen: Was eine andere Person getan hat und welche Gefühle sich damit verbinden, das erzählen 6jährige mit relativ vielen „und dann"-Folgen; ein 11jähriges Kind wird dagegen öfter das Wort „weil" gebrauchen. Jetzt haben sie in ihren Antworten *drei Niveaus* erreicht: (1) Sie können ein Geschehen beschreiben; (2) sie erkennen einen Zusammenhang zwischen dem Verhalten der beteiligten Menschen; (3) sie ziehen eine Schlußfolgerung über Gedanken, Gefühle und Absichten. „Zwischen dem sechsten und dem zwölften Lebensjahr verlagert sich die Betonung in den Berichten vom ersten auf das dritte Niveau, wobei die stärkste Veränderung etwa mit zehn Jahren zu verzeichnen ist, denn dann erscheinen die ersten Schlußfolgerungen darüber, was in einem Menschen vor sich geht." (Ebd., S. 162)

Ähnliche Ergebnisse fanden sich bei der Beobachtung darüber, wie und wann Kinder Gefühle vor anderen verbergen können (*Harris* 1989, S. 127 ff.). Schon Vorschulkinder können erfahren, daß Verhalten und Gefühle nicht notwendig übereinstimmen müssen. Oft ist es hier jedoch so, daß Kinder aufgrund der Anmahnungen von Eltern sich täuschend verhalten (etwa, wenn die Kinder mißmutig sind, aber von den Eltern gebeten werden, sich höflich und zuvorkommend gegenüber einem Besucher zu benehmen). Kinder in diesem Alter spielen eine solche vorgespielte Rolle aber gleichsam automatisch, ohne einen bewußten Sinn damit zu verbinden. Anders ist dies bei Kindern im Alter der Einschulung. Nun wissen sie, daß das Verhalten von anderen beobachtet werden kann und es manchmal zweckmäßig ist, sich zu verstellen, um etwa gefühlsmäßig nicht verletzt zu werden. (Ein Junge wird, obwohl er sich schwach und elend fühlt, weil er beim Spielen leicht verletzt wurde, seine Gefühle nicht zeigen, damit die anderen nicht noch zusätzlich über ihn lachen, beispielsweise). Kinder werden also zwar schon im Vorschulalter dazu erzogen, ihre Emotionen nicht immer spontan auszuagieren; dies betrifft besonders körperliche Unruhe und Wutausbrüche. Aber erst im Schulalter wird ihnen die Zweckmäßigkeit eines solchen Verhaltens in bestimmten Situationen bewußt und geht so in ihr Verhaltensprogramm ein. Schon jetzt gibt es geschlechts- und schichtspezifische Unterschiede: Jungen wird zugestanden, körperlich aggressiv zu sein; sie dürfen jedoch weniger Furcht zeigen oder weinen als Mädchen. In unteren sozialen Schichten sind körperliche Aggressionen eher zugelassen. Angsterzeugend sind im Vorschulalter neben Phantasiegestalten, Verlassenheit und Dunkelheit und der Vorstellung vom Tod auch Konflikte zwischen Kind und Eltern oder seinen Spielkameraden (*Baumgärtel* 1982, S. 160; *Ausubel u.a.* 1964, S. 429). Nach dem Schuleintritt verstärken sich die Kontrollen der Emotionalität. Kinder entwickeln nun „Werksinn" (*Erikson*) und zeigen eine eher sachlich-nüchterne Grundeinstellung. Die Meinung der Psychoanalyse, auch emotional gäbe es nun eine „Latenzzeit", ist aber wohl nicht richtig. So machen Kinder im 8. Lebensjahr häufig eine existentielle Krise durch, die bis zu Todesängsten führt, indem sie erkennen, daß dem Tod jeder Mensch unwiderruflich ausgeliefert ist (*Anthony* 1967). Immer noch gibt es Angst vor Dunkelheit, Einsamkeit, Geistern und wilden Tieren; hinzu kommt die *Schulangst*, die *Mussen u.a.* (1976, S. 473f.) als Trennungsangst zwischen Kindern und Müttern deuten (die Mutter möchte ihr Kind nicht „an die Schule verlieren" und gibt dem Kind eine negative Einstellung zur Schule mit auf den Schulweg). Später wird die Schulangst in der Schule selbst erzeugt (Angst vor Versagen, vor Mißerfolg, mangelnder Anerkennung). Insgesamt gibt es keinerlei Beleg für die Behauptung, daß Emotionalität für unsere Altersphase eine geringere oder keine Rolle spielt. Sie ist eine wesentliche Grundausstattung des Menschen und bestimmt umfassend, gleichsam als psychoatmosphärische Einfärbung, alles, was er denkt, erlebt und unternimmt. Gefühle durchdringen alle anderen Dimensionen menschlicher Entwicklung; sie sind von Anfang an stark entwickelt, unterliegen im Laufe der Entwicklung aber zunehmenden kulturellen Überformungen. Was zum Gegenstand von Gefühlen wird, ist schon bei Kindern weitgehend durch den Kontext definiert, in dem sie leben. Vor allem: Gefühle und kognitive Ausdifferenzierung sind, überwölbt und mitbestimmt von sozialen und kulturellen Lebenswelten, untrennbar miteinander verbunden, und der bewußte und strategische Einsatz von Gefühlen sowie die Rechenschaft gegenüber sich und anderen, Gefühle zu haben, wird zunehmend komplexer. Auch Gefühle sind ein Lernprozeß, in dem Kognitionen eine wachsende Rolle spielen.

Träume der Kinder

Träume sind ikonische Medien, vermischen Gefühle und Erinnerungen, entziehen sich der Kontrolle kultureller Konventionen. Sie sind ein ursprüngliches Medium emotionalen Ausdrucks und das ganze Menschenleben hindurch, besonders aber auch für Kinder von erheblicher Bedeutung. Man vermutet, daß wir ca. ein Viertel unserer gesamten Schlafenszeit (1½–2 Stunden pro Nacht) träumen. *David Foulks* (1982) hat auf der Grundlage von *Piagets* Theorie (Träume sind nicht durch externe Stimuli als „input" verursacht, sondern verdanken sich intern ablaufenden Programmen) 7- bis 12jährige Mädchen und Jungen in seinem Laboratorium schlafen lassen und längere Zeit hindurch während ihres Schlafs Messungen vorgenommen (Herzschlag, Transpiration usf.) und vor allem nach jeweiligem Erwachen (manchmal durch Wecken) sich (und seinen Mitarbeiterinnen) Träume erzählen lassen (zum methodischen Design: S. 21 ff.). Beobachtungen an den Kindern, vor allem die Traumprotokolle wurden dann einer (traditionell itemisierenden) Inhaltsanalyse unterworfen. Auch wenn man Bedenken äußern mag, auf diese Weise „empirisches Wissen" über Träume zu sammeln und die Reichweite dieser (in der Anlage äußerst gründlichen) Untersuchung nicht überschätzt werden darf, hat sie doch einige interessante Ergebnisse erbracht:

1. 5- bis 7jährige (konkrete Operationen) verlegen die Mehrzahl ihrer Träume in den Bereich der *Familie* (ökologisches Zentrum), ohne nach Geschlechtsrollen oder Personen zu unterscheiden (jedenfalls können sie sich daran nicht erinnern). *Foulks* findet nicht „the Freudian melodrama of early sexual development" (S. 78). An behavioral settings herrschen vor

„the child's own home", Orte der Umgebung, die man aber nicht aus Pflicht aufsucht, sondern um sich zu erholen, Spaß zu haben, und andere Orte außerhalb, die aber auch nicht spezialisiert werden („in den Bergen", „in einem Kornfeld"). Eine nicht unwichtige Rolle in den Träumen spielen *Tiere*. *Foulks* weist darauf hin, daß dies besonders der Fall ist bei Träumern, die strenge Väter, aber nachgiebige Mütter haben (ein „empirisches Ergebnis", das auszudeuten *Foulks* nicht unternimmt; es ist auch schwierig und spekulativ, eine Verbindung zwischen kindlichen Tierträumen und elterlichem Erziehungsstil herzustellen!). Auffällig ist, daß Kinder dieses Alters *seltener aktive Agenten* in ihren Träumen sind. Besonders Jungen träumen eher von männlichen Fremden und Tieren, während Mädchen eher Stimmungen haben und eher Geschichten mit einem angenehmen Ende träumen; *Foulks* vermutet, daß die Träume der Jungen „die größeren Orientierungsschwierigkeiten zeigen, die Jungen haben, um ihre angemessene Geschlechtsrolle zu finden" (S. 95).

Als Beispiel werden die Träume des 6,8 Jahre alten *Dean* (per Protokoll) wiedergegeben und von *Foulks* zusammenfassend so interpretiert: „*Deans* Traumwelt ist ganz konkret und handlungsorientiert: Die Personen schauen sich um, spielen, schwimmen, spielen Golf, laufen, bauen etwas, fahren Auto usw.; all dies tun sie eher als denken, fühlen, sich erstaunt zeigen usf. Seine außerhäuslichen, handlungsorientierten Themen spiegeln natürlich nicht nur seine geschlechtsspezifischen jungenhaften Interessen wider, sondern auch Kultur und Anlage der Stadt, in der er lebt. Insgesamt sind, zumindest für diesen Jungen, der männliche Fremde und Erscheinungen von Tieren angesichts der diesem Alter zugeschriebenen ödipalen Krisis kaum bedrohend. Der männliche Fremde scheint ein überaktives männliches Sportlermodell zu sein, und die ebenfalls sehr aktiven Tiere sind vertraut und scheinen nicht Quelle oder Gegenstand drohender Gefahr zu sein. *Deans* aktive Traumwelt scheint nicht besonders stärker angstmachend oder bedrohend zu sein als seine mehr statischen Traumszenarien zwei Jahre vorher. Wo die neue Fähigkeit, dynamische Interaktionen darzustellen, erworben ist, könnte auch die Gefahr drohen, daß sie außer Kontrolle geraten. *Dean* jedoch hat im dritten Jahr (der Beobachtung) seine Traumszenarien gut unter Kontrolle." (S. 101)

2. Die 7- bis 9jährigen zeigen eine gesteigerte Fähigkeit, sich selbst als frei agierend in einer geträumten Umgebung zu erleben, wobei das Traumgeschehen stärker durch ihre eigene Einschätzung bestimmt ist. Insgesamt scheint es so zu sein, daß Gefühlserfahrungen eine gewichtige Rolle spielen; meist sind sie angenehmer Art.

3. Für die 9- bis 11jährigen gilt, daß Traumthemen und Traumstrukturen inzwischen denen von Erwachsenen recht ähnlich sind. Persönliche Differenzen in Trauminhalten sind größer als bisher, sie hängen mit den persönlichen Differenzen zusammen, die Kinder auch in der Wachzeit zeigen und sie als eigene Person charakterisieren. Die ebenfalls unterschiedliche kognitive Entwicklung der Kinder spielt immer noch eine wichtige Rolle für die Differenzierung, Genauigkeit und persönliche Einfärbung der Traumwiedergabe.

4. Für die Altersgruppe der 12jährigen gilt, daß Traumaktivitäten zunehmend genau und unterschiedlich in der äußeren Form sind; die Traumszenarien zeigen eine gute Balance zwischen dem Ich des Träumers und anderen Aktionen; er ist weder beiseite gedrängt noch steht er ausschließlich im Mittelpunkt. Affektbestimmte Träume sind besonders gut kontrolliert. *Auffällig ist, daß sich die Träume jetzt weniger im Bereich von Wohnung und Familie abspielen, sondern mehr auf die Gleichaltrigengruppe beziehen;* mit erhöhter Deutlichkeit zeigen sie die unterschiedlichen Wege, die der Geschlechtsentwicklung von Jungen und Mädchen vorgezeichnet sind, und in verstärktem Maße gilt, daß die kognitiven Stile, sozialen Fähigkeiten und Charakterzüge der Kinder sich auch in ihren Träumen abbilden. Insofern zeigen die Träume weniger ein kollektives Unbewußtes als vielmehr eine zunehmende Personenbezogenheit und Differenzierung in Formen und Inhalten.

Foulks gelingt es zu zeigen, daß auch Träume mit der kognitiven Entwicklung Hand in Hand gehen und ein wichtiges Mittel sind, die Ich-Entwicklung zu fördern. Bemerkenswert ist, daß Gefühle zwar durchweg eine große Rolle spielen, aber zunehmend auch in den Träumen Kontrollen über Affekte stattfinden. Dies bedeutet keineswegs, daß Kinder keine Gefühle haben – das Gegenteil ist ja der Fall, und dem Wachstum der Träume entspricht ein Wachstum an seelischer Sensibilisierung –, wohl aber, daß Emotionen nicht in der Tiefe des Unterbewußtseins und der Person verankert sind, sondern sich entlang der Entwicklung der anderen Dimensionen mitstrukturieren. Gerade dies ist ein Hinweis darauf, daß Gefühle nicht abspaltbar sind in einen Bereich privat-persönlicher Betroffenheit, sondern alles Handeln und Erleben begleiten. Und dies wiederum bedeutet, *daß auch die Gefühlswelt auf Förderung und Unterstützung angewiesen ist.* „Es ist eine ganze Kunst entwickelt worden, Gefühle nicht erleben zu müssen, denn ein Kind kann diese nur erleben, wenn *eine Person da ist, die es mit diesen Gefühlen annimmt,* versteht und begleitet. Wenn das fehlt, wenn das Kind riskieren muß, die Liebe der Mutter oder der Ersatzperson zu verlieren, kann es die natürlichsten Gefühlsreaktionen nicht für sich allein, insgeheim erleben; es erlebt sie nicht. Und doch ... etwas bleibt. Im ganzen späteren Leben dieses Menschen werden von ihm unbewußt Situationen inszeniert, in denen diese damals nur im Ansatz vorhandenen Gefühle aufleben können, aber ohne daß der ursprüngliche Zusammenhang verständlich wird." (*Miller* 1983, S. 26) Unverstandene, ungeübte, allein gelassene Gefühle des Kindes beschädigen damit nicht nur seine augenblickliche Entwicklung, sondern drängen bei ihm, wenn es Mutter oder Vater geworden ist, ans Licht – häufig dadurch, daß nun das nachwachsende Kind genötigt wird, sich auf die Kindernot der Eltern einzulassen, „denn die Kinderaugen verfolgen die Mutter auf Schritt und Tritt. Wenn eine Frau bei ihrer Mutter all diese Bedürfnisse unterdrücken und verdrängen mußte, so mag sie noch so gebildet und guten Willens sein, auch wissen, was ein Kind braucht, bei ihrem eigenen Kind regen sie sich aus der Tiefe ihres Unbewußten und drängen nach Befriedigung. Das Kind spürt es deutlich und gibt sehr früh auf, die eigene Not zum Ausdruck zu bringen."

(Ebd., S. 27f.) Ein anderer Weg steht Kindern freilich offen: nicht von Not und Angst zu sprechen, wohl aber *Wünsche* zu äußern. Sie sind gleichsam das positive Ausdrucksmittel einer erhofften Entwicklung. Wünsche haben mit Träumen gemein, daß sie über die Realität und die Chancen einer Realisierung weit hinausgehen können. So hat sich in einer entsprechenden Untersuchung gezeigt (*Oswald/Krappmann* 1985), daß 6jährige Mädchen beispielsweise märchenhafte Wünsche äußern können nach einem Schloß mit Dienern und Wachen; sie möchten eine Prinzessin sein oder ein richtiges schönes Brautkleid besitzen. Jungen wünschen sich eher in die Figur von Robin Hood und bevorzugen Abenteuer. Wünsche können die vorhandene Realität fundamental in Frage stellen. So hat sich in der eben genannten Untersuchung ein 6jähriger einen ganzen „Urwald" zu Hause und in sein Zimmer gewünscht, eine Hütte für sein Kaninchen Mümmel, etc. Je älter die Kinder werden, desto mehr dringt die Realität in ihre Wunschvorstellungen ein. An die Stelle des Urwaldes treten jetzt Pflanzen; die Wünsche werden realitätsangemessener. Die Autoren resümieren (S. 731): „In den Wünschen der Kinder spiegeln sich Prozesse des Erwachsenwerdens mit ihren Konflikten sowie die Hoffnungen und Enttäuschungen der Kinder beim Eintritt in die Erwachsenenwelt wider. Auch die Verschiedenheit dieses Weges zum Erwachsenwerden für Mädchen und Jungen deutet sich an, wenn die Jungen länger noch nach Spielzeug und mit zunehmendem Alter mehr nach Arbeitsplätzen verlangen, während die Mädchen sich mehr gute Beziehungen zu den Gleichaltrigen wünschen und sich in ihren Wünschen zunehmend selbstloser verhalten. Damit formt sich in der Wunschwelt nicht nur der zukünftige geschlechtliche Sozialcharakter aus bzw. spiegelt sich in ihr wider; gleichzeitig zeigt das Abnehmen maßloser Wünsche und von Omnipotenzphantasien, daß die Kinder sich mit dem Älterwerden immer stärker an den vernünftigen Maßstäben der Erwachsenenwelt orientieren. Vielleicht haben sie dies ja auch durch die Märchen gelernt, in denen der bestraft wird, der übersteigende Wünsche äußert. So geht es der armen Liese mit den Bratwürsten an der Nase gleich zu Anfang des Märchens oder am Ende der Ilsebill, der maßlos wünschenden Frau des Fischers. Märchenwünsche werden durch begrenzte Wünsche ersetzt, die sich am sozialen Leben und der Gesellschaft, wie sie von den Kindern angetroffen wird, orientieren.

Sexualität

Sexualität wird für unsere Altersgruppe besonders selten thematisiert. Sexualität wird als die Erwachsener gesehen, in der Zukunft des Kindes liegend. Während in anderen Kulturen sogar sexuelle Aktivitäten von Kindern als etwas ganz Normales gelten (*Constantine-Martinson* 1981, S. 43), ist vor allem der genitale Bereich der Kinder bei uns mit einem strengen Tabu belegt. Eine Abwehrhaltung gegenüber diesem Thema ist zu vermuten und hat möglicherweise ihre Gründe

– in der starken emotionalen Nähe der Familienmitglieder heute, die Inzest – gerade weil er manchmal gewünscht wird und möglich ist – als besondere Gefahr der Familieneintracht, des „Familiensinns" erscheinen läßt;
– in einer Hierarchisierung der Altersgruppen in Hinsicht auf Sexualität: Dies ist das letzte Vorrecht, das Erwachsene für sich in Anspruch nehmen;
– in der inzwischen weithin öffentlich gemachten Orientierung an „Jugend" als sexuellem Phantasiewert, gleichzeitig aber auch als Konkurrenz und Bedrohung der eigenen Attraktivität.

Solche Auffassungen sind ohne Zweifel *kulturell produziert*. Sie sind möglicherweise Resultate des jahrhundertelangen Zivilisationsprozesses (*Elias*). Anders sieht es aus in Gesellschaften, die wir als „unterentwickelt" oder „primitiv" bezeichnen: „Unter den Cubeo-Indianern im Gebiet des nordwestlichen Amazonas ist körperlicher Kontakt sehr ausgeprägt, und *Goldman* (1963) meint, daß dies die Offenheit gegenüber sexueller Erregung erklärt, besonders in Hinsicht auf Masturbation und Homosexualität in Kindheit und Jugend. In verschiedenen anderen Kulturen berühren Mütter die Genitalien des Kindes liebevoll, während sie es pflegen, und in anderen Kulturen tun sie dasselbe, um das Baby zu beruhigen." Während die Bedeutung dieser Erfahrungen für die Entwicklung nicht bekannt ist, scheint es „ganz offensichtlich den Kindern keinerlei Schaden zuzufügen. Wenn wir bereit sind, Gefühle der Kinder zu respektieren, dann können wir sexuelle Betätigungen (sexual interaction) unter Kindern nicht kriminalisieren." (*Langfeldt* 1981, S. 43)

Besonderen Einfluß in unserer Kultur haben ohne Zweifel auch *Freuds* Theorien zur kindlichen Sexualität. *Freud* löste das Wort „Sexualität" von der engeren Bedeutung der geschlechtlichen Vereinigung und verstand darunter jede angenehme Empfindung, die ein Kind physisch erfährt und die es gegenüber anderen Personen hat. Der Mund, der Anus und die Genitalien (oral, anal, genital) sind – in dieser Reihenfolge – die zentralen Stellen sinnlicher Erregung und Befriedigung, die das Kind von der Geburt an erstrebt. Die orale Phase ist charakterisiert durch die Freude beim Genährtwerden und hat sexuelle Bedeutung wegen des Saugens an der Brust (oder dem Substitut der Flasche) und der sinnlichen Wärme und Weichheit des mütterlichen Körpers. In der analen Phase bezieht sich das Vergnügen des Kindes dann auf die Erfahrung, Exkremente „herauszudrücken" und auch zu lernen, den Stuhlgang zu beherrschen. Die Nähe zu den Sexualorganen gibt auch dieser Erfahrung einen sexuellen Sinn. Das heranwachsende Kleinkind entdeckt dann die Genitalien, vor allem beim Baden und Waschen. Erektionen sind schon bei männlichen Kleinkindern beobachtet worden, ebenso wie Vaginalflüssigkeit bereits in den ersten vier bis sechs Stunden des Lebens bei den Mädchen. Die genitale Phase wird bei *Freud* auch die „phallische Phase" genannt (3–5 Jahre), in der der Ödipuskomplex (bei den Mädchen: der Elektrakomplex) eine wichtige Rolle spielt. Der Junge sieht seinen Vater als Rivalen in der Liebe der Mutter. Der kleine Junge empfindet Eifersucht und sexuelle Rivalität gegenüber seinem Vater; zugleich wächst die Furcht, zur Strafe vom Vater kastriert zu werden. Entsprechendes gilt für das kleine Mädchen: Es entwickelt besondere Gefühle der Zuneigung gegenüber dem Vater, zugleich das Gefühl der Eifersucht gegenüber der Mutter. Das Mädchen muß lernen, ihre Weiblichkeit zu akzeptieren und die Tatsache, daß sie keinen Phallus hat und nie die Chance, ein Junge zu werden. Da das Mädchen keinen Phallus hat, muß es nicht wie der Junge eine Bestrafung der Zukunft fürchten (ihm ist gleichsam der Phallus schon weggenommen worden). Dies Gefühl der Gefährdung führt zu einer stärkeren sexuellen Betroffenheit der Jungen. Beide Geschlechter lernen jedoch, ihre Triebimpulse zu unterdrücken, um Schutz und Liebe der Eltern nicht zu verlieren, vor allem durch Sublimation.

Damit beginnt ungefähr zwischen dem 5. und 11. Lebensjahr die „Latenzzeit", in der Sexualität vorübergehend (fast) keine Rolle spielt; sie ist nicht ausgelöscht, aber „versteckt". Erst mit der Pubertät drängt sie dann in Zusammenhang mit körperlichen Veränderungen in die aktive Phase. *Erikson* hat sein Entwicklungsschema im übrigen an diesen *Freudschen* Annahmen orientiert.

Inzwischen sind *Freuds* – hochgradig spekulative – Interpretationen mehrfach kritisiert worden (*Klein* 1972). Abgesehen davon, daß die sexuelle Entwicklung von Mädchen kaum beobachtet wurde (auch psychoanalytisch vernachlässigt), ist kein Nachweis möglich zwischen Ödipuskomplex und Latenzperiode, davon abgesehen, daß es fraglich ist, ob der Ödipuskomplex in modernen Familien, in denen der Vater häufig abwesend ist, eine so erhebliche Rolle spielt. Versuchen Eltern, sich die Erziehung des Kindes zu teilen – eine noch neuere Entwicklung – und die Geschlechtsrolle nicht strikt auszuagieren, gibt es für kleine Kinder noch weniger Möglichkeiten, geschlechtsspezifische Rivalitäten zu empfinden, zumal ihnen gezeigt wird, daß sie von *beiden* Eltern geliebt werden. Des weiteren müßten 5jährige Kinder gemäß der *Freudschen* Theorie in der Lage sein, die Geschlechtsunterschiede zu erkennen (sie haben sich ja in ihnen psychisch abgearbeitet), was aber, empirisch belegbar, nicht der Fall ist: Für *Goldman* (1982, S. 214) ist daher die These einer Latenzperiode ein Mythos.

Goldman beschäftigt sich in der eben zitierten Untersuchung mit dem Zusammenhang von kognitivem Erkennen und Wissen und Sexualität (sexual thinking) auf der Grundlage von *Piagets* Theorie, die ja, wie auch *Goldman* feststellt, nicht nur kindliche Emotionalität kaum thematisiert, sondern noch weniger kindliche Sexualität. Dies hat bei diesem gewissenhaften Wissenschaftler seinen Grund *nicht* in einem zufälligen Übersehen oder gar in dem Versuch, ein peinliches Thema lieber zu verdrängen; soweit wir sehen, folgt *Piaget* seiner Theorie:

„*Piagets* Theorie geht eindeutig davon aus, daß das etwa 5 Jahre alte Kind und vielleicht sogar das Kind vor der Adoleszenz unfähig ist, sich mit Sexualität aktiv zu beschäftigen, vergleichbar der Weise, wie dies ein Erwachsener tut – und dies sogar, wenn ihm die Gelegenheit gegeben wird, sexuelle Erfahrungen zu machen. Nach *Piaget* fehlt die kognitive Ausstattung für eine solche Erfahrung in der Kindheit (...) Er argumentiert, daß jede Information (oder Erfahrung), die dem Kind angeboten wird, eine (kognitive) Konstruktion im Kind voraussetzt, die entwickelt genug ist, die Information zu verarbeiten. Deswegen kann das Kind nicht durch eine bestimmte Gruppe von Reizen in der Weise beeinflußt werden, die sie beabsichtigen, denn das Kind besitzt noch nicht die notwendigen kognitiven Strukturen, sie sich zu assimilieren. Für *Piaget* liegt der wesentliche Impetus für eine vollständige kognitivverstehende Aktivität in der kognitiven Ausstattung selbst, *in der Person*, die bis zur Adoleszenz oder noch später nicht voll entwickelt ist." (*Martinson* 1982, S. 29)

Auch *Piaget* nimmt im Rahmen *seiner* Theorie eine – anders strukturierte und begründete – Latenzphase an. *Goldman* (1982) gelingt es nun, vorgehend *im Rahmen* der *Piaget*schen Annahmen, diese Interpretation des Zusammenhangs von kognitiver Entwicklung und sexuellem Interesse (wobei heute durchweg die von *Freud* eingeführte, *weitere* Bedeutung des Begriffs vorausgesetzt wird) zu Fall zu bringen. Dies erreicht er dadurch, daß er die angemessene Verarbeitung von Informationen über Sexualität, verbunden mit einem entsprechenden Interesse, bei verschiedenen Altersstufen untersucht. Die Frage „Woher kommen die Babies?" beispielsweise beantworten

– Kleinkinder entweder gar nicht (Babies sind einfach „da", die Frage, woher sie kommen und wie sie erscheinen, wird gar nicht gestellt);
– Kinder im *Übergang* zur Phase der konkreten Operationen mit teilweise schon richtigen Feststellungen (Vergleich mit dem Säen auf dem Acker oder ähnliches), aber das Wissen ist nicht koordiniert;
– Kinder im Alter der konkreten Operationen (die Altersgruppe der 6- bis 12jährigen) mit physisch richtigen Erklärungen, insbesondere aber auf der eher „technischen" Ebene; der biologische Prozeß der Vereinigung ist be-

kannt, wie und warum er geschieht, kann nicht erklärt werden; körperliche Geschlechtsunterschiede und die Tatsache, daß die Männer das Sperma haben, die Frauen die Eier, sind bekannt, während der Vorgang der Befruchtung noch nicht verstanden wird) (*Goldman* 1982, S. 219).

Die älteren Kinder (von 9–15 Jahren – diese Altersgruppe hat *Goldman* zusammengefaßt) können nicht nur den Befruchtungsvorgang verstehen, sondern sie interessieren sich auch für die emotionalen Komponenten bzw. sind zunehmend in der Lage, deren Bedeutung einzuschätzen. Interessant ist, daß die Jungen durchweg das *Vergnügen* in der sexuellen Vereinigung hervorheben, während diese für Mädchen eher Ausdruck eines romantischen Gefühls tiefer Liebe ist. Diese Dichotomie in den Geschlechtern in der emotionalen Einschätzung sexueller Liebe findet sich bereits in der Kindheit und verstärkt sich nach der Pubertät.

Goldman bleibt insgesamt im Rahmen der *Piagetschen* Theorie (darum spricht er von „sexual thinking") und erhebt in seiner kulturvergleichenden Studie darum *Wissen* über Sexualität. Wieweit dieses Wissen auf eigenen sexuellen Interessen, Erfahrungen und Wünschen beruht, thematisiert er nicht. Inzwischen weisen alle Daten, über die wir zur Sexualität in der Kindheit verfügen, in die Richtung, daß Kinder sich nicht nur für den Bereich der Sexualität *stark interessieren* (jeder weiß, daß Grundschulkinder bereits gern miteinander flüstern, lachen und sich häufig untereinander „aufklären"), sondern ihnen die Fähigkeiten des Kleinkindes (beim Knaben zur Erektion, beim Mädchen zur vaginalen Reizung) nicht verlorengegangen sind, ja mehr: Auch Kinder können schon Orgasmen erleben, und die vorhandenen Informationen deuten darauf, daß das Masturbieren keineswegs etwas Außergewöhnliches ist (*Constantin-Martinson* 1982). Untersuchungen zur ja besonders tabuisierten Sexualität in der Familie, die natürlich wegen des Tabus erschwert sind, machen relativ unzweifelhaft, daß Zärtlichkeiten und darüber hinausgehende sexuelle Stimulierungen *zwischen Geschwistern* durchaus nichts Außergewöhnliches sind (*Finkelhor* 1982). Daten zu diesem Bereich gab es bisher meist nur, wenn klinische Fälle vorlagen oder die Sozialbehörde eingriff. Danach war es so, daß früher sexueller Kontakt innerhalb der Familie nur bei gering entwickelter Intelligenz und gestörtem Familienleben zu finden waren. Neuere Untersuchungen bestätigen dies nicht; eine Umfrage unter völlig „normalen" Kindern und Jugendlichen ergab, daß eine Vielzahl von ihnen auch in der Familie nicht in erster Linie sexuelles Wissen, sondern sexuelle Erfahrungen erwarben; freilich sprachen sie nicht gern davon: „Inzest erfolgt in einer Atmosphäre der Geheimhaltung. Viele unserer Befragten kamen aus Familien, in denen Sexualität nicht erwähnt wurde – so, als existiere sie nicht. Sehr wenige sprachen mit anderen je über ihre Inzesterfahrungen. Das Tabu, das nicht stark genug war, tatsächlichen Inzest zu verhindern, war jedoch immerhin erfolgreich genug, die Kommunikation darüber zu blockieren." (*Symonds u.a.* 1982, S. 161)

Geschlechtsneugier und Erotik im Kindesalter

Daß auch Kinder erotische Erfahrungen haben, die sich mit Wünschen verbinden, wird bis heute nur selten zugegeben und kaum besprochen. Die Erwachsenen haben das Thema meist aus ihrer Erinnerung verdrängt oder sprechen nicht über das, was sie als Kind in dieser Hinsicht beschäftigt hat. Die erhobenen Daten sind immer noch spärlich. Ich möchte daher aus *Schefflers* (1869–1951) romanhaftem Buch „Der Junge Tobias. Eine Jugend und ihre Umwelt" zitieren, um zu vergegenwärtigen, daß Sexualität für Kinder nicht nur ein Gegenstand des *Wissens* (so *Goldmans* primäre Tendenz) ist. Die Erfahrungen eines Knaben (um 1880 in Hamburg) werden folgendermaßen erzählt:

„Die Sitte verbietet von Geschlechtsregungen zu sprechen, und die meisten Menschen fügen sich dieser Sitte ... Und doch vermehrt gerade diese Sitte die dem Kinde ohnehin reichlich zugemessenen Leiden in einer bedenklichen Weise. Der erotische Instinkt ist dem Kinde angeboren, stellt sich so natürlich und selbstverständlich ein wie Hunger und Durst ... Die Erinnerung reicht ja bis zum 2. Lebensjahr nur für Augenblicke; man erinnert sich nur an wenige Erlebnisse, die besonderen Eindruck gemacht haben. Aber selbst dieses wenige genügt, um Johann die Gewißheit zu geben, daß es etwas wie ein leises erotisches Behagen war, was er fühlte, wenn die Mutter ihn frühmorgens zu sich ins Bett nahm ... Nur wenige Jahre können vergangen sein, bis Johann zu erotischen Phantasien überging. Sie bestanden zuerst darin, daß er sich des Abends im Bett mit Vergnügen vorstellte, er spiele mit anderen Knaben und prügelte sie, er wählte stets die Knaben unter den Spielgefährten aus, die gut aussahen und angenehm fett waren. Die ersten erotischen Regungen bezogen sich durchaus auf Knaben ... Erotische Knabenspiele ziehen sich eigentlich durch die ganze Jugend; sie waren um so beliebter, als sich dazu die Gelegenheiten wie von selbst ergaben und als die Phantasie ständig durch Unterhaltungen über geschlechtliche Fragen rege erhalten wurde. Manches Spiel im Freien oder in den Häusern endete erotisch; und selbst in der Schule kam es vor, daß nebeneinander sitzende Knaben sich in der Stunde gegenseitig reizten. Die Handlungen an sich waren harmlos ... Sie waren auch harmlos, wenn die Knaben mit den Mädchen Mutter und Kind spielten und dabei die ersten täppischen Versuche machten, mit dem Körper der Frau bekannt zu werden ... Die Kinder versteckten sich sorgfältig hinter Gebüschen, in Lauben und auf den Heuböden, wenn das Spiel erotischen Charakter annahm, weil es ihnen verboten war, weil alles Geschlechtliche, wie immer es sich äußerte, selbst wenn es sich in Träumen äußerte, verpönt war ... Auch hier wird vom Kinde eine Entsagungskraft gefordert, die die Erwachsenen selbst nie üben ... Johann sah bei Familienfesten, wenn die Männer in Stimmung kamen, daß sie mit den Frauen ihrer Verwandten oder Freunde zu scherzen begannen und nicht selten derb handgreiflich wurden; er sah auf einer silbernen Hochzeit den Silberbräutigam neben einer jungen Nichte sitzen, einem siebzehnjährigen Mädchen, und mit der Hand bei ihr Dinge tun, die er selbst gern getan hätte. Die Knaben sprachen auf dem Schulweg und beim Spiel unaufhörlich über erotische Fragen und wurden dadurch wie von selbst aufmerksam auf alles, was dahinzielt ... Sie suchten sich vorzustellen, wie die Kinder zur Welt kommen, und brachten die seltsamsten Ansichten vor, sie erzählten Unanständiges und wollten sich über das Albernste ausschütten vor Lachen. Im allgemeinen taten sie alles Verbotene reuelos und betrachteten sich gegenüber den Erwachsenen als eine Partei, deren Aufgabe darin bestand, die Gegenpartei zu überlisten. Den Eltern gegenüber aber wurden sie unsicher und verlegen, sie glaubten ihnen wenigstens für den Augenblick, daß das Geschlechtsgefühl Sünde sei, und gerieten damit in einen Zwiespalt ...

Bei der Mode, der Johann ausgesetzt war, mußten ihm alle erotischen Fragen notwendig in unnatürlichen Vergrößerungen erscheinen, sie mußten ihm phantastisch werden. Denn alle Heimlichkeit vergrößert. Unterdrücken können die Erzieher den erotischen Trieb nicht. Je mehr sie es verbieten, desto begieriger wird das Kind, in der Bibel die heimlichen Stellen aufzusuchen und anderen zu zeigen ...

In Johanns Vaterstadt wurde die Phantasie besonders heftig von den Straßen erregt, die ihnen streng verboten waren, deren Namen nicht einmal genannt werden durften, weil dort die Prostituierten kaserniert waren ... Im Vorübergehen sah man nur eine verödete, enge Straße, durch die ein Schutzmann einsam durchging. Die Knaben warteten dann wohl, bis er verschwunden war, und liefen rasch hindurch, wobei es vorkam, daß die Mädchen aus dem Fenster mit Wasser gossen und auch wohl trafen. Das Wasser wurde in der Vorstellung dann gleich zu einer anderen, eklen Flüssigkeit, und es wurde das Abenteuer lärmend, in einer Stimmung von Furcht und Großmannssucht beschwatzt ...

Erwachende Erotik zog sich durch alle Spiele. Wurde Versteck gespielt, so richteten die Knaben es ein, daß sie sich zusammen mit einem Mädchen verstecken konnten. Da standen sie dann in dämmriger Verborgenheit, schwer atmend vom Lauf, aufmerksam hinauslauschend auf die Schritte des Suchenden und daneben nach einem Kuß haschend, oder das Mädchen feindselig zärtlich umfassend. Halb wurde das Mädchen wie ein Spielkamerad und halb wie eine Geliebte behandelt. Die verlegenen Liebkosungen äußerten sich oft nicht anders, als daß die bevorzugten Mädchen besonders fest an den Armen gehalten wurden. Das Erotische war mehr in der Phantasie als im Tun ..." (*K. Scheffler*: Der Junge Tobias. Eine Jugend und ihre Umwelt. Hamburg/München 1962. Zitiert nach: *K. Rutschky* 1983, S. 811 ff.).

Die Heimlichkeit, zu der Kinder gezwungen sind, ebenso die Ambivalenz zwischen den Geschlechtern auch in der Kindheit (es gibt eben gar kein absolutes Desinteresse der Jungen an den Mädchen und umgekehrt!) kommen in diesem Fallbeispiel ebenso heraus wie homoerotische Erfahrungen. Akzeleration und Vorverlagerung der Reife lassen vermuten, daß auch Kinder unseres Altersabschnitts eher stärker mit Sexualität beschäftigt sind als in früherer Zeit. *Goldmans* Untersuchung (1982, S. 294 ff.) hat (im Kapitel „Children's perceptions of sex education") ergeben, daß auch Kinder unseres Altersabschnitts (verstärkt ab 9 Jahre) an *Themen der Sexualerziehung sehr interessiert sind.* Als Informanten werden die Eltern und die Lehrer genannt. Die große Mehrheit der Kinder in allen Ländern der vergleichenden Studie setzen sich für Sexualerziehung in der Schule ein. Nur die Jüngeren widersprachen dem. Dabei wurde schon für die Grundschuljahre Sexualerziehung gewünscht (von schwedischen Kindern schon für die Vorschulzeit). Am meisten vertrauten sich Kinder in sexuellen Fragen ihren Müttern an, besonders die Mädchen, weniger die Jungen. Der Vater spielte eine geringe Rolle (und wenn, eher für Jungen). Von 9 Jahren an entwickelten Kinder einen starken Widerstand, Lehrer nach Sex zu fragen. Mädchen sprachen mit ihren Freundinnen leichter über dieses Thema als Jungen. Kinder (insbesondere bis 9 Jahren) hatten gemischte Gefühle, ihre Freundinnen/Freunde zu befragen, weil sie fürchteten, lächerlich zu erscheinen und verspottet zu werden. Viele meinten, daß bei diesem Thema Vorsicht geboten sei selbst bei denen, denen sie am meisten trauten. Sicherlich sind wir gezwungen, allmählich ein Umdenken in Hinsicht auf kindliche Sexualität einzuleiten. Ich vermute jedoch, daß es noch lange dauern wird, bis dies zu pädagogisch brauchbaren Konsequenzen führt.

Moral

Die Entwicklung des moralischen Urteils (umgangssprachlich: Gewissen) beim Kinde findet seit jeher großes Interesse in der Forschung. Je nach Theorie finden sich unterschiedliche Zugänge und Deutungen:

1. *Psychoanalyse:* Die moralische Entwicklung ist gebunden an die Lösung des Ödipuskomplexes (bei Mädchen: Elektrakomplexes). Das Ergebnis dieser Lösung ist die Entwicklung des *Über-Ich*, der Teil der kindlichen Person, der Gedanken, Vorstellungen und Taten beurteilt und lenkt. Nach *Freud* entwickelt sich das Über-Ich während der phallischen Phase (3- bis 6jährige). Diese Periode ist bestimmt durch das inzestuöse Verlangen des Kindes nach dem gegengeschlechtlichen Elternteil. Da der Junge jedoch fürchtet, daß der Vater ihn – weil er stärker ist – wegen der entstandenen Rivalität kastrieren könnte und daraus Kastrationsangst entsteht, lernt der Junge, alle sexuellen Gefühle für seine Mutter zu unterdrücken und sich mit dem möglichen Aggressor, dem Vater, durch Identifikation zu verbinden. Durch diese *Identifikation mit dem Aggressor* vermeidet das Kind die Kastration. In diesem Prozeß internalisiert der Junge viele der Eigenschaften und Verhaltensweisen seines Vaters, einschließlich der väterlichen Moralitätsstandards. Dieser Prozeß ist bei einem 6jährigen Jungen abgeschlossen. – In etwa demselben Alter (zwischen 3 und 6 Jahren) merkt das kleine Mädchen, daß sie keinen Penis besitzt. Zunächst meint sie, daß sie kastriert worden ist; dies führt dazu, daß sie alle Gefühle von der Mutter auf den Vater überträgt in der Hoffnung, die Liebe eines Menschen zu erlangen, der das Organ besitzt, das sie nicht hat. Da sich das junge Mädchen aber schon kastriert fühlt, hat sie keine starke Furcht, die sie zwingt, sich mit ihrer Mutter zu identifizieren und die moralischen Standards der Mutter zu internalisieren. So entwickelte *Freud* die sehr umstrittene Hypothese, daß Mädchen ein schwächeres Über-Ich entwickeln als Jungen.

Einige kritische Anmerkungen zu den generellen psychoanalytischen Annahmen waren schon gemacht worden. Im Zusammenhang der moralischen Entwicklung ist nicht nur *Freuds* Behauptung inzwischen kaum noch haltbar, daß Mädchen ein schwächeres Über-Ich entwickeln (sie übernehmen, wie empirisch nachgewiesen worden ist, sehr stark moralische Standards beider Elternteile, besonders aber auch der Mutter), sondern es ist auch fraglich, ob die Grundlagen der moralischen Entwicklung tatsächlich in den ersten 6 Lebensjahren gelegt werden, so daß alle weiteren Sozialisationseinflüsse und selbstbestimmten Handlungen nur noch die Ausfaltung des moralischen Konzepts sind.

2. *Soziales Lernen durch Nachahmen: Skinners* Grundbehauptung ist (1953), daß Reaktionen geformt werden durch Umwelteinflüsse und innere Faktoren wie „Triebe" und ähnliches keine Rolle spielen. Die, die über die Umwelt des Kindes verfügen (vor allem die Eltern), haben die Macht, das von ihnen als moralisch akzeptabel erachtete Verhalten durch Belohnung zu verstärken und moralische Übertretungen zu bestrafen. Indem dies geschieht, formen („shape") Eltern und andere einflußreiche Personen das moralische Verhalten kleiner Kinder.

In letzter Zeit ist *Skinners* Analyse des moralischen Sozialisationsprozesses (als operante Konditionierung) kritisiert worden, weil er die kognitiven Möglichkeiten des Kindes und die Bedeutung kognitiver Prozesse für soziales Lernen übersehen habe (*Bandura* 1977). Nach ihm lernen wir vieles dadurch, daß wir das Verhalten von *Modellen* beobachten. Dieses Beobachtungslernen ist deswegen effektiv, weil die wachsenden kognitiven Fähigkeiten des Kindes ihm ermöglichen, die *signifikanten Aspekte* des Modellverhaltens zu erfassen und im Gedächtnis zu behalten. Damit ist das Kind nicht der passive Empfänger von Umwelteindrücken, sondern selbst aktiv in der Verarbeitung von Informationen (active information processor).

3. *Kognitive Theorie:* Der Aspekt kognitiver Fähigkeiten und kognitiven Wachstums wird durch *Piaget* und seine Schule besonders betont. *Piaget* beobachtete auf seinem Weg zur Arbeit Kinder, die Murmeln spielten (1965). Er war fasziniert davon, wie Kinder verschiedenen Alters über die Regeln des Spieles dachten. *Piaget* hatte den Eindruck, daß kleine Kinder die Regeln als unveränderlich betrachteten, während ältere Kinder sie als etwas ansahen, über das man verhandeln könne. Er ging diesem Unterschied nach, indem er die kindlichen

Konzeptionen von Gerechtigkeit anhand ihnen vorgelegter moralischer *Dilemmata* untersuchte. Diese Dilemmata waren normalerweise Geschichten, die geeignet waren, die Kinder zur Offenlegung ihrer Urteilskriterien zu veranlassen. *Piaget* entwickelte auf dieser Grundlage eine Theorie der moralischen Entwicklung mit einer vormoralischen und zwei moralischen Stufen (*Shaffer/Brody* 1981, S. 85ff.). Jüngere Kinder (bis zu 8 Jahren) geben Erwachsenen aus Achtung vor ihrer Autorität Recht selbst dann, wenn sie unrecht handeln. Ältere Kinder halten Anforderungen für nicht gerechtfertigt, wenn sie dem Prinzip der Gleichheit aller widersprechen, und geben dem Prinzip der Gerechtigkeit gegenüber blindem Gehorsam den Vorzug. Erst auf einer dritten Stufe sind sie in der Lage, auch die Billigkeit eines Verhaltens anzuerkennen: „Die Billigkeit ist eine Beziehung, die nicht auf reiner Gleichheit (Egalitarismus) gründet, sondern die tatsächliche Situation des Individuums berücksichtigt (…) Die Billigkeit bringt die besondere soziale Bindung, die zwischen Kind und Eltern besteht, in Anrechnung. Eine Arbeit, die vom Standpunkt der Gleichheit aus ungerecht erscheint, wird so als freie Äußerung der Gefälligkeit berechtigt. Dieses Verhalten ist fast nur bei den Großen (ab 11 bis 12 Jahren) zu beobachten, während die Kleinen systematisch die Gefälligkeit mit dem Gehorsam verwechseln." (*Oeveste* 1982, 2, S. 85f.)

Interessanter als diese Stufentheorie, die *Kohlberg* (s.u.) weiterentwickelt hat, ist die Betonung der Peer-Rolle bei *Piaget*. *Piaget* war der Ansicht, daß der Einfluß der Eltern schon beim Schulkind stark zurückgeht, weil sie aufgrund ihres größeren Status und ihrer Macht dazu neigen, einseitig den Respekt des Kindes vor Autoritäten zu stärken. *Piaget* meint, daß der Erwerb eines reifen moralischen Urteils Möglichkeiten braucht, Regeln und moralische Prinzipien als Ergebnisse von Gruppenverhandlungen unter Personen von gleichem Status zu erleben. Dies ist die Gesellschaft der Gleichaltrigen, die darum für *Piaget* gerade in Hinsicht auf moralische Erziehung sehr wichtig ist. Hier erst lösen sich die Kinder in ihrem Urteil von dem in moralischen Dingen nicht immer gültigen Prinzip von Respekt und Gehorsam und lernen, daß moralisches Urteil auch eine Sache der Billigkeit sein kann, des Verhandelns und der Differenzierung. Da schon Grundschulkinder diese Peer-Orientierung zeigen, ist für *Piaget* die moralische Autonomie eines Kindes bereits mit 12 Jahren erreicht. Während die Eltern über die gefühlsmäßige Bindung eher auf Disziplin achten, sind die Peers wichtige Modelle für diese Autonomie:

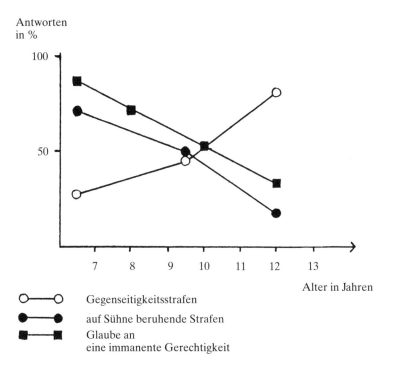

Abbildung 15: Der Konflikt zwischen Strafe, Gleichheit und Billigkeit und die Entwicklung der moralischen Bewertung (nach den Daten *Piagets* in 1976, S. 304) (Quelle: *Oeveste* 1982, 2, S. 87)

„Es ergibt sich also, daß Kinder eine größere Verpflichtung gegenüber ihren Peers empfinden und eher willens sind, den Erwartungen der Peer-Group zu entsprechen, und zwar vor allem während der mittleren Kindheit und der Präadoleszenz (im Alter von 6–13 Jahren). Die jetzt verfügbaren Daten legen nahe, daß die Teilnahme an Peer-Group-Aktivitäten und moralischer Entwicklung sich reziprok entsprechen. Die Teilnahme an Peer-Aktivitäten in einer Gruppe verschafft die Gelegenheit für Rollenübernahmen (role-taking), die die moralische Entwicklung unterstützen, und dies wiederum beeinflußt die Art und Weise, wie das Kind in einer Altersgruppe sich verhält." (*Schaffer/Brody* 1981, S. 115) – So wichtig es ist, daß *Piaget* die Bedeutung der Peer-Group für die moralische Entwicklung herausgearbeitet hat (in der *Freudschen* Theorie spielt sie keine Rolle), ist doch daran festzuhalten, daß der Elterneinfluß dem Gruppeneinfluß normalerweise mindestens gleichkommt. Auch wenn sich das Kind in Gruppensituationen loyal gegenüber den Peers verhält und viele Faktoren der Gruppenkontrolle internalisiert, wird es doch von den Eltern erlernte Haltungen nicht ohne weiteres aufgeben. *Kohlberg* hat mit systematischen Untersuchungen zur moralischen Entwicklung eine Stufentheorie entwickelt, die über *Piagets* Annahmen insofern hinausgeht, als die moralische Entwicklung nicht nur differenzierter dargestellt wird, sondern auch das Erreichen eines autonomen moralischen Urteils entschieden weiter hinausgeschoben wird (12jährige Kinder sind danach in der Regel in der konventionellen Phase). Die Stufentheorie findet sich ausgeführt bei *Kohlberg/Turiel* 1978, S. 18f.; vgl. auch *Baacke* 1983, S. 120ff.). Es genügt hier, eine pointierende Zusammenfassung wiederzugeben (*Oeveste* 1982, 2, S. 70):

Ebene I	Präkonventionelle Ebene
Typ 1	Orientierung an Bestrafung und Gehorsam
Typ 2	Naiver instrumenteller Hedonismus
Ebene II	Moral der konventionellen Rollenkonformität
Typ 3	Orientierung am Ideal des „guten Kindes"
Typ 4	Orientierung an der Aufrechterhaltung von Autorität und sozialer Ordnung
Ebene III	Moral selbstgesetzter Prinzipien
Typ 5	Legalistische Vertragsorientierung und Anerkennung demokratischer Gesetzgebung
Typ 6	Orientierung am Gewissen oder an individuellen Prinzipien

Abbildung 16: Stufen der moralischen Wertorientierung nach *Kohlberg*

Kohlberg differenziert viele der *Piagetschen* Annahmen. *Piaget* hatte den Weg von der Heteronomie zur Autonomie als allmähliche Ablösung von der (elterlichen) *Autorität* beschrieben. *Kohlberg* zeigt, daß zwischen einer *persönlichen* Autorität (Eltern/Lehrer gegenüber Kindern) und einer Autorität gesellschaftlich einflußreicher Gruppen und Institutionen zu unterscheiden sei. Die Anerkennung der Autorität kann dann erfolgen aus Furcht vor Strafe (Stufe 1) oder Ausdruck der Übereinstimmung mit der geltenden gesellschaftlichen Ordnung sein (Stufe 4, Konventionalität). Auch das Prinzip *gegenseitiger Achtung* (nach *Piaget* vor allem in der Peer-Group vertreten) muß nicht schon Kennzeichen einer autonomen Moral sein. Die Achtung kann auch gruppenspezifisch, persönlich, aus Lust an der „Übereinstimmung" als Wert erstrebt werden, während autonome Moral (letzte Stufe) ja gerade die Unabhängigkeit nicht nur von gesellschaftlichen Normen, sondern auch persönlichen Beziehungen fordert. *Kohlberg* gelingt es, die Motivationen und kognitiven Prozesse, die hinter bestimmten Haltungen stehen, deutlicher als *Piaget* herauszuarbeiten (vgl. Abbildung S. 232), auch wenn die Moral des Typs 1 (Orientierung an Bestrafung und Gehorsam) stark abnimmt (bei den 13jährigen ist ein bestimmtes Plateau erreicht, gut 10 % verharren noch auf dieser Stufe). Doch ist auch zu sehen, daß Typ 5 und 6 (dies wäre die Stufe der Autonomie) von 10jährigen Kindern kaum, aber auch von älteren nur zu geringen Teilen erreicht wird. Einen steilen Anstieg hingegen zeigt Typ 4, der damit kennzeichnend für die Kindheit ist: Orientierung an der Aufrechterhaltung von Autorität und sozialer Ordnung (konventionelles Stadium).

An *Kohlbergs* Entwicklungstheorie der Moral ist inzwischen vielfach Kritik geübt worden, vor allem in folgenden Punkten:

1. *Habermas* meint, daß ein Höhepunkt moralischer Urteilsfähigkeit nicht dann erreicht ist, wenn jemand mit seinem „prinzipiellen" Gewissen im reinen ist, unabhängig von sozialen Beziehungen und Situationen, sondern wenn der monolo-

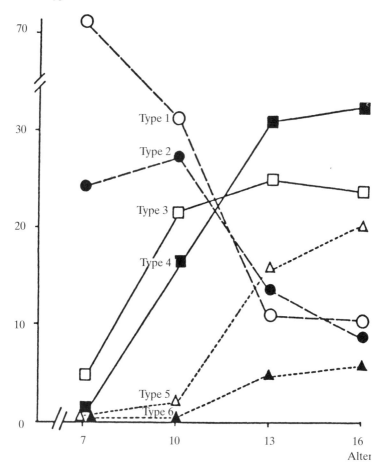

Abbildung 17: Die Entwicklung der sechs moralischen Urteilstypen, dargestellt an den Altersstufeneinschnitten 7, 10, 13, 16 Jahre (Quelle: *Kohlberg* 1964, S. 403)

gisch anwendbare Grundsatz der Verallgemeinerungs-fähigkeit abgelöst wird durch „das gemeinschaftlich verfolgte *Verfahren* der diskursiven Einlösung von normativen Geltungsansprüchen" (1976, S. 85). Danach ist es in gewissen Fällen nicht nur notwendig, auch auf Konventionen zurückzugreifen, sondern auch die Meinungen sozialer Bezugspersonen im Diskurs zu berücksichtigen (ein Gesichtspunkt, der *Piaget* ja sehr wichtig war!).

2. Das moralische Urteil wird in bezug auf *Gerechtigkeit* untersucht. Es gibt aber Tugenden sehr unterschiedlicher Art, die *Kohlberg* gar nicht beachtet, etwa Mitleid (Rolle des Gefühls!), Integrität, Mut und Ausdauer (Ich-Stärke ist notwendig, psychoanalytisch gesprochen); und auch die vielgeforderten Alltagstugenden wie Sauberkeit oder Pünktlichkeit können kaum vom Gerechtigkeitsprinzip abgeleitet werden (*Peters* 1971). Auch *Liebe* kann eine wichtige Tugend sein (vgl. Christi Bergpredigt!).

3. Gerade die eben genannte Tugend *Liebe*, die ein Mögen und später ein Verstehen des anderen voraussetzt, findet sich in Typ 1 und Typ 2 der *Kohlbergschen* Skala, also sehr früh. Daß mit Liebe hedonistische Momente (Vergnügen) verbunden sind, muß diese Tugend nicht notwendig als weniger moralisch/moralisch unerheblich abqualifizieren – dies wäre eine sehr *konventionelle* Einschätzung dieser Tugend. Gerade *Kinder*, die noch stark in persönlichen Beziehungen und Bindungen leben, wünschen sich diese Tugend von anderen Menschen, besitzen sie aber auch selbst. Ein moralischer Vertreter der Ebene III, der „selbst gesetzten Prinzipien" folgt, ist möglicherweise ein rücksichtsloser Rigorist, der (um einen Extremfall zu simulieren) möglicherweise den gefundenen Wert sogar um den Preis von Menschenleben zu verteidigen bereit ist.

4. Denkbar ist, daß in der *Familie*, in der ein Kind aufwächst, ein anderer moralischer Typ vertreten wird als in der *Schule*, in die es kommt. In der Familie spielen Gegenseitigkeit, Lob, Gehorsam und Strafe noch eine erhebliche Rolle, während die Schule eher an der Aufrechterhaltung einer sozialen Ordnung interessiert ist, die sie als gesellschaftliche Institution ebenfalls vertritt (*Bertram* 1979, S. 544f.). Das Kind kommt dann – und dies ist sicherlich nicht selten – in einen *Konflikt*. Sollte es an den familiären Orientierungen festhalten, könnte

es möglicherweise in der Schule „sozial auffällig" werden und sogar scheitern; eine Anpassung an die Schulregularien könnte umgekehrt das Kind dazu bringen, die in der Familie erworbenen Orientierungen über Bord zu werfen; dies könnte zur Entfremdung zwischen Eltern und Kindern führen.

5. Der *erzieherische* Wert der Methode, durch konstruierte Dilemmata die Schüler zur argumentativen Entfaltung ihrer Beurteilungen zu bringen, ist kritisiert worden (Zusammenstellung wichtiger Argumente auch bei *Schreiner* 1979, S. 516ff.):

„Erstens verbessern Diskussionen über moralische Dilemmata nicht notwendigerweise die moralische Atmosphäre und die zwischenmenschlichen Beziehungen im Klassenzimmer; sie können sie sogar verschlechtern. Zweitens können solche Diskussionen uns erfahrbar machen, daß Schüler einige grundlegende soziale Fertigkeiten lernen müssen, wie gutes Zuhören und respektvolles Äußern von divergierenden Meinungen, um fähig und bereit zu werden, an Diskussionen über moralische Dilemmata produktiv teilzunehmen. Drittens kann angenommen werden, daß die Erörterung von Problemen des realen Schullebens – wie die von Regelverstößen und Disziplinschwierigkeiten – eher zu Verhaltensänderungen führt als Diskussionen über hypothetische Dilemmata." (*Lickona* 1978, S. 65)

Kohlberg und seine Mitarbeiter haben diese Einwände durchaus registriert (*Gartz* 1980, S. 95ff.). *Kohlberg* ist nun nicht mehr der Meinung wie früher, es müsse ein besonderes Fach *Moralerziehung* geben, da moralisches Verhalten ein Prinzip jedes Unterrichts (und darüber hinaus! D.B.) sein sollte. Außerdem betont er nun, daß *real-life-Situationen* an die Stelle hypothetischer Dilemmata treten sollten. *Kohlberg* akzeptiert nun den Einfluß des Gruppenkontextes und betont die gesamtmoralische Atmosphäre einer Schule als wichtigen Faktor. Damit ist auch die Dominanz des alleinigen Prinzips „Gerechtigkeit" in Frage gestellt. Vor allem meint *Kohlberg* (aufgrund praktischer Erfahrungen) jetzt, daß man Kinder in ihrer moralischen Entwicklung nicht zureichend fördert, wenn man lediglich die kognitiven Schemata durch geeignete Maßnahmen stimuliert und sich darauf verläßt, das Kind werde mit dem Heranwachsen die entsprechenden Differenzierungen vornehmen. *Kohlberg* tritt jetzt sogar für „Indoktrination" des Kindes ein, also dafür, daß dem Kind gesagt werden muß, was der Erwachsene für Recht oder Unrecht hält – eine Überlegung, die ich für wichtig halte:

„Ich vertrete nicht mehr diese negativen Ansichten über eine indoktrinierende Moralerziehung, und ich glaube, daß die Konzepte, die die Moralerziehung leiten, teilweise sogar indoktrinierend sein müssen. Dies gilt notwendigerweise für eine Welt, in der Kinder stehlen, betrügen und aggressiv sind, und für eine Situation, in der wir nicht warten können, bis Kinder die 5. Stufe der Moralentwicklung erreichen, um direkt mit moralischem Verhalten umzugehen. Es gilt in viel grundlegenderer Weise insofern, als Erziehung zu moralischen Handlungen – im Unterschied zum Urteilen – stets eine Beschäftigung mit moralischen Inhalten um ihrer selbst willen voraussetzt. Ich gehe davon aus, daß moralische Erziehung in Form von Parteinahme (advocacy) oder Indoktrination geschehen kann, ohne daß die Rechte des Kindes verletzt werden – vorausgesetzt, die gemeinsamen Rechte von Lehrern und Schülern sind ausdrücklich anerkannt und die Parteinahme des Lehrers ist demokratisch oder dadurch relativiert, daß das Recht der Schüler, sich an den Prozessen der Regelfindung und Wertsetzung zu beteiligen, anerkannt wird." (*Kohlberg* 1978, S. 15)

Prosoziales Verhalten

Dieses Stichwort gehört in den Bereich der moralischen Entwicklung insofern, als prosoziales Verhalten eine gewisse Fähigkeit voraussetzt, eine ich-gebundene Perspektive sowie Egoismus zu überwinden, um die Interessen oder Leiden anderer mit beachten zu können und für diese anderen dann etwas zu tun. Wir hatten jedoch gesehen, daß die Diskussion um moralische Entwicklung nicht nur in unterschiedlichen theoretischen Paradigmen erfolgt, sondern sich auch auf die argumentative Ebene beschränkt (besonders bedeutend bei der Behandlung der moralischen Dilemmata). Im vorangehenden Abschnitt sollte jedoch schon deutlich geworden sein, daß alle *drei* aufgezählten theoretischen Zugänge einen wichtigen Beitrag leisten:

– die Psychoanalyse, indem sie die *affektiven Komponenten* betont;
– die Lerntheorie, indem sie auf Prozesse der *Imitation* und *Identifikation* hinweist;
– die kognitive Theorie, indem sie den aktiven Anteil des Kindes hervorhebt (in der Ausbildung und Entwicklung seiner Schemata in Hinsicht auf moralische Differenzierung und Autonomie).

„Prosoziales Verhalten" ergänzt diese Stichwortliste insofern, als hier gefordert wird, Gefühle, Beobachtungen und Urteile *umzusetzen* in Handlungen mit anderen Menschen. Es ist dieser Umsetzungsprozeß, der auch von der kognitiven Theorie bisher zu wenig beachtet wurde. Hinweise gibt die *Lerntheorie*. Prosoziales Verhalten dadurch zu erzeugen, daß man Kinder durch Lob oder materielle Anreize (Kaugummi) beispielsweise dazu brachte, mit einem unbekannten Kind das Spielzeug bereitwilliger zu teilen, hat man inzwischen weitgehend aufgegeben. Die Theorie des Imitationsverhaltens (vor allem: *Bandura*) hingegen hat bis heute eine gewisse Bedeutung, zumal in Hinsicht auf *aggressives Verhalten*. Während also die Verstärkungshypothese umstritten ist, ist die Modellhypothese noch in Geltung. Ebenso wie Kinder aggressives Verhalten unter bestimmten Bedingungen nachahmen (die Nachahmung ist um so wahrscheinlicher, je bekannter eine Person für das Kind ist, je mehr Macht sie hat, je liebenswerter sie erscheint, je mehr ihr aggressives Verhalten belohnt wird und je verständlicher aggressives Verhalten für das Kind ist – das Modell bietet sozusagen eine Lösung für Konflikte, die das Kind selbst auch hat), kann das Kind auch *empathisches Verhalten* dadurch lernen, daß seine Bezugspersonen sich ihm gegenüber und untereinander freundlich, verstehend und helfend verhalten (*Rosser* 1981, S. 69ff.). Danach ist prosoziales Verhalten stark abhängig von dem sozialen Klima, in dem ein Kind aufwächst.

Ein vertieftes Verständnis für die Genese prosozialen Verhaltens ermöglicht eine Verbindung von Interaktions- und

Kognitionstheorie. Betont wird vor allem die Fähigkeit der *Rollenübernahme* (role-taking). Diese beginnt (so *Piaget, Inhelder*, Zusammenfassung bei *Modgil/Modgil* 1976) sich erst allmählich als Fähigkeit herauszubilden. So hat das Kleinkind zunächst Schwierigkeiten, die optische Perspektive einer anderen Person zu übernehmen (s. S. 141) und verschiedene Perspektiven zu koordinieren. Beides ist jedoch notwendig als Voraussetzung dafür, den „Standpunkt" einer anderen Person „verstehen" zu können. Neben der Entwicklung physikalischer ist auch eine *psychologische Perspektivität* wichtig. Erst allmählich erwirbt das Kind die Fähigkeit, den anderen nicht nur zu schätzen als Partner im Geben und Nehmen, sondern als jemanden, der eine *eigene* und manchmal andere Perspektive auf die Dinge hat. Wenn Kinder dies erkennen, geraten sie oft in große Wut, weil sie sich unverstanden fühlen – nicht in der Lage seiend, ihrerseits die Motivationen des anderen angemessen zu erfassen. Kinder im schulpflichtigen Alter jedoch lernen zunehmend, die Wahrnehmungen anderer entsprechend einzuschätzen und mit ihren zu vergleichen (*Selman* 1984). So entwickeln sich Empathie und Kooperationsfähigkeit sowie die Bereitschaft, sich unter bestimmten Bedingungen altruistisch zu verhalten, im allmählichen Prozeß sozialen Lernens, wobei die Schule und die Gleichaltrigen hier wichtige Anregungen bieten.

Besonders das *Spielen* ist wieder ein wichtiges Lernfeld. Zwischen dem 7. und 11. Lebensjahr beginnen die Kinder, sich als Partner zu verstehen, die zwar miteinander im Wettstreit liegen können, aber dabei sich auf gemeinsame Regeln verpflichtet wissen. Kinder interessieren sich jetzt dafür, daß die Einhaltung der Regeln von allen beachtet wird. Die Freude am Spielen ergibt sich nicht mehr primär aus motorischem oder egozentrischem Antrieb, sondern aus der Freude am sozialen Beisammensein. Schwierig ist es für die Kinder aber noch immer, unterschiedliche Ansichten über Gültigkeit und Anwendung bestimmter Regeln, wenn widersprüchliche Interpretationen auftauchen, durch eine Metaregel aufzuheben. 10jährige sind zwar schon in der Lage, „die unterschiedlichen Sprachspiele einer Begründung normativer Aussagen und einer Begründung empirischer Aussagen explizit zu unterscheiden", und sie können auch schon bestimmte metaargumentative Aussagen verwenden (*Miller* 1982, S. 308), aber sie können sich bei unterschiedlichen Ansichten noch nicht einigen. Dazu müßten sie nicht nur von der Situation, sondern auch von der Unterschiedlichkeit der Regelklassifizierungen abstrahieren, um auf einer höheren Stufe eine Lösung zu finden, nach der sie dann einvernehmlich weiter agieren können.

Dies bedeutet, *daß die Bewältigung sozialer Konflikte für die Kinder noch äußerst schwierig ist*. Man darf sie hier nicht überfordern. Entschieden wesentlicher ist für Kinder, in einem prosozialen Klima aufzuwachsen, das ihr prosoziales Verhalten unterstützt.

Diese einzufordernde Unterstützung prosozialen Verhaltens ist heute in einer Zeit, da schon Kinder zunehmend auch gegenteilige Affekte ausagieren (Aggressivität und Wut, Egoismus und Haben-Wollen etc.) immer wichtiger geworden. In den Auseinandersetzungen und Konflikten spiegeln sich Normen und Werte einer Kultur wider, in denen sich Moral nicht mehr als eine in sich eindeutige und widerspruchsfreie Lehre antreffen läßt, die man nur weitergeben müßte. Von den Fernsehprogrammen, die Kinder sehen, über die Computerspiele, die sie bevorzugen, bis zu den sozialen Szenen und Aktionen, in denen Kinder ihr Leben ausgestalten, spiegeln sich zum Teil übereinstimmende, oft aber auch widersprüchliche Orientierungsmodelle wider. Während ein Action-Film vielleicht die Macht des Stärkeren bewundern läßt, kann die Mutter wenige Augenblicke später etwas selbstloses Handeln einfordern mit dem Vorschlag, einem alten Mann eben einmal über die Straße zu helfen. Kinder müssen alle diese widersprüchlichen Botschaften miteinander abgleichen und auf diese Weise allmählich lernen, einen eigenen moralischen Maßstab zu besitzen. Das freilich ist nicht genug. Die Aufgabe wird noch komplizierter: Wir hatten gesehen, daß man auch *wissen* muß, wie ein angemessenes Verhalten *umgesetzt* wird, denn moralisches Argumentieren führt nicht selbsttätig zu moralischem Handeln. Es genügt auch nicht, moralische Maßstäbe für sich selbst zu entwickeln. Entscheidend ist die Verbindung von individuellen Einsichten und Wertmaßstäben *mit denen anderer.*

Insofern ist Moral nur *ein* Element eines komplexeren Handlungszusammenhanges, den *Rest* (1983) in vier zusammenhängenden Faktoren ausgearbeitet hat:

(1) *Empathie* (moralisches Mitgefühl). – Hier dominiert die *soziale* Perspektive. Wir hatten beim Kapitel über Emotionen gesehen, daß diese sich in bezug auf andere ausarbeitet und auf diese Weise bewußt wird. Zu Beginn des Schulalters kann ein Kind konkrete Emotionen eines anderen Kindes mitfühlen und miterleben. Freilich: Man kann Mitleid mit jemandem haben, ohne daß dies für das eigene soziale Handeln damit schon Folgen haben muß. Wichtig ist darum ein zweiter Faktor:

(2) *Nachdenken über Moral*. – Wir hatten, den Theorien Piagets und Kohlbergs folgend, die Bedeutung der kognitiven Entwicklung gezeigt und den Zielwert zunehmender moralischer Autonomie als Entwicklungsaufgabe formuliert. Wir hatten schon darauf hingewiesen, „daß es sich beim moralischen Urteil ausschließlich um die Fähigkeit handelt, in Gedanken moralische Überlegungen anzustellen und moralische Maßstäbe als Bausteine für einen Denkprozeß zu verwenden. Dies ist jedoch nur ein Aspekt der Moral eines Menschen. Er sagt nichts über das schließliche moralische *Verhalten* aus. Die oben erwähnten Theorien wollen lediglich etwas über die Möglichkeiten der Kinder zu solchen Überlegungen und die Einsicht in die Argumentation, die sie dazu verwenden, aussagen." (Kohnstamm 1994, S. 148) Darum kommt als dritter Faktor hinzu:

(3) *Moralisches Abwägen*. –Da viele Situationen ambigue sind, müssen Kinder lernen, die unterschiedlichen Argumente und die damit verbundenen Verhaltensmöglichkeiten in eine für sie akzeptable und ihre individuelle Glaubwürdigkeit festigende Relation zu stellen. Dies ist ein oft komplexer Prozeß, da die Auseinandersetzung mit dem *eigenen Gewissen* hier eine Rolle spielt. Dabei gibt es unterschiedliche Deutungen darüber, *warum* Kinder schließlich ihre moralischen Entscheidungen fällen: Nach der psychoanalytischen Theorie verinnerlichen Kinder die Gebote der Eltern; behavioristisch werden die Kinder durch Belohnung und Strafe oder unwillkürliches Modell-Lernen konditioniert; Piaget vertritt die kognitive Orientierung moralischer Entwicklung als Einsicht in das auf Regeln basierende, persönliche Verantwortung einbeziehende Funktionieren der sozialen Welt; wir hatten aber gesehen, daß Grundlage für die Moral auch eine Neigung zu *Empathie* sein kann, deren Ursachen freilich wiederum nicht ohne weiteres auszumachen sind. – Nach Durchlaufen dieses Abwägungsprozesses schließlich folgt als vierter Faktor:

(4) *Moralisches Verhalten*. – Wir hatten mehrfach gesehen, daß zwischen einer Absicht und ihrer Ausführung Hinderungsgründe oder objektiv gegebene Hindernisse liegen können. Ein solches Hindernis kann z.B. die *emotionale* Konfliktsituation sein, daß Kinder auf jeden Fall vermeiden müssen, im Schulalter abgewiesen oder ausgelacht zu werden (Strommen 1983). Ganz offenbar ist auch aggressives Verhalten sehr häufig Folge eines verletzten *Selbstwertgefühls*. Da nehmen Kinder an Aktivitäten teil, die ihr Gewissen eigentlich nicht zulassen möchte. Aber wenn es darum geht, ihr Gesicht zu wahren, werden sie oft aus Gründen des Selbstschutzes Kompromisse einge-

hen müssen – mit der Folge, daß sie selbst mit dem erzielten Verhaltensresultat unzufrieden sind, und dies wiederum setzt die Reizschwelle gegenüber aggressivem Verhalten herab. Nach Kohnstamm (1994, S. 153) läßt sich der Diskussionsstand zu den Hindernissen der Umsetzung moralischen Räsonierens und Erfahrens so zusammenfassen: „In allen Bevölkerungsschichten kommen aggressive und unfolgsame Kinder vor, die schwierig zu sozialisieren sind. Je höher jedoch der Bildungsstand der Eltern ist, je weniger Konflikte sie untereinander haben, je höher die Einkommen sind, je weniger sie krank, depressiv und unglücklich sind, desto mehr gelingt es ihnen, ihre schwierig erziehbaren Kinder zu disziplinieren und zu sozialisieren. Aus vielerlei Untersuchungen wurde deutlich, daß Kinder, die sich zu aggressiven Gewalttätern entwickeln, aus Familien stammen, die durch ein kaltes, grobes und konfliktreiches Familienklima gekennzeichnet waren. Im Grunde genommen, unterscheiden sich hierin die Gewalttäter von gewaltlosen Kriminellen. Weitere unterscheidende Merkmale zwischen diesen beiden Gruppen sind die Intelligenz (je weniger, desto brutaler die Gewalt), die Anzahl der als Kind erfahrenen Scheidungen der Eltern (je öfter, desto gewalttätiger), ob die Eltern selbst Kriminelle sind oder nicht und ein Mangel an Kontrolle über das Kind."

Es handelt sich also, um im Bilde zu sprechen, um einen mit Irrwegen gepflasterten Langstreckenlauf auf dem Weg von spontaner Empathie über moralisches Räsonnement und Abwägen bis zur Durchsetzung der als richtig und angemessen erkannten und gefühlten Werte und Wertorientierungen in ein für das Kind wie für die soziale Gruppe annehmbares prosoziales Verhalten. Ganz offenbar ist auch im Grundschulalter wichtig, *Interventionsprogramme* zu entwickeln (auf die Wichtigkeit kindlichen Spielens wurde hingewiesen), *Selbstbeherrschung* einzuüben und die bei Kindern grundsätzlich vorhandene Bereitschaft zur *Empathie* quasi so zu trainieren, daß *tatsächlich* prosoziale Verhaltensstandards in die soziale Realität umgesetzt und verfügbar gemacht werden.

Geschlechtsunterschiede

Wenn wir von *Kindern* sprechen, die sich so und so verhalten, machen wir uns *immer* einiger Vereinfachungen schuldig: Für jede Aussage müßte eigentlich, um die Reichweite ihrer Gültigkeit zu bestimmen, erst untersucht werden

– auf welche *historische Zeit* sie sich bezieht (Historizität);
– auf welche *örtlichen Gegebenheiten* (sozialökologische Gliederung, behavioral setting, Nord-Süd-Gefälle);

- zu welcher *Klasse* oder *Schicht* jemand gehört (Verfügung über ökonomische Ressourcen, Bildungs- und Ausbildungsmöglichkeiten, berufliche Positionen, gesellschaftliche Anerkennung);
- welches genaue *Alter* jeweils gemeint ist (kognitiver Entwicklungsstand, Stellung im Lebenszyklus);
- von welchem *Geschlecht* die Rede ist.

Während die ersten beiden Ordnungsgesichtspunkte (Zeit und Ort) große Gruppen von Menschen zusammenzufassen erlauben, ist dies schon eingeschränkter bei dem Gesichtspunkt Klasse/Schicht, Alter und vor allem Geschlecht. Da insbesondere der letztgenannte Gesichtspunkt häufig vernachlässigt wird, sollen dazu abschließend in diesem Kapitel einige Bemerkungen gemacht werden.

Kinder werden nicht nur als Mädchen oder Junge geboren, sie wachsen auch sehr früh in unterschiedliche Rollen hinein, die diesen Geschlechtern zugeordnet werden, und damit wiederum verbinden sich unterschiedliche Lebenspläne und Handlungsmöglichkeiten. So erzählten in ihren autobiographischen Erinnerungen (s. S. 19ff.) die Männer von Knabenabenteuern in Wald und Feld oder auf den Straßen, während die Mädchen sich näher ans Haus hielten. Immer wieder war der Hinweis angebracht, daß Jungen und Mädchen sich trotz scheinbar gleicher äußerer Bedingungen (Aufwachsen von Geschwistern in *einer* Familie) unterschiedlich entwickelten in Hinsicht auf Verhaltensweisen, Erwartungen und soziale Akzeptanz.

Neuerdings ist man sich zunehmend einig darüber, daß – sieht man vom biologischen Unterschied der Geschlechter ab – die Geschlechtszugehörigkeit in ihren tatsächlichen Ausformungen (die bis in die Identität des Menschen reichen) soziokulturell definiert und überformt wird. Im Englischen unterscheidet man deshalb zwischen „sex" (biologische Ausstattung) und „gender" (soziale Ausprägung).

Die Erklärung dieses Tatbestandes ermöglicht wieder unterschiedliche theoretische Zugänge, die auch hier wieder *als ein Insgesamt* gesehen werden sollten, um ein einigermaßen zureichendes Bild zu erreichen. Die Lerntheorie geht davon aus, daß insbesondere die psychischen Geschlechtsunterschiede durch Bekräftigung jungen- bzw. mädchentypischen Verhaltens durch Eltern, Lehrer und die übrige Umwelt sich entwickeln. Eltern nehmen ihre neugeborenen Töchter und Söhne von Anfang an in deutlich verschiedener Weise wahr. Noch heute werden Säuglinge je nach Geschlechtszugehörigkeit unterschiedlich gekleidet (blau oder rosa), und sie bekommen sehr früh unterschiedliches Spielzeug. Später werden bei den Jungen Aggressivität und Durchsetzungsversuche eher unterstützt, während man entsprechendes Verhalten von Mädchen nicht erwartet. Bei Mädchen wird eher sozialbezogene Spielaktivität gelobt, bei Jungen eher der Umgang mit technischem Spielzeug (*Schiebel* 1982, S. 54). Schuljungen, die viel lesend zu Hause sitzen, werden als „Stubenhocker" bezeichnet; Mädchen werden nicht in derartiger Weise diskriminiert. Sie gehören ins Haus, sollen früh der Mutter helfen (Jungen werden hier eher einmal aus der Pflicht gelassen). Mädchen im Grundschulalter dürfen wie die Jungen herumtoben und wild sein; spätestens ab 12 Jahren erwartet man von ihnen (in der Mittelschicht) eher „damenhaftes Verhalten"; jetzt wird „jungenhaftes" Verhalten negativ bewertet. Je älter die Kinder werden, desto rigider wird auf die Einhaltung von Geschlechtsrollen geachtet. Jungen mit langen Haaren, in schöner Kleidung gelten als „weibisch" (positiv: „mädchenhaft", duldend für eine bestimmte Zeit zugeschrieben). Unvorstellbar, daß ein Junge Parfüm verwendet, um sich attraktiv zu machen. *Dies* erwartet man von den Mädchen.

Allerdings zeigen sich hier neuerdings „Auflösungserscheinungen". Eltern bemühen sich, ihre Babies gleich zu behandeln und ihre geschlechtsspezifischen Erwartungshaltungen kritischer zu kontrollieren. Auch die Kinder selbst lassen sich nicht ohne weiteres in die bereitgehaltenen Verhaltensschemata pressen. Jungen tragen heute Ohrringe, und lange Haare zu haben hat sich auch für sie längst als eine nicht mehr *geschlechtsspezifisch* problematisierte Möglichkeit durchgesetzt. Also kann die Verstärkertheorie geschlechtsspezifisches Verhalten nicht zureichend erklären.

Die *Modelltheorie* (*Bandura/Walters* 1963; *Bandura* 1969) versucht, mädchen- oder jungenhaftes Rollenverhalten durch Imitation elterlichen Verhaltens zu erklären. Wird das Modellverhalten auch noch bekräftigt, wird es um so eher übernommen. Wir hatten gesehen, wie die psychoanalytische Theorie die Identifikation mit dem Vater bzw. der Mutter erklärt. Für sie ist Imitation zu äußerlich; es geht nicht nur um die Nachahmung äußeren Verhaltens, sondern per *Identifikation* mit dem gleichgeschlechtlichen Modell um die Übernahme psychisch verankerter Selbstkategorisierungen.

Diesen Gesichtspunkt hat vor allem *Kohlberg* (1974) herausgearbeitet. Nach *Kohlberg* ist das Erkennen der Identität des Geschlechts, das man nicht wechseln kann, eine *kognitive Leistung*, „die ziemlich genau dem Aufbau des Invarianzverständnisses bei der Intelligenzentwicklung nach *Piaget* entspricht. Ähnlich wie das Kind begreift, daß Substanz, Gewicht und Volumen eines Objektes erhalten bleiben, auch wenn sich dessen äußerliche Form verändert, erkennt es, daß sein Geschlecht erhalten bleibt über alle die Veränderungen bis zum Erwachsenen hinweg und zum Alter hin. Fragt man beispielsweise einen 3jährigen Jungen, ob er auch eine Mutti werden könnte, so hält er dies durchaus für möglich, während ein 5jähriger diese Frage entschieden verneint. Das Wissen um die Geschlechtsidentität ist also die Voraussetzung für ein Gelingen der Geschlechtsrollenidentifikation" (*Oerter/Montada* 1982, S. 213). Mit 5 bis 6 Jahren hat sich die geschlechtliche Identität gefestigt. Dabei geschieht die Identifikation mit dem eigenen Geschlecht erst als Folge einer kognitiven Strukturierung der Geschlechtsrolle als Teil der allgemeinen intellektuellen Entwicklung. So erfolgt die Erkenntnis der Konstanz der Geschlechtsidentität parallel mit dem Erwerb physikalischer Invarianzbegriffe im Alter von 5 bis 7 Jahren. Nachdem eine kognitive Selbstkategorisierung als männlich oder weiblich sehr früh erfolgt ist, wird in der späteren Kindheit und im Jugendalter dann in der Regel die Stereotypisierung der Geschlechtsrolle verstärkt – nach dem Muster: „Ich bin ein Junge (Mädchen), und deshalb möchte ich das tun, was ein Junge (Mädchen) tut." (*Oerter/Montada* 1982, S. 213) Dieser Selbstkategorisierung kommt die Umwelt wiederum entgegen, so daß schließlich ein „männlicher" (dominierend, wettbewerbsorientiert, kritisch, rational, vernünftig, ehrgeizig) bzw. „weiblicher" (liebevoll, gütig, einfühlsam, sensibel, hilfsbereit, taktvoll) Sozialcharakter entsteht. Dieser ist das in sich zunehmend konsistente komplexe Produkt aus biologischer Determination, sozialer Zuschreibung und Verstärkung, interaktionsbezogener Psychodynamik und kognitiver Selbstkategorisierung. Dieses „Produkt" wiederum realisiert sich in Prozessen, in die auch die *Beziehungsdynamik* zwischen Mädchen und Jungen eingeht. Ein Beispiel ist das Verhältnis von Jungen und Mädchen im Grundschulalter. In der Schulklasse, während des Unterrichts, sind die Beziehungen in der Regel störungsfrei. In den Pausen jedoch, wenn die Kinder selbst Gruppen oder Cliquen bilden, zeigt sich vom achten oder neunten Lebensjahr ab eine deutliche Vorliebe für das eigene Geschlecht. Offenbar wird hier ein Umgang miteinander erprobt, der sich am eigenen Geschlecht orientiert (*Maccoby* 1988). Der Umgangsstil, die Art der Spiele, das miteinander Reden: All dies führt nun zu Differenzerfahrungen zwischen den Geschlechtern. Es ist jedoch nicht richtig, daß Mädchen und Jungen im Grundschulalter grundsätzlich nichts miteinander anfangen können. „Obwohl Gruppen, Netzwerke und Freundschaften bei älteren Schulkindern beinahe ausschließlich aus Jungen oder aus Mädchen bestehen, gibt es eine Art von *Grenzverkehr*. Es handelt sich hier um rituelle Arten des Umgangs, die helfen, die vorhandene Kluft zu überbrücken." (*Krappmann/Oswald* 1983) Offenbar handelt es sich hier um Übungen für die eigene Geschlechtsrolle. Bei 6jährigen Kindern ist der Umgang meist noch gemischt, aber bereits mit Ausnahmen in beide Richtungen: Jungen, die sich nur an Jungen wenden; Jungen, die nur Freundinnen haben; Mädchen, die nur Freunde haben. Der Umgang miteinander besteht zunächst vor allem aus Spielen und einander Helfen; einander Ärgern kam nur selten vor. Mit zehn Jahren hat sich dieses Bild geändert. Mädchen und Jungen spielten nur wenig miteinander, und sie helfen einander auch nicht ohne weiteres, eher schon den Gefährten des eigenen Geschlechts. Dennoch zeigt sich keineswegs eine vollständige geschlechtliche Neutralität oder Gleichgültigkeit, etwa: „Ein Junge bittet ein Mädchen um einen Gegenstand, den er gerade benötigt. Zwar gibt ihm das Mädchen diesen Gegenstand, sie kann es aber nicht lassen, eine provozierende Bemerkung dazu zu machen (…). Die Jungen ärgerten die Mädchen, ob sie nun dazu provoziert wurden oder nicht, durch stoßen, etwas wegnehmen, an den Haaren ziehen, was wiederum die nötigen Schimpfereien zur Folge hatte. Dies ist ein ständiger Kreis von festhalten, sich losreißen und wieder von vorne beginnen." Offenbar handelt es sich um erste, noch sehr ungeschlachte Begegnungen mit dem anderen Geschlecht. Es entstehen Distanz- und Ärger-Rituale, die oft Monate lang dauern. „Im Alter von zwölf Jahren war das gegenseitige Drangsalieren meistens vorbei und wurde in kleine, flirtende Neckereien umgesetzt (rudimentäre Galanterie). Hierbei war es interessant zu beobachten, wie Geschlechtsgenossen für Experimente mit dem anderen Geschlecht Gruppen bildeten, um sich gegenseitig zu unterstützen. Hatte sich ein Junge zu einem solchen neckenden Annäherungsversuch entschlossen, dann sorgte er meistens dafür, daß einige andere Jungen in der Nähe waren. Gab ihm das Mädchen einen Korb, dann kamen ihm die anderen zu Hilfe, indem sie das Mädchen beispielsweise auslachten oder einfach behaupteten, es sei alles nur ein Scherz gewesen. Ebenso scharten Mädchen, die sich umworben fühlten, eine Gruppe um sich herum (...). Der Unterschied zu den 6jährigen besteht jedoch darin, daß es hier nicht mehr um ein Ziel an sich geht, sondern um ein deutliches Mittel zum Zweck, nämlich darum, in Kontakt zum anderen Geschlecht zu kommen." (*Kohnstamm* 1994, S. 176f.) Erst am Ende des zwölften, zu Beginn des dreizehnten Lebensjahres (mit Beginn der Pubertät) beginnt sich eine rigide Geschlechtstrennung mit allenfalls suchenden Annäherungsexperimenten aufzulockern. Allerdings führen diese probeweise Annäherungen noch nicht zu geschlechtsheterogenen Mischungen; vielmehr erhalten sich die geschlechts*homogenen* Freundschaftskreise noch eine Zeitlang, wobei Mädchen wie Jungen „aber deutlich den Wunsch" artikulieren, „daß sich dies ändern möge" (*Tillmann* 1992, S. 14). Vom dreizehnten Lebensjahr an ist dann die Schule nicht nur ein Lernort, sondern auch zunehmend eine Kontaktbörse zwischen den Geschlechtern mit gegenseitigem Ringen um soziale Anerkennung, emotionale Resonanz, Befriedigung kommunikativer Bedürfnisse, Akzeptanz des eigenen Ich als attraktiv. Damit ist die Kindheit auch in der Schule endgültig beendet, und die Übergänge gestalten sich neu: Schule wird nun zum Ort, „an dem man Freunde und Freundinnen trifft, an dem auch erotisch eingefärbte Kommunikation stattfindet, wo vormittags die Cliquen-Aktivitäten des Nachmittags abgesprochen werden" (Ebd., S. 15).

Da Lehrerinnen und Lehrer verpflichtet sind, alle Schüler und Schülerinnen gleich zu behandeln und der Lernstoff ohnehin in der Regel der gleiche ist, kommen geschlechtsspezifische Unterschiede nur verborgen zum Ausdruck und spielen, wie eben berichtet, eher in der Freizeit und in den Pausen eine Rolle. Inzwischen haben hier Sensibilisierungsprozesse eingesetzt. So wurde beachtet, daß es beispielsweise mädchenhafte Jungen und jungenhafte Mädchen im Grundschulalter gibt, die sich in den Umgangsformen des anderen Geschlechts wohler fühlen. Während die Koedukation beider Geschlechter im Grundschulalter in der Regel zu keinen Schwierigkeiten führt, verschiebt sich dies nach der Pubertät. Bestimmte Lern- und Erfahrungsgebiete (Sport, Turnen, aber auch Physik, Informatik) werden oft besser in vorübergehend getrennten Kursen gelernt. Ohne Zweifel haben Frauenbewegung und feministische Debatten dazu geführt, daß heute vor allem viele Lehrerinnen, manchmal aber auch Lehrer, Geschlechterbeziehungen nicht nur als gegeben hinnehmen, sondern Dominanzgebaren von Jungen, aber auch zickiges Abwehrverhalten von Mädchen genauer beobachten mit dem Ziel, die erworbenen Geschlechtseigenschaften, sofern sie in psychische, soziale oder kognitive Benachteiligung umschlagen, ein Stück weit auszugleichen. Wenn Jugendliche und junge Erwachsene heute nicht nur die unterschiedlichen Chancen der beiden Geschlechter problematisieren, sondern auch die als typisch zugeschriebenen „männlichen" und „weiblichen" Eigenschaften in ihrer Entgegensetzung aufheben und eher vermischen wollen, so sind dies achtenswerte und notwendige Versuche, die allerdings deswegen sehr schwierig sind, weil die Kategorisierung der Geschlechtszugehörigkeit sehr früh erfolgt und in der Kindheit bereits weitgehend abgeschlossen ist. Die Infragestellung unerwünschter Geschlechtsdifferenzierungen muß also früh geschehen.

4. Kinderwelten

Kinder verbringen ihre Kindheit in Lebenswelten (1. Kapitel). Ihre Entwicklung, von den Eltern und Älteren unmittelbar beobachtet und erfahren, bedarf, damit wir nicht blind und eingeschränkt am Unmittelbaren unserer je beschränkten Beobachtungsgabe und Erfahrung haften bleiben, *auch* einer theoretisch-distanzierenden Deutung und Einordnung (2. Kapitel). Geleitet von jeweiligen Vorannahmen und Vermutungen lassen sich dann (mit wechselnder Vorsicht und Reichweite) bestimmte Aussagen über Dimensionen der Entwicklung machen (3. Kapitel). Nach solchen Längsschnitten soll nun versucht werden, in diesem Kapitel jeweils einige Elemente der vorangehenden Erörterungen wieder zusammenzufügen: in Bemerkungen zu „Kinderwelten". Von „Bemerkungen" ist die Rede, um deutlich zu machen, daß mehr Material bereitliegt, als hier ausgebreitet wird. Allein die Fülle wissenschaftlicher Ansichten und Daten sowie alltäglicher wie pädagogischer Interpretationen läßt Kinderwelten unübersichtlich werden, kompliziert und undurchschaubar in ihren Verflechtungen, Bedingungen und Abhängigkeiten. Dennoch finden sich die Kinder (bis heute) erstaunlich gut in den Welten zurecht, die wir für sie bereithalten; so sollten auch *wir* versuchen, diese Welten (und die damit möglicherweise verbundenen Probleme) überschaubar zu halten. Manches in den folgenden Darstellungen berührt sich mit vorangehend Erörtertem; so kann darauf verzichtet werden, noch einmal grundsätzlich auszuholen oder zu rekapitulieren. Familie, Schule, Medien, Peers: Ich meine, dies sind die – miteinander verbundenen, aufeinander durchlässigen – „Welten", in denen Kinder vornehmlich aufwachsen, jedenfalls in unserer Gesellschaft. Vom sozialökologischen Zentrum weitet sich die Perspektive schnell: auf den Nahraum und die Ausschnitte mit ihren behavioral settings.

Familienkinder

Wir erinnern uns an *Ariès* und seine Geschichte der Kindheit – mit seinem fast nostalgischen Rückblick auf die Zeiten vor dem 17. Jahrhundert, da es noch keine abgeschlossene Klein- oder Kernfamilie gab, sondern das Familienleben aufging in der kommunalen Sozietät. So sei es heute nur noch in den arabischen Städten, aber damals „war die Straße der Ort, an dem die verschiedenen Geschäfte abgewickelt wurden, das Berufsleben sich abspielte, zugleich aber auch ein Ort der Geselligkeit, wo man einen Schwatz halten, ein Gespräch führen konnte und wo allerlei Spektakel und Spiele stattfanden. Außerhalb jenes Bereichs des Privatlebens, dem die Künstler lange Zeit keine Beachtung schenkten, spielte sich alles auf der Straße ab (…). Mit der Straße werden alle nur erdenklichen Spiele Gegenstand der Kalendermalerei: Ritterspiele wie Turniere (…), allen gemeinsame Spiele und die volkstümlichen Feste wie das Aufstellen des Maibaums. Der Kalender des Stundenbuches *Adelheids von Savoyen* besteht im wesentlichen aus einer Beschreibung der unterschiedlichsten Spiele, der Gesellschaftsspiele, Kraft- und Geschicklichkeitsspiele und der traditionellen Spiele. So sehen wir das Dreikönigsfest, den Maientanz, den Ringkampf, das Schlagballspiel, Ballspiele, Gesellschaftsspiele, das Schifferstechen und die Schneeballschlachten. Andere Handschriften machen uns mit dem Armbrustschießen (…), den Kahnfahrten mit Musik (…), mit dem Badevergnügen (…) bekannt. Doch wissen wir, daß Spiele damals nicht nur Vergnügen waren, sondern zugleich eine Form der Teilnahme an Gemeinschafts- oder Gruppenleben bedeuteten: man spielte in der Familie, unter Nachbarn, unter Altersklassen und von Gemeinde zu Gemeinde." (1975, S. 472f.)

Wo kamen die Erwachsenen und Kinder her, die in Spiel und Arbeit, in Gespräch und Scherz die Straße bevölkerten? Natürlich aus ihren Häusern und Hütten, die die Straßen säumten oder sich hinter ihnen auf Grundstücken in unterschiedlicher Größe hintereinander schichteten. *Ariès* weist in seinem Buch auf die großen Häuser hin, in denen die „Familie" wohnt – oder, so korrigiert sich *Ariès* – „die Gesamtheit der Gruppe, die sie bildeten und die über die Gattenfamilie hinaus zwar keine weiteren Verwandten (dieser Typus der patriarchalischen Familie muß sehr selten gewesen sein) oder allenfalls irgendeinen unverheirateten Bruder, daneben aber den Kreis der Bediensteten, Freunde und Protégés umfaßte.

Dieses große Haus spielte eine öffentliche Rolle. In einer Gesellschaft ohne Café, ohne *public house*, war es der einzige Ort, wo Freunde, Kunden, Verwandte, Protégés zusammentreffen und sich unterhalten konnten. Zu den Bediensteten, Geistlichen und Commis, die ständig dort wohnten, muß man noch den unablässigen Strom der Besucher hinzuzählen." (S. 540) Neben der Straße das „große Haus": Wer aber konnte sich dies leisten? Auch *Ariès*, der seine Bilder der Vergangenheit aus der Sphäre der Nobili, des Patriarchats, der Wohlhabenden bezieht, weist darauf hin, daß es auch „die Armen" gab (und das waren die meisten). Sie besaßen nicht genügend Platz, um innerhalb der eigenen Familie andere Personen unterzubringen oder vorübergehend aufzunehmen; sie verfügten über kein Geld, um Gesinde und Dienstboten anzustellen; sie hatten keine Zeit, über harter Arbeit ein geselliges Leben zu entfalten. Im übrigen zogen die Kinder früh weg, weil sie zu Hause nicht ernährt werden konnten. Das „ganze Haus" ist also ein Mythos, wenn man annimmt, dies sei die vergangene Lebensform der Familie gewesen. Das Preußische Allgemeine Landrecht (1794) schrieb noch einmal die ständische Gliederung der Gesellschaft fest: Adel, Bürger, Bauern. Der Adel vertrat den Herrenstand; Bürger im engeren Sinne besaßen Wohnsitz und Bürgerrecht in einer städtischen Kommune. Die höheren Beamten, Wissenschaftler, Unternehmer, Kaufleute, Künstler, Gelehrte: Das sind nach dem preußischen Landrecht diejenigen, die sich zum *höheren* Bürgerstand zählen durften. Zum *Kleinbürgertum* gehörten die Handwerker in den Zünften sowie Schulmeister, Gastwirte, Krämer, Gesellen und Lehrlinge, Tagelöhner und Dienstboten. Obwohl die unterbürgerliche Gruppe in den Städten (neben den Vagabunden und Kriminellen alle die, die in den Manufakturen, im Heimgewerbe – vor allem auf dem Lande – oder im Bergbau ihre Arbeitskraft verkauften) in den Städten oft 30–50 % der Bevölkerung ausmachten (*Fischer* 1972), hielt man für diese Menschen in der ständischen Ordnung keinen Platz bereit; wir wissen bis heute wenig über ihre Lebensvorstellungen, können uns nur denken, wie erbärmlich sie sein mußten. Bindung an einen noch so kleinen Grundbesitz gab es nicht, Platz war kaum vorhanden – hier sind sicherlich *nicht* die Wurzeln des modernen Familienlebens zu suchen. – Übersehen werden darf auch nicht, daß noch im 17. Jahrhundert der größte Teil der Bevölkerung auf dem *Lande* lebte: Als Bauern, Dorfhandwerker, Land- oder Heimarbeiter. Bäuerlicher Kleinbesitz war ständig bedroht, vor allem bei Fehlernten. Die Mehrzahl der Bauern und Landarbeiter diente einer Grundherrschaft, die zugleich die „Leibherrschaft" sowie die „Gerichtsherrschaft" über diese Bauern besaß (*Hardach-Pinke/Hardach* 1981, S. 16). Auch hier herrschte vor allem *Armut*; harte Arbeit auch für kleine Kinder war unvermeidlich, ein besonderer „Stil" der Gesellung und des kommunikativen Verhaltens konnte sich hier in einem Sinne, wie wir heute meinen, nicht entwickeln.

Das „ganze Haus": Auch dieses (wie gesagt, nicht die Regel, wie oft behauptet) besaß nicht die Souveränität, die ihm oft zugeschrieben wird, jedenfalls hierzulande. Es gab nach dem Preußischen Allgemeinen Landrecht eine „Rechtsordnung des Hauses", die die *Familie* einerseits, das *Gesinde* andererseits unterschied. Die eigentliche „häusliche Gemeinschaft" bestand danach „zwischen Ehegatten und Kindern", das Gesinde wurde „zur häuslichen Gesellschaft gerechnet" (so im Landrecht 1. Titel, 3/4). Während Kleinkinder bis zu 4 Jahren der mütterlichen Gewalt unterlagen, ging die väterliche Gewalt über das „ganze Haus" und seine Kinder bis zum Alter von 24 Jahren (ebd., 25/26). *Hardach-Pinke* weist darauf hin, daß die „Einbindung der Kernfamiliären Beziehungen in die Rechtsordnung des *Hauses*, das als politische Einheit verstanden wurde", die ständische Familie von der neuzeitlichen bürgerlichen Familie unterschied. Insofern gab es im ständischen Haus ebenfalls keine „Großfamilie", denn die rechtlichen Beziehungen waren genau geregelt. Kinder waren zur Mithilfe verpflichtet, besaßen aber auch ein Recht auf Unterricht und Ausbildung: „Die Kinder sind schuldig, den Älteren in deren Wirtschaft und Gewerbe nach ihren

Kräften hilfreiche Hande zu leisten. Es darf aber den Kindern dadurch die zu ihrem Unterricht und Ausbildung nöthige Zeit nicht entzogen werden." (Landrecht 121/122) Über den Vater – oder ebenso häufig – über die Gutsherrschaft, die Rechts- und Erziehungsaufsicht hatte, regierte der absolutistische Staat in die Häuser und Familien hinein – nach *Oestreich* (1969) vor allem, um den Hausvater zur Einhaltung seiner Pflichten anzumahnen, wobei im 17. Jahrhundert bereits Vormundschaftsgerichte die väterliche Gewalt aberkennen konnten, wenn diese nicht entsprechend ausgeübt wurde. Das *Landrecht* war insofern ein Mittel der *Sozialdisziplinierung*, eine frühe Form der *Vergesellschaftung*, die erst mit dem Aufkommen der bürgerlichen Familie etwas zurückgenommen wurde (während der Vergesellschaftungsprozeß heute, wie dargestellt, wieder im Voranschreiten ist).

Spätestens seit dem 18. Jahrhundert beginnt mit dem Zerfall des Ständestaates (der ein lang anhaltender Erosionsprozeß war) die *bürgerliche Familie* ein neues *Zeitalter der Beziehungen und der Erziehung*. Schon im 16. Jahrhundert wird *das Kind* häufiger in Kalendern und in der Malerei dargestellt (*Ariès* 1975, S. 473). Neben dem Vater, der Frau, der Gesellschaft der Nachbarn, den Berufsgenossen wird nun das Kind ein neuer Zentralpunkt für ein Bedürfnis „nach Intimität, nach vertraulichem Zusammenleben" (ebd., S. 474). Man zieht sich von der Straße in die Innenräume zurück. Die Wohnungen werden gegliedert in Eß-, Wohn- und Schlafbereich, und bei den Wohlhabenden bekommen Kinder ihre eigene Zone. Damit wohnen sie nicht mehr selbstverständlich den Verrichtungen der Erwachsenen bei – ein Distanzierungs- und Differenzierungsprozeß, der das Aufkommen des Schamgefühls im Prozeß der Zivilisation (*Elias*) erheblich unterstützte. Es gab nun eine *Klingel* an der Haustür, so daß nicht mehr – wie ehemals – jedermann über die Schwelle treten konnte, zu welcher Tageszeit auch immer. Die Gastfreundschaft wurde nach Empfangszeiten geregelt. Man interessierte sich nun für die Ausstattung der Räume, für Möbel und Wandschmuck; man trennte die Arbeit von der Erholung (in reichen Häusern betrat die „Herrschaft" die Küche nur noch selten; sie wurde für die kleinen Kinder ein, wenn häufig auch verbotener, Rückzugsort ins Geheimnis und Chaos, einen Ort, wo es nach starken Essenzen roch und Köchin und Dienstmägde Geschichten erzählten und Lieder sangen, die in der zivilisierten Familie nicht mehr zugelassen waren). Das „Haus" verlor damit seine Öffentlichkeit und seine Funktion als soziale Einrichtung. Die Familie löste sich von ihm gleichsam ab (damit wurde der „Umzug" möglich; heute leben die meisten Familien in Etagenwohnungen oder kleinen Einfamilienhäusern). Die *Regelung der Beziehungen untereinander* wurde nun zur Hauptaufgabe. Die Zuständigkeit der Mutter für das *Private* stieg, während die Arbeit des Vaters zunehmend herausverlagert wurde, weil sie in diesen neuen Bannkreis des privaten Rückzugs nicht paßte. Das „Familienleben", entwickelt und repräsentiert durch die bürgerliche Klasse, wird doch schnell zur allgemein verbindlichen Richtschnur auch für andere soziale Schichten. Am schwersten war es für die neu entstehende Arbeiterklasse, den Ansprüchen zu genügen. Vor allem die *materielle Not* (Stellenverlust, nicht gesicherte Entlohnung, Invalidität und Krankheit) zwang zur Mitarbeit von Frau und Kindern; enge Wohnungen und wenig Zeit hinderten fast zwei Jahrhunderte lang viele, Lebensstil und Statussymbole (Privatunterricht, Klavierstunde, üppige Polstermöbel, Anlegen von vollen Vorratskammern, Diners und Festivitäten – einiges davon war dem Adel abgeguckt) zu übernehmen. Dennoch: Wenn auch mit Verspätung und unterschiedlicher Intensität setzten sich auch bei Arbeitern die neuen Ideale durch, wurde das Verhältnis von Eltern und Kindern inniger, verstand sich die Familie zunehmend als verantwortlich nicht nur für den Lebensunterhalt, sondern auch für die Erziehung. Während früher Kindersterblichkeit (so wenigstens *Ariès*) oft hinderte, daß enge Bande entstanden, weil die Kinder in sehr jungen Jahren starben (und dies war alltäglich, kein außergewöhnliches Ereignis), wurden Kinder nun zu einem „Geschenk des Himmels", zu einem „anvertrauten" Gut, das zu hüten und zu beschützen Aufgabe der Eltern war. Überspitzt kann man sagen: Nicht mehr das „Haus" oder Grund und Boden, sondern das Individuum wurde zum Garanten für Stabilität und Zukünftigkeit. Damit trat die Dynamik der Beziehungen zwischen Kindern und Eltern in den Mittelpunkt, wurde die Erziehungsaufgabe der Familie ein Zentralwert. Auf diese Weise schuf sie sich Zukunft: in den Nachkommen, die sich zwar zunehmend ihren eigenen Platz erobern mußten, die gerade darum aber um so stärker darauf angewiesen waren, daß man ihren Lebenserfolg im beruflichen, öffentlichen und privaten Bereich vorbereiten und sichern half.

Zwei Szenen „en famille"

Wie die Familie zum Ort von Innigkeit, Herzlichkeit und Liebe wurde, soll der folgende Textabschnitt aus dem 19. Jahrhundert (*Charles Dickens'* „Ein Weihnachtslied in Prosa") veranschaulichen und zugleich präzisieren. Mister *Cratchit* ist allenfalls unterster Kleinbürger, als Schreiber tätig im Büro des alleinstehenden und unbarmherzigen Mister *Scrooge* (der sich, wie es sich in einer Weihnachtsgeschichte gehört, am Ende zum Freund der Menschen und der Familie verwandelt). Die Familie in ihrem ärmlichen Wohnbereich wartet am Weihnachtstag auf den Ernährer:

Da stand Mrs. Cratchit, Cratchits Weib, in einem ärmlichen, bereits zweimal gewendeten Kleid, aber mit billigen Bändern geputzt, die für sechs Pence recht stattlich wirkten, und deckte den Tisch zusammen mit Belinda Cratchit, ihrer zweiten Tochter, die sich ebenso mit Bändern geschmückt hatte, während Master Peter Cratchit eine Gabel in den Topf mit Kartoffeln steckte. Und als ihm dabei die Ecken seines ungeheuren Hemdkragens – persönliches Eigentum Bobs, heute aber dem Festtag zu Ehren seinem Sohn und Erben übertragen – in den Mund gerieten, frohlockte er, sich so fein ausgestattet zu wissen, und sehnte sich, sein Weißzeug in den eleganten Parks zu zeigen. Und nun stürmten zwei kleinere Cratchits, ein Knabe und Mädchen, tobend herein und riefen, daß sie draußen am Bäckerhaus eine gebratene Gans gerochen und sie als ihre eigene erkannt hätten; in genießerischen Gedanken an Salbei und Zwiebeln schwelgend, tanzten diese jüngsten Cratchits um den Tisch und hoben Master Peter Catchit in den Himmel, während er – gar nicht stolz, obwohl ihn sein Hemdkragen schier erwürgte – das Feuer anblies, bis die trägen Kartoffeln aufwallten und laut an den Topfdeckel pochten, um herausgelassen und geschält zu werden.

„Wo bleibt nur euer guter Vater?" fragte Mrs. Cratchit. „Und euer Bruder, Tiny Tim! Auch Martha ist voriges Jahr eine halbe Stunde früher gekommen!"

„Hier ist Martha!" rief ein Mädchen, die unter der Tür erschien.

„Hier ist Martha, Mutter!" riefen die beiden Kleinen. „Hurra, Martha! Es gibt eine soo große Gans!"

„Gottlob, daß du da bist, liebes Kind! Wo steckst du denn so lange?" rief Mrs. Cratchit, küßte sie wohl ein dutzendmal und nahm ihr mit geschäftigem Eifer Halstuch und Hut ab.

„Wir hatten gestern noch bis spät in die Nacht zu arbeiten", versetzte das Mädchen, „und mußten heute früh aufräumen, Mutter!"

„Nun, Hauptsache, daß du da bist!" sagte Mrs. Cratchit. „Setz dich ans Feuer, Kind, und wärme dich!"

„Nein, nein! Der Vater kommt", schrien die beiden jungen Cratchits, die überall zu gleicher Zeit waren. „Martha! Versteck dich! Versteck dich!"

Martha tat es, und herein trat der kleine Bob, der Vater, dem das Halstuch, die Fransen nicht mitgerechnet, mindestens drei Fuß lang herabbaumelte und dessen abgetragener Anzug gestopft und gut gebürstet war, um festlich auszusehen. Auf seinen Schultern saß Tiny Tim. Der Ärmste trug eine kleine Krücke, und seine Glieder wurden durch ein Eisengestell gestützt.

„Wo steckt denn unsre Martha?" rief Bob Cratchit und sah sich um.

„Sie kommt nicht", sagte Mrs. Cratchit.

„Sie kommt nicht?" fragte Bob, und sein Frohsinn sank jäh, denn er war den ganzen Weg von der Kirche bis hierher Tinys Rennpferd gewesen und keuchend daheim angelangt. „Kommt nicht am Weihnachtstag?"

Martha konnte ihn nicht enttäuscht sehen, nicht einmal im Scherz; darum kam sie vorzeitig hinter der Alkoventür hervor und stürzte in seine Arme, während die beiden jungen Cratchits den Tiny Tim nahmen und in die Küche hinaustrugen, damit er den Pudding im Kessel brodeln höre.

„Und wie betrug sich Tim?" fragte Mrs. Cratchit, als sie Bob wegen seiner Leichtgläubigkeit ausgezankt und er seine Tochter nach Herzenslust umarmt hatte.

„Gut wie Gold und noch besser", versetzte Bob. „Vom vielen Alleinsein wird er wohl nachdenklich, und da grübelt er über den seltsamsten Dingen. So sagte er mir auf dem Heimweg, er hoffe, daß ihn die Leute in der Kirche gesehen haben, weil er ein Krüppel sei und ihnen das vielleicht helfe, am Christtag dessen zu gedenken, der lahme Bettler gehen und Blinde sehen macht."

Bobs Stimme zitterte, als er ihnen das erzählte, und noch mehr, als er sagte, daß Tiny Tim an Kraft und Mut zunehme.

Auf dem Hausflur hörte man die geschäftige kleine Krücke, und ehe noch ein weiteres Wort gesprochen ward, kam Tiny Tim, geleitet von Bruder und Schwester, zurück zu seinem Stuhl neben dem Kamin; Bob schlug seine Rockärmel hoch – als ob sie überhaupt noch schäbiger werden könnten! –, braute in einem Krug aus Wacholderbranntwein und Zitronen ein heißes Getränk, rührte es emsig um und stellte es dann aufs Feuer, um es kochen zu lassen; Master Peter aber und die beiden allgegenwärtigen jungen Cratchits entfernten sich, um die Gans zu holen, mit der sie auch bald in feierlicher Prozession zurückkamen.

Darob entstand ein Freudenlärm, daß man hätte denken können, eine Gans sei der seltenste aller Vögel, ein gefiedertes Wunder, neben dem ein schwarzer Schwan etwas ganz Gewöhnliches sei – und in diesem Haus war sie wirklich einem Wunder ähnlich.

(...)

Endlich war das Mahl vorüber, der Tisch abgedeckt, der Herd gefegt und das Feuer nachgeschürt. Als man das Gebräu im Krug versucht und als fertig befunden hatte, wurden Äpfel und Orangen auf den Tisch gesetzt und eine Schaufel voll Kastanien auf den Rost geschüttet; dann rückte die ganze Familie Cratchit um den Herd zusammen zu dem, was Bob Cratchit einen Zirkel nannte, obwohl es nur ein halber war; und neben Cratchits Ellbogen stand der ganze Familienvorrat an Glas: zwei Wassergläser und eine Rahmkanne ohne Henkel.

Diese faßten jedoch den heißen Inhalt des Kruges ebensogut, wie es goldene Pokale getan hätten, und Bob schenkte ihn strahlenden Blickes aus, während die Kastanien über dem Feuer lustig knisterten und fauchten. Dann erhob Bob sein Glas: „Fröhliche Weihnachten uns allen, meine Lieben. Gott sei mit uns!"

Die ganze Familie stimmte mit froher Andacht in diesen Wunsch ein. „Gott segne uns alle und jeden besonders", sagte Tiny Tim als letzter.

Er saß auf seinem kleinen Stuhl ganz dicht neben dem Vater, und Bob hielt seine kleine abgemagerte Hand in der seinen, als ob er das Kind besonders liebe und es an seiner Seite zu behalten wünsche, obwohl er fürchtete, es möchte ihm entrissen werden.

(*Charles Dickens*: Weihnachtserzählungen, Ausgabe des Winkler-Verlages München, S. 64–66, 68f.)

Geschildert wird eine *arme* Familie; der Text belegt neben anderem, daß das Bild innigen Familiensinns schon im 19. Jahrhundert sozusagen über alle Schichten generalisiert wurde. Die Familie *Cratchit* stellt ein Idealbild menschlicher Liebesbeziehungen dar:

- die Eltern sind voller Zärtlichkeit für ihre Kinder und zueinander;
- die Geschwister nehmen ebenfalls freundlich einander Anteil, sind zärtlich vor allem gegenüber dem Schwächsten, Tiny Tim;
- die Familienmitglieder vereint die gemeinsame Fürsorge gegenüber dem Krüppel Tiny;
- die Armut wird aufgrund der Innigkeit familiärer Gefühle gleichsam kompensiert, ist kaum noch spürbar;
- der Rückzug ins Private wird durch das familieninnige Weihnachtsfest besonders deutlich;
- die Familie ist ein geschlossener Zirkel einander liebevoll zugetaner Menschen, der Familientisch der Ort, an dem sich der Kreis schließt – Symbol der Zusammengehörigkeit;
- die Familienliebe ist entsexualisiert; nicht Eros, sondern Agape und Zärtlichkeit als sublimierte Form des Ausdrucks von Zuneigung bestimmen das Klima der Gefühle.

Familie als Sphäre der Emotionalität; als Ort gegenseitiger Fürsorge; als erzieherisch wirksamer Raum durch das Klima von Eintracht und gegenseitigem Entgegenkommen (alle Kinder haben das *role-taking* schon gelernt; *Martha* etwa hält es nicht lange in ihrem Versteck aus, weil sie einerseits die Enttäuschung des Vaters nicht vertragen kann, andererseits aber auch weiß, wie sehr es ihn berühren wird, wenn sie nicht da ist). – Auch diese Familie ist kinderreich. *Belinda, Martha, Peter, Tiny Tim*, „zwei kleinere *Cratchits*, ein Knabe und ein Mädchen", das sind sechs Geschwister. Aber hier ist nicht mehr die Rede von der Last, alle zu ernähren, sondern nur von der Liebe, die auch Armut erträglich macht.

Weihnachten wird hierzulande, längst säkularisiert, gern als „Fest der Familie" bezeichnet. Zu diesem Fest mußte man besonders zusammenrücken (Winter); die Geschenke sind ein Ausdruck gegenseitiger Liebe; die Verwandlung der Stube durch den Weihnachtsbaum, die Zubereitung leckeren und reichhaltigen Essens: In diesen Ingredienzien konkretisiert sich ein Stück des oft zitierten „Familiensinns", wird anschaulich und noch in der Erinnerung unaufgebbar. Dies bestätigt die autobiographische Reminiszenz des späteren Sozialdemokraten *Paul Löbe*, Sohn eines unbemittelten Tischlergesellen und eines Dienstmädchens, denen „Armut bald ihr treuester Begleiter" war (*Löbe* 1954, S. 7). Sein Bericht über das Weihnachtsfest ähnelt in wichtigen Strukturzügen der Familienszene aus *Dickens'* „Weihnachtserzählungen":

Im beglückenden Gegensatz zum gleichmäßigen Alltag standen die großen Feste des Kirchenjahres, vor allem das Weihnachtsfest. In den deutschen Klein- und Mittelstädten war es um 1880 noch von einem romantischen Schimmer umgeben. Die Wachskerzen des Tannenbaums waren noch nicht von den elektrischen Glühbirnen verdrängt, Kronleuchter und Scheinwerfer minderten noch nicht seinen warmen, traulichen Zauber. Der fröhliche Einzug der Kinderschar in die weihnachtliche Stube ist uns fürs ganze Leben im Gedächtnis geblieben. Unser Weihnachtsbaum trug noch vergoldete Nüsse und Äpfel, Pfefferkuchen und Zuckerkringel. An seiner Spitze schwebte ein Engel, von dem bunte Papierketten herabhingen, die wir selbst geschnitten und geklebt hatten.

Was unterm Baum an Geschenken lag, waren überwiegend „nützliche Sachen", die wir auf alle Fälle haben mußten: Strümpfe und Handschuhe, Taschentücher, Hauspantoffeln und ähnliches. Das eigentliche Spielzeug bildeten der Baukasten, die Schäferei, Puppen und Zappelmann, Abziehbilder. Technisches Kinderspielzeug „zum Aufziehen" war noch selten und ging schnell kaputt, während die Bausteine immer wieder viele Stunden lang unsere Phantasie anregten. Wenn aber gar ein Kinderschlitten oder Schlittschuhe sich unter die Geschenke mischten, war das schon eine recht große Gabe. Nach meiner Erinnerung hatten wir damals viel öfter einen richtigen Winter mit geschlossener Schneedecke, mit Schneemännern und den Pferdeschlitten, deren Glöcklein durch den Wintertag schallten.

Im Hause aber dufteten Streuselkuchen und Mohnsemmeln, wofür die Mutter schon seit Mitte November jeden Sonnabend zwei Pfund Mehl und ein Pfund Zucker sparen mußte. Wurden diese Herrlichkeiten aber gar durch eine Weihnachtsgans ergänzt – das Pfund für 50 Pfennig –, dann war der Höhepunkt der kulinarischen Genüsse erreicht. Der sympathische Vogel in der Pfanne mußte natürlich für drei bis vier Mahlzeiten reichen, aber die frohe Stimmung reichte noch länger, bis Silvester und Neujahr, ehe der Alltag sie wieder ablöste.

(*Paul Löbe*: Der Weg war lang. Lebenserinnerungen. Berlin-Grunewald 1954, S. 7–14; bei *Hardach-Pinke*: S. 206f.)

Über solche Erinnerungen verdichtet sich der sogenannte „Sozialisationsbeitrag" der Familie zu dem gemeinten Inbild, an dem auch Arbeiterfamilien sich orientieren. Familiensinn, Familieninnigkeit: Das ist keine pädagogische oder sonstige Ideologie, sondern eine soziale Erfahrung, die dann in den Bildern von der „goldenen" Kindheit, die so weit zurückliegt und nach der man sich sehnt, zum leicht sentimentalen Stereotyp verkommt.

Löbe spricht vom „Alltag", der ganz anders sei. In seiner Familie war es die Arbeit und die Not. In modernen Familien liegt der Familienalltag aber auch *in* der Familie selbst, *in* der Enge der Liebesbeziehungen zwischen Mutter und Kind, *in* den Erziehungsprozeduren. Wie jedes soziale Aggregat produziert auch die Familie aus sich selbst ihre Defekte. Ein besonders satirisches Beispiel von heute findet sich in *Philip Roths* Roman „*Portnoys* Beschwerden" (1970; Originalausgabe 1967). Der Erzähler liegt auf der Couch des Psychiaters, denn er leidet noch als 30jähriger, angesehener Intellektueller an der Infantilisierung durch eine nicht enden wollende Mutter- und Familienbindung. Er erinnert sich beispielsweise:

„Es war meine Mutter, die einfach alles fertigbrachte, und die selber zugeben mußte, es sei durchaus möglich, daß sie *zu* tüchtig wäre. Und konnte ein kleines Kind mit meiner Intelligenz und meiner Beobachtungsgabe daran zweifeln, daß dem so war? In ihrem Fruchtgelee zum Beispiel *schwebten* die Pfirsichstücke, als hingen sie an Fäden ... Sie konnte einen Kuchen backen, der wie Bananen schmeckte. Weinend und leidend rieb sie ihren Meerrettich lieber selbst ... Was für Antennen diese Frau hatte! Und das vor Erfindung des Radars! Welche Energien! Welche Gründlichkeit! Sie suchte (und fand) die Fehler in meinen Rechenaufgaben und die Löcher in meinen Strümpfen; der Schmutz unter meinen Nägeln entging ihr ebensowenig wie der an meinem Körper – von Kopf bis Fuß. Selbst in den entferntesten Schlupfwinkel meiner Ohren dringt sie ein, mit kaltem Wasserstoffsuperoxyd. Es prickelt und pufft wie Ingwerbier, und heraus kommt, in kleinen Stückchen, der verborgene Vorrat von gelbem Ohrenschmalz, das offenbar das Gehör eines Menschen gefährden kann ... Wenn es um Gesundheit und Reinlichkeit, Bazillen und Sekretionen geht, schont sie sich nicht und läßt andere leiden ... Sie braucht sich ihrer Wohnung nie zu schämen: jederzeit hätte ein Fremder hereinkommen und jeden Wandschrank, jede Schublade öffnen können, ohne sie in die geringste Verlegenheit zu bringen. Sogar vom Fußboden des Badezimmers könnte man essen, sollte es sich als notwendig erweisen ...

Wenn ich bös und ungezogen bin, werde ich aus der Wohnung gewiesen. Ich stehe vor der Tür und trommle immer wieder mit den Fäusten dagegen, bis ich schwöre, mich zu bessern. Aber was habe ich bloß getan? Ich putze jeden Abend meine Schuhe über einer Zeitung von gestern, die ich zum Schutz des Linoleums ausgebreitet habe; ich vergesse anschließend nicht, die Dose mit Schuhwichse zu verschließen und alles wieder an seinen Platz zu tun. Ich drücke die Zahnpasta vom Ende der Tube aus, ich putze meine Zähne kreisförmig, niemals auf und ab, ich sage dankeschön, ich sage nichts zu danken, gern geschehen, ich sage Entschuldigung und bitte, darf ich ... Trotzdem gibt es etwa ein Jahr in meinem Leben, in dem nicht ein Monat ohne irgendeine unverzeihliche Missetat verging und mir nicht gesagt wurde, ich sollte einen Koffer packen und verschwinden. Aber was kann das bloß sein? Mutter, ich bin's doch, der kleine Junge, der ganze Abende vor Schulbeginn damit verbringt, sorgfältig die Namen seiner verschiedenen Schulfächer in Blockschrift auf die farbigen Trennblätter zu malen, der geduldig Verstärkungsringe um die Löcher der liniierten und unliniierten Seiten seiner Ringhefte klebt – für ein ganzes Quartal im voraus. Ich trage einen Kamm und ein sauberes Taschentuch bei mir; nie ringeln sich meine Kniestrümpfe um meine Waden, darauf achte ich; meine Hausaufgaben sind gemacht, Wochen bevor sie abgeliefert werden müssen – Du mußt zugeben, Ma, ich bin der aufgeweckteste und reinlichste kleine Junge, den es in meiner Schule je gab! ... Also was habe ich getan? ... Ich bin so unmöglich, daß sie mich auch nicht *eine Minute* länger in ihrem Haus haben will. Als ich einmal meine Schwester eine freche Rotznase nannte, wurde mir der Mund sofort mit brauner Kernseife abgewaschen, das verstehe ich. Aber Verbannung? Was kann ich denn bloß angestellt haben! Weil sie so gut ist, wird sie mir etwas zu essen mit auf den Weg geben, aber dann hinaus mit mir, in Mantel und Galoschen und alles weitere geht sie nichts an. Ich liebe Dich nicht mehr, ich kann einen kleinen Jungen nicht mehr lieben, der sich so aufführt wie Du. Daddy, *Hannah* und ich werden jetzt ohne Dich zusammenleben, sagte meine Mutter (eine Meisterin darin, die Dinge so auszudrücken, daß sie einen umhauen). Wenn schon! Ich zur Tür raus, hinaus ins große, düstere Treppenhaus. Wenn schon! Ich werde Zeitungen auf den Straßen verkaufen, barfuß ... Und dann genügt der Anblick der leeren Milchflaschen neben unserer Fußmatte (auf der WILLKOMMEN steht), um mir das ganze Ausmaß dessen, was ich verlor, aufs gräßlichste vor Augen zu führen. Ich hasse Dich! brülle ich und schleudere mit dem Fuß einen Überschuh gegen die Tür ... Bei so viel unflätiger Aufsässigkeit ... bleibt ihr nichts anderes übrig, als auch noch das Sicherheitsschloß herumzudrehen. Das ist der Punkt, an dem ich beginne, an die Tür zu hämmern, um hereingelassen zu werden. Ich lasse mich auf die Fußmatte fallen und flehe um Vergebung für meine Sünden (was war es doch gleich wieder?) und verspreche ihr, für den Rest unseres Lebens (von dem ich damals annahm, es würde nie ein Ende nehmen) die personifizierte Vollkommenheit zu sein."

(*Philip Roth*: Portnoys Beschwerden. Hamburg 1970, S. 16ff.).

Familie ist, sozialökologisch gesehen, *Zentrum*. Sie ist von einer Dichte, die zunächst überhaupt keinen Zustand, keine Zukunft außerhalb der Familie denken läßt. Dies gilt insbesondere für das Kind. Alle seine kleinen Dramen spielen sich in der Familie ab. *Roths* Text, der gerade *wegen* der satirischen Verdichtung realistisch ist, zeigt sehr schön, wie Familienmitglieder einander zum Schicksal werden, hier die Mutter dem Sohn:

- Die Protagonisten: Die Mutter ist „perfekt". Jeder weiß es und soll es wissen. Der Sohn liebt seine Mutter und bewundert sie, und er braucht ihre Liebe.
- Die Szenerie: Ordnung, Sauberkeit, Hygiene: Das ist die „helle und klare Welt" des Familienlebens (vgl. den *Demian*-Text!). Dunkles, Schmutziges (Bazillen, Ohrenschmalz) wird nicht zugelassen. Putz*sucht*, auch hier, ist ein Versuch, das Böse und Unordentliche zu bannen – den fortgeschrittenen Prozeß der Zivilisation (aber inzwischen um welchen Preis!) nicht wieder rückgängig machen zu müssen.
- Der Konflikt: Alle Bemühungen des Kindes, vollkommen zu sein, reichen nicht aus. Es ist eben noch nicht zivilisiert *genug*, trotz „Entschuldigung" und „bitte, darf ich" und trotz sauberen Ausdrückens der Zahnpasta „vom Ende der Tube aus". Der Anlaß der Missetat ist unbedeutend, er kann häufig nicht angegeben werden – aber die *Entzweiung* ereignet sich.
- Familiäre Dramaturgien: Wie bei jeder guten Mittelschichtmutter wird nicht geschlagen, kaum geschimpft. Das stärkste Mittel wird angewandt: *Liebesentzug*. Dies freilich auf drastische Weise: Das Kind wird ausgestoßen, zum verlorenen Sohn. Heimkehr ist nicht möglich, die Tür bleibt verschlossen.
- Psychodynamik des Kindes: Erst ist da *Wut* über erlittenes Unrecht. Die angebotene *Trennung* wird emotional *ganz ernst* genommen: Zeitungen verkaufen, barfuß gehen, auf freiem Felde schlafen …: Die Ausstoßung und Erniedrigung wird zur rührenden Szene. Wird sie nicht auch die ausstoßende Mutter rühren müssen?
- Die symboltragenden Utensilien: Dazu gehört nicht nur der Fußboden, von dem man (sollte es notwendig sein) essen kann, sondern auch der „Anblick der leeren Milchflaschen" (auch ausgeschlossen, draußen vor der Tür, aber doch Zeichen der gewesenen Eintracht: Glückliche Stunden, da sie, harmfrei, geleert werden durften!). Und dann die Fußmatte mit dem einladenden Spruch, der Ort des Füßeabtretens, und dieses wieder das Zeichen des Heimkommens – es erfolgt der Zusammenbruch des verlorenen Sohnes. Er will heimkehren. Was hat er zu bieten: keine Macht und Herrlichkeit, nur die Bereitwilligkeit, sich zu unterwerfen („Vergebung für meine Sünden"). Und das Zukunftsversprechen, immer „lieb" zu sein.

– Die Risse: Auch, wenn die Dramaturgie des Spieles feststeht (der kleine Junge wird wieder hereingelassen), entstehen durch die Wiederholung doch Risse in der Dramaturgie: „Vergebung für meine Sünden" erflehen, aber zugleich die distanzierend-nervöse Frage „Was war es doch gleich wieder?": Damit deutet sich an, daß schon das Kind ahnt, hier vollziehe sich ein *Ritual*, in dem es nicht nur um Liebe und Vertrauen geht, sondern um die dramatischen Spiele des Gefühls, um Annäherung und Abstoßung und vor allem immer wieder: um Unterwerfung des Kindes unter den erzieherischen Willen der Eltern.

Solche Szenerien in ihrer ambivalenten Dramatik – es „geschieht" etwas, es wird „gelernt"! – muß man sich vor Augen halten, wenn man vom Kind in der Familie spricht. In den Daten und Überlegungen wissenschaftlicher Untersuchungen kommt dies alles zur Ruhe; noch das Erschrecken kategorisiert sich in Benennungen, wird damit verfügbar. Die intensiven Freuden des Familienlebens, aber auch die Leiden, die es über seine Teilnehmer verhängt, verschwinden allzu leicht hinter dem Vorhang: hinter ihm wird entschieden, ob es dem Kind gelingen wird, die Stufen ins Leben zu verfehlen, hinzustolpern oder sicher und frei zu gehen.

Erziehungslust – Erziehungslast

In der Pädagogik und in der offiziellen Diskussion gibt es eine Reihe von normativen Leitvorstellungen, wie die Familie ihrem Erziehungsauftrag am besten nachkomme. Diese sind wohl begründet, vernünftig, kinderfreundlich und human. Sie respektieren die Gegenwart des Kindes ebenso, wie sie seine Zukunft nicht aus dem Auge verlieren. Solche Leitvorstellungen für die Familienerziehung sind (z.B. im 2. Familienbericht der Bundesregierung):

– Erziehung zur Selbstsicherheit,
– Gewissenserziehung,
– Förderung und Unterstützung intelligenter Fähigkeiten,
– Stützung der Leistungsmotivation,
– Erziehung zur Empathie und Solidarität,
– Möglichkeiten der Konfliktbewältigung bereitstellen.

All dies sind soziale Eigenschaften, die nicht nur dem Kind selbst nützen, sondern auch denen, mit denen es umgeht. Leistungsmotivation wird nicht getrennt gesehen von Empathie und Solidarität; die Konfliktbewältigung muß möglich sein, um das Ziel Selbstsicherheit nicht zu verletzen; es geht nicht nur um kognitive, sondern auch moralische Förderung. Man würde den Katalog gern vervollständigen um weitere Leitvorstellungen wie

- Erhaltung von Spontaneität und Unbefangenheit,
- Förderung kreativer Interessen,
- Erziehung zur Liebesfähigkeit,
- ...

Diese letztgenannten Stichworte unterscheiden sich von den vorangehenden nicht nur dadurch, daß nicht so viele Untersuchungen zu ihnen vorliegen (vgl. das 3. Kapitel), sondern auch in der Operationalisierbarkeit. Konfliktbewältigung kann ich üben. Jemanden lieb zu haben, dieses Gefühl ist nicht „operational" zu steuern. Wir sprechen darum von „Klima" und meinen damit etwas Umgreifendes, das sich nicht in einzelne „Strategien" auflösen läßt: Liebesfähigkeit muß man erfahren und in einer Atmosphäre lernen, in der das Angenehme und Schützende gegenseitigen Wohlwollens und gegenseitiger Zuneigung erfahrbar und fühlbar wird.

Befragt man nun Eltern, beispielsweise Mütter, nach ihren erzieherischen Leitvorstellungen (ohne ihnen den voranstehenden Katalog an die Hand gegeben zu haben!), macht man die Erfahrung, daß es nur teilweise Überschneidungen gibt.

Mütter legen Wert auf

- Bravheit des Kindes und soziale Unauffälligkeit (insbesondere bei Mädchen),
- Durchsetzungsfähigkeit und Geltungsstreben (insbesondere bei Jungen) (*Wieczerkowski/Oeveste*, S. 24).

Damit ist die Familienerziehung nicht ganz auf der „Höhe" der pädagogischen Reflexion. Eltern denken – verkürzt ausgedrückt – in erster Linie an *ihre* Kinder und daran, ihnen den Weg ins Leben zu ebnen. Sie akzeptieren die von ihnen ohnehin nicht für ihr Kind änderbaren Bedingungen und streben danach, ihr Kind sich daran nicht stoßen zu lassen. Insofern sind Leitvorstellungen wie „Bravheit" und „Geltungsstreben" durchaus *auch* vernünftig, ja sogar entschieden realistischer als manche hochgemuten Kataloge aus pädagogischer Feder. Dennoch: Warum sind Eltern nur eingeschränkt bereit, auch Werte wie Empathie/Solidarität programmatisch zu vertreten oder gar „alternative" Orientierungen für ihre Kinder durchsetzen zu wollen – insbesondere dann, wenn sie sich auch auf Personen *außerhalb* der Familie richten? Dies zu erklären ist schwierig, aber es gibt Vermutungen. So meine ich, daß die Erziehungsaufgabe nicht nur als *Lust*, sondern auch als *Last* erfahren wird. Zur *Last* wird sie in einer Zeit wissenschaftlicher Beratungsliteratur, da Eltern immer wieder bewußt gemacht wird, was sie alles falsch machen können. Eine übersteigerte, fast schon egozentrische Erziehungsverantwortung führt schnell zur *Erziehungsängstlichkeit*, und das hat Folgen. Um auf „Nummer Sicher" zu gehen, bevorzugen Eltern dann konventionelle Erziehungsorientierungen, aus doppeltem Grund. Zum einen gehen sie damit die wohl geringsten Risiken ein, zum anderen entspricht der „Mittelweg" einem scheinbaren consensus omnium. Auffälligkeiten der Kinder sind dann jedenfalls *nicht* durch eine auffällige Erziehung veranlaßt.

Immerhin, *ein* Pfund hat die Familie gegenüber anderen Erziehungsinstitutionen, mit dem sie wuchern kann: Sie kann nämlich durch Nähe und Unmittelbarkeit im Umgang kompensieren, was mißlingt. Alle anderen sozialökologischen Ausschnitte (Kindergarten, Schule) vermögen dies nur eingeschränkt, weil hier Rollen und Regelungen der Institution zu beachten sind. Darum auch die Empfehlung, nicht die gut gemeinten Erziehungsabsichten seien in der Familie wesentlich, sondern ein gutes emotionales Klima des Vertrauens und der gezeigten Zuneigung.

Mutter, Vater, Eltern, Geschwister

Die Kernfamilie (auch: Gattenfamilie genannt) der modernen westlichen Gesellschaft besteht – schematisch gesehen – aus Vater/Mutter = Eltern und (in der Regel) höchstens zwei Kindern = Geschwister (vgl. Abbildung S. 263).

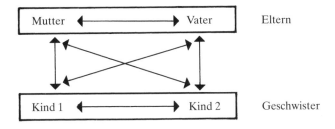

Abbildung 18: System der Kernfamilie

Kinder erleben ihre Eltern als Mutter bzw. Vater, oft aber auch als eine zusammengehörige Kleingruppe, die ihnen in gewisser Weise (als Erwachsene, Erziehende, Stärkere, Besserwissende usf.) gegenübersteht. Antworten auf die Frage „Warum heiraten Leute eigentlich?" zeigten, daß die Mehrheit der Kinder eine sehr romantische Sicht der Heirat vertritt. Ihre Eltern haben sich aus *Liebe* geheiratet, wobei diese Liebe meist erläutert wird im Konzept von „guter Freundschaft" oder „guter Kameradschaft" oder „guten Zusammenhaltens". Sexualität wird nur selten und zögernd (von älteren Kindern) genannt; es widerstrebt Kindern, ihre Eltern in der Rolle von Sexualpartnern zu sehen, möglicherweise eine Folge des starken Inzesttabus (*Goldman* 1982, S. 138f.). Obgleich heute in vielen Familien versucht wird, eine starre Rollentrennung unter den Eltern aufzuheben, dominiert in den westlichen Kulturen offenbar *aus der Sicht der Kinder* eine relativ festgelegte Rollentrennung. Die Mutter ist im wesentlichen im Haus beschäftigt, während die Aktivitäten des Vaters außerhalb der Familie liegen. Vor allem jüngere Kinder sehen den Vater vorwiegend als jemanden, der seine *Freizeit* zu Hause verbringt – im Gegensatz zur Mutter, die ja gerade im Haus tätig ist. Sind beide Eltern beschäftigt, erkennen die Kinder früh, daß die Mütter meist einen niedrigeren Beschäftigungsgrad haben, während die Väter einen höheren Status einnehmen. Obgleich Kinder als Gründe für die Heirat das Partnerschaftskonzept vertreten, sehen sie in der Führungsrolle meist den Vater (ebd., S. 166ff.). Dem entspricht, daß sich die überwiegende Mehrzahl der Jungen eher mit dem Vater identifiziert und ihn als Vertrauensperson vorzieht, während die Mädchen sich lieber an die Mutter wenden. Hier zeigt sich ebenfalls eine relativ stereotype Rollenaufteilung, die offenbar trotz aller Verschiebungen und Änderungsversuche immer wieder durchschlägt – bis heute. Erst, wenn die Kinder ins Teen-Alter eintreten, beginnen sie, bei ihren Eltern eher ein personenorientiertes Konzept anzuwenden und ihre eigene Einschätzung von Mutter und Vater nicht mehr so sehr durch die Geschlechtsrollen bestimmt zu sehen (ebd., S. 168).

Die unterschiedliche Art, in der Kinder ihre Eltern erleben, führt dazu, daß es spezielle Mutter-Kind- und Vater-Kind-Beziehungen gibt. Entsprechend der intrafamilialen Aufgaben- und Rollenzuschreibung spielen die Mütter im Bereich familiären Umgangs die wichtigere Rolle. *Schaefer* (1959, 1960) hat in einem Zirkumflexmodell eine hypothetische Anordnung mütterlicher Verhaltensweisen vorgenommen, die folgendermaßen aussieht:

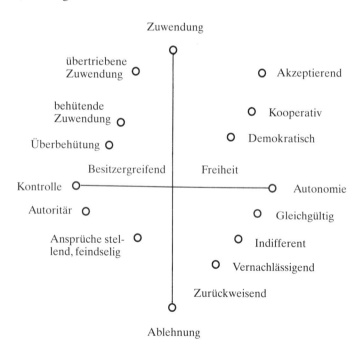

Abbildung 19: Modell für mütterliches Verhalten, übersetzt (*Schaefer* 1959)

Die „besten" Werte liegen im Nordostquadranten. Je näher ein Zwischenwert an einem der beiden Endpunkte liegt, desto stärker wird er von ihm bestimmt. „Akzeptierend" ist Ausdruck einer starken, das Kind bejahenden Zuwendung, die es aber nicht vereinnahmt (Einfluß von „Autonomie"). Im Nordwestquadranten liegt oben das, was man umgangssprachlich häufig auch als „Affenliebe" bezeichnet: Eine Bindung des Kindes an die Mutter, mit zugleich starker Kontrolle. Die Verhaltenswerte im Südostquadranten drücken insgesamt Gleichgültigkeit gegenüber dem Kind aus: Es wird nicht stark kontrolliert, erfährt aber auch keinerlei Zuwendung. Auch die Werte im südwestlichen Quadranten sind problematisch: Das Kind wird stark kontrolliert und in seinen selbständigen Lebensäußerungen beeinträchtigt, und zugleich wird es als jemand gesehen, dem man mißtrauen *muß*.

Es gibt Hinweise darauf, daß das mütterliche Verhalten einmal bestimmt wird durch die Erfahrungen, die die Mutter selbst als Kind gemacht hat, zum andern aber auch durch Schichtzugehörigkeit (*Caesar* 1972; *Laosa* 1981, S. 137ff.).

Wenn man von persönlichkeitsbezogenen Variablen absieht, läßt sich das Verhalten der Mutter entsprechend beim Vater finden und damit das Zirkumflexmodell auf das Elternverhalten insgesamt generalisieren. Dies geschieht bei *Caesar* (ebd., S. 67), die folgendermaßen resümiert:

Mit den Unterschieden im Einstellungsverhalten gehen typische Sanktionsmuster einher. Das Verhalten beider Eltern in der Mittelschicht kann auf der Dimension der Affektivität als kontinuierlich affektiv-warm charakterisiert werden. Auf der Dimension der Kontrolle zeigen sie anfangs eine nachsichtig-tolerante Haltung, die sich mit zunehmendem Alter des Kindes sukzessiv zugunsten relativ hoch gesteckter positiver Anforderungen an die Unabhängigkeit des Kindes verändert. Sie weisen somit ein insgesamt „demokratisches" Verhaltensmuster auf. Als Moment einer solchen Einstellung erscheinen die von ihnen bevorzugten „psychologischen" Formen der Autoritätsausübung. Ihr gemeinsames Merkmal sind eine eher symbolisch-indirekte Ausdrucksform und ihr intentionaler Bezugspunkt, der das Kriterium der Konsistenz abgibt. Die Variante der „induktiven" Kontrolltechniken, deren Unterscheidungsmerkmale verbale Strukturierung und Gewähren von Autonomie für das Kind sind, läßt sich vor allem in der oberen Mittelschicht vermuten; demgegenüber werden „liebesorientierte" Techniken, d.h. Manipulation von positiver Affektion als dominantes Sanktionsmittel, die einen erheblichen psychischen Zwang beinhaltet, eher von Müttern der unteren Mittelschicht angewandt.

In der Unterschicht ist der affektive Kontext der Sozialisation weniger warm und tritt gegenüber dem Aspekt der Kontrolle in den Hintergrund. Besonders der Vater ist häufig indifferent oder abweisend gegenüber dem Kind eingestellt. Hinsichtlich des Kontrollverfahrens ist die Mutter in bezug auf das Verhalten des Kindes im innerfamilialen Bereich gleichbleibend restriktiv, so daß sie als eher „protektiv" und „autoritär" erscheint, während das typische Einstellungsmuster des Vaters als „autoritär-diktatorisch" und/oder „vernachlässigend" charakterisiert werden kann. Auf diesen allgemeinen Kontext lassen sich die „machtorientierten", auf Unterordnung des Kindes gerichteten Formen der Kontrolle beziehen, die überwiegend Eltern der Unterschicht als Mittel der Durchsetzung von Gehorsamserwartungen und der aktuellen Verhaltenskontrolle des Kindes dienen. Ihr Inhalt ist eher objektbezogen und physisch, ihr Kontext wird für das Kind kaum kognitiv einsichtig gemacht. Ihr Bezugspunkt sind im allgemeinen mehr die äußeren Konsequenzen des kindlichen Verhaltens als die ihm zugrundeliegenden Intentionen, so daß sie psychisch inkonsistent und willkürlich erfolgen. Ebenso werden sie inkonsequent gehandhabt. Da sie zudem meist unmittelbar auf das Verhalten des Kindes folgen, belassen sie ihm keinerlei Chance der reflexiven Distanzierung gegenüber den elterlichen Autoritätspersonen.

Neuerdings werden diese Ergebnisse als teilweise überholt betrachtet. Man meint, eine Annäherung schichtspezifisch Erziehungsverhaltens in der Familie beobachten zu können, wobei sich die Mittelschichtorientierungen durchsetzen. Ein wichtiges Argument dabei ist die *Wiederentdeckung des Vaters als emotionaler Bezugsperson des Kindes.* Im 19. Jahrhundert hatte sich der Vater sozusagen aus der Familie entfernt: Sein Beruf entführte ihn. „Auch änderten sich die Verhaltensregeln für einen Vater, und während er noch im 18. Jahrhundert emotional mit seinen Kindern Freud und Leid teilen durfte, mit ihnen jauchzte und weinte, galten derartige Gefühlsäußerungen gegen Ende des 19. Jahrhunderts als unmännlich. Väterlichem Ernst und Strenge entsprach ganz die Kleidung: Während der bürgerliche Vater im 18. Jahrhundert sehr bunt angezogen war und im Hause stets den bequemen Schlafrock trug, war der bürgerliche Vater gegen Ende des 19. Jahrhunderts durch einen dunklen Anzug uniformiert, dessen Farbe von den Pietisten und dessen Schnitt vom Militär entlehnt war, und zu dem auch ein kurzer Haarschnitt gehörte. Dafür durfte der Vater nun einen Bart haben, was im 18. Jahrhundert nur Juden und Angehörigen von Sekten gestattet war." (*Hardach-Pinke/Hardach* 1981, S. 32) Inzwischen scheint der Vater in die Familie zurückzukehren. Man beobachtet, daß sich väterliche und mütterliche Verhaltensmuster angleichen (lediglich in der Häufigkeit von Pflegehandlungen dominieren die Mütter). Männer, die einen Kinderwagen schieben, sind heute keine Witzblattfigur mehr. Väter und Mütter spielen beide gern und intensiv mit ihren Kindern (wobei Väter eher motorische, schnelle und unvorhergesehene Stimuli bevorzugen, Mütter eher verbale und didaktische Aktivitäten innerhalb des Spiels). In Hinsicht auf restriktives Elternverhalten gibt es Untersuchungen, wonach die Mütter sogar häufiger disziplinarische Maßnahmen treffen als die Väter. Nach *Clarke-Stewart* (1980) legt sich die Vermutung nahe, daß Väter vor allem prosoziales Verhalten fördern, während Mütter stärker auf die kognitive Entwicklung und die Sprachförderung achten. Danach würde die traditionelle Rollenzuweisung, wonach die Mutter die Emotionalität, der Vater die Instrumentalität in der Familie darstellt, nicht mehr stichhaltig sein (Zusammenfassung der Untersuchungen bei *Schütze* 1982). – Ergänzend darauf hinzuweisen ist, daß bei Ausfall eines Partners (Tod, Scheidung) Väter entschieden häufiger als früher die Verantwortung für die Aufzucht und Erziehung eines Kindes übernehmen. Generell kann jedoch vermutet werden, daß solche Verhaltensänderungen sich eher in der Mittelschicht finden.

Ein wichtiger Familienfaktor sind auch die *Geschwister* eines Kindes. Es ist bekannt, daß Einzelkindern viele soziale Erfahrungen mit Gleichaltrigen vorenthalten bleiben und sie entsprechend später Schwierigkeiten haben, sich in Peergroups zurechtzufinden. Es gab Zeiten, da die Geschwister eher Konkurrenten waren, besonders in der Zeit, in der der älteste Sohn den Besitz erbte, während die anderen leer ausgingen und die Töchter darum konkurrierten, einen Mann zu finden, um „versorgt" zu sein (*Rutschky* 1983, S. 138f.). In der emotionalen Erziehungsfamilie rivalisieren die Kinder eher um die Liebe der Eltern (vgl. *Freuds* Konzept des Ödipuskomplexes!). Dabei spielt es eine Rolle, welche Stellung ein Kind im Geschwisterzyklus hat. Das älteste Kind wird, werden jüngere geboren, eher als Partner der Eltern betrachtet. Diese Anerkennung kann es freilich nicht gleich bei Geburt des Geschwisters akzeptieren, weil es zunächst befürchten muß, daß die Liebe der Eltern sich dem jüngeren, schwächeren Wesen zuwendet. *Stone/Church* (1978, S. 162f.) schildern das Geschwisterverhältnis recht anschaulich in folgender Weise:

„Sind die Geschwister annähernd gleichaltrig und liegen alle in der Altersgruppe der mittleren Kindheit [6- bis 12jährige], so ist das häusliche Zusammenleben wahrscheinlich durch Reizen, Necken, Streit, Schlachten, gegenseitige Herabsetzung und Tollereien gekennzeichnet. Dazwischen liegen gemeinsame Unternehmungen, der Meinungsaustausch über die Schule, die Menschen, Tätigkeiten, Geschmack und Vorlieben und, nicht zu vergessen, die mehr oder weniger harmonische Teilnahme an Familienunternehmungen und Hausarbeiten. (...) Gibt es zwei gleichgeschlechtliche und ungefähr gleichaltrige Geschwister, übernimmt das ältere Kind dem jüngeren gegenüber oft die Rolle des Mentors. (...) Stehen die Geschwister in verschiedenen Entwicklungsphasen, also wenn z.B. ein Schulkind Geschwister im Vorschul- oder Jugendlichenalter hat, erscheint die Kluft wahrscheinlich unüberbrückbar. Das ältere Kind, das die Pubertät schon hinter sich hat, steht dem schmutzigen, lärmenden, unmanierlichen und pampigen kleinen Kind wahrscheinlich besonders kritisch gegenüber. Dies äußert sich manchmal in gekonnt arrogantem Zweifel an der gemeinsamen Abstammung. Das Schulkind seinerseits hackt schlau auf der neuen und unsicheren Würde des Jugendlichen herum. Ein Bruder oder eine Schwester im Vorschulalter wird dagegen vom Kind (...) als ständiges Hindernis oder lästiges Anhängsel empfunden; es nimmt und zerbricht seine Sachen und empfängt Zuwendung und Nachsicht von den Eltern, die dem Schulkind selbst in den längst vergangenen Vorschultagen gewiß nie gewährt worden sind – und da die Eltern den nachfolgenden Kindern gegenüber oft nachsichtiger sind, kann das Schulkind sogar recht mit dieser Behauptung haben. Das ältere Kind verlangt die schwer errungenen Vorrechte seines Alters streng für sich allein, während das jüngere Kind sie als Bevorzugung ablehnt. Ist das jüngere Kind viel jünger – ein Säugling oder ein Kleinkind –, so daß es nicht im Wettstreit mit dem Schulkind liegt, wird es wahrscheinlich liebevoll und nachsichtig, wenn auch manchmal als lästig behandelt werden. Gelegentlich kommt in einer Familie ein Kind zur Welt, wenn die älteren Kinder bereits im Jugendlichenalter sind. In solchen Fällen drängen sich die Jugendlichen oft eifrig in die Rolle von Ersatzeltern.

Die Eltern, denen die turbulenten Aspekte der geschwisterlichen Beziehung zu Hause nur zu gut bekannt sind, sind oft höchst überrascht, wenn sich die Kinder außerhalb des Hauses aus familiärem Zusammengehörigkeitsgefühl heraus gegenseitig verteidigen, wenn eines von ihnen bedroht oder schlecht behandelt wird. „Mein kleiner Bruder" oder „Meine große Schwester" kann oft Geringschätzung ausdrücken, gleichzeitig jedoch auch große Zuneigung, die aber vor der Bande geheimgehalten werden muß. In der Unterschicht müssen Kinder (...) viel häufiger als in der Mittelschicht auf ihre kleineren Brüder und Schwestern achtgeben, die dann am Rande der Gruppe spielen, während die Spiele der Gruppe ihren Lauf nehmen. Diese Verantwortung für die kleineren Kinder geht gewöhnlich mit beträchtlicher Autorität einher."

Viele, die Erfahrungen mit Geschwistern haben, werden diesem Bild zustimmen können. Dennoch ist es vielleicht in einigen Zügen (wie oft in der Darstellung bei *Stone/Church*) etwas zu harmlos. So haben Beobachtungen ergeben, daß Kinder sich Babies liebevoll annehmen, um damit die Befriedigung der Eltern zu erreichen und deren Zuwendung zu gewinnen. Das Baby selbst interessiert sie kaum. Nach Untersuchungen in amerikanischen Familien besteht der Verdacht, daß gerade auch zwischen Geschwistern aggressive Handlungen sehr häufig sind; sie sind jedoch (wie Geschwistersexualität) bisher wenig untersucht worden (*Finkelohr* 1981, S. 146). Je größer der Altersabstand zwischen Geschwistern ist, desto geringer sind die Interessen füreinander, jedenfalls in der Regel. Ohne Zweifel ist das Verhalten der Eltern hier von erheblicher Einwirkung. Es ist zu vermuten, daß ein lebendiges, unternehmungsreiches Familienleben mit partnerschaftlichem Verhalten beider Eltern am ehesten geeignet ist, auch Geschwistersolidarität und prosoziales Verhalten innerhalb der Familie zu fördern. Dies bedeutet jedoch nicht, daß die Eltern in eine überbordende pädagogische Verantwortung genommen werden. Auch Kinder beeinflussen das Familienklima durch ihr Verhalten, und sie sollten daher die Chance haben, als Personen gesehen zu werden, die das Familienleben aktiv beeinflussen können.

Öffnung, Ablösung

Die Familienwelt ist nicht insular. Die meisten Familien unternehmen nicht nur regelmäßig zahlreiche Verwandtenbesuche (eine der immer noch am häufigsten genannten Freizeittätigkeiten, besonders an Feiertagen!); sie leben auch sonst in einem mannigfach verspannten *sozialen Netzwerk*. Es gibt Nachbarn und Freunde für Eltern wie Kinder; alle Familienmitglieder halten sich große Teile ihrer Wachzeit „außer Haus" auf. Betrachten wir das Makrosystem gesamtgesellschaftlicher Rahmenbedingungen, könnten wir die vielfältigen Verflechtungen zwischen Binnen- und Außensystem in Anlehnung an *Bronfenbrenner* (s. dort) so skizzieren:

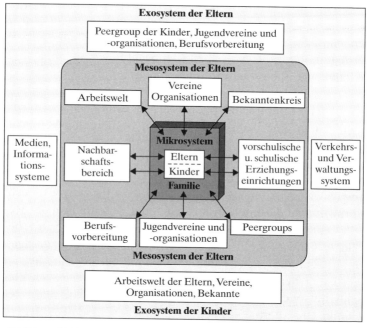

Abbildung 20: Das systemisch-ökopsychologische Modell der Familie. (Petzold 1999, S. 83)

Diese eher systemische Betrachtungsweise macht deutlich, daß nicht nur eine gegenseitige Beeinflussung zwischen Mutter und Kind, Eltern und Kindern besteht (Mikrosystem) (sozialökologisches Zentrum), sondern das Mesosystem reich strukturiert ist (Nahraum), aber auch Exosysteme eine Rolle spielen, die einerseits nicht direkt in Erscheinung treten, aber über regulative Maßnahmen, Vorschriften und symbolische Gegenwärtigkeiten (Mediensysteme) bis ins Mikrosystem eindringen, so daß eine familiale Abschottung nicht möglich oder denkbar ist.

Das sozialökologische Zentrum Familie ist nicht isoliert zu betrachten, sondern verbunden mit Aktivitäten und Angeboten besonders im Nahraum. *Schneewind u.a.* (1983) haben in einer sozialökologischen Studie an Familien und Kindern (im Alter zwischen 9 und 14 Jahren) die Bedeutung des sozialökologischen Kontextes untersucht. Danach spielen

– persönlichkeitspsychologische,
– familienspezifische und
– sozioökologische

Faktoren (je nach Problemen unterschiedlicher Mischung und Gewichtung) *zusammen* eine wichtige Rolle bei der Förderung oder Hemmung kindlicher Entwicklung. Dabei sind „für Mädchen die Einflüsse des innerfamiliären Sozialisationsprozesses wie der Elternpersönlichkeit und kompetenzfördernder Erziehungsstil bedeutsamer (...) als für Jungen" (S. 171). Der Grund liegt auf der Hand: Jungen streben eher nach „draußen", dürfen länger „draußen" sein und entziehen sich durch die Art ihrer Spiele eher elterlicher Kontrolle. Insgesamt hat die Untersuchung einige plausible Hypothesen bestätigt: Je mehr Außenkontakte eine Familie hat und je mehr expressives Verhalten in der Familie vorherrscht, desto mehr Möglichkeiten haben auch die Kinder, Außenkontakte anzuknüpfen und Erfahrungen im außerhäuslichen Bereich zu machen. Die „Gewährung eines selbständigkeitsfördernden kindlichen Handlungsspielraums" fördert neben einer emotional positiv gefärbten Eltern-Kind-Beziehung und elterlichem Vorbildverhalten auch das prosoziale Verhalten und das soziale Engagement von Kindern – bei Jungen „weit prägnanter als bei Mädchen" (S. 121). Eine Offenheit der Familie gegenüber anderen sozialökologischen Zonen ist für die Kindesentwicklung besonders förderlich. Umgekehrt hat die Untersuchung bei *Schneewind u.a.* ergeben, daß ein „Zusammenhang besteht zwischen (a) restriktiven Bedingungen des ökologischen Kontextes, (b) einer external-konservativen Persönlichkeitsstruktur der Eltern [geringes Vertrauen in die eigene Durchsetzungsfähigkeit, alles wird von außen/von anderen bestimmt], (c) einem repulsiven Erziehungsstil, (d) einer externalen Persönlichkeitsstruktur des Kindes [geringes Selbstvertrauen, Außenzuschreibung], (f) der Perzeption der kindlichen Persönlichkeitsstruktur durch die Eltern und (g) der sozialen Distanz des Kindes sowie zur Gruppe der Gleichaltrigen als auch zu den Eltern" (ebd., S. 199). Besonders Eltern, deren Verhalten im nord- und südwestlichen Quadranten des Zirkumflexmodells einzuordnen wäre, erzeugen auch bei ihren Kindern eher aggressives und antisoziales Verhalten aufgrund von Minderwertigkeitsgefühlen. Dieses Elternverhalten geht meist einher mit eingeschränkten Außenkontakten und geringer Nutzung sozialökologischer Angebote. Familienkinder dürfen also nicht eingeschlossen bleiben in die Familienwelt, und das Familiensystem muß sich als offen verstehen. Dies ist auch notwendig, um den Kindern den allmählichen Ablösungsprozeß zu erleichtern. Während 9- bis 11jährige Kinder Erwachsene (vor allem Eltern und Lehrer) noch vorbehaltlos bewundern, ist bei 12-/13jährigen eine differenzierte Wahrnehmung festzustellen, die zu größerer Distanz und Selbständigkeit des Kindes führt (*Wieczerkowski/Oeveste* 2, 1982, S. 111). Umgekehrt: Kinder, die erfahren haben, daß sie nicht „angebunden" sind, kehren um so lieber in die Welt der Familie zurück, weil sie in der Freiheit eigener Spielräume zugleich um so unbefangener die schützende und helfende Kraft einer verläßlichen, aber nie zwingenden Familienbindung erleben.

Schulkinder

Auch Schulkinder gab es nicht immer. Es gab Zeiten (und noch heute Gesellschaften), da die Kinder von denen lernten, unter denen sie aufwuchsen und mit denen sie alltäglich umgingen. Und als es Collèges und ähnliche Bildungsanstalten gab, da kümmerte man sich nicht um die Psychologie der Heranwachsenden und auch nicht um didaktische Probleme. Die mittelalterliche Schule besaß keine abgestuften Lehrprogramme. Gelernt wurde durch Vortrag und mündliches Wiederholen. Vor allem: Es gab noch keine Klassen und Altersstufenbindungen. Gegenüber dem Alter war man indifferent. Auch gab es keinen altersgebundenen Schulanfang. Bis zum 17. Jahrhundert wurden Kinder in die Schule (welche Art auch immer) geschickt, wenn es paßte. Meist waren sie etwa 10 Jahre alt; es war aber durchaus nicht unüblich, daß auch 24jährige und alle Altersstufen dazwischen im gleichen Raum saßen und sich um den gleichen Lernstoff bemühten. Im übrigen waren alle Schüler, ob alt oder jung, sich selbst überlassen, vor allem außerhalb der Schule. Einige wenige wohnten noch bei ihren Eltern, andere beim Lehrer selbst (bei einem Priester oder einem Canonicus [ein guter Zuverdienst für die Gastgeber!]; häufig wohnten mehrere auf einem Zimmer, Alte und Junge gemischt (*Ariès* 1975, S. 238ff.). Erst im Laufe der Zeit bildeten sich Internats- und Stadtschulen heraus, und es setzte sich ein pädagogisches Ethos durch. Dies bestand nunmehr in strenger Überwachung der Schüler (am weitesten entwickelt auf den Jesuitenschulen, wo die Schüler ihr Verhalten kontrollieren sollten); nun wurden nicht nur die Jahrgänge streng getrennt, sondern auch der Tag unterlag einer strikten Zeiteinteilung. Die Schule entwickelte sich im Laufe der Jahrhunderte zu dem gegliederten, traditionsreichen und voraussetzungsvollen System, als das wir sie heute kennen. Die heutige Schule ist nicht nur gekennzeichnet durch eine Differenzierung in unterschiedliche Lernniveaus (Gymnasium, Realschule, Hauptschule), sondern sie ist auch eine Altersstufenschule. Kinder gehen in die Grundschule und müssen entweder im 10. Lebensjahr abrupt den Übergang in eine andere Schulform wagen oder sie haben (Orientierungsstufe) noch zwei Jahre Zeit, sich zurechtzufinden (mit ihren Eltern und Lehrern).

In die Schule kommen

Bei uns betritt das etwa 6jährige Kind den ersten sozialökologischen Ausschnitt, den es für lange Jahre nicht wieder verlassen wird. Das Kind denkt nicht über die „Funktionen" von Schule nach, wie sie uns die Soziologie lehrt: Die Schule diene nicht nur dazu, Kinder durch Lernen gesellschaftlich lebensfähig zu machen, sondern sie sei eine „Chancenzuteilungsapparatur" größten Ausmaßes (*Schelsky*); das Schulsystem insgesamt betreibe die *Selektion* von Schülern (ein kompliziertes Schulverteilsystem sorgt dafür, daß jeder einen Platz erhält, die weniger Tüchtigen weiter „unten" eingruppiert werden, die „Versager" frühzeitig das System verlassen usf.); es „allokiere" (je nach Schulbildung wird die weitere Lebenslaufbahn in höhere, mittlere oder niedere Berufe, gekoppelt mit dem entsprechenden Ansehen, führen), und vieles mehr. Das Kind erlebt die Schule als eine neue Welt, und in ihr wird es zum Schulkind. Die Zulassungsschwelle ist die „Schulreife". Heute wird dieser Begriff wenig gern gebraucht, weil er ja suggeriert, man müsse nur warten, bis ein Kind entwicklungsmäßig „reif" sei, um dann eingeschult zu werden. Heute weiß man, daß „Reife" durch die Umwelt beeinflußbar ist (*Wieczerkowski/Oeveste* 1982, S. 57f.). Auch die soziale Interaktion und die Reichweite der bisherigen Erfahrungen spielen eine wichtige Rolle. Man spricht daher heute (ebenso mißverständlich) von „Schulfähigkeit". Neben einer medizinischen Untersuchung hat man auch kognitive und andere Tests eingesetzt (bis die Eltern dagegen protestierten). Aber auch diese Maßregeln waren nicht hinreichend, zuverlässig festzustellen, welches Kind nun geeignet sei, in die Schule zu gehen, und welches lieber noch warten solle. Offenbar sind „nicht das absolute Entwicklungsniveau oder die individuellen Leistungsfortschritte eines Kindes maßgebend für die Schulfähigkeit, sondern vielmehr sein Rangplatz in einer Gruppe, gemessen an einer Norm, die sich während des Lernprozesses selbst verändert" (*Oerter/Montada* 1982, S. 218).

Was für das einzelne Kind offenbar schwierig festzustellen ist, ist für die Altersgruppe der etwa 6jährigen *insgesamt* eindeutig. Sie haben (nach *Piaget*) die Fähigkeit zu konkreten

Operationen erreicht, und sie haben (nach *Erikson*) „Werksinn" entwickelt:

„Obwohl alle Kinder es brauchen, daß man sie zeitweilig allein spielen läßt (oder sie später den Büchern, dem Radio, dem Film oder Fernsehen überläßt, die wenigstens manchmal etwas zu bieten scheinen, das den Bedürfnissen des kindlichen Geistes entspricht), und obwohl alle Kinder Stunden und Tage in einer spielerischen Als-ob-Welt verbringen müssen, werden sie doch alle früher oder später unbefriedigt und mürrisch, wenn sie nicht das Gefühl haben, auch nützlich zu sein, etwas machen zu können und es sogar gut und vollkommen zu machen; dies nenne ich den *Werksinn*. Ohne ihn reagiert das best unterhaltene Kind, als würde es ausgebeutet. Es ist, als ob es wüßte und als ob seine soziale Umwelt es wissen müßte, daß es psychologisch nun schon ein rudimentärer Erwachsener ist und daher anfangen muß, etwas zu arbeiten (...) Das Kind kann völlig in einer Werksituation aufgehen. Eine solche schöpferische Situation zur Vollendung zu bringen ist nun ein Ziel, das allmählich die Launen und Einfälle seiner idiosynkratischen Triebe und persönlichen Enttäuschungen überlagert. Sowie es einmal danach strebte, gut zu laufen, etwas gut wegzuwerfen, so strebt es nun danach, etwas gut zu machen. Es entwickelt eine Lust an der *Vollendung eines Werkes* durch Stetigkeit und ausdauernden Fleiß.

Die Gefahr dieses Stadiums ist die Entwicklung eines Gefühls von *Unzulänglichkeit und Minderwertigkeit*. Es kann durch unzureichende Lösungen der vorhergehenden Konflikte entstanden sein: vielleicht braucht das Kind seine Mama noch immer mehr als alles Wissen; es möchte vielleicht lieber noch das Baby zu Hause als ein großes Schulkind sein; es vergleicht sich noch mit seinem Vater, und der Vergleich erweckt sowohl ein physisches Unterlegenheits- als auch ein Schuldgefühl. Das Familienleben (bei kleinen Familien) hat das Kind nicht genügend für das Schulleben vorbereitet, oder die Schule enttäuscht die Erwartungen früherer Stadien, weil nichts von dem, was es schon so gut konnte, beim Lehrer etwas gilt. Andererseits kann es imstande sein, auf Gebieten zu brillieren, die noch schlummernd liegen und die, wenn nicht jetzt erweckt, sich nur spät oder gar nicht entwickeln werden." (*Erikson* 1966, S. 102f)

Die Schule kommt also bestimmten Erwartungen des Kindes entgegen, und es ist schlimm, wenn sie enttäuscht werden. Das Kind *weiß*, daß es in der Schule anders zugeht (trotz Liedersingen und Schultüte am ersten Tag) als zu Hause oder beim Spielen, und es *will* das auch. Wenn jetzt Leistungssituationen, Fremdbewertung und Verbindlichkeit in dem, was man tut, zunehmen (*Heckhausen*), so ist dies, grundsätzlich betrachtet, ganz im Sinne des Kindes. Es will zeigen, daß es etwas kann (Leistungssituation); es will ernstgenommen werden und ist durchaus bereit, kleine Gesellschaftsverträge einzugehen, um eine bestimmte Aufgabe mit anderen erledigen zu können (Verbindlichkeit); es sträubt sich keineswegs dagegen, von für zuständig erachteten Erwachsenen Meinungen und Einschätzungen seiner Arbeit zu hören (Fremdbewertung). Der „Schulschock", den schon viele Kinder haben, besteht also nicht darin, daß ihnen etwas zugemutet wird, das ihnen ganz und gar fremd wäre. Das Problem der Schule liegt woanders: Was den Kindern in gewisser Weise selbstverständlich ist, wird nun bestimmten Ritualen unterworfen, Rollenzuschreibungen und (strikten und ziemlich unbeweglichen) Verfahren, die wenig geeignet sind, die immer noch aufbrechende Spontaneität des Kindes, Brüche in seinem Verhalten abzufangen noch gar, seine ganz auf die *Sache* gerichteten Erwartungen so zu erfüllen, daß die übergreifenden Systemerfordernisse, denen Schule unterliegt, nicht störend dazwischentreten. Kinder, die aus der „Ganzheit" des ökologischen Zentrums und Nahraums kommen, müssen nun mit Partialbeziehungen vorlieb nehmen – sowohl zu den Menschen wie zu den Sachen.

Schule: ein Ausschnitt

Es sind gewisse Widersprüche, die die Schule für Kinder (und Lehrer!) so schwierig machen können. Die Kinder betreten ein neues *setting*, in dem andere Regeln gelten als zu Hause und in der Nachbarschaft:

1. Die Kinder müssen neue Formen der *sozialen Interaktion* lernen. Statt emotional bestimmter, diffuser Beziehungen gilt es nun, diese zu regulieren nach der Lehrer-Schüler-Rolle. Die Kinder müssen lernen, bestimmte Begrüßungsrituale bei Stundenbeginn zu beherrschen; hinzu kommen Prüfungsrituale (z.B. bei Klassenarbeiten: Man darf nicht „abschreiben" und „abschreiben lassen"; um während des Schreibens nicht verdächtig zu scheinen, muß man einen gelassenen, wohlvorbereiteten Eindruck machen); der interaktionale Austausch ist während des Unterrichts genau reguliert (dazu gehören Regeln für: sich melden, aufstehen, drankommen, stille sein und stille sitzen, zuhören, auf dem Stuhl bleiben bis zur Pause); insgesamt werden Fleiß, gute Leistungen und „gutes Betragen" verlangt (dies bringt nicht nur Erfolg, sondern erleichtert auch erheblich den Aufenthalt in der Schule) (*Wellendorf* 1973).
2. Hinter diesen scheinbaren Äußerlichkeiten stehen Definitionen und *Machtzuschreibungen*, die auch schon Kinder, ohne sie zu thematisieren, mitlernen (*Uhlich* 1976, S. 76). Lehrer haben nicht nur die größeren Redeanteile; das, was sie sagen, wird auch offiziell nicht ständig kontrolliert und bewertet. Die Verteilung der Kompetenzen liegt fest: Die Lehrer sind die „Experten", Schüler sind „Laien", die etwas zu lernen haben. Den Kindern wird bestätigt, was sie ohnehin schon wissen, nun aber als gültige Regel erfahren müssen: daß sie Kinder und „unmündig" sind, weitgehend unvernünftig, darum bedürftig der Anleitung und – bei Unruhe und bei „Störungen" des Unterrichts – auch der Kontrolle.
3. Auch der *Umgang mit der Zeit* wird anders als bisher. Außerhalb der Schule konnte man beim Spielen „die Zeit vergessen", und es gab Möglichkeiten, selbst den Ruf der Mutter aus dem Fenster zu „überhören". Und mußte man nachgeben, so konnte man *Trauer* empfinden oder Wut. In der Schule zahlt es sich nicht aus, solche Gefühle zu zeigen. Die Zeit ist kanalisiert: nach Stunden- und Lerngegenstandseinheiten, und dazwischen liegen die Pausen. *Was* mit der Zeit angefangen wird, bestimmen Lehrpläne, Curricula und Lehrer. Die immer gleiche Abfolge von Stunden

mit wechselnden Themen temperiert die Leidenschaften für die Sache, bis man gelernt hat (und Kinder tun dies schnell!), daß es sich um „Lernstoff" handelt, der mit den eigenen Interessen und Gefühlen meist wenig zu tun hat. *Rumpf* (1981, S. 100) meint, bei allen diesen Vorkehrungen gehe es „um dieselbe Grundannahme, die Zensur und Abdrängung der aus dem Körper aufsteigenden Gefühle. Der Körper schrumpft zur Prothese für Auge und Ohr, welche ihrerseits alles Empfangene zu einer spezifischen gedanklichen Verarbeitung weiterzuleiten habe, Schritt für Schritt. Keine Aufmerksamkeit ist zulässig, die entstehen könnte, wenn der Schülerblick oder der Lehrerblick abschweifte – die Blicke haben sich wechselseitig fest im Griff, nicht die kleinste inoffizielle Regung entgeht ihnen, im Idealfall; und das Pendant zu dieser permanenten Blickkontrolle ist die permanente Fragenkontrolle, die keine das Licht des Schulzimmers scheuen müssende Annäherung an eine Sache zuläßt. Diese Methodik, diese Körperführung erzeugt die totale Veröffentlichung des Lernens und Lehrens, sie ist die Austreibung jedes zufälligen, beiläufigen, mit anderen Tätigkeiten vermischten Lernens; sie befreit von Traditionen, in denen der eine dies, der andere jenes lernte; in denen einer überhaupt nichts lernte und der andere viel. Sie befreit die Unterrichtung von der Anfälligkeit durch dieses bedrohliche Vielerlei und bringt alle, Schritt für Schritt, in kontrollierbarer Weise voran."

Und die Welt wird zum Ausschnitt: Organisationsschemata, Stundenpläne, Zeitpläne, Verhaltensregularien und Kontrollen sind zwischen die Spontaneität körperlichen Ausdrucks, die das Kind mit in den Unterricht bringt, und die schulische Umwelt geschaltet, damit diese erfahren wird als das, was sie ist: als disziplinierender Lernort. An die Stelle unmittelbarer Bedürfnisse und „Sinn"-Fragen, die Kinder ihren Eltern so pausenlos stellen können, tritt nun eine Zweck-Mittel-Relation für alle Arten des Verhaltens. Selbst das Lernen unterliegt ihr; der vom Kind mitgebrachte „Werksinn" wird in Routine überführt, um auf Dauer gestellt werden zu können. Dies geht freilich nur um den Preis einer Abspaltung: der kognitiven Förderung von der leibseelischen Betroffenheit. Grundschulkinder beurteilen eine Sachkundestunde: „Die ältere Lehrerin hat Blätter verschiedener Bäume gesammelt, die während des Unterrichts besprochen werden. Für die betroffenen Kinder ist die Stunde relativ langweilig gewesen. Sie konzedieren allerdings, daß das immer so ist, wenn ihre Lehrerin was Besonderes gefunden hat. Die vorgestellten Blätter werden von den Kindern vor allem als ein Hobby der Lehrerin gesehen, für das sie jedoch Verständnis zeigen. Hier haben die Kinder offensichtlich mehr über ein Persönlichkeitsprofil gelernt als beispielsweise über den Herbstwald." (*Köhler* 1981, S. 96f.) Hinzuzufügen ist: die Kinder haben auch gelernt, ihr eigenes Interesse von dem ihrer Lehrerin zu trennen (sie kommen gar nicht auf die Idee, daß die Blätter auch *sie* interessieren könnten), und dies nach Maßgabe der (unausgesprochenen) Einsicht, daß die Lehrerin bestimmt und bestimmen kann, womit man sich beschäftigt. *Toleranz* wird zum Mittel, den Stärkeren gewähren zu lassen und selbst ungeschoren zu bleiben.

Man ist soweit gegangen, die beschriebene Konstellation als eine Einführung in *Arbeitsverhalten* insgesamt zu interpretieren; dabei „handelt es sich um eine Struktur von Arbeit, wie sie in hochkomplexen arbeitsteiligen Gesellschaften vorkommt: Sie besteht in der Hauptsache darin, daß Aufträge beliebiger Art, deren Sinn und Zweck meist nicht mehr unmittelbar einsehbar ist, innerhalb bestimmter Zeitgrenzen möglichst zuverlässig und positiv motiviert erledigt werden." (*Oerter/Montada* 1982, S. 219)

Ein Vergleich gemeinsamer Züge schulischer und beruflicher Arbeit könnte in folgender Gegenüberstellung erfolgen:

Kennzeichen	Schule	Beruf
„Beliebigkeit"	Lernen einer Vielzahl von (in den Augen des Schülers) willkürlich zusammengestellten Wissensstoffen und Techniken	Aufträge wechseln je nach Notwendigkeit im Fertigungsprozeß. Sie hängen nicht mit persönlichen Interessen oder Wünschen des Arbeitnehmers zusammen
Zeitliche Terminierung	Schulaufgaben, Lernprozesse und Leistungsproben müssen innerhalb vorgegebener Zeitgrenzen vollendet sein	Arbeitszeiten sind nach Wochenstunden festgelegt, der Fertigungsprozeß ist wesentlich von Terminen bestimmt
Zuverlässigkeit	Aufträge müssen jederzeit möglichst gut bewältigt werden	Aufträge müssen jederzeit in der gleichen Qualität ausgeführt werden
Motivation	Schüler soll sich möglichst für alle Wissensstoffe interessieren und an allen Lernaktivitäten Spaß haben	Arbeitnehmer soll seine Arbeit gerne verrichten und sich am Arbeitsplatz wohl fühlen
„Sinn"	Schüler vermag Sinn und Zweck des Wissenserwerbs in den meisten Fällen nicht zu durchschauen	Arbeitnehmer kann Zusammenhang zwischen seiner konkreten Tätigkeit und dem Gesamtergebnis, nämlich dem Stellenwert innerhalb Erhaltung und Reproduktion der Gesellschaft nicht mehr erkennen
Gegenwert für Arbeit	Noten, als symbolische Entlohnung und Bewertung (Notenschlüssel). Aber die gleiche „Arbeit" im Sinne des getriebenen Aufwandes wird keineswegs durch die gleiche Note abgegolten, noch wird der gesamte, individuell verschiedene Aufwand berücksichtigt	Geld, als indirekte (nicht naturale) Form der Entlohnung. Für individuell geleistete Arbeitszeit gibt es einen gesellschaftlich vereinbarten Gegenwert in Form eines Geldbetrages (Tarifvertrag). Aber auch hier gibt es nicht die gleiche Bezahlung für gleiche Arbeit, noch ist der Arbeitslohn die volle Vergütung für die geleistete Arbeit (Prinzip des „Mehrwertes")

Abbildung 21: Gemeinsame Züge von schulischer und beruflicher Arbeit (Quelle: *Oerter/Montada* 1982, S. 220f.)

Die Schule überleben

Das ist der deutsche Titel des Buches, das der amerikanische Lehrer *J. Herndon* geschrieben hat. Schulkritik ist uns geläufig geworden. Der Hinweis auf den Widerspruch von Bürokratisierung und pädagogischem Auftrag, Selektion/Allokation und Lernförderung, Erziehungszielen und Einlösungschancen ist häufig thematisiert. Man muß sicher wissen, daß die Schule, wie wir sie heute vorfinden, in vielen Zügen problematisch ist. Aber Analysen dieser Art helfen weder Kindern noch Lehrern – wenn sie nicht Folgen haben. Die Schule ist, wie *Hartmut von Hentig* in seinem Vorwort zu diesem Buch schreibt, zu einer „Existenzform" geworden. Obwohl sie nur einen Ausschnitt der Wirklichkeit repräsentiert, *ist* sie Realität, wirkt sie auf die Realitätswahrnehmung ein. Die Schule abschaffen, durch ganz andere Modelle des Lernens ersetzen (Vorschläge gibt es zuhauf, praktische Versuche weniger): Das ist der eine Weg zur Lösung. Der andere besteht darin, mit Engagement und Mut, Detailgenauigkeit und vor allem: *Liebe zu den Kindern,* die Schule *trotz ihrer Widersprüche* aushaltbar zu machen. Geht das? Eigentlich: ja. Zum Beispiel könnte man

- die starre Stundeneinteilung abschaffen und dem Werksinn der Kinder dadurch mehr Gerechtigkeit widerfahren lassen (an den Waldorfschulen ist dies so);
- die Neugier und die Aktivität der Kinder beteiligen, auch wenn sie nicht immer ins Pensum passen sollte (dies versucht *Herndon* in seinem Buch zu schildern);
- zumindest in der Grundschule auf die Erteilung von Zensuren verzichten;
- die Schule zu ihrem sozialen Umraum und zu den Elternhäusern hin öffnen, sie zu dem Ort machen, an dem man sich auch in seiner Freizeit aufhalten kann, der reizvolle Räume bietet und nicht nur nach Bohnerwachs duftende Gänge und Klassenzimmer (Beispiele gibt es in den USA, aber auch hierzulande);
- mehr Emotionalität zwischen Lehrern und Schülern zulassen (Zuneigung, Temperament, Persönlichkeit, grundsätzliche Akzeptanz des anderen; *Herndon* macht dies vor und gibt Beispiele);
- die Klassen nicht nur nach „neutralen" Listen zusammenstellen, sondern auch nach Freundschaften, Wahlen der Schüler oder, noch besser, nach Aufträgen, „Werken", Projekten und jeder Form von Unternehmung, die in der Lage ist, schulisches Lernen und Umwelterkundung zu verbinden und nicht zu trennen;
- Kindern die Erfahrung vermitteln, daß sie auch als *Persönlichkeiten* ernst

genommen werden, die man respektieren und achten muß (das ist das mindeste).

Radikale Reformer fordern, die *Schulpflicht* wieder abzuschaffen, die einst eine zivilisatorische Errungenschaft ersten Ranges war. Dies könnte zur Folge haben (so beispielsweise *Stone/Church* 1978, S. 193), „daß die Schule für die Kinder so attraktiv und befriedigend (ist), daß sie begierig sind hinzugehen. Tatsächlich weigern sich einige Kinder, uns bekannte gute Schulen wieder zu verlassen. Es wäre vorstellbar, daß eine Art Gutscheinsystem, nach dem die Eltern und Kinder eine Kontrolle ausüben, indem sie nur für geleistete Dienste bezahlen, ein wirksames Mittel für die Schulen darstellen könnte, sich attraktiv zu gestalten." Aber, so wenden die Autoren gleich selbst ein: Sehr schnell würde eine „Ethik der Unternehmer" (der zu mißtrauen sei!) sich durchsetzen. Daher sei es vielleicht am einfachsten, „die Anwesenheit oder Abwesenheit der Kinder als Maßstab für die Leistungsfähigkeit der Schule anzunehmen" (ebd.). *Eine* Folge, die Schule abzuschaffen, wäre sicher die, daß *lernmotivierte* Kinder oder Eltern, die wissen, daß nur durch Lernen und Wissen der Zugang zur Zukunft geöffnet ist, die neuen, freiwilligen Wege gehen, während diejenigen, die in Kulturen aufwachsen, auf die die Schule kaum aufbaut (Arbeitersubkulturen) und deren Eltern ganz andere Sorgen haben als die, eine Zukunft ihrer Kinder durch geordnetes Lernen zu garantieren, diese Wege gar nicht finden und übersehen. Man stelle sich eine Welt ohne Schulen vor – und man nähme *allen* Kindern ihre Chancen. In „Ausschnitten" der Welt leben zu können – das ist der Preis, den wir für „Fortschritt" und Modernisierung unserer Gesellschaft zahlen. Höhe und Angemessenheit des Preises jedoch können wir mitbestimmen. Einer der Versuche *Herndons*, dies zu tun, soll am Ende dieses Abschnitts stehen:

Das 10. Kapitel ist überschrieben „Stundenplan", recht kurz und hat folgenden Text:

Der Kaninchenberg war eine Vormittags-Schule. Die Kinder blieben nur in den ersten vier Stunden bei uns. Dann hatten sie Mittagspause und gingen danach zum normalen Unterricht der Spanish Main School (oder auch nicht) – Sport, Wahlfächer und so weiter. Wir sorgten für einen Lese-Unterricht, der obligatorisch war und für einen mehr oder weniger obligatorischen Rechen-Unterricht, das heißt: eigentlich sollten die Schüler in die Mathestunde gehen, aber Bill ließ sie schon mit ziemlich fadenscheinigen Entschuldigungen raus. Arpine und Eileen dagegen ließen niemanden aus ihrem Lese-Unterricht heraus, sofern er nicht tot war. So befanden sich dann in jeder der vier Stunden jeweils fünfzehn bis zwanzig Kinder in Mathe, je sechs oder sieben in den beiden Lese-Klassen und der Rest bei mir. Dieser Rest war sehr unterschiedlich groß; Kinder aus den normalen Klassen kamen mit gefälschten Ausgangserlaubnissen zu Besuch vorbei; andere Kinder wurden in unseren Kaninchenberg hinein- oder wieder hinausversetzt, wenn sie oder ihre Eltern es so wollten, oder sie probierten reguläre Kurse in Naturkunde oder Sozialkunde oder Wasweißich aus und kamen nach diesen Versuchen wieder zurück. Wir waren, gelinde gesagt, ziemlich flexibel. Für den einzelnen Schüler hieß das: er kam in die Schule und ging zum Lesen und zum Rechnen oder umgekehrt, und dann zwei Stunden zu mir in die Klasse, oder er kam erst zu mir und ging dann zum Lesen und zum Rechnen.

Und für Menschen, die gern von Strukturen reden: dies ist eine Struktur. Ich erwähne das, weil es eine Arbeitsweise in öffentlichen Schulen ist, die jede Gruppe von Lehrern bewältigen kann, sofern sie zusammenarbeitet. Sie ließ uns die Freiheit, das zu tun, was wir für wesentlich hielten. Sie gab uns die Freiheit, unsere eigenen kleinen Lese-Klassen zusammenzustellen, wenn wir wollten. Und sie ließ uns die Freiheit, nach einem anderen unserer Grundsätze zu handeln, nämlich die Spanish Main School zu verlassen: jeder von uns konnte sich mit fünf oder sechs Kindern ins Auto setzen und jederzeit irgendwohin fahren, ohne eine „Erlaubnis" der Spanish Main School, ohne Formulare ausfüllen zu müssen, *einfach nur so*. Und das befreite uns von jener bequemen Selbstgefälligkeit, in der man den Schulausschuß oder die Verwaltung oder das Land Amerika für seinen eigenen Mangel an Entschlußkraft verantwortlich macht. Kurz: es befreite uns von der normalen Schulstruktur des Niemand (...) und von Wir lernen hier ja überhaupt nichts. Denn auch Kinder werden von Strukturen beeindruckt; ich glaube, sie merkten auf einen Blick, daß unsere Vorstellungen notwendig, vernünftig und durchführbar waren.

Im Kaninchenberg boten wir an, uns mit dem zu befassen, was die Schule ein „Problem" nannte – eins, das sie selbst erfunden und geschaffen hatte und dem sie nicht ins Gesicht sehen wollte. Durch dieses Angebot gewannen wir unsere Freiheit. Und als wir uns dann entschlossen, keinen offiziellen Kaninchenberg mehr zu haben, faßten wir auch diesen Entschluß selbst. Und zwar, weil wir es leid waren, das System zu unterstützen, während es uns nur sabotierte und offen von Idioten und Spinnern und der Doofen-Klasse sprach. (Was? sagte die Schule, jetzt sollen wir unsere Experimentier-Klassen verlieren? Wir antworteten kalt, unser eigenes Leben ist schließlich kein Experimentier-Leben.) Wir waren es leid, den Kindern die Last aufzuerlegen, eine Sondergruppe zu sein. Und wir freuten uns mit einiger Bosheit darauf, unsere befreiten Leistungs-Verweigerer auf die normalen Achtkläßler-Kurse loszulassen. Wir verlangten normale Unterrichtsstunden und wußten, wir würden dabei in der gleichen Weise arbeiten, nämlich zusammenarbeiten können. Das schafften wir. Wir arbeiteten zusammen, wir hatten Solidarität: wir taten soviel für Niemand, wie wir mußten, wir taten, was wir als wesentlich ansahen – und zwar wesentlich für die Gemeinschaft, und im übrigen taten wir, was uns gerade paßte.

(*Herndon* 1972, S. 152 ff.)

Die letzten acht Worte des Zitats sind sicher nicht nur für einen Schulverwaltungsmenschen der Bundesrepublik schokkierend. Genau *dies* will man den Kindern ja austreiben – und die Lehrer dieser Schule bestärken offenbar noch das Chaos, das die Kinder immer wieder hineinbringen. Das tun sie einerseits – aber doch im Rahmen von „Strukturen" (das ist *Herndons* Begriff) und gewissen sehr flexiblen Regeln. Wollte man sie systematisieren und kodifizieren, so lauteten sie etwa:

1. Gib Kindern neben dem obligatorischen Unterricht die Chance, diesem auch ausweichen zu können. Schicke sie dann aber nicht von der Schule weg, sondern halte für sie weniger konventionelle Lerngelegenheiten bereit („Der Kaninchenberg").
2. Gib den Lehrern die Freiheit zurück, mit den Kindern zu entscheiden, was zu tun sei.
3. Zu dieser Freiheit gehört, daß man sich auch außerhalb der Schule aufhalten kann, ohne dafür pädagogisch begründete Zwecke vorher oder hinterher angeben zu müssen.
4. Klassifiziere Kinder, die häufiger nicht in den obligatorischen Unterricht gehen (oder denen empfohlen wird, dort nicht zu erscheinen) nicht als „unbegabt" oder „nicht lernmotiviert" oder ähnlich.
5. Entsprechend mach aus Deinen pädagogischen Ausweicharrangements keine Ideologie, und vor allem: Vermeide als Lehrer die Opferattitüde.
6. Habe den Mut, Deinen Kollegen zu vertrauen (und erwarte dies auch von ihnen) und wage es – auf der Basis der voranstehenden Regeln – sogar eine „Gemeinschaft" zu wollen, in der sich jeder wohl fühlt.
7. Betrachte die Schule als einen Ort, an dem immer wieder Zuständigkeiten, Abläufe und Ordnungen neu geregelt werden können und müssen.
8. Daß es Regeln und Vereinbarungen gibt, ist eine Selbstverständlichkeit (dies gilt ja auch für alle anderen Lebensbereiche).
9. Zu solchen Selbstverständlichkeiten gehört auch, daß Lehrer wissen, sie haben eine *pädagogische* Verantwor-

tung gegenüber den Kindern. Die Eigenständigkeit der Kinder zu respektieren und ihnen doch einen Raum zu geben, in dem ihnen Schutz und Förderung zuteil werden – dies ist die schwierigste Alltagsaufgabe, die Lehrer lösen müssen, und dazu brauchen sie (neben Ich-Sicherheit und Stoffbeherrschung) Taktgefühl und Sensibilität.
10. Vergiß nie, daß ein Schuß Anarchie das Schulleben würzt und interessant macht.

Wie solche Regeln umsetzen? Bei *Herndon* ist *Piston*, ein rothaariger, mittelgroßer, rundlicher Junge ein Beispiel (ebd., S. 17ff.) Für diesen Jungen gilt: „*Piston* tat nichts, was *Piston* nicht tun wollte; und was *Piston* tun wollte, das tat *Piston* auch." Was wollte *Piston* tun? Nun, „hauptsächlich malen, und Tiere zeichnen, die Zeichnungen auf Vervielfältigungsmatrizen kratzen und sie drucken, gelegentlich eine Gruselgeschichte schreiben (…); und wenn er zu nichts von alledem Lust hatte, wollte er durch die Treppenhäuser und Gänge strolchen und gelegentlich (wie wir hörten) Mädchenklos erforschen". Ein Stück Anarchie – mit offenbarer Duldung durch die Lehrer. Dennoch: „Wir hatten kleinere Zusammenstöße." Einmal wollte *Herndon*, daß sich die Klasse hinsetze und dann zuhöre, was er ihr zu sagen habe. *Piston* kam zu spät und weigerte sich, sich hinzusetzen. Er wollte gern zuhören, aber er wollte dabei nicht sitzen. *Herndon* erzählt nicht, wie er mit dieser „Regelverletzung" fertig wurde. (Sie erinnert an die des reiferen *Fritz Teufel*, der zur Zeit der Studentenrevolte vor Gericht stand bzw. zunächst *saß* und sich erst erhob mit der Bemerkung „Wenn es der Wahrheitsfindung dient", als man ihm dies dringend nahelegte.) Offenbar hat sich *Herndon* darüber nicht geärgert; seine Rolle als kinderfreundlicher Lehrer erträgt er inzwischen mit heiterer Selbstironie: „In dieser Weise geht es einem manchmal in der Schule; als Lehrer wird man von einer Zielvorstellung besessen; und ich war der Geschädigte, der, wie gewöhnlich, unerhörte Freiheiten gewährte, und das nutzten die Schüler, wie gewöhnlich, aus. Es ist kein Zuckerschlecken, wenn Sie ins Lehrerzimmer kommen, um einen Kaffee zu trinken, und jemand sagt dann, der Soundso und der Soundso aus *Ihrer* Klasse waren wieder mal auf dem Gang, *ohne Erlaubnisschein*, und *sie schnitten Gesichter* und haben den Kindern in *meiner* Klasse ausgerechnet beim *allerwichtigsten* Teil *meiner* Stunde über *Altägypten* [Herdons Abkürzung für langweiligen und irrelevanten Unterricht] einen Vogel gezeigt." – Die Lehrer tun, was ihnen paßt: *James (Herndon)* und sein Freund *Frank*, ebenfalls Lehrer, hatten plötzlich Lust, Drachen zu bauen. Die Kinder machten mit – außer *Piston*. Aber dann tat er es doch – „während andere ihre Drachen längst steigen ließen. Sein Drachen hatte auch nur eine Haupteigenschaft, er war riesig. Das Tragekreuz bestand aus Dachlatten. Die Bespannung war schweres Papier, das durch eine monströse Bemalung mit drei Schichten Plakatfarbe noch schwerer gemacht wurde ..." Die Lehrer lassen *Piston* gewähren, denn „*Piston* war schon etwas besonderes, das konnten wir sehen. Niemand von uns wäre auf solch eine Idee gekommen." Und dann verkündet *Piston*, er werde den Drachen steigen lassen und da „johlten wir alle erleichtert auf. Es war einfacher, wieder mit *Piston* dem Verrückten zu tun zu haben, als sich mit *Piston* dem genialen Künstler abzufinden. Niemand hatte den Drachen als etwas zum Fliegen betrachtet – nur als etwas zum Angucken und Bewundern." Während alle anderen Kinder *Altägypten* pauken, versammeln sich *James, Frank* und ihre Kinder, „um das regungslose Ungetüm", draußen. Wieder hat *Piston* eine große Szene für sich vorbereitet, „etwas Denkwürdiges – die Statue des *David*, die durch die Straßen von Florenz gezogen wird". Und dann *fliegt* der Drachen, ein ganz außergewöhnliches Ereignis und eine große Überraschung. Schließlich aber „plumpste er mit einem Krach herab wie einen Stein (wie ein Steinschlag!). Als er zerschellte, wurden alle vom Wahnsinn ergriffen, stürmten zum Drachen, sprangen darauf, trampelten auf ihm herum, zerissen ihn – alle außer *Frank* und mir, und wir hätten auch gerne mitgemacht. (Die Lehrer der Altägypten-Kurse berichteten uns später von großen Disziplinschwierigkeiten in diesem Augenblick.)" Gewährenlassen, Kooperation und Chaos; Vorschlägemachen, aber nicht auf strikte Zeiteinteilung drängen; Handlungen der Kinder nicht sogleich nach den Kategorien „verboten", „erlaubt" oder „erwünscht" klassifizieren; Kindern Spielraum geben für ihre *kreativen außergewöhnlichen Inszenierungen*, ohne sie dabei allein zu lassen: Ein Kunststück, aus dem Schule werden kann, die im Ausschnitt noch etwas von *anderer* Welt hereinläßt – eine Mischung von Bewunderung, wilder Freude und ein bißchen gemeinsamen Wahnsinns.

Medienkindheit

Medienkindheit ist insofern schwierig zu beschreiben, weil Medien kein abgegrenztes *behavior setting* darstellen. Viele Eigenschaften, die andere kulturelle Veranstaltungen (Straßentheater, Kino, Kindermuseum etwa) haben, finden sich nicht entsprechend, wenn man Medien und Rezeptionssituation betrachtet. So gibt es

- keine festen Orts- und Zeitbeziehungen (Kino oder Museum sind fest umgrenzte Räume mit bestimmten Öffnungs- und Anfangszeiten etc.); Fernsehen, Radio- oder Plattenhören ist prinzipiell zeitunabhängig, und auch wenn die Geräte an einem bestimmten Ort stehen, ist ihnen dieser doch nicht ausschließlich vorbehalten (das Fernsehgerät im Wohnzimmer), oder sie können auch verrückt und an anderen Orten aufgestellt werden;
- keine Menschen und nichtmenschliche Komponenten (Theater oder Kino besitzen Personal, das anwesend ist und den Funktionsablauf garantiert, wobei bestimmten Personen bestimmte Aufgaben zugeschrieben werden; Mediennutzung ist in dieser Weise nicht institutionalisiert, und es bedarf – außer der Apparate selbst – keiner besonderen Vorkehrungen);
- keine überdauernden Funktionalitäten (in Museen, Theatern oder Kinos läßt sich die Einrichtung verändern, das Personal austauschen, ohne daß eine Funktionseinbuße erfolgt oder die Orte nicht als ihrem Zweck gehörig wiedererkannt werden; Medienrezeption erfüllt diese Bedingungen nicht);
- keine bestimmten Verhaltensvorschriften (wie man sich im Theater oder Museum verhält, ohne daß dies jeweils erneut abgesprochen werden muß; Medienrezeption erfordert immer neue Absprachen in Hinsicht auf Zeitpunkt, Programmwahl usf.);
- keine Grenzziehungen, die ein setting nach innen und nach außen abgrenzen (ein Theater, aber auch eine Schule, erfordert eine bestimmte, erkennbare Architektur, die auf den Zweck der Gebäudenutzung gerichtet ist; Medienrezeption kann überall und jederzeit erfolgen, ohne daß diese organisiert und als Binnen- oder Außensystem abgrenzbar ist von anderen Situationen und Umgebungen) (vgl. *Jensen* 1980, S. 389f.). In einer Welt des Internet und der online-vernetzten Computer hat sich diese Entwicklung forciert. Zeit- und Raumbindungen sind aufgehoben (Zeit: E-mails kann ich zu jeder Zeit schicken und empfangen; Raum: die elektronische Botschaft hat keine Distanzen zu überbrücken, sondern ist fast gleichzeitig zu senden und zu rezipieren).

Orte und Medien als Wirkungszusammenhang

Rainer Gruenter erzählt in seinem Beitrag „Kinder, die Auschwitz spielen" (1980), wie er einen seiner gewohnten Spaziergänge macht, „von der alten Wassermühle an der Erft über den Weg zwischen Korn- und Rübenfeldern, an Kuhweiden, Pappeln, Gehöften vorbei, deren Scheunen Citymüde als Nobel-Alternative mit rustikalem *Touch* bewohnen. Rings um einige Höfe, aus denen die Bauern-Rentner mit dem festen Erlös ihrer Feldverkäufe ausgezogen sind in die Normzellen der hochgestapelten Schichtwohnungen am Stadtrand, wurden in den letzten Jahren Häuser gebaut im individuellen Schnittmuster-Stil für Leitende Angestellte oder erfolgreiche Selbständige, Zahnärzte mit Freizeitpferden und bulligem Landrover, mit Wochenendjacht auf der Zuidersee, Medienprinzen mit ihren Freundinnen, die ihresgleichen am selbstgestrichenen pop-roten Gartentor mit *Social-Kissing*-Hallo die Wange hinhalten ..." So verbinden sich „Lokalzitate" einer abgewirtschafteten Agrarkultur mit Profitgesinnung, schicken Stadtfluchtvillen und den „Stadtrandmonstren" neuer Betonwohnzeilen und Supermärkte. In dieser Landschaft, scheinbar im Aufbau, tatsächlich in fortschreitender Zerstörung begriffen, kommt der Spaziergänger an einem Rastplatz vorbei, der den Anspruch vertritt, noch ein wenig nachbarschaftliche „Öffentlichkeit" zu ermöglichen: eine Bank, ein kleiner Platz, ein Beet und ein Mahnstein mit einem Spruch *Hölderlins.* Und nun die Szene:

„Heute geht es lebhaft zu vor diesem lyrischen Obelisk. Sieben oder acht Kinder, wohl keines älter als zwölf, bemalt mit einer Mischung aus Kriegsfarben und *Punk*-Tätowierung, dörfliches Nachspiel oder *Rocky-Horror-Show*, die durch die Kinos vor ihren Schulen geistert, hocken, stehen, schreien, gestikulieren vor einem Haufen aus aufgeschichtetem Holz, Pappe, Wollfetzen, Papier, den sie mit rituellen Bewegungen und Befehlen anzünden. Auf dem Boden neben dem Feuer liegt geöffnet ein großer zerschlissener Koffer. Er ist bis zum Rand gefüllt mit alten Puppen, kleinen und großen, Mann-, Frau- und Kindpuppen, Babypuppen, aus Zelluloid, aus Holz, Porzellan, Pappmaché, mit Haaren, ohne Haare, mit Kleidern, Hüten oder nackt, mit Knopfaugen, mit beweglichen, bewimperten Augen. Sie liegen kreuz und quer übereinander, verrenkt, gekrümmt, auf dem Rücken, auf dem Bauch, ineinander verschlungen. Offensichtlich hat man seit mehreren Tagen gesucht und gesammelt, eine Puppenhaussuchung durchgeführt, auf Speichern, in Kinderzimmern und Kellern. Zwei Kinder, ein Mädchen in gelben Gummistiefeln, ein Junge, die Faust in die Hüften gestemmt, Bauch vorgestreckt, Geste der Befehlspotenz, kreischend: Los her mit den Säuen, und wiehernd und trampelnd greift alles in den Koffer, zerrt heraus, dreht oder tritt Köpfe ab, reißt Beine oder Füße ab und wirft Köpfe, Rümpfe ins Feuer, sich darüber beugend, mit dem Schuh nachtretend, zerrt das Angesengte wieder heraus, wirbelt es durch die Luft und wirft es wieder ins Feuer, dessen Rauch sich in dichten Gestank verwandelt – eine blitzhafte Zerstörung des Geruchssinns, den eine unerkennbare Widerlichkeit paralysiert. Der bauchprotzende Anführer dreht seinen Kopf, breitbeinig stelzend, nach mir um, und mit dem Kindergesicht rüder Fröhlichkeit ruft er mir zu: Wir spielen Auschwitz! und alle wiederholen, nicht mehr johlend in der kollektiven Hysterie der Puppenergreifung und -zerreißung, sondern lachend: Wir spielen Auschwitz!"

Den Anlaß für diese Szenerie haben die Kinder ebenso wenig erfunden wie die Szenerie selbst. *Gruenter* nennt sie „Die Kinder von *Hitlers children*", die die Tabus ihrer Großväter in den Ornamenten eines Horrorspektakels auflösen. Nationale Schuld wird für die Enkel zum Spielmaterial. Die Kinder johlen und toben, wie sie in der Schule tobten, als *Pistons* schwerer Drachen flog (s.o.), aber ihr *Thema* haben sie nicht selbst produziert (wie *Piston* seinen Drachen), sondern sie haben es aus den Medien, aus Holocaust-Filmen, aus Dokumenten und Geschichten, die sie fasziniert haben. Die „deutsche Schuld" wird für diese Kinder zum nicht verstandenen Anlaß einer spielerischen Massenvernichtung – an einem Ort (wo hätten sie sonst hingehen sollen?), der der geselligen Zutunlichkeit von Menschen vorbehalten sein soll. In einer Gegend, da die Geschichte sich in Villenneubauten und mit Autobahnzubringern auflöst, also die Umgebung selbst keine Anlässe und Chancen mehr gibt, im Spiel ergriffen zu werden, müssen die

Medien herreichen, womit die Kinder sich abgeben können (entweder haben die Eltern versäumt, selbst Vorschläge zu machen, oder diese waren nicht attraktiv genug – Medieneindrücke sind tiefgehender). Und dabei handelt es sich hier um einen Stadtrand, der eher die reiche Variante darstellt. *Gruenter* erinnert an *Pasolinis* Darstellung der Vorstädte und ihrer Armutskasernen mit ihren Müllbergen und dreckigen Kanälen, und er fragt sich abschließend, landschafts- und stadtgestalterische Randszenerien der Bundesrepublik vergegenwärtigend:

„Was bedeuten die Supermärkte, die Möbelstraßen, die Auslieferungsmagazine, die Billigwarenlager, die Freizeitarenen dieser Stadtränder? Sind sie (...) Zustands-Architektur ihrer Akteure, ihrer Planer, Erbauer, Bewohner und Benutzer? Reiz- und Befriedigungsmaschinen des unstillbaren Appetits einer Banalität, die nichts anderes als die kinetische Energie der Gewalt ist? Die Dialektik von Banalität und Gewalt bestimmt den Stadtrand. Die Gewalt siedelt hier. Sowohl die passive Gewalt der affirmativen Banalität als auch die aktive Gewalt, die Aggression, mit ihren Erschöpfungsrelikten des parasitären Vergammelns und der Drogen-Trauer. Der freundliche Rollwagenschieber des Wochenkonsums, der *Dealer* und der *Rocker*, der die Grünanlagen unsicher macht, sind Mitglieder *einer* Familie, der Familie der Gewalt der Vorstädte. Hier spielt sie Skat, Vater im T-Shirt, hier hält sie Ordnung, mäht den Rasen, wäscht den Wagen, hier formiert sie die *Disco*-Rotten, hier macht sie die Club-Fans an, bevor sie die Bahnhöfe stürmen. Hier wird sie bunt. Bunte Gewalt. Gewalt der Tankstellen und Drugstores. Fahren und Fressen. Hier fabulieren ihre Analphabeten. Ihr Piktogramm-Design sorgt für sie. Hier macht sie Musik in brüllenden Synthesizern, und hier spielen ihre Kinder Auschwitz. *Orte bedeuten.* Sie bedeuten *uns.*"

Medieneindrücke, die das soziale Leben, der ökologische Nahraum nicht zu verstehen gestatten. Bei anderen, weniger historisch bewerteten Themen, ist es oft ähnlich. Was die Kinder sehen, können sie nicht in Erfahrung umsetzen. Die bereits erwähnte These, von dem amerikanischen Soziologen *Postman* nachdrücklich vertreten (eine „Abschaffung der

Kindheit" finde statt dadurch, daß die Vielzahl der Medienprogramme alle Bereiche des Erwachsenenlebens bereits Kindern vorstelle mit der Folge, daß diese ihre kindeigenen Reservate aufgeben zugunsten eines diffusen Aufgehens in einer verlockenden, alles umspannenden Medienkonsumkultur), fände in dieser – paradigmatischen – Geschichte einerseits eine Veranschaulichung. Andererseits erfährt die Unterthese, entwicklungs- und altersbedingte Unterschiede zwischen den Menschen würden audiovisuell aufgelöst, eine Infragestellung, wenn darunter zu verstehen ist, daß Kinder, indem die Medien ihnen jede Art von Welten präsentieren, diese in einer Art Entwicklungssprung betreten. Die höchst zwiespältige Szene zeigt *auch* die Widerständigkeit von Kindern: Was sie noch nicht lernen und verstehen *können*, berührt sie auch nicht in ihrer Identität. Und doch bleibt ein Unbehagen. Indem alles zum Material wird, die Umwelt selbst Authentisches nicht anzubieten hat, kann, auf die Dauer gesehen, durchaus auch der kindliche Horizont unklar werden. Alles ist scheinbar zu haben, kein Weg muß mehr mühsam ausgeschritten werden. Doch wäre dies dann keine Folge reiner Medienwirkungen, sondern der Tatsache, daß es keine Umwelt gibt, die diese auffängt und in bezug zum eigenen Leben setzen hilft.

Freilich gibt es Veränderungen, die immer neue Einschätzungen und Bewertungen erzwingen. Vor allem die Medien-Szenerien verändern sich sehr schnell. Während das Radio noch 38 Jahre brauchte, um in Deutschland Zuhörer von 50 Millionen Menschen zu erreichen, benötigte das Fernsehen dafür nur 13 Jahre. Das World Wide Web und das datenumspannende Internet schafft dies in nur 4 Jahren, so daß schon der Begriff einer Multimediakindheit geprägt wurde (*Zacharias* 1996). Neu ist insbesondere das Internet als ein weltweites Computernetzwerk. Dies faßt Computer, Server, eigenständige Netzwerke und UserInnen zusammen. Das Internet besteht aus unzähligen Computern sozusagen in allen Winkeln der Welt, den Hosts, die miteinander vernetzt sind. Wer Daten aus dem Internet anfordert, wird von einem Host zum nächsten weitergereicht, und zwar in Sekundenschnelle. Heute kann jeder Computer prinzipiell mit jedem anderen Computer kommunizieren; im Netzwerk gibt es keinen Zentralrechner mehr oder ein Zentrum, das alles kontrolliert oder über das einzelne Verbindungen hergestellt werden. Um sich zu verständigen, gebrauchen die Computer das TCP-IP-Protokoll. Die Nachricht sucht sich von Knotenpunkt zu Knotenpunkt die günstigste nächste Verbindung zu ihrem Ziel. Damit wird das Ganze einem Autobahnnetz vergleichbar, und die Metapher der Datenautobahn wird ja auch häufig benutzt. Es gibt nie nur einen einzigen Weg zu einem Bestimmungsort, auch wenn ein Stück Autobahn gesperrt ist. Die Nachricht erreicht den Zielort dann über andere Knotenpunkte, im Bild gesprochen: über eine Umleitung. Die Daten werden für die Reise in einzelne Datenpäckchen zerteilt, es handelt sich also um eine paketorientierte Datenübertragung. Am Ziel werden sie wieder rekonstruiert, und auf diese Weise werden die Kommunikationsinhalte sicherer und störungs- sowie fehlerfreier transportiert. Das InternetProtokoll (IP) macht das Netzwerk typenübergreifend, d.h., Rechner unterschiedlicher Bauart und Betriebssysteme können heute untereinander kommunizieren. – Diese neue Informationswelt, die die traditionellen Massenmedien ergänzt, ist erst wenige Jahrzehnte alt und befindet sich noch in der Entwicklung. Daher sprechen wir gern von Neuen Medien, obwohl das Internet mit seinen Anwendungsmöglichkeiten so neu nicht ist – auch wenn seine Möglichkeiten bisher nicht ausgeschöpft sind. Dennoch wäre es angemessener, von *digitalen Medien* zu sprechen, denn erst durch die Datenkompression wird es gelingen, die unzähligen Informationsmengen auch weltweit zu verteilen.

Während die Massenmedien bestimmt sind von *einseitiger* Kommunikation (vom Sender zum Empfänger, also vom programmliefernden Gerät zum Fernsehzuschauer beispielsweise) und das Publikum *dispers* (zerstreut) und ohne persönlichen Kontakt einseitig-*rezeptionsorientiert* kommuniziert, hat das Internet die Welt verändert: Neben der weltweiten *Vernetzung* und einer grenzensprengenden *Globalisierung* sind die digitalen Medien in ihrer Verbindung von Rechner und Online-Diensten auch *interaktiv*: Der vernetzte Computernutzer kann E-Mails senden und empfangen, im Chatroom am Alltagsgespräch teilnehmen, sich Informationen beschaffen und sie weitergeben. Die Welt, wie sie Postman oben beschrieben hat, hat sich also medial ausdifferenziert. Jedenfalls kann nicht mehr behauptet werden, daß die Multimediakinder von heute nicht die Möglichkeit hätten (und auch nutzen) *selbstgestaltend* in die Kommunikationswelt von morgen einzugreifen. Solche Kontakte auf Distanz sind freilich weiterhin nicht identisch mit körperlicher Anwesenheit im selben Raum, und insofern ist der Cyberspace ja auch virtuell: Die Begegnungen finden auf der Ebene des Symbolaustauschs statt, nicht aber in einer leiblichen Gruppe.

Sich ändernde Medienwelten

Um den Wandel von den Massenmedien zu den digitalen Medien und die Folgen für eine veränderte Kindheit zu beschreiben, sollen im folgenden drei Fallbeispiele gegeben werden, um den Wandel zwischen drei Generationen deutlich zu machen. Erwachsene (der erste heute 51, der andere 23 Jahre alt) wurden gefragt: „Woran erinnerst Du Dich, wenn Du an Deine Kindheit denkst? Haben Medien eine Rolle gespielt? Wenn ja, in welcher Form waren sie in Deinen Alltag integriert?"[3]

Zunächst Paul (geb. 1947), der in einer Kleinstadt im Sauerland aufgewachsen ist. Er berichtet aus seiner Kindheit so:

„(...) Radio war für mich als Kind und in meiner Jugend alles. Es hat mich begeistert, fasziniert, in seinen Bann gezogen. Für mich war Radio das Beste. Mir standen allerdings auch keine vergleichbaren Medien zur Verfügung. Heute würde ich sagen, eine Radiosendung zu hören war für mich wie hochspannendes Theater im Radio. Ich habe vom unterhaltenden Kinderfunk (Kalle Blomquist und Sandmännchen) über den bildenden Schulfunk (Das Leben ringsum, Bürgerkunde) bis zu fesselnden Hörspielen (Eugene O'Neill: Der Strohhalm) oder Kriminalhörspielen der Serie Paul Temple von Francis Durbridge alles verschlungen (...). Mit zehn Jahren habe ich das

---

3 Die folgenden Fallbeispiele und später auch einige Daten-Hinweise verdanke ich meinen Schülerinnen und Mitarbeiterinnen Anke Hildebrandt und Kristina Schrottka, die in ihrer Diplomarbeit „3 DimenCity, die Mitmachstadt für Kinder im Internet" den neuen Medien-Erfahrungsraum für Mädchen und Jungen im globalen Computernetz beschrieben haben.

erste Mal bei einem Freund *ferngesehen*. Das war sehr interessant, aber anders als mein geliebtes Radio. Mit Fernsehen verbinde ich gemeinsame Fernsehabende Erwachsener. Bekannte wurden zu sich eingeladen, gesprochen wurde nicht. Die Begeisterung war zu groß. In dieser Zeit fuhr ich oft mit dem Bus zu meinem Onkel, denn er besaß im Gegensatz zu meiner Familie einen Plattenspieler *und* ein Fernsehgerät. (...) Ein bißchen langweilig waren die zehnminütigen Pausenbilder im Fernsehen. Gezeigt wurde eine Wäscheleine mit zehn Klammern. Pro vergangener Minute kam ein Vogel angeflogen, der eine Klammer mitnahm, bis zehn Minuten vergangen waren. Das ist heute unvorstellbar (...). Mit vierzehn habe ich in einem Soester Lokal gesehen, daß man gegen Bezahlung am Wochenende dort fernsehen konnte. Leute trafen sich dort, um eine samstägliche Unterhaltungsshow zu sehen. In dem Lokal standen ungefähr fünf Reihen mit jeweils fünf Stühlen. Für fünfzig Pfennig gehörte einem so ein Fernsehplatz. Vielleicht ist das mit den heutigen Internetcafés zu vergleichen. Für Leute, die unterhaltendes Fernsehen erleben wollten, war es eine günstige Alternative zwischen eigener Anschaffung und Kino. Fernsehen war nicht für alle erschwinglich. Meine Eltern bekamen z.B. erst ein eigenes Fernsehgerät, als ich achtzehn Jahre alt war. (...)"

Obwohl in Pauls kindlichem Alltag das Medium Radio einen wichtigen Stellenwert einnahm, dominiert es derart, daß wir noch nicht von einem Aufwachsen mit einer Vielzahl *verschiedenartiger* Medien sprechen können. Pauls Lieblingssendungen wurden zu festen Zeiten ausgestrahlt, und die jeweils ausgewählte Radiosendung wurde zum Zentrum der Beschäftigung und zu einer Hauptattraktion, für die man sich gezielt Zeit nahm – zumal es noch kein Radio rund um die Uhr gab. Wer zuhörte, ging parallel keiner anderen Beschäftigung nach.

Im zweiten Fallbeispiel spielt das Radio auch eine wichtige Rolle, aber es steht nicht mehr im Mittelpunkt, sondern wird zunehmend zu einem Nebenbei-Medium oder einer Hintergrundgeräuschkulisse. Peter (1975 geboren) ist ein Kind, das schon sehr selbstverständlich mit Radio, Kassettenrekorder, Fernsehen, Videorekorder, Kino und Commodore 64 (Computerspiele) aufgewachsen ist.

„(...) Ich erinnere mich an meine komplette Sammlung von *Kassetten*. Zu meinen Lieblingskassetten gehörten die TKKG-Bande oder Jan Tanner. Die fand ich klasse. Ich habe auch *Radio* gehört, meistens am Samstagnachmittag, wenn die Schlagerrallye lief. Da war ich aber auch schon fast in der Pubertät. Meine Geschwister und ich haben dann vor dem Kassettenrekorder gelegen und aus dem Radio unsere Hits auf Kassette aufgenommen, damit wir uns die Singles nicht immer von unserem Taschengeld kaufen mußten.

(...) Im *Fernsehen* habe ich als Kind die Sesamstraße und die Sendung mit der Maus gerne gesehen und später Vorabendserien wie Ein Colt für alle Fälle. Colt war Stuntman, und mein Bruder und ich wollten auch solche Stunts können. Deshalb haben wir oft draußen die Stunts von Colt und seinem Komplizen Howie geprobt. An einen Stunt erinnere ich mich besonders gut: In einer Folge springt Colt aus einem fahrenden, brennenden Auto. Das fanden wir cool! Also holten wir unser Kettcar und fuhren einen Berg hoch. Ich erklärte meinem Bruder, der den Stunt proben sollte, daß er sich auf mein Kommando nach links aus dem Kettcar schmeißen und auf die Wiese rollen sollte. Leider drehte sein Kettcar während der Fahrt nach rechts auf einen Kieshaufen zu. Ich schrie: „Colt spring ab!" und der kleine Colt sprang ab, aber mit dem Gesicht in den Kieshaufen. Mit einigen Schürfwunden und einer geschwollenen Lippe kam er davon. Er hat noch Glück gehabt. Der Serienheld Colt kam immer unverletzt aus seinen Stunts heraus – das habe ich aber erst danach verstanden, mein Bruder tat mir leid. (...) Wenn ich bewerten soll, was ich besonders gern gemacht habe, kann ich mich nicht richtig entscheiden. Radio, Kassette und Schallplatte und auf Platz eins das Fernsehen, das könnte die Rangfolge meiner Lieblingsbeschäftigungen sein. Vom heutigen Standpunkt aus würde ich das Fernsehen als einflußreichstes Medium meiner Kindheit bezeichnen. Auch meine Geschwister und Freunde fanden besonders die Vorabendserien super. (...)"

Peter hat in seiner Kindheit sehr viel mehr Fernsehsendungen gesehen, sehr viele Kassetten gehört, er hat auch am Computer gespielt. An die Stelle des Radios tritt nun das Fernsehen, aber Peter muß sich zunächst besinnen, *welches* Medium für ihn das wichtigste ist, denn er hat eine große Auswahl. So erinnerte er sich auch weniger exakt an Einzelheiten, und neben noch erinnerten einzelnen Titeln fand er insgesamt „die Vorabendserien super" (das gilt übrigens bis heute). Wir finden unsere Beobachtung über eine wachsende Zerspaltenheit des Tagesablaufs bestätigt. Es gibt kein Zentralmedium mehr, und entsprechend sind die Eindrücke zahlreicher, aber insgesamt auch oberflächlicher (vgl. S. 296). Dennoch sind Medien keine das Leben wenig betreffenden Begleiter, gleichsam nur abstrakte Symbole. Im Gegenteil: Von den Sendungen, die Peter besonders gefallen, arbeitet er eigene Wünsche und Erfahrungen ab, so daß man sagen kann: Die Medien-Inhalte sind Bestandteil der kindlichen Spielwelt und werden insofern von *Medien-Wahrnehmungen* in *Medien-Handlungen* transformiert. So sind es die Stunts aus der Vorabendserie *Ein Colt für alle Fälle*. Peter und sein Bruder holen ihr Kettcar und erproben den Stunt – nicht in der Szenerie der Serie, sondern in der Nähe eines Kieshaufens. Damit macht er eine bemerkenswerte Erfahrung: Während der Serienheld Colt immer „unverletzt aus seinen Stunts heraus" kam, wird Peters Bruder „mit einigen Schürfwunden und einer geschwollenen Lippe" konfrontiert. Er macht die Erfahrung, daß es keine lineare Umsetzung der Serien-Inszenierung in die eigene Alltags-Inszenierung gibt, weil die Realität verletzbar macht. Freilich ist zu vermuten, daß die Kinder darüber hinaus aber auch Erfahrungen machen, von denen sie profitieren. Die Imitation des Stunt-Verhaltens regt nicht nur die kindliche Phantasie an, liefert ihnen Spielmaterial, sondern fordert sie auch auf zur Geschicklichkeit, zum Bestehen von Krisensituationen und vermittelt (vielleicht) auch die Erfahrung, daß Kinder etwas können.

Kinder, die Ende der 90er Jahre aufwachsen, haben eine derart ausgestaltete Medien-Umgebung, daß wir von *Medienwelten* sprechen. Dies zeigt schon die Tabelle, welche Kinder welches Medium besitzen:

Medium	Prozentualer Anteil der Kinder, die dieses Medium besitzen
Walkman/Kassettenrekorder	79
Radio	66
Plattenspieler/CD-Player	34
Stereoanlage	29
Fernseher	16
Computer	11
Alle genannten Medien	2
Kein Gerät vorhanden	14

Abbildung 22: Medienbesitz von Kindern (Quelle: *Weiler* 1997, S. 44)

Die Tabelle ist nicht vollständig und, wohlgemerkt: Es geht um den *eigenen* Medienbesitz von Kindern. Ein zehnjähriges Mädchen könnte den Tag (das Fallbeispiel ist konstruiert) im Jahre 2000 etwa so verbringen:

„(...) Lisa kommt aus der Schule zurück nach Hause. Heute hat sie gemeinsam mit ihrer türkischen Freundin Bersun und Milan, dessen Eltern aus der Ukraine stammen, in einer Arbeitsgruppe Websites zum Thema Kunstgemälde recherchiert. Im Kunstunterricht stellten sie die Ergebnisse vor und bekamen von der Lehrerin den Auftrag, ein Bild von sich in einem selbstgewählten Kunststil anzufertigen. Lisa entschied sich für den impressionistischen Malstils Monet, weil ihr die Seerosenbilder auf der Website des Musée d'Orsay so gut gefallen hatten. Nachher scannten die Schülerinnen und Schüler ihre Werke alle in den Computer ein, um sie auf Diskette mit nach Hause nehmen zu können.

Nachdem Lisa ihrer Mutter von der Schule berichtet hat, bringt ihr Vater sie nach dem Mittagessen mit dem Auto zum Schwimmverein, wie jeden Dienstag. Nachmittags wird Lisa wieder abgeholt, zurück zu Hause schaltet Lisa ihren Computer (ein Pentium XI) und den kombinierten Fernseh-Computer-Bildschirm ein und erledigt zunächst ihre Hausaufgaben. Danach loggt sie sich in das Internet ein. Sie ruft ihre E-Mails ab und freut sich über die elektronische Post vom 11jährigen Brieffreund Pierre aus Frankreich und ihrer Großtante aus Kalifornien, in den USA. Mit beiden steht sie im regelmäßigen E-Mail-Kontakt. Pierre besucht die Partnerschule ihres Gymnasiums, die beiden hatten sich letzten Sommer bei einem gemeinsamen Schulprojekt kennengelernt. Nachdem Lisa geantwortet hat, schiebt sie die Diskette aus dem Kunstunterricht in den Computer, schließt die Digitalkamera ihres großen Bruders, auf der sich ein Foto ihrer Katze Minki befindet, an und aktualisiert mit beiden Dokumenten ihre eigene Homepage. Lisa gibt sich stets viel Mühe mit ihrer Homepage, einmal in der Woche werkelt sie daran. Sie ruft ihre Mutter und präsentiert ihr stolz das heutige Ergebnis. Lisas Mutter bewundert ihre Tochter, sie selbst wagt sich noch nicht so recht an das Internet und hatte anfangs auch große Vorbehalte gegen die Nutzung des Netzes von Kindern. Ihre Tochter durfte anfangs ‚auf keinen Fall in das gefährliche Internet'. Seitdem in der Schule ein Elternabend zum Thema veranstaltet wurde, haben sich ihre Ängste relativiert. Einzig wegen der Kosten, die durch ihre langen Aufenthalte im Netz entstehen, gibt es ab und an Streit, wenn Lisa beim Surfen die Zeit aus dem Auge verloren hat und der Gebührenzähler rattert.

Lisa bewohnt eine virtuelle Internet-Stadt für Kinder und klickt auf das seit langem eingerichtete Bookmark für 3DimenCity. Sie meldet sich mit ihrem Paßwort an und checkt erst einmal ihr Zimmer. Dort liegen einige Nachrichten in ihrem Postfach. Sie freut sich über eine Nachricht einer neuen Bewohnerin, die ebenfalls Schwimmen als Hobby hat, und ärgert sich über eine andere mit einem blöden Spruch; beiden antwortet sie trotzdem sofort. Jetzt hat sie Lust, ein wenig zu spielen und surft rüber in den Park der Zauberburg. Danach geht's weiter in den Chat. Lisa hatte sich heute in der Schule über die dumme Bemerkung ihres Geschichtslehrers geärgert, der immer die Jungen vorzieht. ‚Gemein' dachte sie und entscheidet sich deshalb heute dafür, im Chatraum in die Rolle der muskelbepackten, wortgewandten und schlagfertigen, asiatisch anmutenden Wang Su zu schlüpfen und klinkt sich in den Chat ein. Nicht viel los heute, aber ein paar Kinder trifft sie doch an und unterhält sich mit dreien, die auch ein Zimmer in 3DimenCity besitzen. Nach einem Meinungsaustausch zum Thema Das Surfen ist so teuer plauscht sie noch ein bißchen über dies und das, bevor sie sich schließlich ausloggt. Sie blättert in einer Kinderinternetfernsehzeitschrift, die alle 100 empfangbaren Sender auflistet, und entdeckt, daß am Wochenende ihre Lieblingsspielshow kommt, da kann man sich beteiligen und die teilnehmenden Kinder im Wettkampf über die dazugehörige Website unterstützen. Da macht Lisa gern mit, meist hilft sie dem roten Team. Heute hat sie auf eine Fernsehsendung aber keine Lust mehr.

Lisa putzt Zähne und drückt auf den Einschaltknopf der Lautsprecherboxen des Computers. Zum Einschlafen hört sie noch ein paar brandneue Songs ihrer Lieblingsboygroup Give This, die sie gestern aus dem Netz per Download auf die Festplatte ihres Rechners heruntergezogen hatte. Morgen findet ein Fußballspiel zwischen den 5. Klassen aller Schulen im Umkreis statt. Lisa weiß schon genau wer spielt, da die Teams sich vorher im Web vorgestellt hatten. Jeffrey, der Stürmer von den Kickers XL, hat ihr besonders gut gefallen, sie hat im gleich eine E-Mail geschickt und ist schon gespannt auf morgen."

Bei dieser Szenerie handelt es sich um keine Zukunftsvision, denn die technischen Voraussetzungen sind gegeben. Die Trennung von Massenmedien und digitalen Medien ist weitgehend aufgehoben bzw. spielt keine Rolle. Für Lisa strukturieren Medien ihren Tagesablauf. In der *Schule* ist der Einsatz von Internet und digitalen Technologien selbstverständlich geworden. Auch als Freizeitmedium benutzt Lisa diese Geräte. Sie nutzt das Internet, um sich dort zu präsentieren (eigene Homepage), Kontakte und soziale Beziehungen zu pflegen (E-Mail-Kontakte), um kommunikativen Austausch zu betreiben (Chat) und sich zu informieren (Kunstgemälde, Spieler des Fußballmatches). Lisa ist ihrer Mutter im Einsatz dieser Technologien weit überlegen. Über antiquierte Ansichten ihres Geschichtslehrers regt sie sich auf und läßt ihren Zorn über die identifikatorischen Rollenmöglichkeiten des Internet (Rollen-Chat) aus. Lisas Klassenkameraden verweisen auf das Bild einer multikulturellen Gesellschaft. Lisas nachmittägliche Termine finden an Orten statt, zu denen sie von ihren Eltern gebracht wird (Terminkindheit, Verinselung). Die Massenmedien, allen voran das Fernsehen, werden in die Vernetzung eingebunden und verschmelzen mit den Kommunikationsformen des Internet. So ist es für Lisa selbstverständlich, sich interaktiv an einem Fernsehprogramm zu beteiligen. Fernseher und Computer sind miteinander verbunden, über denselben Bildschirm zugänglich und bilden eine umfassende Multimedia-Station. Wird nach Radio und Fernsehen in Zukunft das Internet das Leitmedium der Kinder sein?

Noch sind die neuen Entwicklungen schwer abzuschätzen. Drei Jahre vor der Jahrtausendwende bezifferte man die Zahl der 14- bis 59jährigen Online-NutzerInnen auf 12% (etwa 5,6 Millionen Menschen in Deutschland). Zahlen über jüngere Altersgruppen gibt es derzeit (1999) nicht. Anders in den USA: Dort nutzen bereits 14% der unter 18jährigen einen ans Netz angeschlossenen Computer. Noch sind Kinder im Netz also Randgruppen. Dennoch ist der soziale Wandel auch hier nicht aufzuhalten, und dies bedeutet auch: Die Medienwelten der 6- bis 12jährigen Kinder werden sich weiter verändern – in Richtung auf immer stärker den Alltag, die Freizeit und das (spätere) Arbeitsleben beeinflussende *Medienwelten*.

Medienalltag heute: Fernsehen im Mittelpunkt

Betrachten wir den derzeitigen *Medienbesitz* von 6- bis 13jährigen Kindern in einer eigenen Untersuchung (*Baacke/Sander* u.a. 1999, S. 38 ff.)(siehe Abbildung S. 300).

Der Hauptanteil des Medienbesitzes fällt sowohl in Halle (neue Bundesländer) als auch in Bielefeld (alte Bundesländer) unter den Bereich der *auditiven* Medien. Annähernd zwei Drittel der 6jährigen verfügen bereits über einen eigenen Kassettenrekorder oder CD-Player. Den zweiten Rang im Medienensemble der Kinder hat das Radio inne, an dritter Stelle folgt das eigene Fernsehgerät. Der höhere Anteil in der Ausstattung an eigenen Fernsehgeräten in Halle läßt sich erklären durch die relativ hohe Rate des Neuerwerbs an Heimelektronik nach 1990 und die damit verbundene Auslagerung von Altgeräten in die Kinderzimmer der befragten Schüler. Generell läßt sich feststellen, daß weitgehende Unterschiede im Medienbesitz der Kinder in den neuen und alten Bundesländern nicht nachweisbar sind. Auch der Computer hat seinen Sonder-Charakter verloren und reiht sich in die moderne Unterhaltungs- und Heimelektronik ein.

Vor allem 9- bis 10jährige Schüler lesen auch besonders gern Comic-Hefte (häufig: 46,2%), während Jugendzeitschriften erst ab 11 Jahre und älter eine Rolle spielen (häufig im

Frage: Welche Geräte hast du in deinem Zimmer? (Mehrfachnennungen)

	Fernseher	Radio	Kassette/CD	Computer
Wohnort				
Bielefeld	28,7	55,4	77,6	20,1
Halle	43,6	70,6	77,0	28,3
Alter				
6	24,1	47,8	63,6	11,1
7–8	24,2	44,9	65,9	16,6
9	35,9	68,0	75,7	37,9
10–11	41,1	72,1	84,7	28,2
12–13	47,7	72,5	86,0	29,7
Schultyp				
Grundschule	26,7	51,0	66,7	18,4
Hauptschule	48,3	53,7	78,5	32,2
Sekundarschule	68,3	77,2	83,7	37,4
Realschule	43,7	68,9	83,4	27,2
Gymnasium	35,0	77,4	88,9	25,7

Abbildung 23: Medienbesitz der Kinder

Alter von 5 bis 8 Jahren: 7,6%, 9/10 Jahre: 25,9%, 11 Jahre und älter: 41,3%). Es scheint, daß die in diesem Medium dominierenden Themen (Fanverhalten, Mode, Aufklärung etc.) vor allem auf ältere Kinder zugeschnitten sind und noch nicht in die Kinderwelt der Grundschüler gehören (ebd., S. 40 f.). Auch das Lesen von Zeitungen (Zeitschriften und Illustrierten) spielt in dieser Altersgruppe keine wesentliche Rolle. Das Kino hingegen erfreut sich in fast allen Altersgruppen großer Beliebtheit, ein starkes Anwachsen des Besuchs ist vor allem ab 9 Jahre auffällig. Dies ist erklärbar auch damit, daß ältere Kinder häufig ohne Begleitung der Eltern, dieses Medium nutzen („ab und zu ins Kino" gehen 71,5% der 5- bis 8jährigen, während die 9- bis 10jährigen und älteren Kinder mit über 78% gern ins Kino gehen).

Im Mittelpunkt des Interesses der Grundschulkinder steht jedoch uneingeschränkt und unbestritten *bisher* das *Fernsehen*. Dabei hat sich die Szene freilich insofern deutlich gewandelt, als die Einführung privater Fernsehprogramme und die erweiterten technischen Möglichkeiten über Satellit und Kabel eine bemerkenswerte Verschiebung der Programmvorlieben zeigen: Die Kinder präferieren eindeutig die Gruppe der *Privatsender*, die neben Daily Soaps umfangreiche Kinderschienen ausstrahlen. Als Spitzenreiter erweist sich mit 23,7% RTL, auf dem zweiten Platz der Beliebtheitsskala steht mit 17,5% Pro 7; Super RTL ist für die kleineren Kinder inzwischen neben dem öffentlich-rechtlichen Kinderkanal zu einem Lieblingssender geworden:

Frage: Welchen Fernsehsender siehst du am liebsten?

Sender	Alles Nennungen	6 Jahre	7–8 Jahre	9 Jahre	10–11 Jahre	12–13 Jahre
RTL	23,7	16,1	16,9	17,5	26,6	35,0
Pro 7	17,5	13,7	11,7	19,4	20,2	20,7
RTL 2	12,8	9,7	14,3	21,4	12,7	11,1
Super RTL	10,0	14,5	10,4	19,4	8,1	4,6
Kabel 1	6,1	4,0	8,8	8,7	6,6	2,3
SAT 1	4,8	2,8	5,5	0,0	5,7	5,1
ARD	3,7	2,4	2,9	1,9	5,0	2,8
ZDF	2,6	1,6	3,9	1,0	2,8	2,3
Sonstige	8,6	8,9	9,1	6,8	8,1	10,1
Keine Nennung	10,2	26,2	16,6	3,9	4,2	6,0

Abbildung 24: Lieblingssender in Abhängigkeit vom Alter der Kinder (Quelle: *Baacke, D./Sander, U./Vollbrecht, R./Kommer, S. u.a.* 1999)

Es zeigen sich im einzelnen deutliche Verschiebungen in den Senderpräferenzen. So sind die Sender RTL und Pro 7 für die älteren Kinder attraktiver, während Super RTL und RTL 2 mit ihrer starken Konzentration auf Zeichentrickprogramme bei den jüngeren Kindern gut ankommen. Mit Blick auf die Verortung der Befragten in kinder- oder jugendkulturellen Kontexten ist der marginale Anteil der Musiksender VIVA und MTV (hier nicht aufgenommen) von besonderem Interesse. Dies macht recht deutlich, daß die Videoclip-Programme sich an ein *jugendliches* Publikum wenden und die Grundschüler mehrheitlich noch *kinderkulturellen Szenen und Geschmackskulturen* zugehören.

Dennoch zeigt sich, daß erste Aufweichungen stattfinden. Betrachten wir beispielsweise die Bekanntheit von Fernsehsendungen bei Kindern von 6 bis 13 Jahren:

Frage: Kennst du ...?

Sendung	Kenne ich					
	Alle Kinder	6 Jahre	7–8 Jahre	9 Jahre	10–11 Jahre	12–13 Jahre
Gute Zeiten, schlechte Zeiten (RTL)	87,1	72,6	76,6	92,2	93,7	94,8
Bim Bam Bino (Kabel 1)	86,6	76,1	79,3	94,0	91,1	88,3
Sendung mit der Maus (ARD)	86,2	75,6	76,8	88,1	93,7	86,3
Disney & Co (RTL)	83,7	70,5	77,5	89,3	88,7	88,4
Geh auf's Ganze (SAT 1)	74,8	46,5	52,4	83,3	87,7	91,7
Die Hugo Show (Kabel 1)	73,1	55,1	58,7	90,2	82,0	76,4
Baywatch (SAT 1)	70,0	31,0	47,4	74,3	85,6	92,1
Marienhof (ARD)	52,6	26,6	40,3	40,6	65,2	64,3

Abbildung 25 (Quelle: *Baacke, D./Sander, U./Vollbrecht, u.a.* 1999)

Mit Ausnahme von „Marienhof" weisen alle Sendungen bei den Kindern einen Bekanntheitsgrad von über 70% auf. Spitzenreiter ist die von RTL derzeit ausgestrahlte Soap „Gute Zeiten, schlechte Zeiten". Deutlich zu erkennen ist der Einfluß des Alters: Je weiter der Prozeß der Mediensozialisation fortgeschritten ist, desto bekannter sind auch die unterschiedlichen Programmelemente. Daß die auf eine lange Tradition zurückblickende „Sendung mit der Maus" bei den 12- bis 13jährigen keineswegs die bekannteste Sendung ist, weist darauf hin, daß die Umorientierung zu den privaten Programmen und damit auch zu neuen Programmgenres, die nicht eigentlich kindgemäß zu nennen sind, aufgrund des Programmangebots eine neue Entwicklung darstellt (ebd., S. 46 f.).

Dabei wird etwas anderes ebenso deutlich: Die von uns meist zusammengefaßte Gruppe der 6- bis 10/12jährigen (Grundschulkinder mit ersten Übergangsjahren in weiterführende Schulen) spaltet sich im *Interessenprofil* des Fernseh-Programmangebots sehr deutlich in eine eher kindertypischen Programmen und eine eher jugendtypischen Programmen zugewandte Gruppe. Besonders deutlich ist die Präferenzverschiebung bei der „Sendung mit der Maus" zu beobachten. Während sie von 40,0% der 6jährigen regelmäßig gesehen wird, finden sich unter den 12- bis 13jährigen nur noch 6,1% regelmäßige Seher. Auch die anderen zeichentrickorientierten Programme („Disney & Co.", „Bim Bam Bino") werden von den Jüngeren häufiger konsumiert. Soaps („Marienhof", „Gute Zeiten, schlechte Zeiten") haben ihre Fangruppe dagegen tendenziell eher bei den 12- bis 13jährigen. Die interaktive Computer-Spieleshow „Hugo" wird dagegen in der gesamten untersuchten Altersspanne häufig gesehen. Die kindliche Welt hat also noch ihre Signale, löst sich freilich auch auf, differenziert sich – und wächst dann wieder unter einigen Leitinteressen zusammen („Hugo").

Insgesamt zeigen die Kinder gegenüber dem Fernsehen ausgeprägte Interessen- und Zuwendungsprofile, die das Gegenteil von passiver Programmhinnahme sind. Kinder entwickeln ihre eigenen Geschmackskulturen und wissen in der Regel sehr genau, was sie wollen. Auch im äußeren Habitus (Kinder hocken vor dem Fernsehapparat oder liegen mit aufgesetzten Kopfhörern auf dem Bett) ist die Medienrezeption nur äußerlich passiv.

Die innerpsychische Dynamik ist ebenso „aktiv" wie der Anlaß, der zur Mediennutzung führte – auch dieser ist von den Erlebnissen und den damit verbundenen Gefühlen, Erwartungen und Vorstellungen des Kindes bestimmt. Niemand vertritt ernsthaft mehr eine Stimulus-response-Hypothese derart, daß die Medien, liefert man sich ihnen zuhörend und zuschauend nur aus, das Bewußtsein „manipulieren". Die *Nutzenhypothese (uses-and-gratifications-approach)* behauptet, daß auch Kinder aktiv sind in der Wahrnehmung ihres Medieneinsatzes, und zwar jeweils nach dem Nutzen, den sie sich von einem Medium versprechen. *Brown* (1976, 134f.) hat in einer Untersuchung 1000 Schülerinnen und Schüler zwischen 7 und 15 Jahren in Leeds (England) gebeten, in einer Liste von 13 Feststellungen diejenigen anzukreuzen, die ihnen für ihre Mediennutzung wesentlich sind.

Es ergab sich u.a., daß das Fernsehen für fast alle aufgeführten Funktionen wichtig ist. Nur zwei davon werden von weniger als 25 % der Kinder genannt: Fernsehnutzung in den Fällen, in denen sie traurig sind oder etwas vergessen wollen (das widerspricht allen Erwartungen!).

Die Übersicht bestätigt: Die befragten Medien haben für Kinder unterschiedliche Funktionen. Dabei gibt es durchaus gewisse Prioritäten. So erfüllen Bücher vor allem Lern- und Informationsfunktionen, aber sie helfen auch, Langeweile zu vertreiben, und sind eine Chance, allein zu sein. Das Vorherrschen der Informationsfunktion des Buches läßt sich sicher daraus erklären, daß die Befragten in der Schule, also in ihrer Schülerrolle und als Schulkinder, befragt wurden. Die Befragten im 12. Lebensjahr befinden sich in der Schweiz im übrigen im Übertritt in eine neue Schulstufe, und auch dies motiviert in besonderer Weise, das Buch zu favorisieren. In der Einschätzung des Buches spielen also nicht nur Ich-Funktionen, sondern neben Erwartungen an andere Medien auch pädagogische Institutionen mit ihren Ansprüchen eine Rolle. Der nüchterne Ausdruck „Funktionen" drückt diesen Zusammenhang aus: Vorhandene Angebote (Apparate wie Inhalte), Anforderungen von Institutionen und in der Biographie veran-

Wodurch erfährst du, wie andere Menschen leben? *(Andere Menschen)*
Was benutzt du, wenn du dich über Ereignisse informieren möchtest, die anderswo geschehen? *(Anderswo)*
Wodurch erfährst du etwas über Dinge, über die du nichts in der Schule lernst? *(Nicht in der Schule)*
Wodurch weißt du, wie es ist, erwachsen zu sein? *(Erwachsensein)*
Was bringt dich dazu, über Dinge nachzudenken? *(Nachdenken)*
Worüber sprichst du am häufigsten mit deinen Freunden? *(Diskutieren)*
Was tust du, wenn du in bedrückter Stimmung bist und aufgeheitert werden willst? *(Traurig)*
Was hilft dir dabei, nicht mehr an Unangenehmes oder Ärgerliches zu denken? *(Vergessen)*
Welches Medium benutzt du, wenn du dich einsam fühlst? *(Einsam)*
Was tust du, wenn niemand da ist, mit dem du sprechen oder spielen kannst? *(Niemand ist da)*
Was beeindruckt dich so sehr, daß du an nichts anderem mehr interessiert bist? *(Beeindruckt)*
Was ist am spannendsten? *(Spannend)*
Was machst du, wenn du dich langweilst und möchtest, daß die Zeit vergeht? *(Langeweile)*

Abbildung 26: Funktionen der/Statements zur Mediennutzung. In Schrägschrift ist jeweils die Dimension der in den Statements verborgenen Funktionen hervorgehoben. (Quelle: *Brown* 1976, S. 122)

Nennungen in %	Inform. lernen	darüber sprechen	Langeweile	allein sein	spannend	traurig	Probleme	Durchschnitt
Buch	43	12	25	34	19	17	20	24
TV	15	36	17	9	25	11	14	18
Radio/Platten	7	19	27	33	5	33	30	22
Comics	4	5	7	7	4	7	7	6
Kino	1	7	1	1	14	1	2	4
Zeitung	11	5	1	1	2	1	1	3
anderes	19	16	22	15	31	30	26	23
	100%	100%	100%	100%	100%	100%	100%	100%

Abbildung 27: Funktionen einzelner Medien (besonders bemerkenswerte Prozentangaben habe ich dunkel eingetönt) (Quelle: *Saxer u.a.,* S. 106)

kerte soziale Erwartungen und Haltungen definieren im Regelkreis von Angebot und Nachfrage in entscheidender Weise mit, was sich Kinder und Jugendliche von Medien versprechen.

Auffällig ist des weiteren, daß das Fernsehen vor allem auch als Lieferant von Gesprächsstoff fungiert (36%). Radio/Platten sind vergleichsweise stark besetzt, und dies gleich in vier Funktionen, während Kino und Zeitung, jedenfalls für diese Altersgruppe, eine untergeordnete Rolle spielen. Während die Zeitung eher der Information dient, gilt das Kino vor allem als Unterhaltungsmedium (Kinder sind keine Cineasten!). Zu bemerken ist, daß die Vorliebe für Comics, relativ gesehen, nicht sehr ausgeprägt ist und nach der Pubertät stark abnimmt (dies zeigt die Tabelle, die alle Altersstufen zusammenfaßt, nicht).

„Funktionen" von Medien lassen sich erfragen. Welchen „Sinn" Kinder mit der Mediennutzung verbinden und welche Wirkungen sie hat, wird damit natürlich nicht erfaßt. Was wir darüber wissen, ist eigentlich recht global, z.B.:

1. Während das medienvermittelte Wissen wie häufig das anderswo erworbene Wissen (Schule) vergessen wird, überdauern *emotionale* Wirkungen, „die wegen ihrer Dauer emotionalen Bindungen gleichkommen" (*Sturm* 1978). Vor allem die sogenannten *Vielseher* (Kinder, die keine sozialen Kompensate in der Familie und in ihrer Umgebung haben) brauchen das Ersatzleben vom Bildschirm als Ausgleich für die Dürftigkeit der eigenen seelischen Möglichkeiten (bereits *Schramm u.a.* 1961). Abgesehen von solchen Benachteiligungen (die nicht für alle Kinder gelten) werden vor allem ungewohnte oder als neu erlebte Situationen mit starken Gefühlen verbunden. Die Bearbeitung der Emotionen könnte so gedeutet werden, daß Kinder versuchen, ein psychisches Gleichgewicht wieder herzustellen (*Huth* 1978). Die Bearbeitung geschieht gerade bei Kindern nicht in Form innerseelischer Erledigungsprozesse, sondern durch *verbale* (Entlastung durch Kommentare, Mitsingen, Lachen: „Hui – spannend!" – „Das träumen die doch" – „Och, ist das süß!" – „Ob der wohl schießt?") und nonverbale (Körperhaltung, mimisches Mitgehen, lebhafte Gestik, Vokalisationen, bei Gefahrsituationen das Streben nach Berührungen mit anderen Personen) Reaktionen. Der Abbau unangenehmer Gefühle ist jedoch, gibt die Umgebung nicht Hilfen, länger dauernd als die Rezeptionssituation

selbst. Die *internen* Verarbeitungsmuster können wir jedoch nicht weiter verfolgen (bisher).

2. Bekanntlich hat man versucht, mit besonderen Programmen (in den USA populär die „Sesam-Straße", in der Bundesrepublik adaptiert) insbesondere benachteiligten Kindern kognitive Stimulantien (vor allem auf der Ebene des Wissenserwerbs) zu geben. Der Erfolg solcher Programme ist umstritten. Fest steht, daß sie ohne eine gleichzeitige Förderung in Schule *und* Elternhaus, die den Eltern einen *aktiven Part* einräumt und *Umweltbedingungen einbezieht* (*Bronfenbrenner* 1974) kaum zu einem stabilen Wissens- und allgemeinen Orientierungszuwachs beitragen. Interessant ist, daß schon Kinder auf Massenmedien bezogenes Wissen erwerben: *Produktspezifisch* (aktuell aus dem gerade Wahrgenommenen gewonnen, etwa „Die sind ja jetzt in ein anderes Haus gezogen"); *genrespezifisch* („Das ist ein Naturfilm", „Typisch Zeichentrick"); *medienspezifisch* („Filme nach heute gehen immer gut aus" – weil um diese Zeit für Kinder mitgesendet wird) (*Jensen* 1980, S. 394). Im übrigen speichern Kinder Wissen und Informationen weniger für die Schule, sondern dann, wenn der eigene Alltag, die eigenen Interessen (Natur, Tiere) betroffen sind. Wenn die Schule dieses Wissen nicht miteinbezieht, ist es klar, daß die Kinder ein reichliches Überhangwissen haben, das sie für Schulzwecke nicht funktionalisieren können. Den Lehrer stört es, weil er meint, es nähme den Platz für das, was *er* vermitteln will.

3. Umstritten ist, ob Kinder die im Fernsehen gezeigten *prosozialen* Verhaltensweisen in ihr eigenes Verhaltensrepertoire übernehmen und auf spätere Situationen generalisieren. Dies ist wiederum am erfolgreichsten, wenn die Kinder ein Verhalten sehen, mit dem sie in ihrem Alltag etwas anfangen können. Wichtig ist auch, daß das Gezeigte durch Übungen *sozial eintrainiert* wird, wobei die Mädchen mehr von Verbalisierungsübungen, die Jungen mehr vom Rollenspiel profitieren (*Dumrauf* 1980). (Alle Untersuchungen, auf die sich diese und die voraufgehenden Aussagen beziehen, verwenden in der Mehrzahl noch ein, wenn auch modifiziertes, Stimulusresponse-Konzept mit der Annahme einer eindimensionalen Beeinflussung des kindlichen Rezipienten; die Problematik

dieser Annahme dürfte, jedenfalls verglichen mit dem hier vertretenen Ansatz, deutlich sein.)

4. Trotz der Problematik der Untersuchungen, auf die sich Aussagen über Medien-, vor allem Fernsehwirkungen, beziehen, ist nicht zu bestreiten, daß Kinder dazu neigen, Verhalten anderer auch in den Medien unter bestimmten Bedingungen nachzuahmen. Jedoch kann man nicht generalisierend sagen, daß beispielsweise Sendungen, die Aggressionen oder Angst auslösende Inhalte zeigen, entsprechende Reaktionen bei Kindern auslösen. Sind Aggressionen oder Ängste latent vorhanden, können sie sozusagen hervorgeholt und aktualisiert werden. Jedoch sind Schulkinder schon in der Lage, aggressions- oder angstauslösende Situationen abzugrenzen, während Vorschulkinder, die die Handlungen in ihrem logischen und dramatischen Zusammenhang noch kaum verstehen, eine bestimmte Situation auf die *gesamte* Sendung übertragen, die dann entsprechend insgesamt stark gefühlsbesetzt ist. Kinder im Schulalter können hier schon abgrenzen, so daß eine aggressions- oder angstauslösende Passage durch andere *innerhalb* der Sendung kompensiert werden kann. Auffällig ist, daß auch Schulkinder neben tätlich-aggressiven Handlungen vor allem *verbale* Aggression als angstauslösend empfinden. Diese sind sie vielleicht von ihren Eltern gewohnt, so daß sie durch diese Erfahrung eine Angstdisposition besitzen. Wenn jemand erschossen wird, werden sie dies zwar verstehen, aber die Grausamkeit mangels Erfahrung nicht eigentlich nachempfinden können (es sei denn bei starker Sensitivität). Problematisch ist es darum generell, wenn Erwachsene die eigenen Reaktionen auf die Kinder projizieren. Möglicherweise verfehlen sie dann gerade die kritischen Punkte.

Mediennutzung und Familie

Medien- und Fernsehwirkungen hängen stark mit dem Nutzungsverhalten zusammen. Verschaffen wir uns hier kurz in einigen Punkten einen Überblick (bezogen auf die Fernsehnutzung von Kindern im Jahr 1998; vgl. dazu *Feierabend/ Klingler/Simon* 1999). Günstigerweise umfassen die ermittelten Daten die Altersgruppe der 3- bis 13jährigen, die auch Thema dieses Buches ist. Vergegenwärtigen wir uns einige Daten:

- Im Vergleich zum Vorjahr (1997) ist die Nettoreichweite der 3- bis 13jährigen um drei Prozentpunkte auf nunmehr 62% gestiegen. 5,54 Millionen Kinder sind an einem durchschnittlichen Wochentag von Montag bis Sonntag vor dem Fernsehgerät anzutreffen. Während die 3- bis 5jährigen mit 57% an einem Durchschnittstag zumindest kurz vor dem Fernseher anzutreffen waren, klettert der Anteil bei den 6- bis 9jährigen auf 62%, bei den 10- bis 13jährigen auf 66% (zum Vergleich: bei Personen ab 14 Jahren bei 74%). In allen Altersgruppen schauen die Kinder in den neuen Bundesländern mehr fern als Kinder in den alten Bundesländern (Unterschiede zwischen 3 und 5 Prozentpunkte).
- Auch die durchschnittliche Sehdauer der 3- bis 13jährigen betrug vier Minuten mehr als 1997: im Durchschnitt eine Stunde und dreißig Minuten. Auch hier steigt die Sehdauer im höheren Kindesalter: Bei 3- bis 5jährigen lag sie wie im Vorjahr bei 76 Minuten, bei den 6- bis 9jährigen bei 96 Minuten (20 Minuten höher), bei den 10- bis 13jährigen um 117 Minuten (21 Minuten höher). Der Ost-West-Vergleich zeigt massive Unterschiede: In Westdeutschland stehen 160 Minuten in Ostdeutschland gegenüber, eine Differenz von 24 Minuten.
- Auch ein weiterer Trend bestärkt sich: Jungen sehen mehr fern als Mädchen. Nimmt man die Sehdauer als Maßstab, so sahen 3- bis 13jährige Jungen 1998 durchschnittlich 103 Minuten am Tag fern, Mädchen nur 94 Minuten.
- Bemerkenswert ist jedoch, daß der TV-Konsum bei Kindern weniger stark gestiegen ist im Vergleich zu den Erwachsenen. Trotz leichter Anstiege zeigt sich insgesamt eine erstaunliche Kontinuität (Anstieg der Sehdauer bei den 3- bis 13jährigen von 93 Minuten im Jahr 1992 auf 99 Minuten im Jahr 1998; Erwachsene ab 13 Jahre sahen 1992 hingegen 168 Minuten, im Jahr 1998 201 Minuten fern: Die Sehdauer bei den Kindern ist um 6 Minuten, bei den Erwachsenen ab 14 Jahren um 33 (!) Minuten angestiegen).
- Dennoch muß auch festgestellt werden, daß die Fernsehnutzung der jüngsten Altersgruppe, der 3- bis 5jährigen überdurchschnittlich gestiegen ist (hier kamen zwischen 1992 und 1998 10 Minuten hinzu), während in der mittleren Altersgruppe eine hohe Stabilität zu verzeichnen ist und die Sehdauer in der mittleren Altersgruppe bei den 10- bis 13jährigen nur einen leichten Anstieg um 6 Minuten zu verzeichnen hat.
- Immerhin 600.000 Kinder (6,3%) sehen mehr als drei Stunden täglich fern, 850.000 Kinder (9,4%) mehr als zwei Stunden. Die häufigste Sehdauer freilich liegt zwischen einer und zwei Stunden; ziemlich verhaltenstypisch ist das Fernsehen mit einer Sehdauer zwischen 30 Minuten und einer Stunde pro Tag.
- Freitags und sonntags sehen die meisten Kinder fern, am Samstag wird auch am längsten in den Abend hinein geschaut. Auch hier zeigen sich relativ stabile Nutzungsmuster.
- Erwartbar ist auch, daß Kinder vor allem im Winter länger vor dem Bildschirm sitzen.
- Die Hauptnutzungszeit der Kinder liegt zwischen 18 und 21 Uhr, 12% der älteren Kinder sehen zwischen 21 Uhr und Mitternacht noch fern.

- Fragen wir in dieser Untersuchung nach Programmpräferenzen und Marktanteilen, so ist Super RTL der meistgenutzte Sender der Kinder (17,7%). Auf Rang 2 liegt RTL (14,5%), auf Rang 3 Pro 7, auf dem 4. Rang liegt RTL 2, es folgen der Kinderkanal und das Erste Programm der ARD (jeweils 8,2%). Während die Kleinsten im Vorschulalter vor allem Super RTL und auch den neuen Kinderkanal nutzen, präferieren die 8- und 9jährigen neben Super RTL RTL und Pro 7 *vor* dem Kinderkanal – ein deutliches Zeichen der Ablösung von der Kindheit und einer allmählichen Zuwendung zu neuen Programmpräferenzen. Kinder von 10 und 11 Jahren bevorzugen dann eindeutig RTL. Insgesamt wird aber deutlich, daß die Privatsender bei den Kindern längst gegenüber den öffentlich-rechtlichen Programmanbietern dominieren. Insgesamt sind die hier dargestellten Tendenzen mit der vor wenigen Seiten dargestellten Untersuchung (Bielefeld, Halle) kompatibel, und es bestätigen sich die dort bereits ermittelten und dargestellten Trends.

Betrachten wir die Daten, die gerade für 1998 typisch und ziemlich stabil sind, kann man nicht sagen, daß dieses Alter in Hinsicht auf Fernsehnutzung eine Problemgruppe darstellt – hier sind die Eltern eher angesprochen. Daß Kinder vor allem *Unterhaltung* erwarten, zeigt sich freilich ebenso deutlich in der Bevorzugung der Privatsender. Daily Soaps (derzeit: Unter uns oder Verbotene Liebe) sind im Grundschulalter ab dem achten Lebensjahr (zur persönlichen Primetime der Kinder) zunehmend bevorzugte Programme, und sie führen die Kinder damit früher als noch vor zehn Jahren stärker an die Szenerien von Erotik und Sexualität, Beziehungsaufnahmen und außerschulischen Dramatiken heran. Ganz offensichtlich bilden sich hier allmählich neue geschmackstypische Altersprofile für die Kinder heraus.

Die Medienausstattung sowie die Mediennutzung einer Familie ist nicht nur Ausdruck ihrer materiellen Ressourcen, sondern auch ihres Lebensstils und ihres kulturellen Habitus. Vor allem über den Bücherbesitz drücken sich unterschiedliche soziale und kulturelle Orientierungen aus. Diese setzen sich häufig gegenüber den Medien durch, dies meint: Entscheidend ist, nach dem auch hierzulande längst aufgegriffenen *Nutzenansatz*, daß die Frage Was richtet das Fernsehen bei den Kindern an? ergänzt werden muß durch die vielleicht wichtigere: Was machen Kinder (und ihre Familien) mit dem Fernsehen, welche Bedeutung schreiben sie ihm zu, und wie integrieren sie die Medien-Angebote in ihren familiären Alltag? So hat sich in Dortmund gezeigt, daß *Postman* mit seiner vielzitierten These, die Rollendifferenzen und Altersunterschiede zwischen Eltern und Kindern würden durch das Fernsehen eingeebnet, da dieses keine von der Entwicklung abhängigen Ansprüche an Aufnahmefähigkeit und Verständnis stelle (im Gegensatz zur Schrift und Alphabet), nicht richtig ist. Das Fernsehen hat, dies bestätigen auch andere Untersuchungen, in der Regel keine nivellierende Wirkung auf die familialen Rollenstrukturen. Vielmehr ist in den Familien, die sich für das erweiterte Medienangebot entschieden haben, der Handlungsbereich Fernsehen wichtiger für die symbolische Vermittlung von Alters-, Status- und Rollendifferenzen in der Familie. Dies zeigt sich etwa darin, daß der Vater, zumindest am Abend, noch bestimmt, *was* gesehen wird, während die Mutter eher die soziale Seh-Situation gestaltet. Die Fernseh-Nutzung schreibt also Familien-Rollen eher fest, verändert sie weniger. (Welche *Wirkungen* gesehene Sendungen auf die Selbst- und Rollenkonzepte von Kindern haben, ist freilich eine andere Frage; sie ist bis heute nicht zu beantworten.)

Medienforschung, die die Eltern-Kind-Beziehungen in den Mittelpunkt stellt, fand in der Regel im übrigen gruppenintegrierende Funktionen insbesondere des Fernsehens. Die gemeinsame Seh-Situation von Kindern und Eltern bietet nicht nur emotionale Nähe und läßt Gemeinsamkeiten der Interessen und Kenntnisse erproben; häufig werden durch gemeinsames Fernsehen auch Konflikte stillgestellt und an ihrem Austrag gehindert, so daß das Familiensystem (trotz interner Störungen) stabilisiert wird und fortdauert (*Charlton/Neumann* 1986). Dabei lassen sich, aufs Ganze gesehen, zwei Familientypen unterscheiden: Familien mit höher gebildeten, beruflich gut plazierten Eltern zeigen mehr soziale Aktivitäten, nutzen flexible und vielseitige Kommunikationsmuster und halten Außenbeziehungen aufrecht. Sozial weniger aktive Familien gehören eher weniger gut verdienenden Milieus an, neigen zu Rückzug und Isolation und damit dazu, die Fernsehdauer insgesamt, aber auch für die Kinder zu erhöhen. Im Klartext heißt dies, daß die sozialen Unterschiede, vor allem auch über Bildung, Ausbildung und Berufspositionen markiert, bei erweitertem Medienangebot entschieden deutlicher werden. Medien sind also im Zusammenhang unterschiedlicher Einflüsse nur *ein* Faktor, der kindliches Verhalten und kindliche Entwicklung beeinflußt; mindestens ebensowichtig sind die sozialen Vernetzungen der Familie, ihre milieuspezifischen Herkünfte und die eingeübten und weitergegebenen Lebensstile. Daß insbesondere die Lese-Intensität von solchen kulturellen Stilen betroffen ist, wurde schon erwähnt. Da das Lesen im Vergleich zum Fernsehen oft an den Rand der Betrachtung rückt, sei ihm der folgende Abschnitt gewidmet.

Lesen: Rückzug und Welterschließung

Auch Bücher sind Medien (Printmedien). Gerade in einer Zeit, da die Weiterentwicklung elektronischer Medien noch längst nicht abgeschlossen zu sein scheint, ist es wichtig, sich der Bedeutung des vergleichsweise schon ehrwürdigen Mediums Buch für die kindliche Entwicklung zu vergewissern. Dies ist um so notwendiger, als normalerweise unter „Mediennutzung" der kindliche Fernsehkonsum behandelt wird. Wenn es aber stimmt, daß der wesentliche Lernprozeß darin besteht, überlieferte kulturelle Weltbestände und Deutungsmuster im Austausch mit anderen Menschen sich anzueignen, um so die soziale Welt zu konstruieren, die wir Lebenswelt, konkrete Wirklichkeit, Erfahrungsraum nennen, dann sind Bücher auch heute noch unentbehrliche Anreger für diesen Austauschprozeß. Zudem: Während die suggestiv lockenden Bilder der Programmabfolge im Fernsehen Unterschiedlichstes nebeneinander stellen, verhilft die Diskursivität der Sprache, wie das Buch sie vertritt, angereichert durch mögliche Vorstellungswelten und Weltentwürfe, zu Materialien für eine eigene Weltkonstruktion. In einer Gesellschaft mit weitgehend gleichgeschalteten Lebensvollzügen und als eintönig empfundenen, ritualisierten Tagesabläufen sowie standardisierten Konsumangeboten kann das Ich sich in seiner Würde nur behaupten, wenn es vorhandene Weltbestände und eigene Vorstellungen und Entwürfe sich aneinanderreihen läßt. Es ergibt sich das Paradox, daß gerade heute, in einer Zeit gleichgeschalteter und massenweise produzierter Lebensläufe, *individuelle* Orientierungssicherung um so unabdingbarer geworden ist. Diese Unverfügbarkeit der individuellen Wahl aber wird nicht durch Rundfunk- oder Fernsehprogramme, nicht durch auflagenstarke Illustrierte, auch nicht durch Videospiele oder Popkonzerte freigehalten, sondern am ehesten durch das Buch. Kinder scheinen das zu ahnen: Nicht nur das Wort von der „Leseratte" (eher diskriminierend), sondern auch die tägliche Beobachtung zeigen, daß Kinder immer wieder aus der Lebhaftigkeit und der Geselligkeit des Umgangs sich zurückziehen in einen stillen Winkel, um zu schmökern (*Baacke* 1983b).

Marcel Proust, der in seinem Jugendroman „Jean Santeuil" wie in seiner vielbändigen „Recherche" immer wieder von der Faszination der Bücher geschrieben hat, erzählt in seinem Essay „Journées de Lecteur", erschienen in der Sammlung „Pastiches et Mélanges" von Leseerlebnissen in den Ferien. Sie waren auch damals nicht selbstverständlich, mußten erworben werden, aber das ging im ganzen leicht: „Morgens, nach der Rückkehr aus dem Park, wenn alle zu einem Spaziergang aufgebrochen waren, schlüpfte ich in das Eßzimmer, das bis zu der noch fernen Stunde des Mittagessens niemand, bis auf die alte, verhältnismäßig stille Félicité, betreten würde, und wo ich als dem Lesen besonders gewogene Gefährten nur die an der Wand hängenden bemalten Teller hatte, den Kalender, dessen vortägiges Blatt frisch abgerissen worden war, die Standuhr und das Feuer, die beide sprechen, ohne zu erwarten, daß man ihnen antwortet, und deren sanfte, sinnlose Sätze nicht wie die Worte der Menschen einen andern Sinn an die Stelle der Wörter setzen, die man liest. Ich ließ mich auf einem Stuhl vor dem kleinen Holzfeuer nieder (...) Bis zum Mittagessen, das leider dem Lesen ein Ende setzen würde, waren es noch zwei volle Stunden. Von Zeit zu Zeit hörte man das Geräusch der Pumpe, aus der gleich das Wasser fließen würde und durch die man veranlaßt würde, den Blick zu heben, um sie durch das geschlossene Fenster zu betrachten (...) Leider kam die Köchin lange im voraus, um den Tisch zu decken; und wenn sie ihn wenigstens gedeckt hätte, ohne zu sprechen! Aber sie glaubte sagen zu müssen: Sie sitzen nicht bequem; soll ich Ihnen einen Tisch heranrücken? Und nur, um Nein, vielen Dank! zu antworten, mußte man plötzlich innehalten und von weither seine Stimme holen, die hinter den Lippen geräuschlos eilig alle Wörter nachsprach, die die Augen gelesen hatten; man mußte sie anhalten, sie hervortreten lassen und, damit sie höflich Nein, vielen Dank sage, ihr den Anschein von gewöhnlichem Leben und den Tonfall einer Antwort geben, den sie verloren hatte." (*Proust* 1963, S. 10f.)

Auffällig ist, daß *Proust* hier nicht erzählt, *was* er als Knabe gelesen hat; er revoziert vielmehr die Lese*situation* aus der Erinnerung, die Spannung zwischen Versunkenheit in die Lektüre und schläfriger Aufmerksamkeit auf die Umgebung, die mit ihren Ansprüchen sich nie ganz abweisen läßt. Dennoch, ein „gewöhnliches Leben" führt man nicht, wenn man liest.

Ein anderer Leseort findet sich im Draußen, im Park: „Ich ließ die andern im unteren Teil des Parks am Ufer der Schwäne ihre Mahlzeit beenden und rannte in dem Labyrinth aufwärts bis zu einer Hagedornhecke, wo ich mich, unauffindbar, niederließ und mich an die gestutzten Haselsträucher lehnte, von wo aus ich Spargelfelder sah, die Ränder von Erdbeerpflanzungen, das Becken, aus dem an manchen Tagen im Kreis gehende Pferde Wasser herausschöpften, das weiße Tor, das das obere Ende des Parks darstellte, und jenseits davon Felder mit Kornblumen und Mohnblumen. In dieser Hagedornhecke herrschte tiefe Stille, und die Gefahr, entdeckt zu werden, war sehr klein; die Sicherheit wurde noch süßer durch die fernen Stimmen derer, die von unten vergeblich nach mir riefen, die manchmal sogar näherkamen, die ersten Böschungen heraufstiegen, überall suchten, aber schließlich wieder umkehrten, da sie mich nicht gefunden hatten; dann kein Geräusch mehr; nur von Zeit zu Zeit der goldene Ton der Glocken, die in der Ferne, jenseits der Ebenen hinter dem blauen Himmel, zu ertönen schienen und mich über die verstreichende Zeit hätten unterrichten können." (Ebd., S. 22f.)

Wer liest, ist verborgen im Innen und Außen; wenn er den Blick in seiner Hagedornhecke hebt, findet er sich in einer vielgestaltig gegliederten Landschaft, und auch hier ist er nicht sicher vor Entdeckung, einem Aufgestörtsein; Geräusche und Stille wechseln ab – die Zeit scheint zu stehen (in der spannenden Geschichte des Buches schreitet sie viel schneller voran!) und erinnert doch an ihr Verstreichen, wenn der Leser hinhören möchte.

Und schließlich, ein dritter, den meisten hochvertrauter Leseort – das abendliche Bett: „Und manchmal schützten auch zu Hause im Bett, lange nach dem Abendessen, die letzten Stunden des Tages meine Lektüre, doch dies nur an Tagen, an denen ich die letzten Kapitel eines Buches erreicht hatte und bis zum Ende nicht mehr viel zu lesen blieb. Trotz der Gefahr einer Strafe, wenn ich entdeckt würde, und trotz der Schlaflosigkeit, die sich nach Beendigung des Buches vielleicht über die ganze Nacht hinziehen würde, zündete ich dann, nachdem meine Eltern schlafen gegangen waren, meine Kerze wieder an; während über der nahen Straße zwischen dem stumm daliegenden Haus des Büchsenmachers und der Post der dunkle und doch blaue Himmel voller Sterne war, konnte man links über dem erhöhten Gäßchen, wo dessen sich wendender Aufstieg begann, die Abszisse der Kirche ungeheuerlich und schwarz wachen fühlen (...) Dann war die letzte Seite gelesen, das Buch war beendet. Ich mußte den eiligen Lauf der Augen anhalten und den der ihnen lautlos folgenden Stimme, der nur abbrach, um in einem tiefen Seufzer Atem zu schöpfen. Nun, um den zu lange schon in mir entfesselten Tumulten, damit sie sich beruhigen könnten, andere Bewegungen zu verschaffen, erhob ich mich und begann neben meinem Bett auf- und abzugehen, die Augen noch auf einen Punkt geheftet, den man vergeblich innerhalb oder außerhalb des Zimmers gesucht hätte, denn er lag nur in einem Abstand von der Seele, einem jener Abstände, die nicht wie die andern in Metern oder Meilen gemessen werden, und die im übrigen unmöglich mit diesen verwechselt werden können, wenn man die abwesenden Blicke jener betrachtet, die an etwas anderes denken. Aber wie? Das Buch war nicht mehr als das? Diese Wesen, denen man mehr von seiner Aufmerksamkeit und seiner Zärtlichkeit geschenkt hatte als den Menschen des wirklichen Lebens, ohne es immer zu wagen, sich einzugestehen, in welchem Maße man sie liebte, und sogar, wenn unsere Eltern uns beim Lesen antrafen und es aussah, als ob sie unsere Erregung belächelten, mit betonter Gleichgültigkeit oder gespielter Langeweile das Buch schließend; diese Wesen, für die man außer Atem geraten und für die man geschluchzt hatte, würde man niemals wiedersehen, man würde nichts weiter über sie erfahren." (Ebd., S. 24ff.)

Wo der junge Marcel auch seine Lesegelegenheiten suchte und fand, sie alle verbinden die gleichen Eigenschaften:

1. Das Lesen ist ein gegenüber den andern zu verteidigendes Gut; es handelt sich um eine fragile, leicht aufstörbare Konzentration; der Lesende wird zwar respektiert, aber er ist nicht aus der Welt, und die Ansprüche der anderen werden ihn immer wieder erreichen.
2. Wer liest, ist abwesend und doch anwesend; er ist „ins Buch vertieft" (wie wir zu sagen pflegen) und empfindet doch zugleich, wenn er den Blick hebt, die reichen Reize seiner Umgebung.
3. Wer liest, ist einsam, aber nicht verlassen; „die anderen" nähern sich ihm immer wieder, auch wenn sie seinem Geiste vorübergehend fern sind.
4. Die leidenschaftlichen Gefühle gehören der Welt des Buches, nicht der Welt, in der der Leib des Lesenden sich befindet; in der Konzentration der Imagination wird die Seele überflutet von Gefühlen, die man vor den wirklichen anderen verbergen muß durch Gleichgültigkeit, schützend die Intimität des Lesens.
5. Das Lesen braucht Ruhe, örtliche wie zeitliche Geborgenheit, ist angewiesen auf Stätten, die nicht Bequemlichkeiten bieten müssen, aber Stille und Ungestörtheit gewähren.
6. Wer liest, lernt Abschied zu nehmen, antizipiert etwas vom letzten Abschied: wenn das Buch zu Ende ist, die vertrauten Figuren ihn verlassen, wie auf einer stehengebliebenen Drehuhr in der Konstellation verharren, in der sie zuletzt sich befanden.
7. Die Stunden des Lesens sind intensiv auch für die Erinnerung; es sind die *gelesenen* Bücher der Jugend, die sie wachhalten, lebendig machen.

Proust beginnt seinen Essay: „Es gibt vielleicht keine Tage unserer Kindheit, die wir so voll erlebt haben wie jene, die wir glaubten verstreichen zu lassen, ohne sie zu erleben, jene nämlich, die wir mit einem Lieblingsbuch verbracht haben." Und „wenn wir heute manchmal in diesen Büchern von einst blättern", so sind sie „nur noch wie die einzigen aufbewahrten Kalender der entflohenen Tage", und man greift zu ihnen mit der Hoffnung, „auf ihren Seiten die nicht mehr existierenden Wohnstätten und Teiche sich widerspiegeln zu sehen" (ebd., S. 9). Erinnert wird weniger das Gelesene als die Lesesituation selbst, die Vergangenheit, in der sie eingebettet liegt. Lesen ist auch und vor allem *Genuß*, nach dem das Erinnern sich sehnt.

Proust zeigt in seinen sensitiven Beschreibungen aber nicht nur, welch fragiles und doch leicht erwerbbares Gut solche Lesestunden sind: Das ist uns bis heute vertraut. Er zeigt auch, in welcher Welt man leben muß, um solche Lesegenüsse zu finden: die Welt der Ferien nicht nur, sondern auch der Unangefochtenheit, des Akzeptiertseins als Leser, der Befriedigung aller sonst ablenkenden Bedürfnisse. Jeder, der gern liest, erinnert sich an die Vorkehrungen, die er zur Sicherung dieses Vergnügens ergreifen mußte. Sie waren sicher oft nicht so einfach und selbstverständlich wie die des jungen *Marcel Proust*, der nicht nur in einer Welt lebte, in der es genügte, sich nach dem Schlag der Glocke zu richten; sie zeichnet sich auch aus durch den selbstverständlichen Besitz einer bürgerlichen Kultur, in deren Sicherheit das Lesen des Knaben seine Bestätigung fand.

Ich habe dies besonders sensitiv ausgestattete Modell gewählt, nicht nur um deutlich zu machen, daß es auch wichtige bürgerliche Errungenschaften gibt, sondern auch, um zu betonen, daß der *Lesevorgang selbst bereits sinnstiftende Funktionen übernehmen kann*. Dies meint: Ehe wir nach den Inhalten der Lektüre fragen, nach dem Objekt, auf das Lesen sich richtet, gestalten wir im intensiven Lesen – das wir meist freiwillig tun – eine überaus zerbrechliche, aber für uns darum um so wertvollere Situation, die in ihrer Distanzierung vom Alltag und seinen Regularitäten das Ich abschirmt von oberflächlichen Routinen und außengeleiteten Zwängen. Damit hat es die Chance, durch das Lesen selbst sich auf ein Abenteuer des Innenraums zu begeben – ohne doch den Außenraum, die soziale Realität, je ganz verdrängen zu können – und so nach sich und seiner Verortung im Leben zu fragen.

In den meisten Autobiographien wird dem Lesen, besonders in der Kindheit, eine besondere Rolle zugesprochen. Die Bedeutung des Lesens wird verschieden erzählt und gewichtet – für manchen ist das Lesen Rückzug aus der Alltagswelt, für den anderen Widerstand, für einen Dritten die Möglichkeit, über den Kontakt mit der „geistigen Welt" auch in bessere Verhältnisse zu streben –, aber insgesamt bestätigt sich immer wieder, was auch hier geschildert wurde. Eines freilich ist hervorzuheben: Lesen ist eine Chance, die nicht jeder hat. Wenn in einer Familie keine „Lesekultur" herrscht, kann die Schule oft wenig nachholen. Auch, wenn es den anderen Medien bisher nicht gelungen ist, das Lesen zu verdrängen, ist doch festzuhalten, daß besonders in den unteren sozialen Schichten Interesse, Zeit und Gelegenheit zum Lesen rar sind. Während Medienpädagogik in Hinsicht auf Rundfunk und Fernsehen eher damit beschäftigt ist, die Folgen übermäßigen Konsums zu behandeln, gilt für das Buch eine andere Aufgabe: Die Kinder müssen an dieses Medium herangeführt werden. Haben sie erst einmal die Lust des Lesens erfahren, werden sie ihre Lektüreauswahl nicht immer nach Rang des Autors, nach Geschmack und pädagogischer Erbaulichkeit vornehmen (wozu man sie auch keinesfalls nötigen sollte!), aber sie werden zuverlässige Leser bleiben.

Sozialisation durch Werbung, Sponsoring

Freilich, die Lese-Welt ist nicht die einzige, in der Kinder heute heranwachsen. Die Kommerzialisierung der Freizeit, insbesondere auch über den Medienkonsum, hat auch die Kinderwelt voll erfaßt. In den USA spricht die Akzeptanz-Forschung (Forschung darüber, welche Medien und Medien-Inhalte von welchen Alters- und Bevölkerungsgruppen akzeptiert werden) von einer neuen Menschengruppe, den *Skippies*. Dies ist die Abkürzung für *School Kids with Income and*

Purchasing Power. Schon 6jährige verfügen (80%) über eigenes Taschengeld und sind zunehmend aktive *Marktteilnehmer.* (Das Deutsche Kinderhilfswerk hat zur Jahrtausendwende gefordert, das Kindergeld prozentual als Taschengeldpflicht für Kinder zur Verfügung zu stellen, um ihnen auch eine stärkere ökonomische Autonomie zu sichern.) Dem entspricht, daß die (wie eben schon gezeigt) bevorzugten Sender die Privatanbieter sind, und diese Lieblingssender der Kinder sind zugleich *Werbesender.* Es sind diese Programmkontexte, aus denen Kinder auch ihre Kenntnis über Werbung beziehen. Als Werbeträger dominiert eindeutig das Fernsehen (mit ca. 95%), es folgen das Radio (28,4%), Plakate (12,9%), Zeitungen und Zeitschriften (zwischen 5 und 7%), Computer-Angebote (derzeit noch 0,3%, wachsend) und sonstige Angebote (ebd., S. 63).

Der Kaufkraft und Markteinbindung der Kinder entsprechend, werden inzwischen, besonders im Fernsehen, *kinderspezifische* Produkte häufig und mit Nachdruck beworben. Kinderspielzeug, Naschwerk, Zerealien, aber auch Kindermode spielen eine Rolle. Diese Werbespots, speziell für die Zielgruppe der Kinder (unter Einbeziehung der Eltern) produziert, sind inzwischen wichtige Werbekunden geworden; dies zeigt die Tabelle in beeindruckender Weise (siehe S. 320).

Diese Zustandsbeschreibung mag bei den Produkten wechseln, ändert aber nichts an der Tatsache, daß die Werbung zum Bestandteil von Kinderkultur geworden ist. Kinder können Werbung nicht nur sehr schnell erkennen (bevor die Marke genannt wird, wissen sie meist, um welchen Spot es sich handelt), sie entwickeln auch eigene Geschmacksvorlieben. Auffällig ist, daß die Werbung ganz offensichtlich geschlechtsspezifische Differenzmuster ausprägt. So ist in mädchenspezifischen Werbespots das vermittelte Bild von Weiblichkeit stark an traditionellen Frauenrollen orientiert. Es dominieren Hausfrau, Puppenmutter, die sich hübsch machende Barbie. Mädchen üben mit Frauen verbundene Tätigkeiten aus wie Putzen, Pflegen, Umsorgen, Füttern, sich Schön-Machen. Mädchen werden als reproduktiv, mütterlich, liebevoll, zurückhaltend und hübsch dargestellt. Auch ihre Kleidung be-

Werbeschaltungen	Wiederholungsfrequenz der Einzelnen Spots
Burger King/Walt Disney „König der Löwen" (Beigaben)	32
Nestle Cini Minis (Cerealien)	27
Blendax Anti Belag „Kirschig gut" (Zahnpasta)	26
Action Man (Spielzeug; Hasbro)	15
Barbie Hot Skating (Spielzeug; Mattel)	15
Blendi (Kinderzahncreme; Blenda-med)	13
Schmidt international „POG" (Spielzeug)	13
Chupa caps (Spielzeug/Süßigkeit; Chupa Chups)	12
Nestle Smarties „TV" (Info)	11
Barbie Traumpferd (Spielzeug; Mattel)	11
Walt Disney Dalmatiner (Spielzeug; Mattel)	11
Kinder Pingui (Süßigkeit; Ferrero)	10
Super Nintendo „Asterix" (Gameboy-Spiel)	10
Mega Push Pop (Süßigkeit)	10
Monopoly Junior (Spielzeug; Parker)	10
Kinder Schoko Bons (Süßigkeit; Ferrero)	10

Abbildung 28: Liste der am häufigsten beworbenen kinderspezifischen Produkte (Quelle: *Baacke, D./Sander, U./Vollbrecht, R./Kommer, S. u.a.*: Zielgruppe Kind. Kindliche Lebenswelten und Werbeinszenierungen, 1999, S. 297)

tont das vermeintlich Weibliche: Schleifchen in den Haaren, Kleidchen usw. Das kulturell vermittelte Bild von Männlichkeit findet sich in jungenspezifischen Werbespots wieder: der Held, der Unschlagbare, der Gute, der das Böse besiegt etc. Jungen werden in der Werbung aktiv, produktiv und zielbewußt dargestellt. Überholte geschlechtsspezifische Rollenstereotype werden also in kinderspezifischen Werbespots vermittelt und verfestigt. „Gesellschaftliche Veränderungen und familienstruktureller Wandel (besonders die veränderte Position der Väter und Mütter innerhalb Erziehung, Familie und Beruf) finden in der Werbung keine Beachtung." (Ebd. S. 305 f.)

Betrachten wir die (nur exemplarisch vorgestellte) Allgegenwärtigkeit von Werbung und Markt schon in der Welt der Kinder, dann stellt sich die Frage nach einer pädagogischen Einschätzung. Davon auszugehen ist wohl, daß eine über gesetzliche Maßnahmen laufende *Schutzorientierung* (z.B.: Kennzeichnung von Werbung im Rahmen von Kinderprogrammen, Ausgrenzung bestimmter Werbeinhalte etc.) nur begrenzte Reichweiten hat, vor allem angesichts einer zunehmenden Internationalisierung des Marktes und der Medien-Reichweiten. Wichtiger ist eine schon bei Kindern zu fördernde *Autonomieorientierung*. Mit anderen Worten: Wichtig ist es, Kindern *Werbekompetenz* zu vermitteln (dazu: *Baacke, Sander* u.a. 1999). Über diese verfügen Kinder dann, wenn sie mindestens fünf Kompetenzdimensionen von Werbung beherrschen:

1. Sie müssen in der Lage sein, den Zweck von Werbung zu erkennen. (Vorschulkinder können dies meist nicht und betrachten einen Zeichentrickfilm und eine Werbesendung in gleicher Weise als redaktionellen Beitrag).
2. Sie müssen Interesse haben und auch Wege suchen, die Wahrheit und Zuverlässigkeit der angepriesenen Waren zu überprüfen (kritische Stellungnahme zu Produkteigenschaften).
3. Sie müssen eigene Geschmacksurteile entwickeln, die ihren Interessen und Erfahrungen entgegenkommen.
4. Sie müssen in diesem Zusammenhang auch eigene Interessen an Waren formulieren und sich nicht nur den Meinungen der Peer-Group (oder auch der Eltern) anschließen.
5. Sie müssen Kriterien entwickeln für die ästhetische und moralische Qualität von Werbung.

Ergebnisse unserer Untersuchung zur Altersgruppe der 6- bis

12jährigen zeigen deutlich, daß es hier einen Entwicklungsverlauf gibt. Vorschulkinder und Kinder beim Übergang ins Einschulungsalter zeigen oft noch eine unkritische Nichtunterscheidung von Werbung und anderen redaktionellen Angeboten. Grundschulkinder entwickeln dann ein *protokritisches* Werbeurteil, d.h., sie übernehmen die Meinungen, Wertungen und Einschätzungen der Eltern, entwickeln aber noch keine eigenen Standpunkte. Ein tendenziell eigenständiges Werbeurteil zeigen dann zunehmend die 12jährigen und die älteren. Eine solche Entwicklungslinie von Werbekompetenz darf jedoch – darauf muß wieder hingewiesen werden – nicht so interpretiert werden, daß sich diese Kompetenz allmählich von selbst einstellt. Auch hier zeigt sich die alte Wahrheit, daß familiärer Hintergrund, soziale Anregung und – sehr wichtig – *gemeinsames* Fernsehen, mit Gesprächen darüber verbunden, wichtige Voraussetzungen dafür sind, daß Kinder Werbekompetenz erwerben.

Das Problem stellt sich neu, betrachten wir die Zukunft *erweiterter* Werbeszenarien (ebd. S. 341ff.). Neben ständiger Wiederholung eines Spots im Fernsehen (Tandem- oder Reminder-Spots), einer Einbeziehung der Werbung in das Programm durch Split-Screening (auf gesonderten Feldern werden sowohl Werbung als auch Programm ausgestrahlt), Product Placement (versteckte Werbung im Spielfilm, es werden ein bestimmtes Kindercereal oder Coca-Cola-Dosen gezeigt) wird auch der Werbeplatz Internet zunehmend interessant. Vor allem Merchandising ist die gar nicht so neue umfassende Methode, Kinder- und Konsumwelten aufgrund der Allgegenwärtigkeit werblicher Verteilkanäle fast unentrinnbar zu machen. „Wer kennt sie nicht, die Familie Feuerstein, die Turtles, Alfred J. Kwak oder auch James Bond und viele andere Figuren, die durch mediale Präsenz zu neuem Leben erweckt worden sind! Soweit Charaktere aus Fernsehserien und/oder Kinofilmen die Herzen der Konsumenten erobert haben, werden auch Produkte und Dienstleistungen aller Art mit den Stars dieser Medienangebote vermarktet. Aber nicht nur die Stars selbst, sondern auch Titel von Fernsehserien und Kinofilmen, der Soundtrack und anderes mehr werden publicitywirksam und konsumorientiert eingesetzt.

Die Vermarktungsmöglichkeiten scheinen dabei unbegrenzt zu sein. Sammelbegriff für Vermarktungsaktivitäten dieser Art ist Merchandising." (*Böll* 1996, S. 15) Schauen wir ein schon fast klassisches Beispiel in einem bei Kindern nicht mehr am ersten Platz stehenden Sender an: Das ZDF startete Ende 1993 hundert Wiederholungen der Alf-Serie, und auch die Alf-Produkte sind wieder im Handel erhältlich (hier gibt es ja die ewige Wiederkehr des Gleichen). Inzwischen ist Merchandising das zentrale Medium, Synergieeffekte zwischen Industrie, vermittelnden Agenturen und Programmgestaltern zu erzeugen. Ein Beispiel sollen Pro-7-Sendungen und ihre Umsetzung in Merchandising sein:

– Lassie – Magazine und Bücher,
– Flipper – Magazine und Bücher,
– Peanuts – Comicmagazine, Malbücher, Chips von Funny Frisch, Molkereiprodukte von Melkland,
– Familie Feuerstein – Joghurt von Bauer, Handelspromotion und Fernsehwerbung mit Adam Opel, Süßwaren von Katjes, Promotion mit Robert Bosch Hausgeräte, Steinofenpizza von Pizza Pappalina, Fahrräder der Panther Werke, Telefonkarten, Kindertextilkollektion von Camprisport,
– Tom & Jerry – Bettwäsche von Kaeppel, Comicbuch von Condor-Interpart-Verlag, Puzzles und Spiele der Schmidt Spiel- und Freizeit GmbH, Kinderkoffer von Donauplastik, Tiefkühlgericht von Bofrost, Kinderski von Camaro, Promotion für Opel Corsa,
– Ghostbusters – Comicmagazine vom Bastei-Lübbe-Verlag und
– Tinytoons – Video von Warner Home, Plüschfiguren von Playschool, Videospiele von Konami, Sticker und Sammelalben von Panini, Clip-Ons aus Plüsch von Enocari, Spiele von Hasblo, Schülermäppchen von Steinmann, Magazin vom Ehapa Verlag (vgl. Becker 1993, S. 118f.).

Deutlich wird: Die *Kinderkultur* von heute ist Medienkultur, und beide gehen ein in den Zusammenhang einer intensiv erlebten und auch genutzten Konsumkultur. Die Unterschiede zwischen diesen Bereichen sind nur noch begrifflich aufrechtzuerhalten. Kinder selbst erleben in einem postmodernen Zeitalter eine Vermischung von Unterhaltung und Aufklärung, von (scheinbar?) zweckfreiem Spaß und (mehr oder weniger ungezügelter) Kauflust, und sie leben in einem Kultur-Mix von Werbespots, Popmusik, Videoclips auf der einen Seite, den Erfahrungen von Stille und Sammlung (etwa im Unterricht) auf der anderen Seite. Wie sich Kinder auf Dauer nicht vom Fernsehprogramm fernhalten können, so wird es ihnen auch nur schwer gelingen, in den allgegenwärtigen Werbewelten nicht ein Stück ihrer Kindheit wiederzuentdecken. Kinder sind dabei keineswegs schutzlos, sondern entwickeln, bei entsprechender Förderung und Unterstützung vor allem durch die Eltern, später auch die Schule, durchaus Kriterien für gut und schlecht, und nicht zuletzt im Kreis der Gleichaltrigen müssen sie nicht nur zu Sklaven der vorherrschenden Meinung werden, sondern können eigene Interessen und Positionen entwickeln. Das Bescheid-Wissen über die Werbewelt und ihre allumgreifenden Animationskünste, in ihrer Ambivalenz zwischen Spaß und Verführen-wollen, ist eine anspruchsvolle Aufgabe des Kompetenzerwerbs und stellt damit eine weitere und zusätzliche *Entwicklungsaufgabe* dar.

Die neuen Welten der Vernetzung

Im Jahr 1975 veränderte sich die Welt einschneidend insofern, als von diesem Jahr ab die ersten *Personalcomputer* (PCs) zur Verfügung standen. Damit war einer Entwicklung Tür und Tor geöffnet, die schon Jahrzehnte vorher begann, aber nun die Lebenswelten des gesamten pädagogischen Raums, von der Familie bis zur Schule, von der Geburt über die Kindheit bis in die Jugendzeit umfaßte. Neben die Massenmedien (hier wurde ein *disperses*, also zerstreutes Publikum *anonym* und *einseitig* über Verteilnetze erreicht: Print, Rundfunk, Film) treten die neuen Informations- und Kommunikationstechniken, abgekürzt (wenn auch mißverständlich, weil gar nicht so neu) *Neue Medien* genannt. Nach dem Zeitalter der Massenmedien wird in den 90er Jahren die Entwicklung der Computermedien und des Internet und damit das Zeitalter der Digitalisierung und einer neuen Informationsgesellschaft eingeläutet. Noch können wir diesen kommunikativen Umbruch nicht vollständig erfassen. Nach *Brenner* (1996, S. 42) gibt es „nicht viele Wendepunkte in der Geschichte des Menschen", die derart einschneidend sind: „Mit dem aufrechten Gang erhob er sich aus dem Tierreich. Die Entdeckung des Feuers illuminierte den Beginn seiner Zivilisation. Mit dem Rad machte er sich die Erde untertan. Der Buchdruck gab ihm die

Verantwortung für den Inhalt seiner Gedanken. Die Industrialisierung gebar den Massenmenschen. Und jetzt katapultiert ihn der Urknall des digitalen Universums in ein neues Zeitalter. Noch aber weiß er nicht, wohin die Explosion ihn schleudern wird." Der Computer ist die neue Datenbank, der internationale Informationsverteiler und gleichzeitig nach allen Seiten kommunikativ offen. Neben die globale *Vernetzung* treten gesteigerte *Interaktivität* (Kinder sind jetzt nicht nur Rezipienten, sondern auch aktive Netz-Nutzer: Sie können Informationen hereinholen, aber auch selbst produzieren und weitergeben; sie können im Chatroom neue Bekanntschaften schließen, sie können per E-Mail kommunikative Zielpunkte in der ganzen Welt erreichen). Es entstehen ausdrucksstarke Symbolsprachen unterschiedlicher Art als *Multimedia* (sprachliche Texte werden nicht mehr linear verfaßt, sondern können mit Links versehen werden und erreichen so weitere Verzweigungspunkte der Kommunikation; neben die Sprache treten zunehmend Graphiken, stehende und bewegte Bilder in schwarz-weiß und Farbe, Soundtracks als animierende Begleitung, geschriebene *und* gehörte Sprache etc.) und schließlich eine *Cyberwelt*, die bisher nicht geahnte Vorstellungswelten erschließt. Noch wissen wir nicht genau, welche Zukünfte diese kommunikative Offenheit bereithält; wohl aber wissen wir, daß Kinder sich erstaunlich unbefangen, neugierig und experimentell offen in diese neuen Netzzukünfte hineinbegeben.

Kinder kommen meist durch *Videospiele* zum ersten Mal mit Computern in Kontakt. Da die Kinder schon von der Wiege auf mit Fernsehen vertraut sind, sind sie auf den Umgang mit Computern meist schon vorbereitet, so daß sie hier oft schneller reagieren als die Eltern. Videospiele sind bei Kindern zwischen fünf und dreizehn Jahren offenbar sehr beliebt, und oft ziehen sie ein gutes Videospiel dem Fernsehen vor mit der Begründung, daß sie hier *selbst aktiv* sein könnten (*Kohnstamm* 1994, S. 121). Der *Gameboy* (ein Handspielcomputer zum Mitnehmen, betrieben mit Batterien, Akkus oder Netzteil) findet sich heute in fast jedem Kinderzimmer. Die heutigen Handcomputer haben eine gute Bildqualität, variantenreiche Spielmöglichkeiten und erlauben die Trennung von

Hardware und Software, so daß per Kassettenwechsel verschiedene Spiele zu laden und zu nutzen sind. So entsteht eine symbolgeladene Spielwelt über Automatenspielgeräte (öffentlich aufgestellt, meist können nur zwei Spieler mitmachen), Home- und Personal-Computer (als Bildschirmspielgerät benutzbar mit der Möglichkeit, über Diskette verschiedene Spiele zu laden), Tele- bzw. Videospielkonsolen (meist an den Fernseher angeschlossen) und Handspielcomputer (ortsunabhängig und bis zu vier Mitspieler zulassend). Neben solchen Geräten gibt es inzwischen eine Vielzahl von unterschiedlichen Spielen. Abenteuer- und Labyrinthspiele; Autofahrer- und Pilotenspiele; Sportspiele und Sportsimulationen; Simulationen herkömmlicher (Brett-) Spiele; Strategie- und Logikspiele etc.

Wie bei allen Neuerungen verbinden sich auch hier pädagogische Bedenken mit hohen Erwartungen.

Welche dieser Bedrohungen oder Förderungsmöglichkeiten zum Zuge kommen, hängt nicht einfach von den Geräten oder den Kindern selbst ab, sondern – wie immer – wiederum von der sozialökologischen Milieufolie, die Kinder zu eher aktiven und interessierten oder passiven, zurückgezogenen und initiativelosen Lebewesen werden läßt. Kinder selbst übrigens betonen vornehmlich die *Beliebtheit* von Videospielen, denn man muß ein Ziel erreichen; die erreichten Punkte werden automatisch gezählt, und dadurch sieht ein Kind deutlich, wie gut und schlecht seine Leistung ist; das Spiel kann in verschiedenen Schwierigkeitsgraden gespielt werden, und es gibt eine anregende Geräuschkulisse. Ein Verdacht ist inzwischen widerlegt: Videospiele verdrängen nicht die geselligen Aktivitäten und Spielbereitschaften der Kinder. Zunächst fasziniert ein Videospiel, so daß es ganz im Mittelpunkt steht; nach etwa drei Monaten kehren aber die meisten Kinder dann zu ihren früheren Freizeitbeschäftigungen zurück, und das Videospiel wird ein normaler Bestandteil ihrer Spielaktivitäten.

Der Computer erschließt aber nicht nur neue Spiel- und Unterhaltungswelten; er hat auch eine wachsende Bedeutung für die Welt des Lernens, also für die Schule, und wird hier eher als Instrument von neuen, wichtigen und heute unhinter-

Positiv	Negativ
Sensomotorischer Bereich	
– Förderung motorischer Geschicklichkeit – Förderung sensomotorischer Koordination – Förderung zielgerichteter Reaktion	– Bewegungsdrang verkümmert, körperlich-vitale Antriebe werden abgeschwächt – weitere Industrialisierung der Wahrnehmung – geringe ganzkörperliche Aktivität
Kognitiver Bereich	
– Einübung in logisches und strategisches Denken – Förderung von Phantasie – Einübung in selbststeuerbare mediale Prozesse – komplexe Sachverhalte lassen sich veranschaulichen	– aufgrund des Tempos keine Möglichkeit zur Reflexion – Verlust qualitativen und ganzheitlichen Denkens zugunsten instrumentellen Denkens – Verhinderung von Phantasie – Bilder sprechen rechte Gehirnhälfte an, während die kritisch-rationale linke Hälfte umgangen wird
Emotionaler Bereich	
– geduldiges, berechenbares Medium, das keinen Stimmungen ausgesetzt ist – Aggressionsventil – regt zu Erfahrungsaustausch über Emotionen an	– Gewöhnung an Gewalt, Aggressivitätssteigerung – Flucht in Scheinwelten, im Extremfall Suchtgefahr – allgemeine Gefühlsabflachung – Streß bzw. Disstreß wird erzeugt, ohne adäquate Aktivitätsmöglichkeiten
Sozialer Bereich	
– ermöglicht sowohl private als auch gemeinschaftliche Nutzungen – regt zu sozialer Interaktion über das Medium an	– verhindert Ausbildung kommunikativer Kompetenz – intensive Zeitverbraucher, verhindern andere Freizeitbeschäftigungen – begünstigen soziale Isolation und Vereinsamung – verfestigen soziale Ungleichheiten

Abbildung 29: Vermutete Wirkungen auf Kinder (Computer/Bildschirmspiel) (Quelle: *Fromme* 1992, S. 73)

gehbaren *Qualifikationen* betrachtet: Wer mit dem Computer nicht umgehen kann, wird später beispielsweise keinen Beruf finden, weil der Computer mit seinen vielfältigen Nutzungsmöglichkeiten heute ein unabdingbares Gerät darstellt. So sind Programme wie „Schulen ans Netz – Verständigung weltweit" inzwischen Bestandteil von Lernprogrammen in allen Bundesländern. Hier erschließen sich über den Symbolverbund von Multimedia nicht nur neue Lern- und Ausdrucksmöglichkeiten, sondern über das World Wide Web (WWW) können Klassen auch mit anderen Klassen an anderen Orten (Mühlheim mit Boston) in Kontakt treten und über die neuen Möglichkeiten des *Telelearning* (auch *distantlearning* genannt) international offene Lernerfahrungen machen. Nach allem, was wir wissen, empfiehlt es sich, schon Grundschulkinder mit den neuen Computerwelten per Online-Schaltung vertraut zu machen, da sie in diesem Alter sehr unbefangen und neugierig mit diesen Geräten umgehen. Dabei scheint es zwei Umgangsstile zu geben (Turkle 1984): (1) Bei einem eher heuristischen Stil führt der kindliche Benutzer eine Art Zwiegespräch mit dem Computer; das Gerät wird als Experimentierfeld betrachtet, trial and error spielen eine große Rolle. Dies ist die Arbeitsform der *Bastler* (*Fiddler*). (2) Der andere Stil des Computerlernens geht eher von einem Plan aus. Der kindliche Nutzer kontrolliert, ob sich alles dem Plan entsprechend auf das angezielte Ergebnis hin bewegt. Fehler werden sofort korrigiert. Dieser Stil ist eher der des *Ingenieurs*. Ob dieser mehr für den männlichen, der des Bastlers mehr für den weiblichen Umgang mit dem Computer geeignet ist, bleibt freilich meines Erachtens offen.

Auf welche Weise auch immer: Der Computer eröffnet hier neben der Welt des *Spielens* auch eine Welt des ernsten, folgerichtigen Lernens über das *Selbstprogrammieren*. Hierfür ist es nötig, daß Kinder in systematischer Reihenfolge die jeweils erforderlichen Denkschritte einkalkulieren; dies erfordert ein bestimmtes Niveau an Abstraktionsfähigkeit; dazu gehört auch die eigenen Denkbewegungen zu reflektieren und damit kontrollieren und korrigieren zu können. Können das Schulkinder überhaupt, die sich doch (nach Piaget) noch in der Phase der *konkreten* Denkoperation befinden? Ein Schüler

Piagets, der Amerikaner Papert (1980) meint, daß die Art des Materials das Denken beeinflussen kann und damit die Denkentwicklung fördern. Dies ist vor allem beim Computer der Fall. Denn dieser bietet zum ersten Mal die Möglichkeit, das Formale und das Abstrakte mit konkreten Operationen *zusammen* zu lernen. Der Weg zur Abstraktion am Computer führt nach Papert über Experimente mit der *Turtle* (Schildkröte), die nach den Befehlen der Kinder Bewegungen auf dem Bildschirm durchführt. Die Tastatur des Computers enthält Befehle wie vorwärts, rückwärts, links, rechts, die Anzahl der Schritte und die Größe des Winkels bei Richtungsveränderungen (der Computer sagt etwa nicht „zeichne einen Kreis", sondern er gibt den Auftrag in Symbolen für eine „konstante Krümmung einer Linie" an). So lernen Kinder, durch Bewegungen (eine Schildkröte in einem Viereck laufen zu lassen) Formen und Veränderungen auszudrücken – und dies in einem Alter, in dem sie die Schule noch nicht einmal besuchen. Papert nennt dies *Körpergeometrie*, eine sensomotorische Bewegungserfahrung, über die Kinder Symbole der mathematischen Sprache als sinnvoll und manipulierbar erleben. Sie entwickeln ein intuitives Gefühl für Formen und Größen auf dem Weg des *selbstentdeckenden Lernens*. Das Kind setzt also *Bewegungs*schritte in *Denk*operationen um und findet auf diese Weise über eigenes Tun zu Abstraktionen, d.h. einer allgemeinen Regel übergreifender Art. Damit wären *Drill and Practice-Programme* (Übungsprogramme, eine Art elektronisches Aufgabenbuch beim Abfragen von Vokabeln etc.) eine unangemessene Nutzung computergestützten Unterrichts. Auch der Weg der *Instruktionsprogramme* nach der Methode des Bahaviorismus (ein Stoff wird in kleine Lernschritte unterteilt und kann individuell schneller oder langsamer erarbeitet werden) bietet wenig Innovation. Papert fordert hier phantasievollere und weitreichendere Anstrengungen für den Schulunterricht. Neben dem *entdeckenden Lernen* sind *Simulationsprogramme* förderlich, die meist in der Form von Rollenspielen stattfinden und in denen die Zusammenhänge zwischen Ereignissen und Prozessen für Kinder verdeutlicht werden. „Ein Simulationsprogramm stellt eine Art Demonstration dar, durch die dem Schüler sehr bildhaft verdeutlicht werden soll, was alles auf einem bestimmten Gebiet geschehen kann. Das Programm kann aber auch auf *Entscheidungen* ausgerichtet sein. Dabei muß der Schüler selber Entscheidungen hinsichtlich des weiteren Verlaufs treffen, und er erfährt ihre Konsequenzen. Er spielt beispielsweise die Rolle eines Fabrikanten, der Fußbälle herstellt und der Entscheidungen über den Einkauf des Materials, die Produktionsmethoden und die Verkaufspreise treffen muß. Der Computer zeigt die jeweiligen Folgen der entsprechenden Maßnahme auf. So werden die Zusammenhänge zwischen Investitionen und Gewinnen aufgezeigt, von Umsatz und Preisen, Automatisierung und Arbeitsmarktlage (...). Die meisten Schüler werden durch diese Planspiele sehr motiviert. Sie sind *wirklichkeitsnah*, da die Ereignisse aus dem wirklichen Leben gegriffen sind. Es ist unmöglich, Kinder in der Realität mit diesen überaus komplexen Gebieten vertraut zu machen." (*Kohnstamm* 1994, S. 136) Lernsysteme dieser Art sollen möglichst *selbsterklärend* und *gestaltungsoffen* sein und einen *ganzheitlichen* Zugang gewähren (textuelle, bildhafte und akustische Informationen sind integriert zu präsentieren). Auf diese Weise entsteht eine Medienkompetenz am Computer (*Liedtke* 1997, S. 272f.): auch dies eine neue *Lernaufgabe*, aber auch *-chance* für Kinder, die in diesen neuen Medienwelten aufwachsen.

Unter Gleichaltrigen

Zwischen Familie und Schule als institutionell und funktional geregelten *behavior settings* liegt eine bewegliche Zone, der sozialökologische *Nahraum*, mit seinen weniger exakten, eher diffusen Abgrenzungen, Verhaltensangeboten und Kommunikationsmöglichkeiten. Es ist dieser Raum (der manchmal die Wohnung der Familie als Rückzugsort oder Aufenthaltsort bei schlechtem Wetter einschließt), in dem Kinder Kontakte mit Gleichaltrigen knüpfen. Während sie im jüngeren Alter, mit 6 oder 7 Jahren, ihre Spielkameraden häufig unter Anleitung und Ermunterung von Eltern finden, die auch die Räume für die Spiele bereitstellen und, soweit es geht, beobachtend und überwachend in die Spiele eingreifen, greifen die 10jährigen räumlich weiter aus und regeln zunehmend selbst, mit wem sie Beziehungen eingehen. Räumlich: Während das jüngere Kind gern im Schutz der engeren, vertrauten Umgebung bleibt und sich durch Anwesenheit geliebter Erwachsener nicht gestört fühlt, erobert das ältere Kind neue, unbekannte Straßen des Wohnbezirks, dringt in *behavior settings* (Supermarkt, Kaufhaus, Hamburger-Lokal, Jugend- oder Freizeitheim usf.) ein, ohne sich von den Erwachsenen anweisen zu lassen, und registriert und beobachtet selbständig und mit wacher Neugier was vor sich geht (die Kinder stehen auf Brücken, um die Autos zu zählen oder Kähne durchfahren zu sehen; sie erproben Keller und Boden fremder Häuser; sie versuchen, durch eine Hintertür ins Kino zu gelangen; sie durchstreifen mit Vorliebe leerstehende, zum Abriß freigegebene Gebäude oder verlassene Werksgelände ...). Diese räumlichen Eroberungen haben häufig einen Hauch von Abenteuer. *Verbunden* damit ist die Entdeckung der Gleichaltrigengruppe, die nun in steigendem Maße wichtig wird.

Die verstärkte Beziehung zu Gleichaltrigen wird als *Ablösung von den Eltern* gedeutet. Dieser Prozeß verläuft kontinuierlich; er hat bereits im Vorschulalter begonnen und setzt sich nun verstärkt fort. Schon das Kleinkind strebt in der analen Phase (vgl. *Eriksons* Schema) nach *Autonomie* und wertet es als Erfolg, die Körperöffnungen beherrschen zu können. Es weiß und will, daß es ein anderer ist als Mutter und Vater. Dieser Prozeß erfährt in der Mitte der Kindheit eine auffällige Beschleunigung (siehe Abb. S. 332).

Der deutliche Knick bei etwa 11 Jahren ist auffällig. Schon *vor* der Pubertät und dem Jugendalter beginnen also neue Orientierungen. Nach einer Untersuchung von *Anderson* (1981) sind Erwachsene freilich durchaus noch Personen, die das Kind respektiert, ja bewundert und denen gleich zu sein es sich bemüht. Die jüngste der von ihm untersuchten Altersgruppe, die 9- bis 11jährigen, nehmen Erwachsene wahr als überlegen, mächtig, klug, stark und reich. Das sind alles Eigenschaften und Ausstattungen, über die das Kind nicht verfügt. Neben solchen globalen Einschätzungen ist das älteste

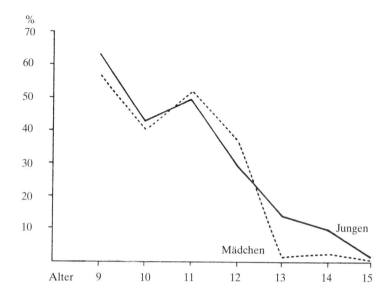

Abbildung 30: Häufigkeiten (in Prozent), betreffend die Bevorzugung der Eltern als Partner (Quelle: *Nickel* 1979, S. 34)

Kind aber durchaus fähig, Erwachsene des eigenen Umgangs differenziert zu sehen, „gute" und „schlechte" Eigenschaften zu unterscheiden und auch das unterschiedliche Verhalten von Erziehungspersonen einzuschätzen und zu beurteilen. Diese Urteile sind jedoch meist noch recht spontan und situationsabhängig. Erst nach der Pubertät ist der Jugendliche in der Lage, erwachsene Partner nach ihren psychischen Dispositionen und Möglichkeiten einzuschätzen, wobei an die Stelle der Beachtung eher äußerlicher Eigenschaften nun das Interesse tritt an Verantwortungsbewußtsein, Reife und Verständnisfähigkeit als Merkmale der Erwachsenen, die als positiver Wert gesehen werden (*Seiffge-Krenke/Olbrich* 1982, S. 111).

Insbesondere *Piaget* hat die Bedeutung der Gleichaltrigen für den Weg zur personalen und sozialen Autonomie des Kindes hervorgehoben. Diese wiederum ist ein wesentlicher Bestandteil der *kognitiven* Entwicklung. Das Kind entwickelt nun ein Bedürfnis nach Zusammenarbeit und zugleich einen aktiven Entdeckungsdrang; dazu braucht es andere, nicht nur, um die Risiken gemeinsam zu tragen, sondern auch, um in gegenseitiger Abstimmung Orientierungen zu finden, die sich nicht mehr nach den infantilen Regeln von Belohnung oder Bestrafung richten. Die Teilnahme an Gleichaltrigengruppen bedeutet die Unterordnung unter eine *neue* Autorität, einer an den Prinzipien von Gleichheit und Gegenseitigkeit sich ausrichtenden (wie *Piaget* es nennt) „demokratischen Kindergruppe". Hier sind Einfluß und Macht der Erwachsenen suspendiert; das Kind kann sich frei bewegen und ist gezwungen, sich vor Gleichen und Gleichaltrigen zu rechtfertigen. Dies ist gleichzeitig ein wichtiger Beitrag zur moralischen Entwicklung und Selbständigkeit (*Bertram* 1979, S. 538ff.). *Piaget* generalisiert allerdings in etwas zweifelhafter Weise den *positiven* Gruppeneinfluß mit der These, daß eine Anpassungsmoral bei den Kindern entstanden sein müsse durch Druck und Zwang der Erwachsenen, die sich durchsetzen aufgrund der einseitigen Achtung der Kleinen vor dem Großen. *Piaget* übersieht, daß die Prinzipien demokratischer Gleichberechtigung keineswegs in allen Kindergruppen vorherrschen. Auch Kindergruppen können Zwang und Gewalt ausüben, wie wir wissen. Gerade Kinder sind (stärker als Jugendliche, die prinzipiell mehr differenzieren, wenn sie in ihrer Entwicklung nicht gestört oder behindert werden) erhebliche *Konformisten*. Die Erfahrung, mit Altersgleichen etwas unternehmen zu können, ist neu, erfreulich und stimulierend. Kein Wunder, daß Kinder in das neu gefundene Gruppenklima eintauchen wie in eine neue Welt, die sie mit Leidenschaft erobern und aus der sie sich nicht ohne weiteres von den Erwachsenen herausholen lassen.

Mir scheint es angemessener zu sein, nicht so sehr den *Ablösungsprozeß* von den Eltern hervorzuheben (dieser erfolgt zwar, insofern die Häufigkeit der Kontakte mit Erwachsenen ab- und die Orientierung an Altersgleichen zunimmt; andererseits handelt es sich eher um einen Prozeß der *Neustrukturierung* von Beziehungen zwischen Älteren und Jüngeren, wobei erstere wegen der Verringerung des psychischen Altersabstandes und stärkerer kognitiver und emotionaler Ähnlichkeiten eher zum Partner oder sogar Freund werden können), sondern besser – entsprechend der Tatsache, daß Kinder in die Zukunft wachsen – von der *Einschließung neuer Dimensionen* für soziales und personales Wachstum zu sprechen. In dieser Hinsicht haben Altersgruppen eine ganze Reihe wichtiger Funktionen:

1. In modernen Gesellschaften kann das Kind nicht alles, was es später an Wissen, Fertigkeiten, Orientierungen und Überzeugungen benötigt, in der Familie lernen. Die Differenz zwischen *Partikularismus* der Familie und *Universalismus* der Gesellschaft (*Eisenstadt* 1966) erfordert gleichsam die Herstellung zusätzlicher Brücken vom einen in den anderen Bereich. Die universalistische Orientierung der Gesamtgesellschaft sieht stark ab von persönlichen Beziehungen zum Interaktionspartner: Das berufliche Handeln wird nach bestimmten Rollen festgeschrieben, wobei nicht mehr Sympathie und Antipathie bestimmend sein sollen, sondern eine Gleichbehandlung aller nach den jeweiligen Erfordernissen, die der Beruf mit sich bringt, erwartet wird. In der Familie hingegen werden Beziehungen *partikular* organisiert: Je nach Person, situationsspezifisch gebundenen Gefühlen usf. wird die emotionale Nähe als entscheidendes Kriterium aller Beziehungen differenziert. *Eisenstadt* (ebd., S. 38): „In universalistischen Leistungsgesellschaften (...) kann ein einzelner nicht den vollen Status erreichen, wenn er sein Verhalten bei der Arbeit nur nach den zugeschriebenen partikularistischen Kriterien des Familienlebens ausrichtet; ein solches Verhalten würde sich als Spannungsmoment im sozialen System erweisen. Da die Orientierungsmuster, die für die Familie charakteristisch sind, eingeschränkt sind, begegnet uns in solchen Fällen eine Abwehrreaktion in Richtung auf altershomogene Beziehungen und Gruppen." Diese ermöglichen eine Umorientierung von der partikularistisch orientierten Familie zu anderen Beziehungsregelungen. Neben einer Generalisierung von Verhaltensweisen gegenüber fremden Menschen muß auch eingesehen werden, daß man sich in der Gesellschaft einen Status *erwerben* muß. In der Familie ist man „Kind" und als solches akzeptiert. In der Altersgruppe (meist in der von Erwachsenen organisierten: der Schulklasse) machen Kinder zum ersten Mal die Erfahrung, daß sie Anerkennung durch

Verhalten und Leistung *erringen* müssen. Dies gilt auch für die Jugendgruppe: Die Kinder lernen hier, sich selbst Anerkennung zu verschaffen – oder die Erfahrung zu machen, daß dies mißlingt. Eine Position (als Sprecher, Führer, Freundin oder Freund usf.) zu gewinnen und zu halten erfordert immer neue Aktivitäten. Verzeihung für Überschreitungen gemeinsamer Regeln wird auch hier gewährt, aber sie zu erlangen ist schwieriger geworden (*Baacke* 1980b, S. 130ff.). Eine solche Interpretation der Bedeutung altersgleicher Gruppen wählt einen *soziologischen* Zugang und bezieht sich auf die Funktion der Gruppen *im gesellschaftlichen System*.

2. Es ist jedoch auch möglich, die Gruppe eher unter Aspekten *psychosozialer* Entwicklung zu betrachten. Für das Kind ist dabei der Zusammenhang von Gruppe und Spiel besonders wichtig. In der Gruppe

– lernt das Kind neue Spiele kennen;
– besteht überhaupt die Möglichkeit, neben dem Einzelspiel solche Spiele zu verwirklichen, an denen mehrere teilnehmen müssen;
– können neue Spielformen verwirklicht werden.

Nach *Charlotte Bühler* (1928) können Spiele klassifiziert werden nach (a) *Funktionsspielen* (vor allem im 1. Lebensjahr; es dominieren Bewegungsgestaltung und der Versuch, die Dinge auf sich selbst zu beziehen); (b) *Fiktions- und Rezeptionsspielen* (2. bis 4. Lebensjahr; Kinder spielen gern Rollen, vor allem auch Erwachsene – Vater- und Mutterspiele – und andere Personen, wobei die subjektive Deutung vorherrschend ist); (c) *Konstruktionsspielen* (5. bis 8. Lebensjahr; nun wird eine persönliche Einordnung in die Gemeinschaft und Hingabe an Gegenstände, an Pflichten und Leistungen, ans Werk erstrebt. Das Kind wendet sich nun objektiven Bezügen zu); (d) *Sozialspielen* (durchweg anzutreffen, vorwiegend jedoch zwischen dem 5. und 8. Lebensjahr, zugleich mit den Konstruktionsspielen). Die anfängliche „Funktionslust" führt zu zunehmender Beherrschung der Tätigkeit, zur Lust an der Bewältigung von Aufgaben und zur sozialen Identifikation. Auffällig ist, daß die Phase der Konstruktionsspiele in ihrer Beschreibung übereinstimmt mit dem, was *Erikson* unserer Altersgruppe als „Werksinn" zuschreibt.

Die Spiele sind so der Raum, in dem das Kind Sozialbeziehungen erprobt (Rollenspiel, beginnend bereits im Vorschulalter), die Fähigkeit zur *Kooperation* erwirbt (auf der Basis von einzuhaltenden Regeln), aber auch *Konkurrenz* zu ertragen und durchzustehen. Unabhängig davon, um was es sich im einzelnen handelt, kann das Spiel im Anschluß an *Piaget* (1975) verstanden werden als wesentlicher Beitrag zur kognitiv-sozialen Entwicklung: Es erlaubt, die Gleichgewichtsbeziehungen zwischen der Wirklichkeit und dem Ich zu erkennen und ein Gleichgewicht zwischen Assimilation und Akkommodation herzustellen dadurch, daß die Assimilation über die Akkommodation dominiert. Problematisch an dieser Erklärung ist nur, daß sie stark individualistisch orientiert ist und den sozialen Lerncharakter des Spiels nicht hinreichend gewichtet.

Man ist inzwischen weitgehend davon abgekommen, das „Wesen des Spiels" beschreiben zu wollen. Dies hat seinen Grund vor allem darin, daß *Spielen* nicht mehr naturwüchsig geschieht, sondern mannigfachen Eingriffen unterliegt. Schon die Schule institutionalisiert die Spiele und erzwingt bereits zwischen dem 9. und 12. Lebensjahr ein völlig anderes Spielverhalten des Kindes als bisher, „indem zunehmender Wettbewerbscharakter in den Vordergrund tritt und zusätzliche Partner erscheinen, die am Spiel selbst nicht teilnehmen: die Zuschauer. Weiterhin hat das Angebot der Spielzeugindustrie und der Massenmedien den gesellschaftlichen Umkreis der Spiele der 9- bis 12jährigen in den letzten Jahren erheblich eingeengt, und die Organisationen und Kinderclubs haben die Kinder von den Straßen und Spielplätzen, wo es sie gibt, noch weiter vertrieben. Es liegt aber auf der Hand, daß im kindlichen Spiel eine Einübung wichtiger Formen sozialen Verhaltens geschieht, und dies um so mehr, je mehr das Spielen in einem selbständigen Freiheitsraum unter Gleichaltrigen sich vollziehen kann." (*Müller-Wiedemann* 1973, S. 63) *George Dennison* hat die verriegelten und „ernsten" Spiele der Erwachsenen und die freien, nicht gelenkten und beobachteten Gruppenspiele der Kinder in folgender Charakterisierung gegenübergestellt. Zunächst die Spiele der Erwachsenen:

Spiel „ist eine Angelegenheit von Anzeigetafeln, Uniformen, Trainern und Schiedsrichtern – und Publikum. Die Spieler sind still und angespannt. Sie versuchen in den Augen der Zuschauer männlich und ernst zu spielen. Aber sie können ihre angstvolle Grundhaltung und das Gefühl, überfordert zu werden, nicht verbergen. Sie müssen sich ihre Leistung beweisen, und am Ende jubeln die Gewinner, und die Verlierer weinen. Welch merkwürdige Begebenheit im Spiel von Kindern!"

Dagegen *Dennisons* Beobachtung (er war Lehrer einer Straßenschule in New York) von Kindern beim Baseballspiel in einem New Yorker Park:

„Ist das Spiel frei und nicht nach konventionellen Regeln gestaltet, so scheinen die dabei auftretenden Argumente der Kinder zum Wesen des Spiels zu gehören: Sie sind laut und langatmig und auch pedantisch. Was dem Beobachter wie ein unartikuliertes Schreien erscheint (...) ist, wenn man genau hinhört, eine Summe sehr fein differenzierter sprachlicher Mitteilungen (...).

Zwischen dem Punktemachen werfen sich die Kinder ins Gras, machen Handstände, ringen miteinander, werfen Steine und rufen den vorüberfliegenden Vögeln nach. Fast immer ist ein Hund auf dem Spielfeld. Er ist in das Spiel mit eingeschlossen. Alle Erlebnisse werden während des Spiels gesammelt, alle werden wahrgenommen, und es wird von ihnen Gebrauch gemacht. Das Spiel geht bis zum Einbruch der Dunkelheit, Gewinner und Verlierer sind kaum zu unterscheiden." (*Dennison* 1969; zitiert nach: *Müller-Wiedemann* 1973, S. 61)

Diese Schilderung macht deutlich, daß alle theoretischen Funktionszuschreibungen und entwicklungspsychologischen Phasenbeschreibungen (Sozialspiele, Konstruktionsspiele) schon Abstraktionen sind, die die Kinderwelt des Spiels zwar deuten können, aber immer um den Preis von akzentuierenden Verkürzungen. Die von *Dennison* beobachteten kindlichen Baseballspiele hielten sich an die Regeln (soziale Dimension) und „konstruierten" nach diesen Regeln den Spielablauf; Kinder „kooperierten" (zumindest mit der eigenen Mannschaft) und standen „im Wettbewerb" (mit dem Gegner). Gleichzeitig ist das Spiel ein Bereich einer besonderen *Zuständigkeit*, in der sich Eindrücke, Anwandlungen, „Ablenkungen" unterschiedlichster Art durchmischen:

– Vögel werden wahrgenommen, Hunde spielen mit, es werden für den strengen Funktionszusammenhang des Spiels unnütze Handlungen unternommen – Handstände, miteinander ringen, Steine werfen. Was die Kinder riechen, fühlen, schmecken, berühren, kann der Beobachter nicht einfangen. Das *Ende des Spiels* setzt nicht das Ergebnis, sondern die hereinbrechende Dunkelheit – so berührt das Spiel das Rhythmische zwischen Aufgang der Sonne und Dämmerung verlaufender Zeit. „Soziale" Beziehungen, „kognitive" Strukturierungen – im Spiel läuft dies zu einer Ganzheit zusammen, die Kindern in der Intensität des Augenblicks und ihrer Leiblichkeit besondere, nicht klassifizierbare Erfahrungen vermittelt. Daß solche Möglichkeiten des Spiels seltener zu werden scheinen, ist erschreckend.

3. Kinder spielen nicht nur miteinander, sie proben auch den Ernstfall: In Diskussionen und Auseinandersetzungen lernen sie den Umgang mit Aggressionen; sie erfahren die Sicherheit in der Gruppe, wenn „ein Versprechen gilt" und „kein Verräter unter uns ist"; sie spüren Widersprüche zwischen der Welt der Erwachsenen mit ihrer strengen Einordnung und Bewertung aller Taten und der Diffusität und Offenheit ihrer Gruppen, die den Zugang zu Spontaneität und Abenteuern offenhalten, ohne daß immer zugleich die Frage nach „gut" oder „böse" gestellt werden muß; und vor allem: Kinder machen die Erfahrung von Zuneigung und Freundschaft, ohne die sie nach dem Tod ihrer Eltern und nachdem die Schule sie freigegeben hat, nicht werden leben können.

Die Straße

Auch die Schule bringt Gleichaltrige zusammen, aber als Einrichtung der Gesellschaft und unter der Aufsicht von Erwachsenen. Auch die Familie ist nicht nur altersheterogen, sondern bietet Raum für altershomogene Zusammenschlüsse: zwischen Geschwistern, mit Freunden von „außerhalb", denen in der Wohnung, im Haus oder Garten im wörtlichen Sinne ein Spielraum gewährt wird. Aber auch hier ist Beobachtung, Kontrolle, der Spielraum ist eingeschränkt. So ist die Straße das eigentliche Feld der Gleichaltrigen im sozialökologischen

Nahraum. „Das gruppenbezogene Kind scheint nur den Augenblick herbeizusehnen, wenn es aus dem Hause jagen und sich den anderen Kindern anschließen kann. Haus- und Schularbeiten bleiben nach Möglichkeit unverrichtet." (*Stone/ Church* 1978, S. 146) Und wie geht es draußen weiter? Die eben zitierten Autoren beschreiben dies so:

„Das ist faszinierend, in der Stadt bei einem Spaziergang um den Häuserblock, vorzugsweise nach dem Abendessen im Sommer, die Gemeinschaften der Kinder und der Erwachsenen bei ihren Beschäftigungen zu beobachten – die beide in- und umeinander herum bestehen, sich aber überhaupt nicht beachten, außer wenn es zum Zusammenstoß kommt. Die Kinder gehen aus dem Weg, um ein Auto vorbeizulassen, aber ohne dabei den Rhythmus ihres Spiels zu unterbrechen. Der Autofahrer bremst wegen der Kinder, achtet jedoch kaum auf ihr Tun. Spazierengehende Erwachsene merken nicht, daß sie in einem kritischen Augenblick ein Ballspiel stören, und die Kinder halten kaum inne, um die Eindringlinge durchzulassen. Die Gespräche und Begrüßungen der Erwachsenen vermischen sich für den Zuhörer mit den Rufen, Liedern und Spöttereien der Kinder, aber die beiden dringen nicht ineinander. Und längs der sich stetig verschiebenden Grenzen zwischen diesen beiden Gemeinschaften bewegen sich die kleineren Kinder, die Kleinkinder und die im frühen Vorschulalter, auf die die Erwachsenen achtgeben, und die größeren Kindergarten- und die jüngeren Schulkinder, die Schützlinge der größeren Brüder und Schwestern, wobei diese mit gelangweilten, aber geübten Blicken auf jene aufpassen. Manche Kinder, die etwas abseits stehen, befinden sich im Übergangsstadium zur Bandenzugehörigkeit. Statt sich zurückzuhalten und nicht im Weg zu stehen, beginnen sie, am Rande einzudringen, beobachtend, zuhörend, aufnehmend, beharrlich nachahmend, teilnehmend, wo immer es ihnen erlaubt wird, und jede ihnen überlassene Rolle und jede kleinste Aufmerksamkeit dankbar entgegennehmend. In den Augen der Kinder im mittleren Kindheitsalter sind ältere Kinder mit ungeheurer Autorität und hohem Prestige ausgestattet. Kinder, die in die Bandengemeinschaft Aufnahme gefunden haben, erscheinen ihnen in vieler Hinsicht erwachsener und wissender als Erwachsene.

Im Alter von acht oder neun Jahren ist die Übertragung des Zugehörigkeitsgefühls und der Loyalität von den Eltern auf die Bande vervollständigt." (Ebd., S. 144f.)

Diese Schilderung erinnert beinah an gewisse Vorstellungen von Ariès von einer vormodernen Gemeinschaft aller Altersgruppen auf der Straße. Wer die monotonen Häuserblocks in Neubauvierteln gesehen hat (tristes, fast „klassisch" gewordenes Beispiel: das Märkische Viertel in Berlin), die abgezirkelten, hochgepflegten Grünanlagen, die verschmutzten Hauseingänge und die sterilen, nach städtischem Freizeitprogramm ausgestatteten Spielplätze, der wird skeptisch sein, solche glücklichen Szenen vorstädtischer Nachbarschaft als Darstellung der Straßenrealität von heute zu sehen (vgl. auch *Gruenters* Beobachtungen).

Dennoch, wie gastlich oder kinderunfreundlich die Straße auch ist: Sie ist ein Lernort, dessen Bedeutung Lernorten wie Schule oder Familie gleichzusetzen ist (*Zinnecker* 1979, S. 727). Man spricht neuerdings von „Straßensozialisation". Straße ist dabei „nicht lediglich der Verkehrsraum unter freiem Himmel, sondern umfaßt die angrenzenden Räume und Gebäude mit, die öffentlichen Aufgaben dienen oder auch einfach öffentlich zugänglich sind. Straße und städtische Öffentlichkeit fallen gewissermaßen in eins. Allerdings: Straße umfaßt ausschließlich die lokalgebundene Öffentlichkeit, die vermittelt durch die Präsenz der Teilnehmer am gleichen Ort ist. (Die lokale ist von der medienvermittelten Öffentlichkeit zu unterscheiden, wo die Teilnahme sich raumunabhängig auf gesamtgesellschaftlicher Ebene reguliert.)" (Ebd.)

Wenn *pädagogische* Aufmerksamkeit sich der Straße (in diesem Sinne: nicht als Verkehrsader, sondern öffentlicher Verkehrsraum) zuwendet, so meist nur in ablehnender Grundhaltung. Straße – dort halten sich die Penner auf, sie ist der Ort der delinquenten Jugendlichen, die von ihren Familien ausgestoßen sind oder nicht nach Hause wollen; auf den Straßen werden Drogen gedealt in verborgenen Winkeln, macht sich Prostitution breit. Straße verführt zum Schmutzigwerden, zum Vagabundieren, zum Ausreißen. Straße bringt in Unordnung, was die Familie an ordentlichen Werthaltungen aufgebaut hat (vgl. den Abschnitt aus *Hesses* Demian, S. 88ff.).

Man kann Straße aber auch anders sehen (ebd., S. 730ff.): Straße ist in den Arbeiterquartieren ein Ort *proletarischer* Öffentlichkeit. Die Straße ist der Ort der mobilisierten Massen, der Demonstrationen. Straßenjungen sind dann nicht die, die aus der bürgerlichen Moral herausfallen, sondern freiheitsliebende Kämpfer gegen satte Bürgerlichkeit und verlogene Moral. Jugendbanden, „wilde Cliquen" (und schon Kinder können dazugehören!) werden zum Symbol der Hoffnung auf eine Befreiung von Muff, Eintönigkeit und Lüge. – Aber auch in der *bürgerlichen* Pädagogik, bei den radikalen Schulreformern, der Bewegung der Freien- und Alternativschulen, wird die Straße entdeckt als Lernort von Authentizität, Spontaneität und ganzheitlichem Einsatz, wohingegen die Schule nun eher hemmend wirkt als Raum bürokratisierter Pädagogisierung mit der Doppelmoral von offiziellem und heimlichem Lehrplan.

Wie sieht es tatsächlich aus auf der Straße? „Straßenkinder" entstammen eher problematischen Milieus (sie kommen aus gestörten Familien oder engen Wohnungen) als aus den eher wohlhabenden Kreisen der Besitzer von Eigentumswohnungen oder eigenen Häusern, vor allem: Es sind eher Jungen als Mädchen: „Wenn Mädchen die Straße betreten, so geschieht das oft unter anderem Vorzeichen als bei Jungen. Seltener sind freie Erkundungen der Wohn- und Straßenumgebung zu Fuß oder mit Verkehrsmitteln (obwohl natürlich auch Mädchen nicht darauf verzichten; die Unterscheidungen sind nur relativ), seltener auch das freie Herumtreiben und Spiele allein oder in altersgleichen Gruppen. Häufiger dagegen sind Mädchen in bestimmten Funktionsrollen auf der Straße zu finden. Sie kaufen ein, legen Wege zweckgerichtet zurück, passen auf jüngere Geschwister auf. Mehr als Jungen finden wir sie in Begleitung erwachsener Autoritätspersonen." (Ebd., S. 733) Auch die Texte des ersten Kapitels bestätigen dies anschaulich.

Gerade in Hinsicht auf Straßensozialisation neigen wir leider zu ideologischen Überzeichnungen. Da wird einerseits der „Straßenjunge" gefeiert als Inbild jungenhafter Wildheit und anziehender Direktheit, einmalig zum Sinnbild geworden in den Erzählungen der Abenteuer *Tom Sawyers* und *Huckle-*

berry Finns. Da sind andererseits die „Hinterhofkinder", die im Schatten der hohen Häuser dahinwelken und in ihren Lebensäußerungen durch ständige Eingriffe der Hausmeister und Polizisten beeinträchtigt sind. Da sind die kleinen Mädchen, die vor dem Haus seilspringen oder miteinander kichern: harmlose Straßenkindheiten. Da sind die etwas älteren Mädchen, die von Fremden angesprochen werden – man befürchtet Verführung, Prostitution, Vernichtung der Kindlichkeit. Da gibt es die harmlose Straßenszene der Kinder und die gefährlichere der Jugendlichen, und man fürchtet Berührungen zwischen beiden und damit Verführungen. Auch in der Familie und in der Schule mißlingt vieles, aber hier gleichsam unter Aufsicht und darum als Fehler bestimmten Personen oder Zuständen zuschreibbar. Die Straße läßt sich nicht dergestalt dingfest machen; im Resümee *Zinneckers* (S. 744): „Die Doppelseite des Straßenlebens bestimmt die Sozialisation auf der und durch die Straße. Kinder und Jugendliche lernen hier gleichzeitig und in unauflösbarer Rollenvermischung zweierlei: Sie üben die ordentlichen Bürgerrollen des Käufers, Konsumenten und Verkehrsteilnehmers ein; und sie übernehmen Bestandteile historisch unterdrückter, verpönter Straßenexistenz als Pöbel, Publikum, Stadtstreicher und Vagabund. Der doppelsinnige Charakter des Lernprozesses und die praktische Kunst der Jüngeren, zwischen den beiden Polen des Straßenlebens geschickt zu balancieren, verleiht der Straßensozialisation aus der Sicht der Erwachsenengesellschaft das spezifisch Irritierende und Beunruhigende."

Kinderfreundschaften

Die Straße kanalisiert und reguliert nicht die Begegnungen, sondern erlaubt freie Wahlen (natürlich nach bestimmten Einschränkungen, siehe unten!). Kleinere Kinder lassen sich Freundinnen und Freunde noch von den Eltern zuweisen. Diese suchen „Spielgefährten" aus, und in der Regel werden diese dann akzeptiert. In der Schule macht das Kind dann die ersten eigenen Entdeckungen an anderen, die gleich alt sind. Es mag bestimmte Kinder seines Alters lieber, lehnt andere ab. Vom 9./10. Lebensjahr ab ist das Kind nicht nur Gruppenkind, sondern es sucht in der Gruppe die Freundin/den Freund.

Der Weg, eine intensive Beziehung zu einem selbstgewählten Partner aufzunehmen, ist lang. Falsch ist freilich die Meinung, Vorschulkinder beispielsweise seien noch nicht in der Lage, Gefühle der Freundschaft zu empfinden. Aber das Konzept der Freundschaft in diesem Alter ist noch stark augenblicksbezogen, wie folgendes Beispiel zeigt:

Denny (D), 3 ½ Jahre alt, und *Leah* (L), 3 Jahre und zwei Monate alt, laufen herum und tun so, als seien sie Löwen. *Joseph* (J) ebenfalls drei Jahre, zwei Monate alt, sieht ihnen aus der Entfernung zu. *Glenn* (G), fast vier Jahre, der vorher mit D gespielt hat, läuft zu D und L. J läuft hinter G her:

D–G: Grr. Wir mögen dich nicht.
L–G: Grr – Grr.
G–D: Vor einer Minute warst du noch mein Freund.
D–G: Ja.
G–D: Aber wenn du weiter „grr" zu mir machst, kannst du nicht mehr mein Freund sein.
J–D: Ja.
D–G: Gut, dann bin ich nicht mehr dein Freund.
L–G J: Ja. Grr – Grr.

L und D laufen nun zu den Kletterstangen; G und J beginnen, im Sandkasten zu graben.

Als *Glenn* in diesem Beispiel Ablehnung spürte, erinnerte er *Denny* daran, daß sie noch vor kurzem Freunde waren. *Denny* fand das auch, ließ sich aber nicht gewinnen und war auch nicht berührt durch *Glenns* Vorschlag, dann die Freundschaft zu beenden. Zumindest in diesem Augenblick war selbstverständlich, daß er nun nicht länger *Glenns* Freund sei. In diesem Beispiel sind Freundschaftsbezeugungen an die jeweilige Interaktionssituation gebunden. *Denny* benutzte das Aufgeben der Freundschaft als ein Mittel, sich und Leah beim augenblicklichen Löwen-Spielen nicht stören zu lassen. Sich einen Raum zu sichern, ein Spiel weitergehen zu lassen, den

Spielkameraden zu behalten – dies alles sind komplizierte Aktionen, die zu sehr momentbezogenen „Lösungen" führen. „Freundschaft" ist hier noch kein tiefgehendes Gefühl für den anderen (Rollenübernahme findet ohnehin nicht statt), sondern eher zu bezeichnen als Spielgefährtenschaft (*Corsaro* 1981, S. 219). Die Kinder haben noch nicht gelernt, Freundschaft als eine überdauernde Beziehungsstruktur zu begreifen, die von verschiedenen Augenblicksinteressen nicht tangiert wird.

Schulkinder sind da schon viel weiter, wie folgende Beobachtung aus einer Tagesschule für schwererziehbare Kinder zeigt:

Während des Frühstücks hat *Marvin*, 8 Jahre alt, mit der neuen Battlestar-Galactica-Rakete gespielt. *Joey*, 9jährig, zeigt ein starkes Interesse, auch mit *Marvins* Rakete zu spielen.
Joey: *Marvin*, laß mich mit deiner Rakete spielen. Ich tue auch, was du willst.
Marvin: Hol mir noch eine Nachspeise.
Joey: (Kehrt mit einer zweiten Orange zurück) Nun kann ich mit deiner Rakete spielen?
Marvin: Nee.
Joey: Wenn du mir deine Rakete gibst, will ich dein ... Laß mich mit ihr spielen, weil ich dein Freund *bin*.
Marvin: (sachlich) Du bist nicht mein Freund.
Joey: (verliert die Kontrolle, schreit, bis er im ganzen Gesicht rot angelaufen ist) Doch, das bin ich! Ich *bin* dein Freund. Ja, ich *bin's*! Ja, ich *bin's*! Ich verfluche dich, wenn du immer sagst, ich bin nicht dein Freund! (*Selman* 1981, S. 242)

Hier hält *Joey* die Freundschaftsbeziehung *gegen* die augenblickliche Situation durch, ganz offenbar, weil ihm an der Beziehung mit *Marvin* gelegen ist. Die Freundschaftsprobe: das Überlassen der Rakete, wird schnell vergessen über dem anderen, jetzt viel bedrängenderen Problem, das Leugnen der Freundschaftsbeziehung durch *Marvin* (im Vertrauen auf die bisherigen Erfahrungen) durchzuhalten. Dabei handelt es sich freilich *nicht nur* um das Retten einer Beziehung, sondern auch darum, bestimmte Regeln zu retten, die Kindern in diesem Alter äußerst wichtig sind. Wenn man sich einmal gesagt hat, man sei miteinander befreundet, ist ein Widerruf aus einem momentanen Impuls nicht unter die Regeln fallend. Daß die persönliche Beziehung noch nicht der entscheidende Faktor ist, bestätigt die Tatsache, daß Kinder zwischen 7 und 12 Jahren in der Regel *mehrere* Freunde nennen und manchmal alle Mitglieder der Spielgruppe. Vor allem bei jüngeren Kindern ist Freundschaft auch eine Möglichkeit, miteinander etwas zu unternehmen, eine Art kultureller Institution, um anderen sein Wissen zu vermachen und sich vor anderen darzustellen. Die Freundschaftsbeziehung dient damit auch dem Sichbehaupten und Sichdarstellen innerhalb der gesamten Gruppe, sie ist ein Vehikel des Selbst (*Fine* 1981, S. 41).

Bigelow/La Gaipa (1975) haben kanadische Kinder die Frage beantworten lassen, worin sich ihre besten Freunde von anderen Menschen unterscheiden. *Bigelow* ergänzte diese Studie durch einen interkulturellen Vergleich mit schottischen Kindern (1977). Er versucht, in Anlehnung an *Piagets* Stufentheorie drei Stufen in der Differenzierung des Freundschaftskonzepts aus seinen Ergebnissen herauszupräparieren. Schulanfänger befinden sich auf der ersten Stufe, in der persönlicher Aufwand und Belohnung beim Eingehen einer Freundschaft entscheidend sind (*reward-cost-stage*). Die Entscheidung für einen Freund muß sich lohnen, wichtig sind vor allem gemeinsame Aktivitäten und leichte Erreichbarkeit. Auf der nächsten Stufe, beginnend etwa bei den 9jährigen, spielt das *Teilen* – insbesondere von Normen, Werten, Regeln und Sanktionen – eine führende Rolle (*normative stage*). Im Übergang zur Jugendzeit folgt dann die dritte Stufe, auf der Dimensionen wie Vertrautheit und persönliche Eigenschaften entscheidend sind, Freunde von anderen Bekannten zu unterscheiden (*empathetic stage*). – Diese Theorie ist inzwischen bestritten worden (*Selman* 1981, S. 245ff.), aber nicht eigentlich prinzipiell, sondern mehr in unterschiedlichen Ergebnissen anderer Studien, an welchen Punkten sich eine Weiterentwicklung des kindlichen Freundschaftskonzepts festmachen ließe. Unbestritten ist, daß jüngere Kinder mit Freundschaft eher das Teilen materieller Güter oder Spaß machende Aktivitäten verbinden, während die älteren Kinder eher darauf Wert legen, Gedanken und Gefühle auf der Basis gegenseitigen Respekts und gegenseitiger Zuneigung zu teilen. Freundschaften dieser Art sind durchaus auch Kindern zugänglich. Eltern, die Freundschaften „verbieten", weil sie die gleichaltrige Bezugsperson ihres Kindes aus bestimmten Gründen nicht akzeptieren, machen sich oft nicht klar, welchen Eingriff sie sich gestatten in die Gefühlswelt ihrer Kinder. Diese spüren ihre Ohnmacht hier besonders stark: Erwachsene sind immer in der Lage – und können es mit ihren Machtmitteln durchsetzen –, Beziehungen zwischen Kindern zu stören, zu problematisieren, ganz aufzuheben. Jüngeren Kindern muß man Freundschaften nicht ausreden, sie vergessen ihre Freunde, wenn sie sie länger nicht gesehen haben, und erwerben schnell neue. Für 10jährige kann eine Freundin/ein Freund schon sehr viel bedeuten: „Im 10. Lebensjahr beginnt das Kind sich in der Gruppe Gleichaltriger nach einem besonderen Freund umzusehen. Diese Begegnung ist eine wichtige und intensive Erfahrung, denn sie konstituiert die erste wesentliche menschliche Beziehung außerhalb der Familie. *Erfahrungen* und *Gefühle* mit dem anderen zu teilen ist in diesem Alter nur mit dem gleichgeschlechtlichen Partner möglich. *Das Selbst weitet sich über seine eigene Grenze hinaus.* Das Wohlergehen des anderen wird ebenso wichtig wie das eigene." (*Th. Lidz* 1968, nach: *Müller-Wiedemann* 1973, S. 41)

„In neuerer Zeit beachten wir über personale Beziehungen hinaus gern auch die verschiedenen Formen von Gruppenbildungen und damit die unterschiedlichen Möglichkeiten, Nähe, aber auch Distanz auszudrücken. (*Krappmann/Oswaldt* 1983) Eine echte *Gruppe* setzt gemeinschaftliche Interessen voraus, und Kinderfreundschaften entstehen meist im Rahmen dieser Gruppe, also nicht als sozial ausgegrenzte Wahl zwischen zwei Personen. Im Gegensatz dazu ist ein *Netzwerk* lockerer gewoben, obwohl als Ganzes stabil. Gute Freunde können im Rahmen von Netzwerken vorübergehend auch zu Feinden werden und sich dann doch wieder vertragen. „Außerdem befinden sich während eines Streits immer andere im Netzwerk, deren Verhältnis zu diesem Zeitpunkt in Ordnung ist. Eigenartigerweise sind Netzwerke dadurch oft stabiler als eine Gruppe, denn wenn Kinder innerhalb der Gruppe Streit bekommen, fällt diese oft auseinander. Darum bevorzugen Kinder in diesem Alter wahrscheinlich das Netzwerk." (*Kohnstamm* 1994, S. 170) Schließlich das *Interaktionsfeld*, bestehend aus Kindern, die meist kurzfristig miteinander umgehen und deren Beziehungen in der Regel freundlich, aber oberflächlich bleiben. So gibt es Randfiguren, die kaum beachtet werden, Wechsler, die unterschiedlichen Netzwerken angehören, schließlich die Freunde, die innerhalb einer Kleingruppe jahrelang eng verbunden sein können. Freundschaften entstehen eher unter Kindern, die insgesamt akzeptiert werden; dazu gehören die „Stars", die beliebt und einflußreich sind – im Gegensatz zu „garstigen Kindern", die unbeliebt, aber einflußreich sind (und deswegen beispielsweise einseitig bestimmen, wen sie zum Freund haben wollen); dann gibt es Kinder „in der Mitte", die mäßig beliebt sind und mäßigen Einfluß haben, und schließlich die Nicht-Beachteten, die wenig beliebt sind und keinen Einfluß besitzen (ebd., S. 172f.). Hier entstehen Freundschaften höchstens aufgrund des gemeinsamen Außenseiterstatus, aber ein solcher Findungsprozeß ist natürlich schwierig. Es hat sich im übrigen gezeigt, daß beliebte Kinder meist aus Familien stammen, in denen Eltern prosoziales Verhalten fördern und ein freundlich-unterstützendes Familienklima bereithalten. *Freundschaftsfähigkeit* ist also eine Erfahrung, die ursprünglich von der Familie ausgeht – ein Beispiel dafür, daß wir jeweils nicht nur die personalen Beziehungen zwischen Kindern betrachten sollten, sondern auch die strukturellen Hintergründe und Netzwerke, die den glücklichen Fall einer Freundschaft fördern, aber auch behindern können.

Abgrenzungen, Außenseiter

Wir hatten gerade gesehen: Die idealisierende Vorstellung, gleichaltrige Kinder seien – im Gegensatz zu den Erwachsenen – ohne Vorbehalte freundschaftsfähig, täuscht. Es gibt eine ganze Reihe von Abgrenzungen, die Kindergruppen gegeneinander abriegeln. Die wichtigsten Indikatoren sind *Geschlecht und Rasse*. Kinder trennen sich streng geschlechtsspezifisch. Vorschulkinder achten nur selten auf die geschlechtliche Zugehörigkeit ihres Spielpartners, und in der Adoleszenz beginnen Mädchen und Jungen, in einem neuen Status ihrer Entwicklung vor allem erotische und sexuelle Interessen füreinander zu entwickeln. Bei *Kindern* sind die Beziehungen eindeutig: Mädchen spielen mit Mädchen, Jungen spielen mit Jungen. Gemischte Gruppen gibt es fast nie. *Goldmans* kulturvergleichende Studie hat ergeben, daß Mädchen in allen Ländern von 7 Jahren ab (und mit 11 Jahren noch in gleicher Weise) besonders stark das andere Geschlecht ablehnen – vor allem weil sie die Jungen als laut, rücksichtslos, wenig feinfühlig erleben (*Goldman* 1981, S. 189f.). Jungen drücken weniger Ablehnung aus, sie kümmern sich einfach nicht um das andere Geschlecht. Gründe für die Wahl des *eigenen* Geschlechts sind Gleichheit der Interessen oder Aktivitäten und Ähnlichkeit der Gefühle.

Insbesondere in den USA hat man sich, besonders im Zuge einer schulischen Integration der Rassen, intensiv mit der Frage beschäftigt, wie man die Entstehung von Freundschaften zwischen Kindern verschiedener Rassen (*interracial friendships*) fördern könne (*Schofield* 1981). Zunächst meinte man, man müsse nur schwarze und weiße Kinder zusammenbringen, und aufgrund der kindlichen Spontaneität und Unbefangenheit würden sich schnell Freundschaften ergeben. Dies ist jedoch nicht der Fall (natürlich vor allem, weil Kinder, wenn sie in die Schule kommen, bereits die Einstellungen ihrer Eltern mitbringen, und bekanntlich gibt es in den USA viele Weiße, die bis heute einer Rassenintegration ablehnend gegenüberstehen). Andererseits ist es so, daß weiße Jungen noch eher mit schwarzen Jungen, weiße Mädchen mit schwarzen Mädchen spielen, als daß sich Jungen und Mädchen von *einer Hautfarbe* zusammentun: „Gender is a stronger grouping criterium than race." (Ebd., S. 55) Die Kategorien „Junge" und „Mädchen", „schwarz" und „weiß" stellen für Kinder wichtige *soziale Identitäten* dar. Während jedoch die starke Segregation der Geschlechter eher vorübergehender Natur ist und die Jungen-Mädchen-Beziehungen dann in der Adoleszenz starke Entwicklungschancen haben, ist dies bei der Zugehörigkeit zu unterschiedlichen Kulturen nicht der Fall; hier können sich Fremdheit und Ablehnung eher verstärken. Ähnliches gilt auch für die Verhältnisse in der Bundesrepublik; auch hier ist es oft schwierig, etwa deutsche und türkische Kinder zusammenzubringen, zumal die mangelnde Sprachbeherrschung des Deutschen durch manche Türken erschwerend hinzukommt. Eine Umwelt, die

– die Typisierung von Geschlechtsrollen verstärkt (dies ist meist der Fall: Jungen interessieren sich für Tarzan und Spider-Man, sie führen Schaukämpfe auf, boxen sich und toben herum; Mädchen sind zurückhaltend, verehren eher Rock- oder Pop-Sänger und verhalten sich weniger auffällig: All dies ist induziert durch Erwartungen der Eltern und Lehrer);
– die oft unbarmherzigen Einschätzungen der Peer-Groups nicht zu bearbeiten versucht (fremdenfeindliche Äußerungen finden sich unter Kindern, so ist zu vermuten, ebenso häufig wie bei den Erwachsenen, deren Kinder sie ja sind),

unterstützt trotz aller gut gemeinten pädagogischen Ideen eher die Abgrenzungen.

Neben Geschlecht und Rasse gibt es eine weitere Reihe von Indikatoren, die Kinder voneinander trennen:

– Das *Alter* ist noch eine starke Barriere. Ein 6jähriger Junge wird einen 12jährigen fast als erwachsen, ein 12jähriger einen 16jährigen als einer anderen Generation zugehörig betrachten und erleben. Verhaltensstile und -zuschreibungen sowie Interessen sind sehr unterschiedlich. Pädagogische Versuche, ältere Schüler zu Beschützern von jüngeren zu machen, dürfen also nicht auf eine Solidarität von Kindern und Jugendlichen zählen; auch Fürsorge unter Kindern ist ein Erziehungserfolg, ergibt sich nicht automatisch.
– Der sozioökonomische *Status* trennt ebenfalls. In der Regel spielen Mittelschichtkinder mit Mittelschichtkindern, während Arbeiterkinder sich eher Kindern der gleichen sozialen Schichtzugehörigkeit zugesellen. Dies hat vor allem zwei Gründe: Zum einen sind die sozialökologischen Nahräume, die Nachbarschaften bis heute selten sozial durchmischt, und zum andern geben die Eltern an ihre Kinder bestimmte Verhaltensstandards weiter, die es Kindern nicht leicht machen, dann miteinander umzugehen, wenn die Verhaltensweisen nicht eingeübt, vielleicht sogar diskriminiert sind. Das Kind eines Ministerialbeamten soll sich dann nicht auf „Straßenjungen" mit ihrem schmutzigen Jargon einlassen, und diese verachten vielleicht das für sie gespreizte Getue dieses Kindes (vgl. wieder *Hesses* Kapitel „Zwei Welten" aus dem *Demian!*). Allerdings gibt es Entwicklungen, die von einer gewissen Annäherung sozialer Schichten zu sprechen erlauben. Ebenso wie es zunehmend allzu vereinfachend ist, von Mittel- und Unterschicht zu sprechen, gibt es auch eine gewisse Angleichung von Er-

ziehungsstilen. Der Arbeitervater kommt ja nicht durchweg betrunken nach Hause und prügelt Frau und Kinder (ein Klischeebild vom heruntergekommenen Proletarier), und in der Mittelschicht herrschen nicht nur pädagogisches Verständnis und Liebe vor. In letzterer gibt es viel starre Ritualisierungen und Abwehrhaltungen, in der sogenannten Arbeiterschicht (etwa bei Facharbeitern) einen Stand der Wohlhabenheit, der sich auch im Umgang miteinander ausdrückt. Ich hatte bereits darauf hingewiesen, daß seit dem 19. Jahrhundert die Tendenz besteht, bürgerliche Stilformen zu übernehmen – gerade dort, wo sie noch nicht als selbstverständlich Erreichtes zur Verfügung stehen. Wir wissen, daß sozial engagierte Jugendliche mit Lust „Klassenschranken" überspringen. Kinder, mit ihrer immer noch starken Bindung an Familie und Schule, sind hier eher „konservativer".

Neben solchen eher *sozialstrukturellen Abgrenzungen* gibt es auf der Ebene der Naheinstellung auf *direkte Interaktionen* andere Schwierigkeiten des Umgangs. Am bekanntesten ist der *Außenseiter*. Diesen gibt es auch unter kulturell, sozial und (bei Kindern) nach dem Geschlecht übereinstimmenden Gruppenmitgliedern. Wann wird ein Kind zum Außenseiter? Neben körperlichen Merkmalen (körperliche Über- und Unterentwicklung, Hautausschlag, Behinderungen wie Schielen, Stottern, Humpeln) spielen *soziale Fähigkeiten* für die Akzeptanz in der Gruppe eine zentrale Rolle (*Putallaz/Gottman* 1981). Ein Kind gewinnt eher Ansehen und persönliche Freunde, wenn es

– angenehm und freundlich im Umgang ist;
– offen und spontan erscheint;
– aktiv am Gruppenleben teilnimmt, ohne zu dominieren;
– Verständnis zeigt auch für Meinungen, die mit der eigenen nicht übereinstimmen;
– sich schnell in neuen Situationen zurechtfindet, spontan ist und selten die Orientierung verliert.

Eher abgelehnt werden Kinder, die

– ein zögerndes und unsicheres Verhalten an den Tag legen (sich beispielsweise nicht gleich aktiv in das Zentrum der Gruppe stürzen, sondern abwartend am Rande stehen);
– selbstbezogen erscheinen, indem sie viel über sich selbst reden (der Außenseiter muß also nicht immer das „stille Kind" sein!);
– eine gewisse Fremdheit und Unvertrautheit mit den Gruppenriten zeigen, sozusagen Schwierigkeiten haben, die geltenden sozialen Codes des Miteinanderumgehens sicher zu beherrschen.

Putallaz/Gottman sprechen vom *Newcomer-Effekt*, weil dies Verhaltensweisen sind, die bei Kindern beobachtet werden können, die *neu* in eine Gruppe kommen. Sie werden eher abwarten, wissen in vielen Dingen nicht Bescheid, und ein Versuch, auf ihre Wichtigkeit aufmerksam zu machen und sich so in die Gruppe zu drängen, besteht darin, von sich prestigeheischend zu erzählen („Wir haben einen riesigen Garten", „Ich komme gerade aus dem Ausland", „Mein Vater hat einen riesigen Fisch gefangen"). Es kommt alles darauf an, daß es einem Kind gelingt, den Newcomer-Effekt so *schnell wie möglich* abzubauen. Ist es hier zu zögerlich, wird es zum Außenseiter, allenfalls „Mitläufer" in der Gruppe, und es wird selbst Entfremdungsgefühle haben.

Seit einigen Jahren versucht man, körperlich oder geistig behinderte Kinder in Gruppen nichtbehinderter Kinder zu bringen, wobei vor allem die kognitive und soziale Förderung groß geschrieben wird. Erfahrungen zeigen, daß auch hier Kinder (wie Erwachsene) starke Befangenheiten voreinander haben. Sie können diese abbauen, wenn Erwachsene erzieherisch lenken und eingreifen. Natürlich kann ein behindertes Kind auch ohne den Schutz und die Fürsprache des Erwachsenen durch eigene Leistung Status in einer Gruppe gewinnen, wie in dem Jugendbuch „*Vorstadtkrokodile*" sehr anschaulich wird. Selbstverständlich können Kinder fürsorglich und liebevoll sein; sie wachsen in einer übernommenen Beschützerrolle selbst, gewinnen an Festigkeit und Statur. Gleichzeitig jedoch muß man immer bemüht sein, unvermeidbare Irritationen mit ihnen zu besprechen. So sind Kindergruppen, die behinderte (auch diese sind zunächst Außenseiter) und nichtbehinderte Kinder zusammenbringen, auch seltener als spontane Straßenbanden anzutreffen, sondern im Rahmen pädagogischer Arrangements (in Kinderheimen, Ganztagsschulen, bei Ferienmaßnahmen oder in Kindergruppen der Verbände und Kirchen).

Unter Gleichaltrigen zu sein: das macht Spaß und ist doch zugleich bedrohlich; das kann die soziale, emotionale und kognitive Entwicklung fördern, aber auch behindern und stagnieren lassen; das kann zu herben Enttäuschungen führen oder zu intensiven Erlebnissen des Angenommenseins und der freundschaftlichen Verbundenheit. Insgesamt gesehen sind Kinder unter sich nicht geschützter als in den so häufig (und mit Recht) pädagogisch kritisierten Instanzen der Familie und der Schule mit ihren Erziehungsfehlern, kinderunfreundlichen Regulativen und nicht einmal beabsichtigten Nebenwirkungen. Dennoch, alle diese Bereiche gehören zusammen, und zwar nicht nur im Erleben des Kindes, sondern auch in ihrer strukturellen Durchdringung auf der Ebene pädagogischen Bemühens. Dieses strebt danach, Kinderwelten erzieherisch zu beeinflussen und bleibt doch weit davor, eine fremde Inszenierung, in der die Kinder mitzuspielen gelernt haben, weil sie wissen daß es ihnen die Anerkennung derjenigen bringt, von denen sie letztlich stärker abhängig sind und mehr erwarten als von Gleichaltrigen: ihren Erziehern. Nicht die *Kinder* stimmen skeptisch, sondern die *Kindheit*, die für sie bereitgehalten wird. Auch J. Herndon weiß das und hat es in seinem Kapitel „Eine Umwelt für Eidechsen" folgendermaßen geschildert:

Eines Tages kommen sieben Jungen mit Eidechsen in die Klasse: „Sie haben diese Eidechsen in einem Aquarium untergebracht, das mit Erde, Steinen, einer vertrockneten Eiskraut-Pflanze, einem alten Seeohrgehäuse und einer Büchse mit Wasser angefüllt ist. Von einem Tag zum nächsten kommen dazu verschiedene Lehmklumpen, die zu Tunneln und Höhlen geformt sind, damit die Eidechsen sich darin verstecken können. Aber leider wird aus dem Verstecken nichts, denn im Aquarium befinden sich außerdem zu jeder Zeit fünf oder sechs Händepaare, die geschäftig die Heimat für die Eidechsen umordnen und neu aufbauen, die Eidechsen herausholen, immer noch listenreichere und behaglichere Tunnel und Höhlen bauen, Felsgrotten umstellen, die Eidechsen wieder hineinsetzen, die Erde aufgraben oder glätten, die Eidechsen wieder herausnehmen, um eine Ladung Sand aus der Sprunggrube hineinzukippen ... Und niemand will den Eidechsen etwas Böses, sondern alle sind sehr hilfsbereit, kaufen für sie Mehlwürmer, hoffen sie beim Abstoßen ihrer Haut beobachten zu können, und jeder brüllt jeden an, paß doch auf!

(...) Ich probiere es mit der Idee, ob nicht die Eidechsen lieber in Frieden gelassen würden. Die Hände sind, während ich rede, weiter im Dreck beschäftigt. Alle stimmen zu. Wir bemühen uns doch, die Eidechsen glücklich zu machen, erfahre ich, wenn wir ihnen Tunnel und Höhlen bauen, in denen sie sich ausruhen und verstecken können. Natürlich. Ich bringe zur Sprache, daß in der natürlichen Umwelt von Eidechsen eine seltsame, aber wahre Tatsache bestehe: daß nämlich dort keine Hände jeden Tag neue Löcher graben oder neue, interessantere Felsenordnungen aufbauen oder Tonnen von Sand darüber schütten, bis es neun verschiedene Schichten sind wie bei Troja; sondern daß die Eidechsen tatsächlich viel Zeit haben, sich an die

Umgebung, in der sie sich aus irgendwelchen Gründen befinden, zu gewöhnen und sie zu nutzen. Alle stimmen mir zu (...) Jeder gibt jedem anderen den dringenden Rat, sie jetzt in Ruhe zu lassen und nicht mehr weiter mit ihnen rumzumachen. Der Schwanz einer Eidechse ist blau angemalt. Alle beobachten gespannt, ob sie jetzt in die neuen Höhlen kriechen werden, aber keiner kann's erwarten, und Kinderfinger schubsen sie voran. Jeder gibt jetzt den Rat: laßt sie doch endlich in Ruhe; Mr. *Herndon* hat Recht, ihr wißt es doch. Also laßt sie in Ruhe, möchte ich sagen. Raus kommen die Eidechsen, weil einige neue Steinbrocken hineinmüssen.
Jetzt laßt sie doch eine Zeitlang in Ruhe, verdammt noch mal! sage ich laut. Alle blicken mich voll Erstaunen an.

Fran, meine Frau, besuchte eines Morgens die Elementarschule von Tierrafirma, wo unsere Kinder hingehen, und blieb schließlich den ganzen Tag. Sie war hell entsetzt über die Szenen auf dem Spielplatz. Offenbar rannten alle Kinder (vom Kindergartenalter bis zur 6. Klasse) nur herum und brüllten *umbringen* und *ermorden* und *zusammenschlagen* und *doof* und *Schwachkopf* und *Arschloch*, und zwei Kinder hielten einen Jungen fest, während ein dritter ihn in den Bauch boxte (zufällig ist es *Jay*, unser Ältester, der geboxt wird); und zwei kleine weiße Kinder wollen nicht, daß ein größeres schwarzes Kind mit ihnen Fußball spielt, also beginnt das schwarze Kind, sie zu verprügeln, und als die Aufsichtslehrerin herüberkommt, sind sie alle drei patzig zu ihr und rennen weg, und sie kann sie nicht einholen; und eine andere, große Gruppe von Kindern bewirft sich mit Bällen, und sie schmeißen die Bälle so wuchtig und gemein direkt den anderen an die Köpfe, daß einige von ihnen weinen, und andere Kinder laufen weinend herum; und dann gibt es einen weiteren Schwarm von Kindern, die furchtsam am äußeren Rand des Spielplatzes stehen und nur bemüht sind, sich aus allem herauszuhalten.

Zurück in der Klasse, nach der Mittagspause, beobachtete *Fran*, wie die besorgten Lehrerinnen mit den Kindern darüber zu diskutieren versuchen, auf welche Weise man andere Menschen behandeln muß und wie es mit der Gewalt und dem Beschimpfen ist – und plötzlich, erzählt *Fran*, sind die Biester allesamt nette, ordentliche, großartige weiße Mittelklassen-Sprößlinge, selbst wenn gelegentlich ein Schwarzer darunter ist, und sie reden über gleiches Recht für alle und daß man die Rechte der anderen achten müsse und sich nicht von unkontrollierten Impulsen hinreißen lassen dürfe und daß Krieg etwas schlechtes und eigentlich jeder irgendwie gescheit ist (sogar die beschissenen Schwachköpfe) und daß in einer Demokratie jeder für seine eigenen Handlungen verantwortlich sein muß. Sie wissen alle genau, was sie zu sagen haben! brüllt *Fran* mich an. Sie kennen alle nötigen Wörter dafür! Sie diskutieren fantastisch. Es ist eine richtige Kinder-UNO, wohl vertraut mit den passenden Fragen, diplomatisch, salbungsvoll, tolerant, fair ... diese verdammten kleinen Heuchler! Sie kriechen der Lehrerin in den Hintern, das tun sie. Und glauben auch noch daran! Reden ist ja so billig!

Ohne Zweifel. Dies ist das ursprüngliche Privileg der weißen amerikanischen Mittelklasse: jedem nach dem Mund zu reden und das gleichzeitig auch noch zu glauben. Die Eidechsen können ihnen ein Lied davon singen." (*Herndon* 1972, S. 68ff.)

Ähnliche Beobachtungen lassen sich zweifellos jederzeit auch hierzulande machen.

5. Behinderungen und Störungen

Kinder sind häufig nicht so glücklich, wie sie sein könnten – auch hierzulande, da doch fortgeschrittene Zivilisation, Wohlstand und eine lange Geschichte pädagogischer Reflexion einen Vorsprung vor anderen Gegenden der Welt sichern müßten. Behinderungen und Störungen: Diese Bezeichnungen sind doppeldeutig. Kinder können „behindert" oder „gestört" *sein*, und sie können Behinderungen und Störungen *unterliegen*. Es handelt sich um die beiden Seiten der gleichen Medaille. Im übrigen sind beide Ausdrücke grundsätzlich austauschbar. Mit „Behinderungen" hebt man eher ab auf angeborene oder im Leben erworbene Schäden, die der systematischen, auch *medizinischen* Behandlung bedürfen und nie ganz aufhebbar sind; von „Störungen" ist eher dann zu sprechen, wenn es sich um leichtere, eher akute und nicht nur medizinisch zu behandelnde Abweichungen von einer Entwicklungs- und sozialen Norm handelt (physisch oder psychisch), die aufhebbar sind. „Behinderungen" sind des weiteren eher intersubjektiv feststellbar und insofern „sozial anerkannt" (vgl. Behindertenausweis usf.), während „Störungen" weitaus stärker der Definition derer unterliegen, denen ein Verhalten auffällt und die es nun zu diagnostizieren und zu bewerten haben. Aus andauernden Störungen können Behinderungen werden – ebenso, wie (etwa lokal begrenzte) Behinderungen zu weiteren Störungen im Verhalten der Person führen können.

Klassifikationen, Übersichten, Daten

Erikson hat in seiner Acht-Stufen-Klassifikation menschlicher Entwicklung von der frühen Kindheit bis zum Alter (vgl. S. 162 und 163) nicht nur das Bild von „Wachstum und Krisen der gesunden Persönlichkeit" (so der Titel eines Beitrages in: 1966, S. 55 ff.) dargestellt, sondern jeweils auch die *Gefährdung* dieser gelingenden Entwicklung. Diese entsteht nie momentan und ist auch nicht punktuell begrenzt. Sie wird vorbereitet durch nicht ganz gelingendes oder *miß*lingendes Abarbeiten der Entwicklungsaufgaben der vorangehenden Stufen. Ist es nicht gelungen, in der frühen Kindheit *Urvertrauen, Autonomie und Initiative* zu gewinnen, so ist dies – bis auf die erste Phase des Säuglingsalters, die darum als „Startbasis" von eminenter Wichtigkeit ist – Folge von Entwicklungshemmungen, die jeweils von der vorangehenden Stufe gleichsam weiter transportiert werden, um in immer neuen Figurationen aufzutauchen. Für das Schulalter (4. Stufe) steht *Werksinn* gegen *Minderwertigkeitsgefühl*. Normalerweise entwickelt das Kind „eine Lust an der *Vollendung eines Werks* durch Stetigkeit und ausdauernden Fleiß" (ebd., S. 103). Aber: „Die Gefahr dieses Stadiums ist die Entwicklung eines Gefühls von *Unzulänglichkeit und Minderwertigkeit*. Es kann durch unzureichende Lösungen der vorhergehenden Konflikte entstanden sein: vielleicht braucht das Kind seine Mama noch immer mehr als alles Wissen; es möchte vielleicht lieber noch das Baby zu Hause als ein großes Schulkind sein; es vergleicht sich noch mit seinem Vater, und der Vergleich erweckt sowohl ein physisches Unterlegenheits- als auch ein Schuldgefühl. [Es fällt auf, daß hier – wie so oft – an einen *Jungen* gedacht ist!] Das Familienleben (bei kleinen Familien) hat das Kind nicht genügend für das Schulleben vorbereitet, oder die Schule enttäuscht die Erwartungen früherer Stadien, weil nichts von dem, was es schon so gut konnte, beim Lehrer etwas gilt. Andererseits kann es imstande sein, auf Gebieten zu brillieren, die noch schlummernd liegen und die, wenn nicht jetzt erweckt, sich nur spät oder gar nicht entwickeln werden." (Ebd.)

Es gibt eine Fülle von Ängsten, die sich gerade in der Kindheit dann einstellen, wenn das Kind den Eindruck haben muß, die Aufgabe der werkorientierten und kooperativen Selbstentfaltung nur unzureichend zu bewältigen. *Mißtrauen* gegenüber der Verläßlichkeit der wichtigsten Beziehungspartner und die ständige Angst, alleingelassen zu werden (erste

Stufe); *Scham und Zweifel,* wenn es nicht gelungen ist, im Streben über die eigenen Grenzen hinaus seine Kraft zu erproben und seine Wißbegier zu befriedigen und anerkannt zu werden (zweite Stufe), *Schuldgefühl,* wenn das erwachende Gewissen des Kindes Haßgefühle gegenüber Vater oder Mutter sowie allgemeines soziales Versagen als Last empfindet (dritte Stufe), summieren sich und sind mehr als die Summe aller Teile. Sie verbinden sich zu einem psychischen *Pattern,* das *Störungen* als Ausdruck psychischer Produktion verstehen läßt. Natürlich ist es denkbar, daß die Entwicklungsaufgaben wenigstens teilweise gelöst wurden; auch ist *Kompensation von Entwicklungsdefiziten* noch denkbar. Worunter leiden die Kinder dieses Alters besonders:

– *Furchtzustände und Phobien:*
Furcht entsteht als Folge direkter Erfahrung mit furchteinflößenden Ereignissen, wird erzeugt durch die Warnungen der Eltern vor bestimmten Dingen, verdankt sich Vorstellungen, Wachträumen und Phantasien (Gespenster, Hexen, böse Tiere – oft symbolische Substitute für elterliche Strafen).

– *Alpdrücken, Schlafstörungen:*
Der Gipfel ist zwischen dem 4. und 6. Lebensjahr erreicht, aber etwa ein Viertel der 6- bis 12jährigen leidet ebenfalls noch an Alpdrücken (Konfliktzustände können noch nicht hinreichend verarbeitet werden, phantasierte oder berechtigte Furcht verlängert sich in den Schlaf).

– *Schulphobien:*
Sie entstehen vor allem, wenn Eltern ihre Kinder von sich abhängig halten und diese dann mit ihnen das „Abgegeben werden" in eine weitere pädagogische Institution als bedrohlich empfinden.

– *Todesphobien:*
Kliniker sprechen von einer „eight-year anxiety" (Kinder dieses Alters sind im Übergang von der präkausalen und prälogischen Denkweise zu den konkreten Operationen, die Rationalität und Nüchternheit voraussetzen; gleichzeitig entwickelt

sich das Gewissen, und wenn das Kind dann erste Todesfälle erlebt, verbinden sich ursprüngliche Angst, erste Einsicht in den naturgegebenen Lauf der Dinge und Erfahrungen zu einer starken Selbstbetroffenheit, die freilich meist nicht überdauernd ist).

– *Depressionen:*
Kinder haben wahrscheinlich nicht Depressionen wie die Erwachsenen, dennoch ist zu vermuten, daß bei Vorliegen einer emotionalen Störung ein kleiner Teil dieser Kinder bereits gedrückte Stimmungen, Apathien und Lethargien erlebt (*Mussen/Conger/Kagan* 1976, S. 471 ff.).

Fast alltäglich sind die *Tics*, die Kinder im Schulalter zeigen: „Gewöhnlich handelt es sich um wiederholte motorische Gesichts-, Hals- und Kopfreaktionen, derer sich das Kind zum größten Teil nicht bewußt ist. So kann es zu tic-haftem Augenblinzeln, Naserümpfen, Räuspern, Gähnen, Achselzucken, Kopfschütteln und ähnlichem kommen. Tics sind häufig Symptome für verdrängte Bedürfnisse und Konflikte, und manchmal gibt die Natur eines Tics Aufschluß über den ihm zugrundeliegenden Konflikt (...) Während Tics isolierte Störungen der Motilität (also des selbständigen Bewegungsvermögens) sind, hängen sie bei Kindern nicht selten eng mit jenem Herumzappeln und jener Unrast zusammen, die Lehrern und Eltern so viel zu schaffen machen. Es kann sich dabei lediglich um ein Anzeichen einer unbestimmten Ängstlichkeit handeln, um eine ganz allgemein geartete Bewegung, mit der ein Gefühl der Erleichterung zurückgewonnen werden soll. In anderen Fällen jedoch könnte solche Unrast als Abwehr gegen irgendeinen anderen motorischen Akt dienen, der verboten ist (beispielsweise Masturbieren oder aggressives Verhalten). Wie Tics scheinen auch allgemeine Ruhelosigkeit und Zappeln häufiger bei Kindern aufzutreten, die strengen elterlichen Restriktionen unterliegen." (Ebd., S. 475 f.)

Mit den Tics eng verbunden sind *Zwangsvorstellungen und Zwangshandlungen,* die sich von den Tics dadurch unterscheiden, daß sie von den Kindern gewußt und mental sowie emotional vorstrukturiert werden. Beispiele sind

- „wenn es mir gelingt, bis zur Straßenecke auf keine Grenzlinie zwischen den Pflastersteinen zu treten, bekomme ich eine gute Zensur";
- „wenn ich mir ganz fest auf die untere Lippe beiße, werden die Eltern nicht merken, daß ich gelogen habe";
- „wenn es mir gelingt, beim Kaffeetrinken heute nur ein Stück Kuchen zu essen, wird mein Taschengeld erhöht".

Solche weniger gewichtigen, beim Eintritt in die Pubertät vergehenden kleinen Eigenheiten (evtl. angemessener als „Störungen") finden sich vor allem bei den Kindern, die von ihren Eltern streng und kontrollierend erzogen werden. Haben auch die Eltern Obsessionen, an denen die Kinder teilzunehmen haben, verstärken sich Angst und Unsicherheit. – Was hier nur in benennender Zusammenfassung aufgezählt werden kann, verdankt sich häufig komplexen Inszenierungen, deren Folgen die erzieherisch verantwortlichen Erwachsenen meist gar nicht bedenken. Ein anschauliches Beispiel, wie Kinder die Tics ihres Vaters teilen müssen, gibt *Theodor Lessing* in seiner Autobiographie:

In einer vorbestimmten Schublade seines Schreibtisches lagen jahreinjahraus anisbestreute Chokoladeplätzchen, von denen Sonnabends um fünf (um sechs brachte Bodenstein von der Buchhandlung Schmorl die neuen Journale für das Wartezimmer), eine frische Tüte aus der Chokoladefabrik Sprengel geschickt wurde. Das war für die Kinder aus der Praxis. Jedes Kind, das in seine Sprechstunde kam, erhielt zunächst zwei Anisplätzchen von Sprengel. An guten Tagen durften auch die eigenen Kinder jedes zwei Plätzchen fordern, doch mußte das nach streng vorgeschriebenem Zeremoniell geschehen. Wir setzten uns wartend in das Wartezimmer, wenn es leer geworden war. Öffnete er endlich die Türe und sagte „Rin in die Kabuse" oder „Ist da wer?" Dann hatten wir nichts zu sagen als „zwei hungrige Krähen". Darauf erfolgte, falls er uns nicht hinauswarf, von seiner Seite der zustimmende Ruf: „Versammelt euch im Sturmschritt der Gefühle." Worauf wir zu erwidern hatten: „Und wartet der Dinge, die da kommen werden." Darauf wurden wir ins Allerheiligste, sein Studierzimmer eingelassen. Er ging zum Schreibtisch, öffnete die ersehnte, stets verschlossene Schublade und sagte: „Mund auf, Augen zu." Wir mußten die Augen schließen und mit offenem Mäulchen uns vor ihn hinstellen. Er schob in jeden Mund zwei Plätzchen und sagte: „Verduftet". Worauf wir abzugehn hatten, das erste Kind sprechend „mit traurigen Schritten", das andere mit den Worten: „Zu unsern heimatlichen Hütten". Diese Reihenfolge der Geschehnisse stand ein für allemal fest. Ebenso regelmäßig erfolgte morgens beim Waschen der Gorillentanz. Wir mußten ihn umtanzen und dazu singen: „Gorillen waren im Wald. Da wars ihnen bitterlich kalt. Da tranken sie ein Glas Milch. Dideldum."

(*Th. Lessing:* Einmal und nie wieder, 1969, S. 68ff.; nach: *Hardach-Pinke,* S. 326)

Diese eher skurril erscheinende Szene unterhaltsamen Charakters erscheint harmlos, taucht aber die Kinder, die an ihr immer wieder teilnehmen müssen, in ein Erziehungsklima ein, das *Lessing* selbst als Mischung aus Furcht und Zittern, Unsicherheit und Sich-Verbergen-Wollen schildert, wobei er den Vater stets fürchtete wegen seiner Launenhaftigkeit. Vielleicht versuchte der Vater, durch solche Rituale seine wechselnden Gefühle seinen Kindern gegenüber unter Kontrolle zu bringen. Diese jedoch spüren seismographisch die mißlingenden Versuche des Erwachsenen, mit sich selbst ins Reine zu kommen, und sie werden selbst davon betroffen. Eigentümlichkeiten und Störungen verdanken sich in der Mehrzahl der Fälle nicht dramatischen Anlässen oder außergewöhnlich bedrohlichen Situationen, sondern eher der alltäglichen Wiederkehr von Situationen, in denen das Kind die Erfahrung machen muß, daß es sie nicht steuern und beeinflussen kann. Auch das Mitspielen erleichtert in diesem Fall nicht, weil es sich um Spielregeln handelt, die der Vater erfunden hat und nun den Kinder oktroyiert, wenn sie an die guten Plätzchen kommen wollen. Scheinbar zahlen sie einen sehr niedrigen Preis, tatsächlich einen zu hohen.

Bisher sind wir von Beobachtungen des Kinderverhaltens ausgegangen. Man hat nun versucht, Klassifikationen zu entwickeln, die die Vieldimensionalität möglicher Störungen und Behinderungen systematischer zu erfassen erlauben. Sie sind sehr verschieden. Die „classification of diseases" der World Health Organization (WHO) umfaßt fünf Bereiche: Klinisch-psychiatrische Syndrome; Retardationen in der Entwicklung; kognitive Defekte; rein medizinisch zu behandelnde Krankheiten und abnorme psychosoziale Situationen (*Rutter* 1977).

Dieses System (und solche ähnlicher Art) werden von den klinischen Psychologen als praxisbezogen und leicht handhabbar eingeschätzt. Der Nachteil ist, daß es sich um eine *Psychiatrisierung* von *Krankheiten* handelt. Eher geeignet, auch Störungen zu erfassen, die nicht so sehr psychologisch-psychiatrischer, sondern auch pädagogischer Hilfe bedürfen, ist das Faktorenmodell von *Achenbach* (1979). Er unterscheidet drei Faktoren:

- antisoziales, delinquentes und aggressives Verhalten;
- ängstliches, verkrampftes und Rückzugsverhalten;
- Retardation in der Entwicklung und Schulprobleme.

Diese und ähnliche Klassifikationen (*Wunsch/Hitzig u.a.* 1980, S. 20ff.) versuchen, beobachtbares Verhalten von Kindern zum Ausgangspunkt zu nehmen, da auf dieses am ehesten eingewirkt werden kann.

Klaus K. Urban (1982, S. 44ff.) hat versucht, alle denkbaren *Störungsbereiche* aufzulisten, also das Verhalten zurückzubeziehen auf das, was wir „Dimensionen der Entwicklung" genannt haben. Er hebt vier hervor:

– *Motorik:*
Schon *Piaget* hat darauf aufmerksam gemacht, daß Motorik und Intelligenzentwicklung eng zusammengehören. In der sensomotorischen Phase versucht das Kind ja, sich seine ersten Schemata von der Welt zu bilden dadurch, daß es in seine Umgebung ausgreift und mit Dingen umgeht. Dann wirken sich Störungen der Bewegungsentwicklung auf perzeptiv-kognitive Funktionen aus. Auch das Umgekehrte kann der Fall sein: Kognitive Störungen verändern oder verzögern die Entwicklung einer in sich gegliederten, Bewegungsabläufe allmählich harmonisierenden Motorik. – Hierher ordnet *Urban* auch *Körperbehinderungen*, die er nicht mit motorisch-statischer Schädigung gleichsetzt, weil diese sich auf die psychosoziale Gesamtsituation einer Person auswirkt.

– *Sensorik:*
Hierher gehören Seh- und Hörbehinderungen. Auch diese können sich auf die Motorik einerseits, die kognitive Entwicklung andererseits negativ auswirken. Die psychische Belastbarkeit ist in der Regel herabgesetzt. Insbesondere Schwerhörige haben Schwierigkeiten, ihr Sozialverhalten so abzustimmen, daß es unauffällig ist. Sie haben weniger soziale Beziehungen und neigen zu einer unrealistischen Selbst- und Fremdeinschätzung. Blinde dagegen entwickeln (schon als Kinder) „eine überdurchschnittliche Sensibilität, starke Konzentrationsfähigkeit und Ausdauer sowie eine relativ hohe Abstraktionsfähigkeit" (ebd., S. 47).

– *Kognition und Sprache:*
Kognitive Störungen sind, wenn sie nicht rein neurophysiologisch bedingt sind, Folgen unterschiedlicher Gegebenheiten: von mangelnden Anregungsreizen über herabgesetzte soziale Interaktionen bis zu Ängsten und Phobien, die aus alledem resultieren. Auch die Sprachentwicklung kann bei mangelnder sozialer Stimulation behindert werden; daraus folgen häufig auch Schwierigkeiten in der sozialen Interaktion und der individualen Orientierung in der Umwelt.

– *Emotionaler, affektiver und sozialer Bereich:*
Das, was durch die Termini „verhaltensgestört", „verhaltensauffällig" oder ähnliche (dissozial, asozial, verwahrlost) erfaßt werden soll, liegt in diesem Bereich. Gefühlsarmut, Passivität, aber auch das Gegenteil: Überaktivität (von Lehrern im Klassenraum als besonders lästig empfunden) gehören hierzu. Überaktive Kinder (Herumlaufen in der Klasse, häufig verbunden mit einer unabgestimmten Motorik) neigen leichter zu Aggressionen als andere Kinder. Alle diese Verhaltensstörungen sind am ehesten zu interpretieren als *Signalverhalten*. Es handelt sich um – mißlungene – Problemlösungsversuche (*Keupp* 1975, S. 426) des Kindes, die besonders in der Schule negativ sanktioniert werden. Dadurch verstärken sich wiederum die Verhaltensauffälligkeiten. Darauf hinzuweisen ist, daß gerade auch *hochbegabte* Kinder oft Schwierigkeiten mit der Gruppe der Gleichaltrigen haben. Diese Kinder besitzen häufig eine unersättliche Neugier, die sie veranlaßt, unaufhörlich Fragen zu stellen; sie besitzen einen fanatischen Gerechtigkeitssinn und haben häufig früh eine hohe Sensibilität für sozial-emotionale Klimata entwickelt; sie sind nicht in so starkem Maße wie ihre Altersgenossen daran interessiert, mit Gleichaltrigen zu spielen und wenden sich früh älteren Kindern oder Erwachsenen zu. Damit bekommen sie nicht nur in ihrer Altersgruppe Schwierigkeiten, sondern auch mit Erwachsenen (Eltern und Lehrern), denen das Insistieren des Kindes lästig ist oder die dazu neigen, sein Verhalten als „altklug", „frühreif" und „wenig verbindlich" zu klassifizieren. Gerade, weil diese Kinder solche Reaktionen besonders genau registrieren, kann auch hier ein Interaktionsteufelskreis

die Beteiligten, Kinder wie Erzieher, in immer schwierigere Konfliktsituationen führen. Ebenso schädlich ist es, an begabte Kinder zu hohe Erwartungen und Ansprüche zu stellen (im Wettkampfturnen ist dies, insbesondere bei Mädchen, leider inzwischen selbstverständlich geworden), weil man dadurch ihrer ohnehin fragilen Kindheit weitere Beschädigungen zufügt (*Geuß/Urban* 1982).

Verschärfungen

In der Einleitung des KinderReports (*Ernst/Stampfel* 1991) heißt es: „Kinder sind in Mode gekommen. Die Landesregierungen schicken seit kurzem eigene Kinderbeauftragte ins Rennen, um für eine kinderfreundliche Umwelt zu werben. Die Bundesregierung preist in Hochglanzbroschüren ihre kinderfreundliche Familienpolitik, und Großwandplakate verweisen auf die Freuden des Kinderkriegens und -großziehens. Auch die Werbewelt hat sich dem Trend angeschlossen und verkauft Computer, Rasierklingen, Versicherungen und Dienstleistungen der Post mit lachenden Babys. Abseits der Werbewelten tut sich eine andere Realität auf. In ihr kommen Kinder kaum zu Wort. Sie haben keine Stimme und bleiben ohne Lobby, wenn es um die Gestaltung ihrer Betreuungseinrichtungen, ihrer Schulen, um das Leben in den Familien oder um ihre soziale Sicherheit geht. Rund acht Prozent aller unter 15jährigen bezieht in der Bundesrepublik bereits Sozialhilfe, weit über eine Million Kinder werden in diesem Jahr von der Arbeitslosigkeit ihrer Eltern mitbetroffen sein. – Die soziale Lage der Kinder ist in Deutschland ein ebenso großes Tabu wie Gewalt, Vernachlässigung und Mißbrauch: Rund 45% aller Eltern stimmen auch heute noch der Prügelstrafe zu, schätzungsweise 300.000 Kinder werden jedes Jahr sexuell mißbraucht. Dabei fehlt es an Tages- und Freizeiteinrichtungen, die es den Kindern erleichtern würden, den familiären Konflikten zu entfliehen, nur vier von hundert Kindern haben in Westdeutschland die Chance auf einen Hortplatz, insgesamt fehlen mehr als eine halbe Million Kindergartenplätze. Im östlichen Teil der Republik werden die bestehenden Tageseinrichtungen dem wirtschaftlichen Wandel geopfert." Auch wenn die genannten Zahlen sich verändern und manchmal der einen Welt der Statistiken andere gegenübergestellt werden können, bleibt doch eindeutig, daß es nicht nur gleichsam eine Normalität von (zeitweise unvermeidlichen) Problemsituationen gibt, sondern *Verschärfungen*, die mit der gesellschaftlichen Verfaßtheit von Kindheit zusammenhängen. Fehlende pädagogische Betreuungseinrichtungen (Horte) und Spielplätze; Kinder, die mißhandelt und geschlagen werden; ungeliebte und vernachlässigte Kinder; verdrängte Gewalt und Vergewaltigung sogar in Familien; Kinderarmut und Gewalt gegen Kinder: Für zu viele Kinder ist das Leben alles andere als ein „Kinderspiel". Gehen wir einigen Problemkonstellationen (in akzentuierender Auswahl) etwas genauer nach:

1. Kinder, die von zu Hause weglaufen (*runaway children*) beunruhigen die amerikanische Öffentlichkeit seit Jahren (es sind hier pro Jahr 1 Million Kinder und Jugendliche, die das Elternhaus verlassen, teils aus Abenteuerlust, entschieden öfter aber, weil für sie die Situation zu Haus unerträglich geworden ist, sie in ihrer Entwicklung behindert sind, desorientiert und nervös – Zustände des Unbehagens, denen sie durch Flucht zu entrinnen hoffen).

Für die Bundesrepublik gibt es hier keine Statistik; Jugendämter haben es jedoch nach eigener Aussage (und Massenmedien bestätigen dies) immer häufiger mit Kindern zu tun, die auf der Straße aufgegriffen werden (ab 9 Jahren). Meist liegen folgende Gründe vor (nach *Nielson* 1981, S. 7):

I. Familienstruktur
   a) Todesfall, Scheidung, Wiederverheiratung der Eltern und die Reaktionen der Kinder darauf
   b) Geschwisterkonstellation (birth order effect)
II. Mißbrauch und Vernachlässigung von Kindern
III. Schwere pathologische Störungen
IV. Selbstmord (tatsächliche Selbstmordversuche, Spiel mit dem Selbstmord, starke Betroffenheit im Gefühlsbereich)
V. Selbstbild und Erwartungen an die Erfüllung der Geschlechtsrolle (eher bei älteren Kindern und Jugendlichen)
VI. Schulprobleme, geringe Hirnfunktionsstörungen und Schwierigkeiten beim Lernen

Die genannten Faktoren betrafen früher fast ausschließlich Jugendliche (nach der Pubertät). Inzwischen hat sich das Alter für alle genannten Fälle nach unten verlagert. Vor allem die Punkte I., II. und VI. betreffen Kinder ebenso stark wie Jugendliche; aber auch in anderen Fällen können sie betroffen sein.

2. Kinderdelinquenz: Strafrechtlich sind Kinder Personen, die das 14. Lebensjahr noch nicht erreicht haben, Jugendliche hingegen sind 14 Jahre und älter (aber noch nicht 18 Jahre alt). Im Mittelpunkt der Diskussion steht bisher die Jugendkriminalität. Kinder unter 14 Jahren fallen nicht unter das Jugendstrafrecht und sind im strafrechtlichen Sinn *schuldunfähig*. Dennoch sind auch sie von eingreifenden Erziehungsmaßnahmen betroffen: Nach dem Jugendwohlfahrtsgesetz kann der Vormundschaftsrichter Erziehungsbeistand, Freiwillige Erziehungshilfe und Fürsorgeerziehung anordnen (*Villmow* 1982, S. 134). Neuerdings versucht man, solange wie möglich die Kinder in der Familie zu behalten. Diese Vermeidung von Eingriffen führt dazu, daß in den offiziellen Statistiken die Zahl der „gefährdeten" Kinder nicht auffällig gewachsen ist (sofern man dies bemißt nach den Eingriffsmaßnahmen). Dennoch ist ein Anstieg der Kinder- und Jugendkriminalität in den letzten Jahrzehnten festzustellen. Jungen begehen vor allem häufig Diebstähle (mit 81,2 % nach der Polizeilichen Kriminalstatistik von 1979 der überwiegende Deliktsanteil), aber auch Sachbeschädigungen (13,6 %) und Brandstiftungen (3,4 %). Insgesamt ist die Delinquenz damit auf wenige Straftatengruppen beschränkt. Auch, wenn die stärkste Kriminalitätsbelastung bei den 14- bis 25jährigen liegt, sind Kinder bereits mit 7,1 % an Straftaten beteiligt. Auffällig ist das geringe Unrechtsbewußtsein bei den Kindern, obgleich ihre moralische Entwicklung (nach *Piaget* sehr früh, nach *Kohlberg* allerdings erst in der Adoleszenz) abgeschlossen ist. Wie ist dies zu erklären? Viele der kriminalisierten Handlungen von Kindern entstehen aus Spielsituationen oder beim Herumbummeln (in Kaufhäusern), also Tätigkeiten, die durchaus normal und sogar „kindgemäß" sind. Der finanzielle Schaden ist in der Mehrzahl der Fälle sehr gering

(unter 20,– DM). Daraus läßt sich schließen, daß die *strafrechtliche* und *jugendfürsorgerische* Analyse und Einordnung kindlichen Verhaltens möglicherweise ganz unangemessen ist (*Pongratz u.a.* 1977, S. 44). Diese Interpretation wird verstärkt durch die Widerlegung der These, es bestehe ein Zusammenhang zwischen Kinderdelinquenz und Straffälligkeit in der Adoleszenz und im erwachsenen Alter. Kinderverhalten, das als sozial auffällig erfaßt wurde, gibt keine verläßliche Prognose für *späteres* Verhalten ab. Insbesondere Jungen (die entschieden stärker betroffen sind als Mädchen) geraten häufig in Konfliktsituationen aus Abenteuerlust, Wagemut, Renommiersucht oder spielerischer Leichtfertigkeit. Nur bei Kindern, bei denen sich Unregelmäßigkeiten (insbesondere Aggressionen und Diebstahlshandlungen) häufen, kann vermutet werden, daß sich dieses Verhalten in der Adoleszenz fortsetzt, ja verstärkt (*Villmow* 1982, S. 119f.). Bei den anderen Kindern handelt es sich mehr um „Spontandelikte", die oft einmalig bleiben. Es ist darum problematisch, mit dem allzu gewichtigen Apparat, der für solche Fälle vorgesehen ist (Polizei, Jugendamt, Verständigung der Schule, evtl. Vormundschaftsrichter usf.) zu reagieren, da Kinder dann nicht nur eingeschüchtert, sondern auch dazu verleitet werden, bestimmte Definitionen der Instanzen in ihr (im Augenblick negativ gefärbtes) Selbstbild zu übernehmen.

3. Ausländerkinder: Millionen von Ausländern leben in Deutschland; die Geburtenrate ist überdurchschnittlich. Die Verweildauer steigt an. Dies führt dazu, daß die unteren Altersgruppen ebenfalls anwachsen, besonders in den Ballungsgebieten (Städten).
Ohne Zweifel handelt es sich bei der Migration um ein kritisches Lebensereignis mit bitteren Erfahrungen im Aufnahmeland. Ausländische Jugendliche haben zwar „einerseits ähnliche Belastungen wie deutsche Jugendliche, die sich aus ihrem Familienleben, ihrem Schülerdasein und aus ihrem Zusammensein mit Gleichaltrigen ergeben, aber diese Belastungen erlangen eine andere Qualität, wenn man sie vor dem Hintergrund der besonderen Lebensweise ihrer Familien betrachtet und speziell der restriktiven Lebensführung, die

besonders für Mädchen gilt" (*Bründel/Hurrelmann* 1995, S. 310). Gerade jüngeren Kindern bietet ein geschütztes und nach außen hin oft abgekapseltes Familienleben Sicherheit und Halt, andererseits engt es Kinder aber auch ein und hält sie von anderen Ressourcen fern, vor allem der Gruppe deutscher Gleichaltriger oder Erwachsener. Insofern sind die oft restriktiven und geschlossenen Familienbindungen für Kinder dann ein beginnendes Problem, wenn sie (spätestens mit dem Ende der Grundschulzeit) sich neuen Lebensstilen zuwenden möchten und oft nicht können.

4. Was *Drogenabhängigkeit*, *Drogendelinquenz* und *Alkoholismus* angeht, sind hier insbesondere Jugendliche betroffen. Aber: Nicht nur, daß das Einstiegsalter bei Drogen inzwischen bei 12 Jahren angekommen ist; gerade Kinder auf der Straße, die sich selbst überlassen bleiben, werden, sofern sie Kontakt mit älteren Jugendlichen haben, leicht zum Alkoholkonsum verführt. Gefährdet sind Kinder insbesondere in Ballungsgebieten, in Hochhaussiedlungen und Vorstädten, überall da, wo der sozialökologische Nahraum kindliche Spiele einschränkt oder verbietet. Auch wenn keine eindeutigen Daten vorliegen, werden durchweg heute Gefährdungssituationen in früherem Alter erreicht als vor einigen Kindergenerationen.

5. Behinderungen und Störungen gehen in der Mehrzahl der Fälle, das sei hervorgehoben, nicht von den Kindern aus; sie sind vielmehr Resultat der psycho-sozialen Bedingungen, unter denen Kinder heute aufwachsen. Auch Tics und Seltsamkeiten im Verhalten sind selten angeboren, sondern Reaktionen auf eine verunsichernde Umwelt. Unter diesen schädigenden Umwelteinflüssen ist neben dem Leistungsdruck der Schule in den letzten Jahren vor allem die *Gewalt gegen Kinder* thematisiert worden. Es ist schon bemerkenswert, wenn ein Fachautor wie *Franz Ziegler* dazu anmerkt (1990, S. 225f.): „Gewalt gegen Kinder ist vom Ausmaß und von der Streuung her normal (60–80% aller Eltern wenden Prügelstrafen als Erziehungsmaßnahmen an; Gewalterfahrungen gehören zu den ganz normalen Erfahrungen eines Großteils al-

ler Kinder) und ist insofern sicherlich kein individuelles oder familiales, sondern ein soziales, gesellschaftliches oder kulturelles Problem." Vielleicht ist es diese Gewöhnung, die Alltäglichkeit aggressiver Behandlung von Kindern, die uns diese Tatsache bisher so wenig thematisieren ließ? Inzwischen wissen wir, daß gerade auch in Familien Kindesmißhandlung, aber auch sexueller Mißbrauch häufiger ist als erwartet; daß nicht nur Mädchen, sondern auch Jungen davon betroffen sind; daß der böse Mann auf der Straße, der als Fremder den Kindern gegenübertritt, also nur eine Spezialform der Kinder-Gefährdung darstellt, von der nicht einmal anzunehmen ist, daß sie die häufigste ist. – Die Reaktionen auf diese Zustände verraten große pädagogische Unsicherheit. Einerseits soll und muß dem Kindesmißbrauch Einhalt geboten werden; aber dies ist in der Regel nur dadurch möglich, daß die mißbrauchende Person vor Gericht gestellt und bestraft wird. Dies wiederum bezieht die Kinder als Zeugen in starker Weise ein, so daß das traumatische Erlebnis noch stärker durch Öffentlichwerden akzentuiert wird. So ist, zumindest innerhalb der Familie, auch Vertuschen an der Tagesordnung. Daß dies auch nicht die eigentliche Lösung sein kann, liegt auf der Hand. Wie sie zu finden ist, ist schwierig anzugeben. Immerhin, inzwischen wissen wir, daß Gewalt nicht nur ein personales Problem ist, also auch nicht nur als eine Sache gelöst werden kann, die zwischen zwei Personen passiert ist, sondern ein *Strukturproblem* unserer Gesellschaft überhaupt. Neben psychischen Schutz muß also sozialpädagogische Prävention treten. Gleichzeitig müsen wir Wege finden, das Leiden von Kindern nicht nach unseren Beurteilungsmaßstäben, sondern nach denen der Kinder zu behandeln. Wenn wir Kinder ausschließlich als arme Opfer darstellen, nehmen wir ihnen damit auch etwas von der Handlungs-Autonomie, über die sie durchaus verfügen.

Problematische Reaktionen

Unabhängig davon also, ob es sich um Auffälligkeiten handelt, die den Kindern zugeschrieben werden (Delinquenz), die soziokulturelle Ursachen haben (Störungen), die angeborene Schäden betreffen (Behinderungen), die in gewaltförmigem Behandeln von Kindern oder sexuellem Mißbrauch zu finden sind – in jedem Fall ist die Reaktion der Umwelt, wie eben schon angedeutet, für die betroffenen Kinder belastend.

Ein Beispiel ist das Verhalten gegenüber geistig zurückgebliebenen Kindern oder solchen mit vergleichbaren Entwicklungsstörungen und -schwierigkeiten. Nach *Richardson* (1980, S. 86) kann man eine Liste folgender Reaktionsweisen aufstellen:

1. Schon die erste Reaktion gegenüber physisch in ihrer Entwicklung Behinderter ist weniger freundlich und offen im Vergleich zu Kindern, die kein Handicap haben.
2. Es gibt eine bemerkenswerte Übereinkunft in den (kindlichen) Subkulturen der Gleichaltrigen darüber, wie weit Behinderte akzeptiert werden oder nicht.
3. Emotionale Betroffenheit und auch Angst findet sich in verschiedenen Stufen bei der ersten Begegnung mit einer benachteiligten Person.
4. Die von 1–3 beschriebenen Reaktionen finden sich schon in der frühen Kindheit.
5. Die physische Benachteiligung beschäftigt anfangs stark die Aufmerksamkeit der nicht benachteiligten Person. Die Bedeutung des Handicaps führt dazu, daß andere Eigenschaften der benachteiligten Person kaum beachtet werden – Eigenschaften, die sonst beim gegenseitigen Kennenlernen sofort in die interpersonale Gewichtung und Einschätzung eingehen (und damit ein reichhaltigeres Bild ergeben).
6. Das erste Kennenlernen schließt häufig ein unsicher-ambivalentes Gefühl der nicht behinderten Person ein. Aus Angst, die negativen Züge des ambivalenten Verhaltens allzu deutlich aufzudecken, neigt die nicht behinderte Person dazu, in ihrem Verhalten sehr formal zu sein und das Verhalten stark zu kontrollieren (auf Kosten von Spontaneität, Gefühlswärme und unverstelltem Ausdruck).
7. Entsprechend der Erfahrung der ersten Begegnung führt das ambivalente Gefühl später entweder zu einer über-

trieben negativen Einschätzung der benachteiligten Person oder auch zum Gegenteil: Die benachteiligte Person wird in übertriebener Weise als hochgeschätzt und angenehm dargestellt.
8. Zu beobachten ist bei den Nichtbehinderten eine starke Kontrolle nonverbalen Verhaltens (Einschränkung spontaner Gestik) sowie eine Tendenz, der anderen Person physisch nicht zu nahe zu kommen.
9. Die nicht behinderten Personen zeigen weniger Beweglichkeit in ihrem Verhalten als sonst, und sie bemühen sich, ihre Meinungen in einer Weise darzustellen, von der sie meinen, daß die benachteiligte Person sie eher mögen und akzeptieren könnte.
10. Nicht benachteiligte Personen beenden die erste Begegnung mit einer behinderten Person entschieden schneller, als wenn sie mit einer nicht behinderten Person zusammentreffen.
11. Die Reaktion der Eltern bei der Geburt eines sichtbar belasteten Kindes zeigt die schon beschriebenen Züge, darüber hinaus Schockverhalten, Ablehnung, Trauer, sozialen Rückzug und sogar Depression.

Diese Befangenheit wird von den behinderten oder gestörten Kindern deutlich gespürt. Damit wird ihre Lage noch schwieriger. Sie fühlen sich sozial stigmatisiert und erniedrigt. Ein Beispiel sind überaktive Kinder, denen vom Arzt „Beruhigungspillen" (Stimulanzien) verschrieben wurden. Wenn die Altersgenossen davon wissen, machen sie ihre Klassenkameraden oft lächerlich wegen der „Hyperpille" (hyperactivity), und sie sagen gern zu dem anderen Kind: „Geh, nimm deine Medizin." Von den vielen Beispielen bei *Henker/Wahlen* (1980, S. 141 ff.) wähle ich nur eines aus. Der 9jährige *Perry*, ein „hyperaktives" Kind, unterhält sich mit seinem Interviewer:

P.: „... Sie rufen, sie sagen, du hast noch nicht deine Pillen genommen. Sie sagen immerzu, hast du deine Pillen auch genommen? Das sollte keiner wissen, aber Frau P. hat es weitergesagt."

I.: „Wo und wann sagte sie es weiter?"
P.: „In der Klasse, alle waren dabei."
I.: „Sie hat dich gefragt, ob du deine Pillen genommen hast?"
P.: „Ja, ganz laut. Dabei sollte das keiner wissen, nur meine Mutter, meine Familie und die Lehrer sollten es wissen."
I.: „Wie fühltest du dich in dem Augenblick?"
P.: „Lausig." (Ebd., S. 157)

Es ist ein Irrtum zu glauben, Kinder würden relativ vorbehaltlos, jedenfalls ohne starke Beobachtung des Verhaltens der anderen, die Situation, in der sie sich gerade befinden, akzeptieren. Sind Kinder erst einmal in die Mühlen der Diagnose und therapeutischen Beratung (manchmal mit ihren Eltern, ihren Geschwistern, manchmal auch ganz allein) geraten, so verstärkt sich durch den *alltäglichen Umgang* ein negatives Selbstbild. Diejenigen, die ihnen eigentlich „helfend" zur Seite stehen, bedrohen gleichzeitig, weil sie „es wissen", die kindliche Unbefangenheit und den Spielraum seiner spontanen Reaktionen (siehe Abb. auf S. 372).

Es liegt auf der Hand, daß Kinder, die wegen kleiner Diebstahlsdelikte oder aggressiver Handlungen Beachtung finden, noch stärker stigmatisiert werden. Das, was für sie nur Spiel war, wird plötzlich als kriminelle Handlung *definiert* – nicht von den Kindern selbst, aber von Personen, die die Macht haben, ihre Handlungen zu klassifizieren und zu ihnen Stellung zu nehmen. *Erst auf diese Weise kann das Kind ein Selbstbild entwickeln, zu dem Delinquenz als von der Person nicht ablesbarer Bestandteil gehört.* Es internalisiert die Definition der anderen und kommt ihnen, in einer Art von self fulfilling prophecy, auch nach. Pointiert: Gerade bei Kindern, die noch keine reflexiven Gegenstrategien besitzen, können die Dinge, die man über sie sagt, und die Art und Weise, wie man auf sie reagiert, ihr noch im Wachstum befindliches Ich beschädigen.

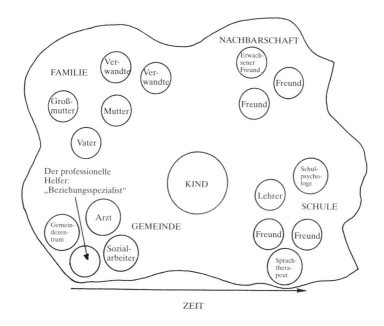

Abbildung 31: Schematische Darstellung des „Ökosystems" und der Bezugsgruppen (und den dazugehörigen Personen), die sich um das „gestörte" Kind kümmern, es aber auch *be*kümmern (Quelle: *Salzinger u.a.* 1980, S. 275).

Behandlungsmodelle

Daß es heute spezielle Programme für die Behandlung von Behinderten gibt und eine Fülle von Verfahren, „Störungen" bei allen Altersgruppen aufzuspüren und zu behandeln, hat seinen Grund zum einen ohne Zweifel darin, daß eine offene, in ihren allgemeinen Werten und sozialen Verpflichtungen relativ unstrukturierte, latent auch gewalttätige Gesellschaft zu Entfremdungserscheinungen führt und damit in (vor allem) psychische Krankheiten oder den Versuch, Unerträgliches abzuwehren (durch Medien- wie Alkohol- wie Drogenkonsum). Hinzu kommt, daß die Beratung und Behandlung gestörter oder behinderter Personen inzwischen zu einem wichtigen Feld *professionalisierter* Berufe geworden ist. Wer einen Helferberuf ergriffen hat, möchte nun natürlich seine Handlungskompetenz auch verwirklichen. Vieles, was früher an absonderlichem Verhalten so mitlief – Alte konnten in der Familie bleiben, der „Dorftrottel" wurde von allen geduldet und hatte seinen sozialen Status –, wird heute durch die Definitionskompetenz nicht nur der Kontroll-, sondern auch der Helferberufe erfaßt. Eine pointierte Einschätzung der Legasthenieforschung (Lese- und Rechtschreibschwäche) geht sogar davon aus, daß dieses Phänomen dadurch, daß es nun methodisch bearbeitet wird, geradezu produziert werde. Dies ist ohne Zweifel übertrieben; richtig an dieser These ist jedoch, daß die Ausbreitung und Etablierung der Sozialwissenschaften die Aufmerksamkeit für sozial auffälliges Verhalten verschärft hat. Hinzu kommt drittens, daß Maßnahmen der Jugend- und Sozialfürsorge, durch gesetzliche Basis gesichert, auch vom *Staat* angeboten werden („soziales Netz"). Ganze Bürokratien regeln heute beispielsweise das Aufspüren, Einweisen, Behandeln und Rückführen in die gesellschaftliche Offenheit von psychisch kranken, delinquenten, sonstwie auffälligen Kindern, Jugendlichen und Erwachsenen. Störungen und Benachteiligungen in unserer Gesellschaft zu diagnostizieren sowie Hilfe anzubieten ist also zweischneidig. So notwendig soziales Engagement ist und so unvermeidlich die Einsicht, daß Kindheit heute nicht nur harmlos, ungefährdet und glücklich verläuft, so problematisch kann doch die über Professionalisierungsprozesse und staatliche Regelungen laufende Kontroll- und Eingriffsaktivität sein. Wir sprechen heute gern von „Betroffenen", „Klienten" und „Adressaten" und grenzen damit immer eine mehr oder weniger große Gruppe der Bevölkerung als *unserer* Unterstützung bedürftig aus. So produziert sich der Helfer die Krankheit, die er dann behandeln kann.

Diese Überlegungen gelten auch, wenn man sich Störungen oder Behinderungen bei Kindern zuwendet: „Frechdachserei, Trotzköpfigkeit, Aufmüpfigkeit, Vorwitz, Rüpelei, Flegelei, das klingt nach der guten alten Zeit. In pädagogisch aufgeklärten Kreisen würde heute als ungebildet gelten, wer sich noch solcher Ausdrücke bediente. Doch nicht nur die Benennungen haben gewechselt, auch die Konsequenzen für die Kinder sind andere geworden. An den Begriffen Schulstörer, Schulversager, Schulphobie, Problemschüler läßt sich bereits der grundlegende Wandel ablesen. Troublemakers und Possenreißer sind eine alte Lehrerplage, das Neuartige besteht in der Einführung des Polizeikonzeptes ‚Störer' in die Beurteilung und Behandlung von Schulkindern." (*Wambach* 1981, S. 194) Zwar werden Schwierigkeiten der Familie oder der Schule mit Kindern nicht mehr nach altem Muster erklärt (ungezügelte Phantasien, hemmungslose Onanie, Frühreife, ungesundes Blut wegen einer Mischehe), aber auch unsere rationalen, mit Wissenschaft behafteten, zunächst alles offen haltenden Benennungen wie „Problemkind", „verhaltensgestörtes Kind" oder „Schulversager" schleppen unter dem Mantel der Objektivität institutionelle Interessen, Kontrollbürokratie und Verdächtigungen ein. Wer „Schulversager" ist, das definiert die Schule nach *ihren* Leistungsanforderungen und Verhaltenserwartungen. Damit stehen institutionelle Interessen hinter solchen Benennungen. *Wambach* (ebd., S. 203) mißtraut daher den Behauptungen, die Etikettierungen etwa kindlicher Devianz produzierten, da es sich um wissenschaftliche Kategorien handele, keine Stigmata. Auf diese Weise beschafften sich „administrative Begriffsverbraucher" ein gutes Gewissen, doch bereits die einfache Alltagserfahrung widerlege sie: „Das etikettierte, stigmatisierte Kind wird zumeist auf Dauer geschädigt, obschon viele deviante Verhaltensweisen nur Episoden kindlichen Alltags sind. Es werden Abweichungen perpetuiert, Substrate und Energien hinzuerfunden. Devianz ist immer episodisch und universell. Alle Menschen, Kinder wie Erwachsene, verhalten sich irgendwann, irgendwo, irgendwie deviant. Die Grenze zwischen normal und pathologisch, zwischen gesund und krank ist gerade bei Kindern eine schwimmende (...) Die devianten Episoden sind in Verbindung zu bringen mit den Linien und Brüchen der kindlichen Entwicklungen: den Fluchtversuchen und Verrücktheiten in der alltäglichen Lebenswelt."

Dies zu beachten ist wichtig, wenn man sich den *Behandlungskonzepten* zuwendet. Diese sind jeweils theoretisch verankert. Drei Modelle sind weit verbreitet (*Wieczerkowski/ Oeveste* 3, 1982, S. 22 ff.):

1. Das *medizinische Modell* sieht die ethologisch begründete

Ausbildung von Symptomen einer Störung als Krankheit an. Therapie dient dazu, diese Krankheit zu heilen oder zu bessern. Fehlentwicklungen werden unter medizinischem Aspekt betrachtet; soziale Verursachungen werden ebenso ausgeblendet wie eine Diskussion der einmal gefundenen Definition. Die Behandlung erfolgt, je nach diagnostizierter Schwere des Falles, durch Einweisung in ein Heim/Krankenhaus oder (häufig) durch Verabreichung von Medikamenten. Nachdem aus dem Zappelphilipp alter Zeiten das „hyperaktive Kind" geworden ist, wurde der Rohrstock oder die Ohrfeige durch Vitaminpräparate zur Dämpfung der kindlichen Unruhe ersetzt, die sogar dem Betäubungsmittelgesetz unterliegen. Bereits Schulkinder unter 12 Jahren bekommen damit amtlich Drogen verabreicht. In den USA, wo bis zu 1 Million Schulkinder regelmäßig Medikamente bekommen (häufigste Diagnose: Hyperaktivität) ist bekannt geworden, daß der Pharmakonzern Ciba-Geigy eine staatlicherseits unterstützte Kampagne (1970) begonnen hat, die zur Steigerung des Verkaufs bestimmter verhaltensdämpfender Tabletten führte (vgl. *Wambach* 1981, S. 206). „Konsumkindheit" also auch dann, wenn es nicht um Süßigkeiten oder Schallplatten geht, sondern um Verordnungen „zum besten des Kindes"!

Das medizinische Modell ist inzwischen, was jedenfalls sogenannte Schulstörungen angeht, in Verruf gekommen. Die Psychiatrisierung von Kindern ist kaum wünschenswert. Medizinisches Eingreifen ist nur dort angebracht, wo eine Überlebensfähigkeit des Kindes in seinen normalen Umwelten nicht mehr gewährleistet ist.

2. Unter den sozialwissenschaftlichen Modellen haben *Interaktionismus* und *Systemtheorie* die wichtigsten Beiträge geliefert. Betont wird durchweg der Einfluß der sozialen Umwelt auf Störungen. Der interaktionistische Ansatz, vor allem in der Form des symbolischen Interaktionismus, erklärt die Definition als „Störer" aus einem Zuschreibungsprozeß, der durch Interaktionen zwischen Menschen in Gang gehalten wird. Beispiel: Ein Kind ist unruhig und „stört" in der Klasse. Der Lehrer wird offenbar nicht mehr mit ihm fertig und meldet den „Fall" dem Schulberater. (Alternative: Er empfiehlt den

Eltern, zur Erziehungsberatungsstelle zu gehen. Dort sind allerdings seit jeher lange Wartezeiten in Kauf zu nehmen.) Beim Kind wird „Hyperaktivität" diagnostiziert. Diese Diagnose wird in einem Personalbogen festgehalten. Nun ist das Kind „abgestempelt": Der Lehrer hat seine Erklärung, die Spielkameraden hören vielleicht davon (s. o.) und übernehmen die Erklärung; das Kind selbst lebt im Rahmen dieser Erklärung und weiß nun, daß es eine „Störung" hat. Verschärft man die Argumentation dieses Ansatzes, könnte man sagen: Das, was mit dem Etikett (*label*, darum auch *labeling approach*) versehen ist, wird *gerade* und *nur dadurch* zu dem, was der Name aus ihm macht.

Der systemtheoretische Ansatz erweitert diesen Blickwinkel durch zwei Behauptungen: Die Familie oder die Schule strukturieren die Bedingungen, unter denen Erziehung und Lernen stattfinden. Mangelhafte Strukturierungen, Widersprüche und Brüche im System führen zu Lernstörungen. Diese sind also nicht ursächlich vom Kind produziert, sondern durch das Handlungssystem, in dem es sich befindet.

Beide Ansätze kann man ergänzen durch *materialistische Aspekte*. Dies ist notwendig, um nicht zu meinen, falsche Definitionsprozesse ließen sich ohne weiteres ändern oder abschaffen, Systemwidersprüche aufheben. Ein solcher Vorschlag übersähe, daß Definitionen aus einem *Machtgefälle* zustande kommen (nicht nur zwischen Erwachsenen und Kindern, sondern auch zwischen denen, die ihre gesellschaftlichen Vorstellungen generalisieren, und denen, die Schwierigkeiten haben, diesen nachzukommen); er übersähe des weiteren, daß Widersprüche des Systems (z.B. bei der Schule: Bildungs- versus Selektionsfunktion) durch gesamtgesellschaftliche Bedingungen, insbesondere die ökonomische Verfaßtheit, zustande kommen. Wer für den gesellschaftlichen Produktionsprozeß nach Maßgabe bestimmter Anforderungen und Definitionen nicht verwertbar ist, gilt dann als „behindert" und/oder „gestört".

3. Eine andere Kombination stellen der *kognitionstheoretische* und der *handlungstheoretische* Ansatz dar. Kognitionstheoretisch entstehen Schulschwierigkeiten und Hemmungen

der kognitiven Entwicklung aufgrund einer nicht optimalen „Passung" von Umwelt und Lernendem, so daß dieser seine Schemata nicht realitätsgerecht weiterentwickeln kann. Insbesondere die Umweltpsychologie weist darauf, daß Störungen zwischen der Umwelt und einem Kind zu Behinderungen führen. Dies kann man sich schnell anschaulich machen, wenn man sich beispielsweise *Eriksons* Negativalternative der Entwicklungsaufgaben vergegenwärtigt. Psychische Prozesse und Umweltbedingungen (Verhalten der Eltern, Reizreichtum und Reizarmut, Spielgelegenheiten, Möglichkeiten, selbständig Erfahrungen zu machen) bedingen sich fördernd oder hindernd. Der handlungstheoretische Ansatz ergänzt diesen Aspekt, indem er die Entwicklung menschlichen Lernens als Entfaltung und Erweiterung des Aktivitätsspielraums sieht, über den das Kind *aktiv* verfügt. (Danach wäre das Kind in gewisser Weise auch an der Produktion seiner „Störungen" beteiligt!)

Die Diskussion um Handlungsansätze und deren jeweilige Vor- und Nachteile ist inzwischen in ein neues Stadium getreten. Daß dies notwendig war, soll folgende Geschichte illustrieren (*Salzinger u.a.* 1980, S. 3f.):

„Ein hübsches und begabtes 12jähriges Mädchen war mit einer Gruppe Gleichaltriger in einem kleinen Fotografierclub. Einmal arrangierte sie eine ganze Reihe von Gegenständen in unüblich-interessanter Weise, und dieses Arrangement fotografierte sie. Das Ergebnis war ein überraschendes und sehr originelles Bild, das dann mit hunderten anderer Bilder vom Gruppenleiter für einen städtischen Fotografierwettbewerb eingereicht wurde. Zur großen Überraschung und Freude aller (obgleich offensichtlich nicht des Mädchens selbst, das ihren Erfolg eher ziemlich blasiert hinzunehmen schien) gewann sie einen der ersten vier Preise.

Die Preisverleihung sollte mit großem öffentlichem Aufwand in einem größeren Kunstmuseum in der Innenstadt erfolgen, und natürlich war auch die Presse eingeladen. Anschließend sollten die ausgezeichneten Bilder für einige Tage in dem Museum ausgestellt werden. Die Gruppe bereitete aufgeregt ihre Teilnahme an dieser Veranstaltung vor. Dann aber, am späteren Nachmittag des Tages vor dem großen Ereignis, wurden die Kinder informiert, daß sie nicht gehen dürften. Warum? Weil sie Patienten in dem ortszugehörigen Behandlungszentrum für emotional gestörte Kinder waren, das einem großen und angesehenen Hospital angeschlossen war. Das Kind, dessen Werk öffentlich geehrt und anerkannt war, und zwar von den Erwachsenen und seinen Alterskameraden, war dort eingeliefert worden wegen antisozialen Verhaltens. Die Publizität, die als eine positive Verstärkung für die Entwicklung des Mädchens hätte eingesetzt werden können, konnte zugleich dazu führen, daß die Kinder als Patienten bekannt wurden; gleichzeitig lief das Hospital damit Gefahr, die garantierte Privatheit der Klienten zu verletzen. Es wäre möglich gewesen, eine schriftliche Zustimmung von allen Betreuern der Kinder einzufordern. Aber dies hätte zuviel Aufwand bedeutet, und so wurde der Ausflug gestrichen. Betrachtet man die Biographie des Mädchens und ihr schwieriges Verhalten, das durchweg dazu diente, von den Gleichaltrigen und den Erwachsenen soziale Anerkennung zu erlangen, so ist klar, daß der Akt öffentlicher Anerkennung der Erwachsenenwelt, unterstützt durch die Bewunderung der Peers, eine starke Unterstützung des Kindes bedeutet hätte in Richtung auf besseres Verhalten und bessere Realitätskontrolle (hearthy adaptive functioning). Die Folge dieses Vorfalls nun stand in direktem Widerspruch zu ihrem therapeutischen Programm. Sie lernte aus ihm, daß Mitmachen und sich sozial Engagieren selbst dann, wenn dies besonders bemerkenswert war, keinerlei Anerkennung in der sozialen Umgebung finden würde. Ausgezahlt hat sich nur ihr blasiertes Getue, ein typisches Beispiel ihres schwierigen sozialen Verhaltens, das das therapeutische Programm verbessern sollte."

Das strategische Dilemma dieses Beispiels besteht darin, daß die soziale Umgebung in die institutionellen Interessen des Hospitals eingriff. Einen Fotopreis öffentlich überreicht zu bekommen ist für ein Kind ein außergewöhnliches Ereignis. In diesem Falle war auch eine *therapeutische Wirkung* zu erwarten – ohne jede „Intervention" von Ärzten, Sozialarbeitern oder anderen Personen. Das Mädchen hatte etwas ganz Normales getan: ein gutes Foto gemacht; mehr als „normal" war, daß es dafür sogar einen Preis erhielt. Damit war öffentliche Aufmerksamkeit gesichert – genau das, was das nach Anerkennung ihres kleinen Ich lechzende Mädchen wollte. *Wie sehr* sie es wollte, zeigt sie nicht, mißerfolgsgewohnt und darum mißtrauisch. Und wie recht sie hatte! Das Hospital mußte fürchten, durch diese öffentliche Aktion gegen eine seiner Regeln und Zusagen zu verstoßen und damit dem eigenen guten Ruf zu schaden. Das tat es zwar eigentlich auch, wenn es wider alle pädagogische Vernunft den Erfolg des Kindes zu feiern unterband und damit einen schweren Fehler in seiner therapeutischen Förderung machte. Aber dieser Fehler war nicht als Regelverletzung diagnostizierbar, blieb unöffentlich. Darum konnte er begangen werden, zum Schaden des Mädchens. Denn dieses wurde noch mehr in seiner Attitüde verstärkt, sich anderen Menschen gegenüber zurückhaltend, ja „blasiert" zu verhalten – die einzige Chance, nicht das Gesicht zu verlieren und so weiteren Spott einzuheimsen.

Dieser Fall stellt eine alltägliche Katastrophe dar. Gerade die Tatsache, daß er gar nicht „besonders" ist, macht um so mehr auf die Schwierigkeiten einer institutionellen Behandlung von „Störungen" aufmerksam. Darum beginnen die Autoren mit dieser Geschichte auch ihr Buch „The Ecosystem of the sick child" (*Salzinger u.a.* 1980).

Ein weiteres, etwas anders gelagertes Beispiel (diesmal aus einer Tageszeitung, FAZ vom 4.8.1983, Nr. 178, S. 7): Es geht um die „Allmacht der Behörden in Schweden" und die „Angst vor Sozialarbeitern". Dazu wird eine Reihe von Fällen berichtet, der kürzeste wird so dargestellt:

„Zunächst war Frau Aminoff dem kommunalen Sozialamt unangenehm aufgefallen, weil sie ihren Sohn nicht in den staatlichen Kindergarten schickte und sich mit ihm daheim auch noch zumeist auf Englisch unterhielt. Zur Untersuchung seines psychologischen Wohlbefindens wurde der Junge in ein Krankenhaus eingewiesen, aus dem er nach einiger Zeit allerdings zu entweichen verstand. Mutter und Sohn verließen das Land, um sich einem zweiten behördlichen Zugriff zu entziehen. Zurück nach Stockholm kehrten sie erst wieder, nachdem ihnen amtlich versichert worden war, der Fürsorgebeschluß sei aufgehoben und man werde sich fortan mit einer gelegentlichen Überwachung des Jungen begnügen.

Die Behörde hält ihr Wort. Doch als Frau Aminoff aus beruflichen Gründen eine Auslandsreise antreten und ihren Alexander mitnehmen will, holen ihn Sozialarbeiter kurzerhand aus der Schule heraus und bringen in wiederum in ein Krankenhaus. Ein weiteres Mal ergreift der Junge die Flucht und schafft es mit Hilfe von Bekannten nun bis Helsinki. Dort freilich weiß sich der mittlerweile 10jährige zunächst keinen anderen Rat, als bis zur Ankunft seiner Mutter freiwillig ein Spital aufzusuchen. Frau Aminoff erscheint – und fällt aus allen Wolken. Zwei schwedische Sozialarbeiterinnen sind ihr zuvorgekommen: Sie haben den Jungen bei Nacht und Nebel entführt, haben ihn aus Helsinki nach Stockholm zurückgeholt, ohne die finnischen Behörden auch nur zu fragen. Die Mutter, der ein Facharzt bescheinigt hat, außergewöhnlich gebildet, eine gefühlsmäßig sehr warme Person und zur Erziehung ihres Sohnes in jeder Hinsicht befähigt zu sein, erfährt über den Verbleib Alexanders geraume Zeit nichts. Erst als sich eine schwedische Oberlandesgerichtsrätin ihrer Sache annimmt und zur Anrufung der Europäischen Menschenrechtskommission rät, läßt die unruhig gewordene Sozialbehörde wissen, Alexander könne zu seiner Mutter zurück, wenn diese mit ihm Schweden auf nimmer Wiedersehen verlasse."

Dieses Beispiel (es gibt ähnliche, und sie scheinen sich zu häufen) ist kein Argument gegen den Sozialstaat, gegen die Aufgabe öffentlicher Einrichtungen, in Fällen elterlichen Versagens (und auch dies ist häufig) Erziehungshilfe zu leisten. Das Problem liegt auch hier in einem „zuviel des Guten", das zu gegenteiligen Konsequenzen führt. Schon der in der Sozialarbeit gebräuchliche, brutale Ausdruck „Interventionsstrategie" deutet an, daß ihre Eigenschaft darin besteht, in bestimmte Interaktionszusammenhänge zwischen Menschen sowie Entwicklungsverläufe einzugreifen. Ein solches Eingreifen ist dann gerechtfertigt, wenn das Kind offensichtlich verlassen, bedroht oder allein ist. Im Fall Alexanders ist dies ganz offensichtlich nicht so. Er möchte gern mit seiner Mutter zusammensein, und diese ist nicht erziehungsunfähig, im Gegenteil. Aber die wachsamen Behörden intervenieren trotzdem, und zwar, weil pädagogische Anschauungen über eine vernünftige, förderliche Entwicklung verabsolutiert werden. Nicht in den Kindergarten Gehen und englisch Sprechen: Bedeutet das nicht Vereinzelung, kulturelle Entfremdung, damit Gefährdung prosozialen Verhaltens? Die Behörden müssen so gedacht haben, um sich das Recht zu nehmen, derart massiv immer wieder zu „intervenieren". Nicht nur die Mutter, vor allem Alexander werden zum *Objekt* pädagogischer Regeln und Überzeugungen, die nur noch von der Ratio institutionell-bürokratischen Handelns getragen werden. Was die Behörde Alexander und seiner Mutter vorwirft: den Kontakt zur Umwelt verloren zu haben (Alexander muß ihn durch Fluchten aus dem Krankenhaus immer wieder suchen), das gilt vielmehr für *sie*.

Sozialökologisches Konzept

Damit sind wir bei einem Konzept, das wichtige Elemente der vorangehend erörterten keineswegs außer acht läßt, aber ein entscheidendes Moment hinzufügt: die Einsicht in die Tatsache, daß die Lebenswelt von Kindern aus vielen Zonen, Personen und auch dinglichen Zusammenhängen besteht, die man insgesamt beachten muß, will man dem Kind helfen. Dieser *lebensweltliche Zusammenhang* ist das alleinige Kriterium helfenden Handelns. Eine solche Konzeption hat Folgen: Nicht mehr die Behörde „definiert" vorab, was Störung sei oder nicht, sondern dies ergibt sich allererst aus der Lebenswelt. Dabei ist aber nicht nur *eine* Instanz (die Familie, die Schule) zu befragen, sondern alle Instanzen sind einzubeziehen. Dies könnte die *totale Kontrolle* bedeuten, die Ausspionierung jedes lebensweltlichen Winkels. Doch die dritte Regel erlaubt dies nicht: Definitionen, mögliche Lösungen sollten, natürlich beratend unterstützt, von denen kommen, die in dem zu erkundenden lebensweltlichen Zusammenhang leben. Sie haben damit auch das Recht, weitere Interventionen abzuwehren. Gerade auch der „Betroffene" wird damit wieder zum Subjekt seiner Handlungen, indem er *mit entscheiden* kann. Damit wird der lebensweltbezogene, sozialökologische

Zugang von einem pädagogischen Ethos getragen, das um die Probleme einseitiger Definitionsprozesse weiß und darum versucht, auch den Hilfeprozeß als unterstützende Kooperation zu verstehen und zu organisieren.

Hinter solchen praktischen Auffassungen steht ein *theoretisches Konzept*. Dies ist im 1. Kapitel dargestellt worden. Danach finden Interaktionen zwischen Menschen in Umwelten, sozialökologischen Zonen, *behavior settings* statt. Diese stellen ein komplexes System von Bedingungen und Abhängigkeiten dar, aber auch einen Spielraum zur Entfaltung. Gilt dies, ist es unzureichend, beispielsweise Kindern gegen „Hyperaktivität" Pillen zu verschreiben. Dann würde an der Umwelt nichts geändert. Wichtiger ist es herauszufinden, was an der kindlichen Umwelt *unzureichend* ist: Ist es das Verhalten der Eltern oder des Lehrers; geht es vielmehr um gegenständliche, vielleicht angsteinflößende Gegebenheiten; ist der lange Schulweg ein Problem und der gefährliche Straßenverkehr, dem das Kind täglich ausgesetzt ist; hat das Kind vielleicht nicht die Gelegenheit, mit Spielkameraden lange genug zusammen zu sein, usf. Um dies herauszufinden, braucht man kein spezielles Forschungsprogramm. Die beste Methode ist, das Kind als Subjekt seiner selbst zu betrachten und es zu befragen. Erfahrungen (weniger bewertende Urteile) anderer können hinzukommen. Eltern, Schule, soziale Umgebung und andere Instanzen und Bereiche müssen also einen Kooperationsvertrag machen, sich füreinander öffnen und so den dunklen Horizont, vor dem das Kind zu leben glaubt (und häufig lebt) aufzuhellen suchen. So naiv es wäre, auf heilende Kräfte in der Lebenswelt zu vertrauen und alles seinem Lauf zu überlassen, so kurzsichtig ist es, durch Kontakte zerstörende Eingriffe dann zu intervenieren, wenn die Lebenswelt selbst ein environment darstellt, das Überlebenschancen anbietet. Nur wenn dies nicht der Fall ist, sind Entfernung, Verlagerung, ja Flucht geboten.

Auch das lebensweltliche Hilfekonzept bei Benachteiligungen und Störungen kann zu *falschen* Schlußfolgerungen und einseitigen Übertreibungen führen (ich habe das angedeutet). Dennoch bietet es die einzige Chance, gefährdeten Kindern wirksam (nicht nur symptomkurierend) zu helfen. Daß die

Beachtung heutiger Lebenswelten (Kindheiten) über den einzelnen Hilfefall hinaus zu einer kritischen, aber auch planenden, weiterführenden Sichtweise verhilft, mag deutlich geworden sein und ist sicher ein zusätzlicher Beitrag eines Konzepts, das nicht abstrakt „die Gesellschaft" verantwortlich macht, aber doch, immer im Konkreten bleibend, den Blick nicht auf den einzelnen „Fall", der manipuliert werden müsse, beschränkt. Umweltzerstörungen (nicht nur der Dinge, sondern auch der Personen, ihrer Kontakte) sind eine Zerstörung kindlicher Lebenswelten und die eigentliche Ursache dessen, was wir „Behinderung" oder „Störung" nennen.

6. Pädagogisches Nachdenken

Kinder, obgleich (fälschlich) als in einer „Latenzperiode" seiend betrachtet, also relativ unauffällig in ihrer psychosexuellen und sozialen Entwicklung, sind dennoch bevorzugte Objekte pädagogischer Bemühungen. Ich vermute, daß wir mehr Überlegungen, Ideen und Vorschläge dafür haben, wie man Kinder pädagogisch zu behandeln habe – beim Spielen und Lernen, beim Essen und Arbeiten, in Familie und Schule und sonstwo – als es Wissen darüber gibt, was Kinder eigentlich sind und wessen sie bedürfen. Das wird als bekannt vorausgesetzt und ist in jeder pädagogischen Maßnahme als Kern eingeschlossen. – Wie wir wissen, hängen die Geschichte der Kindheit und die Geschichte pädagogischen Bemühens um Kinder eng zusammen. Pädagogik war für den „Prozeß der Zivilisation" (*Elias*) zentral, denn sie trug dazu bei, ontogenetisch aus dem kleinen „Wilden" den zivilisierten und erfolgreichen Erwachsenen zu formen. Ein beliebiges (wegen der Fülle) Beispiel aus der Zeit des ersten Höhepunkts pädagogischen Nachdenkens über Kinder, der Jahre um 1800 (Aufklärung und ihre Folgen): Der Text von *E.W.H. Lange* handelt von den „Folgen des Frühaufstehens und des Langschlafens" und stammt aus einem „Tugend-Spiegel oder die Folgen der guten und bösen Handlungen in kleinen gemüthlichen Erzählungen für die Fassungskraft des ersten Kindesalters" (Nürnberg/Leipzig 1826):

Theodor hatte die schöne Gewohnheit, die schönen Morgenstunden fleißig zu benutzen. Wenn die Sonne ihre ersten Strahlen in sein Zimmer sandte, so stand er sogleich auf, kleidete sich rasch an, wusch sich mit frischem Wasser Gesicht, Brust und Arme, spülte damit den Mund sorgfältig aus und nahm dann, ermuntert und gestärkt, unverweilt seine Bücher zur Hand. Leicht ging dann jedes Mal das Lernen vonstatten, ohne Fehler wußte er immer alle aufgegebenen Stellen in der Schule herzusagen, welche der Lehrer tags zuvor aufgab. Liebenswürdige Munterkeit in allen seinen Bewegungen zeichnete Theodor vor allen andern Knaben aus. Seine blauen Augen glänzten hell und lieblich, der Gesundheit schönes Rot strahlte auf seinen Wangen; seine Zähne, weiß wie Elfenbein, bewunderte jeder, wenn er lächelte. Diese schönen Vorzüge des gesunden Aussehens hatte er vorzüglich dem Frühaufstehen zu verdanken. Jeder, der sich daran gewöhnt, weiß auch, wie vortrefflich Geist und Körper sich dabei befinden. O, wie recht hatten die lieben Alten, wenn sie sprachen: Morgenstunde hat Gold im Munde!

Theodor hatte, als er älter wurde, den größten Nutzen von dem Frühaufstehen. Bei seinen Berufsarbeiten kamen ihm die Morgenstunden trefflich zustatten. Oft, wenn andere von seinen Nachbarn erst das Bette verließen, hatte er unter frohem Gesange schon ein paar Stunden gearbeitet. Mußten die andern sich dann noch am späten Abend mit Arbeit plagen, so war Theodor mit den Seinigen längst fertig und hatte Muße, mit erheiternden Spaziergängen in den schönen Fluren sich zu stärken. Auf seine Vermögensumstände hatte seine muntere Tätigkeit einen glücklichen Einfluß, er wurde ein sehr wohlhabender Mann. Oft sagte er im Alter zu seinen Kindern: „Das Frühaufstehen gibt Mut und Kraft zur Arbeit, und wer gerne arbeitet, hat immer Brot und Freuden auf Gottes schöner Erde."

Ein Langschläfer war Albert. Schwer trennte er sich am Morgen von seinem warmen Bette; halb schlafend und halb wachend verträumte er darin die herrlichsten Morgenstunden. Wenn man dann schrie und immer schrie, daß er doch aufstehen sollte, dann seufzte und dehnte er sich mit jammervoller Trägheit, legte sich noch einmal von der rechten auf die linke Seite und stand mit halbgeschlossenen Augen auf. Statt wie Theodor mit frischem Wasser den Mund auszuspülen, trank er ohne weiteres gleich seinen warmen Kaffee. Diese unverzeihliche Nachlässigkeit hatte für ihn schlimme Folgen, denn weil auf diese Art der Schleim, welcher sich an den Zähnen ansetzte, nie wegkam, so bekam er einen übelriechenden Atem und skorbutisch Zahnfleisch. Die Schule hatte schon angefangen, wenn der faule Knabe erst aufstand und sich dann halb eilig und halb träge und unter Ausrufung des Verdrusses ankleidete. Verdrüßlich blieb Albert den ganzen Tag, die Mücke an der Wand ärgerte ihn. Immer hatte er Kopfschmerzen; sollte er etwas auswendig lernen, so konnte er keine Stelle im Gedächtnis behalten; dies war auch ganz natürlich! Das viele Schlafen hinderte des Blutes raschen Umlauf, das weiche, warme Bett, in welchem er zu lange lag, machte seine Glieder schlaff und kraftlos. Ein Jammer war es, als Albert sein Brot selbst verdienen mußte und sich nun die Gewohnheit des Langschlafens nicht mehr abgewöhnen konnte. Wenn die fleißigen Nachbarn schon ein paar Stunden arbeiteten, dann wälzte er sich noch träge in seinem Bette. Wie als Knabe, so als Mann stand er stets voll Verdruß auf und blieb den ganzen Tag übellaunig. Er trachtete wohl danach, so viel zu erwerben, daß seine mißlichen Umstände sich verbessern sollten, aber der Träge will nur, das Vollbringen fällt ihm gar zu schwer. Albert hatte Mühe, dem Hungertode zu entgehen, und diesen unglücklichen Zustand erzeugte das unverzeiliche Langschlafen.

(Zitiert nach: *Könneker, M.-L.*, 1, 1976, S. 120ff.)

Theodor tut, was recht ist und er früh gelernt hat. Es sind ja diese Kleinigkeiten des Alltags, für die vornehmlich Erziehung geschieht. Die Entdeckung der Hygiene (*Theodor* spült sich auch den Mund „sorgfältig aus", damals keineswegs selbstverständlich) trug mit dazu bei, Kindersterblichkeit und Anfälligkeit gegen Krankheiten herabzusetzen. *Theodor* handelt also nur vernünftig, und auch heute würde man ihm die gleichen Ratschläge erteilen. Die Erziehung zum *Vorwärtsstreben* („... Nahm dann, ermuntert und gestärkt, unverweilt seine Bücher zur Hand") ist ebenfalls etwas, um das sich Familie und Schule in gleicher Weise bemühen. Auch dies ein pädagogischer Wert. Wesentlich aber ist der Profit, den *Theodor* für seine Zukunft macht: Aufgrund seiner vernünftigen Tageseinteilung, aber auch seines Fleißes, wird er nicht nur „ein wohlhabender Mann", sondern er hat auch „Muße, mit erheiternden Spaziergängen in den schönen Fluren sich zu stärken" (natürlich ist auch dieses Freizeitverbringen vernünftig und maßvoll, dient der Gesunderhaltung). Dieses Erziehungsmodell: die Kinder fröhlich sein lassen und sie für die Zukunft erziehen, ist im Zivilisationsprozeß inzwischen fast *archetypisch* geworden. Auffällig ist, daß *Theodor* zu seinem vernünftigen Tun nicht ermahnt werden muß. Daß sein Verhalten Resultat der Erziehung seiner Eltern ist, wird vorausgesetzt – und deutlich gezeigt, als *Theodor* nach gehabtem Erfolg *seinen* Kindern das Rezept seines Lebens weitergeben kann: „Das Frühaufstehen gibt Mut und Kraft zur Arbeit ..." – „Wie der Knabe, so der Mann" und „Was du als Kind gelernt, erntest du als Mann": Diese beiden Regeln eines lifespan-development belegen ebenso deutlich, in didaktischer Kernigkeit die Gegenfigur *Theodors: Albert* ist ein Langschläfer, versäumt das Zähneputzen („so bekam er einen übelriechenden Atem und skorbutisch Zahnfleisch"); er kommt zu spät in die Schule, er kränkelt und ist „schlaff und kraftlos". Kein Wunder, daß er als Erwachsener Mühe hat, „dem Hungertode zu entgehen". Die Kausalkette vom Langschlafen (und allem Üblen, was dazugehört) bis zum Hungertode ist nur mit wenigen Gliedern gegeben, aber sie hält.

Natürlich könnte man keinem heutigen Kind einen solchen Text vorlesen, und kein Pädagoge würde ihn ernsthaft verfassen. Aber die *Figuration* von Erziehung, die dem Text zugrunde liegt, ist, im veränderten Beispiel und mit anderen Rechtfertigungen, bis heute gültig. Kinder dürfen Langschläfer nur in den Ferien sein; sie sollen Sport treiben und sich bewegen; sie sollen arbeiten und beim Spielen möglichst etwas Vernünftiges tun (in der Aufklärung war der Seiltänzer eine immer wieder zitierte Figur, die die Kinder faszinierte, vor der aber zu warnen war, denn was kam beim Seiltanz heraus?): Dies ist ebenso wichtig wie das Zähneputzen. Und: Ist es das nicht?

Ambivalenzen des Erziehens

Daß dem Kind geholfen werden müsse, erfolgreich und glücklich zu werden und in Harmonie und Übereinstimmung mit der sozialen und weiteren gesellschaftlichen Umwelt zu leben (heute wissen wir, daß solch nahtlose „Passung" der Individualität in die Kollektivität nicht gelingen kann), ist eine Überzeugung, der wir durch *Erziehung* Ausdruck geben. Je erziehlicher die Umwelt des Kindes, desto besser für das Kind: Das ist die Legitimation für die Expansion der Pädagogik. Kindergärten, Pädagogische Provinzen, Schonräume, Spielplätze, Kinderzimmer, Klassenräume, Pausenhöfe, Tagesheime, alle Arten von Jugendgruppen mit ihren Räumen und Plätzen, Wanderungen, Zeltlager, Heimabende ... – die Fülle der erziehlichen *behavior settings* (wobei jedes eine in ihrer pädagogischen Konstruktion deutlich erkennbare Variante darstellt) ist beeindruckend. Ob es sich um mehr abstrakt-konzeptionelle Vorstellungen handelt („Pädagogische Provinz" als totale erziehlich gestaltete Umwelt) oder um konkrete Angebote (Kindergarten), in jedem Fall ist die Lebenswelt des Kindes durchwirkt von Pädagogischem. Hinzu kommen pädagogische Aktionen und Eingriffe *außerhalb* der dafür vorgesehenen (erziehungsspezialisierten) Zonen: In der Familie, in der Nachbarschaft und auf der Straße etwa. Überall treffen Kinder auf Erwachsene, die ihnen sagen, ob sie recht tun oder was sie tun sollten.

Wieviel Erziehung aber braucht das Kind wirklich? *K. Rutschky* (1983, S. XXIX ff.) betrachtet die Ausdehnung erziehlichen Handelns kritisch. Im 19. Jahrhundert sei der Kindergarten *Fröbels* entstanden, um eine pädagogische Lücke zu schließen. Sie zitiert einen Abschnitt aus *A. B. Hansch-*

manns Buch „Friedrich Fröbel. Die Entwicklung seiner Erziehungsideen in seinem Leben" (Eisenach 1875, S. 339) und kommentiert diesen Text dann:

„Die kleinen Kinder drehen sich gerne um einen glatten Baum oder Pfahl, eine Hand an denselben schließend ... Das hat schon jeder bemerkt. So stand auch eine Säule von geringer Stärke in der Mitte des Spielzimmers in Blankenburg [hier wurde 1840 der erste Kindergarten Fröbels eröffnet]. Wenn eine gewisse Beschäftigungs- und Spielzeit vorüber war, übte diese Säule eine wirklich magnetische Gewalt auf die Kinder aus ... Es wurde mit Lust und Jubel die Säule umkreist oder vielmehr umschwungen. Fröbel spricht: Da nun dieses frohe Spiel bald alle anzog, so mußte Ordnung in dasselbe gebracht werden. – Die Kinder müssen sich der Größe nach einteilen lassen, ein Lied lernen und, wenn die Gruppe groß genug ist, einen schönen Stern um den Mittelpunkt der Säule bilden, die notfalls auch der Spielführer ersetzen kann. So wird den Kindern etwas abgeschaut, recht eigentlich weggenommen, geordnet, erweitert und vom Erwachsenen als Aufgabe an die Kinder zurückgegeben. Da sich das nicht von selbst versteht, bedeutet die Pädagogisierung der Kindheit auch immer die des Erwachsenen. Er muß den pädagogischen Blick erwerben, wie Fröbel ihn angesichts des spontanen Tuns der Kinder beweist: Was er sieht, ist zu wenig (oder falsch) – schon weil er selbst in der ursprünglichen Szene fehlt mit all seinen Phantasien, Verantwortungen und Handlungsimpulsen."

Es ist dieser „pädagogische Blick", der uns die Kinder häufig nicht genauer sehen läßt, sondern durch die Brille des Vorverständnisses, daß Kinder auf jeden Fall und in jeder Situation so viel wie möglich zu erziehen seien. Darum die Irritation, wenn Kinder auf der Straße unseren Blicken entschwinden, sich in Höhlen einbuddeln oder auch vor unseren Augen herumstehen und nichts tun als „gammeln" oder eine Musik hören, die die meisten Erwachsenen nur als laut empfinden. Die *Durchpädagogisierung des Alltags* entlastet übrigens auch davon, die Frage nach Maß und Zweck der Erziehung zu stellen. Gerade heute, da es kaum einen gesellschaftlichen Konsens über ein wünschenswertes Menschenbild mehr gibt, entlastet die Zuwendung zur *pädagogischen*

Technik von der Verantwortung, diese selbst zu reflektieren und auf ihren erziehlichen Funktionswert auch kritisch zu befragen. Das Interesse an Erziehungstips, Erziehungsregeln und Erziehungsratgebern kann man gemäß der Dialektik der Aufklärung als *Ausweichen* vor einer ernsthaften pädagogischen Auseinandersetzung und Rechtfertigung verstehen. Wenn man darauf achten muß, daß das Kind regelmäßig seine Zähne putzt, nicht zu spät schlafen geht, seine Schularbeiten pünktlich erledigt und beim Spielen mit richtigen Kameraden gesellig ist und fröhlich bleibt sowie offensichtliches „prosoziales Verhalten" demonstriert, dann ist man wahrlich ausgefüllt und kann darauf verzichten, sich Gedanken zu machen, wozu dies alles gut ist. Denn die Antworten liegen auf der Hand: Das Zähneputzen schützt vor Skorbut, Paradontose, Karies (und heile Zähne lassen heiterer lächeln – ein wichtiges Können, wenn es später um Bewerbungen und Sympathiewerbung für sich geht); pünktliches Schularbeitenerledigen bringt eher gute Zensuren und diszipliniert zu einem kontrollierten, fleißigen Leben; usf. Damit dies alles jedoch nicht naiv geschehe, brauchen wir Ärzte, Kindergärtnerinnen, Psychologen, Erziehungswissenschaftler und andere. Sie „beforschen" die Kinder und geben uns Gründe an, warum eine Maßnahme notwendig/gerechtfertigt ist oder besser unterbleiben sollte. Dieses Wissen ist unaufgebbar, und es hilft uns und dem Kinde. Aber es kann uns auch entgleiten, sich selbständig machen, Kriterien entwickeln, die jedenfalls nicht aus dem Leben des Kindes genommen sind. So dienen Didaktiken, Unterrichtsmethodiken und alle Arten von Erzieherverhaltenslehren dazu, das Kriterium der erziehlichen *Effektivität* zu befriedigen. Die Effektivität des Schulsystems wiederum bemißt sich an Können, Leistungsmotivation (und auch Sozialität) derer, die es dann „entläßt", entweder ins Leben oder in eine andere pädagogische Institution. Daß möglicherweise *dieses* Effektivitätskriterium sich im Prozeß gesellschaftlicher Modernisierung und industriellen Wachstums, gemessen am erwirtschafteten Bruttosozialprodukt, entwickelt hat, muß dann nicht diskutiert werden. Und der erzieherische Alltag hat ja auch der Mühen schon genug. Die Verwissenschaftlichung und Rationalisierung der Erziehung,

Professionalisierung des Erzieherberufs auf allen Ebenen können zu einer Sozialtechnologie degenerieren, die die natürlichen Sozialisationsprozesse zerstört, sofern sie nicht geplant, spontan oder in ihren „Wirkungen" nicht deutbar sind. Die Expansion der Pädagogik hat zur Vergesellschaftung der Erziehung geführt; im vorangehenden Kapitel (sowie im 1.) war bereits auf problematische Folgen hingewiesen worden.

Darum gibt es inzwischen (meist erziehungskundige, wissenschaftlich ausgebildete) Erwachsene, die auf eine Abschaffung der Pädagogik drängen und eine *Antipädagogik* proklamieren (*Braunmühl* 1975, 1978; *Braunmühl/Kupffer/ Ostermeyer* 1976 *u.a.*). Die „Kolonialisierung des Kindes" (*Mendel* 1973), „die Eroberung des Kindes durch die Wissenschaft" (*Gstettner* 1981) sollen nun rückgängig gemacht werden. Als Wende gegen die „Pädagogisierung" wird empfohlen eine Ersetzung von *Erziehung durch Beziehungen*. Während die antiautoritären Beweger noch *Pädagogen* waren, sind die Antipädagogen für die Abschaffung des pädagogischen Blicks auf die Kinder und für eine völlig unpädagogische Regelung der Beziehungen zwischen Kindern und Erwachsenen nach Prinzipien von Gleichberechtigung und Spontaneität, die gesetzlich abgesichert werden sollten. Das Starren auf die kindliche Unmündigkeit und Schutzbedürftigkeit (*eine* Seite des Kindes) würde dann abgelöst durch unprätentiösen Umgang miteinander (*Ariès'* rückwärtsgewandte Utopie scheint hier aufzuleuchten). Eben dies hat auch *de Mause* (S. 58 ff.) im Sinn, wenn er als zukünftige Phase der Eltern-Kind-Beziehung die der *Unterstützung* sich erhofft, in denen Eltern den Kindern „dienen, statt von ihnen bedient zu werden".

Auf die Zweischneidigkeit erzieherischen Handelns hat die Psychoanalyse früh aufmerksam gemacht, neuerdings *A. Miller* (1983). Wenn die Eltern zu erziehen meinen, bewältigen sie häufig *mit Hilfe der Kinder* eigene Kindheitsprobleme. *Miller* gibt Beispiele aus ihrer klinischen Praxis, etwa:

„Ein Vater, der als Kind öfters über die Angstanfälle seiner zeitweise schizophrenen Mutter erschrocken war, ohne daß jemand ihm eine Erklärung gegeben hätte, erzählte seiner kleinen geliebten Tochter gerne Schauergeschichten. Über ihre Angst machte er sich lustig, um sie anschließend immer mit dem Satz zu beruhigen: Das ist doch eine erfundene Geschichte, du brauchst dich nicht zu fürchten, du bist bei mir. So konnte er die Angst des Kindes manipulieren und sich stark dabei fühlen. Bewußt wollte er dem Kind etwas Gutes geben, etwas, das er selber entbehrte, nämlich Beruhigung, Schutz, Erklärung. Was er ihm aber unbewußt auch vermittelte, war die Angst seiner Kindheit, die Erwartung eines Unglücks und die ungeklärte Frage (auch seiner Kindheit): *Warum macht mir der Mensch, den ich liebe und der mich liebt, so viel Angst?"* (Ebd., S. 47 ff.) Die Requisiten des elterlichen Kindheitsdramas und die Szenerien, in denen diese Requisiten angeordnet werden, sonst im Innersten verschlossen, werden vor den Kindern ausgebreitet (in der unbewußten Hoffnung, daß sie es anders machen und dadurch helfen). Erziehung ist, überspitzt, Bewältigung eigener Sozialisationsschäden und Erziehungsdefizite, die häufig ebenfalls in einem Übermaß an (falscher) Erziehung ihren Grund haben.

Nun kann sich auch das Muster nicht mehr halten, das (vgl. 1. Kapitel) die Autobiographen in der Deutung ihrer Kindheitserfahrungen immer wieder benutzten: daß die Strenge der Eltern für ihr späteres Leben nützlich gewesen sei. Zwar gibt es dieses Deutungsmuster auch heute. *A. Miller* berichtet von einem tschechischen Schriftsteller, der, nachdem er aus seinen Werken vorgelesen hat, mit dem Publikum plaudert. Fragen über sein Leben beantwortet er „unbefangen". Er habe sich für den Prager Frühling engagiert, genieße aber auch jetzt einen großen Freiheitsraum (Reisen in den Westen usf.). Er wird dann auf seine Kindheit angesprochen und erzählt „mit vor Begeisterung glänzenden Augen von seinem sehr begabten und vielseitigen Vater, der ihn geistig gefördert habe und ihm ein wahrer Freund gewesen sei. Nur dem Vater habe er seine ersten Erzählungen zeigen können. Der Vater war sehr stolz auf ihn, und auch, wenn er ihn schlug, was er oft als Strafe für die von der Mutter genannten Vergehen tat, war er stolz, wenn sein Sohn nicht weinte. Da es für Tränen zusätzliche Schläge gab, lernte das Kind, Tränen zu schlucken, und war selbst stolz darauf, dem bewunderten Vater mit seiner Tapferkeit ein so großes Geschenk machen zu können. Dieser Mann sprach über dieses regelmäßige Geschlagenwerden, als ob es sich hier um das Normalste der Welt handelte (was es für ihn natürlich auch war), und sagte dann: Es hat mir nicht geschadet, es hat mich für das Leben vorbereitet, mich hart gemacht, mich gelehrt, auf die Zähne zu beißen. Und deshalb konnte ich mich beruflich so gut entwickeln." (Ebd., S. 118f.) – Nun erklärt sich, warum der Schriftsteller auch die „politischen Schläge" ertragen kann – die Identifikation mit dem Aggressor hat er früh gelernt. Ein harmlos-nachträgliches Bejahen elterlicher Erziehungsmaßnahmen ist heute nur noch bei psychoanalytischen Laien möglich. Eltern benutzen das Kind allzu häufig dazu, daß es ihre egoistischen Wünsche erfülle, sie projizieren ihre Erwartungen und Hoffnungen, die nicht erfüllt wurden, auf das Kind, und dieses muß nun dieses alles abtragen. Gute Eltern sind hingegen die, die das Kind nicht auf dem Altar ihres Selbst zum Opfer bringen, sondern die sich ständig selbst überprüfen, ihre verborgenen Motivationen kontrollieren und versuchen, so dem Kind zu „dienen", denn nur so, indem sie auf diese Weise frei sind von sich selbst, vermeiden sie Unterdrückung des Kindes.

Diese kritische Gegenbewegung gegen zuviel Pädagogik hat ihre Verdienste und war notwendig. Aber sie täuscht sich darüber, wenn sie meint, nicht auch aus *pädagogischen* Motiven entstanden zu sein. Die Antipädagogik, die kritisch-reflektierend auf jede Art bisheriger Pädagogik herabsieht, ist selber Pädagogik, nur auf einer anderen Stelle der Spirale. Sie meint, daß sie weiter oben stehe. Tut sie es? Übersieht sie nicht – wie die Psychoanalytiker –, daß es von persönlichen Erfahrungen „reine" Erziehungssituationen nie geben wird? Alle Erzieher (Eltern, Lehrer, Sozialarbeiter) bringen ein Stück *ihrer* Biographie, ihrer Obsessionen, Leidenschaften und Vorlieben in die Erziehungssituation ein, die von allen historischen, kulturellen und psychosexuellen Schlacken zu reinigen ein Ideal bleibt, das eine – unbeabsichtigte – Konsequenz hat: die Herausverlagerung von Erziehung aus lebenswichtigen Zusammenhängen. Und gerade diese sollen auch gerettet werden!

Damit bin ich bei einer (sozusagen strukturellen) Einsicht, die da lautet: *Zuviel desselben* ist immer problematisch. Es ist auffällig, mit welcher Leidenschaft in der Diskussion um Erziehung Konzepte und Gegenkonzepte entworfen, verworfen und wiederentdeckt werden. Dabei ist es so selbstverständlich, daß man es kaum zu formulieren wagt: Der Verzicht auf Erziehung (inklusive der Fehler und Entgleisungen, die möglich sind) ist ebenso unmöglich wie eine expansive Pädagogisierung kindlicher Lebenswelten verhindert werden muß. Auch Pädagogen (selbst „praxisorientierte" wie Fröbel) entwickeln irgendwann einmal ihre Theorien, und diese müssen natürlich einigermaßen konsistent sein, um sich als weitergebbar zu rechtfertigen und die Benutzer nicht zu verwirren. Damit entsteht die Situation des *Zuviel Desselben*, und dies ist es, was (meiner Ansicht nach) vermieden werden sollte.

Eine zweite Einsicht muß hinzugefügt werden: Wir hatten gesagt, daß wir heute von der Annahme „kompetenter Kinder" ausgehen könnten, dies meint: Kinder dürfen heute nicht ausschließlich nur als schutzbedürftig (Schutzgedanke) oder „in Entwicklung" (Entwicklungsgedanke) gesehen werden, sondern als sich selbst aktualisierende, zunehmend eigenständige Persönlichkeiten mit einem Anspruch auf grundsätzlich gleichberechtigte Anerkennung und Achtung. So gewinnend elterliche Fürsorglichkeit erscheinen mag: Wird sie zur „Überbehütung", stellt sie für Kinder eher eine *Hemmung* dar. Gerade das Zeitalter der Neuen Medien hat deutlich gemacht, daß Kinder keineswegs aufgrund von Kindlichkeit und entwicklungsbedingten Kompetenzdefiziten hinterherhinken, im Gegenteil. Die *UN-Kinderrechtskonvention* hat weltweit einen ersten Anfang gemacht, diese Vorstellung des kompetenten Kindes über den Zuspruch von Partizipation auch für Kinder einzufordern. So finden wir in Artikel 13 festgestellt, daß das Kind ein Recht habe „auf freie Meinungsäußerung"; dieses Recht schließt die Freiheit ein, ungeachtet der Staatsgrenzen, Informationen und Gedankengut jeder Art in Wort, Schrift oder Druck, durch Kunstwerke oder andere vom Kind gewählte Mittel sich zu beschaffen, zu empfangen und weiterzugeben. Neben dem Recht des Kindes auf Gedanken-, Gewissens- und Religionsfreiheit gibt es nach *Artikel 15* auch das Recht, „sich frei mit anderen zusammenzuschließen und sich friedlich zu versammeln", und in *Artikel 16* heißt es ausdrücklich: „Kein Kind darf willkürlichen oder rechtswidrigen Eingriffen in sein Privatleben, seine Familie, seine Wohnung oder seinen Schriftverkehr oder rechtswidrigen Beeinträchtigungen seiner Ehre und seines Rufes ausgesetzt werden." Diese Rechtsschutz-Forderungen werden dann in zwölf Artikeln über Ausführungsbestimmungen anschlußfähig an die gesellschaftliche Realität gemacht, so daß ein insgesamt 54 Artikel umfassendes Regelwerk entstanden ist, das zum ersten Mal weltweit Kinderrechte auf der Ebene zugesprochener Kompetenz sichert.

Pädagogische Laien – pädagogische Fachleute

Pädagogisches Verhalten wird heute von *jedem* erwartet, der mit Kindern umgeht, sei er zu diesem Behuf ausgebildet oder nicht. Hausmeister, Straßenpassanten, Nachbarn, Verwandte, Freunde, wer auch immer: Im Umgang mit Kindern *sollten* sie sowohl *vor*- wie *nach*sichtig sein. Dennoch gibt es zwei Personengruppen, die im besonderen Maße verantwortlich sind: Zum einen die *Eltern* als pädagogische *Laien*, zum andern Erzieher und Lehrer als pädagogische *Fachleute*.

Auch *Eltern* sind heute in der Mehrzahl der Fälle überzeugt davon, daß Erziehung sich nicht allein mache und sie ihrer Aufgabe nur nachkommen, wenn sie „mehr wissen". Informationen und Ratschläge zur Pflege und Erziehung des Kindes werden von vielerlei Personen und Institutionen erwartet und auch in Anspruch genommen (*Lüscher/Koebbel/Fisch* 1982): *Verwandtschaft/Bekannte* (eigene Eltern, Geschwister, Freunde, Nachbarn); *Fachleute* (Kinder-/Hausarzt, Kindergärtnerin, Erziehungsberatung, Sozialarbeiter(in), Geistliche), *Elternbildung* (Bücher, Elternbriefe, Vorträge); *Medien allgemein* (Illustrierte, Zeitungen, Radio, Fernsehen). Der Kinder- bzw. Hausarzt ist natürlich bei Kleinkindern besonders gefragt. Die anderen Instanzen gelten auch für Kinder, wobei nicht alle in gleicher Weise wichtig sind. Erziehungsberater und Sozialarbeiter werden in Normalsituationen kaum in Anspruch genommen; geschieht es doch, werden sie von den Eltern gut bewertet. Geringste Bedeutung haben Geistliche heutzutage, wenn es um Erziehungsfragen geht. Eines erstaunlichen Ansehens erfreuen sich *Elternbriefe* (bei den Müttern unabhängig von Bildungsgrad oder Berufsgruppe, während Väter mit höherer Schulbildung bzw. höherem sozialen Status Elternbriefe eher nutzen). Auch Eltern ziehen heute geordnete, „wissenschaftlich begründete", zugleich verständlich gemachte (eine Stärke der Elternbriefe!) Informationen solchen vor, die diesen Prestigehintergrund nicht besitzen. Dennoch besteht „zwischen dem sozialwissenschaftlichen Verständnis von Sozialisation und dem Alltagswissen ein wesentlicher struktureller Unterschied". Zwar kann auch Alltagswissen – wie wissenschaftlich erhobenes – differenziert und verbal darstellbar sein. Dennoch streben Wissenschaftler eher nach „Systematik und kontrollierter Generalisierbarkeit; auf diese Art entstehen empirisch fundierte Theorien mittlerer Reichweite. Die Eltern hingegen stehen unter dem Eindruck des alltäglichen Umgangs mit ihren Kindern, die sie als Individuen erleben und für die sie Verantwortung tragen. Der Bezug ist das konkrete Handeln, die Gestaltung des Alltags und die Person als Individuum. Außerdem hören sie allgemeine, übergreifende Erklärungen (Weltanschauungen, Ideologien zum elterlichen Wissen), die nicht in einer sich über mehrere Ebenen erstreckenden systematischen Weise mit dem Handeln verknüpft sind. Widersprüche kommen häufig vor, werden teilweise auch als solche wahrgenommen." (Ebd., S. 771)

Dieser strukturelle Unterschied erschwert den Transport wissenschaftlichen Wissens in Alltagsvollzüge. Dessen verständliche und handliche Darreichung ist dabei zumindest ein erster Schritt, erziehungswissenschaftliche Diskussionen nicht nur in Fachkreisen zu halten. Was *Lüscher u.a.* für erzieherisches Elternverhalten feststellen, gilt aber m.E. auch für professionelle Erzieher. Auch sie handeln in Situationen, angefüllt mit „Alltagstheorien", die ihrerseits angefüllt sind mit Sedimenten biographischer Erfahrung, und alles dies ist aus dem Umgang mit Kindern nicht herauszuhalten (s.o.). Man könnte höchstens sagen, daß beispielsweise Erzieher, Lehrer und Sozialarbeiter *eher* als Eltern eine gewisse professionelle Verpflichtung fühlen, ihr im Studium erworbenes Wissen, soweit wie möglich, auch anzuwenden, neue Fachbücher zu Erziehungsfragen zu lesen, usf. Auch sie machen jedoch meist die Erfahrung, daß es schwierig ist, die so vernünftig begründeten Kataloge erzieherischer Verhaltenslehren bruchlos in ihren Alltag zu übernehmen.

Eltern haben insofern einen pädagogischen Laienstatus, denn die Lektüre von Erziehungsliteratur ist für sie keineswegs *Pflicht*, wird auch nicht durch Prüfungen kontrolliert. Dennoch gibt es eine Reihe von *Erziehungstechniken*, die Laien wie Professionelle in gleicher Weise anwenden. *Kasten* (1980) nennt deren vier: (a) *Gewaltandrohendes/gewaltanwendendes Verhalten* umfaßt neben dem Entzug materieller Dinge – Wegnehmen von Spielzeug, Ausschluß vom Essen – vor allem die körperliche Züchtigung. Die physische Überlegenheit der Erwachsenen wird hier gleichsam erzieherisch eingesetzt. (b) *Liebesentzug* besteht darin, Enttäuschung, Ärger über ein nicht gebilligtes Verhalten von Kindern durch das Verhalten ihm gegenüber (verbal oder gestisch) auszudrücken, im schlimmsten Fall, ihm zu drohen, es zu verlassen (vgl. die Textstelle aus dem Roman von *Josef Roth*, S. 197ff.) (c) *Induktionstechniken* stellen einen Appell an die kindliche Vernunft dar. Es wird mit Gründen und meist verbal auf schädliche Folgen unerwünschter Handlungen für sich oder andere aufmerksam gemacht. (d) Eine *gefühlsmäßig warme Zuwendung* dient dem Aufbau einer Vertrauensbasis zwischen Erwachsenem und Kind. – Nur das zuletzt genannte Verhalten, verbunden mit der Induktionstechnik, scheint für das Kind förderlich zu sein und die Entwicklung einer autonomen Moral bei ihm zu unterstützen. Die abschreckende Wirkung von Strafe und Gewalt ist langfristig eher gering, und Liebesentzug ruft eher Angst hervor und fördert die Verdrängung aggressiver und anderer emotionaler Verhaltensweisen. Alle vier Techniken können von Lehrern wie Eltern angewendet werden, wobei Eltern wegen des intensiveren und langzeitigeren Umgangs mit den Kindern das größere Panorama zur Verfügung steht. Gewaltandrohung kann zudem bei Lehrern nur verschlüsselt geschehen (über das System: strenge Leistungskontrollen, Verschlechterung der Zensuren).

Festzuhalten bleibt: Unterschiede zwischen Laien und professionellen Erziehern sind häufig nur *graduell*. Dem entspricht, daß erzieherisches Elternverhalten zwar nicht durchweg konsistent ist, aber doch eine innere Logik und einen inneren Zusammenhang nicht vermissen läßt. Inkonsequenzen bleiben relativ begrenzt. Dies gilt besonders bei Erzieherverhalten mit positiven Folgen für die Kinder. Ein Beispiel sind die Eigenschaften von Eltern hochkreativer Menschen (*Cropley* 1982, S. 268f.). Sie

- fördern die Autonomie ihres Kindes;
- verzichten auf Zwang und erwarten von ihren Kindern einsichtiges Handeln;
- überwachen ihre Kinder kaum und zeigen Vertrauen;
- sorgen für eine gelöste Atmosphäre und Kommunikation (zeigen keine Ungeduld, wenn Kinder wißbegierige Fragen stellen oder originelle Ideen produzieren);
- sind interessiert an einer offenen, anregungsreichen Umgebung für ihre Kinder, wobei sie ihren Kindern einen Entdeckungsspielraum auf der Grundlage prinzipieller Gleichberechtigung zumessen.

Wieweit sich in solchem Verhalten erziehungswissenschaftliche Kenntnisse widerspiegeln, ist unbekannt. Zu vermuten ist, daß Eltern des geschilderten Typs (eher höhere soziale Schicht, Berufstätigkeit auch der Mutter) an der – im Vergleich mit früheren Jahrhunderten – vergleichsweisen Liberalisierung der Erziehung über ein allgemeines kulturelles Klima teilhaben.

Inzwischen gibt es eine ganze Reihe von Überlegungen, die insbesondere für die Ausbildung professioneller Erzieher angestellt werden. Vertreter der Humanistischen Psychologie (*Rogers, Gordon u.a.*) haben in zahlreichen Schriften auf der Basis einer interaktionsbezogenen Sichtweise menschlichen Umgangs (die dann auch „Störungen" nicht einem einzelnen Subjekt zuschlägt) Empfehlungen erarbeitet, die für jeden erzieherischen Umgang wesentlich sind. Dazu gehören

- *Authentizität statt Selbstdarstellung ohne Blößen* (Verzicht auf zu starkes Rollenspiel und auf scheinbare Perfektion, die besonders Kinder eher einschüchtern);
- *Wertschätzung und Ermutigung statt Geringschätzung, Bevormundung und Überbehütung* (die Akzeptanz des kindlichen oder jugendlichen Partners erlaubt diesem, Vertrauen zu sich zu gewinnen und dies positiv auf andere zu übertragen – prosoziales Verhalten);
- *Empathie und persönliche Reaktion statt Beurteilung* (nicht ständige Ein-

ordnung des kindlichen Verhaltens; nicht nur ständig das Kind zum Gegenstand der Betrachtung machen, sondern auch sich selbst einbringen);
- *differenzierte Wahrnehmung durch repräsentativen Kontakt statt „Halo-Effekte"* (der „Halo-Effekt" – Heiligenschein-Effekt – definiert das Verhalten eines Kindes ein für allemal nach bestimmten Erfahrungen, anstatt es als komplex und in seinem Verhalten entwickelbar zu betrachten; „repräsentativer Kontakt" meint, daß der Erzieher sich nicht nur als Wissenslieferant darstellt, sondern in allen Aspekten seiner Person, der auch lachen, spielen usw. kann);
- *die Stärken des Kindes hervorheben* (dem Schüler nicht so sehr „Lerndefizite" mitteilen, sondern die positiven Anteile seines Könnens betonen, „verstärken");
- *Teufelskreis durchbrechen/Ermutigung zum Betreten von Vermeidungsfeldern* (wenn das Kind sich akzeptiert weiß, kann es eher Tabu-Zonen betreten, Mißerfolg und Niederlagen zugeben, statt sich auf seine „Stärke-Inseln" zurückziehen und so bestimmte Dimensionen seines Könnens – im Sport, in den musischen Fächern, in der Mathematik, usf. – zu vernachlässigen, aus Angst blamiert zu werden).

(*Schulz von Thun* 1982, S. 182 ff.)

Ruth Cohn (1975) hat in ihrem Buch „Von der Psychoanalyse zur themenzentrierten Interaktion" versucht, Sachlernen und Persönlichkeitsbildung zu verbinden durch das, was sie *themenzentrierte Interaktion* nennt. Das *Ich* (der einzelne mit seinen je speziellen Besetztheiten, Gefühlen und Erwartungen), das *Wir* (die Gruppe oder Klasse mit ihrer interaktionellen Dynamik) und das *Es* (das sachliche Thema und Lernziel) müssen durch den Lehrer bzw. Gruppenleiter in eine *Balance* gebracht werden. Dabei wird vorausgesetzt, daß erfolgreiches Lernen erst dann möglich ist, wenn das *Ich* seine Schwierigkeiten aussprechen darf und das *Wir* in der Lage ist, das Ich zu integrieren. Damit werden „Störungen" von Anfang an und angstfrei thematisierbar, der Weg zum Wartezimmer des Therapeuten erübrigt sich.

Überlegungen dieser Art werden für die pädagogische Ausbildung inzwischen fruchtbar gemacht. Eine Zusammenfassung bietet das Konzept der „Drei Straßen des Lernens" mit dem Ziel, kognitive, emotionale und aktionale Seiten in gleicher Weise zu berücksichtigen. Der Pädagoge, der in dieser Weise ausgebildet ist, kann dies dann nicht nur in der Form von *Wissen*, sondern auch in der Form einer bestimmten *Haltung* und in der Fähigkeit zur *Interaktion* mit denen, die er belehren oder bilden will, weitergeben:

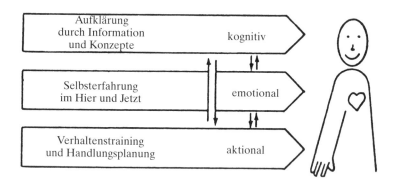

Abbildung 32: Die „drei Straßen des Lernens", sich wendend an die kognitive („Kopf"), emotionale („Herz") und aktionale („Hand") Seite des Menschen (nach: *Schulz von Thun* 1982b, S. 156)

Bedürfnisse, Entwicklungsaufgaben, Ich des Kindes

Die Basis eben beispielhaft referierter Erziehungskonzepte ließe sich nach der Anlage dieses Buches so rekonstruieren: Es gibt bestimmte *Bedürfnisse des Kindes*, die sich der *Beobachtung* und dem *Umgang* verdanken (sie sind „plausibel", „konsensfähig", nicht aus einer Theorie ableitbar – es sei denn, man versuche, sie phänomenologisch zu begründen). Wir fassen sie zusammen als Bedürfnis

– nach Liebe und Geborgenheit,
– nach neuen Erfahrungen,
– nach Lob und Anerkennung,
– nach Verantwortung und Selbständigkeit,
– nach Übersicht und Zusammenhang.

Zum andern war hingewiesen auf bestimmte *strukturelle Bestimmtheiten*, die jeweils zu bedenken sind, will man seine Vorstellung von Kindern, Kindheit und Erziehung sinnlich auffüllen. Dazu gehören

– Landschaft, kulturelle Tradition, Brauchtum;
– soziale Lage (Ausbildung, Status der Eltern);
– das gesellschaftlich ermöglichte Verhältnis von Spielen, Arbeiten, Lernen;

- fehlende oder vorhandene Organisation des Lernens;
- geschlechtsspezifische Faktoren;
- das Verhältnis von Schutz versus Macht, Ohnmacht.

Bedürfnisse (eher beim Individuum) und strukturelle Gegebenheiten (eher verankert in der gesellschaftlich-historischen Verfaßtheit von Zuständen) bestimmen zusammen die *Entwicklungsaufgaben* (*Havighurst* 1948). Diese sind teils gesellschaftlich vorgegeben, teils formuliert durch entwicklungspsychologische, erziehungswissenschaftliche und andere Kenntnisse/Erkenntnisse, und zu ihrer „Erfüllung" muß natürlich auch Rücksicht genommen werden auf das Ich dessen, dem die Lösung dieser Aufgaben angetragen wird. Er muß grundsätzlich *zustimmen können*. Dies ist das, was ich die *Unverfügbarkeit des Kindes* genannt habe, und die beispielsweise besteht in der

- Unverfügbarkeit seelischer Ereignisse;
- Unverfügbarkeit kindlichen Wollens;
- Unverfügbarkeit kindlicher Temperamente, Handlungsimpulse und Weltaufbauten;
- Widerständigkeit und dem Lebenswillen des Kindes;
- Nichtplanbarkeit und Festlegung der zukünftigen Entwicklung und der objektiven zukünftigen Position.

Es war ja betont worden: *Kindheiten* lassen sich beschreiben und interpretieren, *Kinder* aber nur in sehr begrenztem Maße.

Versuchen wir, diese Überlegungen auf die *Gesamtbiographie* zu übertragen – in der Einsicht, daß Kindsein und Kindheit nur einen zeitlich begrenzten Ausschnitt darstellen, der Vergangenheit und Zukunft hat –, so können wir dies in der (hypothetischen) Form einer Entwicklungskurve tun. Gehen wir davon aus, daß es möglich ist, sechs biographische Phasen in ihrer gesellschaftlichen Überformung, jeweiligen Bedürfnis- und Ichhaftigkeit zu unterscheiden (Kleinkind/Kind/Jugend/junger Erwachsener/Erwachsener/Alter), diesen Phasen jeweils bestimmte Bedürfnisse und Entwicklungsaufgaben zuzuweisen und dies nach Maßgabe der Frage: Inwieweit werden in einer Altersphase auffällige Meinungen und Aktivitäten vertreten, die jeweils besonderer (und je nachdem verstärkter) gesellschaftlicher, vor allem auch erzieherischer

Aufmerksamkeit bedürfen, so ließe sich die auf Seite 336 dargestellte Kurve konstruieren.

Für die Phase der Kindheit (B) ist als „Grundbedürfnis" (vgl. auch *Maslow* 1954) das festgehalten, was *Erikson* „Werksinn" und *Piaget* „konkrete Operationen" nannte. Die Konstruktion macht deutlich, welchen Entwicklungsschritt die Kindheit heute bedeutet von einem nur schutzgewährenden Umraum zu einem aktiv mitgestalteten. In der Jugendphase ist ein Höhepunkt zu verzeichnen (dieser „peak" ist es ja auch, der „Jugend" zum meist diskutierten Gegenstand öffentlicher Diskussion macht). Der junge Erwachsene, durch Berufsrollen zunehmend definiert (Arbeitslosigkeit stellt hier neue Bedingungen ebenso wie eine Arbeitsgesellschaft, der die Arbeit ausgeht), kehrt in gewisser Weise in vorfindliche Bahnen zurück. Allerdings ist dieser Weg noch nicht abgeschlossen, die Durchlässigkeit zur rollenoffenen Jugendphase ist daher stark. Der Erwachsene (etwa um 40 Jahre) hat in der Regel „seinen Ort" gefunden und strebt danach, diesen zu behaupten und zu sichern. Wenn das Alter auf die Stufe zurückkehrt, die der frühen Kindheit zugeordnet ist, bedeutet dies natürlich nicht, alte Menschen würden (wieder) „wie Kinder". Die *strukturelle Entsprechung* besteht darin, daß jetzt Fragen der Sicherheit und Geborgenheit und eine gewisse distanzierte Schau auf „das aktive, fordernde Leben" wiederum wichtig sind. *Nicht* suggerieren will die Kurve, es handele sich hier um eine Dynamik in der menschlichen Entwicklung in dem Sinne: Kindheit und Jugend befänden sich auf dem „aufsteigenden", erwachsene und alte Menschen auf dem „absteigenden" Ast, eine gänzlich falsche Vorstellung. Es geht *nur* um den Grad des zunehmenden Ausgreifens in neue, zu erobernde Räume, die dabei entstehenden Unsicherheiten und die Vorkehrungen der Orientierung und allmählichen sozialen Absicherung. Verdeutlicht werden sollen vor allem die *Reaktionen*, die eine solche (durch Alltagserfahrung schnell plausibel zu machende) Zuweisung von Bedürfnissen und Entwicklungsaufgaben dem jeweiligen Ich und seiner Altersgruppe zukommen läßt. Je mehr Status, Position, Bestand als Kategorien gelten, desto weniger Erziehung ist notwendig. Sie ist nicht nur *zeitlich* vorangehend und in ge-

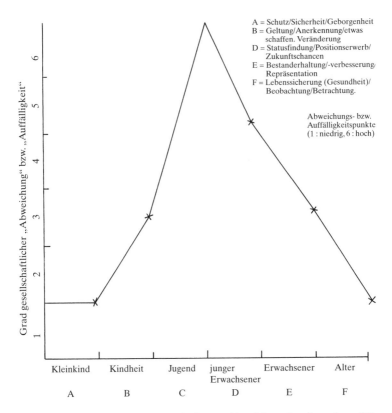

Abbildung 33: Gesellschaftlich registrierte „Abweichung" aufgrund „auffälliger" Meinungen und Aktivitäten

wisser Weise abgeschlossen; sie ist auch deshalb nicht notwendig, weil die gesellschaftlichen Funktionen weitgehend helfend eingreifen. So unbehaglich manchem diese Einsicht sein mag: *Daß* es so ist, wird immer wieder bestätigt. Kehren jugendliche Revolutionäre in die gesellschaftliche Zukunft zurück, gleichen sie sich wieder ihren Eltern an; Kinder drängen aus der engen Bindung schon frühzeitig heraus, sind aber in gewisser Weise *strukturell vergleichbar* noch an bestimmte Institutionen (sozialökologische Ausschnitte) und Kontrollen gebunden, die auch für den jungen Erwachsenen wieder wichtig werden. *Darum sind Kinder in gewisser Weise „konservativ" und werden es als Jugendliche wieder, wenn sie ihren Status verlassen. Dann entdecken sie plötzlich ihre Eltern wieder, sind wieder fähig, sie zu besuchen, und schließlich, wenn sie selbst die Aufgabe der Kindererziehung übernehmen, greifen sie – unbewußt, manchmal auch programmatisch – auf frühere Erfahrungen zurück. Wenn Kinder mehr erzogen werden als junge Erwachsene, verdankt sich dies, so gesehen, auch der Tatsache, daß sie vorübergehend stärker aus den bereitgehaltenen institutionellen Bindungen (Familie, Schule) herausfallen werden und schon jetzt ein bemerkenswertes Autonomiestreben zeigen.* In dem Spannungsraum zwischen Aufbruch und Verfügbarkeit läßt sich Erziehung noch am ehesten ansiedeln (während in der frühen Kindheit Pflege und Schutz sowie Behütung ebenso wichtig, wenn nicht erheblicher sind). *In diese Balance der Kindheit greift Erziehung ein, um sie für die Erfüllung weiterer „Entwicklungsaufgaben" zu gewährleisten.*

Pädagogik, Erziehung: Das kompetente Kind

Das Problem der Pädagogik und insbesondere ihrer Abteilung Erziehung besteht darin, daß sie zu Übertreibungen neigen, und das ist eher schädlich für den, auf den hin Pädagogik/Erziehung handeln. Das war schon gesagt. Allzu behütende und kontrollierende Erziehungspraktiken sind ebenso problematisch wie antiautoritäre Hoffnungen auf Befreiung des Kindes durch Rousseausches Vertrauen auf zivilisierende Kräfte, die der „kleine Wilde" aus sich selbst entbindet. *Piaget* meinte, der kognitiven, in ihrer Abfolge unveränderlichen Stufung der Entwicklung müsse nur unterstützend gefolgt werden, der Rest tue sich von selbst. Auch das ist zuviel desselben, und *Bruner,* in vieler Hinsicht sein Schüler, hat darum auf die *soziale* Bedingtheit der Entwicklung ebenso aufmerksam gemacht wie darauf, daß Schulen (vorerst nicht wegzudenkende) kulturelle Veranstaltungen sind, die jede Art von Entwicklungslogik beeinflussen (z.B. wenn Kreativität als Erziehungswert nicht gefragt ist, wird diese Dimension entsprechend in der Latenz bleiben). *Überbehütung* (starke Elternbindung, Verwöhnung usf.) ist ebenso falsch wie *Vernachlässigung* (Eltern oft abwesend, Lehrer gegenüber dem Kind emotional gleichgültig, ihm wird sein „Auslauf gelassen")

(*Weiß* 1980). Einige fordern „Konsequenz in der Erziehung" (keine Unsicherheit zeigen, Übereinstimmung von Mutter und Vater sowie Lehrer in allen wesentlichen Erziehungsgrundsätzen). Aber auch dies kann problematisch sein, übertreibt man das (in seinen Ansätzen vernünftige) Prinzip. Denn zum einen gibt es für das Kind nun kein Entkommen mehr in einer absolut geschlossenen Erziehungswelt. Unterschiedliche Meinungen können da eher befreiend wirken. *Bittner* (1980, S. 105) verweist auf das Beispiel *A. Millers* (1983, S. 111), in dem sich die Eltern ein Eis kaufen und gemeinsam dem Wunsche des Kindes widerstanden, ihm etwas abzugeben. *Miller*: „Es schien mir klar zu sein, daß der kleine Junge nicht in seinem oralen Triebwunsch frustriert wurde, denn er hätte ja mehrmals abbeißen können, aber er wurde dauernd gekränkt und frustriert in seinen *narzißtischen Bedürfnissen*. Es wurde *nicht verstanden*, daß er den Stiel wie die anderen *in der Hand* haben wollte, ja noch mehr – es wurde darüber gelacht, man hat sich *über sein Bedürfnis lustig gemacht*. Er stand zwei Riesen gegenüber, die sich, stolz auf ihre Konsequenz, gegenseitig noch unterstützen, während er mit seinem Schmerz ganz allein war, außer Nein offenbar noch nichts sagen konnte und sich mit seinen Gesten (die sehr ausdrucksstark waren) bei diesen Eltern nicht verständlich machen konnte. Er hatte keinen Anwalt." Und sie kommentiert in einer Anmerkung: „*Wie ungerecht* ist übrigens diese Situation, daß ein Kind zwei stärkeren Erwachsenen gegenübersteht, wie vor einer Mauer; wir nennen es Konsequenz in der Erziehung, wenn wir's dem Kind verweigern, sich bei einem Elternteil über den anderen zu beklagen." Ich meine, dies Beispiel zeigt noch weiteres: Zuviel desselben ist auch Beharren auf *einer* Erklärung im Rahmen *einer* Theorie. *A. Millers* Verdienst ist es beispielsweise, auf die Berechtigung narzißtischer Bedürfnisse hingewiesen zu haben, und auch das hier zitierte Beispiel versucht, dies deutlich zu machen. Also nicht nur und immer: „Orale Triebbefriedigung" (*dann* hätten die Eltern ja vernünftig gehandelt, weil sie in gewisser Weise dem Kind helfen würden, die orale Fixierung zu überwinden). Nichts ist erziehungsgefährlicher als eine triviale Anwendung der Psychoanalyse!

Welche Erziehungstheorie, welche Erziehungspraxis man sich auch vornimmt: Immer beobachten wir eine Neigung von „zuviel desselben", und *richtig* für die Kinder und den Umgang mit ihnen ist das gerade Gegenteil: *Nicht* zuviel desselben. Eine *interaktionsorientierte* und *umweltbezogene* Erziehungsauffassung kommt diesem Grundsatz am ehesten entgegen, weil sie die Vielschichtigkeit und Vielfältigkeit pädagogischer und nichtpädagogischer Einflußsphären betont; weil sie daran festhält, daß die Rollen von Verursacher/Bewirker und Reagierer/Folgendem in ständigem Austausch befindlich sind; weil die Aufmerksamkeit auf die Verschiedenartigkeit der Umwelten und ihre dynamische Strukturierung im Entwicklungsprozeß vor Übererwartungen gegenüber bestimmten Institutionen („die *Familie* muß da eben helfen" oder „das wird ihr/ihm die *Schule* schon austreiben"!) bewahrt. Die Abwehr des „nicht zuviel desselben" ist deshalb notwendig, weil es sich um in jeder Richtung jeweils übersteuerte Erziehungsmaßnahmen handelt. Auch Kinder benötigen weiterhin Erziehung, aber sie muß doch insoweit zurückgenommen und eingeschränkt werden, als es immer darum gehen muß, den Kindern mögliche *Spielräume* offenzuhalten und nach Möglichkeit zu erweitern. Dann könnte Erziehung nicht mehr verstanden werden als Lenkung und Bevormundung, und das Gegenteil – abweisende Gleichgültigkeit – würde dann ebenfalls im Bannkreis einer hier nur abklärenden, aber nicht überwundenen Erziehung liegen. Erst, wenn wir bereit sind, die Kompetenz des Kindes zu achten und zu würdigen, haben wir einen Standpunkt gefunden, in dessen Reichweite pädagogische Übertreibungen jeder Art nicht mehr zulässig sind, weil Kinder zwar ein gewisses Maß an Erziehung brauchen, diese sich aber reguliert nach den Interessen, Bedürfnissen, Vorstellungen und Kompetenzen von Kindern (natürlich unter Berücksichtigung gesellschaftlicher Übereinkünfte). Auf dieser Grundlage können dann sehr einfache Regeln formuliert werden:

1. Kinder brauchen *Ermutigung*: Ihr Ich will anerkannt sein, und es will sich weiterentwickeln.

2. Kinder brauchen *Resonanz* (*Bittner* 1980, S. 103): Sie wollen wissen, was der Ältere über sie denkt und wie er das,

was sie tun, einschätzt – denn eine stumm bleibende Welt ängstigt.

3. Kinder wollen *verstanden werden*: Sie sind zunehmend in der Lage, sich in die Rolle des anderen zu versetzen und erwarten um so empfindlicher, daß auch ihnen gegenüber dies erfolgt.

4. Kinder wollen *aufgefangen werden*: Sie müssen darauf vertrauen können, daß ihre Lebenswelt sie trägt und sie sich angstfrei zurückziehen können an einen Ort, an dem Loyalität und Liebe herrschen (*A. Flitner* o.J., S. 64ff.).

Was wir brauchen, sind in diesem Sinn kinderfreundliche Grundhaltungen, die dem erzieherischen und nicht erzieherischen Alltag standhalten. Sie ermöglichen am ehesten einzuschätzen, welches *Maß an Erziehung* jeweils notwendig ist. Kinder sind weder kleine Engel noch unzivilisierte Teufelchen; sie sind weder harmonisch noch widerspruchsvoll; sie sind weder anschmiegsam und liebebedürftig noch frech und wegstrebend; sie sind weder einfach und naiv noch schwierig und undurchschaubar. Sie sind von allem ein bißchen. In welcher Mischung, bestimmen sie selbst in ihrer Unverfügbarkeit im Rahmen ihrer Kompetenzspielräume. Diese ihnen zu erhalten muß jede Art pädagogischer Bemühung sich angelegen sein lassen.

Literatur

Mit Kindern beschäftigen sich unterschiedliche Wissenschaften. Dem trägt, wie das Buch, auch diese Liste Rechnung. Meist verrät bereits der Titel, an welcher wissenschaftlichen Disziplin sich ein Beitrag orientiert oder welche Absicht ein Autor mit seiner Veröffentlichung verfolgt.

Veröffentlichungen, die einen breiten Überblick über die Kinderforschung geben, sind mit einem Stern gekennzeichnet. Ein Kreis vor dem Titel bedeutet, daß er gut verständlich und als Einführung geeignet ist. Alle als grundlegend bezeichneten Werke enthalten im übrigen ausführliche Bibliographien. Die Kennzeichnung eines Titels soll eine Orientierungshilfe sein; sie stellt *keine* Bewertung dar.

Abel, W.: Massenarmut und Hungerkrisen im vorindustriellen Deutschland. Göttingen 1972

Achenbach, S. von/Furtner-Kallmünzer, M.: Die besten Freunde. Fallberichte zu Freundschaften zwischen deutschen und ausländischen Kindern und Jugendlichen. München 1988

Achenbach, T.M.: The child behaviour profile: An empirically based system for assessing children's behavioural problems and competencies, in: International Journal of Mental Health 1, 1979, S. 24f.

Achtnich, E. (Hg.): Zärtlichkeit und Wut. Vom Umgang mit Gefühlen in der Kindergruppe. Wuppertal 1982

Aebli, H.: Grundformen des Lehrens. Stuttgart 1978

Andresen, U.: So dumm sind sie nicht. Von der Würde der Kinder in der Schule. Weinheim 1985

Anthony, E.J., u.a. (Hg.): The child in his family: vulnerable children. New York 1978

Anthony, E.J., u.a.: Psychoneurotic disorders, in: A.M. Freedman/H.T. Kaplan (Hg.): Comprehensive textbook of psychiatry. Baltimore 1967

* Ariès, Ph.: Geschichte der Kindheit. München 1975 (Originalausgabe: Paris 1960)

Asher, St.R./Gottman, J.M.: The development of children's friendships. London 1981

Auslaender, J./Radel, J.: Kinder sind wir alle. Über die Dynamik der Beziehungen zwischen den Generationen von der Kindheit bis ins Alter. Zürich 1982

* ○ Ausubel, D.P./Sullivan, E.V.: Das Kindesalter. München 1974

Baacke, D.: Alltag im Neubauviertel, in: R. Gronemeyer/H.-E. Bahr (siehe dort), S. 226ff.

Baacke, D.: Das Kind und die Massenmedien, dargestellt am Beispiel des Fernsehens, in: W. Spiel (Hg.): Konsequenzen für die Pädagogik (1). Die Psychologie des 20. Jahrhunderts, Bd. XI. München 1980, S. 436ff.

Baacke, D.: Gruppen im außerschulischen Feld, in: Chr. Rittelmeyer/D. Baacke, u. a.: Erziehung und Gruppe. München 1980b, S. 93 ff.
Baacke, D.: Die 0- bis 5jährigen. Einführung in die Probleme der frühen Kindheit. Weinheim 1999
Baacke, D.: Die 13- bis 18jährigen. Weinheim ^{3}1983, ^{7}1994
Baacke, D.: Ich-Neugier und Weltkonstruktion, in: Merkur 37, 1983b, S. 468 ff.
Baacke, D./Brücher, B.: Mitbestimmungen in der Schule. Grundlagen und Perspektiven der Partizipation. Weinheim 1982
Baacke, D./Lauffer, J. (Hg.): Familien im Mediennetz. Opladen 1988
Baacke, D./Röll, F.J.: Weltbilder, Wahrnehmung, Wirklichkeit. Der ästhetisch organisierte Lernprozeß. Opladen 1995
Baacke, D./Sander, U./Vollbrecht, R./Kommer, S., u.a.: Zielgruppe Kind. Kindliche Lebenswelten und Werbeinszenierungen. Opladen 1999
Bäuerle, D.: Im Kampf gegen die Drogensucht: Hilfen für Eltern und ihre Kinder. Frankfurt/Main 1991
Bahrdt, H. P.: Großvaterbriefe. Über das Leben mit Kindern in der Familie. München 1982
Bandura, A.: Social learning theory. Englewood Cliffs 1977
Bandura, A./Walters, R. H.: Social learning and personality development. New York 1963
Barker, R. G.: Ecological psychology. Stanford 1968
Barthelmes, J.: Kindliche Weltbilder und Medien. Eine Literaturanalyse zur Mediensozialisation. Weinheim/München 1987
Bast, Chr.: Weibliche Autonomie und Identität. Untersuchungen über die Probleme von Mädchenerziehung heute. Weinheim/München 1988
Battegay, R./Rauchfleisch, U. (Hg.): Das Kind in seiner Welt. Göttingen 1991
Baumgart, U.: Kinderzeichnungen, Spiegel der Seele: Kinder zeichnen Konflikte ihrer Familie. Zürich 1985
Baumgärtel, F.: Emotionale Entwicklung, in: Wieczerkowski/Oeveste (Hg.), Bd. 2 (siehe dort), S. 149 ff.
Baumgärtel, F.: Spiel und Spielentwicklung, in: Wieczerkowski/Oeveste (Hg.), Bd. 2 (siehe dort), S. 211 ff.
Becker, A.: Nach den Dinos kommt Willy der Wal, in: Impulse, Heft 11, 1993, S. 114–119
Bedersdorfer, H.W.: Angstverarbeitung von Schülern. Bewältigung von Schulangst und ihre Beeinflussung durch ein pädagogisches Interventionsprogramm. Weinheim/München 1988
Bee, H.L./Mitchell, S.K.: The developing person. A life-span approach. New York/London 1980
Behnken, I. (Hg.): Stadtgesellschaft und Kindheit im Prozeß der Zivilisation. Konfigurationen städtischer Lebensweise zu Beginn des 20. Jahrhunderts. Opladen 1990
Bergler, R./Six, U.: Psychologie des Fernsehens. Bern 1979
Berndt, J.: Physiologische Grundlagen der Entwicklung, in: Wieczerkowski/Oeveste (Hg.) (siehe dort), S. 137 ff.
Bertram, H.: Moralerziehung – Erziehung zur Kooperation. Zur Bedeutung von Theorien moralischer Entwicklung für Bildungsprozesse, in: ZfP 25, 1979, S. 529 ff.
Bettelheim, B.: Ein Leben für Kinder, Stuttgart 1989

Blanke, S.: Beziehungen zwischen Erziehern und Kindern. Hilfen für den Alltag. Stuttgart 1988

Blos, P.: Sohn und Vater. Vor und nach dem Ödipus-Komplex. Stuttgart 1990 (Originalausgabe in den USA, 1985)

Böll, K.: Merchandising. Die neue Dimension der Verflechtung zwischen Medien und Industrie. Kommunikationswissenschaftliche Studien, Bd. 17. München 1996

Bonfadelli, H., u.a.: Jugend und Medien. Eine Studie der ARD/ZDF-Medienkommission und der Bertelsmann Stiftung. Mediaperspektiven 6, Frankfurt/Main 1986

Bornemann, E.: Reifungsphasen der Kindheit. Sexuelle Entwicklungspsychologie, Bd. 1. Frankfurt/Main/Wien 1981

Bornemann, E.: Das Geschlechtsleben des Kindes. Beiträge zur Kinderanalyse und Sexualpädologie. München 1985

Bott, E.: Family and social network. London 1972

Braunmühl, E.v.: Antipädagogik. Studien zur Abschaffung der Erziehung. Weinheim 1975

Braunmühl, E.v./Kupffer, H./Ostermeyer, H.: Die Gleichberechtigung des Kindes. Frankfurt/Main 1976

Braunmühl, E.v.: Zeit für Kinder. Frankfurt/Main 1978

Brenner, G. (Hg.): Pädagogik mit Jugendlichen. Bildungsansprüche, Wertevermittlung und Individualisierung. Weinheim 1996

Bronfenbrenner, U./Devereux, E.C., u.a.: Adults and peers as sources of conformity and autonomy. Paper presented at the conference for socialization for competence, social research council. Puerto Rico 1965

Bronfenbrenner, U.: Two worlds of childhood. New York 1970

Bronfenbrenner, U.: Wie wirksam ist kompensatorische Erziehung? Stuttgart 1974 (Originalausgabe 1974)

Bronfenbrenner, U.: Die Ökologie der menschlichen Entwicklung. Stuttgart 1980

Brown, A., u.a.: Learning, Remembering and Understanding, in: P.H. Mussen (Hg.): Handbook of Childpsychology, vol. III, John Wiley & Sons, 1983

Brown, J.R.: Wie Kinder das Fernsehen nutzen, in: H. Sturm/J.R. Brown (Hg.) (siehe dort), S. 177ff.

Bründel, H./Hurrelmann, K.: Akkulturation und Minoritäten. Die psychosoziale Situation ausländischer Jugendlicher in Deutschland unter dem Gesichtspunkt des Belastungs-Bewältigungs-Paradigmas, in: G. Trommsdorff (Hg.): Kindheit und Jugend in verschiedenen Kulturen (s. dort), S. 293–313

Bründel, H./Hurrelmann, K.: Einführung in die Kindheitsforschung. Weinheim/Basel 1996

Bruner, J.S.: Der Prozeß der Erziehung. Berlin 1970 (Originalausgabe: Cambridge (Mass.) 1960

Bruner, J.S.: On cognitive growth, I and II, in: J.S. Bruner/R.R. Olver/P.M. Greenfield (Hg.): Studies in cognitive growth. New York 1966, S. 1–29

Bruner, J.S.: Processes of cognitive growth: Infancy worcester. Mass. 1968

Bruner, J.S./Olver, R.R./Greenfield, P.M. (Hg.): Studien zur kognitiven Entwicklung. Stuttgart 1971 (Originalausgabe New York 1966)

Bruner, J.S.: Von der Kommunikation zur Sprache. Überlegungen aus psychologischer Sicht, in: K. Martens (Hg.): Kindliche Kommunikation.

Theoretische Perspektiven, empirische Analysen, methodologische Grundlagen. Frankfurt/Main 1979, S. 9ff. (Taschenbuch)
Büchner, P./Krüger, H.-H./Chisholm, L. (Hg.): Kindheit und Jugend im interkulturellen Vergleich. Opladen 1990
○ Bühler, Ch.: Kindheit und Jugend. Leipzig 1928
Bullerjahn, C./Erwe, H.J./Weber, R. (Hg.): Kinder-Kultur. Ästhetische Erfahrungen, ästhetische Bedürfnisse. Opladen 1999
Büttner, Chr.: Mit aggressiven Kindern leben. Weinheim/Basel 1988
Büttner, C./Ende, A. (Hg.): Jahrbuch der Kindheit, Bd. 2, Weinheim 1985
Büttner, C./Ende, A. (Hg.): Lebensräume für Kinder: Entwicklungsbedingungen für Kinder im ausgehenden 20. Jahrhundert. Weinheim 1988
Büttner, Ch./Elschenbroich, D./Ende, A. (Hg.): Kinderkulturen. Neue Freizeit und alte Muster. Jahrbuch der Kindheit, Bd. 9, Weinheim/Basel 1992
Bundesminister für Jugend, Familie, Frauen und Gesundheit (Hg.): Siebter Jugendbericht. Jugendhilfe und Familie – Die Entwicklung familienunterstützender Leistungen der Jugendhilfe und ihre Perspektiven. Bonn 1986

Caesar, B.: Autorität in der Familie. Ein Beitrag zum Problem schichtenspezifischer Sozialisation. Reinbek 1972 (Taschenbuch)
Carson, M.T./Abrahamson, A.: Some members are more equal than others: The effect of semantic typicality on class-inclusion performance, in: Child Development 47, 1976, S. 1186ff.
Charlton, M./Neumann-Braun, K./Aufenanger, St./Hoffmann-Riem, W., u.a.: Fernsehwerbung und Kinder. 2 Bände. Opladen 1995
Charlton, M./Neumann-Braun, K.: Medienkindheit–Medienjugend. München 1992
Charlton, M./Neumann-Braun, K.: Medienkommunikation im Alltag. Interpretative Studien zum Medienhandeln von Kindern und Jugendlichen. München/New York 1992
Charlton, M./Neumann, K: Medienkonsum und Lebensbewältigung in der Familie. Methode und Ergebnisse der strukturanalytischen Rezeptionsforschung – mit 5 Falldarstellungen. München/Weinheim 1986
Chasiotis, A./Keller, H.: Kulturvergleichende Entwicklungspsychologie und evolutionäre Sozialisationsforschung, in: G. Trommsdorff (Hg.): 1995 (siehe dort), S. 21ff.
Clarke-Stewart, A.A.: The father's contribution to children's cognitive and social development in early childhood, in: F.A. Pedersen 1980 (siehe dort), S. 111ff.
Cloer, E.: „Kinder der Freiheit" (Beck) oder „Krisenkinder" (Preuss-Lausitz) – Eine falsche Alternative? Reflexionen zur Anthropologie des Kindes und zur Reallage von Kindern, in: C. Bullerjahn/H.J. Erwe/R. Weber (Hg.): Kinder-Kultur (s. dort), 1999, S. 17–39
Constantine, L.L./Martinson, F.M. (Hg.): Children and sex. New findings, new perspectives. Boston 1981
Conze, W. (Hg.): Sozialgeschichte der Familie in der Neuzeit Europas. Stuttgart 1976
Corsaro, W.A.: Friendship in the nursery school: Social organization in a peer environment, in: Asher/Gottman (siehe dort), S. 207ff.
Cropley, A.: Kreativität: Entstehungsbedingungen und Einflußfaktoren, in: Wieczerkowski/Oeveste, Bd. 2 (siehe dort), S. 259ff.
Dalley, A.: Die Macht unserer Mütter. Stuttgart 1976

Damon, W.: Die soziale Entwicklung des Kindes. Ein entwicklungspsychologisches Lehrbuch, Stuttgart 1984

Dennison, G.: The lives of children. New York 1969

* De Mause, L. (Hg.): Hört Ihr die Kinder weinen: Eine psychogenetische Geschichte der Kindheit. Frankfurt/Main 1977

Deutsches Jugendinstitut (Hg.): Wie geht's der Familie? Ein Handbuch zur Situation der Familien heute. München 1988

Deutsches Komitee für UNICEF (Hg.): Kinderarbeit. Zur Situation der Kinder in der Welt. Frankfurt 1996

Devereux, E.C.: The role of peer group experience in moral development, in: J.P. Hill (Hg.): Minnesota Symposium on child psychology, Vol. 4, Minneapolis 1970

Dietrich, G.: Erziehungsvorstellung von Eltern. Ein Beitrag zur Aufklärung der subjektiven Theorie der Erziehung. Göttingen 1985

Doderer, K. (Hg.): Walter Benjamin und die Kinderliteratur. Aspekte der Kinderkultur in den zwanziger Jahren. Mit dem Katalog der Kinderbuchsammlung. Weinheim/München 1988

Dräbing, R.: Der Traum vom „Jahrhundert des Kindes". Geistige Grundlagen, soziale Implikationen und reformpädagogische Relevanz der Erziehungslehre Ellen Keys. (Studien zur Pädagogik, Andragogik und Gerontagogik, Bd. 7) Bern/Frankfurt/Main 1990

Dreikurs, R./Blumenthal, E.: Eltern und Kinder – Freunde oder Feinde? Stuttgart 1973

Duché, D.-J.: Das Kind in der Familie. Stuttgart 1987 (Französische Originalausgabe: Paris 1983)

Dulit, E.: Adolescent thinking à la Piaget: The formal stage, in: Journal of Youth and Adolescent, Vol. 1, 4, 1972, S. 281 ff.

Dumke, D.: Entwicklung von Wahrnehmung und Gedächtnis, in: Wieczerkowski/Oeveste 1982 (siehe dort), S. 201 ff.

Dumrauf, K.: Neuere amerikanische Untersuchungen zur Wirkung des Fernsehens auf das prosoziale Lernen bei Kindern, in: ZfP 26, 1980, S. 411 ff.

Duncker, L./Maurer, F./Schäfer, G.E. (Hg.): Kindliche Phantasie und ästhetische Erfahrung. Wirklichkeiten zwischen Ich und Welt. Langenau-Ulm 1990

Dunn, J./Kendrick, C.: Interaction between young siblings in the context of family-relationships, in: M. Lewis/L.A. Rosenblum 1979 (siehe dort), S. 143 ff.

Einsiedler, W.: Das Spiel der Kinder. Zur Pädagogik und Psychologie des Kinderspiels. Bad Heilbrunn/Obb. 1990

Eisenberg, N. (Hg.): The development of prosocial behaviour. (Developmental psychologies Theories) New York 1982

Eisenstadt, S.N.: Von Generation zu Generation. München 1966 (Originalausgabe 1956)

* Elias, N.: Über den Prozeß der Zivilisation. Soziogenetische und psychogenetische Untersuchungen. 2 Bände. Frankfurt/Main 1976

Elschenbroich, D.: Kinder werden nicht geboren. Studien zur Entstehung der Kindheit. Frankfurt/Main 1977

Engfer, A.: Kindesmißhandlung: Ursachen, Auswirkungen, Hilfen. Stuttgart 1986

Eppendorfer, H. (Hg.): Kleine Monster. Innenansichten der Pubertät. Hamburg 1985
○ Erikson, H.E.: Identität und Lebenszyklus. Frankfurt/Main 1973 (Originalausgabe: New York 1959)
Erikson, H.E.: Kindheit und Gesellschaft. Stuttgart 1965
Ernst, A./Stampfel, S.: KinderReport. Wie Kinder in Deutschland leben. Köln 1991
Ewers, H.-H./Wild, I (Hg.): Familienszenen. Die Darstellung familiarer Kindheit in der Kinder- und Jugendliteratur – Theorie und Praxis. Weinheim/München 1999

Feierabend, S./Klingler, W./Simon, E.: Was Kinder sehen. Eine Analyse der Fernsehnutzung von Drei- bis 13jährigen, in: Media Perspektiven, Heft 4, 1999, S. 174–186
Fend, H.: Sozialgeschichte des Aufwachsens. Bedingungen des Aufwachsens und Jugendgestalten im zwanzigsten Jahrhundert. Frankfurt/Main 1988
Fend, H.: Vom Kind zum Jugendlichen. Der Übergang und seine Risiken. (Entwicklungspsychologie der Adoleszenz in der Moderne. Bd. 1) Bern/Stuttgart 1990
Field, T.M. (Hg.): High risk infants and children. Adult and peer interactions. New York 1980
Fine, G.A.: Friends, impression management, and preadolescent behaviour, in: Asher/Gottman (siehe dort), S. 20 ff.
Finkelhor, D.: Sex between siblings. Sex play, incest, and aggression, in: Constantine/Martinson (Hg.): (siehe dort), S. 129 ff.
Fischer, W.: Soziale Unterschichten im Zeitalter der Frühindustrialisierung, in: W. Fischer: Wirtschaft und Gesellschaft im Zeitalter der Industrialisierung. Göttingen 1972, S. 242 ff.
Flavell, J.H./Botkin, P.T., u.a.: The development or role-taking and communication skills in children. New York 1968
Flitner, A.: Eine Wissenschaft für die Praxis?, in: ZfP 24, 1978, S. 183 ff.
○ Flitner, A.: Konrad, sprach die Frau Mama ... Über Erziehung und Nicht-Erziehung. o.O., o.J. Verlag Severin und Siedler 1983
Freud, A.: Wege und Irrwege in der Kinderentwicklung. Stuttgart 1982
Friedrich, M.H.: Irrgarten Pubertät. Stuttgart 1999
Friedrich, P., u.a.: Die „Lücke"-Kinder. Zur Freizeitsituation von 9- bis 14jährigen. Weinheim/Basel 1984
Fritz, J.: Spiele als Spiegel ihrer Zeit. Mainz 1992
Fritz, J.: Warum Bildschirmspiele faszinieren. Weinheim 1995
Fromme, J./Kommer, S./Mansel, J./Treumann, K.-P. (Hg.): Selbstsozialisation, Kinderkultur und Mediennutzung. Opladen 1999
Fromme, J.: Von Old Shatterhand zu Super Marioland? Die Spiel- und Unterhaltungswelten der Gameboy-Generation, in: Ch. Büttner/D. Elschenbroich u.a. (s. dort), S. 64–79

Gardiner, M.: Mörder ohne Schuld. Wenn Kinder töten – Gründe und Hintergründe. Frankfurt/Main 1979
Gartz, D.: Zum neuesten Stand von Kohlbergs Ansatz der moralischen Sozialisation, in: ZfP, 26, 1980, S. 93 ff.
Gebhard, U./Johannsen, F.: „Glaubst Du eigentlich an Gott?": Kind und Religion; ein Ratgeber für Eltern und Erzieher. Gütersloh 1989

Geulen, D. (Hg.): Kindheiten. Neue Realitäten und Aspekte. Weinheim 1989
Geuß, H./Urban, K.: Hochbegabte Kinder, in: Wieczerkowski/Oeveste, Band 3 (siehe dort), S. 85 ff.
Giesecke, H.: Die Zweitfamilie: Leben mit Stiefeltern und Stiefkindern. Stuttgart 1987
Goldman, R./Goldman, J.: Children's sexual thinking. A comparative study of children aged 5 to 15 years in Australia, North America, Britain and Sweden. London 1982
Goldstein, J./Freud, A./Solnit, A.J.: Diesseits des Kindeswohls. Frankfurt/Main 1982 (Taschenbuch)
Goldstein, J./Freud, A./Solnit, A.J./Goldstein, S.: Das Wohl des Kindes. Grenzen professionellen Handelns. Mit einem Beitrag von Spiros Simitis. Frankfurt/Main 1988 (Engl. Originalausgabe, 1973)
Goldstein, S./Solnit, A.J.: Wenn Eltern sich trennen. Was wird aus den Kindern? Stuttgart 1989 (Originalausgabe in den USA, New Haven/London 1984)
Goodman, N.: Sprechen der Kunst. Frankfurt/Main 1976
Goodman, N.: Weisen der Welterzeugung. Frankfurt/Main ^{2}1984
Greenfield, P.M./Bruner, J.S.: Culture and cognitive growth, in: D.A. Goslin (Hg.): Handbook of socialization research. New York 1969, S. 636 ff.
Greenfield, P.M.: Kinder und neue Medien. Die Wirkungen von Fernsehen, Videospielen und Computern. München/Weinheim 1987
Greenspan, St.J./Nancy, T.: Das Erwachen der Gefühle. Die emotionale Entwicklung des Kindes. München/Zürich 1988 (Originalausgabe USA, 1985)
Grempel, F.: Menschwerdung im Kindertraum, in: Jahrbuch für Psychotherapie und medizinische Anthropologie, 18, 1970, S. 272–291
Groebel, J./Klingler, W.: Kinder und Medien 1990. Eine Studie der ARD/ZDF-Medienkommission. Baden-Baden 1994
Gronemeyer, R./Bahr, H.-E.: Nachbarschaft im Neubaublock. Empirische Untersuchungen zur Gemeinwesenarbeit, theoretische Studien zur Wohnsituation. Weinheim 1977
Gruenter, R.: Kinder, die Auschwitz spielen, in: Merkur 34, 1980, S. 1171 ff.
Gruntz-Stoll, J.: Kinder erziehen Kinder: Sozialisationsprozesse in Kindergruppen. München 1989
○ Gstettner, P.: Die Eroberung des Kindes durch die Wissenschaft. Aus der Geschichte der Disziplinierung. Reinbek 1981 (Taschenbuch)
Guilford, J.P.: Retrospect and prospect, in: Journal of creative behaviour, 4, 1970, S. 149 ff.
Gutjahr, K./Schrader, A.: Sexueller Mädchenmißbrauch. Ursachen, Erscheinungen, Folgewirkungen und Interventionsmöglichkeiten. Köln 1988

Habermas, J.: Moralentwicklung und Ich-Identität, in: J. Habermas: Zur Rekonstruktion des Historischen Materialismus. Frankfurt 1977, S. 63 ff.
○ Hardach-Pinke, I./Hardach, G. (Hg.): Kinderalltag. Deutsche Kindheiten in Selbstzeugnissen 1700 bis 1900. Reinbek 1981
Harris, J.R./Liebert, R.M.: Infant and Child: Development from Birth through Middle Childhood. Englewood Cliffs: Prentice Hall 1992
Harris, P.L.: Children and Emotion. The Development of Psychological Understanding. Basil Blackwell Ltd., Oxford 1989
Harter, S.: A Model of Intrinsic Mastery and Developmental Change in

Children: Individual Differences and Developmental Change, in: Minnesota Symposium on Childpsychology. Erlbaum 1980

Havighurst, R.J.: Developmental Task and Education. McKay 1972

○ Havighurst, R.J.: Developmental tasks and education. New York ³1972 (zuerst erschienen: 1948)

Hänisch, I.V.: Reich – stark – mächtig. Die Phantasiehelden unserer Kinder. Hellbach 1981

Heckhausen, H.: Faktoren des Entwicklungsprozesses, in: F.E. Weinert, u.a. (Hg.): Funkkolleg Pädagogische Psychologie, Bd. 1, Frankfurt/Main 1974, S. 101 ff.

Hegemann-Fonger, H.: Zum Wandel des Kinderspielens. Eine empirische Analyse des Freizeitverhaltens von Grundschülern. Münster 1994

Heidtmann, H.: Kindermedien. Stuttgart 1992

Hemminger, H.: Kindheit als Schicksal? Die Frage nach den Langzeitfolgen frühkindlicher seelischer Verletzungen. Reinbek 1982

Henderson, R.W. (Hg.): Parent – child interaction. Theory, research and prospects. New York 1981

Hengst, H. (Hg.): Kritische Stichwörter zur Kinderkultur. München 1978

○ Hengst, H., u.a.: Kindheit als Fiktion. Frankfurt/Main 1981

Hengst, H.: Tendenzen der Liquidierung von Kindheit, in: H. Hengst, u.a. (siehe dort), S. 11 ff.

Herrmann, U./Renftle, S./Roth, L.: Bibliographie zur Geschichte der Kindheit, Jugend und Familie. München 1980

Herrmann, U.: Pädagogisches und geschichtliches Denken, in: H. Thiersch/ H. Ruprecht/U. Herrmann: Die Entwicklung der Erziehungswissenschaft. München 1978, S. 173 ff.

Herndon, J.: Die Schule überleben. Stuttgart 1972 (Originalausgabe: 1971)

Hetzer, H./Benner, L./Pee, L.: Kinderspiel im Freien. München 1966

Hille, B.: Kindergesellschaft. Wie unsere Kinder aufwachsen. Wissenschaft und Politik, Köln 1982

Hillebrandt, S.A.: Die soziale Entwicklung des Kindes. 1. Teil. Wien 1981

Hirsch, A.M.: Wenn Kinder flügge werden: Eltern und Kinder im Ablösungsprozeß. München 1991

Höhn, M.: Immer Ärger mit den Kids? Ratgeber Jugendkulturen. Köln 1995

Hoffmann-Riem, Chr.: Das adoptierte Kind. Familienleben mit doppelter Elternschaft (Übergänge, Texte und Studien zu Handlung, Sprache und Lebenswelt, Bd. 8) München 1984

Holland, J.L.: Creative and academic performance among talented adolescents, in: Journal of educational psychology 52, 1961, S. 136 ff.

Holme, A./Massie, P.: Children's play: A study of needs and opportunities. London 1970

Holt, H.: Zum Teufel mit der Kindheit. Über die Bedürfnisse und Rechte von Kindern. Wetzlar 1978

Honig, M.-S./Leu, H.R./Nissen, U. (Hg.): Kinder und Kindheit. Soziokulturelle Muster – sozialisationstheoretische Perspektiven. Weinheim/München 1996

Hunecke, V.: Die Findelkinder von Mailand. Kindsaussetzung und aussetzende Eltern vom 17.–19. Jahrhundert. Stuttgart 1987

Hunt, D.: Parents and children in history. New York 1970

Hunziker, P., u.a.: Fernsehen im Alltag der Familie, in: Rundfunk und Fernsehen 23, 1975, S. 284 ff.

Hunziker, P.: Fernsehen und interpersonelle Kommunikation in der Familie, in: Publizistik 21, 1976, S. 180ff.
Hurlock, E.B.: Developmental psychology. A life-span-approach. New York ⁵1980
Hurrelmann, B.: Fernsehen in der Familie. Auswirkungen der Programmerweiterung auf den Mediengebrauch. Weinheim/München 1989
Hurrelmann, B./Hammer, M./Stelberg, K.: Familienmitglied Fernsehen. Opladen 1996
Hurrelmann, K.: Familienstreß, Schulstreß, Freizeitstreß: Gesundheitsförderung für Kinder und Jugendliche. Weinheim 1990
Hut, S.: Emotionale Wirkungen von Film und Fernsehen, in: Fernsehen und Bildung (Themenheft Emotion und Information) 12, 1978, S. 235ff.

Iben, G. (Hg.): Erzieheralltag. Situatives Arbeiten mit sozial benachteiligten Kindern. Mainz 1990
Inhelder, B./Piaget, J.: The growth of logical thinking from child and adolescents. New York 1958

Jaschke, H.: Böse Kinder – böse Eltern? Erziehung zwischen Ohnmacht und Gewalt. Mainz 1990
Jensen, K.: Der kindliche Umgang mit Massenmedien. Handlungstheoretische und empirische Aspekte psychologischer Analyse, in: ZfP 26, 1980, S. 383ff.
Jensen, K./Rogge, J.-U. (Hg.): Der Medienmarkt für Kinder in der Bundesrepublik. Tübingen 1980
○ Johannsen, E.M.: Betrogene Kinder. Eine Sozialgeschichte der Kindheit. Frankfurt 1978
Jungjohann, E.E.: Kinder klagen an: Angst, Leid und Gewalt. Frankfurt/Main 1991

Kaarst, M.: Kindheit und Jugend in der Antike. Eine Bibliographie. Bonn 1981
Kaminski, G.: Umweltpsychologie, Perspektiven, Probleme, Praxis. Stuttgart 1976
Kaminski, W.: Einführung in die Kinder- und Jugendliteratur. Literarische Phantasie und gesellschaftliche Wirklichkeit. Weinheim/München 1987
Kasten, H.: Einzelkinder – Aufwachsen ohne Geschwister. Berlin 1995
Kasten, H.: Sozial-emotionale Entwicklung, in: D.H. Rost (Hg.): Entwicklungspsychologie für die Grundschule. Bad Heilbrunn/Obb. 1980, S. 151ff.
○ Kellmer-Pringel, M.: Was Kinder brauchen. Stuttgart 1979 (Originalausgabe 1975)
Keupp, H.: Der Widerspruch von Präventionsgedanken und „medizinischem Modell" in der Schulberatung, in: Gruppendynamik 6, 1975, S. 415ff.
Keupp, H./Zaumseil, M.: Die gesellschaftliche Organisierung psychischen Leidens. Zum Arbeitsfeld klinischer Psychologen. Frankfurt/Main 1978
Key, E.: Das Jahrhundert des Kindes. (Erstausgabe: Stockholm 1900). Weinheim 1999
Kirchhöfer, D.: Kinder zwischen selbst- und fremdbestimmter Zeitorganisation, in: J. Fromme/S. Kommer, u.a. (Hg.): Selbstsozialisation, Kinderkultur und Mediennutzung (s. dort), S. 100–112
Klein, H.E.: Medien- und Werbekompetenz. Köln 1996

Klein, P.: Fact and fantasy in Freudian theory. London 1972
Köhler, H.: Jugend im Zwiespalt. Eine Psychologie der Pubertät für Eltern und Erzieher. Stuttgart 1990
Köhler, M.: Unterhaltung als Botschaft und Kauf als Erfahrung: Die Equipierung der Kindheit, in: H. Hengst (siehe dort), S. 73ff.
Köhler, U. (Hg.): Kinderleben. Dichter erzählen von Kindern. Frankfurt/Main 1988
○ Könneker, M.L. (Hg.): Kinderschaukel 1 und 2. Ein Lesebuch zur Geschichte der Kindheit in Deutschland 1745–1930. 2 Bände. Darmstadt 1976
Kohlberg, L.: The development of moral character and moral ideology, in: M.L. Hoffman/L.W. Hoffman (Hg.): Revue of child development research. New York 1964, S. 383ff.
Kohlberg, L.: Zur kognitiven Entwicklung des Kindes. Frankfurt/Main 1974
Kohlberg, L.: Moral educational reappraised, in: The humanist 38, 1978, S. 13ff.
Kohlberg, L./Turiel, E.: Moralische Entwicklung und Moralerziehung, in: G. Portele (Hg.) (siehe dort), 1978, S. 15ff.
Kohli, M.: Die Bedeutung der Rezeptionssituation für das Verständnis eines Fernsehfilms durch Kinder, in: Zeitschrift für Soziologie, 5, 1976, S. 38ff.
Kohnstamm, R.: Praktische Psychologie des Schulkindes. Bern/Göttingen/Toronto/Seattle ^{2}1994
○ Korczak, J.: Das Recht des Kindes auf Achtung. Göttingen 1980
Krappmann, L./Oswald, H.: Schulisches Lernen in Interaktionen mit Gleichaltrigen, in: Kölner Zeitschrift für Soziologie und Sozialpsychologie, Bd. 25, 1983
Krekeler, H.: Chaos im Kinderzimmer. München 1996
Kroh, O.: Entwicklungspsychologie des Grundschulkindes. Langensalza ^{19}1944
Kürthy, Th. v.: Einzelkinder – Chancen und Gefahren im Vergleich zu Geschwisterkindern. München 1988
Kupffer, H.: Erziehung – Angriff auf die Freiheit. Essays gegen Pädagogik, die den Lebensweg des Menschen mit Hinweisschildern umstellt. Weinheim 1980
○ Kursbuch 72: Die neuen Kinder. Juni 1983

○ Laing, R.D.: Gespräche mit meinen Kindern. Köln 1980
Lamb, M.E.: The role of the father in child development. Chichester 1981
Lampp, R. (Hg.): Reifung und Ablösung. Das Generationenproblem und seine psychopathologischen Randformen in anthropologischer, psychoanalytischer, kinder- und jugendpsychiatrischer und gesellschaftlicher Sicht. Bern/Stuttgart 1987
Lang, E.: Kind, Familie und Fernsehen. Untersuchungen zu fernsehbedingten Störungen bei Kindern. Freiburg 1980
Langfeldt, Th.: Processes in sexual development, in: Constantine/Martinson (Hg.) (siehe dort), S. 37ff.
Laosa, L.M.: Maternal behaviour: Social culturell diversity in modes of family interaction, in: R.W. Henderson 1981 (siehe dort), S. 126ff.
Ledig, M./Nissen, U.: Kinder und Wohnumwelt. Eine Literaturanalyse zur Straßensozialisation. Weinheim/München 1987
Leiris, M.: Die eigene und die fremde Kultur. Frankfurt/Main 1978
Leist, M.: Kinder begegnen dem Tod. Gütersloh 1987

Lenneberg, E.H.: Biologische Grundlagen der Sprache. Frankfurt/Main 1971
Lenzen, D.: Mythologie der Kindheit. Die Verewigung des Kindlichen in der Erwachsenenkultur. Versteckte Bilder und vergessene Geschichten. Reinbek 1985
Lewis, M./Rosenblum, L.A. (Hg.): The child and its family. New York 1979
Lickona, Th.: Moral development and moral education – Piaget, Kohlberg, and Beyond, in: J. McC. Gallagher/J.A. Easley, J.A. jr. (Hg.): Knowledge and development. Bd. 2: Piaget and education. New York/London 1978, S. 21ff.
Lickona, Th.: Wie man gute Kinder erzieht! Die moralische Entwicklung des Kindes von der Geburt bis zum Jugendalter und was Sie dazu beitragen können. München 1990
Lidz, Th.: The person. New York 1968
Liedtke, M. (Hg.): Kind und Medien. Zur kulturgeschichtlichen und ontogenetischen Entwicklung einer Beziehung. Bad Heilbrunn 1997
Lippitz, W./Rittelmeyer, Chr. (Hg.): Phänomene des Kinderlebens. Beispiele und methodische Probleme einer pädagogischen Phänomenologie. Bad Heilbrunn/Obb. 1989
Lüscher, K./Köbbel, I./Fisch, R.: Elternbriefe und Elternbildung. Eine familienpolitische Maßnahme im Urteil der Eltern, in: ZfP 28, 1982, S. 763ff.
○ Lüscher, K. (Hg.): Sozialpolitik für das Kind. Stuttgart 1979

Maccoby, E.E.: Gender as a Social Category, in: Developmental Psychology, vol. 24, 6, 1988, S. 755ff.
Maccoby, E.E./Jacklin, C.N.: The psychology of sex differences. Stanford 1974
Maslow, A.H.: Motivation and personality. New York 1954
Martin, J.A.M.: Voice, speech, and language in the child. Development and disorder. Wien 1981
Martin, R.: Wieviel Vater braucht das Kind? Mehr Menschlichkeit durch mehr Väterlichkeit. Frankfurt/Main 1989
Maurer, F.: Lebenssinn und Lernen. Zur Anthropologie der Kindheit und des Jugendalters. Würzburg 1990
Mayer, A.E.: Kinderwerbung – Werbekinder. Pädagogische Überlegungen zu Kindern als Zielgruppe und Stilmittel der Werbung. München 1998
Meister, D.M./Sander, U. (Hg.): Kinderalltag und Werbung. Zwischen Manipulation und Faszination. Darmstadt/Neuwied 1997
Melzer, W./Sünker, H. (Hg.): Wohl und Wehe der Kinder. Pädagogische Ermittlungen von Kindheitstheorie, Kinderleben und gesellschaftlichen Kindheitsbildern. Weinheim/München 1989
Mendel, G.: Plädoyer für die Entkolonialisierung des Kindes. Sozio-Psychoanalyse der Autorität. Freiburg 1973
Metzner, W./Thamm, B.G.: Drogen: Heroin, Haschisch, Kokain, Speed: wie Rauschgifte uns überschwemmen, wie schon Kinder geködert werden, was wir gegen die Sucht tun können. Hamburg 1989
Mielck, A.: Kind, Gesundheit, Stadt: gesundheitliche Belastung des Kindes durch die städtische Umwelt – am Beispiel Hamburg. Frankfurt/Main 1985
Miller, M.: Argumentation als moralische Lernprozesse, in: ZfP 28, 1982, S. 299ff.

○ Miller, A.: Das Drama des begabten Kindes und die Suche nach dem wahren Selbst. Frankfurt/Main 1983 (Taschenbuch)
Mitterauer, M./Siedler, R.: Vom Patriarchat zur Partnerschaft. Strukturwandel der Familie. München 1977
Modgill, S./Modgill, C.: Piagetian research: Compilation and commentary. Vol. 2. London 1976
Mollenhauer, K.: Grundfragen ästhetischer Bildung. Theoretische und empirische Befunde zur ästhetischen Erfahrung von Kindern. Weinheim/München 1996
* Montada, L.: Entwicklungspsychologie auf der Suche nach einer Identität, in: L. Montada (Hg.): Brennpunkte der Entwicklungspsychologie. Stuttgart 1979, S. 11ff.
Muchow, M./Muchow, H.H.: Der Lebensraum des Großstadtkindes. Bensheim 1978
Müller, M.: Die kleinen Könige der Warenwelt. Kinder im Visier der Werbung. Frankfurt 1997
○ Müller-Wiedemann, H.: Mitte der Kindheit. Das 9. bis 12. Lebensjahr. Eine biographische Phänomenologie der kindlichen Entwicklung. Stuttgart ^{2}1980
* Mussen, P.H./Conger, J.J./Kagan, J.: Child development and personality. New York ^{3}1976
Mussen, P.H./Conger, J.J./Kagan, J.: Essentials of child development and personality. New York 1980
* Mussen, P.H./Conger, J.J./Kagan, J./Huston, A.C.: Lehrbuch der Kinderpsychologie, Bd. 1 und 2. Stuttgart 1993
Naegele, I.M./Haarmann, D.: Darf ich mitspielen? Kinder verständigen sich in vielen Sprachen. Anregungen zur interkulturellen Kommunikationsförderung. Weinheim 1986
Nave-Herz, R./Markefka, M. (Hg.): Handbuch der Familien- und Jugendforschung, Bd. 1: Familienforschung. Neuwied 1989
Newman, B.M./Newman, R.: Development through life. Homewood, Ill. Dorsey Press 1975
* Nickel, H.: Entwicklungspsychologie des Kindes- und Jugendalters. Bd. 2. Bern, 3. Auflage 1979
Niebergall, G./Remschmidt, H.: Entwicklung des Sprechens und der Sprache, in: H. Remschmidt/M. Schmidt 1981 (siehe dort), S. 148ff.
Nienstedt, M./Westermann, A.: Pflegekinder. Psychologische Beiträge zur Sozialisation von Kindern in Ersatzfamilien. Münster 1989
Niessen, M./Seiler, H.: Methodologische Konzeptionen in Forschungen zur Sozialgeschichte von Kindheit und Familie, in: ZfP 1, 1980, S. 73ff.
Nilson, P.: Psychological profiles of runaway children and adolescents, in: Wells (siehe dort), S. 2ff.
Nitschke, A.: Junge Rebellen. Mittelalter, Neuzeit, Gegenwart: Kinder verändern die Welt. München 1985

Oehme, J., u.a.: Das Kind im 18. Jahrhundert. Beiträge zur Sozialgeschichte des Kindes, in: Documenta paediatrica Bd. 16, Lübeck 1988
Oelkers, J.: Pädagogik in der Krise der Moderne, in: K. Harney/H.H. Krüger Einführung in die Geschichte der Erziehungswissenschaft und der Erziehungswirklichkeit. Opladen 1997, S. 39–92
Oerter, R./Montada, L.: Entwicklungspsychologie. Weinheim ^{4}1998

Oestreich, G.: Strukturprobleme des europäischen Absolutismus, in: G. Oestreich: Geist und Gestalt des frühmodernen Staats. Berlin 1969
Oestreich, G.: Kinder zwischen Angst und Leistung: Müssen Erziehung und Schule Angst erzeugen? Frankfurt/Main 1980
Oeveste, H.: Moralische Entwicklung, in: Wieczerkowski/Oeveste 1982, Bd. 2 (siehe dort), S. 63ff.
Opie, I./Opie, P.: The lore and language of school children. Oxford 1960
Oppawsky, J.: Scheidungskinder. Schwerpunkt: Aus der Sicht der Kinder. München 1987
Orbach, I.: Kinder, die nicht leben wollen. Göttingen 1990
Oswald, H./Krappmann, L.: Kinderwünsche, in: ZfP, 6, 1985, S. 719–734

Packard, V.: Verlust der Geborgenheit: Unsere kinderkranke Gesellschaft, Bern 1984
Paetzold, B.: Familie und Schulanfang. Eine Untersuchung des mütterlichen Erziehungsverhaltens. Bad Heilbrunn/Obb. 1988
Papert, S.: Mindstorms. Basic Books 1980
Papert, S.: Revolution des Lernens. Hannover 1994
Pechstein, J.: Sozial behinderte Kinder, in: Th. Hellbrügge (Hg.): Kindliche Sozialisation und Sozialentwicklung. München [2]1978
Pederson, F.A. (Hg.): The father-infanty-relationship. New York 1980
Pelz-Schreyoegg, H.: Gewalt in Familien. Eine Literaturübersicht, München 1985
Permhaupt, G. (Hg.): Gewalt am Kind, Wien 1983
Peters, R.S.: Moral development. A plea for pluralism, in: Th. Mischel (Hg.): Cognitive development and epistemology. New York/London 1971, S. 237ff.
Petersen, J.: Unsere Straße. München 1978
Petzold, M.: Entwicklung und Erziehung in der Familie. Familienentwicklungspsychologie im Überblick. Hohengehren 1999
Piaget, J.: Das moralische Urteil beim Kinde. Frankfurt/Main [2]1976
* Piaget, J.: Das Weltbild des Kindes, Stuttgart 1978
Piaget, J./Inhelder, B.: Die Entwicklung der physikalischen Mengenbegriffe beim Kinde. Stuttgart 1979 (Originalausgabe: Neuchâtel 1962)
* Piaget, J./Inhelder, B.: Die Psychologie des Kindes. Frankfurt/Main 1977 (Originalausgabe: Paris 1966)
Piaget, J.: Der Aufbau der Wirklichkeit beim Kinde. Stuttgart 1975 (Originalausgabe: Neuchâtel 1950)
Piaget, J.: Nachahmung, Spiel und Traum. Stuttgart 1975b
* Piaget, J.: Psychologie der Intelligenz. Zürich 1947 (Originalausgabe: Paris 1947)
Piaget, J.: The moral judgment of the child. New York 1965
Piaget, J./Inhelder, B.: Von der Logik des Kindes zur Logik des Heranwachsenden. Olten 1977
Pollmann, U.: Keine Zeit – kein Spiel. Kindheit im Armenhaus Latein-Amerikas. Reinheim 1984
Pongratz, L./Schäfer, M./Weiße, D.: Kinderdelinquenz. München [2]1977
Pongratz, L., u.a.: Herkunft und Lebenslauf. Längsschnittuntersuchung über Aufwuchsbedingungen und Entwicklung von Kindern randständiger Mütter. Weinheim/München 1988

Portele, G. (Hg.): Sozialisation und Moral. Neuere Ansätze zur moralischen Entwicklung und Erziehung. Weinheim 1978

Postman, N.: Das Verschwinden der Kindheit. Frankfurt/Main 1983 (Originalausgabe: 1982)

Potter, M.C.: Über perzeptives Erkennen, in: J.S. Brunner/R.R. Olver/P.M. Greenfield (Hg.) (siehe dort)

Preuschoff, G.: Von 9 bis 12. Nicht mehr klein und doch nicht groß. Köln ^{2}1997

Preyer, W.Th.: Die Seele des Kindes. Eingeleitet und mit Materialien zur Rezeptionsgeschichte versehen von G. Eckhardt. Berlin 1990

Quaiser-Pohl, C.: Die räumliche Struktur von Wohnumwelten und ihre Bedeutung als Ort für die Selbstsozialisation von Kindern, in: J. Fromme u.a. (1999) (s. dort), S. 88–99

○ Redaktion psychologie heute (Hg.): Kindheit ist nicht kinderleicht. Weinheim ^{3}1982

Redel, F./Winemann, D.: Kinder, die hassen. München 1971

* Reese, H.W. (Hg.): Advances in child development and behaviour, Vol. 17. New York 1982

Reiber, G.: Eltern helfen lernen. Richtiges Miteinander – weniger Schulstreß. Frankfurt/Main 1982 (Taschenbuch)

Reinert, G.-B./Zinnecker, J. (Hg.): Schüler im Schulbetrieb. Berichte und Bilder vom Lernalltag, von Lernpausen und vom Lernen in den Pausen. Reinbek 1979 (Taschenbuch)

Remschmidt, H./Schmidt, M. (Hg.): Neuropsychologie des Kindesalltags. Stuttgart 1981

Renner, E. (Hg.): Kinderwelten. Pädagogische, ethnologische und literaturwissenschaftliche Annäherungen. Weinheim 1995

Renner, E./Seidenfaden, F. (Hg.): Kindsein in fremden Kulturen. Selbstzeugnisse. Bd. 1: Afrikanische Welt, asiatische Welt. Weinheim 1997; Bd. 2: Nordamerikanische Welt, lateinamerikanische Welt, pazifische Welt, Welt europäischer Minderheiten. Weinheim 1998

Rest, J.R.: Morality, in: P.H. Mussen (Hg.): Handbook of Childpsychology, vol. III, John Wiley & Sons, 1983

Reyer, J.: Sozialgeschichte der Erziehung als historische Sozialisationsforschung?, in: ZfP 1, 1980, S. 51ff.

Richardson, St.A.: Ecological research in mental retardation, in: S. Salzinger u.a. (siehe dort), S. 77–101

○ Richter, D.: Das fremde Kind. Zur Entstehung der Kindheitsbilder des bürgerlichen Zeitalters. Frankfurt/Main 1987

Riedmüller, B.: Hilfe, Schutz und Kontrolle. Zur Verrechtlichung der Kindheit, in: H. Hengst (siehe dort), S. 132ff.

Röbe, E. (Hg.): Schule in der Verantwortung für Kinder. Perspektiven pädagogischen Denkens und Handelns. Langenau-Ulm 1988

Roesch, C.: Das Bild des Kindes in der deutschsprachigen Lyrik nach 1945 unter besonderer Berücksichtigung der 70er und 80er Jahre. Eine Untersuchung zur pädagogischen Anthropologie. Bern/Frankfurt/Main 1989

Rogers, C.: Entwicklung in der Persönlichkeit. Stuttgart 1979

Rolff, H.-G./Zimmermann, P.: Kindheit im Wandel. Eine Einführung in die Sozialisation im Kindesalter. Weinheim/Basel 1985

Rosenbaum, H.: Zur neueren Entwicklung der historischen Familienforschung, in: Geschichte und Gesellschaft 1, 1975, S. 210ff.
Rosser, R.A.: Social learning theory and the development of prosocial behaviour: A system for research integration, in: R.W. Henderson 1981 (siehe dort), S. 59ff.
Rossmann, P.: Einführung in die Entwicklungspsychologie des Kindes- und Jugendalters. Bern/Göttingen/Toronto/Seattle 1996
○ Rutschky, K. (Hg.): Schwarze Pädagogik. Quellen zur Naturgeschichte der bürgerlichen Erziehung. Frankfurt/Main 1977
○ Rutschky, K.: Deutsche Kinder-Chronik. Wunsch- und Schreckensbilder aus vier Jahrhunderten. Köln 1983
Rutter, M./Hersov, L. (Hg.): Child psychiatry modern approaches. Oxford 1977

Salzinger, S./Antrobus, J./Glick, J.: The Ecosystem of the „sick" children. Implications for classification and intervention for disturbed and mentally retarded children. New York 1980
Sander, U./Vollbrecht, R.: Kinder und Jugendliche im Medienzeitalter. Annahmen, Daten und Ergebnisse der Forschung. Opladen 1987
Sander, U./Vollbrecht, R.: Zwischen Kindheit und Jugend. Träume, Hoffnungen und Alltag 13- bis 15jähriger. Weinheim/München 1985
Saul, L.J.: The childhood emotional pattern and human hostility. Wokingham 1980
Schaefer, E.S.: A circumflex-model for maternal behaviour, in: J. Abn. Soc. Psychol., 59, 1959, S. 226
Schaefer, E.S./Bayley, N.: Consistency of maternal behaviour from infancy to preadolescence, in: J. Abn. Soc. Psychol., 71, 1960, S. 1ff.
Schaffer, D.R./Brody, G.H.: Parental and peer influences on moral development, in: Henderson (Hg.) 1981 (siehe dort), S. 83f.
Scherer, R.: Das dressierte Kind. Sexualität und Erziehung: Über die Einführung der Unschuld. Berlin 1976
Schiebel, W.: Eingliederungsprobleme ausländischer Arbeitnehmerkinder, in: Wieczerkowski/Oeveste Bd. 2 (siehe dort), S. 43f.
Schilling, F.: Entwicklung und Motorik, in: H. Remschmidt/M. Schmidt (Hg.) (siehe dort), S. 91ff.
Schlumbohm, J.: Straßen und Familie. Kollektive und individualisierende Formen der Sozialisation im kleinen und im gehobenen Bürgertum Deutschlands um 1800, in: ZfP 5, 1979, S. 697ff.
Schmidt-Denter, U.: Die soziale Umwelt des Kindes. Eine ökopsychologische Analyse. Berlin 1984
Schmidt, H.G.: Kinder reproduzieren ihre Lebenswelt. Praxis der Medienarbeit in Kindergarten, Hort und Schule. Opladen 1988
Schneewind, K.A./Beckmann, M./Engfer, A.: Eltern und Kinder. Umwelteinflüsse auf das familiäre Verhalten. Stuttgart 1983
Schoenebeck, H. von: Unterstützen statt Erziehen. Die neue Eltern-Kind-Beziehung. München 1982
Schofield, J.W.: Complementary and conflicting identies: images and interaction in an interracial school, in: Asher/Gottman (siehe dort), S. 53ff.
Schramel, W.J.: Einführung in die moderne Entwicklungspsychologie für Pädagogen und Sozialpädagogen. Stuttgart 1972

Schramm, W.J./Lyle, J./Parker, E.P.: Televisions in the lives of our children. Stanford Cal. 1961

Schreiner, G.: Gerechtigkeit ohne Liebe – Autonomie ohne Solidarität? Versuch einer kritischen Würdigung der Entwicklungs- und Erziehungstheorie von Lawrence Kohlberg, in: ZfP 25, 1979, S. 505ff.

Schütz, A.: Der sinnhafte Aufbau der sozialen Welt. Eine Einleitung in die verstehende Soziologie. Frankfurt/Main 1974 (Taschenbuch)

Schütze, Y.: Von der Mutter-Kind-Dyade zum familialen System. Neue Beiträge aus Psychologie, Humanethologie und Psychoanalyse zur Erforschung der frühkindlichen Sozialisation, ZfP 28, 1982, S. 203ff.

Schulz von Thun, F.: Miteinander reden – Störungen und Klärungen. Hamburg 1981

Schulz von Thun, F.: Pädagogisch-therapeutische Prophylaxe im Erziehungsprozeß, in: Wieczerkowski/Oeveste, Bd. 3 (siehe dort), S. 149ff.

Schulz von Thun, F.: Selbstkonzept und Entfaltung der Persönlichkeit, in: Wieczerkowski/Oeveste, Bd. 2 (siehe dort), S. 167ff.

Schuster, M.: Die Psychologie der Kinderzeichnung. Berlin/Heidelberg 1990

Schweitzer, S.: Lebensgeschichte und Religion. Religiöse Entwicklung und Erziehung im Kindes- und Jugendalter. München 1987

Seiffge-Krenke, I./Olbrich, E.: Psychosoziale Entwicklung im Jugendalter, in: Wieczerkowski/Oeveste, Bd. 2 (siehe dort), S. 99ff.

Selman, R.L.: The child as a friendship philosopher, in: Asher/Gottman (siehe dort), S. 242ff.

Selman, R.L.: Interpersonale Verhandlungen. Eine entwicklungstheoretische Analyse. In: W. Edelstein/J. Habermas (Hg.): Soziale Interaktion und soziales Verstehen. Frankfurt/Main 1984, S. 113ff.

Shapiro, B.J./O'Brian, T.C.: Logical thinking in children aged six through thirteen, in: Child Development 41, 1970, S. 823ff.

○ Shorter, E.: Die Geburt der modernen Familie. Reinbek 1977

Siegel, L.S.: Development of the concept of seriation, in: Developmental Psychology 6, 1972, S. 135ff.

Singer, L.J.: Affekte und Imagination in der Kindheit, in: Fernsehen und Bildung: Emotion und Information, 12, 1978, S. 138ff.

Specht, F. (Hg.): Kinder in unserer Gesellschaft. Chancen und Risiken. Trier 1979

Sprout, H./Sprout, M.: Ökologie. Mensch – Umwelt. München 1971

Stechhammer, B.: Der Vater als Interaktionspartner des Kindes. Ein pädagogischer Beitrag zur Erfassung sozialer Bedingtheiten des väterlichen Interaktionsverhaltens. Frankfurt/Main 1981

Steinborn, P.: Kommunikationsverhalten und Buch, in: Bertelsmann-Briefe Nr. 97/98, 1979, S. 3ff.

Steinhausen, H.-C. (Hg.): Risikokinder, Stuttgart 1984

Steinhausen, H.-C.: Psychische Störungen bei Kindern und Jugendlichen: Lehrbuch der Kinder- und Jugendpsychiatrie. München ³1993

Steinweg, R. (Hg.): Vom Krieg der Erwachsenen gegen die Kinder. Möglichkeiten der Friedenserziehung. Frankfurt/Main 1984

○ Stierlin, H.: Eltern und Kinder. Das Drama von Trennung und Versöhnung im Jugendalter. Frankfurt/Main (Taschenbuch)

Sturm, H.: Emotionale Wirkungen – das Medienspezifische von Hörfunk und Fernsehen, in: Fernsehen und Bildung 12, 1978, S. 158ff. (Themenheft: Emotion und Information)

Sturm, H./Brown, J.R. (Hg.): Wie Kinder mit dem Fernsehen umgehen. Stuttgart 1979
Stöckli, G.: Vom Kind zum Schüler. Zur Veränderung der Eltern-Kind-Beziehung am Beispiel „Schuleintritt". Bad Heilbrunn/Obb. 1989
* ○ Stone, J./Church, J.: Kindheit und Jugend. Einführung in die Entwicklungspsychologie, Band 2, Stuttgart 1979 (darin „Mittlere Kindheit": Kapitel 8 u. 9)
Strommen, E.A./ McKinney, J.P./Fitzgerald, H.E.: Developmental Psychology, the School-Aged Child. The Dorsey Press 1983
Struck, P.: Die Kunst der Erziehung – Ein Plädoyer für ein zeitgemäßes Zusammenleben mit Kindern und Jugendlichen. Darmstadt 1996
Symonds, C.L./Mendoza, M.J./Harrell, W.C.: Forbidden sexual behaviour among kin. A Study of self-selected respondance, in: Constantine/Martinson (Hg.) (siehe dort), S. 151 ff.

Theunert, H. (Hg.): Einsame Wölfe und Schöne Bräute. Was Mädchen und Jungen in Cartoons finden. München 1993
Thiemann, F.: Kinder in den Städten. Frankfurt/Main 1988
Tippelt, R.: Kinder und Jugendliche im Spannungsfeld zwischen der Familie und anderen Sozialisationsinstanzen, in: ZfP, Heft 5, 1988, S. 621–640
Thomae, H.: Entwicklungsbegriffe und Entwicklungstheorie, in: H. Thomae/ T. Endo (Hg.) (siehe dort), S. 3 ff.
Thomae, H./Endo, T. (Hg.): Ökologische Jugendforschung. Basel 1974
Thomas, R.M./Feldmann, B.: Die Entwicklung des Kindes. Weinheim/Basel 1992
Tillmann, K.-J. (Hg.): Jugend weiblich – Jugend männlich. Opladen 1992
Trautner, H.M.: Lehrbuch der Entwicklungspsychologie Bd. 1: Grundlagen und Methoden. Göttingen ^{2}1992; Bd. 2: Theorien und Befunde. Göttingen 1991
Trommsdorff, G. (Hg.): Kindheit und Jugend in verschiedenen Kulturen. Entwicklung und Sozialisation in kulturvergleichender Sicht. Weinheim/ München 1995
Trube-Becker, E.: Gewalt gegen das Kind: Vernachlässigung, Mißhandlung, Sexueller Mißbrauch und Tötung von Kindern. Heidelberg ^{2}1987
Turkle, Sh.: The Second Self. Simon & Schuster 1984

Uhlich, D.: Pädagogische Interaktion. Weinheim 1976
Ulich, K.: Schule als Familienproblem. Kontakte und Konflikte zwischen Schülern, Eltern und Lehrern. Frankfurt/Main 1989
Ulmann, G.: Kreativität. Weinheim 1968
Ulmann, G.: Über den Umgang mit Kindern. Orientierungshilfen für den Erziehungsalltag. Frankfurt/Main/New York 1987
Undeutsch, U.: Entwicklung und Wachstum (der quantitative Aspekt der Entwicklung), in: H. Thomae (Hg.): Entwicklungspsychologie, Handbuch der Psychologie, 3 Bände, Göttingen 1959, S. 79 ff.
Urban, K.: Entwicklungs- und Lernstörungen, in: Wieczerkowski/Oeveste, Bd. 3 (siehe dort), S. 19 ff.

Vagt, G.: Intelligenz und Kreativität, in: Wieczerkowski/Oeveste, Bd. 2 (siehe dort), S. 247 ff.

van den Brouck, J.: Handbuch für Kinder mit schwierigen Eltern. Stuttgart 1981
Villmow, B.: Delinquenz im Kinder- und Jugendalter, in: Wieczerkowski/Oeveste, Bd. 3 (siehe dort), S. 111 ff.

Wahl, K.: Studien über Gewalt in Familien. Gesellschaftliche Erfahrung, Selbstbewußtsein, Gewalttätigkeit. Weinheim/München 1990
Wambach, M.N., u.a. (Hg.): Die Museen des Wahnsinns und die Zukunft der Psychiatrie. Frankfurt/Main 1980
Wambach, M.N.: Kinder als Gefahr und Risiko. Zur Psychiatrisierung und Therapeutisierung von Kindheit, in: H. Hengst u.a. 1981 (siehe dort), S. 191 ff.
Ward, C.: Das Kind in der Stadt. Frankfurt/Main 1978
Weber, M.: Gesammelte Aufsätze zur Wissenschaftslehre. Hg. von J. Winckelmann. Stuttgart 1951
○ Weber-Kellermann, J.: Die deutsche Familie. Versuch einer Sozialgeschichte. Frankfurt/Main 1974
○ Weber-Kellermann, J.: Die Kindheit. Eine Kulturgeschichte. Frankfurt/Main 1979
Weiss, W.W.: Erziehung zur Selbständigkeit. Eine empirische Untersuchung von Familien besonders selbständiger bzw. unselbständiger Kinder, in: ZfP 26, 1980, S. 29 ff.
Wellendorf, F.: Schulische Sozialisation und Identität. Zur Sozialpsychologie der Schule als Institution. Weinheim 1973
Wells, C.S./Stuart, I.R.: Self-destructive behaviour in children and adolescents. New York 1981
Werning, R.: Das sozial auffällige Kind. Lebensweltprobleme von Kindern und Jugendlichen als interdisziplinäre Herausforderung. Münster 1989
Whalen, C.K./Henker, B. (Hg.): Hyperactive children. The social ecology of identification and treatment. New York 1980
White, R.W.: Motivation Reconsidered: the concept of competence, in: Psychological Review, 66, 1959, S. 27 ff.
Whiting, B.B./Whiting, J.M.: Children of six cultures. Psycho cultural analysis. Cambridge, Mass. 1975
* Wieczerkowski, W./Oeveste, H. (Hg.): Lehrbuch der Entwicklungspsychologie. Bd. 1–3. Düsseldorf 1982 (keine Altersgruppengliederung, sondern Querschnitte)
Wieseman, R.: Hilfe, mein Kind surft! Ein Ratgeber für Verzweifelte. Stuttgart 1999
Willimczik, K./Grosser, M.: Die motorische Entwicklung im Kindes- und Jugendalter. Theoretische Ansätze – Untersuchungsprobleme – Forschungsergebnisse. Schondorf ^{2}1981
Winter, M., u.a.: Venusfliegenfalle: Sozialarbeit – Geometrisierung der Nächstenliebe. Frankfurt/Main 1979
Winter, M.: Kindheit und Jugend im Mittelalter. Freiburg 1985
Witken, H.A., u.a.: Psychological differentiation. New York 1962
Wittgenstein, L.: Eine philosophische Betrachtung. Frankfurt/Main 1980
Wölfert, E.: Das Spielverhalten körperbehinderter Kinder. Bericht über eine empirische Untersuchung, in: ZfP 6, 1980, S. 1907 ff.
Wolman, B.: Die Ängste des Kindes. Frankfurt/Main 1980 (Taschenbuch)
Wunsch-Hitzig, R./Schwarzgould, M./Dohrenwend, B.P.: Hypothesis about

the prevalence of clinical maladjustment in children in the United States, in: Salzinger (siehe dort), S. 119ff.

Wygotsky, L.S.: Mind in Society – The Development of Higher Psychological Processes. Harvard University Press 1978

Zaiss, K.: Entwicklungsfaktoren und Erscheinungsformen von Kinderbedürfnissen. München 1982

Zeiher, H.J./Zeiher, H.: Orte und Zeiten der Kinder. Soziales Leben im Alltag von Großstadtkindern. Weinheim 1994

Ziegler, F.: Kinder als Opfer von Gewalt. Ursachen und Interventionsmöglichkeiten, Bern/Stuttgart/Toronto 1990

Zimmer, J.: Die vermauerte Kindheit. Bemerkungen zum Verhältnis von Verschulung und Entschulung. Weinheim 1986

Zimmer, K.: Sie wollten nur mein Bestes. Eltern und Kinder blicken zurück auf ihre Erziehung. München 1985

Zinnecker, J.: Straßensozialisation. Versuch, einen unterschätzten Lernort zu thematisieren, in: ZfP 25, 1979, S. 727ff.

Zinnecker, J. u.a.: Kindheit in Deutschland (Survey über Kinder und ihre Eltern). Weinheim ²1998

Zinnecker, J.: Vom Straßenkind zum verhäuslichten Kind. Kindheitsgeschichte im Prozeß der Zivilisation, in: I. Behnken (Hg.) (s. dort), S. 142–162

Zulliger, H.: Die Angst unserer Kinder. Berlin 1981 (Taschenbuch)

Zulliger, H.: Horde – Bande – Gemeinschaft. Stuttgart 1967

Sachregister

Abgrenzungen 347, 350
Ablehnung 370
Ablösung 125, 149, 231, 270, 331
Adoleszenz 59, 220, 348, 365
Affekte 80, 98, 238, 265
Aggressivität 211, 226, 242, 290, 308, 338, 362, 366
Akkommodation 158, 179, 336
Akzeleration 58, 153, 225
Alkoholismus 367
Allokation 281
Alltag 21, 25, 41, 65, 101, 108, 114, 257
Alltagstheorien 396
Alltagswelt 108, 318
Altersgruppe 56, 60–61, 63, 70, 362
Altersstufen 64, 155, 273
anale Phase 218
Analsphäre 105
Anarchie 285
Anerkennung 146–147, 198, 378, 400
Angewiesensein 143, 145
Angst 115, 124, 126, 211, 216, 308, 358–359, 391, 397
Anstandsfibel 71
anthropologisch 194
Antipädagogik 391, 393
Äquilibration 159
Arbeit 16, 24, 28–29, 31–32, 45, 54, 78, 91, 107, 111, 192, 194, 248, 250–251, 280, 385, 387, 400
Arbeiterfamilien 257
Armut 32, 78, 250, 256
Assimilation 158, 336
ästhetische Bildung 196
ästhetische Erfahrungen 194
ästhetische Wahrnehmung 176
Außenseiter 124, 192, 347, 350–351
Ausbildung 54, 93, 250
Ausländerkinder 366

Ausschnitte 60, 247
Authentizität 341, 398
Autobiographien 16, 189, 318
Autonomie 166, 231, 236, 265, 331–332, 356, 368, 398
Autorität 69, 127, 228, 231, 266, 333

Baby 242, 269, 356
Bedürfnisse 82, 147, 215, 358, 400
Begabtenförderung 34
Behandlungsmodelle 372
behavioral settings 109–110, 113, 132, 156, 212, 240, 247, 330, 382, 388
Behaviorismus 75, 179
Behinderung 350, 355, 360, 367, 369, 373, 377
Beobachtung 16, 108
Beratung 103, 372
Bewegung 104, 178, 203
Bezugspersonen 16, 113, 161, 166, 172, 236
Bildung 18, 24, 93
Bildungsanstalten 273
Bildungsbürger 130
Bindung 66, 93, 229, 265
Blickkontrolle 278
Bourgeoisie 70
Breitenwachstum 57

Chancenzuteilungsapparat 134, 274
civilité 70, 81
classification of diseases 360
Computer 97, 133, 140, 291, 324–326
convergent thinking 189
Curricula 277

Dealer 290
Delinquenz 365, 368, 371
Denken 159–160, 167, 201, 208

429

Denkfähigkeit 179
Denkvermögen 159
Depression 40, 358, 370
developmental tasks 168
Devianz 374
Diebstahlsdelikte 371
Diffusität 338
Dilemmata 228, 234, 236
Diskursuniversum 51, 53
Disziplin 69, 72, 134
divergentes Denken 189–190
Drogen 290, 367
Drogenabhängigkeit 367
Drogendelinquenz 367

Egoismus 235
Egozentrismus 167, 174, 183
Eifersucht 164, 218
Ekel 127
Elektrakomplex 149, 218
Elementarschule 33–34
Eltern 16, 24, 54, 59, 61, 71–72, 75, 78, 91, 93, 95, 99, 101, 108, 111, 115, 122, 124, 134, 139, 145, 166, 168, 192, 198, 211, 215, 219, 227–228, 231, 242, 261–263, 265, 270, 331, 359, 364, 367, 370, 382, 393, 395–396
Eltern-Kind-Beziehung 391
Eltern-Kind-Beziehungen 74, 76
Elternbildung 395
Elternbriefe 395
Elterneinfluß 230
Elternfibeln 71
Elternhaus 111, 125, 130, 149
Elternpersönlichkeit 271
Elternverhalten 265, 396, 398
Embryonalzeit 65
emotionale Stabilität 147
Emotionen 175, 207, 209–211, 215, 219, 255, 267, 281
empathetic stage 345
Empathie 75, 82, 237, 239–240, 260, 262, 398
endogen 152, 155
Entfremdung 126, 193, 234, 381
Entwicklung 60, 63–65, 84, 109, 116, 144, 149, 151, 153–155, 158, 166–168, 173, 177, 179, 181, 198, 203, 211, 215, 247, 271, 312, 355–356, 361, 385, 404

Entwicklungsaufgaben 56, 84, 144, 164, 168, 356–357, 377, 400–402, 404
Entwicklungsphasen 155, 268
Entwicklungspsychologie 59, 64, 84, 151, 155, 169, 171, 173
Entwicklungstheorie 155–158, 180, 231
Erektion 218, 221
Erfahrungen 77, 107, 110–111, 115, 145, 147, 190, 203, 207, 265, 358, 400
Erfolgsorientierung 192
Erinnerungen 15–16, 41, 51, 53, 110, 212
Ermutigung 398, 406
Erotik 222, 224
Ersatzeltern 269
Erwachsene 27, 59, 63, 67, 72, 95, 103, 128, 166, 199, 207
Erwachsenenleben 61
Erwachsenenwelt 59, 73, 101, 216
Erwerbstätigkeit 54
Erzieher 15, 61, 69, 130, 393, 395–396
Erziehung 33, 65, 71, 75, 79, 81–83, 93, 102, 130, 168, 172, 219, 251, 260, 267, 376, 380, 386–390, 392–393, 395, 402, 404, 407
Erziehung zur Arbeit 32
Erziehungsaufgabe 253, 262
Erziehungsauftrag 93, 102, 260
Erziehungsberatungsstelle 376
Erziehungsinstitutionen 75, 116
Erziehungslast 260
Erziehungsleitbilder 70
Erziehungslust 260
Erziehungspraktiken 77, 404
Erziehungspraxis 406
Erziehungssektor 102
Erziehungsstil 271–272
Erziehungstechniken 397
Erziehungstheorie 406
Es 60
Exosystem 111, 271
Experiment 108, 167, 170

Familie 19, 25, 27, 32, 38, 66–67, 70, 72–74, 80, 82, 92–93, 102, 109, 111–112, 115, 122–123, 130–132, 134, 164, 172, 190, 212, 221, 233,

241, 247–248, 250–253, 255, 257, 259–260, 266, 269, 271, 311–312, 330, 334, 338, 346, 350, 365, 368, 373–374, 376, 381, 385, 387–388
Familiendynamik 77, 79
Familienerziehung 260–261
Familieninnigkeit 257
Familienleben 66, 248, 252, 269, 356
Familiensinn 72, 93, 257
feldabhängig 174
Feldforschung 108, 170
Feldunabhängigkeit 191
Fernsehen 61, 99, 134, 176, 287, 301, 302, 304, 306, 310, 318–319
Fernsehkonsum 309–310, 312
Fernsehnutzung 308
Fernsehprogramm 134, 301
field-independence-performance 60
Film 99
formale Operationen 184
Frauen 21, 32
Freizeit 194, 263, 281, 318
Fremdheit 123
Freud 16, 226
Freunde, Freundinnen 115, 126, 225, 249, 270, 343, 345–346, 350
Freundschaft 24, 338, 343, 345, 348
frühe Kindheit 59, 61, 64, 172, 199, 207, 404

Ganztagsschulen 351
Geborgenheit 40, 124, 145, 147, 316, 400
Geburt 62, 65
Gedächtnis 185, 187, 189, 206–207
Gefühle 115, 173, 193, 207–208, 210–211, 215, 218, 226, 236, 277
Geheimsprachen 103
Gehirn 200
Gehirnfunktionen 199
Gehorsam 75, 228, 233
genitale Phase 164, 218
Genitalien 217
Genuß 134–135
Gerechtigkeit 228, 233–234
Geschichte der Kindheit 65
Geschlecht 241, 243–244, 348–349
Geschlechtsidentität 243
Geschlechtsneugier 222

Geschlechtsreife 65, 149, 153–154
Geschlechtsrollen 242, 244, 349
Geschlechtsrollenidentifikation 85, 243
Geschlechtsrollenstereotypen 192
Geschlechtsunterschiede 219, 221, 240–241, 246
Geschwister 25, 38, 132, 256, 262, 267–268
Gewalt 78, 290, 368, 397
Gewalt gegen Kinder 367
Gewaltdarstellungen 134
Gewissen 231, 357–358
Gleichaltrige 338
Gleichaltrigengruppe 214, 331, 333
Glücksspiele 68
Grenzerfahrungen 38
Grundschulalter 85, 177, 242, 310
Grundschule 273, 281
Grundschulkinder 198, 221, 229, 244, 246, 322
Gruppe 56, 85, 105, 109, 123, 190, 231, 249, 274, 334–335, 341, 346, 350–351
Gruppenklima 333

Halo-Effekte 399
Handeln 60, 109, 111–112
Handlungschancen 116
Handlungskompetenz 154
Handlungstheorie 109, 157, 376
Haushalt 29–31, 33, 132
Hauslehrer 130
häusliche Ordnung 124
Häuslichkeit 130
Helferberufe 373
Hinterhofkinder 342
Hirnreifung 199–200
Historizität 107, 109, 240
Homosexualität 217
Hygiene 386
Hyperaktivität 370, 375–376, 382

Ich 60, 87, 167, 174, 193–194, 196, 214, 285, 312, 336, 371, 379, 399, 401, 406
Ich-Entwicklung 215
Ich-Stärke 233
Ich-Stärkung 132
Identifikation 226, 236, 243, 335

Identifikation mit dem Aggressor   393
Identität   126, 146, 149, 161, 174, 241, 243, 291
Identitätsbildung   60, 63
Identitätsdiffusion   126
Imagination   192, 316
Imitation   199, 236, 242
Imitationstheorie   198
Individuum   179, 252
Indoktrination   235
Induktionstechniken   397
Industrialisierung   18, 32, 73
Informationstechnologien   185
Initiation   47–49
Intelligenz   152–153, 159, 166, 173, 179, 189–190
Intelligenzentwicklung   189, 195, 243, 361
Intelligenztests   179
Intensität   176
Interaction-Acquisition-Device   202
Interaktion   157, 161, 179, 202–203, 274, 277, 362
Interaktionsstil   132
Interaktionstheorie   236
Internate   69, 102
Internet   97, 291, 322, 324
interracial friendships   348
Intervention   103, 381
Interventionsstrategie   380
Intimität   67, 93, 251
Invarianz   160–161, 174, 180
Invarianzexperiment   160
Inzest   217, 222

Jesuiten   69–70
Jesuitenschulen   71, 273
Jugend   18, 60, 65, 91, 217, 222
Jugendalter   64, 159, 243
Jugendgruppe   63, 335
Jugendliche   32, 60–61, 101, 115, 161, 164, 184, 246, 268, 365, 367
Jugendprogramm   99
Jugendunruhen   168
Jugendwohlfahrtsgesetz   102, 365
Jungen   24, 54, 57–58, 123, 126, 153, 164, 177–178, 211–214, 216, 218, 221, 225–226, 241–243, 271, 348–349, 365, 368

Kassettenrecorder   133
Kastrationsangst   226
Kinderarbeit   29, 32–33, 77, 91
Kinderdelinquenz   365–366
Kinderfreundschaften   342
Kindergärten   109, 262, 381, 388
Kindergartenkinder   103
Kinderkreativität   99
Kinderkultur   99, 103, 106, 323
Kinderlieder   104
Kindermuseum   287
Kindersterblichkeit   71, 75, 252, 387
Kindertod   19
Kinderwelt   25, 28, 104, 106, 318, 337
Kinderwelten   247, 352
Kinderzimmer   388
Kindesmißhandlung   368
Kindesmißhandlungen   77, 102
kindgemäß   144–145
Kindheit   15–17, 24–25, 29, 32, 40, 53–55, 57, 59–60, 64–66, 70–74, 76, 80, 83, 88, 91–93, 101–103, 105–106, 108, 126–127, 130–131, 136, 143, 149–150, 155, 169, 171, 178, 190, 217, 221, 243, 246–248, 257, 291, 293, 317–318, 331, 352, 355–356, 364, 373, 385, 400–401
Kindlichkeit   71, 156
Kino   61, 133, 287, 306
Kirche   69, 72
Klasse   70
Klassenraum   178
Klassenverband   190
Klassifikationen   355, 360–361
Klassifizieren   180
Kleidung   34, 61, 242, 266
Kleinbürgertum   130, 249
Kleingruppe   263
Kleinkind   60, 158–159, 161, 183, 190, 203, 218, 220, 237, 250, 268, 331
Klima   236, 255, 261–262
Kognition   173, 362
kognitionstheoretischer Ansatz   376
kognitive Entwicklung   152, 174, 185, 214–215, 220, 267, 332, 336, 351, 361, 377
kognitive Operationen   185, 201

kognitive Schemata 235
Kognitive Theorie 156, 227, 236
Kommerzialisierung 318
Kommunikation 110, 398
Kommunikationskompetenz 154
Kompetenz 84–85, 88, 91
Kompetenzzuschreibung 83
Konflikte 211, 358
Konformisten 333
Konformitätsdruck 192
konkrete Operationen 60, 85, 159–160, 166, 189, 212, 402
Konstruktionsspiele 335, 337
Konsum 94, 100–101
Konsumkindheit 94, 99, 103, 132, 375
Konsumsphäre 85, 95, 101–102, 106
Kontrolle 70, 265, 271
Konventionalität 231
Konventionen 202, 232
konvergentes Denken 189
Konzentration 147, 185
Koordinieren 180
Körperbewegungen 178
Körperkontakt 166
Kreativität 147, 189–193
Krise 58–59, 63, 126, 164, 211, 355
Kultur 41, 45, 52–53, 59, 77, 82, 103, 112, 127, 131, 154, 156, 171, 178, 184, 198, 217–218, 317

Laborsituationen 170
Landkinder 100
Längenwachstumsschub 153
language acquisition device 201
Latenzphase 60, 63, 150, 211, 219–220, 385
Lateralisation 199
Lebensläufe 189
Lebensstil 252, 312
Lebenswelt 15–16, 45, 99, 107–108, 112, 133, 143, 166, 171, 211, 247, 312, 374, 381–382, 388, 394, 407
Lebensweltkonzept 114
Lebenszyklus 161, 241
Lehrer 15, 34, 42, 71, 146, 225, 231, 242, 277, 284–285, 393, 395–396
Lehrpläne 277

Leiblichkeit 107
Leistung 146, 335
Leistungsanforderungen 374
Leistungsgesellschaft 334
Leistungskontrollen 397
Leistungsmotivation 260
Lernen 54, 109, 116, 134, 146, 153–157, 179, 186–187, 194–195, 207, 227, 274, 278, 280–282, 326, 376, 385, 399–400
Lernkonzept 179
Lernort 278, 341
Lernprozesse 101, 115, 145, 280
Lerntheorie 157, 236, 241
Lesegelegenheiten 316
Lesekultur 318
Lesen 312–313, 315–317
Leseort 314–315
Liebe 34, 55, 115, 122, 145, 147, 215, 218–219, 221, 233, 256, 263, 267, 400, 407
Liebesentzug 397
Liebesfähigkeit 261
life-span-development 157, 161, 387
Lob 146–147, 233, 400

Macht 126, 145, 227–228, 371, 401
Machtlosigkeit 54
Machtzuschreibungen 277
Mädchen 21, 24, 26, 54, 57–58, 123, 153, 164, 177–178, 211–214, 216, 218, 221, 225–226, 241, 243, 271, 348, 368
Mädchenwelt 26–27
Makrosystem 112, 270
Märchen 194
Massenmedien 18, 97, 292, 298, 307, 324, 336
Masturbation 75, 217, 221
Medien 87, 97–102, 138, 141–142, 169, 171, 247, 287–289, 291, 293, 295, 304–305, 308, 310, 312
Medienbesitz 296, 299
Medienkindheit 97, 99, 103, 132, 194, 287
Medienkonsum 98, 318
Medienkultur 323
Mediennutzung 287, 304–306, 308, 310
Medienrezeption 287

Medienwelt 85, 100, 106
Medienwelten 293, 296, 299
Menstruation 48
Mesosystem 111, 271
Mißbrauch 363
Mißtrauen 356
Mikrosystem 111, 271
Minderwertigkeitsgefühl 164, 356
Mitleid 233
Mittelschicht 62, 126, 242, 265, 267, 269, 350
Modelltheorie 242
Moral 225, 227, 231, 233, 238–239
Moralerziehung 234–235
moralische Autonomie 229, 239
moralische Dilemmata 234
moralische Entwicklung 226, 228, 230, 235, 239, 365
moralische Erziehung 228, 235
moralische Prinzipien 228
moralisches Urteil 229, 239
Motivation 153, 185, 191, 231
Motorik 144, 149, 154, 177–178, 361–362
Musik 61
Mutter 15, 25, 32, 34, 38, 70, 75, 115, 124, 149, 164, 172, 192, 211, 213, 215, 218, 223, 226, 242–243, 262–263, 265, 267, 311, 331, 392

Nachahmung 236, 243
Nachbarschaft 39, 111, 113, 115, 122, 132, 138, 248, 270, 388
Nahraum 136, 247, 271, 290
Netzwerk 346
Neurophysiologische Theorie 157
Newcomer-Effekt 351
Nutzenansatz 310
Nutzenhypothese 304

Objektpermanenz 84, 160
Ödipuskomplex 149, 218
Öffentlichkeit 66, 93, 131, 252, 340
Ohnmachtserfahrung 126
ökologische Ausschnitte 113, 115, 133
ökologische Peripherie 114
ökologischer Nahraum 113, 115, 133
ökologisches Zentrum 112, 115, 133, 212

Omnipotenzphantasien 216
Onanie 374
Opferattitüde 284
orale Phase 164, 218
Orgasmus 221

Pädagogik 260, 385, 388, 391, 393, 404
Pädagogische Provinz 388
Pädagogisierung 341, 394
Pädagogisierung der Kindheit 389
Partikularismus 334
Pauperismus 32, 73
Peers 57, 109, 126, 228–231, 247, 349, 378
Penis 226
phallische Phase 218
Phantasie 31, 55, 84, 101, 144, 189, 193, 197, 223–224, 357, 374
Phobien 357, 362
Popkultur 169, 313
Pornographie 81
Präadoleszenz 229
Prädeterminationstheorie 151
Prävention 103
Privatheit 80, 93, 131, 134
Problemkind 374
prosoziales Verhalten 167, 235–236, 238, 267, 269, 307, 381, 390, 398
Prostitution 340, 342
Prüfungsrituale 277
Prügelstrafe 71
Psychische Störungen 63, 357–358, 360–361, 364, 367, 369, 372–373, 375, 377, 379, 381, 399
Psycho-Milieu 110
Psychoanalyse 60, 74, 77, 149, 156–157, 170, 211, 226, 236, 391
Psychodynamik 115, 126, 164, 185, 244
Psychohistorie 74, 77
Pubertät 57–59, 63, 149–150, 164, 177, 219, 221, 268, 331, 365
Puppen 68, 178

Rassenintegration 348
Raumkonzept 152
Realitätsflucht 134
Regeln 69–70, 81, 103, 227–228, 237, 336–337, 345

Reifung 58, 151–153, 154–155, 199–200, 225, 332
Reifungsbereiche 152
Reifungsprozesse 152–154, 157
Reinlichkeitserziehung 75, 166
Reiz-Reaktions-Schemata 194
Reizstimulation 199
Reizüberflutung 177
Relevanzen 173
Resonanz 406
restriktives Elternverhalten 267
Retardation 153, 361
reward-cost-stage 345
Rocker 290
role-taking 237, 255
Rolle 59, 113, 228, 233, 350
Rollenerwartungen 154
Rollenspiel 336
Rollenzuschreibungen 276
runaway children 364

Sammelleidenschaft 104
Säugling 268
Scham und Zweifel 357
Schamgefühl 81, 166
Schemata 158, 160, 185, 194, 201, 203, 206, 236, 361, 377
Schicht 241, 266, 398
Schlafstörungen 357
Schulalter 61, 87
Schulanfänger 207, 273, 345
Schulangst 211
Schulbesuch 70
Schule 16, 32–35, 37, 43, 54, 63, 66, 69–70, 72, 82, 92–93, 102, 109, 111, 114–115, 122, 132, 134, 164, 167, 178, 190, 192, 198, 211, 223, 233–234, 237, 247, 262, 273, 275–276, 280–282, 284, 298, 306, 326, 330, 336, 374, 376, 381, 385, 387
Schüler 67, 69, 184, 234
Schülerrolle 134, 304
Schulfähigkeit 274
Schulhof 178
Schulkind 105, 114, 167, 192, 228, 268, 272, 274–275, 308, 356, 375
Schulleben 356
Schulpflicht 282
Schulphobien 357

Schulschock 276
Schulsystem 274
Schulversager 373
Schutz 54, 63, 102, 145, 166, 219, 285, 368, 392, 401, 404
Schwestern 122, 126
Science-fiction 100
Selbständigkeit 61, 145–147, 400
Selbstbild 86
Selbstkategorisierung 243
Selbstkonzept 86
Selbstreflexion 150
Selbstsozialisation 87–88
Selbstverfügung 143, 145
Selektion 281
Sensibilisierung 215
Sensibilität 147, 285
sensomotorische Intelligenz 84, 159
Sensorik 361
Seriation 181, 184
Serien 99
Sexualerziehung 102, 225
Sexualität 67, 81–82, 168, 217–222, 225, 263
Sexualreife 168
sexuelle Interessen 348
sexuelle Reife 169
sexuelle Rivalität 218
sexueller Kontakt 221
sexueller Mißbrauch 74, 78, 368
sozial benachteiligt 22
Sozialarbeiter 380, 393, 395–396
Sozialbehörde 380
Sozialcharakter 216, 243
soziale Akzeleration 169
soziale Konflikte 238
soziale Schichten 129, 252
sozialer Wandel 65, 97
soziales Netz 94, 373
Sozialisation 55, 75, 88, 135, 154, 171, 266, 318, 396
Sozialisationsinstanz 72
sozialökologisch 259
sozialökologischer Ansatz 106, 110, 156, 381
sozialökologischer Ausschnitt 178, 262, 274, 403
sozialökologischer Nahraum 128, 164, 330, 339, 367
sozialökologisches Netzwerk 133

435

sozialökologisches Zentrum 247, 271
sozialökologische Zonen 112, 122, 135, 272, 274, 382
Sozialpädagoge 15
sozialpädagogische Prävention 368
Sozialpolitik 102
Sozialspiele 337
Sozialverhalten 132, 361
Sozialwissenschaft 107
soziokulturell 241
Spiel 16, 23–25, 28, 31, 44–45, 54–55, 67–69, 84, 101, 103, 106, 115, 124, 129, 143, 153, 164, 166–167, 170, 192–193, 223-224, 237, 248, 271, 276–277, 289, 330, 335–337, 341, 367, 371, 385, 389, 400
Spielkameraden 130, 166, 211, 223, 330, 341, 344, 382
Spielplatz 115
Spielplätze 388
Spielräume 54, 87, 90–92
Spielzeug 99, 242, 397
Spielzeugindustrie 336
Sponsoring 318
Spontandelikte 366
Spontaneität 144, 261, 276, 278, 338, 341, 369
Sprache 61, 105, 154, 185, 198, 201, 206–207, 362
Sprachentwicklung 84, 170, 198, 200, 203, 207, 362
Spracherwerb 115, 149, 153, 156, 198–200
Sprachvermögen 60, 185, 199, 201
Sprachwelt 105
Sprachzentrum 200
Sprechperformanz 201
Stadtkinder 100–101
Stadtrand 290
Status 61, 66, 144, 168, 228, 263, 334, 349, 373, 400
Stimuli 157, 179, 191, 212, 267
Stimulus-Response Modell 198, 304
Straße 24, 67, 106, 115, 123, 128–130, 248–249, 251, 338, 340, 342, 388
Straßenkinder 341
Straßensozialisation 128, 340–342

Strafe 35, 75, 231, 233, 392, 397
Stufenkonzepte 169
Stufentheorie 79, 166, 228, 230, 345
Stundenplan 282
Subjekt 107, 170
Supermärkte 95, 290
Symbole 206
Symbolic Representation 203

Tabu 217, 222
Teenager 59, 61–62
Test 108
themenzentrierte Interaktion 399
Tics 104, 176, 358, 367
Tod 38, 40–41, 62, 211, 338
Todesphobien 357
Träume 175, 206, 212–214
Traumprotokolle 212
Trieb 224
Typisierung 58, 349

Über-Ich 60, 81, 226
überaktive Kinder 370
Überbehütung 24, 394, 404
Übersicht 146, 400
Umwelt 54, 59–60, 109–110, 112, 131, 133, 158, 161, 173, 176–177, 179, 191, 201–203, 206–207, 222, 227, 242–243, 274, 278, 291, 349, 352, 362, 367, 369, 375, 377, 382, 388
Umweltpsychologie 377
Umweltstimulation 151, 153, 156
Umwelttheorie 109, 157–158
Universalien 154
Universalismus 334
Unterhaltung 18
Unterricht 146, 187, 250, 282, 284, 286
Unterschicht 126, 266, 269
Unverfügbarkeit 54–55, 313, 401, 407

Vater 15, 24, 30, 32, 34, 54, 75, 149, 164, 192, 213, 215, 218, 226, 243, 251, 262–263, 266, 311, 331, 360, 392
väterliche Gewalt 251
Verantwortung 146–147, 269, 285, 400

Vergesellschaftung 92, 94, 101, 251, 391
Verhaltensstile 110, 349
Verkindlichung 133
Verrechtlichung 102–103
Verstärkertheorie 242
Vertrauen 144, 166, 398
Video 176
Videospiele 101, 306, 313, 325
visuelle Wahrnehmung 195
Vitalität 152, 176
Vitalstruktur 145
Vorschulalter 210–211, 268, 331
Vorschulkinder 61, 308, 322, 343, 348
Wachstum 116, 151, 154, 157, 355
Wachstumsimpulse 151
Wachstumsprozesse 151
Wahrnehmung 110, 156, 173–176, 198, 201, 203, 208
Wahrnehmungsfähigkeit 153, 185

Wahrnehmungsprozeß 173
Waisenhäuser 102
Weltaneignung 54
Weltausschnitte 126
Werbung 100, 318–319, 321
Werksinn 164, 166–167, 211, 275, 278, 281, 335, 356, 402
Werte 262
Wertschätzung 398
Widerständigkeit 194, 291, 401
Wohl des Kindes 103
Wohnungen 111, 115, 128, 251
Wünsche 216

Zahlkonzept 181
Zeitkonzept 181
Zeitung 306
Zentrum 115, 259
Zirkumflexmodell 264–265
Zivilisation 81–82, 385
Zivilisationsprozeß 82, 387
Zuwendung 73, 265, 269, 397

Kindliche Lernfähigkeit entfalten

John Holts Buch gilt als Klassiker der Reformpädagogik. Basierend auf seinen langjährigen Erfahrungen als Lehrer und seiner geradezu genialen Verhaltensbeobachtung von Kindern entwickelt er sein Lern- und Erziehungsmodell und seine Kritik am bestehenden Schulsystem. An vielen Beispielen stellt er dar, wie seiner Meinung nach ein Unterricht aussehen müßte, der die Lernfähigkeit der jungen Schüler auch auf unkonventionelle Weise zur Entfaltung bringt. Seine Unterrichtsvorschläge setzen dabei auf Selbständigkeit, Spontaneität und den eigenen, nahezu unerschöpflichen Wissensdurst der Kinder.

John Holt gilt als Wegbereiter einer Pädagogik, die von der Weltsicht des Kindes ausgeht. Wie auch in diesem Buch hat er Zeit seines Lebens die emotionale Intelligenz der Kinder in den Vordergrund gestellt, ohne die keine wirklichen Lernerfolge erzielt werden können. Der amerikanische »Lehrer-Philosoph« (Ute Andresen) hat sich immer wieder gegen starre Erziehungsprinzipien gewandt ohne einem anti-autoritären Habitus das Wort zu reden.

John Holt
Kinder lernen selbständig
oder gar nicht(s)
In neuer Rechtschreibung
Beltz Taschenbuch 9, 304 Seiten
ISBN 3 407 22009 X

Magie der Kindheit

Viel zu oft wird die reichhaltige Phantasie und intellektuelle Erfindungsgabe von Kindern nur als vorübergehende Erscheinung angesehen, die keinen oder nur wenig Bezug zum späteren Lernen hat. Richard Lewis dagegen zeigt mit Texten, Gedichten und dem Spielen von Grundschulkindern auf, wie deren imaginative Fähigkeiten den eigentlichen Antrieb für jegliches Lernen bilden. Fern davon, »nutzlos« zu sein, stellen sie die reichhaltigste Quelle jener Welterfahrung dar, an die jeder Unterricht anknüpfen kann. Darüber hinaus spiegelt das kindliche Denken, wie es in diesem Buch auf wunderbare Weise zum Ausdruck kommt, Werte, die uns als Erwachsenen und unserer Kultur im weitesten Sinne verlieren zu gehen drohen.

»Irgendwo in der Kindheit wurden wir zu Wurzelgräbern, die den Dingen auf den Grund gehen wollten, begabt mit der Fähigkeit, aus dem Reich des Unbekannten wieder an die Oberfläche nachvollziehbarer Tatsachen zurückzugelangen.«

Richard Lewis
Leben heißt Staunen
Von der imaginativen Kraft der Kindheit
Beltz Taschenbuch 2, 144 Seiten
ISBN 3 407 22002 2

Die Aktivität des Lernenden

JEAN PIAGET

Über Pädagogik

»**Über Pädagogik**«, 1998 erstmals erschienen, vereinigt bisher unveröffentlichte und völlig unbekannte Aufsätze von Jean Piaget zur Pädagogik des Kindes und wurde in Frankreich als wissenschaftliche Sensation gefeiert.

Der bekannte Entwicklungspsychologe beschäftigt sich darin mit der Formulierung von Grundsätzen einer »modernen Pädagogik«, welche die Aktivität des Kindes und seine Wissensbedürfnisse in den Vordergrund stellt, was der Autor »*self government*« des Kindes nennt. Er geht davon aus, daß im Rahmen der kognitiven Entwicklungsstufen des Kindes nur die selbständige geistige Aktivität zu wirklichen Lernerfolgen führt und wendet sich damit gegen eine einseitige Wissensvermittlung von seiten des Lehrers. Aktuell und bisher weitgehend unbekannt ist sein Plädoyer für eine national übergreifende und Feindbilder abbauende Pädagogik, die er im Rahmen seiner Arbeit für die UNESCO propagiert hat: Eine Erziehung zum Frieden ist für ihn nur möglich, wenn die Pädagogik auf Strukturen gegenseitiger Achtung und länderübergreifender Kooperation auch der Kinder zurückgreift.

Jean Piaget
Über Pädagogik
Deutsche Erstausgabe
Beltz Taschenbuch 1, 288 Seiten
ISBN 3 407 22001 4